Friedrich Rückert
im Spiegel seiner Zeitgenossen
und der Nachwelt

ZWISCHEN ORIENT UND OKZIDENT

Herausgegeben
von der Rückert-Gesellschaft, e. V.
Schweinfurt

Band 1

Friedrich Rückert
im Spiegel seiner Zeitgenossen
und der Nachwelt

Friedrich Rückert

im Spiegel seiner Zeitgenossen und der Nachwelt

Aufsätze aus der Zeit zwischen 1827 und 1986

herausgegeben von

Wolfdietrich Fischer

In Kommission bei Otto Harrassowitz
Wiesbaden 1988

CIP-Titelaufnahme der Deutschen Bibliothek

Friedrich Rückert im Spiegel seiner Zeitgenossen und der Nachwelt: Aufsätze aus d. Zeit zwischen 1827 u. 1986 / hrsg. von Wolfdietrich Fischer. – Wiesbaden: Harrassowitz, 1988
ISBN 3-447-02831-9
NE: Fischer, Wolfdietrich [Hrsg.]

Druck: Weppert GmbH & Co.KG, Schweinfurt
Printed in Germany

Inhalt

IV. Das Werk – Dichtung

– Übersetzungen und Nachdichtungen

Vorwort des Herausgebers

Es scheint, als wolle unsere Zeit die ihr vorausgehende des 19. Jahrhunderts wiederentdecken und aus einer zeitlichen Distanz neu bewerten, die an Unbeschwertheit von den ungelösten Problemen jener Generationen und ihrem Ringen um die Gestaltung eines staatlichen und kulturellen deutschen Lebens glauben läßt. Das gilt insbesondere für die erste Hälfte des 19. Jahrhunderts, die durch Schlagwörter wie Restauration, Biedermeier, bürgerliche Idylle, Vormärz charakterisiert wird und ohne tieferen Bezug zu den Kämpfen und Wirren der Gegenwart zu sein scheint.

Einem Repräsentanten der ersten Hälfte des 19. Jahrhunderts, dem Dichter und Orientalisten Friedrich Rückert, dessen Geburtstag sich am 16. Mai 1988 zum zweihundertsten Male jährt, ist dieser Band gewidmet. Seine Lieder werden noch gesungen, auch wenn nicht jeder den Namen ihres Dichters kennt. Seine Gedichte bildeten bis in die Jahre nach dem Zweiten Weltkrieg einen festen Bestandteil des Deutschunterrichts in den Schulen. Seine Kindergedichte erwecken in der älteren Generation noch die Bilder kindlicher Phantasie, die sie einst hervorgezaubert hatten. Erst das Suchen nach Reformen auf allen Ebenen, mit welchen man sich von der als Last empfundenen deutschen Geschichte befreien wollte, verdrängte jene erste Hälfte des 19. Jahrhunderts aus der Kontinuität des geschichtlichen Bewußtseins, und mit ihm auch einen großen und wertvollen Teil deutscher Literatur. Vielleicht ist so aber auch der Weg frei geworden, sich unbefangener als bisher der ererbten literarischen Schätze zu erinnern und sich ihnen wieder mit der reinen Freude am Schönen zuzuwenden. Indem wir mit diesem Band bestrebt sind, den Dichter und Gelehrten Friedrich Rückert ins Bewußtsein zu rufen, wünschen wir uns, es möge dem Leser ergehen, wie es dem Herausgeber bei der Beschäftigung mit Rückert erging, daß er mit bewunderndem Staunen das Schöne und Unvergängliche in Rückerts Dichtung, das Wertvolle und Bereichernde in seinem dichterisch-gelehrten Werk mit Genuß neu entdecke.

Die hier vorgelegte Auswahl von Abhandlungen, Aufsätzen und Rezensionen aus der Rückert-Literatur ist notwendigerweise subjektiv und vom Urteil und Geschmack des Herausgebers geprägt. Sie versucht, die wichtigsten Beiträge von Rückerts Zeitgenossen und ihren Nachfolgern bis in die Gegenwart zusammenzustellen, ohne das Ziel aus dem Auge zu verlieren, alle Bereiche von Rückerts Leben und Werk zur Sprache kommen zu lassen. Dabei sollten nur solche Aufsätze wieder zum Abdruck kommen, von denen der Herausgeber überzeugt ist, daß sie den Leser auch heute noch anzusprechen vermögen.

Die hier zusammengestellten Aufsätze sind zwischen 1827 und 1986 entstanden und umspannen damit mehr als eineinhalb Jahrhunderte deutscher Geschichte. So sind sie, abgesehen von ihrer Bedeutung für die Rückert-Forschung, auch selbst Dokumente ihrer Zeit. Der Standpunkt, von dem aus die einzelnen Verfasser literaturkritische, poetologische und zeitgeschichtliche Fragen beurteilen, ist nicht unbedingt mehr der unsere. Das gilt natürlich auch für die weltanschaulichen und politischen Positionen der Autoren, die in ihren Aufsätzen oft durchscheinen und somit zugleich ein lebendiges Bild der Auseinandersetzung mit dem Werk Rückerts in diesen eineinhalb Jahrhunderten vermitteln. Gerade unter diesem Aspekt bedauert der Herausgeber, daß er sich bei der Auswahl zu strikter Beschränkung gezwungen sah. Die Abwägung, was aufgenommen werden sollte oder konnte, ist oft nicht leicht gewesen. Er hofft jedoch, daß die Beschränkung auf Weniges den Leser dazu anregen möge, der Rückert-Literatur selbst weiter nachzugehen. Hierfür muß auf die "Rückert-Bibliographie" von Rainer Uhrig (Schweinfurt 1979) verwiesen werden.

Alle Aufsätze sind ohne Kürzungen im originalen Wortlaut abgedruckt worden. Redaktionelle Änderungen hat sich der Herausgeber auch da versagt, wo die eine oder andere Äußerung nach seiner Meinung allzusehr vom Zeitgeist diktiert zu sein scheint. Lediglich die Orthographie der älteren Beiträge wurde an die heute übliche Schreibweise angepaßt.

Die 23 Beiträge wurden thematisch in vier Abschnitte gegliedert: Die Persönlichkeit - Der Dichter - Der Gelehrte - Das Werk. Dabei konnte für die Einordnung freilich nur der inhaltliche Schwerpunkt des Aufsatzes maßgeblich sein, denn die meisten berühren mehrere thematische Bereiche. Der Beitrag von Herman Kreyenborg (Bibliothekar, 1889-1963), ein Vortrag, den er am 22. Februar 1927 im Westfälischen Provinzial-Verein für Wissenschaft und Kunst in Münster/Westf. gehalten hat, wird hier mit freundlicher Erlaubnis der Universitätsbibliothek Münster zum ersten Mal veröffentlicht. Herr H. Bobzin hat sich dankenswerterweise der Mühe unterzogen, den Vortragstext für den Druck zu redigieren und durch wichtige Anmerkungen zu ergänzen. Die übrigen Beiträge sind den folgenden Quellen entnommen:

Willibald Alexis (Schriftsteller, 1798-1871): Rostem und Sohrab. Eine Heldengeschichte von Friedrich Rückert. Aus: Blätter für literarische Unterhaltung, Jg. 1839, S. 129-131, 133-134.

Berthold Auerbach (Schriftsteller, 1812-1882): Wie Friedrich Rückert seine Lieder singen hörte. Aus: Ders.: Zur guten Stunde. 2. Bd. Stuttgart 1872, S. 441-444.

Hartmut Bobzin: Ein Winter in Berlin (1844/45).[Überarbeitete Fassung des Aufsatzes: Friedrich Rückert in Berlin (1844-45). Aus den Erinnerungen von Max Müller]. Aus: Oriens 29-30 (1986), S. 102-109.

Franz Bopp (Sprachwissenschaftler, Sanskritist, 1791-1890): Nal und Damajanti. Eine Indische Geschichte von Friedrich Rückert. Aus: Jahrbücher für wissenschaftliche Kritik, Jg.1829, Sp. 401-410.

Robert Boxberger (Literaturhistoriker, Schulmann, 1836-1890): Rückerts Stellung zur Weltliteratur. Aus: Das Magazin für die Literatur des In- und Auslandes 57 (1888), S. 301-327.

Ferdinand Gademann (Industrieller, 1880-1969): Friedrich Rückert und Schweinfurt. Aus: Das Bayernland 49 (1938), S. 259-268.

Franz Golffing (Literaturhistoriker, geb. 1910, seit 1940 in den USA): Friedrich Rückert als Lyriker: Die Wirkung. Aus: Friedrich Rückert als Lyriker. Ein Beitrag zur Würdigung (Dissertation Basel 1935). Wien 1935, S. 35-42.

Hubert Grimme (Orientalist, 1864-1942): Lieberfrühlings Entstehung. Aus: Westermanns Monatshefte, Jg. 69, Bd. 137 (1924-1925), S. 148-152.

Edgar Groß (Schriftsteller, 1885-1970): Friedrich Rückerts politisches Glaubensbekenntnis. Aus: Die Hilfe 18 (1912), S. 653-656.

Gustav Karpeles (Literaturhistoriker, Publizist, 1848-1909): Friedrich Rükkert und das Berliner Hoftheater. Aus: Dramatische Blätter und Bühnen-Rundschau 17 (1888), S. 261-263.

Oskar Loerke (Dichter, 1884-1941): Friedrich Rückert. Aus: Die Neue Rundschau 50 (1939), S. 209-240.

Karl Macke (Philologe, 1849-1915): Friedrich Rückert als Übersetzer. Aus: Jahresbericht über das Königl. Gymnasium zu Siegburg für das Schuljahr 1895/96. Siegburg 1896, S. 3-22.

Leopold Magon (Germanist, Literaturhistoriker, 1887-1968): Goethes "West-östlicher Diwan" und Rückerts "Östliche Rosen". Zur Vorgeschichte der "Östlichen Rosen". Aus: Gestaltung Umgestaltung. Festschrift für Hermann August Korff. Leipzig 1957, S. 160-177.

G. N. Marschall (Schulmann, 1852-1916): Friedr. Rückerts pädagogische Bedeutung. Aus: Bayerische Lehrer-Zeitung, 22. Jg. (1888), S. 217.ff.

Heinrich Menges (Philologe, 1842-1910): Zu Rückerts Schwalbenlied: Aus der Jugendzeit. Aus: Zeitschrift für den deutschen Unterricht, 13. (1899), S. 826-829.

Helmut Prang (Germanist, Literaturhistoriker, 1910-1982): Friedrich Rükkert in Italien. Aus: Jahrbuch für Fränkische Landesforschung 21 (1961), S. 127-147 und: Friedrich Rückert und Coburg. Aus: Jahrbuch der Coburger Landesstiftung 1961, S. 139-151.

Friedrich Rosen (Orientalist, Sanskritist, 1805-1837): Die Verwandlungen des Abu Seid von Serûg oder die Makâmen des Harîri in freier Nachbildung von F. Rückert. Aus: Jahrbücher für wissenschaftliche Kritik, Jg. 1827, Sp. 609-617.

Heinrich Rückert (Germanist, 1823-1875): Friedrich Rückert als Gelehrter. Aus: Grenzboten, Jg. 1866, S. 129-155.

Gustav Schwab (Schriftsteller, 1792-1850): Gesammelte Gedichte von Friedrich Rückert. Dritter und vierter Band. Aus: Blätter für literarische Unterhaltung, Jg. 1838, Nr. 305-309.

Eugen Stollreither (Bibliothekar, 1874-1956): Rückert und Erlangen. Aus: Das Bayernland 49 (1938), S. 269-278.

Christian Hermann Weisse (Philosoph, 1801-1866): Leben Jesu. Evangelien-Harmonie in gebundener Rede von Friedrich Rückert. Aus: Blätter für literarische Unterhaltung, Jg. 1939, S.337-339, 341-343, 345-345.

Das Buch hätte nicht erscheinen können ohne die Mithilfe vieler. Der Herausgeber dankt Frau Else Kruse, die ihn bei der Durchsicht und Auswahl der nicht unbeträchtlichen Masse in Frage stehender Texte unterstützte, und Frau Herta Hafenrichter, die den Komputersatz hergestellt hat. Die Rückert-Gesellschaft hat all denjenigen Institutionen Dank zu sagen, die durch ihre finanzielle Unterstützung das Erscheinen dieses Bandes ermöglichten:
– der Stadt Schweinfurt
– dem Kulturamt der Stadt Erlangen
– dem Landkreis Unterfranken
– dem Institut für Fremdsprachen und Auslandskunde bei der Universität Erlangen-Nürnberg, das durch seine Unterstützung Rückert als großen Übersetzer ehren möchte.

Erlangen, im Mai 1988 W. Fischer

I. Die Persönlichkeit

Friedrich Rückert und Schweinfurt

Von Ferdinand Gademann

Im Mittelpunkt der einstigen freien Reichsstadt und heute mächtig aufstrebenden Industriestadt Schweinfurt, auf dem schönen Marktplatz steht das bei aller Schlichtheit eindrucksvolle, von dem Münchner Bildhauer Wilhelm Ruemann modellierte Denkmal des Dichters Friedrich Rückert. Dies ehrt den Dichter wie die Stadt, die stolz darauf ist, seine Geburtsstadt zu sein. Am 16. Mai 1788 ist hier der Dichter geboren, deshalb soll sein 150. Geburtstag nicht ohne ehrendes Gedenken in ihr vorüber gehen.

Sinnend schaut Rückert von seinem Denkmalsitze auf das eben erst prächtig wieder hergerichtete stattliche Rathaus der Stadt, das die Bürger einst, kaum zwanzig Jahre nach völliger Zerstörung Schweinfurts (1570 bis 1572) errichtet und mit dem Doppeladler der deutschen Kaiser und den Wappen der sieben Kurfürsten geschmückt haben, zum Zeichen der schwer errungenen und mit immer neuen Opfern behaupteten Reichsfreiheit. Denn der Glaube und die Treue zum großen deutschen Volk und Reich ist in dieser wie in allen deutschen Reichsstädten stets lebendig gewesen und damit auch Erbgut ihres großen Sohnes geworden.

Noch heute wie seit sieben Jahrhunderten, seit die Reichsstadt einen Büchsenschuß westlich der noch ein halbes Jahrtausend älteren Frankensiedlung "Suinvorte", der "alten Stadt", im 12. Jahrhundert gegründet wurde, erfüllt an den Markttagen reges und buntes Leben den weiten Platz; die reichen Gaue um Schweinfurt zeigen hier die Fruchtbarkeit des Bodens wie den Fleiß der fränkischen Bauern. Der Dichter fühlt sich heimisch unter ihnen, seine Jugendjahre in der weinbautreibenden Stadt wie in Oberlauringen und sein Alter auf dem Lande in Neuses haben ihn gerade diesem Lebenskreis aufs engste verbunden. So steht sein Denkmal just am rechten Platze.

Der Marktplatz mit dem Rathaus liegt genau am Schnittpunkt des großen Straßenkreuzes Ost-West und Nord-Süd, das die alte Stadt beherrscht; dem Rathaus gegenüber am bedeutsamen Mittelpunkt der Stadt steht, gleich als ob hier geheimnisvolle Kräfte gewaltet hätten, das schlichte Geburtshaus des Dichters, wo er als erster Sohn des jungverheirateten Advokaten *Joh. Adam Rückert* und seiner Frau *Maria Barbara Schoppach*, geboren wurde. Eine Bronzetafel mit dem Bilde Rückerts von Schäffer, Stuttgart, schmückt heute das Haus, die vorbeiführende Straße heißt "Rückertstraße". Dem Dichter wurde das Ehrenbürgerrecht verliehen, was er mit den Worten bedankte:

Von allen Ehren mir am meisten wert
Ist die, womit die Vaterstadt mich ehrt.

Auch eine "Rückertbuchhandlung" am Markt wirbt für den Dichter, der noch in seinem 75. Lebensjahre seiner Geburtsstadt die hübschen Verse widmete:

Um sechszehnten Mai ist Glorie volle der Maien,
Um siebzehnten bereits neigt er dem Ende sich zu.
Um sechszehnten hat er noch einige Stufen zu steigen
Bis zum Gipfel hinan, Stufen mit Rosen bestreut.
Vorher und nachher im Mai sind andere Dichter geboren,
Um sechszehnten allein glaub' ich geboren zu sein.
Rühmt' ich eines, so rühm' ich ein anderes: nicht nur geboren
Bin ich in der Mitte des Mais, auch in der Mitte des Mains.
Vom Jean Paulschen Bayreuth bis hinan zum Goetheschen Frankfurt,
Ist er in Mitte des Laufs, wo mich geboren der Main.
Mainfurt sollte deswegen genannt werden meine Geburtsstadt;
Weinfurt ist sie genannt, ohne den Zischer davor

So ist der Dichter zu seinen Lebzeiten wie nach seinem Tode eng mit seiner Vaterstadt verbunden, bis in die neueste Zeit, wo der Stifter des großartigen Willy-Sachs-Stadions bei seiner Einweihung als Festspende seinen Gästen die prächtige Rückert-Auslese von Julius Kühn (Reclam) überreichen ließ. Wenn auch früher und heute mancher Kritiker den Dichter beiseite schob oder oberflächlich und ungerecht beurteilte, so zeigen doch immer wieder neue Ausgaben seiner Werke, daß Rückert auch heute noch einen treuen Kreis von Freunden und Verehrern hat, vor allem im Frankenlande. Was der Dichter in trüber Stunde, mit einem Blick auf den Strom seiner Geburtsstadt, gelegentlich fürchtete, ist nicht eingetreten:

Los des Schönen

Was du gebildet jahrelang, dann von dir gesandt mit Ehren,
Es ist nun gegangen seinen Gang und wird nicht wiederkehren.
Es ist geschwommen den Strom hinab ein Ton mit anderen Tönen
Und ist gesunken ins große Grab von allem vergessenen Schönen.
Wo nun des Lebens Marktschiff fährt, kommt aus der Tiefe ein Klingen;
Sie achten es nicht des Hörens wert, sie fahren nach anderen Dingen.

Vielmehr ist seine Hoffnung voll erfüllt worden, die er beim Anblick seines geliebten Gartens wohl öfter faßte:

Von allem, was ich täglich, stündlich pflanze,
Das meiste geht dahin wie Tag und Stunden;
Das sind die Blumen, die mir heut' zum Kranze
Gedient und morgen spurlos sind verschwunden.

Doch unter meiner Pflanzung sind auch Bäume,
Von denen Wuchs und Schatten, wie ich träume,
Wird überreichen des Jahrhunderts Räume.

So dürfen wir heute mit Fug und Recht aufs neue für ihn werben, der gerade dem neuen Deutschland viel zu sagen hat, was seine Zeit und die nachfolgenden Geschlechter noch gar nicht verstanden haben. Aus der Fülle dessen, was Heimatkunde und Familienforschung über unseren Dichter von seinen Vorfahren und seiner mit der Vaterstadt eng verbundenen Jugendzeit erforscht haben, soll uns hier ein kurzer Überblick den erdbedingten und bodenständischen echten Deutschen und Franken näherbringen.

Die fränkische Reichsstadt ist nicht nur die Geburtsstadt Rückerts. Schweinfurt mit seiner freundlichen Umgebung ist neben dem Dörfchen Oberlauringen auch die Stätte seiner Kindheit und Jugendjahre und von seiner Mutter Seite her auch die Heimat aller seiner Vorfahren auf viele Jahrhunderte zurück. Stammt die Vaterseite, die Rückerts usw., um Hildburghausen aus dem nördlichen Teile des großen ostfränkischen Grabfeldgaues, so kommt die Familie der Mutter, die Schoppachs, aber auch die der Mutter der Mutter, die Stoers, und all die anderen Vorfahren dieser Seite aus Schweinfurt, der südlichsten Ecke desselben Gaues. Jahrhunderte zurück kann man sie in den bis 1556 erhaltenen Kirchenbüchern verfolgen. Diese Einheitlichkeit, ja Einseitigkeit der Abstammung aus einem so eng begrenzten Gebiet Oberfrankens war von entscheidendem Einfluß in günstiger wie weniger günstiger Beziehung auf Rückerts Wesen.

Wie bei anderen Dichtern, z.B. Goethe und Hölderlin, ist auch bei Rückert dem Knaben von der Seite der Mutter und deren Eltern, den Schoppachs und Stoers, besonders viel vererbt worden, sie gibt also besonderen Aufschluß über den Menschen Rückert. Von der Mutter hat er die dunklen Augen und so vieles, was uns sein Sohn Heinrich so treffend schildert:

"Schmächtig gewachsen, blond und blauäugig, weiche Züge, welchen der festverschlossene Mund einen schwermütigen Ausdruck verlieh, war er (der Vater) der volle Gegensatz des Sohnes, dessen breite Schultern, die Löwenmähne, das gewaltige Stirnbein, das scharfprononcierte Kinn, die markigen Manneszüge schon in der ersten Jugendzeit sich ausgebildet hatten. Was an so reckenhafter Kraft und Gestalt in dem Dichter sich darstellt, das war der Erbteil der Mutter. Eine schöne Frau, stattlich gewachsen, bis zuletzt noch, nach unendlich trüben Erfahrungen jenen ungestörten Lebensmut, jenen ungezwungenen Witz, jene lebhafte Gesprächigkeit aufrechterhaltend, die auch den Sohn so auszeichnete. Auf der Grundlage der reichsbürgerlichen Ackerstadt Schweinfurt stehend, war sie eine treffliche Hausfrau nach altem Stil; alles selbst schaffend etc."

Die Familienforschung unserer Zeit kann dieses Bild noch ergänzen. Die Großmutter mütterlicherseits, geb. Stoer, aus einem angesehenen Nagelschmiedsgeschlecht, ein Kind der Rokokozeit, kraftvoll und munter, war nicht weniger als dreimal verheiratet und überlebte alle ihre Männer. Aus ihrem großen Familienkreis sind zahlreiche "Carmina", lange Gedichte zu freudigen und traurigen

Anlässen, aufgefunden worden, so daß die Reimfreude und Sprachgewandtheit von dieser Seite her schon einigen Geschlechterfolgen vertraut waren. Aber mehrere "studierte" Brüder der Großmutter erwiesen auch schon Sinn für Studium und Gelehrsamkeit in der Handwerkerfamilie.

Auf der Vaterseite der Mutter, den Schoppachs, einer Familie des Weißgerberhandwerks, aber finden wir neben mehreren Rechtsgelehrten, also ebenfalls Studierten, allerlei Abenteuer der Zeit um die Mitte des 18. Jahrhunderts, bei denen Liebe und Duell eine Rolle spielen: eines davon spielte gerade mit der Mutter der Mutter und führte zu deren dritter Ehe mit dem Advokaten Friedrich Schoppach. So verstehen wir heute besser, weshalb dem Enkel, unserem Dichter, jahrelang die Liebe viel zu schaffen machte. Dem so leicht schaffenden Temperament ergab sich dann immer gleich ein Buch Gedichte, wo andere sich mühsam einige Zeilen abrangen.

Die vielen Verwandten der Großeltern in angesehenen Stellungen der Reichsstadt, die alle die gute Schule des Schweinfurter Gymnasiums durchlaufen hatten, ergaben schon für Rückerts Vater wertvolle Beziehungen, z.B. auch zur fränkischen Reichsritterschaft, die, in "Orthen" organisiert, auch eine Kanzlei des "Orthes Rhön-Werra" in Schweinfurt hatte; hier waren mehrere Verwandte Stoer tätig, und in die Dienste eines dieser Reichsritter trat bald auch für einige Zeit Rückerts Vater. Aber auch Rückert selbst verdankt seine erste große Förderung dem Reichsritter Truchseß von Wetzhausen, dem "Ritter von der Bettenburg". All diese Familienbeziehungen und Überlieferungen waren nicht nur für die Jugendzeit des Dichters sehr wichtig, sie begleiteten ihn seine ganzes Leben.

Die ersten Kindheitsjahre des kleinen Fritz (1788 bis 1793) spielten sich am Marktplatz und in dem Schoppachschen Garten vor der Stadt (Kiliansberg 1, heute Dr. Raithel) ab. Es steht heute sicher fest, daß gegen Ende des Geburtsjahres aus dem schon zu dessen Anfang verkauften Haus gegenüber dem Rathaus sowohl die Großmutter wie der junge Advokat mit Frau und Kind links oben an den Markt (heute Nr. 47, Dr. Enk) zogen. Der Knabe war meist bei der Großmutter, bei der noch eine unverheiratete Tochter (Sophie Till) aus zweiter Ehe wohnte. Viel Fürsorge und Liebe von Großmutter, Mutter und Tanten begleitete den jungen Rückert; sie machte ihn zum Sänger der deutschen Familie.

Die ersten Ehejahre des jungen Advokaten Rückert fielen in eine unruhevolle Zeit. Von Westen grollten schon die Donner der französischen Revolution, es gab viel Advokaten in der Stadt und nicht allzuviel Verdienst. So trat Vater Rückert mit Vertrag vom 8. 6. 1793 als "Amtmann im Ort Oberlauringen und den dahingehörigen Ort- und Lehenschaften" in die Dienste eines fränkischen Reichsritters, des Freiherrn *Carl Truchseß von Wetzhausen zu Oberlauringen*. Nachdem zu den Brüdern Friedrich und Heinrich und der Schwester Sophie noch ein zweites Töchterlein, Magdalena, im August 1793 gekommen war, zog die Familie Rückert mit Großmutter und Tante dem Vater nach ins Amtmannshaus Oberlauringen, von dem heute nur noch eine Pforte als Erinnerungsmal steht;

es wurde für zehn Jahre ihre Heimat.

In seiner Gedichtfolge "Des Dorfamtmannssohnes Kinderjahre" hat Rückert später in Erlangen ein Bild aus dieser für ihn so wichtigen Zeit gegeben, aber auch sonst finden sich in seinen Gedichten viele Anklänge daran. Es muß betont werden, daß das friedliche Landleben dort weder für die Kinder und noch weniger für die Eltern eine Trennung von der Vaterstsadt Schweinfurt bedeutet hat. Der nur 23 Kilometer entfernte protestantische Ritterschaftsort stand in engster Verbindung mit Schweinfurt, das für ihn "die Stadt" war, z.B. durch die Ritterschaftskanzlei, durch die Beziehungen zur Schweinfurter Geistlichkeit, die auch die Ritterorte betreute, durch die zahlreichen Verwandten der Familie Rückert und die wirtschaftlichen Bindungen. So können auch diese Jahre zur Schweinfurter Zeit Rückerts gezählt werden. Die fränkische Landschaft mit sanften Hügeln und lieblichen Tälern, großen Wäldern und murmelnden Bächlein wurde – immer die gleiche – hier wie in Schweinfurt und später in Erlangen und bei Coburg Rückert so lieb und unentbehrlich, daß weder das vielen Deutschen gefährliche glutvolle Italien, noch das Hofleben Berlins, noch selbst der Schwarzwald ihn irgendwie fesseln konnten. Seine große Freude an Landschaft und Natur, an Vogel, Baum und Blume entstand in dieser Zeit und machte ihn zum Sänger dieser seiner Heimat "in Deutschlands Mitte". Sein Lied "Aus der Jugendzeit, aus der Jugendzeit, klingt ein Lied mir immerdar" erinnert an diese Zeit in Oberlauringen und Schweinfurt.

Auch den fränkischen Bauern kennt und schätzt der Dichter, sagt er doch in "Auch eine Unsterblichkeit":

> In seines Dorfes Kirchenbuch sind jedes Bauern Tod- und Lebensscheine.
> Vielleicht mit einem frommen Spruch steht auch sein Nam' auf einem Leichensteine.
> Das ist so viel Unsterblichkeit für ihn wie für den stolzesten der Helden,
> Von dem aus der Vergangenheit verstaubte Blätter der Geschichte melden.

Die Söhne des Dorfamtmanns führten ein wahrhaft königlich freies Leben in Wald und Flur. Die Gebräuche der Bauern, die Sagen der Umgebung tauschen in den Gedichten auf; das benachbarte reiche Kloster Bildhausen wird mit dem Vater besucht; Freundschaft besteht mit den Kindern des Dorfes wie den Pfarrern der Umgegend und allerlei "Originalen"; der "Schunkenheimer" zeigt seine Weltgeschichte, ein zum Bauern gewordener Schweinfurter Kaufmann begeistert sich für die Dichtung und läßt die Knaben daran teilnehmen. Da kommen "die Muhmen aus der Stadt" zu Besuch, und die Knaben werden dorthin mitgenommen. Der Zehnjährige kennt auch den Sonderling am Schweinfurter Mühltor, den "Schnurrengeneral Pax", und das Wahrzeichen der Stadt an diesem Tor, die "Eule", einen verunglückten Reichsadler. Mit jugendlicher Begeisterung hat Rückert damals die Feste in der Stadt, vor allem "das Vogelschießen" und die berühmte "Weinlese", der er sein Lebtag treu blieb, mitgemacht. Aber auch im großmütterlichen Garten in Schweinfurt wuchsen schöne Kirschen, und noch im 70. Lebensjahre erinnert Rückert seinen Schulfreund *Hofrat v. Segnitz* an einen Kirschendiebstahl, wo sein Bruder und Segnitz dort die Kirschen holen wollten, er aber Wache stand. Trotzdem wurden die Knaben von den "Postfrauenzimmern" erwischt. Das waren der Mutter Schwägerinnen Schoppach, in deren Familie seit 1702 die Thurn- und Taxische Postverwaltung erblich war. Auch die erste schüchterne Liebe zum "Annele" des Ritterschaftsboten Steigmeyer regte sich, ohne allzu großen Dank zu finden.

Die Schulbildung der Amtmannssöhne wurde nicht vernachläßigt. Nach dem Anfangsunterricht durch den Lehrer *Hellmuth* bereitete der alte, aus Schweinfurt stammende Ortspfarrer *Joh. Caspar Stepf* die Brüder in seiner Wohnstube in den klassischen Sprachen so gut vor, daß sie mit Ehren in die Prima der Lateinschule in Schweinfurt aufgenommen werden konnten. Auch in der deutschen Sprache wurde schon von diesem Manne der Grund für Rückerts Formbeherrschung gelegt.

Bei all dem fröhlichen Treiben in Wald und Flur, dem Wandern und dem Lernen ist die Oberlauringer Zeit, was bisher allen Biographen Rückerts entgangen ist, und was Rückert selbst kaum andeutet, für die Familie eine schwere und sorgenvolle, zuletzt geradezu eine Notzeit gewesen. Fiel sie doch in die Wirren der Franzosenkriege. Truppendurchzüge von Freund und Feind brachten schwerste Bedrückung und verarmten das Land. Besonders schlimm wurde es, als 1796 die Jourdansche Armee in Franken einfiel und gar auf ihrem Rückzug nach den Niederlagen bei Amberg am 24. August und Würzburg am 2. und 3. September alle Hemmungen verlor, raubte, plünderte, brannte und vergewaltigte. Da rotteten sich die Rhön- und Spessartbauern zusammen und lieferten den flüchtenden Franzosen ganze Schlachten und gar nicht weit von Oberlauringen. Das Kirchenbuch dieses Ortes bringt vom Pfarrer Stepf am 6. September 1796 einen Eintrag von einem Franzosengreuel aus dem nahen Maßbach, dessen Opfer, eine junge Ehefrau, halbtot nach Oberlauringen gebracht wurde und dort starb, 1801 kamen die Franzosen wieder, und wenn es auch geordneter herging als bei den "Sansculotten", die Bedrückungen blieben dieselben; selbst manche kaiserlichen Truppen und Generäle machten es nicht viel besser.

Aus einigen im Staatsarchiv Würzburg gefundenen Aktenbündeln ergibt sich nun, daß diese schlimme Zeit auch schwere Folgen für den Amtmann Rückert hatte, der, von Krankheit geschwächt, aus den verarmten Bauern nicht mehr die seinem Vorgesetzten nötigen Gelder herausholen konnte und mit den Abrechnungen im Rückstande war. Nach vielen Auseinandersetzungen kündigte der Freiherr am 19. Juli 1802 seinem Amtmann kurzfristig; dessen lange Rechtfertigungsschreiben geben einen erschütternden Einblick in die Not der Zeit wie in die Bedrängnis der Familie Rückert. Am 18. Juli 1803 wendet sich der Amtmann noch in einer Eingabe an die neuentstandene Regierung in Würzburg, denn inzwischen hatte der "Reichsdeputationshauptschluß" der Selbständigkeit der geistlichen Fürstentümer, darunter auch Würzburg, wie der meisten Reichsstädte, so auch Schweinfurt, und der Reichsritterschaft ein Ende bereitet:

"Höchste Landesdirection! Es haftet Gefahr im Verzuge. Gefahr: weil ich mit meiner Familie brotlos darbe, da mir meine bisherige Amtsbesoldung vorenthalten worden und weil ich in die Länge dem Feuereifer des Freyherrn von Truchseß weichen müßte, um mich und eine für das Vaterland heranwachsende hoffnungsvolle Familie nicht vollends zu Grunde zu richten."

Am 26. Juli 1803 antwortete die Regierung ausweichend, daß "die Competenzen" noch nicht geklärt seien. Da gab Amtmann Rückert den Kampf auf und zog zurück in das rettende Schweinfurt, wo er am 13. Januar 1804 wieder als kgl. Advokat zugelassen wurde. Das bescheidene, von Mutter Schoppach ererbte Vermögen war z.T. aufgezehrt, aber es hatte das Durchhalten ermöglicht.

Auch der Familie hatte die Oberlauringer Zeit schwere Verluste gebracht. 1794 war die Großmutter Schoppach, 66 Jahre alt, "am Tage ihrer Geburt", gestorben. Das noch in Schweinfurt geborene zweite Töchterchen und alle drei in Oberlauringen geborenen Kinder starben nach wenigen Jahren, eine Folge der Not und der durch die Kriegszeit verbreiteten Seuchen.

Nur in zwei Gedichten verrät Rückert, daß der damalige Vorgesetzte seines Vaters nicht in gutem Andenken bei ihm steht. Dies erklärt sich vielleicht damit, daß dieser Truchseß bald darauf starb und mit ihm die ganze Seitenlinie erlosch, aber auch daraus, daß er dem Freiherrn Christian desselben berühmten Geschlechts später zu großem Dank verpflichtet wurde.

Es besteht kein Zweifel, daß auch diese Erlebnisse in der Seele des heranwachsenden Knaben tiefe Eindrücke hinterlassen haben, der Tod so vieler Geschwister, die Zerissenheit und Ohnmacht des deutschen Vaterlandes und die Greuel des Krieges. Sicherlich hat auch der tiefe Haß Rückerts gegen die Franzosen und ihren Kaiser von diesen Jugenderlebnissen seinen Anfang genommen, er fand genug weitere Nahrung in den folgenden Jahren. Noch nach den Befreiungskriegen, welche zur tiefsten Enttäuschung der besten Deutschen nicht zur erhofften nationalen Wiedergeburt führten, erregte Rückert 1817 in Stuttgart Anstoß, weil er "den Orden der Ehrenlegion einen Galgenstrick nannte, indeß ihn die wackersten Krieger seiner Nation tragen".

Von der zweiten Hälfte 1803 bis zum Jahre 1806 wohnte nun die Familie Rückert wieder in Schweinfurt im Hause Lange Zehentgasse 27 (Schneider), nur wenige Schritte zum nahen Gymnasium. Friedrich Rückert war schon ein Jahr vorher (November 1802) auf diese Schule gekommen, aber auch in diesem Jahre war er nicht im Alumneum der Schule, wovon seine liebenswürdige Biographin *Agnes Willms-Wildermuth* allerlei bunte Geschichten erzählt hat. Er besuchte die Schule bis zum 4. Oktober 1805, also drei Jahre, und verließ sie mit einem glänzenden Zeugnis. Heute ist das Gebäude, das "alte Gymnasium", ausgezeichnet instandgesetzt, ein vorbildliches Heimatmuseum, mit einem "Rückertzimmer", das Möbel des Dichters, auch Bilder und Schriften von ihm enthält, so recht geeignet, sein Andenken zu pflegen.

An der Schule erlebte der junge Rückert nun, manchmal aus der Nähe, all die politischen Ereignisse jener Zeit französischen Übermutes und deutscher

Erniedrigung und Schwäche. Gerade bei seinem Kommen wurde die Stadt von Bayern besetzt, was der oft von den benachbarten Bischöfen bedrängten Stadt als Erlösung erschien. Auch die Schule wurde umgebildet, behielt aber ihren tüchtigen Lehrkörper und ihre rühmliche Überlieferung, auch ihren vaterländischen Geist. Der Gesichtskreis des Schülers in der deutschen wie der klassischen Literatur erweiterte sich erheblich; spielend machte Rückert wöchentlich zweihundert lateinische Verse, mehr als man von ihm verlangte. Er zeigte überraschende Gewandtheit in der Beherrschung der sprachlichen Form. So ist es kein Zweifel, daß hier der Grund für viele seiner späteren Leistungen als Dichter wie als Sprachforscher gelegt wurde, daß seiner schöpferischen Begabung hier ein glänzendes Rüstzeug mitgegeben wurde. Aber auch sein deutsches Denken und Hoffen fand an der echt deutschen Gesinnung der berühmten reichsstädtischen Schule die beste Bewahrung und Förderung.

Ein glücklicher Zufall hat uns gerade aus jenen Jahren das "Zeichenbuch" einer begabten jungen Schweinfurter Künstlerin, *Katharina Geiger*, die mit Rückert etwas verwandt war, erhalten. Es wurde von mir vor einigen Jahren herausgegeben. Da finden wir nun den ganzen Kreis der Menschen aus Stadt und Land, die auch Rückert damals in Oberlauringen vor Augen hatte, vom Landadel und den Beamten bis zu der Jugend und den Bauern und Mägden. Neben der modischen Biedermeiertracht wird noch sehr viel die schöne alte fränkische Tracht getragen. Einige dieser Bildchen sind hier wiedergegeben, es wird uns auch aus ihnen klar, welch große Spanne Rückerts Leben und Wirken von der Jugendzeit im alten ersten deutschen Reich bis fast an die Schwelle des zweiten Reiches umfaßt hat, daß er aber als Dichter in der alten, in der Jugendzeit besonders stark verwurzelt war[1].

Mit Rückerts Einschreibung an der Universität Würzburg am 9. November 1809 enden, streng genommen, seine Jugendjahre in Schweinfurt und dessen nächster Umgebung. An anderer Stelle, in der Merckschen Familienschrift, habe ich nachgewiesen, daß auch in Würzburg seine Beziehungen zu Schweinfurter Freunden fortdauern und daß sie sich auch später immer wieder finden. Besonders nahe stand ihm der Sohn des Oberlauringer Pfarrers *Christian Stepf*; er studierte auch in Würzburg und gründete dort die Landsmannschaft, das spätere Corps Franconia, der auch anderer Schweinfurter angehörten und die auch Rückert an sich zog. Ein anderer aus dieser Familie, *Heinrich Stepf*, stand Rückert 1810-1812 in Jena nahe, auch als Dichter von ihm anerkannt; er kam auch 1812 mit ihm wieder nach Würzburg, wo beide einem ganzen Kreis für die Befreiung und Einigung Deutschlands begeisterter junger Leute angehörten. Hier veröffentlichte Rückert in der Würzburger "Aurora" 1813 sein erstes gedrucktes Gedicht: "Lied eines fränkischen Jägers". Hier gab, wie *Platen* mitteilt, der schon im engeren Kreise Gefeierte seinem Freund *Wolfgang Adam Merck* die Niederschrift seiner "Geharnischten Sonette" zur Beratung, in denen sich die Verse finden:

---

[1] Die dem Aufsatz beigegebenen Abbildungen wurden nicht übernommen [der Hrsg.].

Du Wolf der Deutschen:Phönix sondergleichen,
Du bist mit Ruhm gealtert ein Jahrtausend,
Doch niemand soll mit Hohn sehn deine Leichen.

Besteig' den Holzstoß, nicht vor'm Tode grausend!
In Flammen soll dir Schwäch' und Alter weichen
Und du hervorgeh'n, neu in Jugend brausend!

Rückerts Freund, *J. A. Seuffert* von Würzburg, der die meisten Beiträge zur "Aurora" 1813 beisteuerte, brachte in einem Gedicht: "Aussicht" (13. Oktober) folgende Verse, die uns heute überraschend zeitgemäß erscheinen:

Ihr Franken, Sachsen, Hessen, Baiern, Schwaben!
Euch ruf' ich nicht – Eur' Nam' muß untergehn!
Euch Deutsche! Deutsche! will ich vor mir sehen –
Erwacht! Erwacht! denn Ihr war't lang begraben.

Dieser Seuffert und sein Bruder zogen mit Rückerts Bruder Heinrich als Freiwillige gegen Frankreich, ebenso Heinrich Stepf, der verwundet wurde; Rückert mußte, damals kränklich, zu seinem Schmerz zurückbleiben. So war Rückert auch in der Zeit seiner größten dichterischen Kraft im engsten Kreise seiner mainfränkischen Landsleute heimisch.

Inzwischen war Rückerts Vater 1805 in den neugebildeten bayrischen Verwaltungsdienst aufgenommen worden, zuerst zur "Occupation" einer Reihe reichsritterlicher Orte, dann zog er 1806 als "Territorialkommissar" mit seiner Familie nach Rügheim, 1807 nach Seßlach, und 1809 wurde er Rentamtmann in Ebern, wo er bis 1825 blieb. Dann kam er in gleicher Eigenschaft nach Schweinfurt zurück und wohnte im "alten Rentamt, Schultestraße, wo er 1831 starb. Seine Witwe und seine jüngste, erst 1810 in Ebern geborene Tochter Maria, der Rückert seine berühmten, noch heute jedes Kinderherz entzückenden "Fünf Märlein zum Einschlafen für mein Schwesterlein" in einer Dezembernacht 1813 gedichtet hat, ziehen nun in das letzte Rückerthaus in Schweinfurt, Burggasse 12, wo sie beide 1835 innerhalb eines halben Jahres starben. Alle drei sind im malerischen alten Friedhof der Stadt begraben; ihre Grabstätten werden noch heute von vielen Rückertfreunden aufgesucht.

In diesen letzten zehn Jahren kam natürlich Rückert, oft mit Frau und Kindern, immer wieder zu Besuch nach Schweinfurt. Er hat in seinem Gedicht: "Der Brief an die Mutter" einen solchen Besuch bei der Mutter in einer für seine Heimatstadt besonders wertvollen Weise beschrieben. Es ließen sich auch später immer wieder Beziehungen Rückerts zu Verwandten und besonders Freunden in der Vaterstadt aufweisen, aber längst hat er sich aus der engen Bindung an diese gelöst und erst in den Haßbergen um Ebern, auf der Bettenburg, auf Reisen bis nach Italien, dann Erlangen und zuletzt Neuses bei Coburg neue Lebenskreise gewonnen, wenn auch Heimatstadt und Jugendzeit stets ihm unvergessen blieben.

Ein Versuch, die Klänge aus der Schweinfurter Zeit in Rückerts Werken aufzuzeigen, würde weit über den Rahmen dieses Aufsatzes hinausgehen, obwohl Rückert gerade unter seinen Jugendgedichten viele vernichtet hat, andere in seinem Nachlaß verloren gingen. Aber einige Beispiele, wie er seiner Heimat gedachte, müssen doch gebracht werden. So beschäftigte ihn mehrfach der Name der Vaterstadt. Im "Besuch in der Stadt" bringt er eine heitere, nicht geschichtliche Erläuterung aus der mißglückten Bildhauerarbeit eines Lammes und die Verse:

Hättest Mainfurt, hättest Weinfurt,
Weil du führest Wein,
Heißen können, aber Schweinfurt,
Schweinfurt sollt' es sein!

Er widerlegte damit glänzend den Vorwurf, daß er auf alles einen guten Reim finde, nur nicht auf seine Vaterstadt. Besonders wertvoll sind für diese die Verse aus seinem schon erwähnten "Brief an die Mutter":

Strom des Mains, an welchem meine
Wiege stand im Rebenkranz,
Zwar nicht mehr im Sonnenscheine
Strahlt er, doch im Abendglanz.
(Sie kamen abends an.)

Und die Sonne selbst noch winket
Dir im Scheiden einen Gruß,
Mainberg, dessen Zinne blinket
Golden über'm Silberfluß.

Wenn nicht diese Berge wären,
Wäre nicht der Fluß so schön;
Und nur weil sie sich verklären
In dem Fluß, sind schön die Höh'n.

Weil sich mit dem Main der Weinberg,
Mit dem Weinberg schmückt der Main,
Darum heißt die Stelle Mainberg,
Schönster Berg- und Stromverein.

Ob erhoben seinen Steinwein
Würzburg über'n Rheinwein hat,
Mir gewürzter wächst der Mainwein
Zwischen Mainberg und der Stadt,

Deren Mühlen, deren Brücken
Lieblich dort am Strome dämmern.

Dann kommt eine Schilderung der Freuden der Weinlese, welche damals noch eines der Hauptfeste der stark weinbautreibenden Stadt war, das Rückert oft und begeistert genossen hat. Läßt er sich doch auch bis ins Alter frische Trauben senden und singt in seinem Gedicht: "Abschied von Neuses", wo er den die Laubbäume entblätternden Herbstwind anspricht:

Morgen ziehe ich zum Maine,
Wo du jetzt die Blätter streifst
Von dem Berg, wie hier vom Haine,
Doch darunter Trauben reifst.
Daß an ihm ich bin geboren,
Macht den Main so lieb mir nicht,
Als daß er im Tanz der Horen
Diesen Kranz, den letzten flicht.

Nie hätte der Dichter ohne die Jugendliebe zum Wein die Weinlieder des Persers Hafis so schwungvoll unserer Sprache in seinen "Östlichen Rosen" 1822 gewinnen können:

Hell glänzt in unserem Auge dein Licht,
Jungfräuliches Blut der Rebe!
Hüllt dich des Glases Kristallkleid nicht,
So hüllt dich Beerengewebe.

Durchsichtig ist der Schönheit Gewand,
Du kannst dich nicht verschleiern.
Und wo dein Duft nur zieht durchs Land,
Da wimmelt's von deinen Freiern.

Zwei kurze Gedichte auf das Schloß Mainberg bei Schweinfurt und den Main seien noch gebracht, die zeigen, wie vertraut ihm diese Stätten der Kindheit waren:

Das Ritterschloß

Ein altes Schloß aus Rittertagen.
Den Sitz darin
Ein junger Herr hat aufgeschlagen
nach seinem Sinn.
Er hat am Äußeren nicht vernichtet
des Alters Rost,
Doch neu das Inn're eingerichtet
für Hitze und Frost.
Doch freut der Eindruck uns der treue
der alten Zeit,
Und hier nur um so mehr die neue
Bequemlichkeit.

Fahrt auf dem Strom am Herbstabend

Fuhren wir herab den Main still und frohgemut,
Lag des Abends heller Schein vor uns auf der Flut.
Immer auf den hellen Schein geht der Nachen zu,
Treten wird er nun hinein in dem nächsten Nu.
Aber weiter rückt der Schein stets von Ort zu Ort,
Und die Fahrt ihm hinterdrein geht im Dunkel fort.

Das Schloß Mainberg hatte *Wilhelm Sattler* 1822 als Ruine erworben, mit seiner kunstsinnigen Gattin Katharina, geb. Geiger, der obenerwähnten Malerin und Verwandten Rückerts, eben erst wieder wohnlich eingerichtet und mit einer bedeutenden Altertumssammlung geschmückt. Zur Zeit des Aufenthalts der Eltern Rückerts in Schweinfurt (1825-1835) war der Dichter dort zu Gast, wie er im uralten "Gasthaus zum Adler" am Fuße des Schlosses gern seinen Schoppen Frankenwein trank und dann sicher öfter die zumal bei Mondschein sehr beliebte Kahnfahrt auf dem Main stromabwärts machte.

Neben der Heimat bewegte das Herz des Dichters immer das Schicksal Deutschlands. So sehr ihn auch Liebe und Natur in ihren Bann zogen und sprachliche Forschungen beschäftigten, unverändert stark bleiben bei ihm die Bindungen an Volk und Vaterland.

Wie in den Reichsstädten überhaupt, so war auch, wie schon eingangs betont, in Schweinfurt der Gedanke an ein einiges und mächtiges Deutsches Reich und Volk unter starker Führung stets die große Sehnsucht geblieben. Schon der große Schweinfurter Gregor von Heimburg (1400 bis 1475) hatte auf Konzilien und in Kämpfen mit Rom "deutsche Vaterlandsliebe und Begeisterung als feuriger Vaterlandsfreund in einer Zeit bewiesen, da man diese Begriffe kaum dem Namen nach kannte". Immer wieder kamen aus der fränkischen Stadt für die große deutsche Politik oder die deutsche Gesamtkultur bedeutsame Persönlichkeiten, wie Cuspinian (1473-1529), der Sohn eines Schweinfurter Bürgermeisters, der den Habsburgern Böhmen und Ungarn für Jahrhunderte gewann, und Conrad Celtis aus dem nahen Wipfeld, der erste "Poeta laureatus"; er hatte auch schon Schweinfurts Lateinschule besucht. Nach dem Dreißigjährigen Krieg gründeten vier Ärzte hier unter Führung des Dr. Laurentius Bausch die erste naturwissenschaftliche Akademie der Welt, die vor kurzem, in Halle ein glanzvolles Jubelfest feierte. So ist das Erstehen eines großen nationalen Sehers und Rufers und echten deutschen Dichters in der Zeit tiefster Erniedrigung gerade hier wohlbegründet. Von seinen vielen vaterländischen Gedichten sind eine Reihe zum Gemeingut unseres Volkes geworden: "Barbarossa", "Die Straßburger Tanne", "Roland der Ries" usf. Daß er sehnend die ferne Zukunft erschaute, möge zum Schluß die zweite der "geharnischten Sonetten", beweisen:

Könnt' ich der Zukunft ihren Schleier lüpfen,
Zu seh'n dahinter einen, der geboren
Einst werden wird und vom Geschick erkoren,

Des Vaterlandes Fesseln abzustrüpfen!

Wie Geister seinen Lebensfaden knüpfen,
Und seinen Ruhm sich raunen in die Ohren;
Ein Mutterschoß in noch geschloss'nen Toren
Fühlt ungestüm den künft'gen Helden hüpfen!

Gesegnet sei die Brust, die einst ihn säuget,
Die Wiege glückgeschaukelt, die ihn fasset,
Das Auge selig, das ihn siehet lebend.

Noch eh' du wardst, hat dich mein Gruß bezeuget;
Und bin ich, wenn du wurdest, längst erblasset,
So grüß' ich dich, auf Wolken schwebend.

Diese geharnischte Sonette ist die seherische Vorausahnung einer Erfüllung, die wir heute voll Dankbarkeit erleben. Daß sie, wie die anderen geharnischten Sonetten und so viele andere vaterländische Gedichte Rückerts aus seiner Jugendzeit, aus seinem heimatlichen Kreis und mit aus dem Geist und Blut seiner Vaterstadt geboren ist, glauben wir nachgewiesen zu haben, zur Ehre der Geburtsstadt Rückerts, vor allem aber zum Ruhme des echt fränkischen und echt deutschen Mannes, Dichters und Denkers, den wir heute feiern:

F r i e d r i c h R ü c k e r t.

[Aus: Das Bayernland 49 (1938) S. 259-268.]

Friedrich Rückert in Italien

Von Helmut Prang

Wilhelm Waetzold ließ seinem bedeutenden Buch "Das klassische Land"[1] einige Jahre später einen programmatischen Aufsatz über "Die Kulturgeschichte der Italienreisen" folgen[2] und setzte damit die Tradition derer fort, die sich mit den Beziehungen zwischen Deutschland und Italien beschäftigten[3]. In die große Reihe der deutschen Italien-Reisenden gehört nun auch Friedrich Rückert, über dessen Aufenthalt im Süden bisher aber nur spärliche Nachrichten zu finden waren, die auf *Conrad Beyers* Rückert-Biographien[4] oder auf Äußerungen einiger Zeitgenossen Rückerts beruhen[5]. Im folgenden kann über Rückerts einjährigen Aufenthalt in Rom und die Rückreise des Dichters von Italien neues Material vorgelegt werden, weil dem Verfasser ein unveröffentlichtes Reisetagebuch Rückerts zur Verfügung stand, dessen Original sich seit 1957 im Rückert-Nachlaß des Stadtarchivs der Stadt Schweinfurt befindet, aber z.Zt. leider nicht zugänglich ist. Doch habe ich dankenswerterweise eine genaue Abschrift des Italienischen Reisetagebuches vorliegen, die der frühere Besitzer des Originals, Dr. Rüdiger Rückert (Frankfurt a.M.), ein Urenkel des Dichters, angefertigt und mir überlassen hat. Aus der bisherigen Überlieferung und aus den Tagebuchaufzeichnungen des Dichters ergibt sich für den Italien-Aufenthalt Friedrich Rückerts etwa folgendes Bild: Im Herbst 1817 reiste der 29jährige Rückert mit Unterstützung des Verlegers *Cotta* nach Italien. Sein Weg führte ihn durch die Schweiz, wo er in Zürich Station machte. Mit dem Komponisten *Schnyder von Wartensee* wanderte er über Wollishofen, Horgen und Schnabelberg nach Zug, fuhr dann über den See nach Arth, um von dort aus den Rigi zu besteigen. Küßnacht und Luzern waren die nächsten Ziele, ehe der Dichter über den Gotthard und das Tal des Tessin nach Italien gelangte. Auf seiner weite-

---

[1] Leipzig 1927.

[2] Preußische Jahrbücher 230 (1932) S. 13 ff.

[3] Etwa O. Harnack, Deutsches Kunstleben in Rom, Weimar 1896 und vor allem Fr. Noack, Das Deutschtum in Rom seit dem Ausgang des Mittelalters I/II, Leipzig 1927

[4] 1866, 1868 und 1888.

[5] Z.B.: P. D. A. Atterbom, Aufzeichnungen des schwedischen Dichters P. D. A. Atterbom über berühmte deutsche Männer und Frauen nebst Reiseerinnerungen aus Deutschland und Italien aus den Jahren 1817-1819. Aus dem Schwedischen übersetzt von F. Maurer, Berlin 1867, S. 172, 177 (neuerdings unter dem Titel: Menschen und Städte. Begegnungen und Beobachtungen eines schwedischen Dichters ind Deutschland, Italien und Österreich 1817-1819. Neu herausgegeben von Chr. M. Schröder, Hamburg 1947). – Julius Schnorr von Carolsfeld, Briefe aus Italien, geschrieben in den Jahren 1817-1827, Gotha 1886. – J. Fürst, Henriette Herz. Ihr Leben und ihre Erinnerungen, Berlin 1858.

ren Wanderung nach Süden, die ihn über Mailand und Bologna, Tre maschere und Florenz, über Avena und Arezzo, Perugia und Foligno führte[6], lernte er *Wilhelm Müller*, den jungen Dichter der späteren Griechen-Lieder, kennen und reiste einige Zeit mit ihm gemeinsam südwärts.

Spätestens Mitte Oktober 1817 ist Rückert in Rom eingetroffen. Denn am 18. Oktober 1817 nahm er in der Villa Bolognetti vor der Porta Pia an der Feier zum Gedenken an die Schlacht bei Leipzig teil[7]. Möglicherweise war er auch bei der Gedenkfeier zur Reformation dabei, die der preußische Gesandtschaftssekretär *Christian Josias von Bunsen* am 9. November 1817 in seinem Palazzo am Capitol veranstaltete[8]. Wir haben allerdings kaum eigene Briefzeugnisse des Dichters aus dieser römischen Zeit, um genauere Angaben machen zu können. Aber ein Brief des befreundeten Superintendenten *Christian Hohnbaum* aus Rodach vom 10. November 1817 ist an Rückert in Rom gerichtet und der Dichter selber hat am 6. Dezember 1817 einen sieben Strophen langen Versbrief aus Rom an den befreundeten Minister *von Wangenheim* geschrieben. Am 18. Dezember läßt er ein Sonett "In's Manauer Pfarrhaus" folgen, das offenbar eine Antwort auf einen Brief des Pfarrers Eller aus Manau bei Bettenburg ist. Sehr bald scheint Rückert in Rom Anschluß an den dortigen Kreis deutscher Künstler und Gelehrter gefunden zu haben, aber wirklich Zuverlässiges erfahren wir erst über einige Januar-Tage des Jahres 1818.

So lesen wir in dem bruchstückhaften Tagebuch Rückerts längere Ausführungen über den Tag der Heiligen Drei Könige, der in Rom als Bescherungstag gefeiert wird und somit dem deutschen Weihnachtsfest entspricht. Der Dichter schildert die kleinen Geschenke von Früchten, Gebäck und Spielwaren, er beobachtet ähnlich wie ein Volkskundler die Vorgänge auf der Straße und das Gebaren der Menschen; er äußert sich aber auch über das helle warme Wetter und seine täglichen Lebensgewohnheiten, etwa über die Benutzung und Bedienung des "Focone", einer großen Kohlenpfanne in seinem Zimmer. Den Nachmittag dieses Feiertages verbringt er in der römischen Altstadt, auf dem Forum, beim Colosseum und in den Gärten des Klosters San Giovanni und Paolo, von wo aus "die köstlichste Aussicht auf die heute wunderbar beleuchteten Gebirge u. Stadt genossen, u. die üppige Wintervegetation" bewundert werden konnten. "Der Hügel, worauf das Kloster liegt, ist Coelius, einer von den 7 Bergen, mit dem Göthe (Ital. Reise erster Band Seite 415.) so übel umgeht, ihn den elenden Hügel Coelius zu schimpfen"[9]. Später steigt der Dichter mit seinem Begleiter "von hinten aufs Capitol" und kam "dadurch einer ungeheuren Volksmenge in

---

[6] Wie aus dem Tagebuch seiner Rückreise vom Oktober 1818 hervorgeht.

[7] Fr. Noack, a.a.O. I S. 377 und 495 sowie E. Förster, Peter von Cornelius. Ein Gedenkbuch ..., Berlin 1874 I S. 203. – Vgl. auch Fr. Rückerts Gedicht "Seit den Octobertagen/Ist auf Leipzigs Flammenherd ..." – Außerdem Fr. Eggers, Christian Daniel Rauch, Berlin 1873, I S. 203 f.

[8] Fr. Noack, a.a.O. I S. 384 und Chr. C. J. von Bunsen, Aus seinen Briefen und nach eigener Erinnerung geschildert von seiner Witwe. Deutsche Ausgabe von Fr. Nippold, Leipzig 1868, I S. 129 f.

[9] Vgl. Goethes Italienische Reise, 25. Januar 1787.

den Rücken, die sich von der Vorderseite her aus der Stadt zudrängt, um ein heil. Spektakel zu sehn".

Am Vormittag des 17. Januar 1818, es war ein Samstag oder "Sonnabend", wie Rückert schreibt, besuchte der Dichter zusammen mit dem Verleger Cotta und dessen Sohn sowie dem aus Cannstadt gebürtigen Maler *Jacob Linkh* die "Galerien Doria (am Corso) und Colonna". Er gesteht: "die Florentiner ziehen mich entschieden an, u. ich erkenne sie ziemlich leicht am Farbenglanz. In ersterer [Galerie] mehrere Garofalo's, u. 2 angebl. Peruginos. In letzterer [Galerie Colonna] 1 Rafael, auf den ich, wie magisch angezogen, ... beim Eintritt in den Saal zurenne ..." Wir erfahren hier erstmals etwas von Rückerts Beziehung zur Kunst, die in seinem bisherigen Leben keine besondere Rolle gespielt zu haben scheint.

Am Nachmittag dieses Tages begab sich der Dichter zur Kirche des heiligen Antonius Abbas, "wo die ... Pferde geweiht werden", und er schildert nun ähnlich wie Goethe[10] seine Beobachtungen der Menschen und Vorgänge, nur daß Rückert z.T. noch mehr ins Detail geht und gewissermaßen genrehaft nachzeichnet, während Goethe mehr aufs Grundsätzliche und Allgemeine abzielt.

Am Sonnatgvormittag (18. Januar 1818) nimmt Rückert zusammen mit dem Kupferstecher *Karl Barth* aus Eisfeld (1787/1853) an "Petri Stuhlfeier" im Petersdom teil und beobachtet viele Einzelheiten, die den Eindruck erwek ken, daß dem Dichter das liebevolle Verweilen beim Nebensächlich-Wirkenden mindestens so wichtig erscheint wie das eigentlich Wesentliche. Denn er schildert möglichst eingehend die verschiedenen Vorgänge, Bewegungen und Riten, erwähnt das Vorhandensein oder Nichtvorhandensein von Geräten, das Aussehen der beteiligten Geistlichkeit, das Verhalten des Papstes und dergleichen mehr. Aber dieses genaue Beobachten der Zeremonien und die neuen Eindrücke haben ihn offenbar derartig angestrengt, daß er am Nachmittag nichts mehr unternahm, sondern lange schlief und dann später "etwas in Göthes Reise" las, was ihm "ziemlich ledern vorkam".

Wir haben das Glück, auch noch über die nächsten drei Januar-Tage etwas zu erfahren, ehe Rückerts Tagebuch für ein Dreivierteljahr abbricht. Für Montag, den 19. Januar, zeichnet er auf: "Nach Tisch mit zufälliger Gesellschaft nach St. Paolo". Bei heftigem Wind wandert man hinaus und der Dichter schildert: "Ungeheure Oede in der majestätischen Basilika. Wir stiegen durch den Kreuzgang, der an die Strasse (von Ostia) stösst, in das niedrige Schiff hinab mit den 80 Säulen in 4 reihen und setzten hier unsere Hüte auf weil der Wind durch die Fenster zieht und der am Boden liegende Schutt den Begriff der Kirche aufhebt". Rückert berichtet dann des näheren Einzelheiten des Baus und erwähnt auch einige Kunstwerke, ohne uns damit zugleich seine Eindrücke zu vermitteln. Abschließend wird nur noch gesagt: "Von den wunderlich bunten Säulchen im Klosterhof brechen wir uns nach vielfältig geschehenem Vorgang Mursivsteinchen aus und ich verwunde mir dabei den Finger"[11]. Was dem

[10]Italienische Reise, 18. Januar 1787.

[11]Man vgl., was Goethe in der italienischen Reise im Dezember 1787 über San Paolo fuori

fränkischen Besucher von 1818 als "wunderlich" erscheint, bewundert der moderne Reisende als Zeugnis der Architektur des 13. Jahrhunderts.

Am 20. Januar hat Rückert "Mit Cottas den Quirinal besehn". Hervorgehoben werden die "Solide Pracht seltener Gesteine ... Thorwaldsens Basrelief" und einige Gemälde von Tizian und Bordenone, von Giulio Romano und Rubens. Aber auch der Garten des Quirinals mit seinen Hecken und Gängen, seinen Pflanzen und Tieren wird von Rückert bemerkt, wobei er feststellt: "plötzlich ist der Garten in einen Hühnerhof übergegangen, ohen daß man die Grenze merkt". Der gegenüberliegende Palazzo Rospigliosi erwies sich als unzugänglich, aber das dazugehörende Gartenhaus konnte besichtigt werden, "wo die Aurora von Guido" Reni den Dichter "gar nicht anspricht, so wenig als früher die von Querrin [= Guercin?] in Villa Ludovisi. Seltsam, daß die gemalte Morgenröte mir hier so farblos schien, da die wirklichen so viel reizender sind als zu Hause". Von dort aus geht es in die alte Stadt, zum sogenannten Vesta-Tempel und zum "Gheto, wo die geschäftige Bevölkerung und der Lumpenkram uns gefällt". Zu Tisch war Rückert bei Cotta eingeladen und abends geht er "mit ihm zu Bundsen", d.h. zu dem preußischen Staatsmann Christian Carl Josias von Bunsen, der seit November 1817 im Palazzo Caffarelli auf dem Capitol wohnte[12]. Hier fanden sich auch die Maler *Karl Philipp Fohr* und *Peter Cornelius* ein sowie der Kupferstecher Karl Barth, mit dem Cotta bekannt gemacht werden sollte. "Doch Bundsen versäumte die ordentliche Vorstellung und wechselseitige Bekanntmachung", klagte Rückert und stellt fest: "Schlechter langweiliger Tee". Aber "beim Nachhausegehn machte sich Barth recht geschickt und freimütig an Cotta" heran.

Für Mittwoch, den 21. Januar, notiert Rückert: "Tag der heiligen Agnes, Mittag Carneval". Weiter heißt es: "Um 8 Uhr mit Gesellschaft nach ihrer Kirche", nämlich nach San Agnese fuori le mura, draußen vor der Porta Pia. Die alte dreischiffige Basilika wird näher beschrieben, vom Priester und den Ministranten ist die Rede, und es ärgert ihn "wieder, wie schon öfters, das Ausschwenken des Kelches mit etwas übergelassenem Wein und Nachtrinken der Schwenke, (wie Arznei, damit nichts im Löffel bleibt)". Genauer geht Rückert dann auf den Segnungsakt ein, der lebenden Lämmern gilt, die am Tage der heiligen Agnes zur Kirche gebracht werden. Mit den Notizen zu diesem Tage brechen die uns erhaltenen Aufzeichnungen des Dichters für viele Monate ab, so daß wir auf Zeugnisse seiner römischen Freunde angewiesen sind, wenn wir etwas von seinem Ergehen und den Unternehmungen im Frühjahr und Sommer 1818 erfahren wollen[13].

Die wenigen Nachrichten vermitteln uns u.a. folgende Tatsachen: am 23. Januar traf der Maler *Julius Schnorr von Carolsfeld* in Rom ein, mit dem Rückert

---

le mura berichtet.

[12]Fr. Noack, a.a.O. II S. 113.

[13]Außer den in Anmerkung 5 Genannten wären noch Peter Cornelius und Johann Nepomuk von Ringseis zu erwähnen; vgl. dessen Erinnerungen ... gesammelt, ergänzt und herausgegeben von E. Ringseis, Regensburg-Amberg 1886.

bald eine herzliche Freundschaft verband[14]. Wenige Wochen später machter der Dichter in Albano am 13. März die Bekanntschaft des schwedischen Lyrikers *Per Daniel Amadeus Atterbom*, der ebenfalls zum engsten römischen Freundeskreis Rückerts gehörte. Atterbom rühmte den Dichter der Geharnischten Sonette, wenngleich er an ihm "das Harte, das Bizarre und Langgestreckte" nicht übersieht. Trotzdem bleibt Rückert für ihn "stets ein Heldendichter, ein scharfsinniger Denker und, was höher steht als alles Genie, ein Mann von Herz und Ehre". Er vergleicht ihn mit Volker aus dem Nibelungenlied: "eine vollkommene Riesengestalt, altdeutsche Tracht, langer Schnurrbart, dunkles Haar, das in langen, dichten Locken auf die breiten Achseln fällt, die Augenbrauen finster zusammengezogen, die Augen gedankenvoll, bieder, bald kindlich milde, bald kriegerisch blitzend, kurzum, es fehlt zum Bilde nur der eiserne Fiedelbogen"[15].

Im Frühjahr dieses Jahres kam auch der Kronprinz von Bayern, der spätere König Ludwig I., nach Rom, dem zu Ehren am 29. April ein Künstlerfest gegeben wurde, das u.a. Schnorr von Carolsfeld und Atterbom näher geschildert haben[16]. Dieses berühmte Fest fand in der Villa Schultheiß draußen vor der Porta del Popolo statt. Nach Schnorrs Worten war "In einem großen Vorzimmer ... über einer Türe Sankt Lukas zu sehen, der Evangelist. In erleuchteter Schrift waren folgende Worte zu lesen, von Fr. Rückert verfaßt:

> Sankt Lukas der Evangelist, der aller Künste Schutzherr ist,
> Stellt heut hieher als Pförtner sich und heißt, o Herr,
> willkommen Dich.
> Tritt ein und sieh drin weiter an, was er zu Ehren dir getan."

Später, bei der Tafel, las Rückert dem Prinzen ein "treffliches Gedicht" vor, das unter dem Titel "Deutsches Künstlerfest in Rom" bekannt geworden ist[17] und in dem die Dichtkunst es unternimmt, die Bilder von Peter Cornelius zu erklären und den Kronprinzen als Musenfreund zu feiern.

In dem gleichen Frühjahr ist Rückert in Neapel und Umgebung sowie auf Capri gewesen, wie wir aus einem Brief Atterboms wissen[18] und aus des Dichters Aufzeichnungen der herbstlichen Rückreise nach Deutschland entnehmen können. Den größten Teil des "heißen" Sommers brachte er in Ariccia zu, einem Landstädtchen der Albaner Berge, zwischen Albano und Genzano gelegen. Hier soll der Dichter "einen kurzen Liebesroman" erlebt haben[19], und

---

[14]H. Singer, Julius Schnorr von Carolsfeld, Bielefeld-Lpzg. 1911, S. 20.

[15]Atterbom, a.a.O., 1947, S. 148

[16]Briefe aus Italien ... a.a.O. S. 342 ff., desgl. bei Atterbom, a.a.O. I S. 143 ff. und in einem Brief Bunsens vom 30. April 1818 an seine Schwester a.a.O. I S. 143 f. sowie in Försters Cornelius-Buch, a.a.O. S. 212 f. und schließlich bei Ringseis, a.a.O. I S. 522 ff., aber auch in der Rauch-Biographie von F. Eggers, a.a.O. I S. 207 f.

[17]Friedrich Rückerts Werke in sechs Bänden. Herausgegeben von Prof. Dr. C. Beyer, Leipzig 1900, I S. 93 ff.

[18]C. Beyer, 1868, S. 97.

[19]Ebda. S. 96; außerdem deuten einige Notizen aus dem Reisetagebuch vom Oktober 1818 darauf hin.

von hier aus traf er mit *Henriette Herz* und *Dorothea Schlegel* zusammen, die damals beide in Genzano am Nemi-See lebten[20]. Henriette Herz hielt in ihren "Lebenserinnerungen"[21] folgendes fest: die deutschen Künstler Roms bevorzugten deutsche Tracht und langes Haar. "Der große breitschultrige Rückert besonders tat in Beziehung auf das Haar das irgend Erreichbare. Er war außerhalb Roms ein Schrecken der Kinder, aber nicht bloß der Kinder, oft sogar der Erwachsenen". Sie berichtet, wie bei einem Spaziergang eine Amme vor der ungewöhnlichen Erscheinung Rückerts geflohen sei mit dem angstvollen Ruf: "Simone mago, oimè Simone mago!" Doch "war der Gefürchtete selbst nicht ohne Furcht", nämlich vor Räubern und Schlangen. Andererseits rühmt Henriette Herz auch Rückerts "Herzensgüte", etwa gegenüber dem schwedischen Dichter Atterbom, den er "durch tätige Unterstützung, ja durch eigene Aufopferung" aus wirtschaftlichen Schwierigkeiten "befreite".

Nach Ariccia zog sich im August auch Schnorr von Carolsfeld zurück, der während einer Erkrankung "vom Dichter Rückert mit Aufopferung gepflegt" wurde[22]. Aus Schnorrs Brief erfahren wir noch einiges über gemeinsame Ausflüge, etwa einen Eselsritt auf den Monte Cabo[23].

Diesen spärlichen Nachrichten für den größten Teil des Jahres 1818, in dem Rückert kaum Briefe nach Deutschland geschrieben zu haben scheint, folgt nun das schon erwähnte unedierte Reisetagebuch, das uns die Wochen vom 17. Oktober bis 15. November fast Tag für Tag verfolgen läßt. Doch nicht jede Tagebuchaufzeichnung ist bedeutend genug, um sie hier anzuführen. Rückert steckt während der Oktobertage in Reisevorbereitungen. Der "Vetturin" oder Lohnkutscher ist gemietet, der Paß wird im Palazzo Venezia abgeholt, aber der Dichter schreibt trotzdem noch "Sicilianen" oder besucht am Abend des 18. Oktober noch einmal die Villa Borghese und besichtigt das Atelier eines Koblenzer Malers *Peter Rittig* (1789/1840). Doch die Aufzeichnung dieses Tages schließt mit dem bemerkenswerten Satz: "Krampfhaftes Zusammenschließen auf mich selbst", der darauf hindeutet, daß Rückert selbst unter den deutsch-römischen Künstlern offenbar keine tiefere Herzensfreundschaft gefunden hat, die ihn, den oft nur Halb-Geselligen, an andere enger gebunden hätte.

Der 19. Oktober geht mit Abschiedsbesuchen hin und läßt uns einen Eindruck gewinnen von den Menschen, mit denen Rückert in Rom verkehrte. Die Damen Henriette Herz und Dorothea Schlegel gehören genauso dazu wie der Maler *Johann Adam Klein* aus Nürnberg und der Bildhauer *Konrad Eberhard* aus Hindelang. Natürlich waren auch Dorothea Schlegels Söhne aus erster Ehe *Johann* und *Philipp Veit*, die Maler-Brüder, dabei sowie die Maler *Johann Karl Eggers* aus Neustrelitz und *Josef Anton Koch* aus Tirol, der schlesische Maler *Karl Hermann* und die Kupferstecher Karl Barth und *Samuel Amsler*. Nur *Jo-*

---

[20]Ebda. S. 98.

[21]J. Fürst, Henriette Herz ..., a.a.O. S. 124.

[22]Singer, a.a.O. S. 29. – Vgl auch Schnorrs Brief an seinen Vater vom 17. Februar 1819 (Briefe ..., a.a.O. S. 124).

[23]Briefe ..., a.a.O. S. 100 f.

hann Friedrich Overbeck "war nicht da", so daß sich Rückert weder von ihm noch von Peter Cornelius verabschieden konnte. Auf ein Stammbuchblatt schreibt er die Abschiedsverse:

> Das ist mein letzter Gruß ans deutsche Rom,
> den ich an dich will für die Freunde schreiben:
> Wenn Koliseum und St. Peters Dom
> Und Pantheon sich wird im Staub zerreiben,
> Versiegen wird der gelbe Tiberstrom
> Und der Lateiner Berg ins Meer wird treiben
> Und Roms Pracht nur wird ein Nachtphantom:
> So werdet ihr mir unvergeßlich bleiben.

An den Rand schreibt er zur drittletzten Zeile: "Dies gilt des [?] mit Schmerzen verlassene Ariccia", so daß man meinen könnte, der Dichter erinnere sich hier mit einer gewissen Wehmut an jenen "kurzen Liebesroman", von dem sein erster Biograph sprach.

Am Dienstag, den 20. Oktober 1818 geht es gemeinsam mit Atterbom "in der Morgendämmerung zu Rom hinaus". Barth begleitet die Freunde bis "über Ponte Molle hinaus", und mittags ist man etwa 30 km von Rom entfernt in dem Dorf Baccano, wo ein "Regenschauer" die Reisenden überraschte. Außerdem stellt der Dichter fest: "eine ungeheure Menge von Weibern u. Kindern (alle schielend) mit einigen Männern, la famiglia d'un Cardinale, wie ein Italiener uns erklärt". Weiter notiert Rückert: "Oede einförmige Gegend, ähnl. der Campagne in Rom, nur höher, rechter Hand des Soraktes". Endlich "Gegen Abend" ist man in "Monterosi, wo die Gegend italien. freundl. wird. Abgeschnittenes Terrain, Flüsse suchen durch Schluchten den rechts herabkommenden Tiber. An solcher Schlucht Nepi, auf natürl. Felsen, u. mit starken Fortificationslinien, ungeheure neue Wasserleitung mit gleicher Höhe von der Mauer der Vestung". Nachts treffen die Fremden in Civita Castellana ein, "das ähnlich gelegen" ist, wie Rückert bemerkt. Hier verbringt man eine unruhige Nacht, weil der Wirtshausaufenthalt mit mancherlei Unbequemlichkeiten verbunden ist, aber Rückert übersetzt "im Bett Sicilianen" und vertreibt sich so die Zeit.

Am 21. Oktober gelangt man bei schönem Wetter nach Terni, besucht die Wasserfälle des Velino und kommt nachts nach Spoleto, wo ein "willkommenes Herdfeuer, u. sitzender Kreis herum" den Dichter an Ariccia erinnern. In der Frühe des 22. Oktober wird schon wieder aufgebrochen, so daß mittags Foligno erreicht wird. Von dieser frühen Fahrt heißt es: "in der Morgendämmerung durchs Tal Umbria, links den Clitumnus, dessen Name für mich einen eigenen romantischen Reiz hat. Ich sah im Halblicht das vorm Jahr besehene Tempelchen, aber nicht den Ursprung des Flusses ... " In Foligno hebt Rückert ein Heiligenmonument "auf einem kleinen Platze" hervor, das mit einer Laterne versehen ist, und er gedenkt der Madonna von Foligno, die "der unbedeutenden Stadt eine gewisse Persönlichkeit" verleiht.

Auf dem Weg von Foligno nach Assisi ärgern sich die Reisenden über ihren Vetturin, weil sie sich schlecht versorgt fühlen. Unterwegs lernen sie die "uralte Stadt Ispello Hispellum", das jetzige Spello, kennen, wo sich Ruinen antiker Bauten befinden. In Assisi wird vor allem San Francesco besucht, das der Dichter zu beschreiben versucht. So hebt er z.B. hervor: "Beim Eintritt eine feierliche dunkle weite Wölbung, niedrig fast etwas bedrückend, wir wußten noch nicht, daß oben drüber das eigentliche Gebäude stand u. dies nur gleichsam das Grab darunter war. Gemalte Fenster, Weihrauch und Meßgesang, feierliche Stimmung". Unter Führung eines Geistlichen wird die berühmte Kirche genauestens besichtigt und im einzelnen vergegenwärtigt. Auch der berühmte "Portikus hinter dem Kloster", von dem aus man eine "unbegränzte Aussicht" hat, wird aufgesucht, und Rückert fügt mit Recht hinzu: "Von fern sehen diese hohlen Bogen sehr seltsam aus; ehe wir wußten, was es war". Als Gegenstück zu Goethes flüchtigem Assisi-Besuch, der vornehmlich dem Rest eines antiken Minerva-Tempels galt[24], steht nun in Rückerts Aufzeichung zu lesen: "Wir eilten zurück, ohne von der Stadt was zu sehen, den antiken Tempel den Göthe bewunderte (samt Properz Hause ebenso) vorbeigehend, wie Göthe St. Franzens tristen Gebäude". Das bedeutet eine fast wörtliche Wiederaufnahme der Goetheschen Formulierung von dem "tristen Dom des heiligen Franziskus"; nur daß Rückert sich über diese Wendung offensichtlich lustig macht.

Noch am gleichen Abend treffen die Freunde in Perugia ein, wo der Dichter "Schnell nach dem Dom gelaufen" ist, aber "nichts gefunden" hat, was er wohl erwartete. Er wollte Peruginis sehen und kam hier nicht auf seine Kosten. Auch zur berühmten Universität führte noch der abendliche Weg der Reisenden, aber es war "zu dunkel", um etwas zu sehen. Am nächsten Morgen, es ist der 23. Oktober, wird "die Bildersammlung" der Universität besichtigt, wo "mehrere schöne Peruginis, Giottos pp." zu finden waren. Ebenso werden im Collegio del Cambio die Fresken Peruginos bewundert, und bei der Abfahrt um 8 Uhr morgens wird die herrliche Lage dieser Stadt gerühmt: "Einen Bergrücken einnehmend, der von mehreren herablaufenden Tälern eingeschnitten ist, so daß immer ein Teil der Stadt über eine solche Talschlucht gegen den anderen hinübersieht, so z.B. von der Universität. Unten herum reich angepflanztes Hügelland, die Stadt auf der Höhe, in der Mitte des Segens, den sie beherrschend überblickt. Eine recht alte Volksstadt, nicht durch Zufall, sondern durch Wahl angelegt. – Die Universität hat 22 Professoren u. 200 Scolaren", heißt es abschließend.

Über die Weiterfahrt berichtet der Dichter: "Diesen Vormittag stiegen wie Blasen eine ganze Menge Reisegedichte in mir auf, während des Rüttelns der Kutsche in Andeutungen auf ein Pergamentblatt geschrieben. Ich war sehr hoch gestimmt, wie kaum je in Italien". Der Reiseweg führte die Freunde auf den Trasimenischen See zu, über dessen landschaftliche Umgebung und geschichtliche Bedeutung Rückert Betrachtungen anstellt; Ossaja wird passiert, und "Mit dämmernder Nacht" erreicht man "Camoccia – am Fuße des Berges, worauf

[24]Italienische Reise, Foligno, den 26. Oktober 1786.

Cortona liegt. Diese Stadt ist in ihrem jetzigen Zustand zu klein für den großen Berg auf dem sie liegt". Rückert steigt den Berg hinauf und versucht trotz der zunehmenden Dunkelheit einiges von den Sehenswürdigkeiten der etruskischen Mauern und Tore kennenzulernen. Dabei macht er eine eigentümliche Naturbeobachtung: "Beim ersten Anstieg gegen den Berg schoß die Sonne plötzlich einen glühenden Brand unter schwerer Wolkendecke hervor, die den ganzen Nachmittag den ursprünglichen Ernst italienischer Landschaft uns sehr auffallend gemacht hat. Es gehört der helle Sonnenschein dazu, um ital. Gegend heiter zu machen, deutsche sind an sich milder. Ich erinnerte mich an die Rückreise von Neapel, wo ich bei ähnlicher Unbeleuchtung eine Trauer der herrl. Natur über den eben gesunkenen Zustand des Landes wahrzunehmen glaubte und da ich kurz darauf in Rom das Fieber kriegte, so hatte ich jetzt wieder Furcht davor". Das Auffallendste scheint mir an diesen Notizen der Hinweis auf "den ursprünglichen Ernst italienischer Landschaft" zu sein, die also nicht von Natur aus heiter wirkt, sondern erst durch den "Sonnenglanz", ja daß deutsche Landschaften Rückert "an sich milder" vorkommen als italienischen Gegenden. Wir wissen, daß dieselbe Landschaften zu verschiedenen Zeiten und von Angehörigen unterschiedlicher Nationen auch sehr verschieden gesehen und von Künstlern unterschiedlich dargestellt werden. Rückerts Aufzeichnung vom 23. Oktober 1818 liefert einen interessanten Beitrag zum gewandelten Landschaftssehen italienischer Natur.

In dem kleinen Nest Camuscia gibt es einigen Ärger mit der zudringlich Geld fordernden Cameriera, aber trotzdem trinkt Rückert noch einen würzigen Wein und "übersetzt Sicilianen". In der Frühe des 24. Oktober wird die Fahrt fortgesetzt, so daß man "Nach Sonnenaufgang gegen Arezzo" anfuhr. Unterwegs begegnen ihnen viele Schaf- und Ziegenherden, deren Tiere "zum teil ganz romantisch rosenrot durch den auf ihren Pelz verwendeten Rötel" wirken. In Arezzo werden in aller Eile besichtigt das Haus Petrarcas und der Dom mit seinem freien Platz sowie "der Markt mit Rathaus u. Hallen, mehrere andere alte Häuser in mehreren Straßen". Trotz der Kürze dieses Besuches notiert Rückert: "Die Stadt hat eine lebendige Antiquität, Geschichte, Erinnerung, dabei nicht eng u. schmutzig, sondern großartig freundlich", und er trifft damit in aller knappen Zusammenfassung ganz entscheidende Wesenszüge Arezzos. Über die Weiterfahrt heißt es: "Von hier bis Avena sah ich durchaus nichts von der Gegend, in welcher ich vorm Jahr so begeistert zu Fuß marschierte vor dem Vetturin her, u. meine ital. Sonette machte". Trotzdem beschreibt er die Gegend etwas näher und erwähnt das "einzeln liegende Wirtshaus in beschränkter doch angenehmer Berglandschaft" von Avena, wo er zum Mittag "Eierkuchen mit Öl, und halbtrockene Trauben" aß.

Es war Sonntag, der 25. Oktober, als Rückert und Atterbom vormittags um 10 Uhr in Florenz eintrafen und im Gasthaus Chiavi d'oro abstiegen. Mittags haben sie "im Gasthaus allein speisen müssen", da sie offenbar verschiedene Bekannte nicht antrafen, denen sie Besuche machen wollten. Gegen Abend wird ein Spaziergang mit dem Kunsthistoriker *Karl von Rumohr* gemacht nach

S.S. Annunziata (mit den berühmten Fresken von Andrea del Sarto), zur Porta San Gallo sowie in Richtung auf Fiesole und Bologna zu. Später ging man noch ins Theater, das Rückert "unausstehl. schlecht" fand. Es wurde eine Oper "I Cherusci" von Rossini gegeben und eine Pantomime, die Heinrich IV. galt.

Neun Tage dauerte Rückerts herbstlicher Aufenthalt in Florenz, wo er jeden Tag ein besonderes Besichtigungs- und Besuchsprogramm hatte. So war er am 26. Oktober in Santa Croce und lernte "Mehrere bemalte Capellen" kennen, deren berühmte Fresken – nach Rückert – von "Giottos Schüler Taddeo Gaddi" stammten. Aber auch andere Kunstwerke dieser wichtigen Kirche bemerkt er. Ein Besuch der "Oeffentl. Gallerie", also der Uffizien, schließt sich an, und der Maler *Theodor Rehbenitz* führt ihn nach Or San Michele, um das berühmte Tabernakel nochmals zu bewundern. Am Nachmittag geht es zusammen "mit Rumohr, und seinen beiden Hausgenossen, Rebbenitz und *Ramboux*, nach Villa Strozzi"[25], außerhalb der Porta San Frediano. Während Rückert die Loggia dei Lanzi "großartig, herrl." findet, erscheint ihm der Bau der Uffizien-Galerie "dagegen seht kleinlich u. dürftig, da sie mit ihrer ganzen Höhe nicht viel höher ist als das einfache Säulenwerk von jener", d.h. der Loggia dei Lanzi. Solche begründeten Urteile sind natürlich viel interessanter als das bare Aufzeichnen von Gesehenem.

Am 27. Oktober wird Santa Maria Novella besichtigt, wo "ungeheure Wände" mit Fresken von Ghirlandajo, aber auch von Filippo Lippi bewundert werden. Die verschiedenen Kapellen und einzelnen Kunstwerke werden betrachtet, Namen wie Benedetto da Majano und Cimabue tauchen auf, nur die Spanische Kapelle bleibt unzugänglich. Anschließend gilt ein Besuch San Lorenzo; hier "wandeln" die Freunde "eine Weile in Erinnerungen u. Gefühlen verloren umher, ohne der Reisebeschreibungspflichten zu gedenken". Interessant sind die Eindrücke von den Plastiken in Michelangelos Mediceer-Kapelle, "wo die berühmte Nacht uns garnicht gefällt; sie hat Runzeln um den Bauch, und eine wunderliche Lage. Ihr Gegenmann Hr. Tag ist nur im Groben gehauen, u. sehr flämisch. Das Gegenstück zu dieser Gruppe, Morgen und Abend, hats uns auch nicht angetan. Der Abend oder der Morgen ist hier auch nur Abozzo". Rückert erweist sich also als der naive Kunstbetrachter, der wohl mehr auf das Ästhetisch-Schöne als auf das Künstlerisch-Wahre achtete. Weiter geht man zur "Kapelle der Großherzoge" und schließlich zur "Akademie der schönen Künste" bei San Marco. Hier wird eine "chronologisch u. nach Schulen angelegte Sammlung von Bildern" besichtigt, darunter Cimabue, Schüler Giottos und "5 herrl. Peruginos". In einer kleinen "Gallerie" bewundert Rückert aufs höchste ein Jüngstes Gericht "von Fiesole" [Fra Angelico], das er ziemlich genau beschreibt und das ihn schließlich zu "Scrupeln" über "die Lehren von dieser Auferstehung" anregt.

Eine gewisse Unruhe durch ein vielfältiges Programm erfüllt den 18. Oktober. "Rebbenitz holt uns früh ab, und beginnt mit uns umher zu rennen". So

[25]Johann Anton Ramboux war Zeichner und Maler aus Trier (1790/1866).

wird "In der Badia ein Bild von Fra Filippo (Vater des Lippo Lippi)" angesehen. Es handelt sich um ein Marien-Bild, "soll schön sein, hat mir aber nicht gefallen"; denn "Es kam [ihm] ... hart u. unleibl. vor". Dann eilte man ins Bargello: "Der Badia gegenüber ein altes Gebäude, das jetzt nur ein Gefängnis ist; im Hof schöne Hallen und viele Wappen, die man mit Lust betrachtet". Danach geht es nach Santa Trinità, wo die Kapelle mit Ghirlandajos Fresken betrachtet wird. Rückert beobachtet dabei u.a. "Beim Tod des Heiligen [Franz] sind auf 2 Köpfen junger Geistlicher erstaunlich kühne Lichter wie Lichtklexe auf den Nasen, eben so zwei alte kahle Scheiteln am Sarge übergelehnt. Der Todte ganz als Mumie oder Steinbild ohne Lebensfarbe, ganz grau gemalt, welches weniger ekelhaft ist als die Todtenfarbe". Bei diesem Stadtrundgang werden auch die Palazzi Strozzi ("im allergroßartigsten Styl, wie kaum noch ein anderer"), Riccardi, Pitti und Vecchio erwähnt. Ein erneuter Besuch von Santa Maria Novella schließt sich an: "Auch hier die hellen kühnen Lichter, wie in Trinità, z.B. auf den Gesichtern der Weiber, die die neugeborne Maria auf dem Schoß halten", d.h. auf Ghirlandajos Fresko. Von der Spanischen Kapelle, "mit Eingang durch den Klosterhof", heißt es in Rückerts Aufzeichnungen: "Wunderpracht. Oed stehender Raum, wodurch vielleicht die Bilder erhalten worden sind; doch bedauert man, daß diese Kunst, für viele Augen bestimmt, so einsam verschlossen an den Wänden verblühen muß, nur von zerstreuten Reisenden flüchtig angeguckt und von deutschen Malern mit Andacht besucht". Und nun beschreibt Rückert mit einer gewissen Ausführlichkeit die Fresken, die aus der Schule Giottos stammen sollen. Dabei entringt sich ihm ein Stoßseufzer: "Ach Gott, was ließe sich für ein Gedicht daraus machen, wenn man diese Doppelvierzehn [der Gestalten an der linken Wand] blos so lange betrachtete bis sie alle ihren schweigenden Mund deutlich auftäten, und man nur aufschriebe, was sie sagten". Im Anschluß an diese Besichtigung wird noch der "berühmten Klosterapotheke" ein Besuch gemacht, dann geht es zum Palazzo Riccardi, dem alten Mediceer-Sitz. Bei künstlicher Beleuchtung betrachtet man in einer Kapelle die Fresken von Benozzo Gozzoli, denen Rückert wieder viel Aufmerksamkeit widmet. So heißt es u.a.: "Die herrl. Leute traten aus dem Dunkel, blickten uns rätselhaft lebendig an, und verschwanden; dahinter gauckelte die reiche Landschaft in halber Beleuchtung vorbei". Danach ging man noch in die "Bibliothek des Hauses", wo Codices und schöne Miniaturen bewundert werden und Rückert sich einige Namen provenzalischer Dichter notiert. Wieder bekommen wir einen recht persönlichen Stoßseufzer zu hören: "Ach daß ich nicht einige Sommermonate hier zugebracht habe, statt in Ariccia auf einem Fleck zu sitzen; doch reut mich freilich der Aufenthalt daselbst im Allgemeinen auch nicht; und ich hätte eben aus einem Sommer zwei sollen machen können".

Übrigens gibt es außer solchen Besichtigungsgängen durch die Stadt auch gesellige Stunden bei Freunden, Mahlzeiten und Spaziergänge, von denen Rückert ebenfalls einiges in seinen Notizen festhält. Besonders häufig war er mit den Kunsthistoriker Rumohr und dessen Freunden zusammen. So wanderte er am 29. Oktober mit Ramboux und Atterbom nach Fiesole, dessen wunderbare

Lage etwas näher geschildert wird. Auf dem langen Weg dorthin kehrt man im Dominikaner-Kloster ein, wo Fra Angelico einst gelebt hatte, und während Ramboux in einem Zimmer ein altes Kruzifix betrachtete, "blickte [Rückert] indes durch sein sonnenhelles Fenster auf die herrlichen Olivenhügel voll Villen, Florenz dahinter, und dachte, wie herrl. da zu studieren sein müßte". In der dazugehörigen Kirche werden die verschiedenen Kunstwerke bewundert: das große Altarbild von Fra Angelico, eine Taufe von Lorenzo di Credi u.a.m. Beim Aufstieg nach Fiesole "hängt sich ... ein kleiner stämmiger barfüßiger Junge an, mit den Worten: io sono il Cicerone". Rückert bemerkt "lange große Gebäude, Collegien, Stifte" und besucht den Dom, über dessen Inneres er einiges festhält, z.B. über den erhöhten Chor, einen Ziehbrunnen und die Aufschrift an einer Säule. Weiter werden "die kleine Kirche St. Maria Primerana u. das bewappte Stadthaus" hervorgehoben, ein Bild von Fra Filippo und ein Terracotta-Relief von Luca della Robbia werden eigens genannt. Auch wird "das ehemal. Amphitheater besehen u. die alten Mauern". Rückert setzt sich schließlich "auf einen hohen Oelbaum auszuruhn" und läßt sich "vom kleinen Cicero erzählen, daß alle diese Oel-Feigen u. Weingärten umher den Herrn Canoniken gehören, jedem ein einzelner". Nach dem Mittagessen, dessen Gerichte uns nicht vorenthalten werden, geht es hinauf nach San Francesco, wo zunächst "unter kleinen Cipressen Mittagsschläfchen gehalten" wird. Dann besucht man die Kirche und das Gelände hinter dem Kloster. "Beim Hinabsteigen" wird der "hinkende Cicerone" verabschiedet. Rückert und Ramboux suchen die abseits gelegene Kirche San Hieronimo auf, während der ermüdete Atterbom "auf einer Mauer sitzend" zurückblieb. Ebenso besichtigt man noch San Ansano, wo sich Rückert zwei lateinische Inschriften notiert und einiges über dortige Kunstwerke aufzeichnet. Stadteinwärts kommen die müden Wanderer an der Badia vorbei, gehen "über die schöne Brücke des Flusses" und "durchs Tor San Gallo zu Rumohr", den sie aber nicht antreffen, und da sie überdies in ihrer gewohnten "Vigna" kein Abendessen bekommen, legen sie sich "hungrig zu Bette".

Um die Mittagszeit des 30. Oktober sucht Rückert zusammen mit Freunden den Palazzo Pitti auf, wo von den zahlreichen Gemälden einiges eigens hervorgehoben und zuweilen auch von Rückert beschrieben werden: etwa ein Rubens-Bild, das vier Portraits darstellt und den deutschen Betrachter zu einem "Gedichtchen" anregt, oder Gemälde von Raffael und Palma Vecchio. Weiter ist da ein toter Christus von Perugino, der ihm "durch die Idee sehr imponiert". Auch ein Frauenbild von Lucas Cranach verhilft ihm zu einem "Gedichtchen". Auf diese Kunstgenüsse folgt ein "stupendes" Mahl bei Rumohr, auf dessen "Soffa" Rückert seinen "Nachmittagsschlaf" hält. Dann gibt es einen "Abendspaziergang durch die Straßen, wo Rumohr sich befleißigt und kreuz u. quer durch alte Winkel zu schleppen. Wir gehen ihm endl. durch, um Tagebuch zu schreiben, u. uns nicht von ihm ennuyieren zu lassen". An dieser Stelle seiner Aufzeichnungen schaltet Rückert einige kleine Erlebnisse ein, die ihm seine Freunde über ihre Erfahrungen in Italien erzählt haben. Eine dieser anekdotenhaften Geschichten regt ihn zu einem "Gedichtchen" an.

Am Vormittag des 31. Oktober sucht Rückert "im Buchladen nach Dante u. Macchiavell, den 2 Repräsentanten von Florenz; dafür einen Redi für 2 Paul erwischt, Bacco in Toscana". Über diesen Francesco Redi (Rückert nennt ihn einen "Kerl") verbreitet sich der Dichter mit einiger Be- und Verwunderung. Redi war ein vielseitiger Gelehrter, der von 1626 bis 1697 lebte und u.a. einen "Bacchus in Toscana" geschrieben hatte. Weiter heißt es von Redi: "in einer anderen Ausgabe standen viele Sonette, die ich deswegen nicht kaufte, weil ich einen Ekel bekommen habe vor allen italien. Sonetten". Der gewandte deutsche Sonettdichter hat bemerkenswerterweise einen Abscheu vor einer Gedichtform, die ihm selber meist besonders gut gelang! Auf diesen Bucheinkauf folgt ein Besuch in Santa Croce, wo im "öden Refectorium" Fresken besichtigt werden, vor allem ein in Verfall begriffenes "Abendmahl" aus Giottos Schule. Dann schließt sich ein "Flüchtiger Lauf durch die Gallerie", d.h. die Uffizien, an, um "die noch ungesehenen alten Bilder rechts vom Eingang zur großen Vorhalle" kennenzulernen. Es werden "Mehrere alte Sieneser" erwähnt. Danach gilt ein Besuch "dem Kunsthändler u. Restaurator *Metzger*, aus dem Breisgau. Er ist krank u. unsichtbar. Ich habe ihn vorher bei Rumohr gesehen u. er gefiel mir". Rückert "erstaunte über die Menge herrlicher alter Bilder u. über die Geschicklichkeit, wie er den erloschenen Farbenglanz neu hervorzurufen versteht". Besonders beeindrucken ihn ein Hieronymus-Bild von Giovanni Bellini und eine Himmelfahrt Mariae von Gentile Fabriano sowie einige andere Gemälde, mit denen sich Rückert eingehend beschäftigt. Aber wie meistens bei seinen Bildbeschreibungen wird vor allem das Inhaltliche und Vorganghafte eines Gemäldes festgehalten; die Personen und Gegenstände werden benannt, gelegentlich erfahren wir auch etwas über Stimmung und Farbe, selten aber wird auf die Komposition und das gerade einem besonderen Künstler Eigentümliche geachtet, was etwa seinen "Stil" kennzeichnet.

Ein Nachmittagsspaziergang führt die Freunde über den Ponte Vecchio und durch das Tor von San Frediano an der Stadtmauer hin, mit "Herrl. Ansicht der Gärten u. Olivenhügel", nach San Francesco di Paolo. Gerühmt wird ein "schöner Blick auf die Stadt, grad über Fiesole". Auf der Anhöhe von Bello Squardo entdeckt man "40 u. mehr Käfiche voll allerlei Vögel", so daß Rückert sich fragt, ob hier etwa ein Rest von "Dantes Uccellatojo" aus dem XV. Gesang des "Paradieses" sei. Rumohr weist zwar des Dichters "Frage danach als pedantisch ab", doch diesen "würde es sehr freuen, die Lage des Uccellatojo zu wissen, um ... künftig" bei der Dante-Lektüre "daran zu denken". Es geht zurück nach San Francesco, "links davon" liegt nach Rückerts Wissen San Miniato, "wo Bilder sein sollen, die uns heute nichts kümmern". Daher gehen die Wanderer "rechts den breiten Fahrweg hinauf", besuchen nacheinander zwei Klöster, genießen die herrliche Landschaft mit ihren weiten Ausblicken, gelangen zur Villa Michelozzi und sehen "die weitläufigen Gärten Boboli hinter Pitti" sowie die Villa von Poggio Imperale und andere Gebäude. "Mit Sonnenuntergang" kehren sie "in die Stadt zurück durch Porta romana", essen Eis im Café Bottegone, das in der Nähe des Domes liegt, und landen schließlich wieder bei

Rumohr. Aus solchen Angaben erfahren wir also auch, inwieweit der Dichter die Umgebung von Florenz kennenlernen konnte.

Rückerts Tagebuchaufzeichnungen vom 1. November 1818, dem Allerheiligen-Sonntag, beginnt mit einer überaus langen Verspartie für ein "Fräulein von Bobenheim: Die Deutschen ziehn auf allen Wegen ..." Es handelt sich dabei um neun vierzeilige Strophen, die jeweils a b a b reimen. Eine zweite Verspartie ist nicht strophisch gegliedert und umfaßt 73 Zeilen; sie beginnt: Leid'ger Zwang, der knappe Schneider/Schnitt die Zeit zu kurz mit leider", und wirde später in die Italienischen Gedichte aufgenommen[26].

Gegen Mittag besuchen die Freunde, die sich mit Reiseplänen beschäftigen, "den Dom, dessen Kerzenlicht, Glasfenster, Weihrauch u. Gebetsstimmen einen schönen Einklang bildeten". Man besichtigt "die Grabmonumente rings herum" und orientiert sich "über die architektonische Zusammensetzung des Gebäudes", deren "Pfeiler u. Bogen" als "ein unglückseliges Mitteldingg zwischen antiker u. deutscher Baukunst" bezeichnet werden. Denn "die Bogen sind nicht rund, u. auch nicht spitz, sondern rund gespitzt. Dies stört auch an den Fenstern". Rückert notiert weiter: "Vom Dom nach der Kirche S. Maria Maggiore", deren Inneres als "klein überladen" empfunden wird "durch unsägl. viel Lichter u. sonstige Meßanstalten noch mehr auffallend. Die kleinen Fenster (wie Löcher) mit groben gelben Licht verhängt, ein sehr unangenehmes Licht gebend gegen die gemalten Scheiben des Doms. Herauseilend sehen wir (was wir beim Eingang nicht bemerkt) ein altes schönes Portal mit einem Madonnensteinbild drüber, in der Fassade stecken".

Da Santa Maria Novella "verschlossen war", machten die Reisenden "Durch Porta del Prato herrl. Spaziergang bis an den Arno, von dort durch das Porticello wieder herein. Im Hinschlendern ein Gedichtchen empfunden: Man geht herum, u. kennt niemand, man durchlebt an den Denkmalen die ganze Geschichte der Stadt – Kirchen, Bilder, Plätze sprechen. Und draußen vor den Toren die Natur. Endl. lernt man auch einen u. den andern kennen, zur Vervollständigung der Ansicht; u. wenn nicht, so ist es auch gut, denn die heutigen Leute können einen meist nur stören im Genuß des Alten u. der ewig jungen Natur". Diese stille Besinnlichkeit ist dem Dreißigjährigen und nicht etwa erst dem alten Rückert eigen! Man kommt bei diesem Spaziergang auch an "der Kirche Ogni Santi vorbei" und erinnert sich, "daß Allerheiligen ist".

Am Nachmittag gehen Rückert, Rumohr und andere Deutsche "in die Gärten Boboli, die nur Sonntags u. Donnerstags offen sind. Gleich hinterm Palast schöne Ansicht der Stadt, um die Domkuppel u. auf die Berge. Weiter hin einförmige immergrüne Alleen (sehr große u. breite Zipressen), verflucht viele Marmorbilder zwischen das Grün geflickt, was mir widerlich ist. Ich will sie nur auf dem Markt oder im Saal sehen. Ich möchte wissen, ob die Griechen sie so ins Grüne eingeflickt?" Rückert beschreibt dann weiter die berühmten Boboli-

[26]Rückerts Werke. a.a.O. I S. 167 und 168 als "Reisegruß" und "Auf ein Blatt des Maler-Denkbuches einer Kunstfreundin".

Gärten und die umgebende Landschaft und schildert, wie er mit den Freunden nach der "Kirche S. Leonardo" gelangt, die aber wegen der Dunkelheit und einer "Andacht" nicht zu besichtigen war. Immer wieder wird deutlich, wie sehr der Dichter die Florentiner Tage auf vielfältige Weise ausgenutzt hat.

Den Vormittag des 2. November verbringt Rückert mit Rehbenitz und Atterbom, den wir uns wohl ständig in seiner Gesellschaft denken müssen, in einigen Buchläden auf der Suche nach Dante-Ausgaben. Dabei kommt ihm natürlich auch mancherlei andere italienische Literatur in die Hände, etwa eine Prachtausgabe von Machiavelli oder Werke des mittelalterlichen Cino von Pistoja und "ein neuer spanischer Don Quixote". Am Nachmittag ist Rückert "verstimmt u. unbehagl., wie immer vorm Abschied von wo es auch sei, heute doppelt, da ich wegen des Regenwetters das ächte St. Francesko [al Monte] u. das altertüml. Miniato unbesucht lassen muß". Am Abend fand Rückert "bei Rumohr eine Menge Bibliothekare" vor; sein "Italiänisch verläßt [ihn] ziemlich in der Not". Später geht er mit Rehbenitz zu den Damen von Bobenheim, um seinen Abschiedsbesuch zu machen. Zum Abendessen ist Rückert bei wieder Rumohr, dessen interessante Kunstgespräche er besonders hervorhebt. An diesem Abend ging es wohl vornehmlich "über den Einfluß der griechischen Kunst auf Italien", und der Dichter zeichnet einige Gedanken Rumohrs zu diesem Problem auf. Der Kunsthistoriker gibt schließlich noch einige Hinweise auf Sehenswürdigkeiten in Bologna und Padua, so daß damit die vermutliche Reiseroute angedeutet ist.

In der Frühe des 3. November verlassen Rückert und Atterbom Florenz, und als der Dichter unterwegs aussteigt, um ein Stück "zu Fuß zu gehn", bemerkt er "kleine nach u. nach größer werdende schöne Bergtälerlandschaften; trüber Himmel, milde feuchte Luft, alles gelb u. rot, sehr herbstl. sogar ein Rotkehlchen hör' ich zwitschern, u. sehr ähnl. Zäune, wie an denen ich in Oberlauringen [Unterfranken, bei Königshofen], in ähnlicher Witterung welche gefangen. (Gedichtchen). Sticht sehr ab gegen die Landschaft von Florenz vor 8 Tagen wo in hellem Sonnenschein gar keine Spur des Herbstes auf dem Grünen zu sehen war". Einmal kommt ihm sogar der Gedanke: "hier möcht ich wohnen mit 2 zahlreichen Familien, vielen Kindern"; zu einer Zeit, da an einen eigenen Hausstand gar nicht zu denken war! Kurz danach heißt es: "Die Gegend ist nie häßlich, im Sinn wie bei uns ...; schön, bedeutender fängt sie an zu werden".

Bei dieser Fußwanderung freut sich Rückert an der gebirgigen Landschaft, er erwähnt das großherzogliche Lustschloß Cafaggioto und die Ortschaft Tre maschere, wo er "vorm Jahr auch gemittagt", und notiert einiges über die Güterbewirtschaftung dieser Gegend. Ganz nebenbei steht in Klammern: "(Gedichtchen)", und diese Wendung wiederholt sich für die Mittagspause in Tre maschere noch einmal. "Nach dem Mittagessen einen kleinen Rückspaziergang nach Florenz zu. Die Farbe des Herbstes abstechender als bei uns; das Blau der Oliven und die aus der Entfernung dunkler als sonst unsere Tannen sich abhebenden Cipressen. Rings so weit man sieht, hat die herrl. bunte Landschaft schwarze Klexe, u. weiße Gebäude darin, das sind die Villen der Großen mit ihren Gärten von Cipressen u. zum Teil Pinien ... Ich setze mich auf einen Eichenknorz am Wege, ausgehackt aus der Hecke, wie bei Ebern [im heimatlichen Unterfranken] bei der Mühle. Einen Zweig davon habe ich in die begonnene Blumen- und Blättersammlung in der Brieftasche eingelegt". Im höheren Gebirge zeigen sich bei der Weiterfahrt Nebelbildungen; in Covigliajo wird für die Nacht Station gemacht.

Am Mittwoch, den 4. November, geht es "In schreckl. Nebel, der wie Wände um uns stand, bis zur Grenzstation Scarica l'Asino ... Endl. die Apeninen hinab wird es menschl." Über Pianore, wo Mittagsrast gehalten wird, gelangen die Reisenden durch "Schöne Tallandschaft, ohne Oliven, vielleicht wegen der Nordseite vom Gebirge", nach Bologna, wo sie im Gasthaus zu den Drei Mohren absteigen. "Die hier beliebten Arkaden, die man auch schon auf den nächsten Dörfern sieht, hat man sogar als Alkoven in unseren Zimmern angebracht. Unsere Betten kolossal, daß sogar ich den Stuhl dazu brauche".

Am 5. November besichtigen die Freunde die wichtigsten Sehenswürdigkeiten Bolognas. Sie halten sich dabei an die Empfehlungen Rumohrs, geraten aber auch durch einen "Lohnbedienten erst in den von Rumohr mit Recht ausgelassenen Dom", dann nach San Petronio, wo u.a. die "Fenstermalerei" bewundert und "die schönste vielleicht in der Welt" genannt wird. Weiter wird San Domenico besucht und der beiden Sarkophage auf dem Platz vor der Kirche gedacht. Danach gehen die Freunde nach San Giacomo, wo zwar einige Kunstwerke beachtet werden, aber zugleich lesen wir in Rückerts Aufzeichnungen: "lächerl. halbgotische Türen, Säulen auf Löwen stehend, die Türlogen spitzig und rund". Und dann heißt es: "Mit S. Jacomo zusammen hängend St. Cecilia, Freskos von Francia u. anderen, ganz verödet u. zerstört. Im Vorbeigehn" wird von der "Börse" Notiz genommen, ehe die Reisenden die "Gallerie der Akademie" aufsuchen. Von den großen Gemälden Domenichinos heißt es, daß sie "pedantische Renomisterei genannt zu werden" verdienen. Sehr ausführlich beschäftigt sich Rückert mit den Bildern der Brüder Giacomo und Francesco Francia; von da aus stellt sich ihm die Frage: "wie auf den Francia in Bologna die Caraccis, Guidos u. Domenichinos mit ihren unnatürlichen Farben kommen?" Im Oberen Saal des Museums wird natürlich Raffaels berühmte Heilige Caecilie aufgesucht, die Rückert "nicht mehr so frappiert, wie das erstemal. Ihre Gestalt kommt mir unedel, wie einer aufgeschwänzten Magd vor, der Gürtel vorn am Leib höher als an den Hüften". Wohlgemerkt: es handelt sich um die gleiche Heilige Caecilie, von der Goethe am 18. Oktober 1786 so begeistert war! Auch Gemälde von Perugino und Giotto werden noch genannt, aber wirklich großen Eindruck scheinen wenige Bilder dieser Sammlung gemacht zu haben.

Neben den Kunsterlebnissen kommen aber bei Rückert die leiblichen Genüsse des Essens und Trinkens und der persönlichen Behaglichkeit nicht zu kurz, so daß wir auch über den Wein und die Zwiebeln sowie über die Lampen und das Kaminfeuer näher unterrichtet werden. In Bologna lernte Rückert übrigens einen finnischen Professor aus Abo kennen, der vor allem zu dem schwedischen Reisebegleiter Atterbom schnell Beziehungen gewann. Die Aufzeichnungen dieses Tages beschließt der Dichter mit dem Satz: "Ich bin unzufrieden über den wenigen Geist, womit ich mein Tagebuch geschrieben, zu Bett, schlafe aber doch gut". In der Tat erkennt Rückert hier eine gewisse Schwäche seines Reisejournals, das zwar vieles Tatsächliche festhält, dem aber die gedankliche Durchdringung und geistige Verarbeitung allzu häufig fehlen; selbst dann noch, wenn wir dieses Tagebuch nicht mit der redigierten Italienischen Reise Goethes vergleichen, sondern mit dem ursprünglichen Reisetagebuch von 1786, das viel mehr Geist und Frische aufweist als Rückerts Notizen. Trotzdem sind wir dankbar, diese unmittelbaren Zeugnisse des Italien-Reisenden überhaupt zu haben, weil wir doch mancherlei über Rückerts Interessen und Kenntnisse er fahren, so daß sich das bisherige Rückert-Bild nach einer wesentlichen Seite hin vervollständigen läßt.

Am 6. November geht es in aller Frühe weiter. Das Wetter ist "Nebelig trüb, gelind regnend oder eigentl. niebelnd, wir sehn keine Berge rechts noch links, anfangs wohl durch den Nebel, nachher aber, weil keine da sind. Die Ebene immer einförmiger u. langweiliger ... Die in der Lombardei schien mir reicher u. großartiger, wohl nicht blos durch den Reiz der Neuheit u. günstigerer Beleuchtung". Schon um 10 Uhr trifft man "in der Mittagsstation Teddo" ein, wo das Essen nicht schmeckt, dann geht es durch Malalbergo und "gleich darauf passiert man den blauen oder grünen Reno auf einem Mittelding von Schiffbrücke u. Fähre". Rückert findet "Die Ufer des Flusses kahl wie die der Tiber, die Gegend aber nicht so großartig einfach". Er geht "trotz der einförmigen Gegend und der unfreundl. Trübe zu Fuß" und befindet sich "gleich besser aufgeräumt. Vom Fluß fangen Pappelalleen an, die bis nach Ferrara ziehn. Wie vor einer herzogl. sächsischen Residenzstadt Meiningen oder Hildburghausen (nur fehlen die Berge)". Rückert schildert dann etwas ausführlicher die Landschaft mit ihren Gewässern, dem Pflanzenwuchs und der Häuserform. Zwischendurch heißt es einmal: "ebene abscheulich nasse weite breite Felder, ganz öde, zum Teil aussehend, als wenn sie, wie in der römischen Campagne, in vielen Jahren nur einmal bebaut würden".

In der Stadt Ferrara halten die Reisenden "auf einem sehr öden Platze, bis man vom Tor aus die Pässe nachbringt. Dann durch krumme dunkle Straßen zu den [vom Reiseführer] empfohlenen (abermal.) 3 Mohren; schönes Zimmer mit Holzvorrat". Rückert freut sich an dem hoch auflodernden Feuer nicht nur der Wärme wegen; denn ihm "macht der Anblick der Flamme so viel Freude als der des fleißenden Wassers u. der stillen Luft". Ja Rückert symbolisiert "die Elemente mit den Künsten, Feuer Tonkunst ..., Erde Architektur, Wasser Plastik, Luft Mahlerey, Poesie das fünfte Element, der alles durchdringende Lebensäther", worüber er mit Atterbom in Streit gerät. Denn der Schwede sieht die Poesie "mehr als besondere Kunst in geschlossenen Kreis gleich den anderen Künsten", der Deutsche dagegen wertet sie "mehr als allgemeine Kunst der Künste".

Während er abendlichen Schiffahrt nach Venedig, am Sonntag den 8. November, macht Rückert seine ausführlichen Notizen über den Aufenthalt in Ferrara am 7. November. Nachts hatte es "Donner u. Blitz, Regengüsse" gegeben, aber in der Frühe war "warme Luft" zu spüren. Nach 9 Uhr machte Rückert sich mit einem alten, sehr gebückten "Lohnbedienten" zu Besichtigungen auf den Weg. Zuerst ging es zum Dom, von dessen interessanter Fassade er eine flüchtige Skizze entwirft, die bis auf die fehlenden, aber markanten Säulenreihen durchaus das Charakteristische dieses Bauwerks wiedergibt. Auch in seiner kurzen Beschreibung des Auffallenden hebt er das wirklich Wesentliche hervor. Andererseits heißt es: "In der Kirche hatte ich auf die mich nicht ansprechende Architektur weiter kein Acht, wir suchten nur den hier heimischen Garofalo", d.h. Benvenuto Tisi (1481/1559), dessen Madonna sie dann auch fanden. Aber auch andere Bilder gewinnen ihre Beachtung. Weiter werden in Ferrara angesehen: das alte Schloß und der Corso, den Rückert "öde und vast" fand; vom Hospital St. Anna mit "Tassos Kerker" wird Kenntnis genommen sowie von der Spitalküche. Natürlich besucht man auch den berühmten "Palazzo", das von Wasser umgebene Kastell Ferraras, das "wie ein altes Ritternest" aussieht und an die fränkischen Schlösser von "Wetzhausen oder Rügheim" erinnert. "Hier herum wie durch ganz Ferrara eine schändliche Fischluft, die ganze Stadt wie ein abgelassener Teich, wo im Sumpf steckende Karpfen schnappen. In manchen Straßen Pfützen von Überschwemmungen. – Am Schloß sind an 4 Ecken große Türme, die etwas chinesisch aussehn u. dazu ziegelsteinern wie die ganze Stadt". Nach einem "Platzregen" geht es "durch Gassen, die sich alle regelmäßig kreuzen, u. in die Unendlichkeit sich zu verlaufen scheinen. Ansehn wie Ludwigsburg, auch Gras auf den Straßen, mehr als menschen. Die Straßen breiter als die Häuser hoch". Der Stadtbummel führt die Reisenden zum Palazzo dei Diamanti, zur Kirche von San Benedetto und zur Casa d'Ariosto; dieses Haus des Ariost "ist ziegelsteinern, wie ganz Ferrara". Vom "Studierzimmer des Poeten" hat man eine "Aussicht auf Gärten u. ebene Landschaft, deren Baumwuchs man nur sieht, ohne die Linien der Landschaft, still, freundl. u. reich, prosaisch nicht phantastisch wie sein Gedicht".

Bemerkenswert scheint mir der folgende größere Absatz in Rückerts italienischem Reisetagebuch zu sein, weil er Äußerungen von grundsätzlicher Bedeutung enthält: "Gras auf den Straßen, wie in Luwigsburg, Pflaster von Kieselsteinen, spitzigen, kleinen, Trottoirs an den Seiten, wenig erhöht von Backsteinen mit der Schärfe eingesetzt. Von so regelrecht nüchternen Straßen sind alle von Fürstenlaune angelegten Städte, so soll auch die Hafenstadt Carlskrona [in Schweden] sein, nur die Straßen noch viel breiter und leerer; Atterbom verteidigt es als Charakter moderner Städte, so wie er auch die französischen Gärten in Schutz nimmt. Dies ist sein schlechtes vornehmes Element. Ich lobe mir die krummen und engen Straßen der aus innerer Notwendigkeit, Volksleben, erwachsenen Städte, aus deren aus unmittelbarem Bedürfnis u. dessen nächster kürzester Befriedigung entsprungenen Unregelmäßikeit sich unvermutet hier und dort die schönste größte Regelmäßigkeit, große freie Plätze, entfaltet, wie in Florenz. Fürsten können keine Städte bauen. Bei Ferrara, wo ich so sehr oft an Göthes ideale Darstellung [im Tasso] erinnert wurde, fiel mir auch die Stelle ein: Es hat das Volk Florenz zur Stadt gemacht, Ferrara ward durch seine

Fürsten groß[27]. Das ist sehr wahr, nur im Lichte der Phantasie, ich sah es jetzt im Unlichte herbstlicher Vergangenheit. Die Prinzessin Leonore konnt ich mir durchaus nicht in dem Sumpfschlosse denken. Atterbom meinte, Tasso habe wahnwitzig werden können durch schlechte Luft, prosaische Gegend u. schlechten Wein".

Noch einmal kommen die Freunde zum alten und neuen Schloß sowie zu den Denkmälern zweier Herzöge; dann suchen sie das Studio publico, die Hochschule von Ferrara, auf, deren Bibliotheksschätze sie besichtigen, u.a. das Manuskript von Tassos Gerusalemme liberata, mit dem sich Rückert, der Philologe, liebevoll und ausführlich beschäftigt. "Nach Hause gehend, Sonnenschein u. sehr warm, daß mir der mitgenommene Mantel lästig wird. Auf dem Domplatz eine Art Volksleben. Auch finden sich krumme enge Straßen, vermutl. der alte Stock der Stadt, eh sie durch ihre Fürsten groß ward". Damit schließen die ziemlich eingehenden Aufzeichnungen Rückerts über seinen kurzen Aufenthalt in Ferrara.

Am Nachmittag dieses 7. November fahren die Freunde nach Porto dell'arco scuro, das eine gute Stunde nördlich von Ferrara liegt und jetzt Pontelagoscuro heißt, eine kleine Hafenstadt am Po. Von dort geht es mit dem Boot in das damals österreichische Gebiet hinein. Aber zunächst verzögert sich die Abreise wegen eines "schreckl. Sturmwindes", so daß die Reisenden eine unruhige Nacht in einem Gasthaus zubringen; zumal "Die Ratzen lärmen schreckl. ober der Decke, daß die ganze Nacht durch Göthes Gräflein mir durch den Kopf summt", womit offenbar Goethes "Hochzeitslied" gemeint ist: "Wir singen und sagen vom Grafen so gern ..."[28].

Im Laufe des 8. November hat Rückert seine Schiffsreise angetreten und ist dementsprechend vermutlich am 10. November in Venedig eingetroffen[29]. Die uns erhaltenen Tagebuchaufzeichnungen erstrecken sich auf die vier Tage vom 12. bis 15. November[30] und beginnen: "Es kostet uns viel Mühe ins Arsenal zu kommen". Rückert schildert die "Außenseite des Arsenals", die ihn "sehr wenig befriedigt", und den Platz davor mit seinen Mauern, Türmen und Löwen. "Endl. traten wir ins Heiligtum ein und es eröffneten sich die unendl. Räume" mit Höfen und Hallen. Das Schiffszeug und die vielen historischen Waffen finden Beachtung; im zweiten Hof wird die "Corderia" (die Seilerei) des Palladio mit den "Propyläen" verglichen. Rückert verweilt ziemlich lange bei den einzelnen Gebäuden und Räumlichkeiten des Arsenals, mancherlei Sehenswürdigkeiten werden eigens hervorgehoben, wie die Reste des berühmten Bucentoro, der Prachtgaleere der venezianischen Dogen, und die alte Arsenal-Kirche. "Vor Mittag, weil wir in der Nähe sind, noch die Kirche St. Peter u. Castello", womit die Kathedralkirche San Pietro di Castello gemeint ist.

[27]Erinnerung an Goethes "Tasso", I. Aufzug, Worte der Leonore, Vers 54/55.

[28]Eine Lücke im Tagebuch ermöglicht es nicht, die nächsten Tage zu verfolgen.

[29]Auch Goethe hat für seine Schiffsreise von Venedig nach Ferrara im Oktober 1786 zwei Tage gebraucht.

[30]Im Tagebuch heißt es nach der Lücke: "Freitag 12. Nov." Wenn der Wochentag stimmt, was in diesem Fall anzunehmen ist, dann ist das Datum falsch. Es müßte "13." November heißen.

"Nachmittag Feuer zu Hause, da es ganz impertinent kalt ist, hellster Himmel ... Brief von der Gräfin Welsberg, bei der wir gestern Abends gewesen, mit Einladung zu einem Dilettantenconcert im Hause eines alten Geistlichen. Endl. der evangelische Prediger Rinck ..., den wir vor Tagen umsonst gesucht ..." Rückert folgt der Konzert-Einladung nicht, sondern geht "mit Morgenblättern zu Bett, die [er] aber vor Frost nicht lesen kann".

Für den 13. (d.h. 14.) November notiert Rückert: "Zunehmende Kälte u. Helle ... wir erfahren mit Schrecken, daß wir 12 Tage brauchen bis Wien, wenn nicht Schnee dazwischen kommt". Die Freunde besuchen dann die Frari-Kirche, deren Kunstwerke im einzelnen betrachtet werden, wobei dem Dichter "ein großes Altarbild von Tizian, Madonna auf erhöhten Stufen, ... weiter gar nicht gefallen" hat. Nur unter den Köpfen der Familie Pesaro spricht ihn einer an: "der unterste, vorderste, ein Mädchen, das so unbefangen heiter drein sieht, blond, blauäugig, ich dachte dabei an Deutschland u. auch an Ariccia, u. sah es lang an". Offenbar gelten die Erinnerungen an den Sommeraufenthalt Rückerts in Ariccia nicht nur dem ländlichen Ort, sondern auch einem jungen Mädchen, das eine gewisse Rolle in seinem damaligen Leben gespielt zu haben scheint. Von der Frari-Kirche geht es nach San Rocco; diese Kirche "enthält gar nichts als Tintorettos; die sogenannte Schule dabei, d.i. vermutl. Versammlungshaus einer frommen Bruderschaft, enthält herrl. Räume, in 2 Stockwerken u. den angemessenen Treppen". Auch hier verweilt Rückert einige Zeit und meint: "Das Färberlein [Tintoretto] verdient gar nicht die diminutivische Bezeichnung". Danach wandern die Freunde "über den Platz von Maria formosa" zum Palazzo Grimani, wo viele "Bilder u. Merkwürdigkeiten" betrachtet werden, denen Rückert wieder eingehende Aufmerksamkeit schenkt und über die er genaue Aufzueichnungen macht.

Diesen Besichtigungen folgt noch ein kurzer Besuch in der "Buchhandlung Fuchs (hinter Ponte sospiro) in einem prächtigen Palast". Nach einem guten Mittagsmahl wird der "Accord für Wien richtig gemacht, großes Feuer geschürt, an dem man hinten bratet u. vorn friert. Tagebücher geschrieben, um 8 Uhr in die Oper, wie schlecht sie sein mag"; aber Näheres erfahren wir leider nicht über diesen Opernbesuch.

Am 14. November – Rückert notiert "Sonntag", obwohl es sich um einen Samstag handelt, wenn das Datum stimmt, oder es müßte der 15. gewesen sein, was wahrscheinlicher ist – ging Rückert mittags "in die protestantische Kirche St. Apostoli", wo ihm "Erbaulicher Gesang u. Predigt, sammt bedeutsamen Episteln u. Evangelien" geboten wurden. Dieser Teilnahme am Gottesdienst folgt ein Spaziergang und ein "Abschiedsbesuch bei der Gräfin"[31]. Über den damals in Venedig lebenden englischen Dichter Lord Byron notiert Rückert: "ist ein stummer ungenierter Gesellschafter, auch ein großer Schwimmer, er schwimmt oft über den Kanal bis Lido. Er kümmert sich wenig um seine Landsleute, ja flieht sie". Da zu dieser Zeit "die Pest wieder ausgebro-

[31]Vermutlich die am 12. November erwähnte Gräfin Welsberg.

chen" sein soll und Ansteckungsgefahr "für die ganze Stadt zu besorgen" war, wollen Rückert und Atterbom ihre Abreise beschleunigen. Deshalb lesen wir in den Notizen vom 15. (=16.) November: "Vorbereitung zur Abreise", und da überdies "Gelindes Regenwetter" herrscht, hat Rückert auch "keine Lust mehr etwas zu sehn". Er kauft sich noch einen Stadplan von Venedig und schreibt einen "Brief nach Hause". Sein Freund "Atterbom kauft die alte venezianische Ausgabe des Tasso (die einzige vollständige) in 12 Quartbänden; mich ziehn von der Lyrik vorzügl. die Madrigale an". Anmerkungsweise betont der Dichter noch, daß der Palazzo, in dem der Buchhändler "Fuchs wohnt", identisch sei mit "Bianca Capellos Haus", das er neulich vergebens gesucht habe und in dem er "also gewesen [sei], ohne es zu wissen". Mit der Notierung des (wohl falschen) Datums: "Dienstag 16. Novr." bricht das Manuskript von Rückerts italienischem Reisetagebuch ab.

Wir wissen aus anderen Zeugnissen, daß der Dichter auf der Rückreise nach Deutschland für einige Wochen in Wien Station gemacht hat, wo er u.a. den Orientalisten *Joseph von Hammer-Purgstall* kennenlernte, durch den sein eigenes Leben und Denken eine ganz neue, ja entscheidende Richtung bekam, insofern als seine geistigen Bemühungen von nun an in erster Linie dem Erlernen und Erforschen orientalischer Sprachen galten. Der aus Italien und Wien heimgekehrte Rückert wurde bald der gelehrte Orientalist und Übersetzer, der Forscher und Lehrer an den Universitäten von Erlangen und Berlin. Das ist eine ganz merkwürdige Bilanz für einen einjährigen Aufenthalt in Rom, der sich offenbar auf sein persönliches Wesen und geistiges Streben nicht so nachhaltig ausgewirkt hat wie auf viele andere Italien-Reisende. Rückert gehörte keineswegs zu jenen Deutschen, die im Süden die Erfüllung ihrer Sehnsucht und ihres Wesens finden und die dann möglicherweise gewandelt in ihre Heimat zurückkehren. Für Rückert war das Italien-Erlebnis kein Urerlebnis, sondern nur ein Bildungsurlaub unter anderen, gewiß eine Bereicherung seiner Erfahrungen und eine Erweiterung seines Gesichtskreises, aber keine wesenerfüllende Macht von prägender Kraft. Er gehört also nicht in die Reihe von Gestalten wie Winckelmann und Goethe, die sich in Italien vervollkommneten und entfalteten, sondern in die Nachfolge von Lessing, Herder und Tieck, die den italienischen Süden oft nur mit mehr oder weniger Mißvergnügen als Bildungsreisende erlebten, weil sie ohne echte Affinität zur Welt des Südens waren. Nur aus dem mangelnden Tiefgang oder aus der fehlenden Ursprünglichkeit seines Italien-Erlebnisses ist es wohl auch zu erklären, daß Rückert sich nicht wieder der Welt der Antike zuwandte, wie in seiner Jenaer Privatdozentenzeit, sondern nach dem Aufenthalt in Wien und der Begegnung mit Hammer-Purgstall die nächsten vier Jahrzehnte seines langen Lebens der Welt des Orients widmete und sich als geistiger Vermittler orientalischer Dichtungen den Ruhm eines fränkischen Weltbürgers erwarb.

[Aus: Jahrbuch für Fränkische Landesforschung 21 (1961) S. 127-147.]

Friedrich Rückert und Coburg*

Von Helmut Prang

Drei fränkische Städte sind bestimmend für Friedrich Rückerts Leben geworden: sein Geburtsort Schweinfurt in Unterfranken, sein langjähriger Aufenthalts- und Sterbeort Neuses bei Coburg in Oberfranken (damals noch zum Herzogtum Sachsen-Coburg gehörend) und dazwischen die erste Stätte seines akademischen Wirkens, die Universitätsstadt Erlangen in Mittelfranken. Zwischen diesen drei fränkischen Städten liegen Beginn, Mitte und Ausgang eines reichen Lebens, das geistig weit über Franken hinausgriff. Zwar führten Reisen von hier aus verschiedentlich nach Süd-, West- und Norddeutschland oder durch die Schweiz nach Italien und Wien[1], aber seinen Wurzel- und Lebensboden hatte dieses Gelehrten- und Dichterdasein im fränkischen Heimatraum, und in erster Linie war es Coburg bzw. das benachbarte Neuses, das für Rückert Zufluchtsort, Mitte und Schaffensstätte seines Dichtens und Denkens sowie vor allem seines Familienlebens gewesen ist.

Einer seiner frühesten Freunde, mit dem er ein Leben lang verbunden blieb, war ein Coburger: *Christian Freiherr von Stockmar* (geb. 1787), den Rückert während seiner Studienzeit in Würzburg (1805 ff.) kennenlernte[2]. Der Briefwechsel aus der Frühzeit der beiden Freunde sowie spätere Prosa- und Verszeugnisse lassen erkennen, daß im Grunde diese Verbindung jahrzehntelang mehr oder weniger intensiv gehalten hat, auch wenn es zwischendurch Entfremdungen gab.

Aber nicht nur diese Studentenfreundschaft mit einem Coburger zog den jungen Rückert frühzeitig in den Bann dieser Stadt, sondern auch sein Leben im Umkreis Coburgs. 1807 war nämlich sein Vater als "großherzoglicher Commissär" nach Seßlach versetzt worden, wenige Stunden südwestlich von Coburg an der Rodach gelegen. Hier verlebte der junge Student 1807 und 1808 seine Ferien, hier dichtete er viele seiner frühen Lieder, und von Seßlach aus führten ihn kleine Spaziergänge nach Coburg. Ja selbst als der Vater 1809 als Rentamtmann nach Ebern versetzt wurde, war die Entfernung nach Coburg nicht allzu weit. 1814 freundete sich Rückert mit *Christian Hohnbaum*, dem Superin-

---

*Festvortrag beim Bundestag des Frankenbundes am 22. Mai 1960 in Coburg.

[1] Vgl. H. Prang: Friedrich Rückert in Italien. Jahrbuch für Fränk. Landesforschung 1961, S. 127 ff.

[2] Stockmar studierte Medizin, ließ sich dann als junger Arzt 1810 in Cobug nieder und spielte später im Dienst des Prinzen Leopold von Coburg wie auch der englischen Königin Viktoria und ihres Prinzgemahls Albert eine gewisse Rolle als Diplomat. 1857 nahm er seinen Wohnsitz für dauernd in Coburg, wo er 1863 gestorben ist.

tendenten von Rodach, an und verlebte dort, einige Stunden nordwestlich von Coburg mehrere Sommerwochen. Bevor Rückert im November 1915 nach Stuttgart übersiedelte, machte er von Ebern aus seinen Coburger Freunden noch einen Abschiedsbesuch. So gewinnen wir den Eindruck, daß diese Stadt den Dichter schon frühzeitig immer wieder angezogen hat und daß die landschaftliche Umgebung Coburgs für Rückert von Jugend auf fast schicksalhaft und lebensbestimmend geworden ist. Denn selbst die beiden Stuttgarter Jahre und der einjährige Aufenthalt in Italien konnten ihn nicht dieser Landschaft entfremden, in die er zu Beginn des Jahres 1820 zurückkehrte und der er 46 Jahre seines Lebens bis zu seinem Tode treu geblieben ist. Hier erfüllte sich das reiche Leben eines warmherzigen Mannes und Familienvaters; in diesem Coburger Bereich vollzog sich das erfolgreiche Arbeiten des fleißigen Gelehrten.

Gegen Ende des Jahres 1820 siedelte der zweiunddreißigjährige Rückert nach Coburg über, das er nun schon seit vielen Jahren kannte. Er mietete sich im Haus des Archivrats *Fischer* bei einer Frau *von Gersdorf* ein und wohnte gegenüber der Ehrenburg, dem Herzoglichen Residenzschloß, nicht weit von der Morizkirche und dem Casimirianum. Daß er gerade Coburg als Aufenthaltsort wählte hängt u.a. damit zusammen, daß seine Eltern damals in Ebern lebten, und vor allem, weil die Coburger Bibliothek den wissenschaftlichen Studien Rückerts gute Arbeitsmöglichkeiten bot. Denn der einstige Jenaer Privatdozent für klassische Philologie hatte sich seit der Begegnung mit dem bedeutenden Orientalisten *Joseph von Hammer-Purgstall* in Wien eifrig dem Studium des Persischen und anderer orientalischer Studien zugewandt, so daß seit dieser Coburger Zeit Rückert nicht mehr nur Dichter, sondern auch Gelehrter von Ansehen war. Das zeigt sich sogleich in seinem ersten Coburger Jahr aufs eindrucksvollste, wenn wir aus einem noch ungedruckten Brief vom 12. März 1821 an den *Freiherrn von Truchsess* eine Ankündigung über sein "hiesiges Leben und Treiben" erwarten dürfen, "ob es gleich in seiner Gleichförmigkeit so ziemlich sich in 2 Worten abtun lässt, nämlich, daß ich fleissig und stets zu Hause bin, und mich um die Stadt Coburg nichts bekümmere". Was das letzte Bekenntnis betrifft, so ist es grundsätzlich fast sein Leben lang so geblieben; denn Rückert hat im öffentlichen Leben dieser Stadt keine große Rolle gespielt.

Der mit eisernem Fleiß an seinen orientalischen Studien Arbeitende, der sich mit dem großen persischen Dichter Hafis beschäftigte und mit dem Werk des persischen Mystikers Mewlana Dschelaleddin Rumi (13. Jahrhundert), derselbe ernste Gelehrte, der kaum Zeit zu Besuchen und privaten Beziehungen hatte, erlebte nun mit 33 Jahren jenen berühmt gewordenen "Liebesfrühling", der einer seiner bekanntesten Dichtungen den Namen gegeben hat. Was war hier geschehen? Rückert hatte ein junges Mädchen kennengelernt, das bei seinem Einzug in Coburg gerade 23 Jahre alt geworden war: *Anna Louise Magdalena Wiethaus-Fischer*, die Stieftochter seines Hausbesitzers. Der fast ein Jahrzehnt ältere Dichter und Gelehrte empfand bald eine herzliche Zuneigung zu Louise Wiethaus, die seine Empfindungen erwiderte. Die Briefe der beiden Liebenden des Jahres 1821 und Rückerts zahlreiche Verse aus dieser Zeit geben uns Einblick in die zarte Annäherung zwischen beiden und lassen uns das beseligende Glück der Verlobten miterleben. Über 40 noch unveröffentlichte Brautbriefe und rund 300 Gedichte Rückerts sind uns als schriftliche Zeugnisse des Liebesjahres 1821 überliefert. Die Gedichte veröffentlichte Rückert vereinzelt schon 1822 und 1823 in Zeitschriften, aber die gesamte Menge band er schließlich zu einzelnen "Sträußen" zusammen und ließ das ganze Werk 1834 in der ersten Gesamtausgabe seiner Gedichte als "Liebesfrühling" erscheinen. Ein großer Reichtum an Themen und Formen, an Gefühlen und Gedanken wird daraus ersichtlich. Schwärmerische Liebe und ein Aufwand an Bildern und Vergleichen kennzeichnen diesen gedichteten "Liebesfrühling" genau so wie liebevollste Kleinmalerei und ein rührendes Wichtignehmen noch des Unscheinbarsten. Dabei sind die Rollen auf beide Liebende verteilt, insofern als nicht nur der Dichter selber rühmt und singt, sondern auch die Geliebte ihren Liebsten preisen läßt; also ähnlich wie in Goethes Altersdichtung vom "Westöstlichen Divan". Das Beglückende an Rückerts Liebesdichtung, deren künstlerischer Wert hier nicht zu würdigen ist, liegt u.a. darin, daß sich der Dichter auch später noch zu seinen frühen Versen bekannt hat, wie z.B. aus einem ergänzenden Nachtrag des Jahres 1846 aus Anlaß der Silbernen Hochzeit Rückerts deutlich wird, in dem der achtundfünfzigjährige Dichter noch immer seiner Frau aufs liebevollste huldigt.

Die Vorbereitung auf die Eheschließung brachte mancherlei Schwierigkeiten mit sich, die in der deutschen Kleinstaaterei begründet waren. In einem Schreiben der Regierung von Coburg wird am 6. November 1821 bestätigt, daßder Dr. Friedrich Rückert in Coburg aufgenommen werden könne, wenn er "den nöthigen Auswanderungs-Erlaubnis-Schein beybringen wird". Am 15. 11. 1821 gibt dann die Gemeinde-Verwaltung von Ebern diese Erlaubnis, wie aus dem Protokoll zu ersehen ist. Erst am 12. Januar 1822 gesteht die Königliche Regierung des Unter-Main-Kreises zu Würzburg zu, daß "dem nach Koburg ausgewanderten Friedrich Rückert das bairische Indigenat (= Heimatrecht), (zwar) nicht vorbehalten sein, demselben jedoch unbenommen bleiben (soll), dasselbe seinerzeit auf gesetzliche Weise wieder zu erlangen".

Rückert und Louise Wiethaus haben am 26. Dezember 1821 in Coburg geheiratet und blieben im Hause Fischer bei Frau von Gersdorf wohnen. Hier wurden ihre drei Söhne Heinrich 1823, Karl 1824 und August 1826 geboren. Mit dem Aufenthalt in Coburg verbindet sich für Rückert also nicht nur das bräutliche Glück eines Liebesfrühlings, sondern auch das sein Leben bestimmende Erlebnis der Familiengründung, der häuslichen Ehegemeinschaft und das reife Glück der ersten Vaterschaft. Spaziergänge und Ausflüge führten ihn mit den Seinen nach Ketschendorf oder nach Neuses, wo die Schwiegereltern Fischer ein kleines Besitztum hatte. Hier brachte der Dichter in den ersten Ehejahren gelegentlich auch einige Sommermonate zu, bis er später ganz nach Neuses übersiedelte.

Sechs Jahre war Rückert in Coburg ansässig, bis er im Herbst 1826 eine Professur in Erlangen übernahm. Während dieser sechs Jahre bereitete er sich mit großem Eifer und Fleiß auf seine Gelehrtenlaufbahn vor. Daß damit auch Mühen verbunden waren, geht u.a. aus einem unveröffentlichten Brief an den

Nürnberger Buchhändler *Schrag* hervor, dem er in einem Postskriptum vom 12. Januar 1822 schreibt: "Die Coburger Buchhändler sind bei Bücherbestellungen so wenig prompt und in ihren Bedingungen so unbillig, daß ich Lust habe, meinen Bedarf von Nürnberg zu beziehen". In einem weiteren ungedruckten Brief an Schrag äußert er sich am 26. Januar 1822 wegen einer erstrebten Anstellung in Nürnberg, "etwa bei der Bibliothek". Er fügt bedeutsamerweise hinzu: "Mir ist aber, in meiner hiesigen ganz unabhängigen Lage, nicht um den ersten besten Platz, sondern um einen mir geeigneten zu thun ..." So gern er gerade in Nürnberg leben und arbeiten möchte, so kann er Schrag nicht verhehlen: "doch muß es mit Anstand und mäßigem Vortheil verbunden seyn, weil ich mich hier in Coburg in meinem neu eingerichteten kleinen Haushalt, im Hause meiner Schwiegereltern, zu behaglich und bequem befinde, um ohne Noth mich in ein neues unangemessenes Verhältnis einzulassen".

In einem unedierten Brief vom 18. Februar 1822 an Truchseß lesen wir einiges über Rückerts jungen Ehestand, seine Wohnung und das stille Leben, ja wir erfahren sogar einmal einige Stadtangelegenheiten, die sich auf Coburger Mitbürger beziehen. Vom Ehestand "kann ich mit gutem Gewissen sagen, daß er mir's trefflich thut. Ich hätte wirklich nicht geglaubt, daß es mir so gar viel wohler werden könnte, als es mir sonst, selbst in meinen besten Stunden war".

Bereits 1821 hatte Rückert mit der Jahreszahl 1822 infolge seiner Hafis-Studien seine Gedichtsammlung "Oestliche Rosen" erscheinen lassen, unter denen sich auch das bekannte "Du bist die Ruh',/Der Friede mild ..." befindet. Diese Gedichte waren großenteils schon 1819 in Ebern entstanden, also zu der Zeit, als Goethe seinen "Westöstlichen Divan" herausgab. Wein und Liebe sind die Hauptthemen, die hier mit orientalischem Bilderreichtum besungen werden. Bunt und farbenprächtig schimmert dabei eine Welt auf, deren kunstvolle Gestaltung neben der z.T. schlichten Innigkeit des deutschen "Liebesfrühlings" erscheint. Man muß sich diese innere geistige Spannweite des Dichter-Gelehrten zu dieser Zeit vergegenwärtigen, um ein volles Bild von Rückert aus den frühen Coburger Jahren zu gewinnen. Der menschlich beglückte Mann lebte damals als phantasiereicher Dichter und strenger Gelehrter, der zufriedende Hausvater war Poet und Forscher zugleich, und seine orientalischen Sprachstudien kamen dabei seinem Dichtertum zugute; so wie umgekehrt seine poetische Formbegabung den Übersetzungen aus den östlichen Sprachen fruchtbar entgegenkam. Dieses wechselseitig wirkende Talent zeigte sich in dieser ersten Coburger Periode besonders deutlich, so daß die literarisch interessierten wie die wissenschaftlich gelehrten Zeitgenossen auf diesen ungewöhnlichen Mann aufmerksam wurden. Aber wie so häufig bei Doppelbegabungen wurde auch hier die eine Seite gegen die andere mißtrauisch; vor allem in der Gelehrtenwelt war man wohl von jeher skeptisch gegen den Ernst eines Wissenschaftlers, der es wagte gleichzeitig noch Künstler zu sein. Das mag auch mit der Grund gewesen sein, warum Rückert 1825 nicht die freie Stelle eines Lehrers am Coburger Gymnasium erhielt, die ihm sein Freund, der Exminister *von Wangenheim*, gern verschaffen wollte. Daher bewarb sich der Dichter um einen freien Lehrstuhl für orientalische Sprachen an der Universität Erlangen.

Wissenschaftliche Rezensionen, Übersetzungsproben aus dem Koran (1824) und vor allem "Die Verwandlungen des Abu-Seid von Serug oder die Makamen des Hariri", deren erster Band 1826 erschienen war, schufen die erforderlichen Voraussetzungen für die nach mancherlei Widerständen erfolgte Berufung Rückerts als Professor nach Erlangen. Es handelt sich bei dieser gelehrten und zugleich künstlerischen Arbeit um eine freie Nachbildung einer arabischen Dichtung, die um 1100 herum entstanden ist und heitere Landstreichergeschichten enthält. Der Held ist Abu Seid, der vielerlei erlebt und anstellt, vergleichbar einer Eulenspiegel-Natur. Unter Makamen versteht man zunächst einen Aufenthalts- und Unterhaltungsort, schließlich die Unterhaltung selber, so daß wir hier Makamen etwa mit Kurzgeschichten gleichsetzen können. In der Form handelt es sich um gereimte Prosa, zuweilen von Ghaselen durchsetzt, jener Gedichtform die erst Rückert und *Platen* in Deutschland angewandt haben. Rückert hatte vornehmlich 1823 und 1824 an diesem Werk gearbeitet, so daß 1826 die ersten Makamen erscheinen konnten.

Obwohl Rückert im Herbst 1826 nach Erlangen übergesiedelt war, blieb der Zusammenhang mit Coburg und Neuses doch ständig gewahrt; denn er selber oder seine Frau und die Kinder fuhren zum Besuch der Verwandten dorthin, Ferienzeiten wurden gern dort verlebt; vor allem jedoch wuchs nach dem Tode des Schwiegervaters Fischer im Herbst 1836 Rückerts Interesse an dem kleinen Familienbesitz in Neuses. Ein unveröffentlichter Brief aus Neuses, der den Poststempel Coburg 21. Aug. 1837 trägt, und an seine Frau gerichtet ist, beginnt: "Ich bin hier wie im ewigen Leben, außerhalb der Zeit, insofern ich nicht weiß, den wievielten des Monats wir haben; doch daß es Montag ist, weiß ich, weil erst gestern Sonntag war". Im gleichen Brief heißt es weiter: " Ich wünschte nur, Du wärest schon jetzt hier, da es noch überaus schön ist, so grün und frisch, wie ich es nie gesehn, selbst bis auf den dürren Goldberg hinan; nur leider daß im Mühlbach noch immer das Wasser fehlt, und statt des angenehmen kühlen Rauschens unter den Fenstern jetzt nur ein abscheulicher Gestank zu vernehmen ist von der Mistjauche des ganzen oberen Dorfes, die sich allein langsam und träge hindurchschlängelt". Das trübt aber nicht das ländliche Behagen, da der Erlanger Gelehrte während der Ferien hier genießt.

Der Coburger Stadtgerichtsrat *Ferdinand Scheler* (geb. 1797) war der Vertrauensmann Rückerts und vermittelte schließlich 1838 die käufliche Übernahme des Fischerschen Gutes in Neuses durch den Erlanger Professor. Dieser nahm damit zwar eine ernste finanziele Belastung auf sich, zumal da sich seine Familie inzwischen vergrößert hatte und Gelehrte auch damals nicht reichlich bezahlt wurden, aber das Glücksgefühl, ein ländliches Refugium für sein dichterisches und wissenschaftliches Schaffen gefunden zu haben und in der naturalen Einsamkeit mit seiner Familie leben zu können, überwog zunächst die wirtschaftlichen Sorgen.

Der Coburger Freund Scheler war jedoch nicht nur der Vermittler beim Erwerb von Gut Neuses, sondern wurde auch der juristische Berater in Verlagsfragen, übernahm Verhandlungen mit Buchhändlern und Verlegern, kümmerte sich in Rückerts Auftrag um die Zusamenstellung und Redaktion seiner Gedichtsammlungen und wurde somit zum Vertrauten in allen Geschäftsangelegenheiten. Daher ergab sich ein reger Briefwechsel zwischen Rückert in Erlangen und Scheler in Coburg, so daß selbst während Rückerts Erlanger Zeit mancherlei Geschäftliches in seinem Namen von Coburg aus erledigt wurde. Überdies bewies Rückert seine anhaltende Verbundenheit mit dem Coburger Fürstenhaus, als Prinz Albert im Februar 1840 die englische Königin Victoria heiratete; denn zur Vermählung des Fürstenpaares sandte er ein Gedicht, das er noch im gleichen Jahr im Deutschen Musenalamanach zum Druck bringen durfte. So dauerhaft übrigens Rückerts Beziehungen zum Herzoglichen Haus waren, so spärlich waren sie zum Coburger Hof und seinen Beamten.

Als dem Erlanger Professor ein Lehrstuhl an der Universität Berlin angeboten wurde und er den Ruf annahm, siedelte er mit den Seinen nach Neuses über und verbrachte seine winterlichen Pflichtsemester meist ohne Familienangehörige in der preußischen Hauptstadt. Da er während seiner Berliner Tätigkeit nur im Wintersemester an der dortigen Universität Vorlesungen zu halten brauchte, verlebte er seit 1841 den größten Teil des Jahres auf seinem Neuseser Gut. So ist er niemals ein echter Berliner Professor oder gar heimisch in der Stadt Friedrich Wilhelms IV. geworden, sondern er ist das letzte Vierteljahrhundert seines Lebens ein Bürger von Coburg bzw. Neuses gewesen.

Dieses Leben in Neuses wurde nur wenige Jahre noch gestört durch die unwillkommene Verpflichtung, während des Winters in Berlin leben und lehren zu müssen. Rückert ist dieser lästigen Verpflichtung sehr ungern nachgekommen und hat daher auch nur sieben Semester in der preußischen Residenz zugebracht. Im März 1848 hat er Berlin für immer verlassen, für das nächste Wintersemester ließ der Gelehrte sich beurlauben, und 1849 wurde ihm, als er 61 Jahre alt war, seine Pensionierung mit halbem Gehalt gewährt (statt 3000 erhielt er nun 1500 Thaler). In den Jahren seiner Berliner Professur fühlte er sich nur bei den Seinen in Neuses wirklich zuhause und wohl. spät wie möglich im Herbst verließ er seinen Landsitz, sehnte sich während des langen Berliner Winters nach Coburg und seiner Familie und kehrte stets hoffnungsvoll im Frühjahr auf sein Gütchen zurück, so daß er selbst während seiner Zugehörigkeit zur Berliner Universität der fränkische Landbesitzer blieb, der nur dort heimisch war.

Diese vierziger Jahre, in denen der gleichmäßige Lebensrhythmus des Dichters und Gelehrten nur durch den Wechsel von Neuses und Berlin mehrfach unterbrochen wurde, sind durch mancherlei poetische und wissenschaftliche Arbeiten gekennzeichnet. Am auffälligsten sind Rückerts damalige Bemühungen um das Schaffen dramatischer Dichtungen. Ein Trauerspiel "König Arsak von Armenien" wird in Angriff genommen, ein Drama "Saul und David" erscheint (1843/44), "Herodes der Große" und "Kaiser Heinrich IV." kommen in je zwei Teilen heraus (1844), ein dreiteiliges Geschichtsdrama "Christofero Colombo" gehört in diese überraschende Reihe dramatischer Werke (1845). Doch mit der Beendigung seiner Berliner Lehrtätigkeit hört auch das Arbeiten an dramatischen Dichtungen auf, zumal da Rückert damit nirgends den erhofften Erfolg gehabt hat.

Während der gleichen vierziger Jahre entstanden selbstverständlich immer wieder Gelegenheitsgedichte; denn das Versemachen war selbst dem alternden Gelehrten ein natürliches Bedürfnis. Überdies gab er seine "Gedichte" in eigener Auswahl heraus (1841) und ließ noch eine dreibändige Gedicht-Ausgabe (1843) erscheinen. Auch eine einbändige Neuausgabe der "Weisheit des Brahmanen" kam damals (1843) zum Druck, und eine Separatausgabe des "Liebesfrühlings" wurde (1844) aufgelegt.

Zu den gelehrten Arbeiten dieser Jahre gehören eine Übertragung aus dem Arabischen, die (1843) unter dem Titel "Amrilkais, der Dichter und König" erschienen ist, und die dritte Auflage der berühmt gewordenen ''Makamen des Hariri" (1844). Auch die Geschichte von "Nal und Damajanti" kam (1845) in einer dritten Auflage heraus, und zur gleichen Zeit veröffentlichte Rückert mit dem "Leben der Hadumod, erster Aebtissin des Klosters Gandersheim" eine Übersetzung aus dem Lateinischen (1845). Endlich brachte Rückert noch eine Arbeit zum Abschluß, mit der er seit seiner frühen Erlanger Zeit (seit 1828) beschäftigt war. Er gab nämlich 1846 eine Bearbeitung der "ältesten arabischen Volkslieder" aus dem 9. Jahrhundert unter dem Titel "Hamâsa" heraus. Das sind weit über 800 Lieder, die mit gelehrten Anmerkungen versehen sind und als Zeugnis wissenschaftlichen Arbeitens und poetischer Einfühlung zugleich gelten können. Danach ist kein größeres gelehrtes Werk von Bedeutung und Selbständigkeit mehr aus Rückerts orientalischen Studien hervorgegangen. Er hat nach dem Abschluß seiner Berliner Lehrtätigkeit dann nur noch vereinzelte Beiträge für die "Zeitschrift der deutschen morgenländichen Gesellschaft" (bis 1860) geliefert. Es will daher scheinen, als habe dieses so überaus fleißige und reiche Leben des sechzigjährigen Gelehrten sich im Geistigen bereits erschöpft, so daß wir uns mit Recht fragen: was hat der alte pensionierte Rückert noch in den letzten anderthalb Jahrzehnten seines Coburger oder Neuseser Lebens geleistet bzw. überhaupt getan? Worin bestand der Inhalt von Rückerts letzter Lebenszeit?

Zunächst müssen wir uns vergegenwärtigen, daß der zeitlebens besonders naturverbundene Rückert gern viele Stunden im Freien verbracht hat: auf Spaziergängen und Wanderungen, oder auch im Umherwandeln und besinnlichen Ruhen. Sein kleiner Landsitz mit Garten und dem nahen Goldberg boten stets beste Gelegenheit zum Umhergehen und Verweilen, zum Beobachten von Pflanzen und Tieren oder Wettererscheinungen we zum Anordnen landwirtschaftlich notwendiger Arbeiten. Sein bescheidener Hausgarten enthielt nach eigener Aussage des Dichters ("Lieder und Sprüche"):

> Beet an Beet Küchengewächse gereiht,
> Um an den Tagen der Woche mit Wechsel den Tisch zu besorgen,
> Und für den Sonntagsstrauß Blumen am Rande gepflanzt!

Spaziergänge führten zum Callenberg oder zum Thümmel-Gedenkstein im

Garten von Falkenegg; denn hier befindet sich das Grab des 1817 in Coburg gestorbenen Dichters *August Moritz von Thümmel.*

Die ständige Sorge um Haus und Garten sowie die lebhafte Anteilnahme am Wachsen und Gedeihen der Bäume und Sträucher, das liebevolle Sichkümmern um Hege und Pflege alles Gepflanzten oder die Einbringung der kleinen Ernte nahmen den gelehrten Dichter ständig in Anspruch und fanden auch in seinen Briefen Niederschlag, vor allem wenn er auf Reisen war oder in Berlin leben mußte. Der um Frau und Kinder stets rührend Besorgte ließ seine sorgenden Gedanken auch dem kleinen Besitztum der Familie zuteil werden; darin waren sich der Dichter und seine Frau ganz ähnlich oder gar gleich.

Der an eine große Familie Gewöhnte liebte es, vertraute Freunde als Gäste bei sich zu haben, ging aber Geselligkeiten außerhalb des Hauses gern aus dem Wege. In den Annalen der Stadt Coburg spielt er daher bemerkenswerterweise keine große Rolle! Rückert nahm an der Außenwelt und dem Tagesgeschehen mehr durch das teil, was von außen her zu ihm drang, als daß er sich seinerseits in das Weltgetriebe aktiv eingemischt hätte. Eine Briefäußerung vom 12. November 1847 aus Berlin an seine Frau verrät uns z.B., daß er damals keine Zeitung las und sich nicht um Politik kümmerte. Andererseits wissen wir doch, daß er in seiner Jugend die "Geharnischten Sonette" geschrieben und damit zum politischen Weltgeschehen lebhaft Stellung genommen hatte. Auch verraten ungedruckte Familienbriefe, wie sehr Rückert und seine Söhne an den politischen Vorgängen des Jahres 1848 teilgenommen haben. Und selbst der Greis hat noch mit 75 Jahren im November 1863 "Ein Dutzend Kampflieder für Schleswigholstein" geschrieben, um seine Anteilnahme an den politischen Zeitereignissen zu bekunden. Aber im allgemeinen zog sich der dichtende Gelehrte in die Stille seines Hauses und den Frieden seiner Familie zurück, ohne sich dadurch von der Welt und seiner Zeit etwa mönchisch abzuschließen. Er hatte vielmehr die Gabe, weltoffen das Zeitgeschehen an sich herankommen zu lassen und an ihm nach Maßen teilzunehmen, als sich selber den unruhigen Vorgängen seiner Um- und Außenwelt von sich aus zuzuwenden.

Zu den Freunden des Hauses Rückert, die in Neuses gern gesehene Gäste waren, gehörte u.a. der Freiherr Karl August von Wangenheim, der ehemalige württembergische Minister und Kurator der Universität Tübingen, der seit 1824 in Coburg lebte und hier 1850 gestorben ist. Ebenso fand ein loser Verkehr mit dem Jugendfreund Baron von Stockmar statt, soweit dieser nicht auf Reisen in England war. Zu den liebsten und vertrautesten Gästen der Familie Rückert zählte vor allem der Kupferstecher *Carl Barth* aus Hildburghausen, mit dem Rückert seit seinem Aufenthalt in Rom (1817/18) eng befreundet war und der zeitweise den Gelehrten auch nach Berlin begleitet hatte. Doch noch zahlreiche andere Menschen aus der Nähe und Ferne waren mehrfach zu Gast in Neuses und belebten das Haus des gelehrten Dichters.

Außer einem kleinen Stamm von Freunden, die in den engeren Familienbezirk miteinbezogen wurden, bereicherte dann auch noch eine Schwiegertochter das häusliche Leben des alten Rückert. Die beiden ältesten Söhne Heinrich und

Karl weilten zu dieser Zeit schon nicht mehr ständig im Elternhaus. Heinrich lebte als Privatdozent in Jena und später als Universitätsprofessor in Breslau. Er war seit 1850 mit *Marie Stein* verheiratet. Karl hatte sich als Arzt in Coburg niedergelassen und 1853 *Elise Stichling* aus Weimar geheiratet. Aus dieser Ehe entstammt der erste Enkel Rückerts, namens Hans. Auch der jüngere Sohn Leo gehörte nicht mehr zum täglichen Familienkreis; er war seit 1857 mit *Konstanze Spangenberg* in Belrieth bei Meiningen verheiratet, und der jüngste Sohn Fritz war beim Militär. Aber der 1826 geborene Sohn August, der eine landwirtschaftliche Ausbildung genossen hatte und im Hause der Eltern lebte, heiratete 1856 *Alma Froriep* aus Weimar, mit deren Eltern Rückert seit seiner Berliner Professorenzeit befreundet war. Dieser familiäre Zuwachs war für den alten Rückert ein schöner menschlicher Gewinn, zumal da er sich mit seiner Schwiegertochter immer aufs beste verstanden zu haben scheint und von ihr bis an sein Lebensende zusammen mit seiner Tochter Marie aufs rührendste betreut wurde.

Das war umso wichtiger, als sich der engste Kreis seiner Lieben und Vertrauten in den fünfziger Jahren in erschreckendem Maße lichtete. Zunächst starb der langjährige Freund von Wangenheim im Alter von 78 Jahren, und im gleichen Jahr 1850 starb Rückerts ebenfalls achtundsiebzigjährige Schwiegermutter. Im September 1853 schied Rückerts lieber Freund Barth mit fast 66 Jahren aus dem Leben. Anfang 1857 ist der sechzigjährige Ferdinand Scheler gestorben, der Rückert einst in vielen geschäftlichen Dingen beraten und geholfen hat. Am schwersten jedoch traf den neunundsechzigjährigen Dichter der Verlust seiner Lebensgefährtin Louise, die am 26. Juni 1857 einem langen Leiden erlag, noch nicht 60 Jahre alt. Es wird uns geschildert, wie der gramgebeugte Mann, "auf seine beiden Töchter Anna und Marie gestützt, dem Sarge der Vielgeliebten bis zu ihrer Ruhestätte folgte"[3] und wie ein damaliger Bewohner des Hauses, in dem Rückert 1820 bis 1826 in Coburg gelebt hatte, die Teilnahme jenes Hauses zum Ausdruck brachte, in dem der "Liebesfrühling" erlebt und gedichtet worden war. So vereinsamte der greise Dichter, auch wenn ihm im häuslichen Umgang einstweilen noch zwei Töchter, der Sohn August und die Schwiegertochter Alma geblieben waren und schließlich auch Enkel das Neuseser Heim belebten. Der Verlust der Lebensgefährtin, mit der er 36 Jahre lang verbunden gewesen war, ließ sich durch niemanden und nichts ersetzen; nicht nur eine Generation, sondern auch eine andere Gedankenwelt trennte den alten Gelehrten und Dichter von den anderen.

Selbst neue Bekanntschaften und Ehrungen, wie etwa die Aufnahme in den Pegnesischen Blumenorden zu Nürnberg als Mitglied Nr. 501 (kurz nach Scheffel und Paul Heyse), konnten eine solche Vereinsamung nicht mehr ausgleichen. Im Todesjahr seiner Gattin lernte er seinen späteren Biographen *Dr. Conrad Beyer* kennen, der in den letzten Lebensjahren Rückerts mehr Kontakt zu dem Dichter gehabt zu haben scheint. Oder wir erfahren, daß beim Coburger Sängerfest

[3] C. Beyer: Friedrich Rückert. Ein biographisches Denkmal. Frankfurt a.M. 1868, S. 399.

1860 *Heinrich Freiherr von Segnitz* aus Schweinfurt und Stettiner Sänger dem Dichter in Neuses huldigten. Nach dem Sängerfest in Nürnberg 1861 suchte der Frankfurter Komponist *Heinrich Neeb* zusammen mit Conrad Beyer den Dichter auf. Der Hofschauspieler *Hessler* weiß von einer Begegnung mit Rückert aus dem Sommer 1862 zu berichten, und die Darmstädter Schriftstellerin *Auguste Wittmann* schildert uns ebenfalls einen Besuch beim alten Rückert, so daß wir aus den verschiedensten Quellen zeitgenössische Zeugnisse über die Erscheinung, das Auftreten und die Lebensweise des greisen Dichters zur Verfügung haben. In allen Berichten werden die Schlichtheit seines Wesens, die menschliche Güte und Wärme, die eindrucksvolle Haltung und die ausdrucksvollen Züge Rückerts hervorgehoben. Auch die liebenswürdige Gabe des Zuhörenkönnens und der lebendigen Anteilnahme werden wiederholt genannt.

Zu den öffentlichen Ehrungen, die dem angesehenen Manne im hohen Alter zuteil wurden, gehört außer zahlreichen Glückwunschschreiben und Geschenken zum 70. wie zum 75. Geburtstag vor allem die Würdigung, die das Freie Deutsche Hochstift zu Frankfurt am Main im Mai 1863 vornahm, als der Fünfundsiebzigjährige ehrenhalber zum Meister des Hochstiftes ernannt wurde. Rückert weilte damals auf dem Landsitz seines Sohnes Leo in Belrieth bei Meiningen, wo ihn, wo ihn Dr. *Volger* und Dr. *Presber* als Abgesandte des Hochstifts aufsuchten und ihm die Ehrenurkunde überreichten. Fast zwei Jahre später ernannte die Stadt Schweinfurt den "ruhmgekrönten Dichter", den "tiefen Denker" und "deutschen Mann" am 15. April 1865 zu ihrem Ehrenbürger, weil dieser Mann "edelsinniger Bürgertugend" in dieser "Stadt geboren" und zum Vorbild der "Jugend"" wie der "Bürger seiner Vaterstadt" geworden ist. Solche Ehrungen kamen zwar spät, taten aber dem Dichter doch wohl, zumal da er gerade als Dichter keineswegs immer die Anerkennung gefunden hat, die er sich wohl erhoffte.

Werfen wir noch einen Blick auf die geistige Beschäftigung Rückerts im letzten Jahrzehnt seines Lebens, so erfahren wir, daß er 1855 an einer Übersetzung der "Sakuntala" arbeitete, einem Schauspiel des indischen Dichters Kalidasa aus dem 5. Jahrhundert, dessen Original in Sanskrit geschrieben ist. Im Herbst und Winter 1858/59 übersetzte und erläuterte der Siebzigjährige "Zwanzig Idyllen von Theokritos" aus dem Griechischen. Diese Arbeit wurde Weihnachten 1858 in Belrieth abgeschlossen. Im gleichen Jahr kam übrigens noch eine Prachtausgabe von Rückerts "Liebesfrühling" heraus, der sich offenbar über Jahrzehnte hin als lebenskräftig und publikumswirksam erwiesen hatte. 1863 erlebte der Fünfundsiebzigjährige eine vierte Auflage von "Nal und Damajanti" sowie eine fünfte Auflage seiner "Weisheit des Brahmanen". Im November desselben Jahres schrieb der Dichter voll leidenschaftlicher Anteilnahme am Zeitgeschehen "Ein Dutzend Kampflieder für Schleswigholstein", wobei er Wert darauf legte, daß "Schleswigholstein" in einem Wort, d.h. ohne Bindestrich gedruckt wurde; denn er wollte zur damaligen Kriegszeit damit dokumentieren. daß Schleswig und Holstein untrennbar verbunden seien und eng zusammengehörten. 1864 konnte sogar noch eine vierte Auflage der "Makamen des Hariri" erscheinen. Doch damit ist der Bereich geistiger Tätigkeit Rückerts im hohen Alter noch keineswegs erschöpft. Im Nachlaß des Dichters, den sein ältester Sohn Heinrich 1867 herausgab, finden sich zahlreiche "Lieder und Sprüche", viele Gelegenheitsgedichte, Vorarbeiten zu einer Horaz-Überstzung und mancherlei andere Zeugnisse literarischen Bemühens, die darauf hindeuten, daß selbst der greise Dichter und Gelehrte unermüdlich geistig rege war..

Obwohl Rückert in der zweiten Hälfte des Jahres 1865 infolge einer Operation gesundheitlichen Schwankungen und einem körperlichen Verfall unterworfen war, hat sich seine geistige Regsamkeit bis zuletzt erhalten. Die Spaziergänge wurden zwar immer kürzer, aber die Teilnahme an geistigen Dingen blieb lebendig. Seine Schwiegertochter Alma, die meist die Abendstunden bei ihm zubrachte, las ihm Neuerscheinungen aus dem literarischen Leben vor, etwa unterhaltsame Romane wie Georg Ebers' historischer Roman "Eine ägyptische Königstochter" (1864 erschienen). Seit dem Neujahrstag 1866 verschlechterte sich sein befinden merklich, Ende Januar hatten sich wegen ds bedrohlichen Gesundheitszustandes auch die meisten auswärtigen Familienmitglieder in Neuses eingefunden, und am Vormittag des 31. Januar 1866 ist Rückert friedlich entschlafen. Am 3. Februar wurde der Leichnam auf dem kleinen Friedhof von Neuses beigesetzt unter großer Anteilnahme der Stadt Coburg, des Herzoglichen Hauses, auswärtiger Deputationen und Gelehrter, städtischer Behörden und Vereine. Generalsuperintendent und Oberkonsistorialrat Dr. Meyer aus Coburg, mit dem der Dichter in den letzten Jahren in Verbindung stand, hielt die kirchliche Grabrede, der noch andere offizielle Reden folgten. Was sterblich an Rückert war, ruht "in Frieden/Im Tode wie im Leben ungeschieden" neben dem Grab seiner Frau. So wie der Dichter und sein Haus einst jahrelang fast eine Sehenswürdigkeit für mancherlei Verehrer und Besucher gewesen sind, so ist seit beinahe hundert Jahren seine Grabstätte – wie auch sein Arbeitszimmer – eine Stelle andächtigen Verweilens und stillen Besinnens geworden, vor allem für die vielen Ungenannten, die den unzeitgemäßen Mut zur Stille und Besinnung haben.

Coburg hatte das Glück, im vorigen Jahrhundert einige Jahrzehnte lang einem Dichter und Gelehrten Heimat und Zuflucht gewesen zu sein. Fast die Hälfte seines langen Lebens hat Rückert in Coburg und Neuses zugebracht. Sein glückliches Familienleben, seine poetische Produktion und sein wissenschaftliches Arbeiten haben in diesem fränkischen Landschaftsraum ihren Nährboden und ihre Wirkungsstätte gefunden; doch ist Friedrich Rückert dadurch keineswegs etwa nur Heimatdichter von lokaler Bedeutung oder gar ein fränkischer Heimatforscher geworden. Sondern gerade die Möglichkeit, sich vor der lauten Welt und den großen Städten in die Stille der Natur und den Frieden seines ländlichen Familienlebens zum ungestörten Dichten und Forschen zurückziehen zu können, gab Rückert die Gelegenheit, in Coburg und Neuses die Weite der geistigen Welt erobern und von hier aus auch in die Weite zu wirken. Darin liegt nicht nur ein dauerhafter Ruhm und Segen für diese Stadt, sondern auch ein verpflichtendes Vermächtnis, Errungenes und Anvertrautes ehrfürchtig zu bewahren. Solche Verpflichtung gilt weiterhin auch all jenen mittleren oder gar kleinen Städten, die nicht den falschen Ehrgeiz haben, möglichst gewaltig und schnell Großstädte werden zu wollen, sondern die den unpopulären Mut besitzen, als Hüter des Geistes seltene Oasen der Stille und der Besinnung bleiben zu wollen; in der richtigen, aber zu wenig gewürdigten Erkenntnis, daß Stille und Besinnung nicht Zeichen von Enge und Dürftigkeit zu sein brauchen, sondern gerade Beweise unerschöpflicher Kraftquellen und geistiger Tiefe sein können. So wie Goethe bezeichnenderweise nicht in seine große Geburtsstadt Frankfurt am Main zurückkehrte, sondern für Jahrzehnte seines langen Lebens das viel kleinere Weimar vorzog, so bevorzugte Friedrich Rückert für die Hauptzeit seines Lebens, Schaffens und Wirkens das stillere Coburg vor jeder anderen Stadt. Das bedeutet Anerkennung und Aufgabe zugleich; weitreichende Anerkennung für Vergangenes und dem Dichter Gewährtes, aber auch stille Aufgabe für Gegenwart und Zukunft: Friedrich Rückert das schuldige Gedächtnis lebendig zu bewahren. Denn bei aller berechtigten Skepsis gegen viele seiner Gedichte, aus welchen Gründen auch immer, bleibt uns allen doch die unerläßliche Verpflichtung, seiner geistigen Bemühungen um das Wahre, Gute und Schöne als Dichter und Forscher zu gedenken und uns, so unzeitgemäß das klingen mag, gerade auch des Menschen Rückert zu erinnern, der im geistigen Schaffen wie im harmonischen Familienleben die Erfüllung seines irdischen Daseins zu finden vermochte, wozu ihm gerade Coburg am schönsten und nachhaltigsten verholfen hat. Dafür wollen wir heute und künftig dieser Stadt danken!

[Aus: Jahrbuch der Coburger Landesstiftung 6 (1961) S. 139-151.]

Rückert und Erlangen

Von Eugen Stollreither

Die Lebensumstände, in denen sich Friedrich Rückert in Coburg seit Gründung eines eigenen Haushalts Ende 1821 als freischaffender Dichter und Sprachforscher befand, drängten, je weiter die Zeit fortschritt, nach einer Entscheidung: Es kam für ihn darauf an, eine Stellung, ein Amt zu erlangen, mit dem ein festes Einkommen verbunden war. Denn die Erträgnisse aus seinem dichterischen und literarischen Schaffen, aus seiner Tätigkeit als Herausgeber und Gelehrter waren zu schwankend, auf keinen Fall aber auf die Dauer hinreichend, um ihm und seiner Familie, deren Kreis sich mit den Jahren vergrößerte, eine gesicherte Zukunft, selbst in den gewohnten bescheidenen Grenzen, zu verbürgen. Es war auch nicht vorauszusehen, wie lange er noch mit dem wirtschaftlichen Rückhalt des alternden Vaters rechnen konnte. Die knappen Geldverhältnisse legten dem Dichter alle erdenkliche Beschränkung in seiner Lebenshaltung auf. Wie gerne wäre er zum Beispiel zur Erstaufführung von Platens Schauspiel "Treue um Treue", das am 18. Juni 1825 über die Bühne des ehemals markgräflichen Hoftheaters ging, nach Erlangen gefahren. Statt dessen mußte er dem Dichter, an dessen Werdegang er seit Jahren lebendigsten Anteil genommen hatte, schreiben: "Da ich kein Geld habe, um der Aufführung des Stückes in Erlangen beizuwohnen, so rufe ich Ihnen von hier aus ein lebhaftes Bravo zu". Besonders drückend aber empfand es Rückert, daß er sich für seine orientalischen Studien unentbehrliche, leider auch meist teure Hilfsmittel nicht erwerben konnte. Um sie sich dennoch zugänglich zu machen, war er gezwungen, seine Zuflucht zu Abschriften zu nehmen. So schreibt er am 5. Januar 1825 von Coburg aus an Platen: "Die Abschrift von Jusuf und Suleika würde ich Ihnen gern abnehmen; aber ich bin jetzt eben halb todt von einer forzirten Abschreiberey. Es ist nichts weniger als ein Sanskritlexikon, das ich abgeschrieben, theils weil ich kein Geld habe, theils um so den ganzen Sprachschatz auf die kürzeste Art, wenn nicht ins Gedächtnis aufzunehmen (dazu ist meins zu schlecht), doch vor der Vorstellung vorübergehn zu lassen". Die alte Erfahrung, daß man von Dichtkunst und Philologie allein nur in besonderen Glücksfällen leben kann, hat sich also auch an Friedrich Rückert bewahrheitet.

Der erste Versuch, ein festes Amt zu bekommen, mißglückte: Rückert hatte sich im Jahre 1822 ohne Erfolg um eine Anstellung als Bibliothekar in Nürnberg beworben. Nun galt es, Freunde zu gewinnen, die ihm durch Empfehlung helfend zur Seite stehen sollten. Es lag nahe, daß sich der Dichter selbst an seinen Lehrer im Persischen, *Joseph Freiherrn von Hammer-Purgstall*, mit dem er in

Verbindung geblieben war, wendete. Der berühmte Wiener Orientalist war ja auch der sachkundige Gewährsmann für Rückerts Tüchtigkeit im Persischen und Arabischen. Denn gerade die orientalischen Sprachkenntnisse des Dichters waren es, die sein Anrecht auf eine Lehrstelle zu begründen hatten, um deren Vermittlung Rückert seinen Lehrer bat.

Ein weiteres Schreiben erging an den großen Verleger *Cotta* in Stuttgart. Dieser hatte mehrfach Dichtungen Rückerts verlegt, in sein "Morgenblatt für gebildete Stände" und in seine Almanache verschiedentlich Beiträge von ihm aufgenommen und ihm vorübergehend auch die Schriftleitung des "Morgenblattes" übertragen. Vor allem rechnete Rückert mit der Fürsprache des ihm befreundeten *Karl August Freiherrn von Wangenheim*, des früheren württembergischen Kultusministers, der seit 1823 abwechselnd in Coburg und Dresden im Ruhestand lebte.

Hammer empfahl seinen Schüler in München. Wangenheim bemühte sich, seinem Freund im Jahre 1825 eine Professur am Gymnasium in Coburg zu verschaffen, leider vergeblich. Ein bestimmtes Ziel und damit eine gewisse Aussicht auf endliche Erfüllung seines sehnlichsten Wunsches bot sich Rückert aber erst durch die Erledigung der Professur für orientalische Sprachen an der Universität Erlangen durch den Tod des Professors *Joh. Arnold Kanne* (1824), der nach einem romanhaft-abenteuerlichen Leben diese Lehrstelle seit 1819 innegehabt hatte. Kanne, bei dem *August von Platen* Arabisch hörte, und mit dem er sich wegen seiner persischen Studien besprach, kennen wir aus den Aufzeichnungen in Platens Tagebüchern, dieser ausgiebigen Quelle für die Erlanger geistigen und kulturellen Verhältnisse der Zwanzigerjahre des vergangenen Jahrhunderts. Platen hält ihn für "vielleicht den tiefsten Sprachforscher, der je gelebt hat".

Rückert bewarb sich nun, von Platen dazu ermuntert, in aller Form um die freie Lehrstelle der orientalischen Sprachen: Er richtete ein Gesuch an den König und bat zugleich, ihm sein demnächst erscheinendes Buch "Die Verwandlungen des Abu Seid von Serug", eine Übersetzung oder vielmehr Bearbeitung der Makamen des Hariri, der Novellensammlung eines der bedeutendsten arabischen Dichter aus der Zeit der Kreuzzüge, zueignen zu dürfen. Rückerts "literarischer Freund und Förderer seiner morgenländischen Studien" von Hammer war, von Rückerts Absichten unterrichtet, bereits wieder für seinen Schüler auf den Plan getreten: Er hatte die Anwesenheit des bayerischen Königs Max Joseph in Wien dazu benützt, um ihn und seine wissenschaftlichen Bestrebungen dessen Schutz zu empfehlen. Platen machte durch den Philosophieprofessor *Mehmel*, der als Direktor der Universitätsbibliothek damals zugleich sein Vorgesetzter war, und wohl auch durch *Schelling* seinen Einfluß bei der philosophischen Fakultät geltend. Auch Platens Freund, der Kirchenhistoriker *Veit Engelhardt*, der in diesem Jahre Prorektor der Universität war, stand Rückert durchaus günstig gegenüber, der sich auch selbst an den Akademischen Senat wendete.

Bei der Bewerbung Rückerts lag die Schwierigkeit darin, daß der Dichter noch keinen Nachweis seiner wissenschaftlichen Fähigkeiten durch Veröffentlichung eines größeren Werkes aus seinem Fachgebiete geliefert hatte. Auch hatte die theologische Fakultät ein Mitbestimmungsrecht bei der Besetzung der Professur, da sie einen Orientalisten brauchte, der auch die zur Erklärung der Bibel notwendigen Sprachen, das Hebräische, Syrische und Chaldäische beherrschte, um darin die Theologen unterrichten zu können. Diese Forderung spielte eine entscheidende Rolle und drohte Rückerts Aussichten auf ein Mindestmaß herabzudrücken. Glücklicherweise zerstreute der Senat die gegen Rückert erhobenen Befürchtungen. An Hand der Universitätsakten läßt sich der Meinungsaustausch zwischen dem Ministerium, den beiden Fakultäten, dem Senat sowie dem Oberkonsistorium verfolgen, das den Standpunkt vertrat, die Stelle sei mit einem protestantischen Theologen zu besetzen, da ihre Hauptaufgabe in der Exegese des Alten Testaments bestehe. Der Einsicht, daß Rückert, der bei Hammer in Wien das Persische in wenigen Monaten gelernt hatte, das Syrische und Chaldäische sicher in kurzer Zeit ebenso beherrschen werde wie das Arabische und Sanskrit, konnte man sich auf die Dauer doch nicht verschließen. Die theologische Fakultät begnügte sich letzten Endes mit der Einschränkung "sie dürfe bloß hoffen, daß Dr. Rückert neben der Kenntnis der älteren und neueren orientalischen Sprachen auch soviel alttestamentliche Exegese mitbringen werde, um auch hierin ihren Anforderungen Genüge zu leisten".

Seit dem Tode Kannes waren schon eineinhalb Jahre vorübergegangen, ohne daß das Schicksal dessen Nachfolger bestimmt hätte. So schnell also, wie sich Rückert aus den Empfindungen seiner Notlage heraus die Entscheidung in der für ihn so lebenswichtigen Frage gewünscht hatte, ging es nicht. Wer sich jemals in seinem Leben in einer ähnlichen Lage befunden hat wie Rückert, wird verstehen, wie schwer diese unruhevolle Zeit des Wartens, Hoffens und Bangens auf der Seele des Dichters lastete. Die Tagebuchaufzeichnungen Platens und die Rückertschen Briefe gewähren uns einen Einblick in den jeweiligen Stand der Dinge und die rein menschliche Seite der Berufungsangelegenheit.

Schließlich entschied König Ludwig I., der am 12. Oktober 1825 auf den Thron gekommen war, aus eigenem Ermessen um so lieber zu Gunsten Rückerts, als er schon daran gedacht hatte, ihm einen Lehrstuhl für Sanskrit zu verschaffen. Er erinnerte sich wohl auch noch gerne des Dichters, den er in Rom kennengelernt hatte. Zugleich nahm der die Widmung der Makamen an. Wie hätte sich auch der König, der sich sogar die Mühe nahm, den Entwurf der Erlanger Bibliotheksordnung in allen seinen Einzelheiten zu überprüfen, nicht erst recht um die Besetzung einer Lehrstelle an einer Universität persönlich kümmern sollen, deren "rector magnificus" er nach alter Überlieferung war! Am 3. Oktober 1826 wird Rückert Professor der orientalischen Sprachen an der Universität Erlangen. Nach all dem langen Hin und Her der Verhandlungen will er noch nicht daran glauben, solange er die Ernennungsurkunde nicht in Händen hat, "denn der sogar sehr ins einzelne hinein selber regierende König scheint wirklich noch einen persönlichen Ärger gegen mich festzuhalten".

Erlangen ist dem neuernannten Professor keine neue Stadt mehr. Auch mit den Universitätsverhältnissen und einigen Herren des Lehrkörpers ist er mehr oder minder vertraut, vor allem mit Professor Veit Engelhardt, der selbst Dichter war, viele Sprachen beherrschte und immer viel Teilnahme an Rückerts Dichtungen und Studien gehabt hatte. Die Beziehungen zu Platen, der von Herbst 1819 an in Erlangen weilt, sind schon alte. Sie reichen bis in die Würzburger Studentenzeit Platens, also bis in das Jahr 1818 zurück. Rückerts Dichtungen gehören zu jener Zeit zu Platens fleißiger Lektüre: Das politische Lustspiel "Napoeleon", "Der Kranz der Zeit", die "Geharnischten Sonette", die kleinen Dichtungen, von denen ihn nur einige Lieder entzücken. Ende August 1820 besucht Platen von Erlangen aus zum erstenmal Rückert in Ebern in Unterfranken, und wir lesen nicht ohne Teilnahme in Platens Tagebüchern die dabei gewonnenen Eindrücke: "Seinem Äußeren nach ist er sehr groß und stark, er sieht etwas finster und durch eine schwere Krankheit im vorigen Winter etwas gealtert aus. Er ließ mir durch sein offenes, mildes, ungeschminktes Betragen eine sehr angenehme Erinnerung zurück. Es versteht sich, daß unsere Unterhaltung meist Literatur und Poesie betraf. Nun hat er sich meist mit dem Persischen beschäftigt, wovon wir auch viel zusammen sprachen. Die Nacht über behielten mich die Rückert bei sich" (Tgb., 26. 8. 1820). Im April 1821 schickte Platen vier Ghaselen an Rückert, die ihm als Dank dafür die bekannten Verse eintragen:

Ein neuer Dichter kommt den Berg heraufgeklommen,
Wie tönt die Saite, die Du spannst!
Hier sitzen wir und sprechen: Bruder, sey willkommen
Und nimm den Platz ein, den Du kannst.

Dabei kann sich Rückert allerdings die Bemerkung: "Über eines sollt ich Ihnen zürnen: daß Sie sich in der Vorrede für den ersten deutschen Bändiger dieser morgenländischen Form geben, da ich doch, Ihnen nicht unbeachtet, darin vorangeschritten" nicht versagen – ein Hinweis, der für uns nicht ohne Bedeutung ist. Denn wir gewinnen damit die Erkenntnis, daß sich die beiden Dichter zu gleicher Zeit und unabhängig voneinander in dieser morgenländischen Dichtungsart betätigt haben. Rückerts Gegenbesuch in Erlangen erfolgte am 23. Juni 1821. Über dieses erste Verweilen Rückerts in unserer Stadt erfahren wir ausführlich im Tagebuch (27. 6. 1821):

"Einige Tage wurden durch Rückerts Gegenwart sehr angenehm hingebracht. Er kam den Dreiundzwanzigsten nachmittags. Ich war gerade ins Lesezimmer der Harmonie gegangen und er sah mich vom Fenster aus, da er im "Walfisch", wo ich auch zu Mittag esse, abstieg. Weil er müde war und nicht mehr ausgehen wollte, schrieb er mir sogleich ein Billett, das mir der Aufwärterjunge durchs Fenster überbrachte. Ich ging alsbald hinüber und freute mich, ihn zu sehen. Der Nachmittag verfloß in großenteils literarischen Gesprächen, und des Abend gingen wir zu Schelling, wo ich Rückerten vorstellte. Es waren Riethammers von München da, und so auch Riethammers Stiefsohn, Professor *Döderlein* nebst seiner Frau. Es wurde ein Souper veranstaltet, bei dem wir bleiben mußten. Die Unterhaltung war belebt und interessant. Ich saß neben Frau von Schelling. Des anderen Morgens frühstückte Rückert mit mir und unterhielt sich mit meiner poetischen Bibliothek. Ich führte ihn über das Schießhaus und den Altstädter Berg herum nach dem Rathsberg, wo es ihn überall ansprach. Nach Tische blieb er für sich bis fünf Uhr, um welche Zeit er mich abholte; ich führte ihn nach der Windmühle. Als wir in den Gasthof zurückkamen, war *Pfeiffer* gekommen. Rückert bat mich, eine Meditation aus dem "Lamartine" vorzulesen. Später betraf das Gespräch besonders den Orient. Den anderen Morgen gingen wir drei nach Nürnberg. Auf dem Wege wurde teils über die verschiedenen Formen der Poesie, des Epos, Drama und der Lyrik geredet, teils auch, besonders zwischen Rückert und Pfeiffer, über Katholizismus und Protestantismus. Sofort hatten wir auch ein Manuskript bei uns, das dem Doktor *Balbach* gehört und für persisch ausgegeben wurde. Nachdem wir uns aber lange daran herumgearbeitet hatten, konnten wir nicht mehr verkennen, daß es türkisch sei. Wir nahmen den Weg über Kraftshof und besuchten dort den Garten des Pegnesischen Blumenordens. Es ist ein sogenannter Irrwald, das Labyrinthische ist aber bloß durch Zäune bewerkstelligt. Die schönen Schatten dieses Waldes sind durch die Einrichtung verunziert. An einem Bogengang fanden wir eine Inschrift in Alexandrinern".

Über den gemeinsamen Aufenthalt in Nürnberg berichtet das Tagebuch am 12. Juli. Platen lernte dort Rückerts Freund, den Zeichner und Kupferstecher *Karl Barth* kennen, mit dem Rückert während seines römischen Aufenthalts den Sommer 1818 in Ariccia verlebt hatte. Von Rom aus war Barth 1821 nach Nürnberg übergesiedelt. Er leistete besonders in gestochenen Bildnissen Vorzügliches, und wir verdanken ihm auch einen nach einem von ihm nach dem Leben gezeichneten Bildnis Rückerts gefertigten Stich aus dem Jahre 1833, also der Erlanger Zeit, der im "Deutschen Musenalmanach für das Jahr 1834" als Titelbild erschienen ist. Diesem Stiche ist auch das kleine Rückertbildnis auf dem Titelblatt eines anderen Deutschen Musenalmanachs aus dem Jahre 1840 nachgebildet. Platen bekennt im Tagebuch, daß er in der Gesellschaft Rückerts und seiner Freunde zum erstenmal das wunderbare Nürnberg mit seinen Kunstschätzen und Brücken und Gärten und Lindenalleen und schönen Brunnen wahrhaft genossen habe. Einen Abend brachten sie auf dem Schloßzwinger zu, wo man die herrliche Stadt überschaut, den anderen im Schießhause. Sie kamen dort auf den Einfall, eine Kegelpartie zu veranstalten.

Von nun an wurden die literarischen Beziehungen der beiden Dichter immer enger: sie hatten ja gleich starke dichterische und sprachwissenschaftliche Interessen und teilten vor allem die Vorliebe für die morgenländische Dichtungsform und Kultur. Ein reger Austausch ihrer Dichtungen setzte ein und ein Briefwechsel, der sich hauptsächlich in sprachwissenschaftlichen Auseinandersetzungen bewegte. Es war eine literarische Freundschaft , die sich auch persönlich durch Platens Übernahme der Patenschaft von Rückerts drittem, im Februar 1826 geborenen Sohn August auswirkte. Wir begreifen deshalb, wie sehr sich Platen über die Zusendung des ersten Teiles der "Makamen des Hariri" freute, die er mit dem Sonett bedankte:

Kaum noch verschlang ich deines Buchs ein Drittel,
Das von der Kunst Hariris zeugt und deiner,
Und schon erschein' ich der Entzückten einer,
Der's ohne Hehl bestaunt und ohne Krittel.

Wenn das Genie so ganz auf eigne Mittel
Die Welt durchbetteln muß, bewährt sich's reiner
Als je, vergöttlichter und ungemeiner,
Wenn auch verkappt in einem Gaunerkittel.

Mit einem Andern aber soll ich losen,
So willst du, statt zu schicken uns ein Pärchen,
Um deines Ebu Seids Metamorphosen?

Darüber wachse mir kein graues Härchen:
Nie trenn' ich mich von deinen Virtuosen,
Drum sende lieber noch ein Exemplärchen!

Mit dem "Andern" ist Platens Freund, Professor Engelhardt, gemeint. Rückert dankt bescheiden: "Sie haben ein vollkommenes Sonett über ein sehr unvollkommenes Buch gemacht".

Wir können es Platen nachempfinden, wenn er sich für Rückert bei der Bewerbung um die Erlanger Professur einsetzte, um ihn für immer in seine Nähe zu bringen. Das Schicksal war aber nicht zu bannen. Platen verließ unsere Stadt zu dauerndem Aufenthalt in Italien in den ersten Septembertagen des Jahres 1826. Am 6. September konnte er auf der Reise nach dem Süden in Weilheim ins Tagebuch schreiben: "In Donauwörth traf ich den Professor *Merck*, der aus München kam und mir als gewiß ankündigte, daß Rückert die Stelle in Erlangen erhalten würde". Gesehen hat er Rückert nicht mehr. Der Dichter kam im Oktober darauf für einige Tage nach Erlangen. In der zweiten Novemberhälfte ließ er sich endgültig mit seiner Familie in unserer Stadt als Professor nieder. Damit war, wie er sich in einem Schreiben an den Senat ausdrückt, sein lebhaftester Wunsch erfüllt, in eine Gesellschaft so vieler achtungswürdiger und verdienstvoller Mäner zu treten; und dieser Ehre sich würdig zu machen, werde sein eifrigstes Streben sein.

Wie sah damals Erlangen aus, das nun für Friedrich Rückert 15 Jahre lang, bis zu seiner Berufung nach Berlin im Jahre 1841, zur zweiten Heimat werden sollte? Wie war die landschaftliche und kulturelle Umwelt gestaltet, in die der Dichter eintrat? Er selbst schildert sie zu Beginn des Erlanger Musenalmanachs für das Jahr 1838. Wir können sie aus den Schilderungen jener Zeit nachbilden. Das Antlitz unserer Stadt war noch so, wie es am Anfang des Jahrhunderts geformt war: eine stille Stadt mit rung 9500 Seelen im Jahre 1826. Es herrschte Ruhe in den Straßen und auf den weiten Plätzen. Aber ein Wandel hatte sich augenfällig vollzogen. Durch den im Herbst 1825 vollendeten Ausbau des im Januar 1814 völlig ausgebrannten markgräflichen Residenzschlosses zum "Universitätsgebäude" war Erlangen endgültig zur Universitätsstadt geworden. Die

Bibliothek fand nun im wiederhergestellten Schlosse eine würdige Unterkunft; das Naturalienmuseum und das Kunstkabinett wurden dort aufgenommen. Der Platz vor ihm war öde. Das Denkmal des Universitätsgründers, des Markgrafen Friedrich von Brandenburg, stand noch nicht da. Es ist erst, von Schwanthaler modelliert, im Jahre 1843 als Geschenk des Königs zur Jahrhundertfeier der Universität errichtet worden. Auch die umliegenden Gebäude der Hofhaltung wurden zu Universitätsinstituten: die Orangerie zur Anatomie, die Hofküche und das Gesandtenhaus zu Verwaltungsräumen. Das markgräfliche Theater war königl. Universitätsschauspielhaus geworden. Von der ursprünglichen Herrlichkeit des Schloßgartens, von dem ein Teil zum Botanischen Garten umgewandelt wurde, war wenig übrig geblieben. Das Reiterdenkmal aus Sandstein, der sogen. "Steinerne Markgraf", war noch das alte Wahrzeichen und der jedem Fremden am meisten ins Auge fallende monumentale Mittelpunkt des großen Parks. Rückert hat sich gerne im Schatten der Alleen ergangen, ist oft in stiller Betrachtung vor dem Reiterbild gestanden. Seine Gedanken gibt er in dem Gedicht "Der steinerne Markgraf" wieder:

Dich bedaur' ich, edler Markgraf,
Steinerner, auf deinem Rosse,
Haltend in des Gartens Mitte
Gegenüber deinem Schlosse.

Recht menschenfreundlich blickst du,
Mit unmächt'gem Fürstenzorne,
Bald herunter auf den Garten,
Bald nach deinem Schloß da vorne.

Da wo du einst speistest, speisen
Jetzt der Bücherschränke Motten;
Und wo du sonst gähntest, gähnen
Krokodil und Kaschelotten.

Doch du wärst noch lieber drinnen,
Sei's im Bibliotheksaal, oder
Sei's im Naturalienzimmer,
Unter Schimmel, zwischen Moder,

Als hier unter freiem Himmel
Auf dem Postamente droben,
Vor der Sonne nicht geschirmet,
Und dem Winde nicht enthoben.

Ob dir's in die Augen regnet,
Ob dich's an die Hand gefroren;
Nicht den Zügel darfst du zucken,
Und nicht klirren deine Sporen.

Und vor deines Hauptes Schütteln
Ist der Vogel unerschrocken,
Der dir unterm Hute nistet
Zwischen den frisierten Locken.

Doch wo gleichfrisierte Damen
Sonst im reifgeblähten Rocke
Du mit Lust lustwandeln sahest,
Gehn itzt Burschen mit dem Stocke,

Die vor dir kein Käppchen lüpfend,
Achtlos dir vorüber trotten
Oder auf zu dir nur blicken,
Deines steifen Gauls zu spotten.

Aber ziehn in muntern Rotten
Knaben her, die sich erfrechen,
Dir ans Bein empor zu klimmen,
Hörst du ihren Vater sprechen:

Fort, ihr Kinder! Nicht geheuer
Ist es hier, die Dornen stechen,
Die das Monument umwachen
Gegen Majestätsverbrechen.

Hätten sie es nicht gerochen,
Würde der sich selbst noch rächen,
Steinschwer auf die Köpf' euch fallen,
Soll't er selbst den Hals auch brechen.

Die Erinnerung an den Dichter hält jetzt – nicht weit davon entfernt – der im Jahre 1904 erbaute Rückertbrunnen fest: eine Grotte und über ihrem Wasserbecken ein Sinnspruch aus der "Weisheit des Brahmanen":

Je mehr die Liebe gibt, je mehr empfängt sie wieder,
Darum versiegen nie des echten Dichters Lieder;
Wie sich der Erdschoß nie erschöpft an Lust und Glück,
Denn alles was er gibt, fließt auch in ihn zurück.

Im übrigen war die Stadt mit ihren gradlinigen Straßen, an denen sich kleine, aus dem bodenständigen Sandstein gebaute Häuser aneinander reihten, wohl als eine städtebauliche Neugründung beachtenswert, aber nüchtern und ohne die malerische Wirkung mittelalterlicher Stadtanlagen. Dafür entschädigte aber um so reichlicher die überaus reizvolle Umgebung mit ihren stillen Wasserläufen, der Schwabach und Regnitz, den blaugrünen Föhrenwäldern, den sanften Höhenzügen – Burg- und Rathsberg –, mit ihren Gärten, Obstbäumen und Wäldern auf der einen Seite. Eine weite Ebene dehnte sich auf der anderen aus. Das Wahrzeichen dieser Landschaft war das Wasserschöpfrad, das Tag und

Nacht seine Becher zur Bewässerung der Wiesen ausschüttete. Rückert hat ihm Strophen voll poetisch-menschlicher Ausdeutung gewidmet:

Das Schöpfrad hört' ich ächzen überm Fluß,
Wie einen, der sich tief im Herzen kränket,
Indeß, beströmt von wiederholtem Guß,
Die Wiesen freudig lachten, die es tränket.
Was für ein Kummer nur es drücken muß?
Doch irr' ich nicht, so hör' ich, was es denket:
Die Fülle teil' ich aus und Überfluß,
In Arbeit rastlos Tag und Nacht geschwenket;
Die Müh ist mein und Andrer der Genuß,
Und Niemand dankt mir, was ich ihm geschenket.
Ich schenk' es ja auch nicht, es schenkt der Fluß,
Was nur durch meinen Dienst wird fortgelenket;
Mich selber aber lenkt nach Rat und Schluß
Der Herr der Wiese, der mich hebt und senket.

Über der an poetischen Eindrücken so reichen Umgebung der Stadt vergaß man also die Nüchternheit ihres Straßenbildes.

Durch Vermittlung eines Freundes hatte Rückert schnell eine passende Wohnung gefunden, der dann im Laufe der 15 Jahre drei andere Wohnungen folgten. An einem der von ihm bewohnten Häuser (Südliche Stadtmauerstraße 40) ist eine Erinnerungstafel für die Zeit von 1832-1838 angebracht. Zu diesem Gebäude, dessen Eigentümerin die Stadt war, gehörte ein kleiner Garten an der Stadtmauer, dessen Nutznießung einmal eine peinliche Verstimmung zwischen Rückert und der Stadtbehörde heraufbeschworen hatte: Rückert hatte nämlich ohne Erlaubnis – was ihm die Stadt sehr verübelte – zwei kümmerliche Zwetschgenbäumchen ausgraben lassen, die ihm, dem hochgewachsenen Manne, beim Lustwandeln in seinem Gärtchen den Weg unangenehm versperrten.

Das Leben in der Stadt war billig: Ein Pfund Rindfleisch kostete 6 3/4 kr., Brot 2 kr., ein Liter Bier 4 1/2 kr. Man konnte also mit wenig Geld auskommen. Auf Luxus machte man keinerlei Anspruch; die Mode spielte keine Rolle. Einladungen gab es auch nicht. Die Einzelnen schlossen sich je nach Neigung zusammen. Die Professorenfamilien trafen sich zu vertraulichem Verkehr bei einem höchst einfachen bürgerlichen Abendessen. Man sah sich in der "Harmonie", wo sich die gebildete Gesellschaft, Bürger und Professoren, einfand, rauchte, trank, unterhielt sich, ging frühzeitig nach Hause. Im Sommer fand man sich auf den Kellern des Burgberges oder im Welsgarten zusammen, einer für die Erlanger Studentenschaft denkwürdigen Stätte. Im ganzen: die Idylle einer kleinen Universitätsstadt, die zwischen Nord und Süd gelegen, eingebettet war in die Gotik und Romanik zweier großer Städte mit berühmter Vergangenheit, Nürnberg und Bamberg. Wer in Erlangen seit Jahren lebt, versteht aus eigener Erfahrung heraus den von einem Zeitgenossen Rückerts, dem Naturphilosophen Schubert, in seiner Selbstdarstellung niedergeschriebenen Satz, daß

Erlangen schon durch seine natürliche Lage sehr dazu geeignet sei, eine Niederlassung oder selbst nach ihrem Maße eine Residenzstadt der Wissenschaft zu werden. Ja, gewiß: Die ganze Umgebung unserer Stadt ist so geartet, daß sie alle Voraussetzungen zu gesammeltem wissenschaftlichem Schaffen bietet. Der menschliche Geist braucht dazu keine große Behausung, keine monumentale Umwelt, keine Ablenkung. Er braucht Ruhe und Zeit und die richtige Umgebung zur Entspannung. Rückert hat also in Erlangen einen seinem ganzen Wesen entsprechenden, für seine dichterischen und wissenschaftlichen Arbeiten denkbar günstigen Boden gefunden. Die Erlanger Jahre sind bei ihm – genau wie bei Platen – für seine Muse und seine Wissenschaft die reichsten Jahre seines Lebens geworden.

Im Mittelpunkt der Stadt stand in jeder Beziehung die Universität. Man denkt unwillkürlich an den Ausspruch des Mediziners Adolf Henke aus jener Zeit: "Hier kann der Professor eine Mütze tragen, er bleibt doch der angesehenste Mann". Wie alle anderen deutschen Universitäten hat auch die Erlanger Universität zu jeder Zeit bedeutende Männer der Wissenschaft in ihrem Lehrkörper gehabt. Aber in den Jahren Rückerts hatte sie eine ganze Reihe großer Namen zu verzeichnen, die dem gebildeten Deutschen nicht fremd sind: den Philosophen *Schelling*, den Mathematiker und Astronomen *Wilhelm Pfaff*, den Botaniker *Koch*, den Naturwissenschaftler *Gotthilf Heinrich Schubert*, dessen Nachfolger *von Raumer*, den Chirurgen *L. Strohmeyer*, den Theologen *Veit Engelhardt*, die Philologen *Joseph Kopp* und *Ludwig Döderlein*. Der berühmteste war Rückert durch seinen Dichterruhm. Jeder Fremde von Ansehen, der durch Erlangen kam, suchte den berühmten Mann kennenzulernen. Die eherne Tafel, auf welche sich die die Universität versinnbildlichende Frauengestalt des Brunnens auf dem Marktplatz stützt, trägt vier Namen von Erlanger Gelehrten. Als bedeutender Vertreter der philosophischen Fakultät ist Rückert eingeschrieben.

Man muß dabei bedenken, wie gering damals und auch später die Haushaltsmittel der Universität waren. Auch Rückert fand für seine Zwecke kaum das notwendige Handwerkszeug vor. So begründete er zu Beginn seiner Erlanger Tätigkeit sein Gesuch um Gewährung einer Umzugsentschädigung auch mit dem Hinweis auf die Ausgaben zur Beschaffung von Büchern wegen der großen Lückenhaftigkeit der Universitätsbibliothek in seinem Fache. Im Jahre 1828 bekommt er endlich 250 fl. zum Ankauf wichtiger orientalischer Werke für die Universitätsbibliothek. Auch mußten sich Rückert und Pfaff, der eifrig Sanskrit betrieb, bei der gemeinsamen Bearbeitung der indischen Dichtung "Nal und Damajanti" mit einem Exemplar begnügen, das täglich – sie wohnten gegenüber – durch die Kinder über die Straße hin- und hergetragen wurde. Es ist kennzeichnend für den Geist jener Zeit, daß sich Pfaff von seiner zweiten Frau statt eines Eherings ein hebräisches Lexikon erbat. Darin liegt die Größe unserer Universität, daß sie mit so kargen Mitteln Großes leistete. Und wenn es gelingt, als Jubiläumsgabe der Universität zur Zweihundert-Jahr-Feier 1943 das Verzeichnis der Lehrer der Hochschule zu veröffentlichen mit ihrem Lebensgang und dem literarischen und wissenschaftlichen Erträgnis ihrer Erlanger Jahre, wird man staunend erst erkennen, was diese kleine Universität in aller Stille mit so geringen Mitteln geleistet hat. Man wird dann sehen, wie viele berühmte Maänner der Wissenschaft von dieser Universität ausgegangen, durch sie gegangen sind. Auch Rückert, der von Erlangen nach Berlin kam, wird unter diesen Namen glänzen.

Trotz des Einkommens der Erlanger Professur blieben seine Geldverhältnisse sehr knapp und zwangen ihn zu größter Sparsamkeit. Die Lehrtätigkeit trug nur 1100 Gulden ein, an Naturalien zwei Scheffel Weizen und sieben Scheffel Korn, die ihm nach dem rentamtlichen Normalpreis vergütet wurden, außerdem sechs Klafter weiches "Besoldungsholz". Nicht einmal die Umzugsentschädigung wurde ihm gewährt, da er erst im Laufe des November seine Lehrtätigkeit antrat, vom 1. Oktober ab aber schon seinen Gehalt bezogen hatte. Auch die von ihm für seine außerhalb der eigentlichen Professur gehaltenen Sanskritvorlesungen erbetene Zulage, die er mit den dafür notwendigen Bücherankäufen und den wachsenden Ausgaben für seine sich zusehends vermehrende Familie – er hatte schon sechs Kinder – begründete, wurde nicht genehmigt. Als Ausgleich für den Verzicht auf eine ihm 1832 an der neugegründeten Züricher Universität angebotene Professur wurde ihm die Zulage von 100 Gulden zuerkannt. Die Ablehnung eines 1837 auf Wunsch des Kronprinzen an ihn ergangenen Rufes nach Berlin brachte ihm zwar kein Geld ein, sondern nur eine weniger kostspielige Ordensauszeichnung. Erst Ende Januar 1841 erhielt er auf persönliche Veranlassung König Ludwigs I. eine augenblickliche Unterstützung von 500 und eine Zulage von 400 Gulden. Es berührt uns immerhin als ein Zeichen landesväterlicher Fürsorge, wenn der König die Anordnung traf, daß dem Professor Rückert die Nachricht von diesen Zuwendungen, die er gar nicht erbeten hatte, "nach gehöriger Vorbereitung" durch den behandelnden Arts mitgeteilt werden sollte, damit diese plötzliche Freude auf seine geschwächte Gesundheit – er war längere Zeit krank gewesen – nicht nachteilig einwirke.

Günstiger gestalteten sich für Rückert die aus seiner dichterischen Tätigkeit fließenden Einnahmequellen, die mit der einbändigen Ausgabe seiner in Almanachen und Zeitschriften verstreuten Gedichte im Jahre 1834 einsetzten. Der Dichter konnte sich sogar am 8. April 1838 ein "altes kleines Haus" mit Holzschuppen, Hühnerstall und Hofraum (Südliche Stadtmauerstr. 28) um 2600 Gulden kaufen, und so erscheint er im "Namensverzeichniß der Häuserbesitzer in Erlangen" 1841 als glücklicher Besitzer des Hauses 817 An der Mauer. Er hat es nur drei Jahre bewohnt.

Die äußere Stellung Rückerts zur Universität kennzeichnet der Mediziner Stromeyer in seinen Erinnerungen in wenigen Sätzen: "Die damaligen Professoren der Universität gefielen mir sehr; jede Fakultät zählte berühmte Namen, achtungswerthe und und liebenswürdige Männer. In der philosophischen Facultät war der Dichter Rückert der Stern erster Größe. Er war damals schon 56 Jahre alt und lebte sehr zurückgezogen, im Sommer auf seinem Gute Neuses bei Coburg. Man sah ihn nicht einmal in den Senatssitzungen, fast nie auf der Straße, Vorlesungen hielt er nicht. Ich traf ihn nur ein einziges Mal in Gesellschaft bei seinem Freunde Professor Kopp, den er besungen hat, weil er ihm die Federn schnitt. Sogar Kopp, der kleine, geistreiche, lebendige Mann wußte seinen berühmten Freund kaum zum Reden zu bringen".

Daß Rückert nicht viele Zuhörer für sein orientalisches Fach haben konnte, ist nur natürlich. Die Universität zählte z.B. im Sommer-Semester 1830 nur 416 Studenten, davon 247 Theologen und 65 Studierende der Philosophie, Philologie, Kameralien und Pharmazie. Für die mit der orientalischen Professur zusammenhängenden Vorlesungen für die Theologen war auch seit 1833 ein eigener Lehrer bestellt worden, was Rückert schmerzlich empfand. Er las einer Gepflogenheit der damaligen Zeit entsprechend in seiner Wohnung. Und so wenige Schüler er auch hatte, so sind uns gerade über seine Vorlesungen Schilderungen von Zuhörern bekannt, die später einen Namen hatten, und denen der berühmte Mann durch die Art und Weise seiner Erklärung bleibende Eindrücke vermittelte. Eine kurze Bemerkung finden wir in den Familienpapieren des *Georg P. Heller*, des Schwiegersohns Karl von Raumers, über Rückerts Vorlesung im Winter 1827/28. Heller blieb nach abgeschlossenem Studium noch ein semester in Erlangen, um bei Rückert Sanskrit zu lernen. Er schreibt: "Es war eine Zuhörerschaft in beschränkter Zahl – Tres faciunt Collegium – und in seltener Zusammensetzung. Der erste war der originelle und witzige Pfaff, Professor der Mathematik, der sich wegen seines nicht mehr geschmeidigen Gedächtnisses die sanskritischen Halbvokale an dem Namen seines Kollegen J. P. Harl einprägte. Der andere war ich, ein Kandidat der Theologie, der dritte: *Fritz Feuerbach*, Student der Philologie, der jüngste Sohn des berühmten Kriminalisten. Es waren höchst lehrreiche und genußreiche Stunden, die wir bei dem berühmten Dichter und ebenso großen Sprachgelehrten zubrachten". Über Feuerbach erzählt dann auch der namhafte Geschichtsschreiber *Georg Weber* in "Jugendeindrücke und Erlebnisse": "Nicht bloß dem burschenschaftlichen Studentenleben führte mich Friedrich Feuerbach zu, er bestimmte mich auch, an den Sanskritstudien Theil zu nehmen. Der Dichter Friedrich Rückert gehörte damals der Universität Erlangen an. Unter der kleinen Zahl von Studierenden, die er zu akademischen Übungen in der indischen Sprache und Literatur um sich versammelte, war Feuerbach weitaus der erfahrenste und geschickteste. Rückert hielt große Stücke auf ihn; er erblickte in ihm einen der ersten Orientalisten der Zukunft und hatte ihm schon eine wissenschaftliche Arbeit zugedacht, die ihm eine Stelle unter den hervorragendsten Kennern der noch neuen Wissenschaft der Sanskritliteratur verschaffen sollte. Aber Feuerbach hatte nicht den Fleiß und die strebsame Natur des Meisters".

Am ausführlichsten erzählt der als Kunstsammler und Verfasser des Buches "Kunstkritische Studien über italienische Malerei" bekannt gewordene Schüler Rückerts *Giovanni Morelli*: "Rückert ist 49 Jahre alt. Sein Äußeres ist höchst bedeutend; für manchen vielleicht zurückschreckend, für solche aber, die besser lesen können, anziehend. Er ist sehr groß (in jeder Beziehung der größte Erlanger; um einen Kopf größer als ich). Dabei aber proportioniert; denn seinem Rücken nach sollte man ihn für keinen Gelehrten ansehen. Sein stets ernstes

Gesicht, das durch die Pocken etwas gelitten, gehört unter die imposantesten, die ich gesehen. Er hat eine ziemlich niedere, leichtgewölbte, vorstehende Stirn, tiefliegende, schwarze, funkelnde Augen, deren Feuer, besonders wenn er lächelt, recht glüht, einen zusammengekniffenen, breiten Mund, eine kleine, formlose Nase und stark vorstehende Backenknochen. Das Gesicht ist nicht fett, sondern mehr eingefallen. Das etwas lange, grauliche Haar ist gescheitelt und hinter die Ohren gestrichen. Seine Bewegungen sind schnell und kräftig, was ich besonders neulich, als er mich besuchte und das Gespräch auf die indischen Gaukler kam, zu sehen Gelegenheit hatte, wo er sich im Eifer der Erzählung von ihren fast unglaublichen Kunststücken plötzlich vom Stuhle erhob und durch Actionen und Gesticulationen aller Art seine Beschreibung lebendiger und anschaulicher zu machen strebte. Der Dichter der 'Geharnischten Sonette' ist in ihm nicht zu verkennen. Sein liebstes Gespräch ist über die verschiedenen Sprachen, ihren Geist und ihre Formen, und nie verlasse ich ihn ohne einen großen Nutzen ... Er lebt für sich eingezogen und still und hat blos einen Freund (Professor Kopp, ein Mann von immenser Gelehrsamkeit), mit dem er umgeht. Von morgens 4 bis abends 10 Uhr arbeitet er fast ununterbrochen fort, und so erscheint seine Productivität weniger wunderbar, wie auch seine enorme Sprachenkenntniß (Griechisch, Latein, Italienisch, Spanisch, Französisch, Englisch, Norwegisch, Dänisch, Arabisch, Hebräisch, Persisch, Sanskrit, und was weiß ich sonst noch alles). Besuch machen ist nicht seine Sache; um so höher schätze ich seine Besuche, mit denen er mich schon einigemal beehrt hat".

Rückerts persönliches Leben floß in der Erlanger Zeit in aller Stille dahin. Es gehörte seiner Frau, die er einst im "Liebesfrühling" so herrlich besungen hatte, seinen Kindern, von denen sechs in Erlangen zur Welt kamen, und einem kleinen Kreis von Freunden. Aber ein tiefer Schatten liegt über dieser Zeit: Der Verlust der beiden Kinder Ernst und Luise, die er innerhalb weniger Wochen Ende 1833, Anfang 1834 an Scharlach verlor. Diese Kinder, die "Inséparables", das "Messerchen und Gäbelchen", wie er sie nennt, hat Rückert nie vergessen können: Er hat die Erinnerung an sie in den wehmütigen "Kindertotenliedern" der Nachwelt überliefert. Wenn man ihre Bildnisse, die sich im Dichterzimmer in Neuses befinden, sieht, begreift man den Schmerz des Vaters. Über den bewegten Lebenslauf des schon erwähnten Malers und Dichters Carl Barth, des vergessenen deutschen Bildniskünstlers, der diese beiden Kinderbildnisse in Pastell im Herbst 1833 ausgeführt hat, unterrichtet uns ein in diesen Wochen erschienenes Buch von Walther Bontin, mit vielen unveröffentlichten Bildern, Briefen und Gedichten.

Bei aller Zurückgezogenheit verkehrte Rückert doch gesellig mit Gleichgesinnten. Gotthilf Schubert schreibt ins einen Erinnerungen: "Der gesellige Kreis, in welchem ich damals lebte, hatte in der letzten Zeit, vor meinem Abgange aus Erlangen, zu seinen früheren noch einen neuen Reiz erhalten durch Friedrich Rückerts Eintritt, von welchem, wie ich scherzend sagte, ein so kräftig anregender Lebensathem ausging, wie der Duft, der aus Ceylons Gewürzwäldern aufsteigt. Er selber, seinem Wesen nach ein allseitig vom Meere umschlossenes Eiland, geistig reich an des Orients kostbarster Würze, mit einem majestätisch wilden 'Pic d'Adam' in seiner Mitte, aus welchem die wunderlich tief bewegenden Naturtöne hervorbrechen, welche das einheimische Volk mit ahnungsvollem Grauen vernimmt". Der Theologieprofessor *Friedrich Heinrich Ranke*, der Bruder des berühmten Historikers, erzählt in seinen "Jugenderinnerungen": "Sehr viel Freude machte uns die Bekanntschaft mit Rückert, dem Dichter, und seiner Familie, von dem damals gerade eine Auswahl seiner Gedichte vorbereitet wurde, deren Ausführung ganz vortrefflich war. Jeden Sonntagnachmittag waren wir bei ihnen mit Professor Kopp und seiner Familie zusammen. Da auch die Frauen einander lieb gewannen, so waren diese Sonntag-Nachmittage sehr angenehm und genußreich. Rückert und Kopp waren Männer von vielseitigster Bildung, mit denen umzugehen eine Freude und ein wahrer Gewinn war". Mit dem gelehrten und überaus fleißigen Philosophen und Philologen Joseph Kopp, seinem "Jonathan", verbanden Rückert ganz besonders herzliche Beziehungen treuer Freundschaft. Daß im Verkehr mit ihm orientalisch-sprachwissenschaftlicher Meinungsaustausch einen wesentlichen Teil bildete, wird jeder, der beide kennt und von ihren gemeinsamen sprachwissenschaftlichen Interessen unterrichtet ist, nur zu gerne glauben.

Die Ruhe, Sammlung und poetische Beschaulichkeit, die Rückert benötigte, und zu denen ihm die Lebensumstände in Erlangen alle Voraussetzungen boten, erklären uns auch das erstaunliche Ausmaß an schöpferischer Tätigkeit, die überreiche und schöne Ernte an dichterischen, literarischen und wissenschaftlichen Werken der Erlanger Jahre. Es genügt, die bedeutendsten unter ihnen herauszugreifen. Wir denken dabei vor allem an die erste Zusammenfassung seiner bis dahin in allen möglichen Sammlungen verstreuten Gedichte zu eine Ausgabe in sechs Bänden: "Gesammelte Gedichte", 1834-1838, von denen die ersten Bände bereits 1840 in 5. Auflage erschienen. Bei Rückert formte sich alles Erlebte: die kleinen Dinge des Alltags wie die großen des Weltgeschehens zum Gedicht: "Was mir nicht gesungen ist, ist mir nicht erlebet". Wie wir in Prosa schreiben, so schrieb er in Versen. Er hatte – nach der Familienüberlieferung – stets kleine Zettel in der Rocktasche, um jederzeit einen Gedanken, eine Beobachtung, die ihn zur Gestaltung in Versen anregten, niederzuschreiben. Es sind noch Hunderte und aber Hunderte von ihnen mit Rückerts Versen erhalten.

Wenn auch viele seiner Gedichte an sich unserem Empfinden nichts mehr zu sagen haben, so wirken doch auf uns immer wieder die innige Schlichtheit, die Wärme der Empfindung, die Gabe, selbst aus dem Unscheinbarsten eine zugrundeliegende Idee herauszufühlen, die Kunstfertigkeit in der Beherrschung der Sprache, der Reichtum an geistvollen und tiefsinnigen Gedanken, die in Rückerts Dichtungen ihren Ausdruck finden. Es steckt immer der Mensch Rückert mit seinem warmen gläubigen Herzen hinter dem Dichter. Von den zahlreichen morgenländischen Übertragungen und Bearbeitungen nennen wir in erster Linie die Perle seiner Übersetzungskunst "Nal und Damajanti", die Nachbildung einer rührenden Begebenheit aus dem indischen Epos Mahâbhârata (1828), "Erbauliches und Beschauliches aus dem Morgenland" (1838), und "Rostem und

Suhrab", die Heldengeschichte eines sagenhaften persischen Herrschers und seiner Geliebten in zwölf Büchern (1838). Aus seinen Vorlesungen für Theologie ist im Jahr 1831 das Buch: "Hebräische Propheten, übersetzt und erläutert" hervorgegangen. Und zum Schlusse erwähnen wir Rückerts vielgepriesenes "Lehrgedicht in Bruchstücken": "Die Weisheit des Brahmanen", das einst vielen als das beste deutsche Lehrgedicht und als Hauptwerk seines Lebens galt. Das ursprünglich in sechs Bändchen 1836-1839 herausgegebene und 1843 in einer einbändigen Neuausgabe erschienene Buch vermittelt uns eine unerschöpfliche Fülle von Weisheitssprüchen.

Anfang Juli 1841 ist Rückert auf sein Ersuchen seines Amtes als Professor der orientalischen Sprachen an der Erlanger Universität enthoben worden. Er hatte den an ihn auf Veranlassung Friedrich Wilhelms IV. ergangenen Ruf an die Universität Berlin – unter Ernennung zum geheimen Regierungsrat – angenommen. Die Bedingungen waren günstig: 3000 Taler Jahresgehalt mit der Verpflichtung, nur in jedem Wintersemester wenigstens ein in sein Fach einschlagendes "Collegium publice" zu lesen, und dem Rechte, private Vorlesungen zu halten. Den Sommer war er frei; er konnte ihn auf seinem Landsitz in Neuses verbringen.

Rückert, der tief empfindende Naturfreund, hat sich in der ihm wesensfremden Großstadt Berlin nicht mehr einleben können, in ihr keine Heimat mehr gefunden. Wie mir einmal sein Enkel, der in diesem Mai achtzigjährige Geheimrat Heinrich Rückert in Frankfurt erzählte, war die Stadt, in der sich sein Großvater am wohlsten fühlte, Erlangen. Und dies ist unsere Freude, unser Stolz.

[Aus: Das Bayernland 49 (1938) S. 269-278. Die dem Aufsatz beigegebenen Abbildungen wurden nicht übernommen].

Wie Friedrich Rückert seine Lieder singen hörte

(geschrieben im Juni 1866)
Von Berthold Auerbach

Wer etwas aus dem Leben eines edlen und bedeutenden Menschen weiß, soll es zum Gedächtnis für alle feststellen.

Ich fühle mich daher verpflichtet, ein schönes Erlebnis Friedrich Rückerts, an welchem teilzunehmen mir vergönnt war, auch andere miterleben zu lassen. Friedrich Rückert ist am 31. Januar d. J. in Neuses bei Coburg, 76 Jahre alt, gestorben. Bei seinem Tode hat sich nicht, wie bei dem seines Dichtergenossen Ludwig Uhland, aller Orten die Verehrung des deutschen Volkes kundgeben können. Denn der ganze Bestand unseres deutschen Lebens und seines Ausdrukkes in der Dichtung schwebt seit Beginn dieses Jahres in Frage. Der Dichter der "Geharnischten Sonette" ist dahingegangen, und jetzt, da zum ersten Mal der Rasen auf seinem Grabe grünt, stehen Deutsche gegen Deutsche gewaffnet und in jedem vaterländischen Herzen zittert die Frage: wird es künftighin noch etwas Gemeinsames geben für alle Deutschen, wird man von einem deutschen Dichter sprechen dürfen, ohne hinzufügen zu müssen, ob er von diesseits oder jenseits der Mainlinie? Das ist keine Zeit, um Erinnerungsfeste zu feiern. Und doch, wenn das deutsche Volkstum sich aus diesem schwersten Kampfe rettet, den die trübste Phantasie nicht vorausahnen konnte – wenn wieder ein Geschlecht auf deutscher Erde leben wird, das sich nicht schämen muß, von Vaterland, von Freiheit, von Bruderliebe, von Einheit zu singen, – dann wird mit Uhland auch Friedrich Rückert im Herzen des deutschen Volkes neu aufleben und ihre Lieder werden aus dem Munde des deutschen Volkes tönen.

Es ist seelenzerstörend, wie es heute nicht möglich ist, an etwas rein Schönes zu denken, ohne daß ein banger Todesschatten darauf fällt. So streift er nun auch die kleine Erinnerung, die ich hier festhalten will.

Ich banne das Dunkel hinweg und will versuchen, jene hoffnungsvolle, noch nicht von der bittersten Täuschung belastete Zeit zu vergegenwärtigen.

Es war im Frühling des Jahres 1846. Ich wohnte in Leipzig in der Querstraße beim alten Finanzrat Campe, dem Sohne des Robinson-Campe.

Anno 46! Wir können heute kaum mehr ermessen, wie uns allen damals zumute war. Eine Zuversicht, daß bei der allverbreiteten Bildung und dem gemeinsamen Herzensdrange die erste große Bewegung im Vaterlande ein einheitliches, geschlossenes Deutschland herstellen werde, ein freudiges Arbeiten, ein Rüsten, wie am Vorabend eines Festes, belebte alle Geister. Wir wissen alle, was wir seitdem erlebt, wir fühlen an der Bedrückung des Herzens, was wir jetzt erleben.

Doch genug der trüben Ausblicke!

An einem sonnenhellen Frühlingsmittag saß ich in dem schönen Garten beim Hause. Da trat ein Mann von mächtiger Gestalt und markigem Antlitze, mit langen weißen, bis auf die Schultern fallenden Locken, die Mütze auf dem Haupte und mit einem bis auf die Kniee hinabreichenden Rocke bekleidet auf mich zu.

"Geben Sie mir auch einen Stuhl," sagte er, "ich lasse mich auch gern von der Frühlingssonne durchwärmen. Ich heiße Friedrich Rückert, Sie haben mich in Berlin besucht und nicht getroffen".

So ungefähr sprach er, und ich kann nicht sagen, wie mich's ergriff, da mir der große, innig verehrte Mann seine starkknochige Hand darreichte. Er sagte, daß wir den ganzen Tag (es war etwa 12 Uhr) bis zum Abgange des Eilwagens ungestört miteinander verbringen könnten. Er war im Hotel de Bavière abgestiegen und ich sollte mit ihm zu Mittag essen. Ich war natürlich bereit. Wir gingen gemächlich schlendernd, von vielen Begegnenden angestaunt, – denn die mächtig erhabene Gestalt mußte jedem auffallen – nach dem Gasthof. Ich muß sagen, es tat mir leid, daß ich das allein haben sollte; ich hätte gern manchem Bekannten und Befreundeten, die des Weges kamen, gesagt: Sieh, das ist Rückert! Ich hielt indeß an mich, da ich schon vielfach gehört hatte, wie seine scheue und abgeschlossene Natur der leichten und flüchtigen Ansprache des Gesellschaftsverkehrs sich entzog. Wir erhielten zwei gute Plätze an der linken Ecke der hufeisenförmigen Gasttafel, wo man nebeneinander sitzend doch einander in's Antlitz schauen kann. Mir zur Rechten saß der damals in Leipzig vielbeliebte Komiker des Theaters, *Ballmann*. Rückert bestellte eine gute Flasche Rheinwein, wir klangen zum ersten Mal an und waren überaus heiter und wohlgemut. Ballmann fragte mich wiederholt, wer der Mann bedeutenden Ansehens sei; ich lehnte die Antwort mehrmals ab, ließ mich aber endlich zu dem Versprechen verleiten, nach Tische den Namen zu nennen. Nun ließen wir noch eine Flasche Champagner kommen, mein Nachbar Ballmann tat dasselbe und drängte, jetzt mein Versprechen zu lösen. Ich nannte Rückert. – Sofort stand Ballmann auf, klingelte an sein Glas und sprach:

"Meine Herren! Woher Sie auch sein mögen, ich habe Ihnen einen Toast vorzuschlagen, in den Sie alle einstimmen werden. Ich sage nicht: der Geheimerat Rückert ist da; ich sage nicht: der Professor Rückert ist da; ich sage auch nicht: der Dichter Rückert ist da; ich sage: Vater Rückert ist da, Vater Rückert lebe hoch!"

Und die ganze Gesellschaft, wie sie eben eine Leipziger Gasttafel zusammenbringen kann, stimmte ein in den Trinkspruch, der sich im Munde Ballmanns gar seltsam pathetisch ausnahm. Rückert, sehr erstaunt, reichte dem Toastbringer, der auf ihn zukam, die Hand und fragte mich dann leise, wer der Mann sei. Ich wich der Antwort aus, denn es war mir sonderbar, ihm zu sagen, daß er der erste Komiker des Theaters sei.

Kaum war nun bekannt, daß Rückert am Tische, als viele auf ihn zukamen, ihn zu begrüßen. *Adolf Böttger*, der mit an der Tafel gesessen, ging zu dem Dichter und fragte, ob er das ihm vor kurzem gesendete Trauerspiel "Agnes Bernauer" erhalten habe. Ich weiß nicht mehr, was Rückert darauf erwiederte, und kann auch nicht genau sagen, ob es Böttger oder ein anderer war, der sofort dem Kellner rief, er möge Schreibzeug bringen, und Rückert bat, ein Albumblatt zu schreiben. Ich sehe ihn noch, wie er geröteten Antlitzes sich über die Stirn fuhr und sagte: Wissen Sie nichts von mir! Mir fällt nichts ein. Er schrieb eine Vierzeile und wir machten uns bald davon.

Das Gepäck war bereits zur Post befördert. Wir gingen im Gespräch über dichterische Arbeiten durch die Promenaden rings um die Stadt. Zwei Häuser vor dem Postgebäude, an dem Hause mit den grünen Jalousien, ließ ein glücklicher Gedanke mich haltmachen. Es war noch eine gute Stunde bis zum Abgange des Eilwagens. Wie innerlich gestört ist auch mit dem bedeutendsten Menschen eine solche Wartestunde! Und hier in dem Hause wohnte eine meisterhafte Liedersängerin, die mit wohlklingender Stimme und reinem Verständnis uns alle in Leipzig entzückte, ja, Felix Mendelsohn ließ sich von ihr seine Kompositionen, ehe er sie zum Drucke gab, oft vorsingen. Ich fragte nun Rückert, ob er bereits die herrlichen Kompositionen seines "Liebesfrühlings" von Schumann und Franz gehört habe. Er verneinte. Und nun ergriff mich der Gedanke, wie es sein muß, wenn die tiefste Empfindung, die der Dichter im gebundenen Worte hinausgegeben, vom Klange begleitet wieder zu ihm zurückkehrt. Ich bestürmte ihn, mit mir in das Haus einzutreten, wo ihm die edle Frau seine Lieder vorsingen müsse. Er widerstrebte, wies auf sein Reisekleid und auf die seltsame Art, so plötzlich in ein Haus zu fallen, um sich von der Frau des Hauses vorsingen zu lassen. Ich bedrängte ihn aber mit eifrigster Zurede und der Beteuerung, daß die Frau ohne alle Ziererei sich gewiß dessen würdig zeigen werde, dem Dichter seine eigenen tiefsten Herzenstöne in die Seele zu singen. Er ließ sich endlich bewegen; wir gingen in das Haus, die beiden Treppen hinan, ich ließ der Dame durch den Diener sagen, daß ich ihr einen hochwillkommenen Gast bringe. Wir traten in den schönen Ecksaal, wo rechts und links vom rotseidenen Sofa blühende Fliederbäume in Kübeln standen. Die Dame trat ein und ihr Antlitz strahlte, als ich ihr Rückert nannte. Er entschuldigte lächelnd, daß er meinem ungestümen Drängen nachgegeben; sie aber reichte ihm beide Hände und hießihn von Herzen willkommen. Nur soviel weiß ich noch, daß Rückert berichtete, in seinem Garten zu Neuses sei früher eine Nachtigall gewesen, aber seit zwei Jahren komme sie nicht wieder.

Ich bat, nicht lange mit Sprechen die Zeit zu verlieren, um desto mehr Lieder zu hören.

Die Sängerin öffnete das Klavier und sang.

Ich saß neben Rückert auf dem Sofa, das die blühenden Fliederbäume umgaben. Hatte die Sängerin ein Lied geendet, sofort begann sie ein neues, und mit einem Seelenausdruck, der die ganze Tiefe und Schönheit der Empfindung kundgab. Fort und fort sang sie wie eine Nachtigall, der aus unerschöpflicher

Quelle die Fülle des Tones zuströmt, und Rückert saß da und schaute drein und dicke Tränen rollten ihm die gefurchten Wangen herab. Die Kette der Lieder brach nicht ab. Jetzt, da eines zu Ende war, sagte ich mit der Uhr in der Hand, es sei Zeit zum Aufbruch. Rückert stand auf, küßte die holde Sängerin auf die Stirn, wir gingen die Treppe hinab, wir gingen über die Straße, es wurde kein Wort gesprochen, wir kamen in das nahe Posthaus, die Pferde waren bereits angespannt, der Postillion blies, schnell mußte Rückert in den Wagen steigen, der nun fortrollte.

Noch als ich Rückert in Winter 1861 in Neuses besuchte, wiederholte er, daß ihm nie in seinem Leben ein dichterisch schöneres Ereignis begegnet sei, als jenes, da er, plötzlich in ein fremdes Haus verzaubert, von einer edlen Sängerin seine eigenen Lieder singen hörte.

[Aus:Berthold Auerbach: Zur guten Stunde, 2.Bd. Stuttgart 1872. S. 441-444.]

Friedrich Rückert und das Berliner Hoftheater

Von Gustav Karpeles

Friedrich Rückert lebte sieben Jahren in Berlin, vom April 1841 bis zum März 1848. Er wurde von Friedrich Wilhelm IV., wie es heißt, auf Betrieb Alexander von Humboldt's, zunächst als Professor der orientalichen Sprachen an die hiesige Universität berufen; daneben aber sollte er in literarischen und künstlerischen Angelegenheiten dem hochsinnigen König zur Seite stehen. Ich habe bereits an einer anderen Stelle Rückert's Berliner Leben ausführlich geschildert und den vollständigen Mißerfolg desselben aus inneren Gründen herzuleiten versucht. Dem Zwecke dieser Zeitschrift entsprechend, möchte ich hier nur einen Teil dieses Berliner Lebens beleuchten, nämlich Friedrich Rückert's Beziehungen zum Berliner Hoftheater, nachdem Rückert als Dramatiker selbst von Robert Boxberger bereits in so sachkundiger Weise geschildert worden ist.

Als Friedrich Wilhelm IV., der in einer eigenen Gedankenwelt lebte, welche von der wirklichen durch eine romantische Linie getrennt war, zur Regierung kam, hatte er neben vielen anderen poetischen und künstlerischen Intentionen bekanntlich auch eine Neubelebung des deutschen Theaters ins Auge gefaßt. Namentlich mit Bezug hierauf erfolgte die Berufung *Ludwig Tieck's* aus Dresden und wohl auch die Friedrich Rückert's aus Erlangen. Bei der Berufung Friedrich Rückert's war es ausdrücklich hervorgehoben worden, daß man auf seine Tätigkeit für die Hebung des Theaters zähle.

Mit Begeisterung nahm Rückert diese Berufung an. Schon in jungen Jahren hatte er mit Eifer und Interesse sich dem Theater zugewendet; von 1810 bis 1815 beschäftigte ihn die dramatische Poesie angelegentlich: er studierte eifrig die dramatische Literatur der älteren und neueren Zeit und interessierte sich lebhaft für das Theater. Es ist interessant, wie er 1814 an einen Freund schreibt, daß er mit Bezug auf das Drama "Ein armer deutscher Dichter" jetzt gar nicht mehr weiß, woran er sich halten soll. "Hundertundfünfzig Manieren spuken einem im Kopfe; welche soll man wählen? Oder soll man die 151ste selbst erfinden? Nichts leichter als das!" So glaubte wenigstens Rückert damals und ein Zeugnis hierfür aus jener Zeit sind seine Dramen der ersten Epoche. Dabei ist sein Auge fortwährend schon auf Berlin gerichtet. Er hat in *Fouqé* einen Gönner gefunden, der ihm mit Ratschlägen und Aufforderungen entgegenkommt, aber Rückert zögert noch mit der Einsendung seiner Werke, und er schreibt am 12. Februar an Fouqé: "Von allem, was ich aus meinem dramatischen Fache, Halb- und Ganzgemachtes, hervorgezogen, kann ich mich nicht überwinden, auch nur etwas vor Ihre oder des Publikums Augen zu bringen; ich bleibe bei meiner Überzeugung: die Studien gehören in dem Pult." Und einige Monate später schreibt er: "Ich werde vorerst nichts thun, als hier unter meinen Landsleuten warten und zusehen; den Plan, nach Berlin zu gehen, habe ich natürlich aufgegeben, eben deßwegen kann ich Ihren schönen Aufforderungen nicht folgen, mich an Ihrer Hand auf das Berliner Theater führen zu lassen. Ich muß meinen Weg und Ihre Leitung dazu ruhigen Zeiten vorbehalten."

Inzwischen beschäftigt sich Rückert aber unausgesetzt mit der Bühne. Er dichtet eine Komödie, beabsichtigt dann, die Vaterlandshelden für das Theater zu bearbeiten oder deutsche Volks- und Kindermärchen zu dramatisieren, ja er schreibt sogar an seinen Freund *Christian von Stockmar* in jener Zeit: "Ich glaube, bestimmt zu fühlen, daß das Lustspiel mein eigenstes Gebiet sein wird, denn ich bin ganz zusammengesetzt aus dem Gefühl der Richtigkeit, Vergänglichkeit und Lächerlichkeit alles Erhabensten, was der eigentliche Brennpunkt eines wahren, nicht hausbackenen Lustspiels ist."

Erst in späteren Jahren sollte sich Rückert davon überzeugen, daß zu einem gedeihlichen dramatischen Schaffen noch manches Andere, außer diesem Gefühle, gehöre. Aber seine gelehrten Arbeiten und seine lyrischen Schöpfungen drängten das Dramatische lange zurück. Als er im März 1841 die Berufung nach Berlin erhielt, erwachte erst wieder der dramatische Nerv, der von Jugend auf in Rückert lebte. Von froher Hoffnung und jugendfrischer Begeisterung erfüllt, dichtete er im Sommer jenes Jahres das Drama: "König Arsak von Armenien" in der Absicht, dasselbe sogleich bei seiner Übersiedelung nach Berlin auf die Hofbühne zu bringen. Die Pläne, welche Friedrich Wilhelm IV. in seinem feinen Kunstsinn für das Theater hegte, weckten bei Rückert lebhafte Sympathien. Der König wollte das Theater veredeln, indem er die Aufführung dramatischer Werke von hoher poetischer und künstlerischer Bedeutung anordnete. Seinen Intentionen kam die Absicht Ludwig Tieck's natürlich entgegen, der das antike Theater und die altenglische Bühne Shakespeare's mit in den Kreis dieser Kunstbestrebungen zu ziehen beabsichtigte.

Als Rückert in Berlin ankam, wurde die neue Theater-Ära mit der Aufführung der "Antigone" im Neuen Palais zu Potsdam eröffnet. Auch Rückert erhielt zu dieser Aufführung eine Einladung. Wie sein Freund *Chr. Schubart* in seinen Erinnerungen indessen vermutet, wahrscheinlich nur vom Theater-Intendanten. Rückert konnte sich deshalb aber auch nicht entschließen, der Einladung zu folgen; es schien ihm nicht passend, da zu erscheinen, bevor er dem König selbst vorgestellt worden sei. Schubart hat Recht, wenn er hinzufügt: "Denkt man sich nun dort eine gelegentliche Vorstellung oder eigene Annäherung des Königs an den von ihm berufenen Dichter, und zwar im Angesichte dieser versuchten Wiedererweckung eines klassischen Kunstwerkes der antiken Poesie, so wäre dies wohl die günstigste Gelegenheit gewesen, sich seinem Wunsche gemäß vor dem König über seine dramatischen Absichten und über seinen bereits begonnenen Übergang von der Lyrik zur Dramatik auszusprechen."

Es ist zu bedauern, daß es weder damals noch später zu einer solchen Unterredung kam. Gleichwohl unterließ es Rückert nicht, sein Drama "König Arsak" an Ludwig Tieck mit folgendem interessanten Brief zu übersenden:

Berlin, den 11. Oktober 1841.

Hochverehrter Meister!

Hier stellt sich mein armenischer König vor Ihren Richterstuhl. Sehen Sie die Arbeit so an, wie ich mündlich sie Ihnen zu zeigen versucht: als eine erste Einübung der mir neuen Kunstform, und zwar als ersten rapiden Hinwurf, ohne Durchsicht und Feile. Ich sagte Ihnen schon, daß noch einige dergleichen Uebungsstücke folgen sollen, ehe ich an meinen eigentlichen Vorsatz, vaterländische Stücke (aus der brandenburgischen Geschichte) gehen werde. Wäre das Stück nicht zu unvollendet und zu lang, so könnte ich ihm nichts Besseres wünschen, als es durch Sie selbst unserm König vorgeführt zu sehen, von dessen Begeisterung in mir es die erste Eingebung ist. Wenigstens möchte ich Sie bitten, Ihm bei guten Gelegenheiten von meinen Intentionen zu sagen – was ich selbst mündlich thun möchte; aber er hat mich bis jetzt noch nicht zu sehen verlangt, da ich ihn zu sehen nicht nur verlange, sondern brenne. Der gnädigen Gräfin empfehle ich mich unterthänig.
In vollster Hochachtung der Ihrige

Rückert

Auf diesen Brief blieb Ludwig Tieck jede Antwort schuldig. Als Rückert zum zweiten Male fragte, erklärte er, er habe das Drama noch gar nicht gelesen. Eine dritte Aufforderung wurde dahin beantwortet, es sei in seinem Hause verlegt worden. Rückert hielt dies für eine Ausrede und schrieb an seinen Freund, den Hofrat *Teichmann*, der damals Intendanturrat der königlichen Bühne war, folgenden Brief:

Verehrtester Herr Hofrath!

Ich erinnere Sie an Ihre gütige Zusage, morgen bei Ihrer Fahrt nach Potsdam, bei Herrn Hofrath Tieck meine Angelegenheit zu besorgen, und rechne sicher darauf, daß Sie mir mein Manuskript mit herüberbringen. Weil er jetzt nicht wohl ist und bekanntlich seine Augen ihm nicht erlauben, Überflüssiges zu lesen, so soll er, lasse ich ihn bitten und fordere es dringendst, mir mein Manuskript jetzt zurückgeben, an dem ich eben etwas ändern und bessern will. Es wird mich freuen, es ihm ein anderes Mal zu schicklicher Zeit wieder mitzutheilen. Noch einmal: lassen Sie mich nicht umsonst bitten. Schaffen Sie mir mein Manuskript, und ich bin Ihnen ewig dankbar dafür.

Rückert

Man liest ordentlich zwischen den Zeilen dieses Briefes die wachsende Verbitterung des Dichters, und in der Tat, wenn er in den ersten Wintern seines Berliner Aufenthaltes noch hier und da das königliche Schauspielhaus besuchte oder zu Hause die Stücke von Raupach und Kotzbue studierte, daneben aber der Hoffnungen gedachte, mit denen er nach Berlin gekommen war, so mußte sich des einsamen Dichters eine tiefe Verbitterung bemächtigen. Je öfter er das Theater besuchte, desto mehr schwanden jedoch die Hoffnungen auf eine theatralische Belebung seiner Dichtungen. Nach einem solchen Theaterbesuch sagte er einmal zu *Melchior Meyr* über das Berliner Theaterleben: Die Schauspieler dominieren; Tieck will nichts thun und auch beim König ist nichts auszurichten. Ich habe neulich zu ihm gegen Oper und Ballett gesprochen und auf das Unsittliche hingewiesen, das sich hier breit mache; er hat mir erwidert: das Volk bezahle das Theater, also müsse auch gespielt werden, was es verlange." Aber selbst die trüben Erfahrungen, die er mit seinem ersten Manuskript machte, das ihm Tieck, nicht einmal versiegelt, sondern bloß eingewickelt, durch Teichmann zurückgeschickt hatte, vermochten Rückert von seinen dramaturgischen Plänen nicht gänzlich abzuhalten. In den Sommerferien von 1842 schrieb er in Neuses in einem gewaltigen Anlauf ein neues Trauerspiel: "Saul und David", welches er "als Manuskript seinem König zuzueignen gedenkt, der es aufführen lassen kann, wenn er Lust hat."

Diesmal befolgt Rückert den Rat, den ihm *Bettina v. Arnim* gegeben, sein Werk nicht durch Tieck beurteilen zu lassen, sondern dasselbe dem König selbst zu übergeben. Als Rückert im Winter wieder einmal zur königlichen Hoftafel befohlen war, glaubte er bestimmt, daß der König nunmehr Veranlassung nehemen würde, mit ihm ein Gespräch über sein Drama und über das Theater überhaupt anzuknüpfen. Noch einige Jahre später klagte er seinem Freunde Schubart, daß es ihm wehe getan habe, als der König "auf das Buch, ob es gleich auf dem Tische vor ihm gelegen habe, nicht wieder zu sprechen gekommen sei." Nachdem auch dieser letzte Versuch, in Berlin auf die Bretter zu gelangen, gescheitert war, hatte Rückert, wie sein trefflicher Biograph *Conrad Beyer* erzählt, nur noch die Vergünstigung freien Eintritts in das Berliner Hoftheater; da er sich aber beim Nachhausegehen regelmäßig eine Erkältung zuzog, so unterblieben allmählich auch diese Besuche. Es bemächtigte sich des Dichters allmählich eine tiefe Verbitterung gegen das gesamte Theaterwesen. "Meine bisherigen dramatischen Bestrebungen", schreibt er 1845 an seinen Freund Schubart, "haben mir gar zu schlechte Früchte getragen, und ich will mich nicht länger von dummen, frechen Buben schimpfen und höhnen lassen. "Ja, er wünscht, daß auch sein Freund sein ferneres Schaffen nicht mehr bloß mit theatralischen, sondern vielmehr mit poetischen Augen ansehe. Die Ansichten über Bühne und Drama, die er aus dem Besuch der Berliner Theater geschöpft hat, legt er in seinen Gedichten nieder, in denen es heißt:

Wenn ihr wollt Schauspiele dichten,
Müßt ihr darauf verzichten,
Sie zu sehen auf eurer Bühne,
Dichtet alles Schön' und Kühne,
Das im idealen Raum
Vor der Seele steh' als Traum;
Mag auf dem entweihten Brett
Rasen Oper und Ballett.

Während der Märzstürme des Jahres 1848 verließ Rückert Berlin; er konnte dort nicht heimisch werden. *Karl v.Holtei* hat Recht, wenn er sagt: "Daß der König diese Unmöglichkeit begriff, macht seinem Verstande, daßer dem Dichter die Möglichkeit gönnte, sich in den Frieden ländlicher Stille, aus dem Geräusch der großen, aufgeregten Stadt zu flüchten, macht seinem Herzen Ehre." Friedrich Wilhelm IV. bewahrte Rückert seine Sympathien auch ferner, ja, dieser hatte sich, so oft er zur Hoftafel befohlen wurde, der königlichen Gunst in so hohem Maße zu erfreuen, "daß selbst Personen des Hofstaates sich schon mit einem gewissen Neide darüber ausgesprochen hatten." Und es scheint zweifellos, daß wesentlich auf Befehl des Königs – allerdings erst 10 Jahre später – ein Drama Rückert's und zwar eben jener "König Saul", am Berliner Hoftheater zur Aufführung kam. Das Experiment mißglückte, wie es nicht anders zu erwarten war.

Der Scherz, den Friedrich Wilhelm IV. darüber machte und den *Varnhagen von Ense* schadenfroh in seinem Tagebuch verzeichnet, ist ungemein charakteristisch für das Werk sowohl wie für seine Gönner. Die Aufführung des Trauerspiels zog sich nämlich schleppend in die Länge, sodaß der König selbst schon während des dritten Aktes das Theater verließ. Als er durch die auf den Korridor führende Tür aus seiner Loge heraustrat, bot sich ihm ein komischer Anblick dar: der Hoflakai, der ihn zu begleiten hatte, war auf einem Stuhl eingeschlafen und schnarchte vernehmlich. Lächelnd sagte der König zu dem ihn begleitenden Adjudanten: "Der Kerl hat gehorcht!"

Es ist jedoch merkwürdig, daß über diese Aufführung weder in der Biographie Rückert's noch in der Chronik des königl. Schauspielhauses etwas Näheres berichtet wird. Fast scheint es, als ob Varnhagen eine Vorlesung beim König mit einer Aufführung im Hoftheater verwechselt hat. Der Scherz aber ist jedenfalls authentisch, da er von verschiedenen glaubwürdigen Seiten übereinstimmend berichtet wird.

Auf Rückert machten die Berliner Erfahrungen einen trüben Eindruck, aber sie vermochten ihn auf die Dauer nicht zu verbittern. Schließlich brach doch sein liebenswürdiges Naturell und seine lyrische Grundnatur durch und in späteren Lebensjahren dachte er nur noch oft mit Wehmut, aber ohne jeden Groll an seine mißglückten Berliner Theaterversuche.

[Aus: Dramaturgische Blätter und Bühnen-Rundschau 17 (1888) S. 261-263.]

Ein Winter in Berlin (1844/45)

Von Hartmut Bobzin

Neben dem Dichter und Übersetzer Friedrich Rückert ist der akademische Lehrer weitgehend unbekannt. Zugleich liegt über seiner Lehrtätigkeit ein eigenartiger Hauch von Erfolglosigkeit und Vergeblichkeit[1], auch wenn einzelne seiner – nur wenigen – Hörer und Schüler ihm eine glänzende Begabung als Sprachlehrer, ja sogar als Redner bescheinigt haben[2]. Zweimal hat Rückert eine Universitätsstellung aus freien Stücken aufgegeben: 1812 die eines Privatdozenten in Jena[3], 1849 die eines Ordinarius in Berlin[4]. Auch der Wechsel von Erlangen nach Berlin (1841) hing, selbst wenn Rückert ihn erst nach langem Schwanken unternahm, mit einer zunehmenden Isolierung in der Universität zusammen[5], doch mögen auch finanzielle Gründe eine Rolle gespielt haben[6].

---

[1]Vgl. H. Prang, Friedrich Rückert als Dichter und Gelehrter (Erlanger Universitätsreden NF 9, Erlangen 1963), S. 16: "Leider hat die Lehrtätigkeit als solche Rückert wohl niemals echte Freude gemacht ... Rückerts Hauptneigung lag eindeutig beim Forschen und nicht beim Lehren". Man vgl. in diesem Zusammenhang noch Rückerts briefliche Äußerung an *Karl Varnhagen v. Ense* (17.6.1837): "Sie sollten mir einmal eine Stelle am Rhein zu verschaffen suchen, eine Stelle, wobei es recht wenig oder gar nichts zu dociren gäbe" (Friedrich Rückert, Briefe. Hrsg. v. Rüdiger Rückert, Schweinfurt 1977-87, Bd. I, S. 644).

[2]Vgl. das Zeugnis seines Erlanger Schülers *August Ebrard* über eine von Rückert gehaltene Vorlesung über Deuterojesaja: "Diese Vorlesungen zu hören, war einer der höchsten und fruchtbarsten geistigen Genüsse, die ich in meinem Leben gehabt habe" (Lebensführungen, Gütersloh 1888, S. 320). – Vgl. demgegnüber *Fr. Schubart* über Rückerts mißlungene erste Berliner Vorlesung über Geschichte der arabischen Poesie (C. Beyer, Neue Mittheilungen über Friedrich Rückert, I, Leipzig 1873, S. 63f.).

[3]Vgl. H. Prang, Friedrich Rückert. Geist und Form der Sprache, Wiesbaden 1963, S. 31 (diese grundlegende Biographie wird im folgenden als Prang zitiert); eine nähere Begründung für Rückerts Schritt ist nicht bekannt, doch vgl. noch Schubart bei Beyer, a.a.O., S. 55.

[4]S. Prang S. 264f.

[5]"Der anfangs geselligem Verkehr durchaus Zugängliche, der viel rauchte und zeitweilig jeden Freitag mit *Döderlein* und dem Philosophen *Friedrich Köppen* zum Kartenspiel zusammentraf, ... zog sich später mehr und mehr von der kollegialen Geselligkeit der Erlanger Professoren zurück, als die religiösen Zustände und Gesinnungen für den toleranten Orientalisten durch das orthdoxe Lutheranertum unerträglich wurden ... Das war ... in der zweiten Hälfte der dreißiger Jahre" (Prang, S. 132). Vgl. in diesem Zusammenhang ferner F. Reuter, Die Erlanger Freunde F. Rückert und J. Kopp in den Jahren 1834-1836. Nach Familienpapieren dargestellt. Programm des Altonaer Gymnasiums 1893, Nr. 278, S. 54 ff. (mit reichen Belegen) und H.-J. Schoeps, Friedrich Rückert und die Frömmler, Jahrb. f. fränk. Landesforschung 25 (1965) S. 462.

[6]Vgl. dazu die bei F. Reuter, Aus Friedrich Rückert's Leben. Nach Akten, Bd. II (Ansbach 1908), S. 22 f. gegebene Dokumente.

In dieses Bild paßt die Tatsache, daß Rückert stets nur wenige Studenten gehabt hat, – aber aus diesen wenigen sind eine Reihe hervorragender Orientalisten hervorgegangen, deren jeweils unterschiedliche spätere Fachausrichtung im übrigen auf beeindruckende Weise zeigt, wie weitgespannt Rückerts eigene wissenschaftlichen Interessen waren.

Aus Rückerts Erlanger Zeit (1826-1841) war das *Friedrich Spiegel* (1820-1905)[7], der von 1849 bis 1890 Professor für morgenländische Sprachen in Erlangen war[8] und vor allem auf iranistischem Gebiet gearbeitet hat. Er hörte erstmals im Wintersemester 1838/39 bei Rückert, der damals Sanskritgrammatik und einen semitischen Dialekt angekündigt hatte. Zwischen Spiegel und der Familie Rückert gab es zahlreiche Kontakte; so studierte Rückerts ältester Sohn Heinrich (1823-1875) zeitweilig mit Spiegel zusammen und war lebenslang mit ihm eng befreundet. Im übrigen korrespondierte Spiegel mit Rückert über manch wissenschaftliches Problem und besuchte ihn auch des öfteren in Neuses[9].

Rückerts Schüler aus seiner Berliner Zeit (1841-1848) waren *Friedrich Dieterici* (1821-1903)[10], *Richard Gosche* (1824-1889)[11], *Paul de Lagarde* (1827-1891)[12] und Friedrich Max Müller (1823-1900)[13], der Sohn von Rückerts früh verstorbenem Dichterfreund *Wilhelm Müller* (1794-1827)[14]. Dieterici wurde als Arabist 1850 Rückerts Nachfolger auf dem Berliner Lehrstuhl[15]. Gosche wirkte als Ara-

[7] Vgl. zu ihm Biogr.. Jahr. 10 (1905) 254 und RGG(2) V, 690 (O. Rühle).

[8] Rückerts unmittelbarer Nachfolger wurde 1841 *Christoph Moritz Bernh. Julius Drechsler* (1804-1850); dieser war übrigens, was leider nur zu oft übersehen wird, bereits seit 1826 als Orientalist neben Rückert tätig, hielt aber v.a. alttestamentlich-exegetische Kollegs; vgl. dazu Th. Kolde, Die Universität Erlangen unter dem Hause Wittelsbach 1810-1910 (Erlangen & Leipzig 1910), S. 315 f.; s. zu Drechsler ferner Allgem. dt. Biogr. 5 (1877) 387-391 (C. Siegfried).

[9] Vgl. dazu folgende Passage aus einem Brief an *J.A. Hartung* (1849, ohne weitere Datierung): "Diesmal wollte ich Ihnen einmal recht ausführlich philologica schreiben, da hat sich unverhofft eine angenehme Verhinderung eingestellt, nemlich Prof. Spiegel von Erlangen, einst mein Schüler im Persischen, jetzt mein Lehrer im Parsischen; da ziehn Musen und Grazien sich vor Ormustd (sic!) u Ahriman zurück, u letzterer macht schlechtes Wetter, daß meine Trauben nicht reifen werden" (Briefe II, S. 1142).

[10] Vgl. über ihn Neue dt. Biographie 3 (1957) 672 (O.Spies); J.Fück, Die arabischen Studien in Europa bis in den Anfang des 20. Jahrhunderts (Leipzig 1955), S. 173.

[11] Vgl. über ihn Allgem. dt. Biographie 49 (1904) 469-74 (L. Fränkel).

[12] Vgl. über ihn Allgem. dt. Biographie 13 (1982) 409-12 (J. Schriewer).

[13] Vgl. über ihn Biogr. Jahrb. 5 (1900) 273-88 (M. Winternitz); E. Windisch, Geschichte der Sanskrit-Philologie und indischen Altertumskunde, II (Straßburg 1920), S. 270 ff.; N.C. Chauduri, Scholar Extraordinary. The life of ... Friedrich Max Müller, P.C., London 1974.

[14] Wie Goethe hatte auch er Rückerts "Östliche Rosen" mit warmen Worten begrüßt, allerdings nicht ohne dabei auch einige kritische Bemerkungen anzubringen, vgl. seine Vermischten Schriften, hrsg. v. G. Schwab, Bd. V (Leipzig 1830), S. 290-313.

[15] Rückert war 1846 an Dietericis Promotion beteiligt; brieflich berichtet er am 27.1.1846 seiner Frau von einem "schreckl. brillianten Doctorschmause", den Dietericis Vater, ein angesehener Staatswissenschaftler, gab, und unterdrückte dabei nicht einige kritische Seitenhiebe gegen die Berliner Atmosphäre: "Die Leute sind hier eben närrisch aufs Großthun; die Ehre ein paar Dutzend gelehrter Herrn zu bewirthen, hat ihn gewis 200 Thl. gekostet, es gab ganze Austernbänke u der Champagner floß in Strömen v Anfang bis Ende der Mahlzeit. Doch ist mir alles wohl bekommen" (Briefe II, S. 1019). Über spätere Kontakte zwischen Dieterici und

bist und Literaturwissenschaftler ab 1863 in Halle[16]. Lagarde, ein außerordentlich vielseitiger Gelehrter und Publizist[17], wurde 1869 in Göttingen Nachfolger von Heinrich Ewald[18] auf dem alttestamentlichen Lehrstuhl. Max Müller, der als Religionswissenschaftler, Sprachforscher und Indologe gleichermaßen Bahnbrechendes geleistet hat, wurde 1850 Professor in Oxford.

Für Rückerts Berliner Schüler ist die Tatsache bemerkenswert, daß alle vier zur gleichen Zeit, nämlich im Wintersemester 1844/45, bei ihm ein Kolleg über den "Rosengarten" (Gulistân) des persischen Dichters Sa'dî (ca. 1213/19-1292) besucht haben. Zwar ist dies der Rückert-Forschung bereits einigermaßen bekannt, da hierüber Lagarde in seinem Beitrag "Erinnerungen an Friedrich Rückert"[19], mit dem er seinem Lehrer ein liebevolles Denkmal gesetzt hat, ausführlich berichtet. Daß dieses Kolleg freilich nur aufgrund der Gewitztheit von Max Müller zustande kam, ist einer anderen, nicht so bekannten Quelle zu entnehmen, die auch sonst noch einige interessante Einzelheiten zur Rückert-Biographie beizusteuern vermag: Max Müllers Erinnerungsbuch "Alte Zeiten – alte Freunde"[20].

Daß dieses in vieler Hinsicht außerordentlich interessante Buch bislang von der Rückert-Forschung nicht gebührend berücksichtigt worden ist, kann man

Rückert ist nichts bekannt.

[16]Bei Prang, S. 243, erscheint er als "ein unbekannt gebliebener"; doch hat er nicht nur als Orientalist wichtige Arbeiten vorgelegt, sondern auch als Germanist: so war er der Gründungsherausgeber des ab Bd. 3 von *Franz Schnorr von Carolsfeld* herausgegebenen Archiv für vergleichende Litteraturgeschichte; vgl. ferner Fränkel (oben Anm. 11), S. 472 f.

[17]Über seine wissenschaftlichen Leistungen sind zu vergleichen A. Rahlfs, Paul de Lagardes wissenschaftliches Lebenswerk im Rahmen einer Geschichte seines Lebens dargestellt, Berlin 1928 (= Mitt. des Septuaginta-Unternehmens d. Ges. d. Wiss. zu Göttingen, Bd.4, H. 1; dort S. 23 f. übrigens Regest eines Briefes von Rückert an die Univ. Halle, der in der Edition der Briefe Rückerts fehlt); H.H. Schaeder, Paul der Lagarde als Orientforscher, Orientalist. Literaturztg. 45 (1942) 1-13; J. Fück, Die arabische Studien, S. 244 und neuerdings R. Hanhart, Paul Anton de Lagarde und seine Kritik an der Theologie, in: B. Moeller (Hrsg.), Theologie in Göttingen, Göttingen 1987, S. 271-305. Über seine Bedeutung als Politiker bzw. politischer Publizist vgl. zuletzt R.W. Lougee, Paul der Lagarde 1827-1891. A Study of Radical Conservatism in Germany, Cambridge/Mass. 1962, und J. Favrat, La pensée de Paul de Lagarde (1827-1891). Contribution à l'étude des rapports de la religion et de la politique dans le nationalisme et le conservatisme allemands au XIXème siècle, Diss. Univ. Paris IV, Lille-Paris 1979.

[18]1803-1875; vgl. zu ihm Allgem. dt. Biographie 6 (1877) 438-42 (A. Dillmann) und neuerdings L. Perlitt, Heinrich Ewald: Der Gelehrte in der Politik, in: B. Möller (Hrsg.), Theologie in Göttingen (Göttingen 1987), S. 137-212. Ewald, einer der bedeutendsten Orientalisten und Alttestamentler des 19. Jhs., hatte in einer Rezension Rückerts Übersetzung einiger Prophetenbücher (Hebräische Propheten, übersetzt und erläutert, Leipzig 1831) sehr positiv, wenn auch nicht unkritisch, gewürdigt (Jahrbücher f. wiss. Kritik 1833, Nr. 1/2, Jan. 1833, Sp. 1-11). Vgl. dazu genauer H. Bobzin, Friedrich Rückert – ein vergessener Alttestamentler und Hebraist, Zs. f. alttestamentl. Wissenschaft (1988).

[19]Göttingen 1886 (= Mitt. des Septuaginta-Unternehmens ... Bd. 2, s: 82-107). Nicht ganz zu Unrecht bezeichnet sich de Lagarde als "eigentlich sein einziger Schüler" (S. 96.).

[20]Gotha 1901; das Buch ist die autorisierte dt. Übersetzung von Auld Lang Syne, London 1898-99. Eine wichtige Ergänzung zu diesem Buch bildet Müllers postum veröffentlichte, chronologisch aufgebaute Autobiographie: My autobiography. A Fragment, London & Bomay 1901, dt. 1902 u.d.T. Aus meinem Leben.

u.a. daraus schließen, daß Helmut Prang in seiner Rückert-Biographie auf eine biographisch nicht unbedeutende Episode aus der Zeit, in der Rückert gemeinsam mit Wilhelm Müller Italien bereiste (1817-1818), nicht eingeht[21]. Dieser hatte nämlich Rückert einmal vor dem sicheren Tod durch Ertrinken gerettet[22].

Als Rückert 1841 nach Berlin berufen wurde, hatte er sich dort von Anfang an das Privileg ausbedungen, nur im Winter lesen zu müssen, um den Sommer auf seinem Landsitz in Neuses bei Coburg verbringen zu können[23]. Zu Beginn des Jahres 1844 hatte er in einem Brief an den preußischen Unterrichtsminister *Albrecht Eichhorn*[24] auch eine Dispens für den kommenden Winter zu erreichen versucht[25], allerdings vergeblich! Der Minister machte Rückert, wie Max Müller zu berichten weiß, "freundschaftliche Vorstellungen": "Wann denken Sie eigentlich Ihre Vorlesungen zu halten, verehrtester Herr Professor, wenn Sie dauernd im Sommer und nun auch im Wintersemester auf Urlaub gehen?"[26]. So beauftragte Rückert seinen ältesten Sohn Heinrich, der damals in Berlin studierte und mit ihm zusammen wohnte, für den "Winterlectionscatalog" "2 Stunden Persischer Grammatik von 4-5" anzukündigen[27].

Allerdings behagte Rückert der Gedanke an die "fatale"[28] Reise nach Berlin und den zu erwartenden "unfruchtbaren Winter"[29] dort in keiner Weise, und wenige Tage vor seiner Abreise nach Berlin schreibt er seinem Frankfurter Ver-

---

[21]Prang, S. 73; schon in einem früheren Aufsatz (Friedrich Rückert in Italien, in: Jb. f. fränk. Landesforschung 21, 1961, 127-47) ist lediglich lapidar erwähnt, daß Rückert Wilhelm Müller kennenlernte und "einige Zeit mit ihm gemeinsam südwärts" reiste (S.128).

[22]"Rückert und mein Vater wanderten miteinander und mußten oft in den allerarmseligsten "osterias" übernachten. In diesen verkommenen Spelunken kriegten sie manches mit auf die Reise, wofür sie gar nicht bezahlt hatten. Darum erfreute sie eines schönen Morgens, als sie ins Freie traten, der Anblick eines nahen Sees über die Maßen, und mein Vater sprang hinein, um ein Bad zu nehmen. Rückert konnte der Versuchung nicht wiederstehen und folgte ihm. Aber er konnte nicht schwimmen, der See war tiefer, als er gedacht hatte, und er war drauf und dran zu ertrinken, als mein Vater auf ihn zuschwamm und ihn herauszog, 'Ich schrieb danach mein erstes episches Gedicht in dem Stile Camoens', sagte Rückert mit schallendem Gelächter, 'und nannte es "Die Luisiade", es ist aber nie veröffentlicht worden'" (Alte Zeiten, S. 70 f., = Auld Land Syne S. 72 f.).

[23]Vgl. Prang, S. 207-209.

[24]1779-1856; 1840-48 preußischer Staatsminister und Minister für die geistlichen, Unterrichts- und Medicinalangelegenheiten.

[25]"Hieran knüpfe ich denn die unterthänige Bitte, daß Euer Excellenz demnächst einmal in einer freieren Viertelstunde mir geneigtes Gehör schenken möchten, um Ihnen einen Wunsch vorzutragen, der mir einzig am Herzen liegt, der aber einer mündlichen Ausführung und Begründung bedarf, um nicht so unstatthaft zu erscheinen, wie vielleicht hier indem ich ihn kürzlich anzudeuten wage: daß, um nun ungestört, und in der mir unentbehrlichen einsamen Sammlung, an die Ausführung eines größeren Werkes [gemeint ist die Hamâsa, H.B.], wozu ich bisher nur unvollkommen in der Zerstreuung entstandene Vorarbeiten lieferte, gehn zu können, mir zu den großmüthig gewährten Sommerferien auch ein sie ergänzender Winterurlaub großmüthigst bewilligt werden möchte" (Rückert an Eichhorn, 1.2.1844, Briefe II, S. 943).

[26]Alte Zeiten, S. 67 = Auld Lang Syne, S. 69.

[27]Brief vom 20.6.1844, in: Briefe II, S. 966.

[28]An J.D. Sauerländer, v. 14.10.1844, in: Briefe II, S. 966.

[29]An denselben, 6.8.1844, ebd. S. 962.

leger J.D. Sauerländer: "Die bevorstehende Reise nach Berlin hat mich wieder völlig aus dem poetischen Element herausgeworfen"[30].

So war es verständlich, daß Rückert sich von Anfang des Semesters an nach Neuses zurücksehnte[31] und wohl auch keine große Lust verspürte, sein angekündigtes Kolleg zu halten. "Als ich ihm meine Aufwartung machte, um mich einzuschreiben für sein Kollegüber das persische Gedicht 'Gulistan', empfing er mich sehr kühl. Ich fand den breitschultrigen Riesen ganz, wie die Herzogin ihn mir geschildert hatte[32]. Er trug einen langen Schlafrock, und sein in der Mitte gescheiteltes Haar hing wild um seine Schläfen. 'Wozu wollen Sie denn Persisch lernen?' fragte er, nicht gerade ermutigend. Ich setzte bescheiden meine Gründe auseinander. 'Es hat gar keinen Sinn für sie, Persisch zu lernen, ehe Sie Arabisch können', fuhr er fort. Darauf konnte ich antworten, daß ich schon ein Jahr Arabisch unter Professor *Fleischer*[33] in Leipzig getrieben habe. Aber der Herr Professor war nicht herumzukriegen. Er wollte nämlich nach Neuses abfahren und dem Minister gegenüber seine Abwesenheit damit motivieren, daß er sein Kolleg zwar angezeigt, aber kein Auditorium habe. Darum fuhr er im Gespräch mit mir fort: 'Sie wissen doch auch, tres faciunt collegium. Ich kann unmöglich für Sie allein lesen.' Nach deutschem Universitätsherkommen ließ sich dagegen nichts einwenden. Ich machte daher meine Verbeugung und ging an die Landstraßen und Zäune[34], um zwei Kommilitonen aufzulesen und heranzuschleppen. Von ihnen begleitet, wagte ich, den Herrn Professor abermals in seiner Höhle zu belagern. Wir versicherten ihm alle drei, daß uns sehr viel daran liege, Persisch zu lernen"[35].

Mit der Fortsetzung dieser Episode bei Müller stimmt nun allerdings de Lagardes bekannter Bericht, wie er Schüler bei Rückert wurde, nicht ganz überein. Doch zunächst wieder zu Müller: "Der eine von ihnen war aller-

---

[30] 1.11.1844, ebd. S. 971.

[31] Vgl. den Brief an seine Frau vom 6.11.1844: "Es ist eine recht nichtsnutzige, eines Mannes unwürdige Lage, in der ich mich fühle oder gar nicht fühle, und lang könnt' ich es so nicht aushalten. Ich muß entweder mich ganz nach Neuses zurückziehen, oder Du mußt hierher, hier bleiben und Neuses aufgeben ... Ich wollte ich säße bei Dir!" (Briefe II, S. 974 f.).

[32] Müller bezieht sich hier auf eine briefliche Äußerung der Herzogin von Anhalt-Dessau, die einen Besuch Rückerts beim preußischen König schildert, Alte Zeiten, S. 66 f.

[33] Nach Müllers "My Autobiography" mußer im Sommmersemester 1842 bei Fleischer Arabische Grammatik und im Wintersemester 1843/44 Elementa Persica gehört haben. – Heinrich Leberecht Fleischer (1801-1888) war einer der führenden deutschen Orientalisten seiner Zeit, s. Allgem. Dt. Biographie 48, S. 584-93 (I. Goldziher) und Fück, Studien, S. 170 ff. Er hat Rückert im übigen durchaus geschätzt, vgl. seinen an Rückert gerichteten Brief vom 20.6.1848 (gedruckt Wiesbaden 1977, anläßl. des XX. Dt. Orientalistentages in Erlangen), und zwar gerade als Übersetzer; dies geht auch aus einem früheren Brief Fleischers an seinen Freund K.D. Haßler (1803-1873) hervor, welchem er am 18.1.1828 schreibt: "Neben Hariri, 1001 Nacht und der neuen Ausgabe von Sacy's Chrestomathie beschäftigt mich jetzt besonders die Hamasa, in die ich schon ein tüchtiges Loch hineingearbeitet habe ... Möge sich zu der Hamasa ein Übersetzer wie Rückert zum Hariri finden" (Fleischers Briefe an Haßler, ed. C.F. Seybold, Tübingen 1914, S. 47). Rückert sollte diesen "Wunsch" später selber erfüllen!

[34] Anspielung auf das Gleichnis vom großen Abendmahl, Lukas 14,23.

[35] Alte Zeiten, S. 67 f. = Auld Lang Syne, S. 69.

dings ernsthaft darauf aus; aus ihm ist ein hervorragender Gelehrter geworden. Er hieß damals Paul Bötticher[36], ist aber unter dem später angenommenen Namen Paul de Lagarde bekannter geworden; er hatte eine außerordentliche Arbeitskraft[37] und staunenswerte Kenntnisse"[38].

Folgt man jedoch de Lagardes Erinnerungen, dann wird klar, daß er auf keinen Fall einer der beiden gewesen sein kann, die Müller "auflas und heranschleppte". Denn bei ihm heißt es: "Welche Freude..., als Rückert im Cataloge für den Winter 1844 auf 1845 Persisch zu lehren versprach ... In der That habe ich das Colleg unangemeldet besucht. Rückert galt für unnahbar; man wußte, er lese nicht gerne. So bereitete ich mir eine persische Anrede an ihn vor, um mich – blöder Thor der ich war – durch sie bei ihm zu empfehlen... Klopfenden Herzens betrat ich die Wohnung, deren Einrichtung selbst nach damaligen Begriffen fast ärmlich heißen mußte. Er empfing mich in der nach der Spree zu gelegenen Eckstube... Rückert, ein Riese, sehr vernachlässigt in seiner äußeren Erscheinung, hörte meinen Spruch. Das finstere Gesicht hellte sich auf: ich sah zum ersten Male in die schalkhaft leuchtenden, braunen Augen. 'Das soll wohl Persisch sein? Das ist sehr naturwüchsig. Schreiben Sie ihren Namen daher.' Ich that es. Vor mir hatte sich Max Müller eingezeichnet: später betheiligten sich noch Richard Gosche und Fritz Dieterici an der Vorlesung, in der Sadis Rosengarten erklärt wurde: Max Müller ging gegen Weihnachten nach Paris"[39].

Vergleicht man beide Berichte miteinander, dann dürfte kein Zweifel daran bestehen, daß Müllers Erinnerung insofern zu berichtigen ist, als Gosche und Dieterici – und nicht de Lagarde – diejenigen gewesen sein müssen, die er zur Komplettierung des Trios heranzuschaffen wußte, da er beide bereits aus Leipzig kannte[40]; auch muß zwischen Müllers erster Aufwartung bei Rückert und seinem zweiten Besuch (in Begleitung seiner beiden Kommilitonen) de Lagarde bei Rückert gewesen sein.

Rückert selber berichtete übrigens über das Zustandekommen dieses Kollegs brieflich seiner Frau: "Morgen fange ich auf meinem Zimmer mein kleines persisches Collegium an, auf das ich mich doch einigermaßen freue, es ist aber eine kümmerliche Freude"[41].

Vielleicht wird das, was Rückert mit der "kümmerlichen Freude" meint, erst dann ganz klar, wenn man Müllers Erinnerungen daneben hält: "Als Rückert sich in sein Schicksal ergeben mußte, geschah es erst recht widerwillig, bald aber zog er ganz andere Saiten auf. Er war ein herzgewinnender Lehrer und sein

[36]Bis zum Jahr 1854, in dem ihn seine Großtante Ernestine de Lagarde adoptiert.

[37]Vgl. Rückert an de Lagarde am 31.10. 1846: "... doch räth sie (sc. Rückerts Frau, H.B.), Sie möchten sich nicht krank studieren" (Briefe II, S. 1046).

[38]Alte Zeiten, S. 68 = Auld Lang Syne, S. 70.

[39]Erinnerungen, S. 90. - Nach Müllers eigener Darstellung (Alte Zeiten, S. 69 = Auld Lang Syne, S. 71) ging er erst nach Semesterende nach Paris.

[40]Dieterici hatte vor seiner Berliner Zeit in Leipzig bei Fleischer studiert, vgl. Fück, Studien, S. 172; für Gosches Studienzeit vgl. Allg. dt. Biographie 49, S. 469. – Am Rande sei vermerkt, daß Gosche mit einer Schwester Dietericis verheiratet war.

[41]17.11.1844, in: Briefe II, S. 976.

Kolleg wirklich gemeinsame Arbeit. Als er nun gar erfuhr, daß ich der Sohn seines alten Freundes Wilhelm Müller sei, kannte seine Freundlichkeit gegen mich keine Grenzen. In der ersten Zeit mußte er seinen Schülern oft bekennen, daß er sein Persisch ziemlich vergessen habe, aber von Woche zu Woche schien es ihm zurückzukommen"[42].

Wie vor ihm schon de Lagarde in seinen "Erinnerungen"[43] hat auch Müller Rückerts Unterrichtsstil sehr positiv bewertet: "Wie man auch über den Professor Rückert aburteilen mag: seine unmethodische Unterrichtsweise war uns entschieden lehrreicher als das was mancher hochberühmte Professor großen, bewundernden Auditorien Jahr für Jahr bietet. 'Persisch lehren kann ich Ihnen natürlich nicht', pflegte er zu sagen, 'aber ich kann Ihnen sagen und zeigen, wie man es lernt. Ich habe alles, was ich weiß, aus eigenem Fleiß gelernt; und das können Sie auch. Wir wollen miteinander arbeiten; mehr kann ich nicht für Sie thun'... So ein ehrlich Arbeitender wie Rückert kann seinen Schülern in einer Stunde mehr bieten als andere in einem ganzen Semester fertig bringen"[44].

Vielleicht noch prägnanter hat de Lagarde Rückerts Unterrichtsweise als "ein Vorleben des Persischen und Arabischen" bezeichnet[45], nicht ohne dabei freilich eine gewisse Großzügigkeit Rückerts gegenüber Detailfragen zu kritisieren: "von gelehrtem Kram besaß und hielt er nichts[46]; für einzelne Dinge wies er mich selbst an, bei Fleischer zu fragen. Den Mangel hatte sein Unterricht, daß er über vieles hinwegsah, was er als nicht wesentlich für das Auffassen des Ganzen

---

[42]Alte Zeiten, S. 68 = Auld Lang Syne, S. 70. – Man vgl. mit dieser Mitteilung, was Rückert zu Beginn seiner Erlanger Zeit über sein Syrisch-Kolleg an *J. v. Hammer-Purgstall* schrieb: "Daneben lese ich in den Abendstunden noch ein Syriacum, auf meinem Zimmer, für blos 4 Leute, die bei mir, weil sie schon fortgeschritten sind und rasch fortschreitende sind, auf der einen Seite viel Freude machen, auf der anderen aber auch mich tüchtig in Athem setzen, um doch, wie es schicklich ist, immer ein Streckchen als Führer vor ihnen voraus zu seyn; wobei ich denn alle meine syrische Weisheit, die noch nicht über ein Jahr alt ist, wacker zusammennehmen muß. So muß ich denn gerade lehren, was ich vergleichsweise am wenigsten weiß ..." (Briefe I, S. 427 f.).

[43]Vgl. weiter unten mit Anm. 45 und 47.

[44]Alte Zeiten, S. 68 f. = Auld Lang Syne, S. 70 f. An diese Worte schließt Max Müller übrigens ein Loblied auf die deutsche Professorenschaft an, das heutzutage nachgerade wehmütig stimmen muß: "Darin liegt das Geheimnis von dem großen Erfolg der deutschen Professoren. Sie nehmen ihre Schüler mitten hinein in ihre Arbeitsstätten und lassen sie nicht lange am Schaufenster stehen und gaffen. So wird der große Vorteil, den die englischen Universitäten durch die glückliche Verbindung von Dozenten- und Lehrwirksamkeit haben, in gewissem Grade durch die Hingabe der deutschen Professoren ersetzt, die in Seminaren oder gelehrten Gesellschaften ihre Zeit solchen Schülern opfern, die das wissenschaftliche Arbeiten von ihnen lernen wollen und nicht bloß zu den Examina 'pauken'. Sie erziehen sich ihre Schüler zu Freunden, und ihre Schüler machen sich eine Ehre daraus, Handlangerdienste für sie zu verrichten, sie bleiben dankbare Schüler und werden später loyale Kollegen".

[45]Erinnerungen, S. 91.

[46]So rügt Rückert in einem Brief an Lagarde vom Spätherbst 1848 die Anhäufung von "Gelehrsamkeit und unöthigen Citaten" in dem ihm zugeschickten Buch "Rudimenta mythologiae semiticae" (Berlin 1848), vgl. Lagarde, Erinnerungen S. 97 = Briefe, S. 1111. Dieses Buch ist heute noch im West-Berliner Rückert-Nachlaß erhalten (Staatsibl. Preußischer Kulturbesitz, Sign. A 64) und weist im 1.Teil zahlreiche handschriftliche Bemerkungen Rückerts auf.

ansah"[47].

Für Max Müller hatte dieses Semester insofern ein Nachspiel, als Rückert ihn zu sich nach Neuses einlud. Dieser Einladung kam er auch "einige Jahre später"[48] nach. Wann dies freilich genau gewesen ist, läßt sich nur schwer ausmachen. Einerseits schildert Müller Rückert bei diesem Besuch als "alten Mann"[49], andererseits aber möchte man aus einer anderen Einzelheit schließen, daß der Besuch vor 1847 stattgefunden hat[50], also nicht "einige" Jahre später, sondern ein oder zwei Jahre nach dem Wintersemester 1844/45.

Obwohl dieses Berliner Semester für Rückert insofern "etwas Besonderes gewesen sein" muß, als er mehrere "wissenschaftlich begabte Studenten der orientalischen Sprachen zu Hörern hatte"[51], ist es in seiner eigenen Sicht nicht diese Tatsache, die diesen Winter "äußerst kurz" für ihn werden ließ: er nennt als Gründe "eine besorgliche Einrichtung", "das Zusammenwohnen mit meinen Söhnen" sowie vor allem die "gänzliche Nichtkenntnisnahme von Berlin"[52]. V.a. letzteres war nun wohl auch der Grund für besondere Produktivität auf Rückerts ureigenem Terrain, der Übersetzung aus orientalischen Sprachen (und nicht auf dem von ihm in Berlin ansonsten gepflegten Gebiet der Dramatik).

Daß Rückert sich aufgrund seines Kollegs eingehend mit Sa'dî's "Gulistân" beschäftigte, ist aus dem Vorangehenden evident, und man wird annehmen dürfen, daß aus dieser Zeit auch die Übersetzungen einzelner Verse aus diesem Werk stammen[53]. Aber Rückert beschäftigte sich nicht allein mit dem

---

[47]Erinnerungen, S. 91.

[48]Alte Zeiten, S. 69 = Auld Lang Syne, S. 71.

[49]ebd. S. 70 = S. 72; das englische Original hat hier "old man", und Prof. Jacob M. Landau, Jerusalem, weist mich freundlicherweise darauf hin, daß die deutsche Übersetzung "alter Mann" nicht ganz korrekt ist, eher ist ein Mann im reifen Alter gemeint, was Rückert um 1847 gewesen ist.

[50]Müller schreibt nämlich: "Nach diesem Besuch in Neuses verlor ich Rückert ganz aus den Augen, wie so viele liebe deutsche Freunde. Aber ich besitze noch das Manuskript einer metrischen und gereimten Übertragung des in Sanskrit geschriebenen Gedichtes 'Meghadûta, der Wolkenbote', die ich gemacht und später (1847 'Meghadûta oder der Wolkenbote, eine altindische Elegie, dem Kalidasa nachgedichtet und mit Anmerkungen begleitet von Max Müller, Königsberg 1847; H.B.') herausgegeben habe, welche Rückert mit Verbesserungen und Bemerkungen in Blei versehen hat. 'Ich habe das Gedicht auch übersetzt', sagte er zu mir; 'aber jetzt werde ich meine Übersetzung gewiß nicht mehr veröffentlichen'" (Alte Zeiten, S. 71 = Auld Lang Syne, S. 71). Rückert hat über das 'Meghadûta' übrigens in seinem ersten Berliner Semester gelesen, vgl. seinen Brief an den Bonner Arabisten Freytag vom 9.1. 1842 (Briefe II, S. 840).

[51]Prang, S. 243.

[52]So lt. seinem Brief an *Karl August v. Wangenheim* vom 6.1.1845, in: Briefe II, S. 982. – Vgl. noch die Briefe von Heinrich Rückert an seine Mutter aus dem November 1844 (undatiert) und vom 25.1.1845 (in:Briefe IV/2, S. 808 f. und 816 f.).

[53]Hrsg. von E.A. Beyer: "Verse aus dem Gulistan von Friedrich Rückert", Zs. f. vergl. Litteraturgeschichte NF 7 (1894) 67-85 und NF 10 (1897) 217-235; ohne Einleitung und mit gekürzten Anmerkungen wiederholt von L.Hirschberg, "Rückert-Nachlese", Bd. 2, Weimar 1911, S. 243-309. Die Vorlage für Bayers Edition, die auch die von ihm weggelassenen philologischen Noten Rückerts enthält, befindet sich im Rückert-Nachlaß West-Berlin (Staatsbibl. Preußischer Kulturbesitz, Signatur B 9). – Bayer (S. 69) vermutet als Entstehungszeit die zweite Hälfte der Vierziger Jahre, doch scheint mir die hier vorgetragene These wegen der

Persischen, sondern auch mit dem Arabischen, worüber er in einem Brief seinem Freund *Karl August v. Wangenheim* berichtet: "Diesen Winter... hab' ich, außer historischen p Lesereien .. eine Zusammenstellung von altarabischen Sprichwörtern gemacht, in Versen mit allerlei Schnörkeleien, die mir zuletzt fast lästig wurden, da ich sie, einmal angefangen, doch hinausführen mußte, es sind 100 Halbbogen meiner gewöhnlichen Schrift geworden, meist ganz kleine Fetzchen, doch auch mehrere Seitenlange Stücke darunter. Ich habe da meine losen Reim- und Wortspielkünste austoben lassen, um vor ihnen im nächsten Drama Ruhe zu haben. Jetzt lese ich Ciceros Reden und erstaune über deren Poesie, die mir einmal bei meinen römischen Stücken zu Statten kommen soll"[54].

Das Werk, auf das Rückert hier anspielt, ist bislang unveröffentlicht geblieben[55], obwohl es sicher zu den witzigsten und geistvollsten Werken gehört, die er je verfertigt hat[56]. Und zwar handelt es sich um die Nachbildung von insgesamt 1600 arabischen Sprichwörtern aus einer Sammlung des arabischen Philologen al-Maidânî (gest. 1124), die Rückert in einer Edition (mit lateinischer Übersetzung) seines Bonr Kollegen *Georg Wilhelm Freytag*[57] vorlag[58]. Auf das gegenwärtig in der UB Münster aufbewahrte Manuskript[59] paßt Rückerts Beschreibung übrigens ganz genau: es sind genau 100 gefaltete Blätter, und gegen Ende sind gewisse Flüchtigkeiten nicht zu übersehen[60].

"nachweisbaren" Beschäftigung mit dem Text schlüssiger.

[54]6.1.1845, Briefe II, S. 982 f. S. 984, n. 1 wird das hier erwähnte Werk fälschlich mit der Hamâsa in Verbindung gebracht.

[55]Lediglich eine Auswahl von 60 Sprichwörtern wurde von *Herman Kreyenborg*, der selber eine Edition vorbereitete, die nie zum Abschluß gekommen ist, an sehr versteckter Stelle (– beinahe das Übliche in der Rückert-Forschung! –) veröffentlicht: Proben einer ungedruckten Übertragung arabischer Sprüche und Sinngedichte von Friedrich Rückert aus dem in der Universitätsbibliothek zu Münster i. Westf. aufbewahrten Teilnachlasse des Dichters zum ersten Mal mitgeteilt. In: Westfälische Studien. Beiträge zur Geschichte der Wissenschaft Kunst und Literatur in Westfalen. Alois Bömer zum 60. Geburtstag gewidmet (Leipzig 1928), S. 125-129.

[56]Vgl. H. Kreyenborg, Friedrich Rückert als Interpret orientalischer Dichtungen, im vorliegenden Band, S. 272: "Rückert zeigt sich bei diesen Verdeutschungen der seinem Geschmack ganz besonders zusagenden und aufs Feinste ausgebildeten arabischen Spruchweisheit überall so sehr auf der Höhe seiner Kunst, daß ich selber dieses Werk unbedenklich zu dem Wertvollsten rechne, das Rückert uns aus dem Arabischen geschenkt hat.

[57]1788-1861, vgl. zu ihm Fück, Studien, S. 166.

[58]"Arabum proverbia", I-III/1-2, Bonn 1838-1843. Rückerts Handexemplar, mit zahlreichen, leider durch buchbinderischen Unverstand teilweise zerstörten Randnotizen, befindet sich heute im Stadtarchiv Schweinfurt, Slg. Dr. Rüdiger Rückert, B 51.50. Eine Abschrift von Rückerts Randbemerkungen (vor der Neubindung), wahrscheinlich von der Hand Hugo Rückerts, ebd. F 14-27/35.

[59]Rückert-Nachlaß, Kapsel VI, 1-2.

[60]Eine Edition der Handschrift wird von mir gegenwärtig vorbereitet.

So gewährt dieses ungewöhnlich gut dokumentierte Berliner Wintersemester nicht nur einen umfassenden Einblick in die Vielfalt von Rückerts Schaffen, sondern ist darüber hinaus geeignet, das Vorurteil vom "erfolglosen Lehrer" gründlich zu revidieren.

[Überarbeitete Fassung eines Aufsatzes, der erstmals erschienen ist in: Oriens 29-30 (1986) S. 102-109.]

II. Der Dichter

Gesammelte Gedichte von Friedrich Rückert

Dritter und vierter Band

Von Gustav Schwab

Der große Dichter, der seine reichen Schätze, eine Schicht um die andere, seit einigen Jahren vor dem Publikum ausbreitet, ist in der neuesten Zeit in Rezensionen und selbst in Monographien so vielseitig gewürdigt worden, daß es Holz in den Wald tragen hieße, wenn die gegenwärtige Anzeige es unternehmen wollte, mit einer Charakteristik desselben von vorn anzufangen. Auch ist ihr durch die vorliegenden Bände der Sammlung das Gebiet vorgezeichnet, in dessen Schranken sie sich mit ihrer Beurteilung zu bewegen hat.

Der dritte Band füllt sich zur Hälfte mit "Jugendliedern" in sechs Büchern (erstes Buch 1807-10, zweites 1810, drittes 1809-12, viertes 1810-13, fünftes 1810-13, sechstes 1811-15); dann folgen "Zeitgedichte" aus den Jahren 1814-17; und endlich "Volkssagen" aus 1817. Der vierte Band bringt zu einem Fünfteil "Vermischte Gedichte" von 1815-18; dann die "Oestlichen Rosen" 1819-20; "Lieder aus Koburg" 1821-26; "aus Erlangen" 1827-29; "Erinnerungen aus den Kinderjahren eines Dorfamtmannssohnes" 1829; zuletzt bearbeitete Lieder und Sprüche der Minnesänger und eine erotische Blumenlese aus Dichtern verschiedener Völker und Zeiten. Mithin gehört über die Hälfte des zu Beurteilenden einer Periode an, die zwanzig Jahre hinter dem jetzigen Ruhme des Dichters liegt; es sind "Jugendproben", wie hundert Jahre früher der gleich fruchtbare und sprachmächtige *Günther* einen Teil seiner frühen Gedichte nannte; sie sind ihrem größern Teile nach zwischen dem achtzehnten und sechsundzwanzigsten Lebensjahre des Dichters entstanden. Die Kritik wird also hauptsächlich nachzuweisen haben, wie weit dasjenige, was jetzt Dr. Friedrich Rückert als wohlerworbenes Eigentum von Liebe und Ruf bei seiner Nation auszustehen hat, schon damals auf Wucher angelegt wurde, oder, mit einem würdigeren Bilde ausgesprochen, wie weit seine Poesie als Keim, Blüte oder Frucht in jenen frühen Jahren schon vorhanden war.

Mit diesem Geschäfte ist ein zweites verbunden. Eine kritische Beurteilung der Jugendprodukte des Dichters wird nämlich auch das sonderbare Phänomen zu klären haben, wie es gekommen ist, daß eine Zierde unserer Nationalliteratur so spät, als es geschehen, zu ihrer allgemeinen Anerkennung gelangen konnte, und daß man von Rückert's Größe, der doch seit 31 Jahren singt und vor 24 Jahren öffentlich aufgetreten ist, in den letzten Jahren, wie von einer neuen Entdeckung sprach. Es ist doch anzunehmen, daß nicht alle, die über Rückert lobpreisend schreiben, vermöge ihrer eigenen Entwicklung eben jetzt erst zum Bewußtsein seiner Poesie gekommen sind, sondern daß manche schon Jahre und Jahrzehnte lang gewußt haben, was ihr Volk an dem Dichter für einen Schatz besitze, sonst hätte Apollo ihm ja nur aus dem Munde der Unmündigen sein Lob zugerichtet. Nun ist zwar schon im voraus, auch ohne Rücksicht auf die Eigentümlichkeit eines Talentes und seinen Entwicklungsgang, in Deutschland manches erklärlich aus der Trägheit der Masse im Lesen und Durchdenken und Durchempfinden des Gelesenen; aus dem Neide der subalternen Mitpoeten, von deren Schreien oder Verstummen mehr, als man glaubt, der frühe Ruhm selbst großer Talente abhängt, und die als Claqueurs nicht nur in allen Winkeln ihr Plätzchen haben, sondern sich auch auf allen Märkten der Literatur aufstellen; endlich aus der häßlichen Erbsünde, von der sogar die edlere Kritik angesteckt ist, so spät als möglich sich zum Verehren entschließen zu können. Der Verfasser dieser Anzeige erkennt jene äußeren Hemmnisse, deren Schuld nicht auf dem Dichter liegt, und die diesem manchen unwilligen Seufzer des gekränkten Selbstgefühls ausgepreßt haben, vollkommen an und braucht sie, weil er für seine Person sich vorwurfsfrei fühlt, nicht zu bemänteln. Er selbst hat, und zwar in demselben Blatte, das vor nicht langer Zeit Rückert's nicht genug anerkannte Herrlichkeit dartun zu müssen geglaubt hat, schon 1814, also vor 24 Jahren, in dem Verfasser der "Geharnischten Sonette" einen großen deutschen Dichter begrüßt[1]. Da aber nicht überall jene von außen sich aufwerfenden Hindernisse im Stande sind, einem überlegenen Dichtergeiste, wie denn Rückert gewiß ein solcher ist, die Bahn zu schnellem Ruhme zu verlegen, so müssen sich doch auch in der poetischen Persönlichkeit, in dem Talente dessen selbst, der so lange vergebens auf allgemeinere Anerkennung geharrt, gewisse Eigentümlichkeiten vorfinden, die ihm neben den schon genannten Ursachen sogar zu außerordentlichen Leistungen die Zustimmung des Publikums erschweren. Der Überblick über die Jugendgedichte des Verfassers, den uns die beiden vorliegenden Bände seiner Sammlung gewähren, erleichtert dem Beurteiler dieses zweite Geschäft und erlaubt ihm dasselbe zu erfüllen, während er sich zugleich des ersten teilweise entledigt. Eine kurze Übersicht und Charakteristik der genannten Jugendproben muß nämlich von selbst einen Teil der Ursachen enthüllen, die sich dem längst verdienten Ruhme eines unserer ersten Lyriker und Lehrdichter entgegengestellt haben.

Rückert, der als ein echter Dichter sich selbst am wenigsten schont, deutet selbst auf diejenige Eigenschaft hin, welche ihm zu erstreben und zu erringen am schwersten geworden ist, wenn er seine frühesten Jugendlieder mit folgendem

[1]In welchem Blatte dies geschehen ist, konnte der Herausgeber trotz sorgfältigster Nachforschung nicht ermitteln. Es lag nahe, an die Allgemeine Zeitung, das Morgenblatt und die Heidelberger Jahrbücher zu denken, allein in der ersteren findet sich im betreffenden Jahrgang gar nichts derartiges, in den beiden anderen kommen wohl Kritiken der "Geharnischten Sonette" vor, aber nicht von Schwab, sondern von J.H. Voß und von dem Theologen Paulus, welche beide in keineswegs begeisterter Weise davon berichten. Auch die Halle'sche und Jenaer Literaturzeitung wurde ohne Erfolg durchsucht. So ist es leider nicht möglich geworden, die erwähnte Rezension zur Ergänzung mit abzudrucken (Anm. des Herausg.).

Rückblicke begleitet, der bei aller Ehre, die er sich mit Recht widerfahren läßt, doch einen Mangel seiner Poesie nicht verschweigt:

Anmut ist die Siegerkrone,
Die am hohen Ziel zuletzt
Zu des reinsten Strebens Lohne
Nur wird dem beglückten Sohne
Von den Musen aufgesetzt.

Diese Krone wird errungen
Schwer, das hab' ich wohl gefühlt,
Da nach allem, was gelungen,
Sie dies Haupt noch nicht umschlungen
So, daß sie die Schläfe kühlt.

Dennoch, wie den Blick ich neige
Zu des Lebens frühstem Grün,
Seh' ich nicht schon dort die Zweige,
Die ich mühsam hier ersteige,
Frisch in Jugendliedern blühn?

Ja, so ist es, schon vollendet
Ist im Anfang unser Glück,
So viel uns ein Gott gespendet,
Und die späte Bildung wendet
Sich bewußt zu sich zurück.

Unbestritten bleibe dem Verfasser der spekulative Schluß dieses Gedichts, der einem Hegelianischen Kompendium Ehre machen würde. Wir haben es hier mit dem Anfange zu tun, welchem ein ausgedehnterer Sinn zu geben ist, als der Dichter wohl beabsichtigte. Allerdings verletzten uns in den Jugendgedichten Rückert's Verstöße gegen die Anmut der Form vielfältig, und seine kecken Radebrechereien der Sprache haben etwas Peinliches. Es quält uns, wenn wir lesen: "Jedermanne" (III, 419), oder wenn wir die Interjektion A c h in diesen Gedichten durchdekliniert zu lesen bekommen und wir vom "tiefen Ache" (III, 138), oder "mit des Aches Hauche" (97) hören müssen; es macht einen höchst widerlichen Eindruck, wenn wir uns einen Menschen "vor Freude röchelnd" (III, 80) denken sollen, bloß weil es ein willkommener Halbreim auf "lächelnd" ist. Doch sind das alles Nebensachen, und ihr Tadel würde nicht hingereicht haben, der Kraft und Hoheit, mit welcher der Dichter auftrat, die Herzen zu verschließen, wenn sich nicht in den frühern Gebrauch seines herrlichen Talents ein durchgreifenderer Irrtum eingeschlichen hätte, der sich nicht auf äußere Form oder die Übertretung einzelner Geschmacksregeln bezog.

Dieser Irrtum bestand darin, daß der Dichter sich anfangs, ohne die nötige Durchbildung seines Genius, der er sich später allerdings unterzogen hat, voreilig Stoffen zuwandte, die nur mit vollendeter Anmut behandelt gefallen, und zu schnell den Ambos, auf welchem er seine "Geharnischte Sonette" geschmiedet hatte, verließ, um mit noch rußiger Hand leichte Lorbeerkränze zu winden oder gar mit Rosen zu tändeln. Rückert ist durch sein hohes Talent viel unmittelbarer auf's Erhabene, in welchem die Idee die Erscheinung überflügelt, als auf das Schöne angewiesen, in welchem beide sich in seliger Harmonie durchdringen. Und auch auf jenem Gebiete ist es das Bewegte, das stürmisch Erhabene, womit seine gewaltige Muse vorzüglich imponierend auftrat, so daß es schon eine Befriedigung gewährte, wenn sich der Flug seines Wortes mit gesenktem Fittich nur zur Ruhe des Prächtigen und Feierlichen niederließ. Hätte er sich in diesem Gebiete ohne Unterbrechung länger fortbewegt, so müßte er die Stumpfheit, wie den Neid viel schneller bezwungen, jene erschüttert und diesen beschämt haben, und er wäre vielleicht vor 20 Jahren auf dem Gipfel des Ruhmes angelangt, den er jetzt, nachdem er durch eigene Schuld von Zeit zu Zeit dem Feinde schon errungenes Terrain wieder hatte überlassen müssen, durch erneuerte Kraftanstrengung im Sturm erobert hat.

Das Instrument, mit welchem jeder Dichter das Schöne wie das Erhabene zur Anschauung bringt, ist die Sprache. Die Meisterschaft auf diesem Instrumente war es nun aber eben, die unseren Rückert auf jene Abwege brachte. Frühzeitig war sich sein Genius der Wundergabe bewußt geworden, die er vom Himmel erhalten hatte, und im fünften Buche seiner Jugendlieder finden wir (III, 132) ein zwischen 1810 und 1813, also jedenfalls noch vor den "Geharnischten Sonetten", verfaßtes Gedicht: "An die Sprache", das zu herrlich und charakteristisch ist, als daß es in dieser Anzeige nicht die Worte der Kritik verdrängen sollte:

Reine Jungfrau, ewig schöne,
Geist'ge Mutter deiner Söhne,
Mächtige von Zauberbann,
Du in der ich leb' und brenne,
Meine Brüder kenn'und nenne,
Und dich selber preisen kann!

Da ich aus dem Schlaf erwachte,
Noch nicht wußte, was ich dachte,
Gabest du mich selber mir,
Ließest mich die Welt erbeuten,
Lehrtest mich die Rätsel deuten
Und mich spielen selbst mit dir.

Spenderin aus reichem Horne,
Schöpferin aus vollem Borne,
Wohnerin im Sternenzelt!
Alle Höh'n hast du erflügelt,
Alle Tiefen du entsiegelt
Und durchwandelt alle Welt.

Durch der Eichenwälder Bogen
Bist du brausend hingezogen,

Bis der letzte Gipfel barst;
Durch der Fürstenschlösser Prangen
Bist du klingend hergegangen,
Und noch bist du, die du warst.

Stürme, rausche, lispl' und säusle!
Zimmre, glätte, hau' und meißle,
Schaffe fort mit Schöpfergeist!
Dir läßt gern der Stoff sich zwingen,
Und dir muß der Bau gelingen,
Den kein Zeitstrom niederreißt.

Mach' uns stark an Geisteshänden,
Daß wir sie zum Rechten wenden,
Einzugreifen in die Reih'n.
Viel Gesellen sind gesetzet,
Keiner wird gering geschätzet,
Und wer kann soll Meister sein.

Dieses Lied selbst ist der glänzendste Beweis für die Behauptung, daß das Erhabene sich als der eigentliche Beruf unseres Dichters ankündigt und auch von demselben empfunden und erkannt worden; es enthält aber auch eine Andeutung der Gefahren, die mit der Ausübung einer so unumschränkten Sprachgewalt verbunden sein mußten. Es fragt sich nämlich, ob demselben Dichter, dem mit der Sprache zu stürmen und zu rauschen verliehen war, auch das Lispeln und Säuseln gegeben sei, und ob das Zimmern, Glätten, Hauen und Meißeln mit zum Schaffen des Schöpfergeistes gehöre, wenigstens, ob es in den Gedichten selbst zur unmittelbaren Anschauung gebracht werden dürfe.

Die sechs Bücher der "Jugendlieder" sind einem großen Teile ihres Inhaltes nach dem öffentlichen Auftritte des Dichters vorangegangen. Diese frühesten Gedichte konnten also auf den ersten Eindruck, welchen seine Poesie bei dem Publikum hervorbrachte, keinen Einfluß ausüben. Ein sehr richtiges Gefühl hat wohl ihren Verfasser von der alsbaldigen Bekanntmachung abgehalten. Wir wollen ihnen später nähertreten und hier nur so viel sagen, daß schon in ihnen der Dichter zwischen seinem Berufe als Sänger des Erhabenen in der Natur und des unendlich Erhabeneren auf dem Gebiete der menschlichen Freiheit einerseits und einer gewissen Tändelei als Sprachkünstler andererseits schwankend angetroffen wird. Sein besserer Genius, durch die Zeichen der Zeit gemahnt und gekräftigt, gewann indessen die Oberhand; Rückert erkannte seinen Beruf, ein Freimund, ein Prophetenmund, ein "vates" zu sein; die "Geharnischten Sonette" erschienen und wurden mit einem Rufe der Bewunderung empfangen.

Der ich gebot von Jericho den Mauern:
Stürzt ein! und sie gedachten nicht zu stehen;
Meint ihr, wenn meines Odems Stürme wehen,
Die Burgen eurer Feinde werden dauern?

Ein Meister war an die große Orgel der deutschen Sprache getreten und hatte das Register des Posaunentons gezogen. Man lauschte dem neuen Halle mit Staunen, und die Jugend besonders fühlte dem Dichter begeistert nach und empfand, was ein späteres Coburger Lied Rückert's so vortrefflich ausdrückt, daß die Poesie dem Gegenstande, den der rechte Dichter ergreift, so starken Nachdruck zu geben vermag,

Daß man mehr Anteil nimmt am Lied,
Als wenn in Zeitungsblättern
Man Heldenarm' erhoben sieht,
Um Welten zu zerschmettern,

Auf jene Sonette folgten nun noch andere Prophetenlieder teils politischen, teils gemischten Inhalts, bald stürmisch, bald in ruhiger Pracht. Einen Teil davon, ja selbst solche, die jenen Sonetten noch vorangegangen sind, wie z.B. die Terzinen, hat der Verfasser selbst von den "Jugendliedern" ausgeschieden und dadurch, daß er sie in den ersten Bänden seiner Gedichte, die fast nur klassisch Vollendetes enthalten und seine endliche Anerkennung auch beim großen Publikum herbeigeführt haben, einverleibte, für Werke seines höheren Dichterberufes mit vollem Recht erklärt. Ein anderer, auch nicht kleiner Teil steht in den "Jugendliedern" des dritten Bandes und sonst zerstreut in den verschiedenen Perioden, aus denen die Sammlung der vorliegenden beiden Bände besteht.

Allein die Orgel unseres jungen Meisters hatte gar viele Register, und weil es auf die Fertigkeit des Spiels keinen nachteiligen Einfluß hatte, welches eben gezogen ward, so konnte er bald der Versuchung nicht widerstehen, an verschiedenen nacheinander seine Meisterschaft zu erproben, und dies hat ihm, nicht bei denen, die seinen Prophetenberuf einmal durchschaut hatten, und die keine Spielerei und Laune so schnell an dem Dichter irre zu machen vermochte, wohl aber beim großen Publikum, das in Deutschland bekanntlich wenig Spaß versteht, am meisten und nachhaltigsten geschadet. Da waren nun in dem großen Orgelwerk neben dem Register des Erhabenen und Schönen auch künstliche für Flöten-, Glocken- und Harmonikaklänge, auch Vexierregister für das Barocke, das Kindische, das Bänkelsängerartige, für Hexereien mit allerlei Tier- und Naturstimmen, und Zauberer, im Bewußtsein, den wahren Schatz seiner Poesie geborgen in sich zu tragen, fing mutwillig an, bald in diesem, bald in jenem Tone zu musizieren, und schien es nicht zu bemerken, oder doch zu verachten, wenn die Masse der Zuhörer bedenklich den Kopf schüttelte. Am nachteiligsten waren für seinen Ruf in dieser Hinsicht manche politischen Lieder in dem "Kranz der Zeit", der auf die "Geharnischten Sonette" folgte. In dieser Gattung erwartete man fortwährend Posaunenstöße, und es folgten deren vielleicht, da die Begeisterung für die Sache bereits abgekühlt war und das Weltgericht der Geschichte nur allzuschnell wieder ihrem früheren Schlendriane Platz gemacht hatte, noch zu viele und feurige; aber ganz aus der Fassung geriet das Publikum, als plötzlich anstatt der himmlischen Musik des Donners und des Sturmes sich Trompeterstückchen hören ließen, zuweilen sogar auf der Kindertrompete (III,

241):

Kaiser Napoleon,
Da er dem Rhein zuzog,
Und als er war geflohn,
Gesiegt zu haben log,
Ließ er von dannen
Zwanzig Kriegsfahnen
Tragen nach Parise
Zur Kaiserin Marie Louise u.s.w.

Und wieder im "Brauttanz der Stadt Paris" (III, 248):

Ach, o weh, ich arme Frau,
Wo ich hin mit Augen schau,
Seh' ich fremde Gäste kommen,
Die ich niemals wahrgenommen,
Weiß gekleidet, grün und blau.

Solche Pröbchen könnten zu Fünfzigen aus dem dritten Bande mitgeteilt werden, denn es kommt je länger, je schlimmer (III, 435):

Das war die Schlacht von Waterloo,
Die Schlacht von Bellalliangs,
Die klang so laut, die klang so froh,
So ungestümen Klangs.

Und endlich gar (III, 461):

Der König Wilhelm Friederich
Sprach sanft zu seinen Helden:
Ihr spielt und zwar nicht niederig;
Wie ich mir höre melden.

Diese Gedichte zeigen in der Tat, wie unzulänglich die Form ist, wenn der höhere Inhalt sie verläßt. Im kleinsten Volke wie im größten kann ein Nationalschmerz zucken, und es gibt patriotische Lieder ganz kleiner Staaten, die unsterblich sein werden. Aber was in solchen Zeiten der Aufregung, und wäre es bei der herrlichsten Nation, noch von Leidenschaft, Eitelkeit u.s.w. daneben zappelt, das ist der Rede und noch mehr des Gesanges nicht wert. In Zeiten des Kampfes weiß freilich der Sänger, wie der Streiter in der Hitze des Gefechtes, nicht recht zu unterscheiden; man schlägt und singt da drein aufs Geratewohl; aber die mit Besinnung urteilenden Kinder des Friedens wissen den Unterschied auf den ersten Laut und den ersten Blick. So war es kein Wunder, daß solche verfehlten patriotischen Gedichte die Bewunderung für den Verfasser bei vielen auf einige Zeit abkühlen mußte, zumal da vortreffliche und gehaltvolle Lieder in derselben Gattung vom Interesse der Zeit nicht mehr unterstützt wurden.

Die höchste Virtuosität der Sprache und sorglichste Behandlung des Silbenmaßes vermochte weder in jenen politischen Liedern noch in erotischen Tändeleien gleichzeitiger Versuche den Bänkelsängerton, den der Dichter nicht selten anfangs zum Scherz, am Ende aus Gewohnheit auch in halbem Ernste anstimmte, ganz zu verkleiden, und so kehrten mitten unter unvergleichlichen Kunsterzeugnissen, wie sie teils die ersten Bände füllen (z.B. der überreiche "Liebesfrühling", "Italienische Gedichte", "Oktaven und Verwandtes", "Sicilianen"), teils in den gegewärtigen, wie wir bald sehen werden, zahlreich zerstreut sind, auch manche ungelenke, trockene Sprachwitze und Späßchen immer wieder, die dann Spott und Neid gehörig auszubeuten wußten. Andere Lieder gemahnten wie künstliche Glockenspiele, die man eine Weile bewundert, am Ende aber in ihrer einförmigen Melodie doch satt bekommt; wieder anderen in ihrem Kerne gesunden und großartigen Gedichten schadeten die verschränkten Konstruktionen des Philologen, die sich als häßliches, altmodisches Kleid mit ihrem steifen Faltenzuschnitte entstellend um schlanke Liedergestalten legen; es sind schöne Jungfrauen, die im Reifrocke der Maskerade einherschreiten, welchen abzulegen sie freilich zufällig vergessen haben. Selbst in den späteren Sammlungen der Coburger und Erlanger Lieder und der "Erinnerungen aus den Kinderjahren eines Dorfamtmannssohnes" (1821-26, 1827-29, 1829) kehren unter vielem Muster- und Meisterhaften jene Mängel hier und da wieder. So findet sich unter den "Ghaselen" (IV, 187) mitten unter wirklich höchst anmutigen Spielereien, in denen der Mund des Sängers aus dem Schönheitsborne des Morgenlandes Rosenhonig genippt hat, auch folgendes gescheiterte Liedchen, in welchem mehrere jener Mißstände vereinigt sind:

Bat ich lang' das schöne störrige Adamsrippchen,
Mir zu einem Kuß zu leih'n ihr Lippchen.
Als ich wiederholentlich gebeten hatte,
Gab sie erstlich statt des Kusses mir ein Schnippchen.
Weiter bat ich, und sie gab, wie soll ich's nennen?
Statt des Trunks aus vollem Becher war's ein Nippchen.
Endlich schifft' ich glücklich auf der Lippen Welle,
Ach, und scheitert' an des Zahnes Perlenklippchen.

In den "Erinnerungen" u.s.w. (IV, 280) wir der Amtmann beschrieben:

Da kommt der Amtmann Storch
Mit seinen langen Beinen,
Zu fischen Frosch und Lorch
Im Trüben und im Reinen.

Zwar der Besoldungsteich
Ist schmal, doch breit die Wortel;
Er wird schon werden reich,
Wenn er versteht den Vortel.

Von den alten Pfarrjüngferchen heißt es: "sie schrumpfen ein verhotzelnd" (IV, 282), vom Pfarrerssohn (ebend.):

Es war nunmehr der Pfarrerssohn
Fort aufs Gymnasium gekommen,
Und seine Stelle hat' ich schon
Im Chor der Knaben eingenommen.
Da kam er wieder zum Besuch,
Nicht mehr wie wir ein dörf'scher Simpel;
Er wußte manchen städt'schen Spruch,
Mit dem fing er uns Bauerngimpel u.s.w.

Das sind aufgegebene Lieder. Zu solchen dagegen, deren unförmliches Kleid einen edlen Leib und eine schöne Seele verbirgt – jener ist, abgesehen von der Sprachform, der Organismus, diese der Gedanke des Gedichts –, gehören zum Beispiel die Gedichte "Sühnung" (III, 406) und "Frieden im Innern" (III, 408). In dem letzteren heißt es:

Wie die Welt aus diesem Zwange,
Der ihr Herzblut hemmt im Gange,
Soll gelöst sein, weiß ich nicht;
Doch daß sie gelöst muß werden,
Sprechen ihre Angstgeberden,
Wenn auch keine Zunge spricht.

Durch solche peinlichen Konstruktionen und durch Gewaltsreime wie: Waltung, Welthaushaltung, Purpurlappung, Verkappung, Straffung, Erschlaffung, Spannung, Entmannung, Allianzen, verschanzen, quält sich das arme Lied ab, um in die einfacheren und bis auf eine kleine Störung schönen Strophen zu enden:

Bittet Gott, der Korn beschieden,
Daß er senk' ein Körnlein Frieden
In der Trennung offnen Spalt,
Daß die Klaffung (!) sich versühne,
Unsrer Wund' ein Halm entgrüne,
Der im Licht zum Himmel wallt.
Dieser Halm, ja diese Palme,
Mit dem schlanken Riesenhalme,
Sei der neue Freiheitsbaum!
Nicht mit Blut, mit Tau begossen,
Soll er rein zum Himmel sprossen,
Schattend über'm Erdenraum.

Zu den Abirrungen seines Genius sind auch Rückert's Balladen, Romanzen und Legenden (III, 53-90, 173-177) zu rechnen, deren endlose Länge für manche als Abschreckungsmittel in Beziehung auf seine frühere Poesie dienen muß. In diesen Gattungen lyrisch-epischer Poesie darf sich das Erhabene nur in einzelnen Momenten und nie in bloß rhetorischer Form geltend machen, der Organismus des Gedichts aber muß von der harmonischen Kunstform des Schönen, die alles Überflüssige, Massenhafte, Breite absolut ausschließt, durchdrungen sein. Nehmen wir die nächste beste Romanzoide Rückerts vor – denn für Romanzen läßt er sie vielleicht selbst nicht gelten –, so sehen wir uns hier genötigt, durch alle Nebenszenen und Nebenumstände der Haupthandlung dem immer gleichen Pathos der Rede, dem gleichen imperturbabeln Versgehämmer und Reimklange zu folgen; nicht von ahnungsvollem poetischen Äther umwölkt steigt eine Situation nach der anderen empor und hängt durch unsichtbare Fäden mit der anderen, durch biegsame Gelenke der Gestalt in sich selbst zusammen: alles ist mit Bindfaden oder steifem Draht verbunden; alle Einzelheiten werden ausgebreitet, aus keinen Zauberformeln der Schönheit entwickelt sich Bild und Gefühl der Phantasie und dem Gemüte des Lesers, alles wird ihm vorgerechnet, vorgemalt, vorgemeißelt, und so erhalten wir denn "das Irrglöckchen", eine Ortssage von Seßlach, in 12 sechszeiligen Strophen, mit jener einleitenden Breite, die der Tod des epischen Liedes ist:

Der Tag verlischt, es senket grausend
Die Nacht vom schwarzen Himmel sich,
Und Nebelwinde streichen sausend
Durch Waldesgründe schauerlich;
Das Fräulein irrt mit bangem Schweigen
Allein auf ungebahnten Steigen u.s.w.

Ein dürftiger Stoff ist hier mit langen Schildereien überdeckt; für einen Romanzendichter könnte er kaum zu 12 Doppelzeilen gereicht haben. "Der Blinde", ein arabisches Märchen in Romanzenform, hat gar 86 vierzeilige Strophen, und es nehmen darin förmlich epische, ausgeführte Vergleichungen Platz, wie z.B. folgende:

Wie wenn auf schroffer Felsenzinne
Ein Schifferjüngling sieht die Fee,
Die süß ihm winkt zum Spiel der Minne,
Dann stürzt sie brausend in die See;

Die aufgehobnen Wogen schlagen
Den grünen Schleier um sie her;
Und will er seine Beut' erjagen,
Muß er sein Leben weihn dem Meer:

So wird von innerlicher Fehde
Abdalla's giere Brust zerfleischt u.s.w.

Gewiß finden sich unter diesem Haufen von Versen Perlen und Gold genug; wie z.B. eben in diesem Märchen die prächtige Partie von der zwiespältigen Kraft des Wunderfläschchens (S. 83):

Zwiespältig ist die Kraft der Quelle:
Dem rechten Auge eingeflößt,
Macht sie des Geistes Sehkraft helle,
Daß er der Schöpfung Siegel löst;

Dann tun sich auf des Erdleibs Gründe,
Dich grüßen mit dem Silberblick
Die schlängelnden Metallgewinde,
Der Adern lebendes Verstrick.

Doch wird das Auge naß zur Linken,
So stirbt dahin die ird'sche Pracht,
Die Schätze in die Tiefe sinken,
Und deine Sehkraft in die Nacht.

An solchen glänzenden Stellen hat keines der episch-lyrischen Gedichte Rükkerts Mangel. Dennoch, wenn wir das Ganze überschauen, macht es uns die Empfindung, als wenn trotz aller Pracht doch nichts als der Stoff zu einem künftigen Gedichte hier aufgehäuft wäre, und als wenn dieses weitläufige Gebäude, in welchem so viel Schimmer sich verliert, zuvor abgebrochen werden müßte, um aus den edlen Metallen und Kleinodien, die daran verschwendet sind, mit Hilfe der Kunst ein kleineres Haus zu bauen und zu schmücken, einen Tempel und keinen Prunkpalast.

Neben solchen rednerischen Prachtstücken hat sich aber auch in dieser Gattung die Tändelei eingenistet, welche der Menge an dem Sänger der "Geharnischten Sonette" und der Freiheitshymnen eine Torheit und ein Ärgernis zugleich war, wie in der Geschichte von dem Pärchen Hänselchen und Klärchen, wo aus lauter Ährchen, Beerchen, Scherchen, Härchen und Stärchen von dem Tausendkünstler ein Märchen zusammen geringelt wird, dem nur der Schlußreim fehlt:

Gesungen hat dies Märchen
Freimündchen uns Reimärchen.

Indessen hat der Dichter das Gebiet der eigentlichen Sage bei Zeiten verlassen und sich anderen Gattungen der erzählenden Poesie, zu denen ihn sein dichterisches Prophetentum berief, zugewendet, der Parabel und Paramythie, wo sich sein Witz, sein Tiefsinn und seine Phantasie nach Herzenslust ergangen und unsterbliche Lorbeeren gepflückt haben. Mit solchen geschmückt, prangen in den ersten Bänden seiner "Gesammelten Gedichte": "Edelstein und Perle", neben den nicht weniger köstlichen "Kindermärchen", und auch für die anderen Bände, die noch folgen müssen, sind ganz vortreffliche Erzählungen ähnlicher Gattungen aufgespart.

Damit wäre das erste Geschäft des Beurteilers, auf welches ihn der Inhalt des vorliegenden dritten und vierten Bandes unvermeidlich geführt hat, vobei, und aller Tadel sei mit ihm abgetan. Sollte doch auch der letztere nicht direkt sein, sondern nur mit unterlaufen, insoweit dadurch, als durch Recht im Einzelnen, das Unrecht erklärlich gemacht wird, das dem herrlichen Dichter so lange im Ganzen widerfahren ist. Hinfort hat die Kritik nur noch auf das Meisterliche hinzudeuten, was in diesen beiden Bänden in sehr reichlichem Maße enthalten ist.

Im dritten Bande begegnen wir gleich unter den ersten "Jugendliedern" einigen echten Psalterklängen von der Seherharfe des Dichters: dem vom Geiste der ewigen Liebe durchdrungenen Lied: "Die Allgegenwärtige", ein Lied, das Referent seit mehr als 20 Jahren im Herzen trägt, und wovon er nur an den ersten Vers erinnern will:

Ich möchte nur wissen, wohin ich sollt' sehn,
Daß ich dich nicht sähe, o Liebe,
Und wissen möcht' ich, wohin ich sollt' gehn,
Daß ich nicht bei dir bliebe.
Du bist überall, allüberall,
Wo Windeshauch und Wogenschall,
Und wo sie nicht sind, da bist du.

Auch die Lieder "Frühlingsfeier" (S.7), "Gestillte Sehnsucht" (S.13), tragen diesen Stempel des Prophetischen, und das kleine Lied: "Der Sturmwind" (S. 18), ist ein Bild von Rückert's Dichtergeist selbst:

Mächtiger, der du die Gipfel dir beugst,
Brausend von Krone zu Krone entsteigst,
Wandle, du Stürmender, wandle nur fort,
Reiß mir den stürmenden Busen mit fort.

Wie das Gewölke, das donnernd entfliegt,
Dir auf der brausenden Schwinge sich wiegt,
Führe den Geist aus dem irdischen Haus
In die Unendlichkeit stürmend hinaus.

Trage mich hin, wo die bebende Welt
Rings in Verwüstung und Trümmer zerschellt!
Über den Trümmern mit grausender Lust
Fühl' ich den Gott in der pochenden Brust.

Köstlich sind auch die "zwei Zechsprüche" (S. 27), deren erster ein profanes Psalmbild (im besten Sinne) enthält:

Die Erd' ist ein gehöhlter Becher,
Darinnen schäumt als Trunk das Meer,
Der Himmel selber ist der Zecher,
Er beugt sich durstig drüber her,
Um mit der Sonne glüh'nden Lippen
Das Meer von Grund aus einzunippen.

Unter den epischen Liedern ist "der Alpenjäger" (S.56) auszuzeichnen, der wenigstens rednerische Erhabenheit hat. "Die Goldene Hochzeit" besingt den von *Hebel, Trinius* und neuerdings von *Gustav Pfizer* gefeierten Bergknappen von Falun (S.85) und trägt nächst Hebels Dichtung unter den übrigen wohl den Preis davon. Wir eilen über einige an allzugroßer Kindlichkeit kränkelnde, oder von allzugroßer Künstlichkeit fröstelnde Lieder (S. 98, 104, 105, 109, 107) hinweg und verweilen dafür mit um so ungeteilterer Lust bei der Elegie: "Die Jägersbraut" (S. 112), "Hochdeutsche Liebesnoth" (S. 120), "Zwölf Freier" (S. 128), "Noth der Bescheidenheit" (S. 129). "Nachtgesicht" (S. 129) ist ein Vorbild manches Heine'schen Liedes:

Ohne Licht um Mitternacht
Wenn ich noch im Bett gewacht,
Seh' ich oft
Unverhofft
Dorten in der Ecke,
Daß ich davor erschrecke:

Liebchen, ganz so freundlich klar,
Wie zur besten Zeit sie war;
Ach, sie setzt
Dorten itzt,
Lächelt wie eine Rose,
Und ein Kind ihr im Schoße.

Daß die Anmut ein Gebiet ist, das auch unserem Dichter sich, wenn es gleich von ihm erobert sein will, dennoch zuletzt willig aufschließt, dies beweisen unter den Jugendliedern: "Das Reich der Amoren" (S. 137), "Amor ein Besenbinder" (S. 139), "Die Göttin im Putzzimmer" (S. 141), "Kleiner Haushalt" (S. 143), lauter Lieder voll des reinlichsten, schmucksten Sprachscherzes. In diesen Liedern und noch mehr in der "Vermittelung des Dichters" (S. 160 jg.) wetteifert Rückert sogar in ätherischer Leichtigkeit mit Goethe, und im "Weihnachtsliede" (S. 163) weiß er die Schönheit mit dem Prophetenernste zu verbinden. Auch dieses Lied lebt seit Jahrzehnten in der Seele vieler Deutscher als eins der lieblichsten Erzeugnisse ihrer Nationalpoesie:

– – – – – –
Edele Fichte,
Wie du dich hebest,
Gleich dem Gedichte
Wunder belebest!
Blühenden Sommer
Zaubert ein frommer
Sinn in dem Kerne
Wintriger Nacht.
Recht wie ein Baum des

Lebens erscheinst du,
Alles im Raum des
Schattens vereinst du;
Früchte und Flammen
Wachsen zusammen,
Blüten und Sterne
Tauschen die Pracht.
– – – – – –
Aber was späht ihr,
Sterne und Lichter?
Euch wonach dreht ihr
Engelsgesichter?
Alle so eilig,
Alle so heilig,
Blicken und lachen
Nieder zum Stamm.
Ach, in der Krippe
Drunten gewieget,
Lächelnder Lippe
's Kindelein lieget,
Schlummert so leise
Himmlischer Weise;
Es zu bewachen
Stehet ein Lamm. –

In dem sechsten und letzten Buche der "Jugendlieder" (1811-15) findet sich schon einiges ganz Vollendete, darunter die allbekannte Allegorie: "Die Zwei und der Dritte" (S. 216), vom Riesenweibe Phantasie, Witz dem Zwerge und dem proportionierten Manne Verstand; dann das himmlische "Freiheitslied" (S. 227):

Zittr', o Erde, dunkle Macht,
Bis zum Abgrund nieder;
Der Gedank' ist aufgewacht,
Schüttelt sein Gefieder,
Will geflügelt dir entfliehn,
Wenn du nicht wirst fesseln ihn;
Sprich, ob du's wirst können? - -

und sein Gegenstück: "Das Ewige" (S: 228), mit dem tiefsinnigen Schlusse:

Wie mit endlich krankem Leibe
Das Geschlecht in Mann und Weibe
Sich zum Werk der Zeugung eint;
Kann das Leben selbst nicht währen,
Kann es sich doch neu gebären,

Daß unendlich es erscheint:

So vom Himmel fällt der Geister
Zeugungsfunken, Liebe heißt er,
Zündend in der Seele Schoß;
Und aus ihrer engen Schranke
Ringt ein Wunder, der Gedanke,
Kind der Ewigkeit sich los.

Edelsteine in der Sammlung sind auch die "Liederseelen" (S.231) und das Wort "An die Dichter" (S. 231) mit der diamantenen Wahrheit:

Laßt vom Beifall fauler Richter,
Schaffende, euch nicht betören,
Flut zu sprühn aus wilden Röhren,
Glühn zu lassen wirre Lichter.
Maß, und Maß nur, macht den Dichter;
Grundstein zwar ist der Gehalt,
Doch der Schlußstein die Gestalt.

Von den "Zeitgedichten" in zwei Büchern (1814-17), von denen wir mit ausdrücklicher Erlaubnis des Verfassers ("Freundesurtheil") Einzelnes gescholten haben, sei auch zugestanden, daß das Ganze zusammen als ein Bild der Zeit erscheint, das nach 20 Jahren noch frisch ist und noch eine Strecke weit seine Farbe halten wird. Es ist aber auch noch Einzelnes als vortrefflich hervorzuheben. Der herrlichen Ode (S. 235) ist nichts vorzuwerfen, als daß ihr Prophetenwort leider nur poetische Wahrheit hat, wofür der Dichter offenbar nicht verantwortlich zu machen ist. "Die Gräber zu Ottensen", der "Der Speckbacher", "Deutschlands Heldenleib", "Deutschlands Feierkleid" sind Volks- und Jugendlieder geworden, die schon lange im ganzen Vaterlande widerklingen; auch der "Kapuziner Haspinger" (S. 300), "Der Schweizerkäs" von 1814 – noch madenvoller 1838 – (S. 315), "Zopflieder" (S. 308-314) sind in ihrer derben Laune noch immer erquicklich. Ganz rückwärts gekehrter Prophet ist aber der Dichter in dem herrlichen didaktischen Gedichte: "Der Bau der Welt" (das erste von drei Gesichten) (S. 334-388). Mit Flammenzügen wird hier die Geschichte der religiösen Menschheit in der Schöpfung, in der babylonischen Verwirrung, in Ägypten, Indien, im germanischen Norden, in der griechischen Mythologie, im alten Bunde und endlich im Christentume geschildert, und die Sprache entlehnt hier den schmetternden Ton der Gerichtsposaune. Die folgende Probe als ein Wort, das noch immer zur Zeit ist, stehe hier, die Leser zum erneuten Genusse des Ganzen einzuladen:

Da sah ich rings die ganze Welt
Schon vorbereitet lange,
Ein dunkles, aber offnes Zelt,
Zu neuen Lichts Empfange;

Die Lampe war herabgebrannt,
Die vorm Altar der Götter stand,
Daß am verqualmten Dochte
Man nicht mehr freun sich mochte.

Nicht vom versumpften Musenborn
Mochte der Geist mehr trinken,
Des Weihrauchs faul gewordnes Korn
Gab ihm statt Dufts ein Stinken;
Und vorm verbrauchten Heiligtum,
Das in den Körben man herum
Trug mit verschloss'nen Deckeln,
Begann ihn auch zu ekeln.

Das Fleisch der Mutter Phantasei
War krank und ganz verdorben:
Und eine Stimm' erscholl, es sei
Der große Plan gestorben.
Und an demselben Tag, an dem
Der Vorhang in Jerusalem
Zerriß vorm Tabernakel,
Verstummten die Orakel.

- - - - - - - - - - - - - -

Es war der ganze Säulenbau
Des Heidentums zerrüttet,
Und konnt' im tiefsten Riß genau
Nie werden mehr verküttet:
Der Fittich Psyche's sehnte sich
Nach einem andern Freier
Als dem in Bind' und Schleier.

Dann werden Rom und der neue Glaube im Kampfe beschrieben, Germanentum und Mittelalter verherrlicht, und mit dem Wettstreite der Minnesänger auf der Wartburg schließt Gesicht und Gedicht.

Den Überrest des Bandes füllt das zweite Buch der "Zeitgedichte" und ein Bündel "Volkssagen". Über beide ist nicht anders zu berichten, als schon im Anfange dieser Beurteilung geschehen ist. Nur ein herrliches Gedicht, vielleicht eins der tiefsinnigsten, das Rückert je gedichtet, ist nicht zu übergehen; es mag, wenn Referent, der es in einem Zeitblatte zuerst gefunden, sein Gedächtnis nicht trügt, um 1816 verfaßt sein und lautet (III, 404):

Erhebung

Ich stand auf Bergen hoch
Und übersah die Erde,
Die so gedrückt vom Joch,
Geschlagen so vom Schwerte.

Ich sah den blut'gen Greul,
Der lag auf ihren Tiefen,
Und hörte das Geheul
Der Stimmen, welche riefen.

Ich sprach: o wär' ich doch
All dieser Not entrücket!
Da ward vom Berg auf hoch
Ich in die Luft gezücket.

Auf schwebt' ich durch die Luft
Und hört' und sah noch immer.
Zuletzt verschwamm in Duft
Das Blut und das Gewimmer.

Und als ich niedersah
Aus allerhöchster Ferne,
Da sah ich schimmern da
Den schönsten aller Sterne.

Was dort im hellen Licht
Ist das für eine Sphäre?
Da ward mir der Bericht,
Daß es die Erde wäre.

Der Engel sprach zu mir:
Es ist dir hier verschwunden,
Was einzeln drunten dir
Den wirren Blick umwunden.

Du hast die Höh' erreicht,
Wo dir erscheint das Ganze,
Und deine Erde weicht
Hier keinem Stern an Glanze.

Die Erd' in ihrem Kern
Von Wunden so durchwühlet,
Sieh, wie vorm Bild des Herrn
Sie sich genesen fühlet.

Der Ruf des Weh's verschwimmt;
Tu auf dein Ohr und höre,
Wie hell ihr Loblied stimmt
In ihrer Schwestern Chöre.

Ein Stoßseufzer leitet den vierten Band der Sammlung ein, vom Mai 1837, der ziemlich lebenssatt schließt:

Ich wollt' ich wär' am Ende nun
Und könnte ruhn!

Dann folgt ein schöner Rückblick auf die politischen Gedichte; dann ein "Rosenlied" zum Geburtstag des Freiherrn *Truckseß* auf Bettenburg, aus Stuttgart gesandt, ein herrliches Lied, in welchem es "von Rosen um und an mir roset", fast noch mehr als ein in den rosenäthervollen Gedichten meines teuren Freundes *Anastasius Grün*. Vielleicht ist es manchen Lesern nicht unwillkommen, etwas über die Persönlichkeit des edlen deutschen Ritters auf der Bettenburg zu erfahren, ohne welchen sich der Referent das Jugendbild Rückerts gar nicht denken kann. Er holt deswegen ein vergilbtes Papier vom Frühling 1815 hervor, das ein unvollendet gebliebenes Reisejournal bildete, und schaltet seiner Beurteilung das vor 23 Jahren vom dreiundzwanzigjährigen Jünglinge Niedergeschriebene als kurze Episode ein.

Die Bettenburg[2] Mai 1815.

Sie erschien uns[3], gelegen auf einem mäßigen mit Obst- und Waldbäumen bewachsenen Hügel, nicht gerade imponierend von dieser Seite, weil dahinter noch bedeutend höhere Berge hervorragten; mehr einem alten geräumigen Hause als einem Schlosse zu vergleichen. Erhitzt durch den ziemlich mühsamen Bergsteig traten wir durch einen Teil des freundlichen Gartens in den Burghof ein und kleideten uns im Hause des Försters um. Wie wir aus den Fenstern nach der Burg hinüberschauten, die nun mit ihrer ganzen Kehrseite grau und sonnig uns gegenüberstand, kam ein großer bleicher Jüngling, von Kopf bis Fuße schwarzaltdeutsch gekleidet, mit langen schwarzen Schulterlocken, aus dem Burgtore herausgeschritten und ging dicht am Försterhause vorüber. Ein Blick in die nicht großen, tiefliegenden, funkelnden braunen Augen überzeugte mich, wer es sei, und auf des Försters bejahen lief ich zur Türe hinaus, auf ihn zu, und er umarmte mich auf Nennung meines Namens[4].

Er führte uns unter gegenseitigen herzlichen und wirklich auch seinerseits sanften Begrüßungen – wie ich es seinen herben Gedichten nach kaum gehofft hatte – das Schloß hinauf in den geräumigen, freundlich ausgeschmückten, aber gar nicht modernisierten Speisesaal, um hier den Burgherrn nach seinem Mittagsschlafe zu erwarten. Wir hatten Zeit, uns im Zimmer umzusehen; über den drei Türen des Saales waren die verschiedenen Zeitalter Deutschlands dargestellt: Das urdeutsche, das ritterliche, das altfränkische, in Gemälden, die wenigstens das klar ausdrückten, was sie bezeichnen sollten.

Kaum hatten wir einige freundliche Worte gewechselt, als die Tür aufging und der Greis, die Tabakspfeife im Munde, herein und forschend mit den halbblinden Augen rüstig auf uns zutrat. Er ist ein großer Mann mit halb kahlem und halb grauem Scheitel, von breiten Schultern, überhaupt tüchtigen Gliedern; nur in den etwas schmächtigen Beinen kündigt sich das Alter an; denn er zählt 60 Jahre. Wie er bei uns angekommen war, warf er mit feierlicher Herzlichkeit

[2] Sie liegt in Franken an der Meiningen'schen Grenze.

[3] Dem Ref. und einem Freunde, die auf einer Reise nach Berlin begriffen waren.

[4] Rückert hatte meine Beurteilung seiner "Geharnischten Sonette" gelesen, und wir waren ihm und dem Freiherrn durch unsern Gönner und Rückert's Freund *Wangenheim* angekündigt.

seine Arme um unsre Schultern, und indem er rechts und links einem jeden von uns dicht ins Antlitz blickte, strengte er sein schwaches Augenlicht an, um aus den Zügen heraus unsere, ihm begreiflich unbekannte Persönlichkeit herauszufinden. Endlich rief er meinen Vor- und Zunamen und fiel mir dabei mit ganz jugendlichem Feuer um den Hals, mich aufs innigste küssend und herzend, gleichsam um mir seinen warmen Dank für das Lob seines Freundes Reimar auf die Lippen zu drücken.

Reimar (Friedrich Rückert) ist gar nicht der schroffe Mensch, wie ich mir ihn gedacht hatte. Als ein wahrer Dichter fühlt er sich, aber am tiefsten auch alles, was ihm noch mangelt. In der Kritik gegen sich und andere ist er daher, stets nach dem Höchsten strebend, unbarmherzig. Fast scheint er mir der Form zu viel zu huldigen und ihrer Pein sich ordentlich selbstquälerisch zu gefallen. Sein Spott und seine Ironie sind verlachender und schonungsloser als bei uns Schwaben, indem sie sich ohne Ansehen der Person – zwar nie ohne Gutmütigkeit – selbst auf sehr liebe Freunde, ja auf den alten Truchseß selbst erstreckten. An einem unserer Lieblingsdichter tadelte er die Vielschreiberei, die Flüchtigkeit, die Vernachlässigung des Reims, in allem etwas Manier und zu viel christliche Belehrungssucht, daher er denn, was als Probe seines Spottes dienen mag, die Lust äußerte (nur die persönliche Liebe zum Dichter halte ihn von der Ausführung ab), einen so bekehrten Helden vorzunehmen und in einer Novelle oder einem Romane auf echt antichristlich zum Abfalle zu bringen. Der alte Burgherr dagegen ist ganz und gar ohne Arges und hat ein gar weites Herz für alles auch nur halbwegs Gute, und von dieser Seite kann es Reimar nicht ganz lassen, ihn zuweilen zu bespötteln oder doch zu belächeln. Aber wie kräftig ist des alten Ritters Liebe zum Guten, mit wie jugendlichem Feuer umfaßt er das, was ihm das Rechte scheint, mit wie warmer, mächtiger Rede ficht er es durch, welch ein Schatz von Liebe und Herzensgüte hegt er in seinem treuen Herzen, wie gottergeben ist sein Alter! Wenn er einen recht schönen, besonders einen christlichen Zug von einem Menschen erzählt, wenn er ahnend und hoffend in die Zukunft blickt, so regt und bewegt sich sein ganzes Wesen, seine Muskeln arbeiten; und doch löst sich dieser Kampf am Ende in eine wohltätige Ruhe auf, daß er still, ohne ermüdet zu sein, niedersitzt, während ihm Tränen in den verdunkelten Augen stehen.

Noch am selben Abend führte uns der Burgherr durch einen Teil seiner Anlagen, die sich auf zwei ziemliche Berge erstrecken und, alle von seiner Erfindung, nicht mit Tempeln, Moscheen u.s.w. versetzt, sondern ganz deutsch gehalten sind. Kapellen, Familiendenkmale, Stätten den Abgeschiedenen und wieder den Lebendigen geweiht, einzelne Denkmale mit Sprüchen, viel lieblich verschlungene Wege, bei denen hauptsächlich der Natur selbst nachgegangen worden, alles das eint sich zu einem dem Aug' und Gemüte wohltuenden Ganzen. Sein Sinn für Naturschönheit (keine ausgezeichnete Stelle ist ohne einige Aussicht), seine Liebe zu Gott, zu den Seinigen (eine Säule ist der Geschwisterliebe, seinem Vater und dessen Brüdern, seinem Bruder und, wie er hofft, dessen Söhne – er selbst ist ehelos – gewidmet), seine Liebe zu den Freunden und zu allen Guten ist in diesem schönen Walde als Tat ausgesprochen. Von dem äußersten Ende der Anlagen, dem Huttenberge, hat man eine herrliche Aussicht über das Würzburgische und Fuldaische, und links erscheint hier das waldumgebene Schloß mit seinen Gräben erst recht burgmäßig.

Als Rittertum und Volksgesang noch blühten,
Da waren's frommer heiliger Gestalten,
Nach denen Kämpfer viel und Dichter wallten:
Die Glocken klangen, die Kapellen glühten.

Doch nun dahin sind jenes Lebens Blüten,
Wohin soll sich die Wanderung entfalten?
Eh' die zerstreuten Funken ganz erkalten,
Wo findet frommer Sinn die unversprühten?

Da, wo die Ritterzeit sich hingeborgen,
In einem Forst von Tannen und von Eichen
Hebt eine graue Burg sich ohne Sorgen.

Dort hat ein hoher Burgherr sonder Gleichen
Das Herrliche gedrängt in wenig Morgen,
Lieb, Adel, Kirche kann von hier nicht weichen.

Hier bricht des Referenten Gedenkbuch ab, um sich erst wieder in Berlin fortzusetzen. Er erinnert sich nur noch, daß der philanthropische und protestantische Sechziger, obgleich ein Freiherr, die retrograden Gedanken des jungen, katholisch-feudalistischen Sonettisten mit einem lächelnden Kopfschütteln zurückwies und den Dichter dadurch, wo nicht zur Besinnung brachte, doch nachdenklich machte.

Jetzt aber zum vierten Bande der Rückert'schen Sammlung. Auf das "Rosenlied" folgt eine ganze Reihe sinnreicher Gedichte, in denen der Verfasser eine Menge Lebensvorfälle benutzt, um sie höchst kunstvoll auf seiner Sprachorgel abzuspielen und sie mit poetischen Spitzfindigkeiten auszuschmücken. Einmal verdeckte ihm, im Theater vor dem aufgetanen Vorhange sitzend, ein weiblicher Alabasternacken das Schauspiel. Doch er wußte sich zu trösten:

Wenn sich auf den kahlen Brettern
Dort so schöne Sachen spielten,
Dürften hier wohl schlecht're vorgehn
Auf den Alabasterdielen?
Ganz dieselben gingen vor;
Nur statt lebensgroßer Spieler
Waren nach des Raums Verhältnis
Kleinere hierher beschieden,
Welche auf so zartem Grunde
Zart auftraten, wie sich's schickte.

Unser Leser soll nicht im Ungewissen bleiben; die kleinen Spieler auf dem Frauennacken waren des Dichters eigene Gedanken, zu Amorinen und Amoretten umgewandelt, welche angemessene Zwischenspiele zu dem größeren Stücke aufführten:

Denn das Ganze lief wie dort
So auch hier hinaus aufs Leben.

Unter diesen Gedichtchen ragen teils als niedliche Kunstwerke, teils als poetisch ausgeprägte Lebenswahrheiten hervor: "Die geschorenen Locken" (S. 16), "Dichterehe" (S. 22), "Der Apotheker" (S. 23), der mühsam gangvolle, eingeschrumpfte, abgestumpfte Arzneischmecker, vor dessen kritisch-eklektischer Musterung des Gartens

Sah ich Bäume wanken
Wie die Kranken,
Daß von welken Stielen
Blätter fielen
Und am Boden klebten
Gleich Rezepten.
Als fortfuhr das Mustern,
Ward zu Hustern
Aller Nachtigallen
Liederschallen,
Und die Rosenhecken
All vor Schrecken
Wurden leichenfarber
Als Rhabarber.

Ferner: "Fünf Sprüche Eines Tages" (S. 25 fg.), "Der Fußwanderer" (S. 26 fg.) und die folgenden Wanderlieder bis S. 41, die zierliche Liebesromanze von Fräulein Luft und Junker Duft mit eingeschlossen; "Liebe im Kleinen" (S. 49), "Morgenbetrachtung" (S. 51).

Das Seherische in Rückerts Dichternatur zeigt sich in seiner späteren Poesie nicht nur in den erhabenen Gedichten, die großartige Stoffe behandeln, sondern namentlich auch darin, daß er gewisse allgemeine Erfahrungen auf dem Gebiete der Anschauung und Empfindung, die fast jeder Mensch, selbst der prosaische macht, mit seinem Dichterblicke und Dichtergefühle so durch und durch schaut und bis auf den Grund empfindet und durch das herrliche Organ seiner gelenkigen und dem Geiste durchaus gehorsamen Sprache so vollkommen in ihrer Wesenheit zur Erscheinung bringt, daß was bei andern Menschen ein gemeines Erlebnis ist, bei ihm zur idealen Wirklichkeit, zur Kunstschönheit wird. Wir haben z.B. seit einigen Jahren alle besondere Gelegenheit, unser verdrießliches nordisches Klima in Deutschland, das sich schroff in lange kalte Winter und kurze glühende Sommer abschneidet, recht gründlich kennenzulernen; wer hat aber dies je so anschaulich und schön dargelegt als Rückert in dem Gedichte:

"Das Jahr" (IV, 58)? Ebendahin gehören die Lieder: "Das Dasein eines Blattes" (IV, 215), "Kurze- und Langeweile" (IV, 225), "Der hohle Zahn" (IV, 222). Wer hat nicht schon den Fieberschmerz des Zahnwehs empfunden, wo der nackt und bloß gelegte Nerv seine krankhafte Existenz dem Knochenkern und dem Schmelz des schmerzenden Zahnes mitteilt und uns dieser so groß dünkt wie ein ungeheurer Fels mit einer Höhle? *Schubert* in seiner "Geschichte der Seele" spricht gelegentlich sehr schön von diesem Phänomen. Aber der Dichter versetzt uns mit recht peinigendem Wohlgefallen ganz in jene Qualphantasie zurück, wenn er singt:

Ein halb gehöhlter Zahn
Hat jüngst mir wehgetan;
Schmerz mich durchzückte tief,
Da träumt' ich als ich schlief:
Ich selber sei, o Pein,
Ein kranker Zahn allein.

Da ward ich aus dem Zahn
Im Traume zum Vulkan
Der, halb erst ausgebrannt,
In grimmen Schmerzen stand,
Auswirbelnd nach Gebrauch
Glutströme, Glanz und Rauch. ...

Aus den "Vermischten Gedichten" sind noch die Lieder "Vom Kahlenstein" (IV, 64) und "Des Glockenthürmers Töchterlein" (IV, 66) hervorzuheben. Die "Oestlichen Rosen" und "Ghaselen" sind von denjenigen, die Rückerts morgenländische Poesie gewürdigt haben, vollkommener gepriesen worden, als wir es vermöchten, und wir lassen daher beide nicht unbewundert, nur unbeurteilt.

Die "Koburger Lieder" (1821-28) fangen spielend an, um immer ernster, immer tiefer, auch immer schöner zu werden (vgl. 212, 213, 215, 216, 218). "Die Sprüche eines Büßenden" (S. 222 fg.) sind Worte, die alles Pantheistische, was Rückert in der neuesten Zeit gesungen, bei weitem aufwiegen; Wahrheit und Schönheit hält sich in ihnen das vollkommenste Gleichgewicht. Ebenso schön ist in seiner Art, was von S. 226-230 folgt, und die Zuschrift: "An die Dichter" (IV, 230), mag die neueste Schule, die in Rückert doch auch einen Dichter und Seher verehrt, zu Herzen nehmen:

Die Stein' harmonisch hat bewegt Amphion,
Nicht deren Sinn verwirret, die da bauten;
Besänftigt hat die Meerdelphin' Arion,
Nicht stürmisch aufgeregt mit seinen Lauten.

Nur das ist Himmelskunst, die mich versöhnt,
Die mir die Welt, mich vor mir selbst verschönt.
Was trübt, verwirrt, zerreißt, wie stark es tönt,
Ist Lügenkunst, die bösem Zauber fröhnt.

Der Dichter sein ein Bildner, kein Traumbilderer,
Kein Sinnverwirrer, Phantasieverwilderer,
Ein Zähmer des Affekts, Gefühles Milderer,
Selbst in sich klar und aller Klarheit Schilderer.

"Die Sprache und ihre Lehrer" (IV, 231), "Zwei Wünsche" (S. 242), "Der Erstgeborene" (S. 242), "Bethlehem und Golgatha" (S. 248) sind, jedes in seiner Weise, vollendete Gedichte, das letzte zugleich ein religiöses Glaubensbekenntnis, das manchem Bewunderer des Dichters ungeschickt kommen mag. Es schließt:

Mit Pilgerstab und Muschelhute
Nach Osten zog ich weit hinaus;
Die Botschaft bring' ich euch, die gute,
Von meiner Pilgerfahrt nach Haus:
O, zieht nicht aus mit Hut und Stabe
Nach Gottes Wieg' und Gottes Grabe!
Kehrt ein in euch und findet da
Sein Bethlehem und Golgatha!

O Herz, was hilft es, daß die knieest
An seiner Wieg' in fremdem Land?
Was hilft es, daß du staunend siehest
Das Grab, aus dem er längst erstand?
Daß er in dir geboren werde,
Und daß du sterbest dieser Erde
Und lebest ihm, nur dieses ja
Ist Bethlehem und Golgatha.

Auch die "Erlanger Lieder" bieten, wiewohl etwas versteckter und seltener, einiges Vortreffliche: "Unglück" (IV, 264), "Losmachung" (S. 266), "Traumflug" (S. 268), "Das Undenkbare" (S. 268), "An das Eichhorn" (S. 270), "Der Nachtwächter" (S. 271). Von den "Erinnerungen eines Dorfamtmannssohnes" trifft der oben ausgesprochene Tadel nicht das wunderherrliche Lied: "Der Winter auf dem Lande" (S. 289) und die Lieder S. 302, 305 und 329. Den vierten Band beschließen "Lieder und Sprüche der Minnesänger" und eine "Blumenlese aus Dichtern verschiedener Völker und Zeiten".

Überblicken wir noch einmal den ganzen Schatz, der in diesen zwei Bänden zerstreut und vorliegt, so durchdringt uns ein Gefühl der Ehrerbietung gegen den Dichter, der zur Größe des angeborenen Talentes die seltene Größe der Durchbildung dieses Talentes hinzugefügt hat, und wir preisen den reichen Geist glücklich,der das Erhabene als Erbschaft und das Schöne als Errungenschaft des

Genius besitzt.

[Aus: Blätter für literarische Unterhaltung, Jg. 1838, Nr. 305-309.]

Rückerts Stellung zur Weltliteratur

Von Robert Boxberger

Die Poesie in allen ihren Zungen
Ist dem Geweihten Eine Sprache nur.

Diese Worte, die Rückert sich selbst zuruft als "Ermutigung zum Übersetzen der Hamâsa, einer Sammlung arabischer Volkslieder" sind gewissermaßen das Programm der neuen Stellung, die, seit Goethes Idee einer möglichen Weltliteratur durch Vermittlung der deutschen, diese letztere durch Rückerts Sprachtalent ebenso wie durch seine Formengewandtheit gewonnen hat. Ja, die deutsche Literatur ist wirklich Weltliteratur geworden, insofern Rückert durch sein Beispiel bewiesen hat, daß sie fähig ist, alle Formen ausländischer, besonders auch morgenländischer Dichtungen (denn für das Übersetzen aus den Klassikern war sie schon durch eine Reihe früherer Dichter vorgebildet worden), von dem einfachen Volksliede, wie eben jener Hamâsa, bis zur schwierigsten Kunstdichtung wie den Makâmen des Hariri oder dem indischen Nalodaja (Geburt des Nal) zum Teil sogar die eigentümlich schwierigen Versmaße und Strophenformen sinngetreu wiederzugeben. Am wenigsten durfte daher unsere Zeitschrift, die sich die Vermittlung zwischen deutscher und ausländischer Literatur zur Aufgabe gestellt hat, es unterlassen, dem Andenken den großen Dichters, dessen hundertster Geburtstag den 16. Mai dieses Jahres festlich begangen wird, einen Aufsatz zu widmen.

Bleiben wir zunächst noch bei der Hamâsa stehen, mit der wir auch zu schließen gedenken. – Es ist ein eigentümlicher Vorzug der arabischen Sprache und Literatur, wie Rückert uns selbst belehrt, daß gleich nach der durch die Einführung des Islam bewirkten Einigung der arabischen Stämme und dem Aufschwung der Städte sich in diesen größere Gelehrten-Vereine bildeten, die die Sammlung aller bei den verschiedenen Stämmen, auch der Wüsten-Araber, der sogenannten Beduinen, gebräuchlichen Worte, ebenso wie ihrer volkstümlichen Lieder, sich zur Aufgabe machten. Während bei den meisten Völkern, besonders bei den Deutschen, das Volkslied und die Mundarten für die Gelehrten gar nicht vorhanden waren und erst seit ungefähr hundert Jahren durch Herder, Goethe, Uhland und die Romantiker das deutsche Volkslied, und durch die Begründer unserer wissenschaftlichen Grammatik, die Brüder Grimm, die deutschen Mundarten andererseits Beachtung fanden, ward sie hier zum höchsten Segen für Sprache und Literatur ihnen ziemlich früh zu Teil. Daher kam es, daß das arabische Wörterbuch eines der reichhaltigsten von allen Sprachen ward.

Man weiß, wie die Beduinen noch jetzt leben, oder wenn man es noch nicht weiß, kann man es aus Rückert lernen. Das Pferd, mit dem der junge Araber wie mit seinem Gespielen aufwächst, das arabische Pferd, um am Wüstenrande hinzufliegen, das Kamel, um sie quer zu durchkreuzen, sind ihnen unentbehrliche Haustiere, von denen ihre Existenz abhängt. Die berühmte witzige Auffassungsgabe der Beduinen läßt sie nun diesen Tieren nach allen ihren Eigenschaften, Größe, Farbe, Alter, Geschlechtsverhältnissen, Fehlern, körperlichen wie moralischen, nicht nur Hunderte von Hauptwörtern, Eigenschaftswörtern und Zeitwörtern beilegen, sondern dieselben auch sofort wieder in übertragenem Sinne von menschlichen Verhältnissen oder von der leblosen Natur gebrauchen, die eben dadurch belebt wird.

Alle diese Worte mit ihren eigentlichen und übertragenen Bedeutungen wurden nun von den Gelehrten gewissenhaft gebucht und der Benutzung für die Sprache der Dichtung und der Wissenschaft übergeben, wodurch dann eine Reihe von neuen übertragenen Bedeutungen entstand. Aber dies genügt noch nicht, um den Reichtum des arabischen Wörterbuches zu erklären. Vor Muhammed hatten die Beduinenstämme nur vereinzelt gelebt und sich miteinander nur in blutigen, Menschenalter überdauernden Fehden gemessen, hervorgerufen durch die in den Verhältnissen der Beduinen unvermeidliche Pflicht der Blutrache. So hatte jeder Stamm für die oben benannten Tiere eigene Ausdrücke, und alle diese wurden als Synonyma gewisenhaft in das Wörterbuch eingetragen. So war denn auch für den dichterischen Gebrauch, z.B. für das Bedürfnis des Reims, eine reiche Fülle von gleich edlen Ausdrücken vorhanden, und nur so läßt sich der Formenreichtum des arabischen Dichters Hariri erklären, mit dem Rückert in unserer formen- und wortarmen deutschen Sprache bekanntlich so glücklich gewetteifert hat. Einen ähnlichen Reichtum wie die arabische würde die deutsche Sprache nur dann haben erreichen können, wenn zur Zeit einer großen Geistestat wie die deutsche Reformation ein ähnliches Verfahren wie von den arabischen Gelehrten wäre eingeschlagen worden und nicht bald genug die Scheidung zwischen Schriftdeutsch und Mundart eingetreten wäre, wenn nicht seitdem jeder mundartliche Ausdruck für unedel, also der Dichtersprache unwürdig, gegolten hätte.

So konnte Rückert, der die deutschen Mundarten wohl zu würdigen wußte und besonders seinen heimatlichen, den fränkischen Dialekt kannte und liebte, mundartliche Ausdrücke in seiner Übertragung des Hariri nur spärlich verwerten. Hatte er aber hier mit einem Mangel zu kämpfen, den er nicht beseitigen konnte, so leistete ihm andererseits die deutsche Sprache einen wesentlichen Dienst durch ihre Fähigkeit zur Bildung zusammengesetzer Wörter, worin sie die arabische bei weitem übertrifft. Zwar beim Hariri, wo es sich wesentlich um den Reichtum an Reimen, also an Synonymen und Formen handelt, kam ihm diese Fähigkeit der deutschen Sprache weniger zu statten. Um so glücklicher aber benutzte er sie bei seinen metrischen Übertragungen aus der indischen Schriftsprache, dem sogenannten Sanskrit. Wer sich je mit dem Indischen beschäftigt hat, erinnert sich noch, daß, besonders in den kunstmäßigeren Dichtungen, ein einziges Wort bisweilen eine halbe Seite einnimmt. Ja, diese Lust an der Bildung ellenlanger Worte ist so sehr selbst in den Geist der gewöhnlichen Sanskritschrift, der sogenannten Dewanâgarî eingedrungen, daß der gelehrte indische Schreiber gar kein Bedürfnis fühlt auch die zu trennenden Worte zu trennen, sondern sie, um sich Zeichen zu sparen[1], aneinander hängt, worüber der Anfänger im Sanskrit in nicht geringe Verlegenheit gerät. In den europäischen Drucken des des Sanskrit wollte Bopp die Trennung nach deutscher Weise, zur Erleichterung für den Lerndenden einführen, was sehr große Schwierigkeiten hatte; jetzt hat man darin einen Mittelweg eingeschlagen. Diesen Dienst nun der Zusammensetzungsfähigkeit, den ihm die deutsche Sprache leistete, vergalt ihr Rückert doppelt und dreifach dadurch, daß er sich derselben mit einer Kühnheit bediente, die anfangs das Publikum in ein gelindes Erstaunen versetzte, ja nicht selten spöttische Bermerkungen veranlaßte. Man erinnert sich des von dem Neide eingegebenen Wortes *A. W. von Schlegels*, welches, seitdem der Spott allmählich der Bewunderung von Rückerts allmächtigem Sprachschöpfergeist gewichen, zu einer ehrenden Auszeichnung für Rückert geworden ist:

Deine Sanskritpoesiemetriknachahmungen
Sind voll von goldfunkelnagelneublanken Benamungen.
Du überflügelst in wortschwallphrasendurchschlängeltmonostrophischen
 Oden
Die Weilandheiligenrömischenreichsdeutschernationsperioden,
Deine mit Dank erkanntwerdenwollenden Bemühungen sind höchlich
 zu rühmen:
So muß man die Himavatgangeswindhjaphilologiedornpfade beblümen.

In der Mitte zwischen der Abwandlung der Worte, worin unsere Sprache im Vergleich mit der arabischen äußerst arm ist und meist nur schlechte weibliche Reime mit dem tonlosen e der Endsilbe gestattet, und der Zusammensetzung der Worte steht die Wortbildung. Und auch in dieser ist unsere Sprache glücklich und reich; auch sie ist insofern besser als die Abwandlung zu dichterischen Zwekken zu verwenden, als sie noch einige volle Vokale hat, wie z.B. das weibliche Suffix -ung, dann: -heit, -keit, -lich u.a. Erschaffung : Erschlaffung gibt einen schönen volltönenden Reim. Hierin konnte Rückert auch im Hariri seine ganze Kühnheit entwickeln und hat dies auch im vollsten Maße getan. Und auch nur so war es möglich, in der Übersetzung des Hariri ein sprachliches Kunstgebäude zu errichten, dessen Formen wir noch lange zu studieren haben werden, um sie zu einem Gemeingut unserer geliebten Muttersprache zu machen.

Soviel sei gesagt, was Rückerts Meisterschaft in der Behandlung der Sprachformen und seine Kühnheit in der Bereicherung unserer Sprache durch mund-

[1]Jeder Konsonant, wenn er nicht ein anderes Vokalzeichen hat, wird mit dem Vokal a ausgesprochen. Endigt also ein Wort z.B. mit g und fängt das folgende mit a an, so braucht er, wenn er die Worte aneinander hängt, für beide Laute nur ein Zeichen, während er, wenn er trennt, erst das g noch mit einem besonderen Zeichen der Vokallosigkeit, dann das a schreiben muß.

artliche Ausdrücke, durch neue Wortbildungen und Zusammensetzungen betrifft. Jetzt zu der Nachbildung der Rhythmen. Nur im Vorübergehen will ich dabei die Übersetzung Rückerts zu wissenschaftlichen Zwecken erwähnen, in denen er auch die metrischen Formen des Originals nachahmt. So in den von mir[2] veröffentlichten Übersetzungen aus dem großen, d.h. umfangreichen (*Lassen* nennt es geradezu eine epische Enzyklopädie) indischen Heldengedichte Mahâbhârata, wo er den Vers des indischen Heldengedichtes, den Sloka, nachbildet, oder in den von *de la Garde* in seinen Symmicta mitgeteilten Übersetzungen aus Hafis[3], die ganz gewaltig gegen die früheren poetischen Nachahmumgen des großen Persers in den "Oestlichen Rosen" abstechen. Allerdings ist schon dies eine schätzenswerte und sie allein unter allen Sprachen zur Weltliteratur befähigende Eigenschaft der deutschen Sprache, daß es eben möglich ist, in ihr alle metrischen Formen aller Völker getreu nachzubilden; ob es aber auch rätlich ist, das ist eine andere Frage, der ich hier gern aus dem Wege gehen möchte, um nicht in ein Wespennest zu stechen. Ich will sie, des Widerspruches gewärtig, da ich mich auf eine Begründung meiner Ansicht hier nicht einlassen kann, kurz so beantworten: Bildungsfähiger und zum poetischen Gebrauche geschickter ist unsere Sprache allerdings durch die Nachbildung der verschiedensten Formen der griechischen und römischen Dichtungen geworden, aber auch dem heimischen Boden um so entfremdeter. So vorzüglich der Sloka auf heimischem Boden als Vers des indischen Heldengedichts, so vortrefflich der Hexameter für das griechische Epos, die Distichen für die griechische Elegie, die lyrischen Strophen für die antike Ode sind, so fremd klingen sie und werden sie ewig dem deutschen Ohre klingen. Für eine wahrhafte Bereicherung des Kernes unserer metrischen Formen halte ich sie nicht; als solche erkenne ich bloß einige spanische und italienische Formen, die alle von Rückert meisterhaft behandelt worden, und das persische Ghasel, das Rückert zuerst in die deutsche Literatur einführte, und in dem er bald mehrere bedeutende und glückliche Nachahmer fand, von denen

---

[2]Rückert-Studien. Gotha, Fr. A. Perthes, 1878.

[3]Nebenbei sei gefragt: Sind dies nicht etwa die in dem später noch zu erwähnenden, soeben veröffentlichten "Poetischen Tagebuche" Rückerts, S. 332 "ungedruckt" genannten? Ich möchte wenigstens die verehrte Herausgeberin, Fräulein *Marie Rückert* bei dieser Gelegenheit auf diesen Druck aufmerksam machen, zugleich aber auch das Gedicht mitteilen, welches sich auf diese späteren Übertragungen bezieht, als Beispiel des von Rückert in die deutsche Literatur eingeführten Ghasels:

> Als ich überschritten hatte schon des Alters Schwelle,
> Blickt' ich nach Gefährten um und keiner war zur Stelle.
> Trüb, als ich nach Westen schaute, ging hinab die Sonne;
> Um nach Osten wandt' ich mich, und dorther ward es helle.
> Trunken aus der Liebesschenke sah ich Hafis schreiten,
> Und für eine Strecke Weges ward er mein Geselle.
> Zu der Quelle Chiser's, die im Dunkeln leuchtend fließet,
> Führt er mich und schöpfte mir den Trank der Jugendwelle,
> Und ein flüchtiges Gasel anstimmt' ich und der Tage
> Dacht' ich, wo Freimund gejagt die flüchtige Gaselle.

ich nur *Platen* und *Gustav Pfizer* nenne.

Wenn also nicht jede fremdländische Form ohne weiteres dem deutschen Ohre zusagt, wie z.B. der indische Sloka, so gilt es bei Bearbeitungen fremdländischer Dichtungen zum ästhetischen Genuß für das größere deutsche Publikum einen Ersatz zu schaffen, der ihm gehörfälliger und gefälliger ist, ein neues Gefäß zu finden, um darein den geistigen Inhalt jener Dichtung zu fassen. Wenn ich sage: ein neues Gefäß, so meine ich nicht eine neue Strophenform, die Rückert erst zu erfinden gehabt hätte. Zwar hat er auch dies und mit Glück getan; aber noch bewundernswerter erscheint er mir da, wo er eine schon vorhandene Form durch den neuen Geist, den er ihr einhaucht, veredelt und gewissermaßen zu einer ganz neuen macht. Jedermann steht vor Augen das Beispiel seiner "Geharnischten Sonette". Wer hätte gedacht, daß diese von den Gegnern der "wälschen Mode" so oft verspottete, ja auch von Goethe eine Zeitlang in Mißkredit gebrachte, wälsche Strophenform so echt deutsche, markige, zornige, die Kriegswut entflammende Gesinnungen so geschickt ausdrücken könnte? Die Form des Sonetts – und in ihr hat sich Rückert in seiner dichterischen Jugend mit seiner solchen Leidenschaft und Hingabe geübt, daß ihm alles zum Sonett ward, wie überhaupt die Poesie in ihren künstlichsten Formen seine eigentliche Muttersprache war – die Form des Sonetts, so treu ihr Rückert blieb, hat einen ganz anderen Inhalt, ein ganz anderes Aussehen gewonnen, ist durch ihn der deutschen Literatur aufs neue erobert worden. Und um noch einige weniger bekannte Beispiele anzuführen: man lese seine Ritornelle in seinen "Kinder-Todten-Liedern"[4]. Ich mußeinige anführen, um auch an die eigentümliche Form zu erinnern, die allerdings von Rückert noch künstlicher dadurch gestaltet ist, daß er den zweiten Vers in den Konsonanten mit dem ersten und dritten reimen läßt und die unerläßliche, im ersten Verse anzuredende Blume in geistige Verbindung mit den folgenden Versen bringt:

Blühende Resede!
  In dem von Bienen dir gesummten Liede
  Vernehm' ich meiner Kinder Honigrede.

Blüte der Nelke!
  Das unterscheidet dich vom Blumenvolke:
  Sie duften frisch, du duftest noch als welke.

Farbige Ranunkeln!
  Ein Schleier quillt aus meinen Augenwinkeln,
  Der will dies Jahr mir euern Glanz verdunkeln.

So singt der edle Dichter beim Tode seiner kleinen Kinder. Und in welche Form hat er diese harmonischen Klagen gegossen, die ihm ein gewaltiger Seelenschmerz eingegeben, und "die doch im schönsten Takt sich mäßig halten"?

[4] Oder, wie sie die Herausgeberin, gleichfalls Marie Rückert, in der neuen Auflage (Frankfurt a.M., Sauerländer, 1881) genannt hat: "Leid und Lied", eine Sammlung, die nicht nur allen Freunden echter Poesie, sondern auch vorzüglich Eltern, die des Trostes über den Verlust ihrer Kinder bedürfen, nicht genug empfohlen werden kann.

Sollte man es glauben? In die Form italienischer "Schnadahüpfeln", improvisierter kleinen Volksliedchen, die der Liebende abends vor dem Fenster der Geliebten oder des Nebenbuhlers singt und damit, je nach seiner Stimmung, neckt, lockt, zürnt, liebkost, schmeichelt, schimpft. Und diese Form paßt für Rückerts Klagelieder wie gegossen. Wie verrufen ist nicht seit unseren großen Dichtern der Alexandriner in der deutschen Literatur! Und doch wie würdig schreitet er im Gewande Rückertscher Gedankenpoesie einher, in der er sich ergeht wie

Ein indischer Brahman, geboren auf der Flur,
Der Nichts gelesen als den Veda der Natur,
Hat viel gehört, geseh'n, noch mehr gedacht, gefühlt,
Und mit Betrachtung die Leidenschaft gekühlt.

Wer hätte geglaubt, daß die Form des mittelalterlichen deutschen Ritter-Epos, die auf romantischen Einfluß hinweist, wieder erneuert werden würde, – um ein indisches Heldengedicht zu übersetzen! Und doch ist dieser Griff wie der des Kolumbus nach dem Ei; jetzt da er glücklich getan ist, erscheint er nur als der ganz naturgemäße, als selbstverständlich, ja manchem wohl gar, der Verdienste anderer Übersetzungen unbeschadet, als der schicklichste. Ich meine natürlich Rückerts Übertragung von jener Episode des Mahâbhârata, die bei uns durch ihn unter dem Namen "Nal und Damajanti" bekannt geworden ist, und an der wir noch viel zu studieren haben, um aus ihr den Wortschatz unserer Sprache zu bereichern.

Aber auch da, wo Rückert der metrischen Form ihren ursprünglichen Gebrauch wahrt, wo also der Inhalt, wenn die Form fremdländisch, uns gleichfalls fremdländisch anmutet, wie in seinen Oktaven und Sestinen, stimmen beide trefflich zusammen und bezaubern uns wenigstens durch diese Harmonie, sowie durch den Wohlklang und die Geschmeidigkeit der Form. In dieser Hinsicht kenne ich nichts Vollendeteres, als seine "Sicilianen", eine besondere Form der Oktave mit viermal wiederkehrendem Reime: a .... b, die uns schon durch den Klang der Verse in ihre Heimat, Italien, versetzen, wo "ein sanfter Wind vom blauen Himmel weht, die Myrte still und hoch der Lorbeer steht". Auch wüßte ich ihnen in dieser Hinsicht nichts zur Seite zu setzen, als eben dieses Lied Mignons oder den Goetheschen "Nachtgesang: O gieb vom weichem Pfühle", oder die wohllautenden Verse des Tasso, wo die italienische Natur geschildert wird, oder Schillers "Erwartung: Hör' ich das Pförtchen nicht gehen?", dessen Szene gleichfalls Italien ist. Rückert soll seine Oktaven denen des italienischen Dichters *Meli* nachgeahmt haben, den man also studieren müßte, um Rückerts Verhältnis zu ihm kennen zu lernen.

Schon oben war von dem persischen Ghasel als einer glücklichen Bereicherung unserer poetischen Formen, die wir Rückert verdanken, die Rede. Sie ist deshalb eine so glückliche Form, weil sie, ähnlich wie die altdeutsche Priamel, sehr geschickt ist, Gedanken, die nur losen Zusammenhang untereinander haben, durch den gemeinsamen, stets an den paaren Stellen wiederkehrenden Reim "aneinander zu reihen". Auch ist das ein den Persern sehr geläufiger Ausdruck für diese Dichtungsform, indem der Reim mit einem Faden, die Gedanken mit daran zu reihenden Perlen verglichen werden. Daher auch die häufige Wiederkehr diese Bildes bei Rückert.

Jetzt streu' ich Perlen aus und niemand achtet darauf,
Einst streu' ich keine mehr, dann lest ihr diese auf.

Man vergleiche auch die Makame vom "Perlensticker" und die kleinen Gedichte unter dem Titel "Angereihte Perlen". Besondere Formens des Ghasels, die Rückert mit gleicher Meisterschaft gehandhabt hat, sind die "Vierzeilen" (Rubiat), die, wie eben der Name besagt, nur vier Zeilen haben, deren erste, zweite und vierte den gleichen Reim aufweisen, während die dritte reimlos ist, und die Kasside, die ein bestimmtes Maß von Versen nicht überschreiten darf, und in deren letzten vier Versen der Dichter seinen Namen, den wirklichen oder den angenommenen Dichternamen nennt. Dieser letztere war in seiner Jugend bekanntlich *Freimund Raimar*. Also ist das Folgende eine echte Kasside:

Führung
(Geschrieben im vierzigsten Lebensjahre)

Dich, Israel, hat in der Wüste Jehovah wunderbar geführt,
Er hat dich zum Verheißungslande durch Irren vierzig Jahr' geführt.
Er hat dich wollen altern lassen, damit verjüngt du ziehest ein;
Er hat, da unterwegs du starbest, dich heim als neue Schar geführt.
Er hat dich wollen dursten lassen, um dir den Quell aus Felsgestein
Zu schlagen; er hat Tags im Donner, dich Nachts in Blitzen klar geführt.
Er hat dich lassen irre gehn, damit du kämst ans rechte Ziel;
Er hat dich langsam, seltsam, aber er hat dich immerdar geführt.
Und als du zum verheißnen Lande nun hingelangt warst, riefest du :
Er hat mich wunderbar geleitet, doch mich zurecht fürwahr geführt.
So rufet Freimund, den durch Wüsten der Herr im Donner und im
Blitz,
Durch Läut'rungsfeuer hin zum Lichte, zum Liebeshochaltar geführt;
So rufet Freimund auch am Ziele, wo sich die Irren aufgelöst:
Er hat fürwahr mich recht geleitet, er hat mich wunderbar geführt.

Das erste Reimpaar ist der "Satz", die übrigen Verspaare mit dem immer widerkehrenden Reim des Satzes sind die Tonveränderungen, der Schluß macht die Nutzanwendung auf den Dichter. Man könnte ein Buch schreiben über die Vortrefflichkeit dieser Form und über die Meisterschaft, mit der Rückert sie in diesem herrlichen Gedichte angewandt hat. Und nicht allein in diesem; er hat noch viele andere von derselben Vortrefflichkeit gedichtet.

Diese Form der Dichtung hat Rückert zuerst angewandt in seiner Übertragung des Dschelâleddin Rûmî, jenes großen persischen Mystikers, dessen Mesnewi das Gebet- und Gesangbuch der Derwische ist. Eben dieses Mesnewi übersetzte

Rückert zunächst für *Cottas* Damentaschenbuch von 1821 mit den einleitenden Vierzeilen:

Die Form des Ghasels

Die neue Form, die ich zuerst in deinen Garten pflanze,
O Deutschland, wird nicht übel steh'n in deinem reichen Kranze.
Nach meinem Vorgang mag sich nun mit Glück versuchen Mancher
So gut im persischen Ghasel, wie sonst in wälscher Stanze,

(denn die Stanze hat mit dem Ghasel die Ähnlichkeit, daß derselbe Reim wenigstens dreimal wiederkehrt, und ein Reimpaar die Strophe abschließt, wie es im Ghasel sie einleitet), und es kränkte ihn, als man später das Erstrecht dieser Strophenform Platen zuschreiben wollte, dessen Ghaselen unverdienter Weise, so schön sie sind, mehr Bewunderer fanden, als die Rückertschen. Obgleich nun der ganze Divan (Gedichtsammlung) des Hafis in dieser Strophenform gedichtet ist, so verwandte doch Rückert in seiner Nachahmung des Hafis in den "Oestlichen Rosen" (Leipzig Brockhaus, 1822) meist andere Formen, besonders kräftige deutsche, nicht persische, Vierzeilen, die mir aus der Jugend noch jetzt in den Ohren schwirren, besonders:

O sei in keinem Augenblick,
Mein Herz, von Rausch und Liebe leer!
O wirf die Welt dir vom Genick
Und deine Ichheit wirf ins Meer!

- - - - - - - - - - - - - - - -

Ein Götzendiener bist du zwar,
Doch, Hafis, dienst auch du dem Herrn;
Denn wer berauscht von Liebe war,
Wie wär' vom Quell der Lieb' er fern?

Es ist eine eigentümliche Ironie des Schicksals, welches auch Verdienste bisweilen nach Willkür austeilt, daß die bodenlos schlechte Übersetzung des Hafis von dem gelehrten Wiener Orientalisten *Joseph von Hammer* sich das Verdienst erworben hat, die zwei größten Dichter des achtzehnten und neunzehnten Jahrhunderts, Goethe und Rückert, auf den großen persischen Lyriker Hafis hingewiesen und Nachahmungen desselben ("Westöstlicher Divan" und "Oestliche Rosen") bei ihnen hervorgerufen zu haben[5]. Zwar haben auch einige Gedichte

[5]Damit aber v. Hammer den Nicht-Orientalisten nicht in einem gar zu schlimmen Lichte erscheine, muß gesagt werden, daß v. Hammer allerdings sehr häufig schluderte, aber, wenn er mit Liebe arbeitete, auch Gediegenes schuf. Seine "Geschichte der schönen Redekünste Persiens" ist ein gediegenes Werk und war für Rückert eine unerschöpfliche Fundgrube, über welche mein literarischer Freund, Pfarrer C. Putz in Gundelsheim bei Gunzenhausen in Bayern eine besondere Arbeit zu veröffentlichen gedenkt. Hammer's "Schirin" ist eine schöne Leistung, die an Rückerts Dichtungen erinnert. Es ist wiederum ein eigenes Schicksal, daß gerade die volkstümlichste Dichtung Rückerts, die "Parabel von dem Manne im Syrerland" fast ganz aus einer Hammer'schen Übersetzung geflossen ist.

des Hafis mystischen Sinn, weshalb er die "mystische Zunge" genannt wurde; vergleiche Goethe ed. Hempel IV, S. 38 und das von Hafis angeregte "Selige Sehnsucht" (Buch des Sängers Nr. 18), woraus sich Rückert in seinem "Poetischen Tagebuch" noch 1853 die Strophen abschrieb (S. 126):

In excelsis
(Rückertsche Überschrift)

Sagt es Niemand, nur den Weisen,
Weil die Torheit gleich verhöhnet:
Das Lebend'ge will ich preisen,
Das nach Flammentod sich sehnet.

Und so lang du das nicht hast,
Dieses Stirb und Werde!
Bist du nur ein trüber Gast
Auf der dunklen Erde.

Aber die meisten seiner Lieder singen vom Wein und irdischer Liebe, ja sogar Knabenliebe, ohne natürlich an deren Ausschweifungen zu denken. Erst einem reichbegabten, aber bodenlos verlumpten deutschen Dichter, dessen Namen ich hier nicht nennen mag, um ihn nicht in die ehrenvolle Gesellschaft von Hafis, Goethe, Rückert und Platen zu bringen, war es vorbehalten, in seinem Angriff auf Platen, trotz seiner ab und zu einmal sich ängstigenden Lotosblume, eine solche Unkenntnis abendländischer Dichtung zu zeigen oder zu erheucheln, daßer glaubte, Platen wegen einiger Nachahmungen dieser Schenkenlieder des Hafis (vgl. das Schenkenbuch in Goethes ''Divan") einen Schandfleck anheften zu können. Auch über das Verbot des Weines setzte sich Hafis, wie überhaupt die Perser, trotz ihrer Rechtgläubigkeit, hinweg: der Teig seines Leibes, behauptete er, sei nun einmal am Schöpfungstage mit Wein angeknetet worden. Es ist nun einerseits das nicht geringe Verdienst Goethes, das nur ein so große Dichter wie er sich erwerben konnte, durch das Mittel der schlechten von Hammerschen Übersetzung die Größe des persischen Dichters durchschaut und in seiner Nachahmung glücklich getroffen zu haben.

Aber Hammer konnte keine Ghaselen bilden, nahm sich wenigstens in seiner fieberhaften Übersetzer-Tätigkeit nicht die Zeit dazu, und so konnte Goethe, dem das Urgedicht nicht erreichbar war, ihm auch keine nachdichten. Dieses Verdienst blieb Rückert vorbehalten, der bei seiner Rückkunft aus Rom den mündlichen Unterricht Hammers genoß und durch ihn erst in das Studium der morgenländischen Sprachen eingeweiht wurde, deren Professor er später in Erlangen und Berlin wurde. Leider wissen wir von diesem so äußerst wichtigen Aufenthalte Rückerts in Wien und von seinem Unterrichte bei Hammer so gut wie nichts. Aber von da an erst beginnt der große Zug in der Rückertschen Poesie, der ihn in dem stillen Landaufenthalt zu Neuses zum Mitbürger aller Völker macht und ihm ein Ohr verleiht für alle ihre Leiden und Freuden. Was für Uhlands "Merlin" der Wald ist, der

... in nächt'ger Stunde
Hat um sein Ohr gerauscht,
Daß es in seinem Grunde
Den Geist der Welt erlauscht,

das ist für Rückert seine Bücherei auf dem Goldberg, die er sich zum Teil durch Abschreiben herstellen mußte. Nur aus einer Sprache hat er nicht nach dem Urgedicht übersetzt, weil er sie nicht gelernt hat, er mußte aus Mohls lateinischen Übersetzungen die dichterischen Schönheiten und Feinheiten des Schi-King, der chinesischen Hamâsa erraten. Dabei mag er denn im Einzelnen fehlgegriffen haben, im Ganzen hat er auch hier jedenfalls das Richtige getroffen.

Aber was wäre alle Meisterschaft in der Form, wenn der Geist, der belebende, fehlt! "Der Buchstabe tötet, aber der Geist macht lebendig". Seine Weltanschauung erweiterte sich, je mehr Sprachen er hinzulernte; er ward nicht mehr mit jeder Sprache ein anderer, wohl aber mit jeder ein Vollkommenerer. Diese tausend Stimmen des Weltverkehrs erklangen in seinem Geistesohre nicht wirr durcheinander, sondern in volltönendem Einklang. In dieser Hinsicht könnte man wohl auf ihn selbst anwenden, was er an dem Schöpfer Himmels under Erde preist:

Geist der Liebe, Weltenseele, Vaterohr, das keine
Stimme überhöret der dich lobenden Gemeinde!
- -
O Natur, mit deinem Hauche läutere die Seele;
Daß sie widerhalle rein dein Glockenspiel, das reine!
Gieb, daß in dem großen Einklang deiner Stimme jedes
Menschenherz harmonisch schmelze, ob es jauch'z, ob weine!
Weltenohr! vor dem gesungen vom Beginn der Zeiten,
Die Jahrhunderte herab, viel Dichter im Vereine:
Ihrer Saiten Widerspruch ist vor dir ausgeglichen;
Ihre hunderttausend Stimmen hörest du als eine.
Laß in deinem Abendwinde Rosen säuseln über
Eines jeden, der dir sang, nun schlummernde Gebeine!
Laß den freien Dichtermund hier deinem Lobe dienen,
Bis in Engelszungen dort sich freier mischet seine!

Mit solchen Kenntnissen und mit einer solchen Liebe für all Völker, deren Gebete in tausend Sprachen täglich zum Himmel emporsteigen, zu dem Wesen, das sie alle nicht kennen und darum verschieden benennen und verehren, das aber sie alle kennt und mit gleicher Liebe hegt und leitet, konnte er freilich nicht gut ein katholischer Christ sein, der auf die "allein seligmachende Kirche", noch aber auch ein Altlutheraner, der auf das "unbefleckte" Augsburger Bekenntnis schwört: seine dichterische Weltanschauung war die pantheistische, in seinem häuslichen Leben, in der Kindlichkeit und Tiefe seines Gemütes war er ein guter deutscher protestantischer Christ. Jene Kindlichkeit des Gemüts, die so rührend ist bei einem Weltdichter und Welt-Sprachgelehrten wie Rückert, hat ihn auch bis in das höchste Alter nicht verlassen. Wie rührend kindlich klingt sein letztes Lied, zwei Tage vor seinem Tode, den 29. Januar 1866, gedichtet:

Verwelkte Blume,
  Menschenkind,
Man senkt gelind
Dich in die Erde
  Hinunter.
Dann wird ob dir
  Der Rasen grün,
Und Blumen blüh'n,
Und du blühst
  Mitten drunter.

Den jüngeren Dichtern aber, wenn sie durch Sprachbemühungen sich dazu befähigt haben, hat er ein leuchtendes Ziel vorgesteckt, soweit es nicht durch die Geisteskraft und Tätigkeit des einzigen Rückert schon hat erreicht werden können, ein Ziel, an welchem nur dem deutschen Volke die Palme winkt:

Darum nur munter vorwärts, auszubeuten
Den tiefen Schacht, den nicht erwühlt ein Scherz,
Das fremde Leben deinem Volke zu deuten,
Das ohne dich ihm bliebe taubes Erz!
Wenn erst der Menschheit Glieder, die zerstreuten,
Gesammelt sind ans europä'sche Herz,
Wird sein ein neues Paradies gewonnen,
So gut es blü'n kann unterm Strahl der Sonnen.

* * *

Hier könnte ich schließen, wenn ich nicht die mir von der verehrten Leitung dieses Blattes gebotene Gelegenheit benutzen müßte, auf zwei Neuigkeiten hinzuweisen, die auf den gefeierten Gegenstand meines Aufsatzes Bezug haben. Die eine ist das schon erwähnte "Poetische Tagebuch" (Frankfurt a.M., Sauerländer, 1888), durch dessen Herausgabe sich Fräulein *Marie Rückert* ein neues bedeutendes Verdienst um die Werke ihres Vaters erworben hat. Nur wenige Lieder von dem darin aufgespeicherten Schatze waren schon früher durch Dr. *C. Beyers* "Nachgelassene Gedichte" und durch meine "Rückert-Studien" bekannt geworden. Übrigens muß neben der Herausgeberin auch noch ein Herausgeber tätig gewesen sein, wie sich aus der Bemerkung S. 262 ergibt, und dieser hätte wohl wegbleiben können, da das Zusammenarbeiten mit ihm der Arbeit selbst nicht förderlich gewesen zu sein scheint. Gerade von dem auf dieser Seite mitgeteilten Gedicht, welches zuerst in Dr. C. Beyers "Neuen Gedichten Rückerts" veröffentlicht wurde (S. 20), habe ich eine Abschrift, die ich bei dieser

Gelegenheit veröffentlichen möchte. Zunächst ist zu erinnern, daß die vier Zeilen dem "Liebesfrühling" entlehnt sind[6], wie auch der "Herausgeber" anmerkt. Hier aber lauten , wie in meiner Abschrift des Gedichtes, die vier ersten Verse:

Von Cyanen laß den linden
  Kranz dir winden!
Von Cyanen laß den rechten
  Kranz dir flechten!

Dann fährt meine Abschrift fort:

Nimm von mir den aufgesetzten
  Kranz den letzten!

Diese beiden Verse fehlen bei Dr. Beyer und im Tagebuch. Daß sie von Rückert sind und nicht etwa vom "Herausgeber", darauf möchte ich schwören. Warum fehlen sie? Hat Rückert sie ausgestrichen? Oder der "Herausgeber"? Das wollten wir uns doch sehr verbeten haben, eher hätten wir uns das von Fräulein Rückert gefallen lassen. Soll uns etwa folgende "Anmerkung des Herausgebers" entschädigen – doch ich unterdrücke weiter Bemerkungen, weil vielleicht weibliches Zartgefühl durch diese Zänkerei beleidigt werden könnte. Es wird Aufgabe der künftigen Rückert-Forschung sein – und warum sollte es nicht auch einmal eine Rückert-Forschung geben, wie es schon eine Goethe-Forschung gibt? Mag man über ihre Leistungen spotten, so viel man will, sie muß bestehen, um Schaden zu verhüten – die Gedichte noch einmal mit den in guten Händen befindlichen Urschriften zu vergleichen[7]. Dies wird eine mühelose Arbeit sein im Vergleich zu der höchst mühevollen, der sich die Herausgeberin bei dieser Veröffentlichtung unterziehen mußte, und wofür wir ihr nicht genug danken können. Denn sie hat uns einen wahren, reichhaltigen Schatz echtester Poesie erschlossen. Wir würden noch erstaunter, noch dankbarer ein, wären wir nicht durch frühere Veröffentlichungen aus Rückerts Nachlaß, ich meine die "Kindertotenlieder" und die "Lieder und Sprüche", schon an das Vortreffliche gewöhnt worden. Hier sei, weil ich nicht mehr Raum in Anspruch nehmen darf nur noch folgendes Gedicht angeführt, welches unseres Rückerts Doppelleben in Natur und Büchern so trefflich veranschaulicht (S. 32):

Griechische Bücher und deutsche, lateinische, slawische, welsche,
Persische samt Sanskrit, Türkisch, Arabisches auch:
Also bunt ist besetzt mein Tisch, doch keins der Gerichte

[6] Werke I, S. 586. Erlanger Ausg. 5. Aufl. I, 431, 2. Aufl. S. 426. Auswahl, 17. Aufl. S. 300. Prachtausgabe des Liebesfrühlings S. 213.

[7] Für diese "künftigen Rückert-Philologen" will ich hier nur noch anmerken: 1. daß meine Abschrift dieses Gedichtes den Titel führt: "Mit ins Grab". 2. Daß ich, obgleich die letzten 10 Bogen des "Tagebuches" mir noch fehlen, schon jetzt ersehe, daß das bei Beyer vorhergehende Gedicht unmöglich "der kranken und der toten Gattin" gelten kann. Das erste der "letzten Lieder": "Den Gehalt in meinem Busen" (S. 3 bei Beyer; etwas für die "Goethe-Philologen") versetzt Beyer in den Winter 1863, Fräulein Rückert 1851 u.s.w.

Mundet mir heute, da Lenz draußen die Tafel gedeckt.
Laß, so flüstert ein Zefir, die Winterkost und den Winter-
Trost und den Winterfrost! Bade mit Blumen im Tau!
Trinke den Nektarsaft aus blühenden Kelchen mit Bienen!
Und Ambrosia sei dir der Erinnerung Kuss!

Und mit dieser Veröffentlichung ist der Rückertsche Nachlaß noch nicht einmal erschöpft; noch andere sind in Aussicht genommen, und es wäre mehr als Undank der Leserwelt, wenn sie nicht durch zahlreichen Ankauf dieser sauber und fein ausgestatteten, auch zu Festgeschenken geeigneten Ausgabe dem Verleger zu ferneren Veröffentlichungen Mut machen wollte.

Eine zweite Gabe, freilich nicht zur Rückert-Literatur, aber zu Rückerts Gedächtnis ist das treffliche Bild Rückerts von der kunstfertigen Hand der Schwester von Rückerts Schwiegertochter, Fräulein *Bertha Froriep* in Weimar. Auf meine Bitte hat mir diese talentvolle Malerin darüber folgende Auskunft gegeben:

"Dasselbe ist noch in meinem Besitz und ich hege immer noch die Hoffnung, daß es einen seiner, d.h. des Gegenstandes würdigen Platz in einer Sammlung berühmter Männer-Bildnisse finden würde. Ich habe es gemalt im März 1864, die Gelegenheit benutzend, daß Rückert dem Bildhauer Scheffel saß, zu einer Büste für das Hochstift in Frankfurt, welche, beiläufig bemerkt, aber nicht gut ausgefallen ist. An meinem Bild hatte der alte Herr große Freude und auch die Familie war sehr zufrieden damit. Beifolgendes Gedichtchen hat sich kürzlich in seinem Nachlaß gefunden und wird auch in der jetzt erscheinenden Sammlung abgedruckt. Ich habe das Bild zu verschiedenen Zeiten in vielen Städten ausgestellt und immer viel Anerkennendes darüber gehört. Vor etwa vier Jahren habe ich nach diesem Bild ein großes Portrait gemacht in ganzer Figur, sitzend in dem Gartenhäuschen auf dem Goldberg mit der Aussicht auf die Veste Koburg. Dieses Bild hat auch viel Interesse erregt, bis jetzt aber auch leider noch keinen Platz gefunden, obgleich ich mehrmals die Aussicht darauf hatte. Es ist zuletzt in Berlin in der Ausstellung der Künstlerinnen ausgestellt gewesen was leider durch die Krankheit und den Tod des Kaisers kein günstiger Moment war, denn die Interessen waren durch dieses traurige, alle Welt bewegende Ereignis so in Anspruch genommen, daß Niemand für Anderes Gedanken hatte. Das Bild kommt jetzt an mich zurück und wird voraussichtlich einige Zeit hier bleiben. Wenn Sie, geehrter Herr, in der Zeit einmal nach Weimar kommen sollten, würde es mich sehr freuen, wenn sie es sich betrachten würden. Beide Bilder, das Brustbild, sowie das in ganzer Figur, sind im Herbst von Hanfstängel in München für den Kunsthandel in verschiedenen Größen photograpiert worden. Ich habe es aber bis jetzt hier noch an keinem der Bilderläden gesehen. Es würde mich freuen, wenn meine Notizen Ihnen zu Ihrem Aufsatz nützlich sein würden und bin gern bereit, Ihnen noch Näheres zu sagen, wenn sie es brauchen könnten.

Hochachtungsvoll ergebenst
Bertha Froriep.

Du hast mein Bild mit Liebe gemalt,
Drum ist es so schön gelungen:
Denn wo aus dem Irdischen Schönes erstrahlt,
Das ist aus Liebe entsprungen;
Davon die Spur
Trägt jede Flur
In Farbenabschattungen,
Das ist die Liebe der Natur!
Und Kunst, die ihr nacheifert nur,
Hat gleichen Sieg errungen,
Mit Liebe den Stoff bezwungen.

An Bertha Froriep Fr. Rückert"

[Aus: Das Magazin für die Litteratur des In- und Auslandes 57 (1888) S. 301-304, 323-327.]

Friedr. Rückerts pädagogische Bedeutung

Von G. N. Marschall

I.

> Was für den Knaben der Lehrer sein soll, der ihnen den Weg anzeigt, das ist für Erwachsene der Dichter.
> Aristophanes.

Es gibt Pädagogen, und zwar Pädagogen "von Gottes Gnaden", deren Namen man in den Encyklopädien für Erziehung und Unterricht oder in den Abrissen der Geschichte der Pädagogik in der Regel vergebens sucht, weil sie ihre pädagogischen Grundsätze nicht vom streng wissenschaftlichen Standpunkte, am wenigsten von dem eines bestimmten Systems aus, dargestellt, ja häufig nicht einmal besondere in das pädagogische Fach einschlagende Schriften oder Aufsätze verfaßt, sondern ihre Ansichten über Erziehung und Unterricht nur gelegentlich und in anderweitigen Schriften zerstreut niedergelegt haben. Das sind vor allem unsere großen Philosophen und Dichter. Wir sehen, insofern wir diese als "Pädagogen" bezeichnen, davon ab, daß dieselben schon deshalb, weil sie auf die Entwicklung der Völker den tiefsten und nachhaltigsten Einfluß ausübten, Lehrer der Menschheit wurden; wir können uns auf das eigentlich pädagogische Gebiet beschränken, um immer noch die meisten großen Denker und Dichter als Pädagogen anzuerkennen. Es liegt ja auch ganz in der Natur der Sache, daß deren das gesamte geistige Leben und Streben umspannender und den leisesten Pulsschlägen der Zeit lauschender Geist den Fragen der Entwicklung der Menschheit im ganzen und des menschlichen Geistes im einzelnen nicht teilnahmslos gegenüberstehen konnte.

Man spricht deshalb nicht nur von einer Pädagogik jener Geistesheroen, welche mit Absicht pädagogische Fragen in den Kreis ihrer Erörterungen zogen, wie Jean Paul, Herder, Lessing, Schleiermacher, Kant, Fichte, sondern mit ebensoviel Recht auch von einer Pädagogik Goethes, Schillers u.a.m.

Es ist schwerlich zuviel behauptet, wenn man diesen – man gestatte den nur im besten Sinne gebrauchten Ausdruck – "Gelegenheitspädagogen" eine umfassendere, tiefergreifende und nachhaltigere Wirksamkeit zuschreibt als selbst unseren eigentlichen Fachpädagogen; denn bis jetzt sind die Schriften dieser letzteren nur in verschwindendem Maße über die Kreise der Lehrerwelt hinausgedrungen, während die Werke unserer großen Denker und namentlich unserer hervorragenden Dichter nicht bloß allen Gebildeten, sondern selbst der breiten Masse unseres Volkes zugänglich sind. Mit dieser Hervorhebung eines tatsächlichen Verhältnisses soll aber selbstverständlich den Verdiensten der wissenschaftlichen Pädagogen nicht der mindeste Eintrag getan werden.

Daß übrigens bei der wissenschaftlichen Pädagogik gar manche Einseitigkeit und Voreingenommenheit, manche Überschätzung des einen und Unterschätzung eines anderen Systems mit unterläuft; daß es bei Verfechtung abweichender Anschauungen nicht ohne Kampf, ja nicht ohne Leidenschaftlichkeit und Erbitterung und auch nicht ohne fruchtloses Streiten um Worte und Formen abgeht, ist nur zu bekannt.

Gerade in Zeiten solchen Streites um wirkliche oder vermeintliche Gegensätze der wissenschaftlichen Pädagogik empfiehlt es sich, jene reinen Quellen pädagogischer Weisheit aufzusuchen, wie sie klar und frisch in den Schriften unserer Dichter fließen. Diese haben ihre pädagogischen Anschauungen auf dem Wege eigener Erfahrungen und völlig selbständigen Nachdenkens gewonnen und gemeinfaßlich, ja fesselnd dargestellt, was ihnen für alle Zeiten eine untilgbare Unmittelbarkeit und wohltuende Frische verleiht.

Unter den deutschen Dichtern, denen eine hervorragende pädagogische Bedeutung zukommt, obwohl sie mit speziell pädagogischen Fragen sich nicht eingehend befaßten, steht Friedrich Rückert obenan. In einer unserer deutschen Literaturgeschichten wird er "der Schulmeister unter den Dichtern" genannt, wobei freilich das Wort "Schulmeister" im Sinne des bekannten Beigeschmäckchens angewandt ist, und eher eine Verkleinerung als Erhöhung des Ruhmes bezeichnen sollte. Wir lassen die Benennung gelten, aber in jenem edlen Sinn, in dem Rückerts bester Biograph *Dr. C. Beyer*, diesem die Stellung eines "praeceptor Germaniae" anweist. Das ist er auch, nicht etwa wegen seiner praktischen Lehrtätigkeit, die bekanntlich nur eine ziemlich untergeordnete Seite seiner Wirksamkeit bildete, sondern wegen seiner tiefen Einsicht in das Wesen und die Ziele der Erziehung und vor allem wegen seiner idealen Auffassung des Erzieher- und Lehrerberufes.

Die Lehrer Deutschlands haben deshalb die vollste Berechtigung, die in diesem Jahre stattfindende Feier seines hundertsten Geburtstages freudig zu begehen, gleichwie an sie meines Bedünkens auch die Pflicht herantritt, die pädagogische Bedeutung dieses Dichterfürsten aufs neue hervorzuheben. Und gerade die Bayerische Lehrerzeitung dürfte hierzu eine besondere Veranlassung haben, weil wir Bayern, speziell wir Franken, Friedrich Rückert mit Stolz den unsrigen nennen können.

Zu dieser Säkularfeier will auch ich mein Scherflein beitragen, nicht durch eine Darstellung vom Leben und Wirken Rückerts im allgemeinen oder von seinem Gelehrten- und Dichterruhme – solches werden ja anderweitige Zeitschriften in ausreichendem Maße besorgen – sondern durch den Nachweis seiner hervorragenden Bedeutung als Pädagoge aus seinen eigenen Aussprüchen, wobei auf des Dichters Leben und Wirken nur insoweit Bezug genommen werden soll, als es mit seinen pädagogischen Anschauungen in Zusammenhang steht. Das ist in hohem Grade der Fall; denn gerade bei Rückert stehen Wort und Tat in innigster Übereinstimmung. Was er als Erziehungsregel aufstellt, hat er an sich selbst erfahren, und seine Forderungen an eine wirklich menschenwürdige Ausgestaltung des Lebens hat er für seine Person am strengsten erfüllt. Auch war er für seine Kinder das Muster eines praktischen Erziehers, und man kann sich auf seine Erziehungserfolge als Bestätigung seiner Erziehungsgrundsätze berufen. Zunächst sei aber ein eigenartiges, noch lange nicht genug gewürdigtes Verdienst Rückerts um Jugendbildung und Schule hervorgehoben.

Rückert ist der Schöpfer der Kinder- oder Jugenddichtung, d.i. jener Dichtungsgattung, die ihren Stoff dem dem Kindesleben und dem kindlichen Anschauungs- und Gefühlskreise entnimmt und in einfacher, leichtfaßlicher und doch echt poetischer Form zur Darstellung bringt. Durch seine Kinderpoesien hat Rückert eine vor ihm noch unbekannte Bahn betreten, auf der ihm bald eine namhafte Zahl poetisch begabter und mit dem Kindesleben vertrauter Dichter und Dichterinnen mit Glück folgte. Vor allem unser trefflicher *Friedrich Güll*, gleich Rückert ein Franke, dann *Hoffman von Fallersleben, Karl Enslin, Robert Reinick, Georg Christian Dieffenbach, Rudolf Löwenstein* und viele andere, die dem deutschen Lehrerstande ja aus Lese- und Liederbüchern zur Genüge bekannt sind. Sie schufen einen Reichtum von herrlichen Gedichten für die liebe Jugend, wie keine andere Nation sich deren rühmen kann. Allen aber hat unser Friedrich Rückert den Weg gebahnt und als Muster gedient. Er war die frühaufsteigende Lerche, welche die anderen Sänger weckte.

Rückert war aber auch wie kein zweiter Dichter für diese Art von Poesie befähigt durch sein tiefes, reines, wahrhaft kindliches Gemüt, durch seinen klaren Geistesblick, den er bei aller Weite und Höhe seines Gesichtskreises doch auch auf das Familien-, Kindes- und Naturleben gerichtet hielt, durch seine bis ins höchste Alter ihm treu gebliebene Erinnerung an seine eigene frisch, fromm, fröhlich und frei verlebte Jugendzeit und endlich durch seine wunderbare Sprach- und Reimgewandtheit, die ihn bei seinem Verständnisse für das Volkstümliche und Kindergemäße stets den rechten Ton und Ausdruck finden ließen.

Seine ersten Kinderdichtungen waren die allbekannten Märlein: Vom Büblein, das überall hat mitgenommen sein wollen – Vom Bäumlein, das andere Blätter hat gewollt – Vom Bäumlein, das spazieren ging – Der Spielmann – Das Männlein in der Gans, die er im Jahre 1813, da er sich unter dem Pseudonym em Freimund Reimar bereits einen geachteten Namen als Dichter erworben hatte, zur Weihnachtsgabe für sein dreijähriges Schwesterchen *Marie*[1] in einer einzigen Dezembernacht niederschrieb.

Diese unübertrefflichen Märlein sind heute noch das Beste ihrer Art. Sie zeigen in ihrer kerngesunden Naivität Rückerts tiefes Verständnis für das echt

[1]Marie Rückert starb 1835 unverheiratet in Schweinfurt. Ihr Grabmal trug die ohne Zweifel von Fr. Rückert verfaßte Inschrift:

Um zu erwachen dort, bist du hier eingeschlafen:
Fahr wohl! Im Sturme sind wir noch; du bist im Hafen.

Kindliche und Natürliche, sind reich an überraschenden und doch ungezwungenen Wendungen, einfach und faßlich im Ausdruck, belebt durch fortschreitende Handlung und klingen so nicht nur durch Sprache, Rhythmus und Reim angenehm ins Ohr, sondern fordern auch zum Mitdenken auf und regen so das Interesse der Kinder nach allen seiten an. Und wie packend und volkstümlich ist der Schluß vom ersten Märlein:

> Ist das Büblein gestorben?
> Nein! es zappelt ja noch!
> Morgen gehn wir 'naus und tuns 'runter!

Auch in den übrigen für die Jugend passenden Gedichten Rückerts weht ein durch und durch gesunder Geist; sie sind voll echter Poesie ohne Überschwenglichkeit und ohne hohlen Wortschwall; sie spiegeln namentlich in ungekünstelter Weise das Naturleben wieder, führen uns durch Tages- und Jahreszeiten, in Wiese, Wald und Feld, zeigen das Walten eines Alliebenden und Allerfreuenden in einfachster Form, und wo sie lehrhaft sind, bieten sie nicht trockene Weisheitsregeln oder predigtartige Anreden und sittenstrenge Schlußfolgerungen, sondern sind anschaulich und bilderreich gehalten und wirken deshalb unmittelbar auf Gemüt und Gesinnung. Es sei nur hingewiesen auf das lehrhafte Gedichtchen "Der Wegweiser": "Der Vater mit dem Sohn ist überfeld gegangen –" mit dem sinnvollen Schluß: "Den Weg der Erde kann man nur am Himmel lernen". Rückerts Dichtungen sind ein vortreffliches Mittel zur Geistes-, Gemüts- und Gesinnungs-, in ganz besonderer Weise aber auch zur Sprachbildung, und mit Recht haben viele den Weg in unsere Schullesebücher gefunden und fast keinem fehlt: Das Lied von den grünen Sommervögelein, der Kletterunterricht, die Rätsel der Elfen, Friedrich Barbarossa etc. Doch sind Rückerts Dichtungen noch lange nicht genug für die Zwecke der Schule durchforscht und benützt, und man könnte einen stattlichen Band mit den für die Jugend geeigneten anfüllen.

Mit dem Verdienste Rückerts, der Schöpfer unseres Kinderliedes zu sein, hängt das weitere zusammen, daß hauptsächlich durch seinen Vorangang die Poesie überhaupt Eingang in unsere Lesebücher und so in die Schulen gefunden hat, und daß dadurch ein nicht hoch genug zu schätzendes Erziehungsmittel gewonnen, insbesondere der sonst so trockene Lese- und Sprachunterricht ein anregender, Geist und Gemüt erfrischender geworden ist.

Man vergleiche nur einmal die Schullesebücher der Gegenwart mit den Lesebüchern, die vor etwa fünf bis drei Jahrzehnten in unseren Schulen in Gebrauch waren. In manchen sucht man vergebens nach Gedichten, überhaupt nach einem Hauche echter Poesie, wie in dem – älteren Lehrern noch recht wohl bekannten, in den bayerischen Schulen ausschließlich zugelassenen – trocken-realistischen Lesewerke, welches merkwürdigerweise zwei durchaus poetisch angelegte Schriftsteller, *Christ. v. Schmid* und *Gotthilf Heinr. v. Schubert*, bearbeitet hatten. Andere, z.B. verschiedene "Kinderfreunde" und die in Bayern vorgeschriebene Stephanische Fibel mit Anfangslesebuch enthielten zwar einzelne Gedichte, aber dieselben waren durchaus lehrhafter Natur, oft geradezu ledern, trocken und außerhalb des kindlichen Gesichtskreises liegend.

Ganz erklärlich! Einerseits stellte man damals die Verstandesbildung zu einseitig in den Vordergrund, ja man räumte ihr die ausschließliche Herrschaft beim Unterrichte ein; andererseits mangelte es unserer deutschen Literatur auch an passenden Gedichten für die Jugend, besonders für die unteren Altersstufen. Unsere Klassiker schrieben ja nicht für die Jugend, wollten nicht für diese schreiben. Noch Heinrich Heine, ein Zeitgenosse Rückerts und um zehn Jahre jünger als dieser, sagt mit gewissem Stolze: "Ich schreibe nicht für Knaben."

Selbst von Schiller und Goethe können wir nur verhältnismäßig wenige Gedichte für Volksschulen verwenden und diese mit verschwindenden Ausnahmen nur für das reifere Alter. Für die Unterstufen mangelte es vor Rückert an geeigneten guten Gedichten. Es ist diesem deshalb doppelt hoch anzurechnen, daß er keine Verdunkelung seines Dichterglanzes fürchtete, wenn er "für Knaben schrieb".

Rückert zur Seite steht sein Zeit-und Ruhmesgenosse Ludwig Uhland, der uns ebenfalls mit einer großen Anzahl von Dichtungen beschenkte, die, wenn auch nicht mit Absicht für die Jugend geschrieben, doch in hohem Grade für diese geeignet sind. Diese sind vorzugsweise erzählenden Inhalts, während bei Rückert mehr das Lyrische und Lehrhafte vorwiegt. Diese beiden Dichter ergänzen sich also, soweit es sich um Dichtungen für den Schulgebrauch handelt. Darin aber liegt das Hauptverdienst Rückerts, daß er Dichtungen für die ersten Jugendjahre, ja für das noch vorschulpflichtige Alter schuf und zu Nacheiferung auf diesem Gebiete anregte. Gerade die erste Jugendzeit ist die Zeit der Poesie; da wiegen noch Gefühl und Empfindungen vor, und erst allmählich gewinnt der Verstand die Oberhand.

Es war eine Verkennung der Kinderseele und ihrer Entwicklung, daß man früher der Poesie gar keinen Spielraum beim ersten Unterricht gewährte. Dagegen ist es ein hohes Verdienst der "modernen Pädagogik", der poesievollen Jugend auch Poesie im Unterrichte zu bieten. Welcher Lehrer hätte es nicht mit Befriedigung empfunden, wie die Kleinen einem echt poetischen Kindergedicht lauschen, wie ihre Augen vor innerer Erregung strahlen, wie leicht sie solche Gedichtchen auffassen, im Gedächtnisse behalten und mit gewisser Wärme vortragen! Herzbelebend und stärkend wirken gute Poesien auf die Jugend und heben diese empor zu reiner Himmelsluft. Dieses Bildungsmittel den Schülern vorzuenthalten, heißt sich an der Kindesnatur versündigen.

Wenn Rückert kein anderes Verdienst sich erworben hat, als der Poesie zu ihrem Rechte bei der Jugendbildung und dem Jugendunterrichte verholfen zu haben, so würde ihm schon um des willen für alle Zeit ein hervorragender Platz unter den deutschen Pädagogen gebühren. Daß er aber ein Pädagoge auch noch im engeren Sinne des Wortes war, soll im folgenden erwiesen werden.

II.

Rückerts pädagogische Anschauungen und Ratschläge finden sich zerstreut in seinen Gedichten, die meisten in seiner tiefsinnigen, gedankenreichen Lehrdichtung "Weisheit des Brahmanen", die allerdings kein einheitliches, systematisch aufgebautes und durch irgendeinen Grundgedanken beherrschtes Ganze bildet, sondern aus zahlreichen, lose aneinander gereihten kleineren Gedichten, meistens in Spruchform, besteht, deren jedes für sich einen abgeschlossenen Gedanken zur Darstellung bringt. Diese Dichtung umfaßt das gesamte Menschenleben nach all seinen vielverzweigten Richtungen und Beziehungen und wird für alle Zeiten eine unerschöpfliche Quelle der Weisheit bilden. Es ist des Dichters Hauptwerk und spiegelt am treuesten sein Denken und Fühlen, sein Wollen und Streben wieder. Doch auch in den übrigen Gedichten Rückerts, besonders in seinen "Jugenderinnerungen" und in den "Haus- und Jahresliedern" finden sich zahlreiche pädagogische Goldkörner. Es versteht sich von selbst, daß Rückerts pädagogische Ansichten von dessen religiöser und philosophischer Lebensanschauung beeinflußt wurden; denn wenn er auch weder Philosoph noch Theologe – so wenig als Pädagoge – von Fach war, so hatte er sich doch durch Studium, eigenes Forschen und Erfahrung bestimmte und klare theologische, richtiger religiöse, und philosophische Grundsätze zu eigen gemacht, die einen Teil seines innersten Wesens bilden. Doch ist die Hauptquelle seiner pädagogischen Anschauungen die Erfahrung, sowohl aus seinem eigenen Lebensgange als an anderen; denn welchen scharfen Blick er von Jugend auf nicht nur für seine individuelle Entwicklung, sondern auch für die Eigenart anderer Menschen hatte, das beweisen am besten seine "Erinnerungen aus dem Leben eines Dorfamtmannssohnes". Sein eigener Entwicklungsgang, bei dem er von Anfang an hauptsächlich auf sich selbst angewiesen war, so daß man man ihn in noch weiterem Sinne als Goethe einen Autodidakten nennen darf, stand ihm völlig klar vor Augen. Von seiner späteren tiefen Menschenkenntnis gibt in erster Linie seine "Weisheit des Brahmanen" auf jeder Seite Kunde. Zugleich widmete er sich der Erziehung seiner Kinder mit dem heiligen Ernste und mit größter Sorgfalt, und gleichwie er schon als Knabe auf seine jüngeren Geschwister einen förderlichen erziehlichen Einfluß übte, so wandte er noch im Greisenalter der Entwicklung seiner Enkel die vollste Aufmerksamkeit zu. In der Regel kam er gegen Mittag in die Wohnung seines Sohnes, des Besitzers vom Gute Neuses, und unterhielt sich mit aller Heiterkeit und Liebenswürdigkeit mit seinen lieben Enkeln, die sich freudig um ihn herum drängten. Auch durften sie ihn, der sich so ungern in seiner geistigen Beschäftigung stören ließ, jeden Morgen besuchen. Zuerst unterhielt er sich mit ihnen; dann überließ er sie dem Spiele. Da nahmen sie die großen Folianten vom Gestell unter dem Tische heraus, um Häuser u. dergl. daraus zu bauen, und der an peinliche Ordnung gewohnte Großvater ließ es ruhig geschehen und räumte nach dem Weggange der Bürschchen alles wieder geduldig zusammen, wie er in dem Gedichte "Die Folianten" gutmütig erzählt. Der Kinderfreund Rückert war im besten Sinne des Wortes ein praktischer Pädagoge, und seine pädagogische Weisheit schöpfte er nicht aus Büchern, sondern aus scharfer Beobachtung und Beurteilung der "kleinen und großen Welt", aus den Erscheinungen in der Kinderstube und im Völkerleben. Mag auch in neuester Zeit eine gewisse Richtung stolz auf die "Empiriker in der Pädagogik" herabzuschauen sich berechtigt halten, in der praktischen Pädagogik wird die Erfahrung immer den Ausschlag geben, und auf dauernde Geltung werden nur jene Theorien rechnen dürfen, welche sich durch die Erfahrung bewähren.

Übrigens stimmen Rückerts pädagogische Ansichten mit den Lehren unserer hervorragendsten und anerkanntesten Pädagogen überein, und man könnte seinen verschiedenen Aussprüchen Sätze aus den Schriften *Pestalozzis, Grafers, Diesterwegs* und selbst *Herbarts* gegenüberstellen, die sich inhaltlich mit jenen vollständig decken. Sehr begreiflich; denn die auf spekulativem Wege gewonnenen pädagogischen Prinzipien können nicht in Widerspruch stehen mit richtigen Erfahrungsgrundsätzen. Einigen Behauptungen Rückerts allerdings werden die strammen Bekenner von Herbarts Psychologie, besonders soweit es sich um das "Wesen der Seele" und die "ursprünglichen Anlagen" handelt, nicht beistimmen. Auf diese verschiedenartige Auffassung wird später hingewiesen werden; soviel aber sei vorläufig bemerkt, daß der Widerspruch, in dem sich Rückert mit seiner Anschauung vom Wesen der Seele mit Herbart befindet, meines Erachtens dem ersteren kaum zum Nachteile gereichen wird. Indessen ließen sich selbst bezüglich der individuellen Anlagen Aussprüche von Herbartianern anführen, die Rückerts Anschauungen wenigstens sehr nahe kommen. Es lag zuerst in meiner Absicht, den in poetischem Gewande auftretenden Behauptungen Rückerts Zitate aus den wissenschaftlichen Schriften unserer hervorragenden Pädagogen, auch aus der Schule Herbarts, anzufügen, die grundsätzlich mit jenen übereinstimmen. Aber zwei Gründe ließen mich davon absehen, einmal die Rücksicht auf den Umfang der Arbeit für ein pädagogisches Wochenblatt, der doch eine gewisse Grenze nicht überschreiten darf, und dann die Erwägung, daß durch die beabsichtigten Parallelstellen die Einheit der Darstellung gestört und die Übersichtlichkeit und der klare Einblick in die Lehren Rückerts beeinträchtigt worden wäre. Ich werde also nur in spärlichster Weise und bei besonders wichtigen – namentlich bei bestrittenen – Grundsätzen Rückerts auf die Anschauungen anderer Pädagogen Bezug nehmen.

1. Vor allem wohltuend berührt uns Rückerts ideale Auffassung des Erzieher- und Lehrerberufs, seine Anerkennung der Wichtigkeit und Würdigkeit desselben und seine hohe Achtung vor dem sich entwickelnden Kinde. Besser und nachdrücklicher ist dies nirgends gesagt worden als in folgenden Aussprüchen:

1. Das menschlichste Geschäft ist, Menschen zu erziehen.

2. Die Zukunft habet ihr, ihr habt das Vaterland,
Ihr habt der Jugend Herz, Erzieher, in der Hand.
Was ihr dem lockern Grund einpflanzt, wird Wurzel schlagen,
Was ihr dem zarten Zweig einimpft, wird Früchte tragen.
Bedenkt, daß sie zum Heil der Welt das werden sollen,

Was wir geworden nicht, und haben werden wollen.

3. O Väter, Mütter, o Erzieher, habet acht
Des wichtigsten Berufs; wie groß ist eure Macht!
Der Menschheit Aufgab' ist, die Menschheit zu erzieh'n;
Bedenkt, daß euch daran ein Anteil ist verlieh'n.
O wirkt gewissenhaft dazu an eurem Teil,
Damit der Menschheit komm' ihr Heiland oder Heil.
Betrachtet jedes Kind mit Ehrfurcht; denn geheim
Kann sein in jedem ja des neuen Heiles Keim.
Das Heil, ob es Gestalt des Einzlen angenommen,
Ob es als Ganzes komm', es wird das Heil uns kommen.

Ebenso durchdrungen ist er aber auch von der großen Verantwortlichkeit des Erziehers, dessen Tätigkeit er sehr bezeichnend als Gottesamt auffaßt:

4. Ein Vater soll zu Gott an jedem Tage beten:
Herr, lehre mich, dein Amt beim Kinde recht vertreten.

Nicht minder aber erkennt er auch die Schwierigkeit der Erziehung:

5. Leicht ist dreierlei anzufangen,
Doch schwer zu eines End' zu gelangen:
Leicht ist angefangen ein Krieg,
Aber schwer ist errungen der Sieg.
Leicht ist gemacht ein Riß zum Haus,
Aber es baut sich schwierig aus.
Leicht hat dir Gott ein Kind verlieh'n,
Aber schwer ist, es zu erzieh'n.

Darum fordert er vom Erzieher, daß derselbe das Wesen des zu erziehenden Menschen ebenso kenne, als das zu erstrebende Ziel; denn zielloses Tun führt in die Irre:

6. Das Tonspiel kennen muß, wer's brauchen will zum Spiele,
Und so die Menschen, wer sie leiten will zum Ziele.
Denn niemand will allein und kann zum Ziele schreiten,
Wo nicht zu gleichem Ziel der andern viele schreiten,
Und ist das Ziel nur gut, so ist nichts einzuwenden,
Wenn du zu deinem Ziel weißt andre fein zu wenden.
Denn leider ohne Ziel geh'n in der Irre viel,
Die es dir danken, wenn du ihnen zeigst ein Ziel.

Es versteht sich von selbst, daß eine Persönlichkeit, so klar und konsequent im Denken und so harmonisch durchgebildet wie Rückert, sich auch völlig klar über die Bestimmung des Menschen und mithin auch über das Ziel der menschlichen Erziehung war. Der Mensch soll erzogen werden in Gott und für Gott und zum Wirken in der Menschheit unter Ausschluß aller selbstsüchtigen Ziele. Es sei dies vorerst nur an wenigen Aussprüchen dargetan, da auf Rückerts religiöse Überzeugungen und Lebensäußerungen im Zusammenhange mit seiner gesamten Weltanschauung wegen deren Wichtigkeit für den Lehrer später ausführlicher eingegangen werden wird.

7. Dein höchstes Leben sei, zu lebem gottbewußt;
   Darin ist zweierlei: gottwissend, gottgewußt:
   Daß du dich wissest stets von Gott gewußt, gekannt,
   Gemahnt, gestraft, geprüft, geliebt und Kind genannt.

8. Ein Mensch sein ohne Gott, was ist das für ein Sein!
   Ein bess'res hat das Tier, die Pflanze, ja der Stein.
   Denn Stein und Pflanz' und Tier, die zwar um Gott nicht wissen,
   Er aber weiß um sie, sie sind ihm nicht entrissen.
   Sie sind nicht los von Gott, gottlos bist du allein,
   Mensch, der du fühlst mit ihm, und leugnest den Verein.

9. Was nicht von Gott hebt an und sich zu Gott hin wendet,
   Ist um und um mißtan, mißangefahn, mißendet.
   Den Schein, etwas zu sein, mag's haben eine Frist;
   Bald wird es offenbar, daß nichts es war und ist.

10. Betrachtest du die Welt als einzig da für dich,
    Bist du ein Tier, das Tier tut ebendies für sich;
    Mir wenn du selbst die Welt für sich wirst anerkennen,
    Dich selbst auch für die Welt, bist du ein Mensch zu nennen.

Rückert huldigt der Anschauung, daß der Mensch sich nur entwickeln könne gemäß seiner ursprünglichen Anlagen, daß sein Erzieher diese zu geben oder die gegebenen umzugestalten vermöge, daß aber dieselben naturgemäß entfaltet werden müßten, und daß erst durch zweckmäßige erziehliche Einwirkung Bildung erzeugt werde.

11. O Gärtner, der du hier den Baum im Garten ziehst,
    Mit stolzer Schöpferlust auf deine Schöpfung siehst,
    In Wahrheit hast du doch den Samen nicht gemacht
    Und hast auch nicht daraus den Baum hervorgebracht.
    Doch dein ist das Verdienst, daß du den Samen streutest,
    Und groß den Baum zu zieh'n, nicht Müh' noch Sorgfalt scheutest.

12. Das Sprichwort sagt, daß Art von Art nicht lass'; ich glaube,
    Daß durch Erziehung nie zum Adler wird die Taube.
    Doch innerhalb der Art wird ganz von gleichem Stamm
    Zum Widder hier, und dort zum Schöpsen nur das Lamm.

13. Es ist ein wahres Wort: der Künstler wird geboren;

Doch jede Wahrheit wird Irrtum im Mund der Toren.
Geboren wird mit ihm der Kunsttrieb, nicht die Kunst;
Die Bildung ist sein Werk, die Anlag' Himmelsgunst.
Geboren zur Vernunft, ist auch nicht gleich vernünftig
Der Mensch, doch wenn er fein dazu tut, wird er's künftig.

14. Verstand ist zweierlei: der ein' ist angeboren,
Dein Wiegeneingebind' und Malschatz unverloren.
Erst zu erwerben ist der andre, zu ersparen,
Der mit den Jahren wächst durch Lernen und Erfahren.
Der zwei Verstände kann ein Mann entbehren keinen,
Und erst ein ganzer wird's, wo beide sich vereinen.

15. Alles ist im Keim enthalten,
Alles Wachstum ein Entfalten,
Leises Auseinanderrücken,
Daß sich einzeln könne schmücken,
Was zusammen war geschoben;
Wie am Stengel stets nach oben
Blüt' um Blüte rücket weiter;
Sieh es an, und lern so heiter
Zu entwickeln, zu entfalten,
Was im Herzen ist enthalten.

Mit diesen Anschauungen steht Rückert auf dem Standpunkte Pestalozzis, den im ganzen alle späteren Pädagogen bis Herbart teilten. Pestalozzi sagt: "Der Gang der Natur in der Entfaltung unserer Kräfte ist ewig und unveränderlich. Die äußere Erscheinung der Kunst (der Erziehung) ist nur insofern wahre Kunst, als sie mit dem Gange der Natur in der Entfaltung unserer Kräfte in Übereinstimmung steht. Der Erzieher ist es nicht, der irgend eine Kraft des Menschen in ihn hineinlegt; er sorgt nur dafür, daß die Entfaltung jeder einzelnen Kraft der Menschennatur nach den Gesetzen derselben ihren ungehemmten Lauf nimmt. Darum muß der Erzieher den Menschen in allen seinen Anlagen und Kräften genau kennen und der Entfaltung nach allen Richtungen und nach allen Verhältnissen mächtig sein. Die Kunst der Menschenerziehung ist deshalb auch die höchste, schwierigste und seltenste Kunst."

Dieser Auffassung der Seele steht die Herbarts schroff gegenüber, weshalb dieser selbst das oft (auch von Rückert) gebrauchte Bild von der Entfaltung eines Baumes u.s.w. als irreleitend entschieden verwirft. Nach Herbart ist die Seele ein einfaches Wesen ohne irgendeine Vielheit in ihrer Qualität; sie hat keine Anlagen und Vermögen, weder etwas zu empfangen, noch zu produzieren. Es liegen in derselben keine Formen des Anschauens und Denkens, keine Gesetze des Wollens und Handelns, auch keinerlei, wie immer entfernte, Vorbereitungen zu alledem. Sie ist demnach absolut unveränderlich, und von einer inneren Entfaltung und Entwicklung kann also keine Rede sein.

Eine vermittelnde Stellung nimmt *Reneke* ein, der im ganzen auch der Herbartschen Richtung angehört. Auch er bestreitet eine Vielheit und Besonderheit der Geisteskräfte und verwirft die Lehre der älteren Psychologie von einer eigenen Urteils-, Gedächtnis-, Gefühls- und Willenskraft. Aber er gibt ursprüngliche individuelle Bestimmtheiten der menschlichen Seele und eine Entwicklung derselben nach verschiedenen Richtungen zu, steht demnach auch auf dem Standpunkte des Entwickungsprinzps. Einer Kritik dieser abweichenden psychologischen Grundanschauungen enthalte ich mich an diesem Orte. Wer aber über geistiges Werden scharfe und vielseitige Beobachtungen angestellt und Erfahrungen gesammelt hat, wird nicht zweifelhaft sein, auf welche Seite er sich zu stellen habe.

Vom Standpunkte des Entwicklungsprinzips aus verlangt Rückert naturgemäße Entfaltung, die vom Sinnlichen aus zum Übersinnlichen führt; er verwirft mechanisches Einwirken und will den Menschen durch Selbsttätigkeit zur Selbständigkeit erzogen wissen:

16. Des Kindes erster Trieb ist sinnliches Bedürfen,
Und später wächst die Kraft zu geistigen Entwürfen.

17. Man sagt, ein säugend Kind, wonach zuerst es streckt
Die Händchen, daran wird sein künft'ger Sinn entdeckt.
Drum Gutes, Schönes soll man nur dem Kind vorhalten,
Um schlechte Neigungen in ihm nicht zu entfalten.

18. Ein nachgebetet Wort der Lehre nützet nicht,
Wenn in dir selbst dem ausgesproch'nen nichts entspricht.
Der eingepflanzte Stab mag wohl die Pflanze tragen,
Die Pflanze doch muß , um zu wurzeln, Wurzeln schlagen.

19. Ich gebe dir, mein Sohn, das mögest du mir danken,
Gedanken selber nicht, nur Keime von Gedanken.
Nicht mehr zu denken sind Gedanken, schon gedacht;
Von Blüten wird hervor kein Blütenbaum gebracht.
Doch ein Gedankenkeim, wohl im Gemüt behalten,
Wird sich zu eigener Gedankenblüt' entfalten.

20. Die Weisheit lehr' ich dich, die mich das Leben lehrte;
Denn Weisheit, anderwärts gelernt, ist nicht vom Werte.
Deswegen also wird von Wert und von Gewicht
Für dich besonders auch nicht sein mein Unterricht;
Allein ich will dir auch nicht mein Gelerntes geben,
Dich lehren will ich nur, zu lernen selbst vom Leben;
Denn, ob das Leben wohl ist aller Lehre voll,
Erst muß man lernen, wie von ihm man lernen soll.

21. Wenn sich ein Lehrer müht, um etwas dir begreiflich
Zu machen durch Beweis, erwägst du alles reiflich;
Auf der Gedankenfahrt suchst du ihm nachzuschiffen,

Und endlich glaubest du, du habest es begriffen.
Hast du die Sache dann begriffen? Nur die Art
Hast du begriffen, wie der Lehrer sie gewahrt;
Bis dir begreiflich wird, daß, um sie zu gewahren,
Auf deine Art du selbst ganz anders mußt verfahren.

22. Der ist der Schlechteste des menschlichen Geschlechtes,
Wer selbst nichts Rechtes weiß, noch lernen will was Rechtes.
Wer ist der Beste? der hervor das Gute bringt
Aus eig'ner Kraft, und nicht von außen es erringt.

23. Mein Kind, du bist schon lang der Mutter aus der Wiegen,
Nun hilf dir selbst; wie du dir bettest, wirst du liegen.
Mein Kind, du bist schon lang der Mutter aus der Wiegen,
Die Flügel wuchsen dir, gebrauche sie zum Fliegen.
Mein Kind, du bist schon lang der Mutter aus der Wiegen,
Der kommt nicht auf den Berg, der nicht hinaufgestiegen.
Mein Kind, du bist schon lang der Mutter aus der Wiegen,
Greif an die Schwierigkeit, so wirst du sie besiegen.

Es ist schlimm, wenn ein Mensch nicht zur Selbständigkeit gelangt und sich auf andere verlassen muß; denn dann ist er gewöhnlich auch verlassen:

24. Mein Sohn, erwarte nicht, daß dich die Leute warnen
Vor Bösem, eh' davon du lässest dich umgarnen.
Sie werden zuseh'n, bis um dich es schlug zusammen,
Um zu beklagen dann dich oder zu verdammen
Und sich zu freuen, daß sie besser sind als du,
Wo nicht, doch glücklicher; drum sieh beizeiten zu,
Mein Sohn, die Welt kann dich nur führen in Gefahren;
Dich hüten mußt du selbst, und Gott muß dich bewahren:
Mein Sohn, ich lehre dich, was ich an mir erfuhr:
Die Welt nimmt teil mit Lust an unserm Schaden nur.

Eindringlich warnt Rückert vor falscher Entwicklung, da von der falschen Bahn selten mehr zum rechten Wege zurück gelenkt werden kann:

25. Das zu entwickeln, was Gott in den Keim gelegt,
Ist des Erziehers Amt; wohl, wenn er's recht erwägt!
Du kannst mit deinem Geist auf einen Geist einfließen,
Um, wie den Pflanzenkeim die Sonn', ihn aufzuschließen.
Das Licht entwickelt zwar nur, was im Keime lag,
Doch ohne Licht wär's nicht gekommen an den Tag.
So kannst du auch ins Herz, was drin nicht liegt, nicht legen;
Doch je nachdem du es anregest, wird sich's regen.
Nur ist ein wirklicher, der unentwickelt blieb,
Bei weitem vorzuzieh'n falsch angeregtem Trieb.

Denn Unentwickeltes kann später sich entfalten,
Doch Falschentwickeltes steht fest in Mißgestalten.

26. Wer noch nichts Rechtes ist, kann noch was Rechtes werden;
Doch ein Verkehrter wird sich niemals recht gebärden.
Du bildest Falsches dir auf falsche Bildung ein;
Nie, o Verbildeter, wirst du gebildet sein.

2. Vom Standpunkt der Naturgemäßheit aus fordert Rückert Erhaltung der leiblichen Kraft und Gesundheit, weil nur im gesunden Leib die Seele wirken kann:

27. Ein gutes Werkzeug braucht zur Arbeit ein Arbeiter,
Und gute Waffen auch zum Waffenstreit ein Streiter.
Du, Streiter Gottes und Arbeiter, merk's o Geist,
Daß deines eignen Leibs du nicht unachtsam seist.
Das ist dein Arbeitszeug, das ist dein Streitgewaffen;
Das halte wohl in Stand, zu streiten und zu schaffen!
O wie du dich betörst, wenn du den Leib zerstörst,
Der dir so angehört, wie du Gott angehörst.
Wie du Gott angehörst, gehört dein Leib dir an,
Und ohne deinen Leib bist du kein Gottesmann.

Eindringlich warnt er deshalb vor zu früher geistiger Anstrengung, die nicht nur dem Wohle des Leibes schadet, sondern auch für die Geistesentwicklung selbst nachteilig ist.

28. Vorm April gesteckte Bohnen
Werden nicht die Müh' belohnen,
Werden, wenn nicht gar erfrieren,
Doch den frischen Wuchs verlieren,
Und verküppelt, wie sie stehen
Bald sich überflügelt sehen
Von den nachgewachsenen spätern.
Sagt Erziehern das und Vätern,
Daß auch sie frühzeit'ge Ranken
Nicht erkünsteln, die nur kranken.
Eh' die Frühlingswärm' im Boden,
In der Luft ist Frühlingsodem,
Wird, soviel ihr zieht, verderben,
Oder euch zum Ärger sterben.
Mit den Bohnen könnt ihr's wagen;
Reißet aus, was umgeschlagen!
Aber umgeschlagne Knaben
Müßt ihr stets vor Augen haben;
Hütet euch vor diesem Fluche!
Nicht mit Menschen macht Versuche.

Ein scharfes Urteil fällt Rückert über Erzieher, welche frühreife Früchte erzielen wollen:

29. Wenn die unreife Frucht du schütteln willst vom Ast,
Verrätst du, daß du selbst nicht deine Reife hast.

Darum will er die naturgemäße Bewegung der Jugend nicht unnötigerweise eingeengt wissen und dieser möglichste Freiheit gewähren, wie solche leider aus übergroßer Ängstlichkeit der Eltern so oft ungebührlich beschränkt wird. Allbekannt ist ja sein herrliches Gedichtchen "Kletterunterricht":

30. Daß ihr klettert, liebe Buben,
Will ich euch erlauben.
Warum solltet ihr in Stuben
Hängen als Schlafhauben? u.s.w.

Ferner:

31. Treibet nur euren Saus und Braus,
Aber treibt ihn mit Maße!
Kinder, werft nur nicht ein das Haus,
Sonst bleibt uns nur die Straße;
Da regnet es jetzt und schneiet kraus,
Es ist zuviel zum Spaße.

Treibet nur euren Saus und Braus,
Die Luft, die ich euch lasse;
Werft nur das Haus nicht zum Haus hinaus,
Zum Fenster hinaus auf die Gasse!
Sonst bringt ihr über das ganze Haus
Den Schnupfen, den ich hasse.

In Erinnerung an die eigene in ausgedehntester ländlicher Freiheit verbrachte Knabenzeit konnte Rückert mit Recht der Lobredner einer gewissen Zwanglosigkeit sein. Sein sonst auf strengste Pünktlichkeit haltender Vater hatte in Bezug auf freie Bewegung seiner Knaben durchaus wohlwollende Grundsätze. Er gestattete diesen nicht nur das Herumschweifen in Flur und Wald, sondern auch den Umgang mit den Dorfkindern, mit denen sie auch gemeinsam die Dorfschule besuchten. Er fürchtete keine Verrohung und wußte, daß, wenn auch etwelche bäuerliche Unebenheiten an der Oberfläche sich ansetzten, diese bei dem gesunden Kern seiner Kinder sich wieder abschleifen würden. Die Natur mit ihrem unerschöpflichen Reichtum an Erscheinungen wurde unserem Rückert die beste Schule; er lernte scharf beobachten, sammelte sich reiche und vielseitige Anschauungen und blieb an Leib und Seele gesund. Diese freie, naturgemäße Jugendentwicklung gab ihm fürs ganze Leben sein eigentümliches Gepräge. Daß er dabei trotz sehr dürftigen Unterrichts in der Volksschule und nur spärlichen Privatunterrichts beim Dorfpfarrer (er erhielt zuerst nur eine, dann höchstens zwei Stunden täglich) in den Schulkenntnissen nicht nur nicht zurückblieb, sondern einen gut gefüllten Schulsack mit aufs Gymnasium nehmen konnte, wird nur jene in Staunen setzen, die nicht wissen, was ein Mensch bei guten Anlagen und rechtem Fleiße in kurzer Zeit auch ohne viele äußere Beihilfe aus eigenem Triebe zu leisten vermag. Als er, noch nicht 14 Jahre alt, in das Gymnasium in Schweinfurt eintrat, zeichnete er sich bald so aus, daß nach dem Zeugnisse seines Jugendfreundes, des späteren Lehrers *Seifert* in Ermershausen, "die ganze Stadt voll des Lobes über Fleiß, Talent und Fortgang des wackeren Jünglings war". Schon nach 3 1/2jährigem Besuche des Gymnasiums verließ er mit dem glänzendsten Abgangszeugnisse. Daß er aber den Grund zu seiner trefflichen Gymnasialbildung schon von Haus aus mitbrachte, sprach er später entschieden aus.

32. Zwölf Jahre war ich alt, da hatt' ich ohne Fleiß
Fast alles und noch mehr gelernt, als ich nun weiß.

Seinen in der Enge der Stadt aufgewachsenen Knaben war eine so freie Jugendentwicklung nicht vergönnt, weshalb er im Vergleiche mit seiner Vergangenheit dieselben auch bedauerte:

33. Wie beklag' ich meine Knaben,
Die an solchen schönen Morgen
In den Zwangstall ihrer Sorgen
Mit dem Schulsack müssen traben.
Statt in Gottes aufgeschlagenem
Buch zu lesen ew'ge Wunder,
Nagen sie an übertragnem
Griechisch und latein'schem Plunder.
Besser in des Taues Frischen
Wär's, in unverdorbner Luft
Blumen brechen, oder wischen
Von den Pflaumen reichen Duft.

Doch tröstet er sich damit, daß ihre gesunde Natur schon den Zwang überstehen werde:

34. Doch beruhige dich nur;
Wohl hat ihre Mutter,
Und noch besser die Natur
Sie verseh'n mit Futter.
Unterm trocknen Lernen naschen
Sie behaglich Frucht und Blüte,
Äpfel in den Taschen,
Frühling im Gemüte.

Selbstverständlich wollte und konnte Rückert nicht entfernt dem Müßiggange und der Zeitverschwendung das Wort reden. War er doch selbst bis ans Ende seines Lebens ein Muster unausgesetzter und geordneter Tätigkeit. Wenn er im oben angeführten Ausspruche sagt, er habe alles "ohne Fleiß" gelernt, so ist damit gemeint, ohne äußeren Antrieb, ohne daß das Lernen eine Last gewesen; denn gerade seine gründliche Vorbildung bei wenig Unterricht ist ein Beweis, wie ernst er für sich gearbeitet. Er war vor allem gewöhnt an das Frühaufstehen, wie das auf dem Lande sich von selbst versteht. Daran hielt er bis an sein Ende fest. Er stand im Sommer um fünf, im Winter um sechs Uhr auf und arbeitete nach genauer Ordnung den ganze Tag unermüdlich. Von seinem Fleiße geben seine umfassenden Studien und der unermeßliche Reichtum seiner Manuskripte das beste Zeugnis. Noch auf dem Totenbette, am Tage vor dem Scheiden, diktierte er seiner Tochter Marie Bemerkungen zu seinen sprachlichen Arbeiten. Ein solcher Mann mußte den Wert der Zeit und deren Ausnützung auch anderen nahelegen, was er zunächst bei seinem Sohne mit Übergabe einer Uhr tat:

35. Deine Tag' und Stunden flossen,
 Nicht gemessen, nur genossen,
 Nicht gezählt nach Schlag und Uhr.
 Wie ein Bach durch Blumenflur.

 Aber ernster wird das Leben,
 Und ich will die Uhr dir geben;
 Trage sie, wie ich sie trug,
 Unzerbrochen lang genug!

 Daß sie dir mit keinem Schlage
 Von verlornen Stunden sage!
 Unersetzlich ist Verlust
 Des Geschäfts und auch der Lust.

 Sohn! Der Tag hat Stunden viele
 So zur Arbeit wie zum Spiele!
 Gib das seine jedem nur,
 Und du freuest dich der Uhr.

36. Wer gerne tätig ist, hat immer was zu tun;
 Kind, sage nie: Ich bin nun fertig und will ruh'n.
 Mit dem Notwendigen wenn du schon fertig bist,
 Doch bleibt dir etwas noch zu tun, das nützlich ist.

37. Sei wie die Biene nur zu keiner Stunde müßig!
 Sie sammelt Wachs, wenn noch der Honig nicht ist flüssig.
 Doch wenn der süße Duft im Sonnenbrande raucht,
 So freut sie sich, daß sie nicht Wachs zu sammeln braucht.

Er verlangt Arbeit schon um ihrer selbst willen, auch wenn dieselbe keinen unmittelbaren Gewinn bringt:

38. Arbeiten tat ich auch in Schachten,
Wo ich kein Gold entkernte,
Die aber mir den Nutzen brachten,
Daß ich arbeiten lernte.

39. Viel wichtiger, als was du hast gelernt, mein Sohn,
Ist, was du hast getan, und mehr hast du davon.
Was du gelernt, mußt du fürchten zu vergessen:
Was du getan, von selbst erinnerst du dich dessen.

Selbst die Erholung soll so gewählt werden, daß sie uns nicht erschlafft, sondern den Geist nutzbringend beschäftigt:

40. Wer mir Erholung recht weiß Arbeit auszugleichen,
Mag ohn' Ermüdung wohl ein schönes Ziel erreichen.
Ein Thor ist, wer, anstatt Erholung seiner Kräfte
Zu suchen, selber macht Erholung zum Geschäfte.
Ein Weiser ist, wer Scherz und Ernst zu sondern weiß
Und sich an heiterm Spiel neu stärkt zu strengem Fleiß.
Noch weiser doch ist, wer sich solch ein Spielwerk macht,
Wodurch sein Tagewerk selbst weiter wird gebracht.
Der erste kann zu nichts, der andre weit es bringen,
Doch nur dem dritten wird Vorzügliches gelingen.

41. Arbeitsam willst du sein, doch nicht Erholung missen,
Laß dir empfehlen, was Erfahrung mir empfohlen:
Von einer Arbeit dient die andre zum Erholen.
Die Ausruh' bester Art ist Wechseltätigkeit,
Wo gleich im Wechsel bleibt des Strebens Stetigkeit.

Ebensowenig darf die der Jugend gewährte Freiheit der Bewegung in Ungebundenheit oder gar in Zuchtlosigkeit ausarten. Für vernünftige Kindererziehung gibt Rückert Eltern und Lehrern die zweckmäßigsten Regeln: Vor allem will er das Böse hintangehalten haben durch Pflege des Guten und zwar von frühester Jugend, hauptsächlich durch das Beispiel der Erzieher:

42. Nachahmung ist, was sich zuerst im Kinde regt,
Was ihm die schwache Hand, den zarten Mund bewegt.
Es trägt die Puppe, wie es selbst die Mutter trug,
Und schlägt auf das Klavier, weil es der Bruder schlug.
Es nimmt das Buch, woraus der Vater betend las;
Was es handfaltend summt, auch ein Gebet ist das.
Du kannst nicht besser streun in ihm des Guten Samen,
Als wenn du Gutes stets ihm vortust, nachzuahmen.

43. Ein Feld ist das Gemüt, und du bist sein Besteller;
Baust du es gut, so wächst daraus das Gute schneller.

Doch nicht wächst nichts darauf, weil du es nicht gebaut:
Das Unkraut stellt von selbst sich ein, wo fehlt das Kraut.
Und auszuraufen auch das Unkraut hilft dir nimmer,
Denn seine Wurzeln doch läßt es im Boden immer.
Und willst du es im Grund entwurzeln ganz und gar,
Zu untergraben mit das Kraut läufst du Gefahr.
Was also bleibt zu tun? Das Unkraut niederhalten,
Daß oben finde Raum das Kraut, sich zu entfalten.
Und hat das Kraut sein Netz dicht übers Feld gestrickt,
Darunter ist zuletzt das Unkraut selbst erstickt.

44. Glücklich ist ein Vater, dessen
Söhne folgen ungeahnt,
Allen Spuren wohlgemessen,
Die er ihnen vorgebahnt;
Der nicht, weil ihm alle dienen,
Diesem jetzt gebeut, dem nun,
Und nichts tut als vortun ihnen,
Was sie nach von selber tun.

45. Beglückt, wer alles nicht muß durch sich selber werden,
Sich nur anbilden darf vorbildliche Gebärden;
Wer einen Vater hat, wer einen Lehrer findet,
Ein Muster, daran ihn Lieb' und Nachahmung bindet.
Er rankt daran empor mit unbewußtem Fleiß
Und ist geworden gut und edel, eh er's weiß.

Auch das Beispiel älterer Geschwister wirkt förderlich auf die jüngeren, und darum ist mit guter Erziehung der ersten Kinder schon viel für die folgenden getan.

46. Der größre Bruder soll die kleinern überwachen,
Und diese sollen ihn zu ihrem Vorbild machen.
So tritt er halb und halb schon an des Vaters Statt,
Die ihnen er vielleicht einst zu vertreten hat.

Doch weiß Rückert wohl, daß nicht bei jedem Kinde Beispiel und Lehre stets wirksam sind, und daß es deshalb geboten ist, auch Strenge und selbst Züchtigung in Anwendung zu bringen. Insbesondere ist es der Vater, der gegenüber der nachsichtigeren Mutter die Strenge bei der Erziehung hervorzukehren hat.

47. Gut ist's, daß im Hintergrunde
Steht des Schicksals Strafgewalt,
Die hervortritt in der Stunde,
Wo es dir zu helfen galt,
Lebensordnung, Friedensengel,
Liebesmutter, allzu lind

Drohend mit dem Lilienstengel,
Der nicht schreckt das böse Kind.
Wie in meiner Kinderstube
Sich die liebe Mutter plagt,
Und der widerspenst'ge Bube
Den Gehorsam oft versagt;
Wenn die Brüder feindlich streiten,
Ruft den Vater sie herbei,
Und wie sie ihn hörten schreiten,
Legt sich schnell die Kinderei.

Nur muß es immer die Liebe sein, welche straft:

48. Der Vater straft sein Kind, und fühlet selbst den Streich;
Die Härt' ist ein Verdienst, wo dir das Herz ist weich.

49. Da du selber Vater bist,
So begreifest du geschwinder,
Wie zu Sinn dem Vater ist,
Wenn er strafet seine Kinder.
Seinem Herzen tut es wehe
Einmal daß sie strafbar sind,
Und gedoppelt, daß er sehe
Leiden Schmerz durch ihn sein Kind.

Beim Strafen aber muß mit Besonnenheit und Vorsicht zu Werke gegangen werden:

50. Man schlägt die Kinder nicht mit schon gebrauchten Besen,
Aus frischen Zweigen muß man dazu Ruten lesen.
Denn nicht aufs Ohngefähr geübt wird Kinderzucht;
Das Werkzeug sei dazu mit Sorgfalt ausgesucht.

Die in solcher Weise zugemessene Strafe entfremdet auch das Kind dem Herzen des Erziehers nicht:

51. Also haben meine Jungen
Zärtlicher mich nie umschlungen,
Als wann sie in Streich und Hiebe
Recht gefühlt die Vaterliebe.

Nachteilig aber ist zu häufige Züchtigung, ja diese wird völlig wirkungslos:

52. Hart wird zuletzt die Haut, die viele Streich' empfangen;
Und hart der Sinn, wem es hart in der Welt ergangen.

Vor allem notwendig ist die Konsequenz und Festigkeit in Ausübung der Zucht:

53. Das Roß am Wagen merkt des Fuhrmanns Unbestand,
Reißt widerspenstig ihm das Lenkseil aus der Hand.
Und sicher wird der Zucht dein Zögling sich entziehn,
Zuchtmeister, meisterst du mit Sicherheit nicht ihn.

Mit dieser konsequenten Zucht muß frühzeitig begonnen und das Kind zum Guten gewöhnt werden:

54. Der Baum, gepflanzt, erwächst dir ohne weitre Müh'n:
Nicht sonder Sorge wirst du sehn den Sohn erblühn.
Wenn du ihn biegen willst, so biege fein den jungen;
Das ist vom Baum sowohl wie von dem Sohn gesungen.

Der Erzieher hüte sich, zu vertraulich oder gar kindisch mit seinen Zöglingen zu verkehren:

55. Gegen den Jünger nimmt vertrauliche Gebärden
Kein Meister, ohne gleich dafür bestraft zu werden.
Daß du herunterstiegst zu ihm, wird er vergessen
Und mit dir Haupt an Haupt auf eb'nem Feld sich messen.

56. Mit Kindern brauchst du nicht dich kindisch zu gebärden;
Wie sollen sie, wenn du ein Kind bist, Männer werden?
Als wie der Mann das Kind, liebt auch das Kind den Mann;
Nur der erzieht's, wer es zu sich heraufziehn kann.

So äußert sich auch Rückert tadelnd über die zu tändelnde Art der Erziehung und des Unterrichts, wie er sie an seinen Enkeln in der Schule angewandt fand, und meinte, das Kind müsse schon frühzeitig einsehen lernen, daß das Leben Ernst erfordere und mit Ernst zu betreiben sei; nicht durch Tändeln und Spielen, sondern durch ernstes Streben erringe man Erfolge. (Dr. C. Beyer, Friedr. Rückert, S. 402.) Auch mahnt Rückert zu Vorsicht bei Warnungen, die unter Umständen gerade jenen Schaden bringen können, dem man vorbeugen will:

57. Oft bringt nur in Gefahr vor der Gefahr die Warnung,
Und was dich retten soll, gereicht dir zur Umgarnung.
Ich warne dich: wovor? ich muß den Feind dir nennen;
Und darin schon besteht das Übel, es zu kennen.

Rückert macht auch den Erzieher für den Erziehungserfolg verantwortlich:

58. Du schiltst dich selbst, wenn du dein Kind schiltst ungezogen;
Denn zogest du's zuvor, so wär' es nun gezogen.

Denn er glaubt, daß man in jedem Herzen das Gute wecken könne, wenn man das Kind richtig zu behandeln verstehe:

59. Schlage nur mit der Wünschelrut'
An die Felsen der Herzen an;
Ein Schatz in jedem Busen ruht,
Den ein Verständiger heben kann.

Und gerade dort, wo man Hindernissen begegnet, soll die größte Sorge angewendet werden, weil dann auch die Befriedigung doppelt groß ist:

60. Klag nicht, wenn das Geschick dir etwas schwer macht!
Die Freud' ist doppelt groß, wenn du's hast doch vollbracht.

3. Wie für vernünftige Zucht, so gibt Rückert auch für zweckmäßigen Unterricht vortreffliche Winke und Lehren. Als die drei Grundbedingungen alles Lernens bezeichnet er: Talent, Eifer und Bildungsgelegenheit (Unterricht):

62. Wer etwas lernen will, der muß dazu drei Gaben
Von obenher, aus sich und auch von außen haben.
Die Fähigkeit, die Luft und die Gelegenheit;
Die drei wo fehlen, kommt ein Lernender nicht weit.
Zum Lernen Fähigkeit muß Gott dir selbst verleihen,
Weil in fruchtbarem Grund die Bäume nur gedeihen.
Die Fähigkeit ist tot, wo sie nicht wird zum Triebe;
Zum Lernen treiben muß dich eigne Lust und Liebe.
Dann muß Gelegenheit von außen zum Besuch
Dir kommen in Gestalt von Lehrer oder Buch.

Zunächst warnt Rückert vor Überlastung der Jugend, besonders beim ersten Unterricht und fordert feste Aneignung der Elemente, weil die ersten Eindrücke am dauerndsten haften.

63. Dem unbeschriebnen Blatt des Geistes in dem Kinde
Schreib unbedächtig nicht zu viel ein zu geschwinde.
Zwar wird nie voll das Blatt, stets neu zu überschreiben,
Doch keine Schrift so fest wird als die erste bleiben.
Ja, keine Kunst vermag sie völlig wegzuwischen;
Was man auch drüber schreibt, sie schimmert durch dazwischen.
Und manchen Forscher freut's, den Neues wenig freut,
Wenn ratend er die halb sichtbare Schrift erneut.
Du selber mögest einst, wann spätre Schriften schwinden,
Erloschne Kinderzüg' im Herzen wieder finden.
(Vergleiche auch Zitat 28 und 29.)

In der Jugend lernt man auch deshalb am leichtesten, weil man das Lernen als etwas Selbstverständliches hinnimmt, ohne nach Zweck und Ziel zu fragen:

64. Die Jugend ist die Zeit, wo man nach Zweck und Ziel
Nicht fragt, drum lernt man in der Jugend leicht und viel.

Im Alter lernt man drum so wenig und so schwer,
Weil man, wozu es hilft, stets wissen will vorher.

65. Kind, lerne was du kannst, und frage nicht, wozu
Einst das Gelernte dient, für jetzo lerne du.
Das ist der Vorzug, den die Jugend hat im Lernen,
Daß ihr das Was steht nah, und das Wozu im Fernen.
Dem Alter nach und nach muß dieser Mut verrauchen,
Zu lernen ohne Zweck, wozu es sei zu brauchen.

In der Jugend darf man schon deshalb nicht nach dem Wozu des Lernens fragen, weil man noch gar nicht wissen kann, was man in der Folge nötig hat. Auch das nicht praktisch zu verwertende Wissen und selbst das wieder Vergessene nutzte zur formalen Bildung.

66. Was ist zu wissen wert, was ist nicht wert zu wissen?
Des Wissenswürdigsten hätt' ich mich gern beflissen.
Gleichwert ist alles wohl zu wissen, wäre nur
Das Leben lang genug, zu gehn auf jeder Spur.
Darum verlier nicht Zeit zu fragen, was nun frommt
Zu lernen, sondern lern, was in den Wurf dir kommt.
Am besten aber, was gleich frisch ist zu verbrauchen;
Denn was du lang aufsparst, wird über Nacht verrauchen.

67. Zu seinen Söhnen sprach ein König: Seid beflissen
Zu lernen jede Kunst und alle Art von Wissen.
Wenn ihr vielleicht es braucht, so ist's ein Kapital;
Und wenn ihr's nicht bedürft, ein Schmuck ist's allemal.

68. Was in der Schule du gelernt, ist's wohl vergebens,
Weil du gebrauchen es nicht kannst im Lauf des Lebens?
O nein, den Acker hat zum Anbau es entwildet,
Zum Wesentlichen hat's dich förmlich vorgebildet.
Gar vieles lernt man, um es wieder zu vergessen;
Um an dem Ziel zu stehn, muß man die Bahn durchmessen.

Obwohl man beim Lernen selbst nicht nach der künftigen Verwertung des zu Lernenden fragen soll, so darf man doch auch das Wissen nicht als tote Schätze aufspeichern, sondern man soll es besonders für andere nutzbar machen. Wissen ohne Anwendung ist wertlos, und das Können hat den Vorrang vor dem Wissen.

69. Des Wissens ist, was du gewannst,
Genug, um dich gelehrt zu schelten;
Wenn du's nicht weiter brauchen kannst,
So darfst du nicht für weise gelten.
Der Esel, der mit Bücherballen
Beladen auf die Messe zieht,
Ist nicht das Los, das ihm gefallen,

Dein Los? bis auf den Unterschied,
Daß er geduldig trägt die Bürde
Und freut sich, wenn man ab sie nahm,
Es aber sehr dich kränken würde,
Befreit zu sein von deinem Kram.

70. Was unterscheidet Kunst von Wissenschaft? Das Können;
Dem muß den Vorrang doch das stolze Wissen gönnen.
Wohl weiß die Wissenschaft, wie etwas sollte sein,
Doch machen kann sie's nicht, das kannst du, Kunst, allein.

Der Lehrer muß den Schüler zur Selbständigkeit führen, daß dieser lerne, mit eigenen Augen zu schauen, selbst zu urteilen und später ohne Lehrer sich weiter zu bilden:

71. Wenn du zum Ziele mich den rechten Weg willst leiten,
Zu langsam sollst du nicht, noch auch zu schnell mir schreiten.
Der Unterhaltung sei nicht unterwegs zuviel,
Damit wir nicht den Weg vergessen und das Ziel.
Kurz mache mir den Weg und leicht und unbeschwerlich,
Nicht schwerer, um dich selbst zu machen unentbehrlich.
Denn Führer sollst du mir nicht immer wieder sein,
Ablernen will ich dir, den Weg zu gehn allein.

Darum warnt Rückert vor dem Streben nach zu vielem Wissen, wodurch nur der Entwicklung zum selbständigen Denken Eintrag geschieht:

72. Sei mäßig im Genuß nicht bloß gewürzter Speisen,
Geistiger Würzen auch in Büchern deiner Weisen.
Mit Speisen wirst du nur den Magen überladen,
Doch fremdes Denken kann dem eignen Denken schaden.
Drum, wie du issest nur so viel du kannst verdauen,
So lies auch mehr nicht als du brauchst dich zu erbauen.

73. Der Einsicht schadet nur Gelehrsamkeit, zu große,
Besser als Brillen sieht gesunder Sinn, der bloße.
Hast du erst nachgesehn wie die Ausleger es
Verstehn, so bist du blind; sieh' selber und versteh's!

Man kann nicht nachdrücklich genug vor jeder Abirrung von jeder gesunden Pädagogik warnen, die den Zweck der Bildung in Aneignung möglichst vielen Wissens erblickt. Aber man muß dabei auch den Vorwurf zurückweisen, als ob die "moderne Pädagogik" diese Abirrung verschuldet habe. Schon Pestalozzi, der Vater der modernen Pädagogik, sieht den "Vorteil und Wert des menschlichen Wissens in der Sicherheit der Fundamente" und bezeichnet als "Ziel des Unterrichts die Menschlichkeit selber", weshalb er "nur jene Bildungs- und Unterrichtsmittel" zuläßt, "welche wirklich zu diesem Ziele führen". "Der Umfang der Unterrichtsobjekte darf weder zu weit, noch zu eng sein. Das zerstreute Gewirr des Vielwissens entspricht nicht unserer Natur". Und Diesterweg, der entschiedenste Anhänger und Verbreiter der Grundsätze Pestalozzis, äußert sich noch schärfer über das Vielwissen: "Man überschätzt die Kenntnisse, das Wissen in betreff der Bildung, die es gewährt. Das Wissen ist der Götze, dem täglich Opfer gebracht werden. Um so wichtiger ist es, in allen eigentlichen Schulen den formalen Zweck, die Entwicklung der freien Selbsttätigkeit, als Hauptziel immer im Auge zu behalten". Man könnte solche Urteile aus den Schriften aller nennenswerten Schulmänner anführen, um zu beweisen, daß nicht diese für die Überladung unserer Schulen verantwortlich sind. Die Schuld trägt eine falsche, dem Materiellen zugewandte Richtung unserer Zeit und die Nachgiebigkeit der Regierungen gegn dieselbe, wie schon *Hergang* (Pädagogische Realencykopädie II. Bd. S. 845) sagt: "Die Überladung mit Lehrstunden" (und, setzen wir hinzu, mit Lehrfächern und zu umfangreichen Lehrprogrammen) "ist vorzugsweise die Schuld der leitenden Behörden, die, dem Geiste der Zeit sich fügend, die Erweiterung des Lehrmaterials haben eintreten lassen". Wenn dagegen Rückert, trotzdem daß er grundsätzlich für möglichst vielseitige Bildung des "Mannes" ist, eine weise Beschränkung für den Unterricht "der Jugend" fordert, so steht er auch hierin auf dem Boden der modernen Pädagogik. (Vergl. Zitat 63.)

Auch noch nach einer anderen Richtung huldigt er den Forderungen der mit Unrecht verlästerten modernen Pädagogik, indem er alles mechanische Eintrichtern, alles leere Wortlernen verwirft und verständnismäßige Auffassung der Lehrstoffe verlangt, wobei er allerdings auf sichere Aneignung und festhalten des klar Erkannten dringt:

74. Auswendig lernen sei, mein Sohn, dir eine Pflicht;
 Versäume nur dabei inwendig lernen nicht.
 Auswendig ist gelernt, was dir vom Munde fließt,
 Inwendig, was im Sinn lebendig sich erschließt.

75. Wenn du dich lebenslang beschäftigest mit Wörtern,
 Verachten dich mit Recht, die lieber Ding' erörtern.
 Wenn du dich wenigstens beschäftigtest mit Worten,
 Aus welchen aufgebaut sind der Begriffe Pforten!
 Doch wenn du wirklich dich beschäftigst mit dem Wort[2];
 Es ist nichts Höheres zu finden hier noch dort.

76. Begriffen hast du, doch damit ist's nicht getan:
 Nun lern es auch, dann erst gehört es ganz dir an.
 Es ist ein Unterschied, begriffen und gelernt;
 Beim ersten Schritt ist man noch weit vom Ziel entfernt.
 Doch, ist auf rechter Bahn der erste Schritt getan,
 So kommt das Ziel von selbst, halt nur den Schritt nicht an!
 Das recht Begriffene ist leicht zu lernen nun;

[2] d.i. mit der Sprache selbst.

Doch lernen mußt du es, sonst kannst du es nicht tun.

77. Unser Gedächtnis ist wie eines Wirtes Zimmer,
Das doch, wie weit es sei, beschränkt von Raum ist immer.
Von Gästen gehn darein nicht zuviel auf einmal,
Und von Vorstellungen nur immer eine Zahl.
Doch nacheinander gehn der Gäste viele drein,
Und alle schreiben auch wohl ihre Namen ein,
Die in das Fremdenbuch, die auf die Fensterscheiben,
Das sind Erinnerungen, die von den Gästen bleiben.

Auch darin wird man Rückert recht geben, wenn er vor dem "Zuvielerklären" warnt, und wenn er meint, daß, sofern bei irgendeiner Lektüre mitunter einzelnes nicht gleich vollständig klar liege, man deshalb nicht das ganze Stück beiseite zu legen brauche.

78. Des Schrifterklärers Fluch ist, alles zu erklären,
Als ob am Himmel nicht auch Nebelsterne wären;
An einem Blatt im Buch, der Raupe gleich, zu kleben,
Statt wie der Schmetterling die Blüte zu beschweben.
Ich aber rate dir, dich nicht so sehr zu plagen,
Und was du nicht verstehst, getrost zu überschlagen.
Denn was dir einzelnes geblieben unverständlich,
Aus dem Zusammenhang verstehst du doch es endlich.
Noch besser, wenn du gar nicht suchst Zusammenhang,
Und dich auf jedem Schritt erfreut der Wandelgang.

Methodisch richtig ist auch, was Rückert über die Art und Weise sagt, wie das der unmittelbaren Anschauung Entrückte durch Anlehnung an wirklich Wahrgenommenes zur inneren Anschauung gebracht werden könne:

79. Nicht alles in der Welt kannst du gesehen haben,
Annehmen mußt du viel, was dir nur Worte gaben.
Doch dem Gehörten ist Anschaulichkeit verliehn,
Wenn du es weißt, auf ein Gesehnes zu beziehn.

Großen Wert legt Rückert auf das gemeinsame Lernen und damit auch auf den öffentlichen Schul- gegenüber dem Privatunterricht:

80. Das Feuer brennt nicht hell an einem Scheit allein;
Lerneifer zündet erst sich an durch Lernverein.
Je mehr das Kälbchen saugt, je mehr das Euter quillt;
Je größre Lernbegier, je lieber man sie stillt.
Vom Lehrer fing ich an, vom Mitgelehrten fuhr
Ich fort zu lernen, aus lernt' ich vom Lehrling nur.

Grundbedingung alles Lernens ist Aufmerksamkeit, der die Jugend sich voll hingeben kann. Wenn aber der Lehrer merkt, daß die Aufmerksamkeit für irgendetwas nicht mehr rege zu halten ist, dann ist es besser abzubrechen und auf etwas anderes überzugehen, wenn nicht den Unterricht ganz zu beendigen:

81. Aufmerksamkeit, mein Sohn, ist, was ich dir empfehle;
 Bei dem, wobei du bist, zu sein mit ganzer Seele.
Wenn du an andres denkst, als was dein Lehrer spricht,
 So hörst du dies nur halb, und in dir haftet's nicht.
Du aber brauchst zum Glück an andres nicht zu denken
 Und damit kannst Aufmerksamkeit mir ungeteilte schenken.
Dies ist der Vorzug, den der Knabe hat vorm Mann,
 Der eignen Denkens sich nicht mehr entschlagen kann.
Er hat bei allem, was er hört, so viel zu denken,
 Daß er kein voll Gehör kann dem Gehörten schenken.

82. Das Gähnen, das, mein Sohn, beim Lernen dich beschleicht,
 Ein Zeichen ist es, daß Aufmerksamkeit entweicht.
Es zu verbeißen hilft auch gar nicht mit den Zähnen,
 Wenn du nicht innerlich bezwingen kannst das Gähnen.
Bei aufgesperrtem Mund ist selbst das Ohr geschlossen
 Das äußre, mehr noch ist das innre dann verdrossen.
Noch einmal denn versuch in mutiger Ermannung,
 Ob du erhalten kannst den Geist in rechter Spannung;
Wo nicht, so lassen wir es lieber heute ruhn:
 Denn besser ist, als schlecht, die Arbeit gar nicht tun.

Sehr wichtig für den Unterricht ist Rückerts Mahnung, alles gleich von Anfang recht zu machen und alle Halbheit zu meiden:

83. Am besten machst du gleich dein Ding im Anfang recht;
Nachbesserung macht oft Halbgutes völlig schlecht.
Der Meister[3] hat gesagt: Es stünden unsre Sachen
Viel besser, könnte man nur alles zweimal machen.
Im kleinen magst du das am einzelnen probieren,
Im großen geht es nicht; du wirst die Zeit verlieren.
Was hilft im einzelnen des Zweimalmachens Qual?
Das ganze Leben doch man lebt es nur einmal.

Rückert weiß auch gar wohl, wie schwer die Jugend das eine oder andere faßt, und darum rät er zu einer Kardinaltugend des Lehrers, zur Geduld:

84. Soll tragen mit Geduld dein Lehrling Lernbeschwerden,
So mußt du Lehrer selbst nicht ungeduldig werden;
Denn Schweres hat zu tun der Lehrling wie der Lehrer,
Das leichter durch Geduld, durch Ungeduld wird schwerer.

[3] Goethe, den Rückert außerordentlich hoch hielt:
"Es ließe sich alles trefflich schlichten,
Könnte man die Dinge zweimal verrichten."

Sehr zutreffend begründet Rückert die Notwendigkeit der Geduld:

85. Die Schüler könntest du, und sie die Lehrer missen,
Wenn du die lehren sollst, die alles besser wissen.

Außerordentlich wirksam ist Ermunterung, besonders der Schwachen, weil man ihr Selbstvertrauen weckt, und es ist ein großer Mißgriff stets nur zu tadeln:

86. Das rechte Maß, wie man den Lehrling vorwärts treibt,
So daß er doch dabei in rechten Schranken bleibt,
Ist, einen Fortschritt, den er tat, ihn lassen merken,
Um zu dem weitern, den er tun soll, ihn zu stärken,
Nicht, daß er glaube, schon ein Großes sei getan,
Doch fühle, daß er tun das Größte soll und kann,
Dazwischen unvermerkt, ihn nicht im Weiterschreiten
Zu stören, aus dem Weg zu räumen Schwierigkeiten,
Doch ihm zu gönnen auch dabei von Zeit zu Zeit
Das lohnende Gefühl besiegter Schwierigkeit.

Überhaupt soll der Lehrer beim Unterrichte stets das rechte Maß einhalten und sich insbesondere vor allem Übermaß hüten, auch im Sprechen:

87. Zu wenig und zu viel ist beides ein Verdruß;
So fehl ist über'm Ziel wie unter'm Ziel ein Schuß.
Zu wenig und zu viel ist gleich sehr unvollkommen;
Im Ernst ist und im Spiel das rechte Maß willkommen.

88. Ich lehre dich, mein Sohn! Nie übe das, was über
Das Maß ist! Überall vom Übel ist das Über.
Ich überliefr' es dir, wie's mir ist übermacht:
Nicht gut ist Überfluß, nicht gut ist Übermacht;
Um wirklich gut zu sein, sei selbst nicht übergut;
Und wenn der Mut ist dein, werd' er nicht Übermut.
Denn jeder Trieb verdirbt, wann er wird übertrieben:
Auch überschätzen sollst du nichts noch überlieben.

89. Wo es drei Heller tun, da wende vier nicht an,
Und nicht zwei Worte, wo's mit einem ist getan.

Der Lehrer muß vor allem selbst gründliches Wissen besitzen, wenn er mit Erfolg unterrichten will:

90. Erst zu erwerben dir ein Wissen sei beflissen;
Dann mitzuteilen auch den anderen dein Wissen.

91. Ein Bruchstück immer ist des einzeln Mannes Wissen,
Das er als Ganzes darzustellen ist beflissen;
Zu loben, wenn er es von innen will ergänzen,
Zu tadeln, wenn mit Schein der Ganzheit überglänzen.

In diesem Fall ist doch, wer lehren will und soll,
Eh' alle Fächer noch des Wissens er weiß voll.
Er darf den Lernenden nicht zeigen seine Lücken,
Mit mehr und minder Kunst muß er dann schlagen Brücken,
Daß alles scheine nur zusammen fein zu hangen,
Von einem End' der Welt zum andern zu gelangen.
Der arme Mann muß sich mit fremden Federn schmücken,
Weil er kein Lehrgedicht darf geben in Bruchstücken.

Überhaupt soll sich der Lehrer in den Lehrstoff selbst möglichst versenken, dann wird er auch die Schüler ergreifen:

92. Laß auf dich etwas rechten Eindruck machen,
So wirst du schnell den rechten Ausdruck finden;
Und kannst du nur den rechten Ausdruck finden,
So wirst du schnell den rechten Eindruck machen.

Als das erste und wichtigste Ziel alles Unterrichts bezeichnet Rückert Sprachbildung, und so großen Wert er auch auf fremde Sprachen legt, die Muttersprache stellt er doch allen voran:

93. Sprachkunde, lieber Sohn, ist Grundlag' allem Wissen;
Derselben sei zuerst und sei zuletzt beflissen!
Einleitung nicht allein und eine Vorbereitung
Zur Wissenschaft ist sie und Mittel zur Bestreitung;
Vorübung nicht der Kraft, um sie geschickt zu machen,
Durch Ringen mit dem Wort, zum Kampfe mit den Sachen:
Sie ist die Sache selbst im weit'sten Wissenskreise,
Der Aufschluß über Geist und Menschendenkungsweise.
In jeder räumlichen und zeitlichen Entfernung
Den Menschen zu verstehn, dient seiner Sprach' Erlernung.
Nur Sprachenkunde führt zur Weltverständigung;
Drum sinne spät und früh auf Sprachenbändigung.

94. Mit jeder Sprache mehr, die du erlernst, befreist
Du einen bis daher in dir gebundnen Geist,
Der jetzo tätig wird mit eigner Denkverbindung,
Der aufschließt unbekannt gewesne Weltempfindung,
Empfindung, wie ein Volk sich in der Welt empfunden;
Nun diese Menschheitsform hast du in dir gefunden.
Ein alter Dichter, der nur dreier Sprachen Gaben
Besessen, rühmte sich, der Seelen drei zu haben.
Und wirklich, hätt' in sich nur alle Menschengeister
Der Geist vereint, der recht wär aller Sprachen Meister.

95. Welch eine Sprach' ist schön, welch eine Sprach' ist reich?
Verschieden am Getön, im Sinn sind alle gleich.

Nicht dies' und jene Sprach' entzückt, erfreuet mich;
Was mich erfreut, entzückt, das ist die Sprach' an sich:
Daß eine Sprach' es gibt, die, was du fühlst und denkest,
Dir deutlich macht, je mehr du dich in sie versenkest;
Daß eine Sprach' es gibt, kraft deren du verkündest
Der Welt geheimen Sinn, so weit du sie ergründest:
Drum ist die schönste Sprach' und beste, die du nennst
Die Muttersprache, weil du sie am besten kennst.

Hier mag auch angefügt werden, was Rückert über "leserliche Schrift" sagt:

96. Zu schreiben leserlich ist durchaus zu empfehlen;
Besonders laß es nicht am eignen Namen fehlen.
Es ist Anmaßung, nur den Königen zu gönnen,
Es müßte deinen Zug entziffern jeder können.

Er selbst hatte sich in der Jugend eine schöne Schrift angeeignet und schrieb seine Aufgaben stets aufs reinlichste niedert. Es schmerzte ihn tief und preßte ihm Tränen aus, wenn sein Instruktor, der Ortspfarrer, häßliche Striche in seine Hefte machte, und er suchte, um das zu vermeiden, möglichst die Fehler wegzudisputieren. Auch später bewahrte er sich eine zierliche, saubere Schrift und schrieb all seine Dichtungen u.s.w. tadellos ins Reine. Er kann hierin allen Schülern als Muster vorgehalten werden.

4. Vieles Beherzigenswerte bieten Rückerts Dichtungen auch für den Lehrerstand: Trost bei Undank und Zurücksetzung, Ratschläge und Winke für das Studium, Verhalten zu den Berufsgenossen, festes Zusammenstehen, Umgang mit anderen u.s.w.

Wenn von diesen Aussprüchen auch nur der kleinere Teil absichtlich für Lehrer berechnet, die Mehrzahl aber allgemein gehalten ist, so könnten sie doch sämtlich auf den Lehrerstand gemünzt sein, und kein Schulmann vermöchte über die einschlagenden Verhältnisse Besseres und Zutreffenderes zu sagen. Wir lernen von Rückert zunächst, mit unserer Stellung zufrieden zu sein:

97. Woher ich kam, wohin ich gehe, weiß ich nicht;
Doch dies: von Gott zu Gott! ist meine Zuversicht.
Warum ich jetzo bin, und andre sonst gewesen;
Warum mir dieser Platz, kein andrer ist erlesen?
Ich blühe wie die Blum', und wachse wie der Baum,
In meiner Jahreszeit, in meinem Gartenraum,
Im großen Garten ist kein abgelegnes Beet,
Das nicht zu seiner Zeit von Lenzluft ist durchweht,
Kein abgelegnes Beet, das nicht erblüht in Wonne
An seines Gärtners Blick, sein Blick ist Mond und Sonne.

Ob uns die Menschen äußerlich niedrig, ob hoch stellen, muß uns gleichgültig sein:

98. Wenn du erkennen willst den Ruhm in seiner Blöße,
 Vergleich am Himmel ihn mit Sternen erster Größe.
Die letzter Größe, sind sie etwa minder groß?
 Sie scheinen kleiner dir durch ihre Höhe bloß.
Drum lächle, rückt man dich zum letzten Range nieder:
 Und rückt man dich empor zum ersten, lächle wieder!

Obwohl es dem ehrenwerten Manne nicht auf äußere Ehrenbezeigung ankommt, so muß er solche doch von jüngeren Leuten, besonders von Schülern und Untergebenen erzwingen, nicht seinethalben, sondern um dieser selbst willen.

99. Der Ehre kannst du wohl von andern leicht entbehren,
Wenn du dich selber nur zu halten weißt in Ehren.
Doch will dir Unverstand versagen die Gebühren,
Laß ihn nicht deinethalben, laß es ihn sein'thalb spüren.
Denn jedem Manne ziemt vorm andern, und dem Knaben
Ziemt zwiefach Achtung wohl vor einem Mann zu haben.
Die Lehre sollst du ihm, weil sie ist heilsam, geben;
Gib sie ihm so, als ob es dich nicht anging eben.

Undank darf uns nicht entmutigen, sondern soll zu doppelter Hingabe auffordern:

100. Lern von der Erde, die du bebauest, die Geduld:
 Der Pflug zerreißt ihr Herz, und sie vergilt's mit Huld.

Einen Lohn kann auch Undank nicht rauben, die eigne Förderung durch den Unterricht anderer:

101. Ist kein Arbeiter doch um seinen Lohn betrogen;
 Der Lehrer lernt, und der Erzieher wird erzogen.

Unablässig muß der Erzieher und Lehrer nach eigener Vervollkommnung streben, sein Wissen lebendig erhalten, und er darf sich nicht schämen, auch von jüngeren strebsamen Menschen, ja von seinen eigenen Schülern zu lernen:

102. Umsonst ist jedes Werk, das du hervorgebracht,
 Wenn du dich selber nicht zum Kunstwerk hast gemacht.

103. Vor jedem steht ein Bild des, was er werden soll;
 Solang er das nicht ist, ist nicht sein Friede voll.

104. Am Ende deiner Bahn ist gut Zufriedenheit;
 Doch wer am Anfang ist zufrieden, kommt nicht weit.

105. Ich habe lang genug gelernt, um ausgelernt
 Zu haben; doch vom Ziel bin ich noch weit entfernt.
Ich lebe nur, um noch zu lernen, und begraben
 Wird man zuletzt mich doch, ohn' ausgelernt zu haben.

106. Mein Sohn, wenn du in dir hast aufgebaut ein Wissen,
Sei fein von Zeit zu Zeit der Nachhilf' auch beflissen.
Mit wenig Aufwand hältst du's leicht in gutem Stande;
Wenn's erst baufällig ward, ist's großer Schad' und Schande.

107. Zu lernen halte nur dich nicht zu alt und lerne
Von denen, die von dir gelernt, nun wieder gerne.
Sie haben manches wohl, was dir aus schlaffern Falten
Indes entfallen, fest in strafferen gehalten,
Gebildet manches aus, was du nur angelegt,
Zu Blüt' und Frucht gebracht, was du nur angeregt.
Nimmst du von ihnen nur, was sie von dir genommen,
So hast du schöner dich verjüngt zurückbekommen.

Bei diesem Streben darf man nicht mutlos werden, wenn man nicht gleich erreicht, was man erreichen möchte.

108. Verlier, o Jüngling, nur Geduld und Hoffnung nicht:
Nicht auf die Welt Vertrau'n, auf Gott die Zuversicht,
An dich die Forderung, zu kämpfen als ein Mann,
Und freue dich am Kampf, wenn dir der Sieg entrann.
Wenn er dir oft entrann, wird er nicht stets entrinnen;
Nur wer noch nichts gewann, hat alles zu gewinnen.
Mir selber ist, was mir gelang, gar spät gelungen,
Doch mehr nun freut mich, daß ich rang, als was errungen.
Ich wünsche nicht, daß sie so gar lang hin dich halten,
Doch gut ist's, daß sie Zeit dir gönnen zum Entfalten.

Der Lehrer strebe nach Umgang mit gebildeten und geachteten Personen:

109. Gesell dich einem Bessern zu,
Daß mit ihm deine bessern Kräfte ringen;
Wer selbst nicht weiter ist als du,
Der kann dich auch nicht weiter bringen.

110. Mein Sohn, du sollst dich nur auf Straßen und auf Gassen
Sehn mit ehrbaren, mit geehrten Leuten lassen.
Die halbe Ehr' ist dein, wenn man sich neigt vor ihnen;
Am Ende lernest du die ganze selbst verdienen.

Von niemand können die Lehrer besser lernen, einig und fest zusammenzustehen, einer für alle und alle für einen, und nicht selbst ihren Zusammenhalt durch Selbstsucht oder Unverstand zu zerstören.

111. Stell dich in Reih' und Glied, das Ganze zu verstärken,
Mag auch, wer's Ganze sieht, dich nicht darin bemerken;
Das Ganze wirkt, und du bist drin mit deinen Werken.
Stell dich in Reih' und Glied, und schare dich in Scharen,

Und teilst du nicht den Ruhm, so teilst du die Gefahren.
Wird nicht der Musterer den Einzelnen gewahren,
Mit Lust doch wird er sehn vollzählig seine Scharen.
Damit im Lanzenwald nicht fehlet eine Lanze,
Heb deine fein und sei gefaßt auf jede Schanze.
Sei nur ein Blatt im Kranz, ein Ring im Ringeltanze,
Fühl dich im Ganzen ganz und ewig wie das Ganze!

112. Die kleine Biene steht dem Feind so ritterlich,
Weil sie für sich nicht ist, sie fühlt ihr Volk in sich.

113. Wenn die Wässerlein kämen zu Hauf,
Gäb' es wohl einen Fluß;
Weil jedes nimmt seinen eigenen Lauf,
Eins ohne das andere vertrocknen muß.

114. Vernichtung weht dich an, so lang du Einz'les bist.
O fühl im Ganzen dich, das unvernichtbar ist.

115. Wie groß für dich du seist, vorm Ganzen bist du nichtig;
Doch als des Ganzen Glied bist du als kleinstes wichtig.

116. Nullen, tretend hinter eins,
Würden Tausende zählen;
Weil sie den Führer nicht wählen,
Zählen sie alle zusammen keins.

Die gefährlichsten Feinde erwachsen oft einem Stande aus seiner eigenen Mitte:

117. Am Walde hätte nicht die Axt so leichtes Spiel,
Hätt' ihr der Wald nicht selbst geliefert ihren Stiel.

118. Der Baum legt niemals selbst die Axt an seinen Fuß;
Du bist ein Tor, den solch ein Sinnbild warnen muß.

Um eines Ganzen nützliches Glied sein zu können, muß man sich in dieses fügen lernen, das Recht einer fremden Individualität achten, in anderen nicht das Schlimme, sondern mehr das Gute erkennen, da der eine diesen, der andere jenen Vorzug hat; bei Widerstreit der Meinungen darf man nie außer acht lassen, daß man über gar vieles verschiedener Meinung sein kann, weil in den tiefsten Lebensfragen die absolute Wahrheit uns stets verschleiert bleiben wird; deshalb soll man auch Gegner achten und nicht verurteilen.

119. Willst du, daß wir mit hinein
In das Haus dich bauen,
Laß es dir gefallen, Stein,
Daß wir dich behauen.

120. Was deinem innern Trieb ist angemessen, treibe,
Nur daß fein auch der Trieb ein angemess'ner bleibe!

Und was du liebend treibst, laß dir das Höchste gelten,
Ohn' Anderstreibende mißliebig drum zu schelten.
Sei doch in jeder Art ein Höchstes offenbart;
Du offenbare dein Höchstes in deiner Art.

121. Du siehst, daß leicht wie nichts dem einen von der Hand
Geht etwas, das gar schwer dir geht in den Verstand.
Dagegen weißt du flink mit etwas umzuspringen,
Wovon dem andern fast will kein Begriff gelingen.
Entweder wenn du nun das deine schätzest hoch,
So schätze nicht gering auch das des andern doch.
Und wenn du dieses willst anschlagen so gering,
So halte deines auch für kein so großes Ding.

122. Du wirst nicht musterhaft durch Jagd nach anderer Fehlern,
Und nie wirst du berühmt durch fremden Ruhmes Schmälern.

123. Tu was du kannst, und laß das andre dem, der's kann;
Zu jedem ganzen Werk gehört ein ganzer Mann.
Zwo Hälften machen zwar ein Ganzes, aber merk:
Aus halb und halb getan entsteht kein ganzes Werk.

124. Unleidlicher ist nichts, geeigneter zu Krämpfen,
Als zwei Systeme, die als solche sich bekämpfen.
Dies klappert hier, das dort, mit eigner Formeln Knarren,
Und wer dazwischen steht und hört es, wird zum Narren.
Zwei Instrumenten gleich in zwei verschiednen Tönen
Gestimmt, wo eines will das andre niederdröhnen.
Jedwedes wär, allein gehört, vielleicht erfreulich;
Ihr Durcheinanderschrein ist ganz und gar abscheulich.

125. Wenn du dem Gegner ab Vernunft sprichst und Verstand,
Ist's ja kein Großes, daß dein Geist ihn überwand.
Hingegen, wirst du ihn mit starken Waffen rüsten,
Ihn schlagend, willst du nur damit dich selber brüsten.
Geh deinen Weg und laß den Gegner seinen gehn,
Und wer zum Ziel gelangt, das werden wir ja sehn.

126. Laßt uns hin und her, her- und hinüber meinen;
Wir werden uns zuletzt in einem Eins vereinen.
Wir werden uns zuletzt in einem Eins vereinen,
Das ein ganz andres ist, als alles, was wir meinen.
Das ein ganz andres ist, als alles, was wir meinen,
Wird alle Meinungen in einer einst vereinen.

Bei widerstreitenden Anschauungen suche man beide kennen und von ihren verschiedenen Standpunkten aus beurteilen zu lernen; man wird für seine eigene Läuterung von jeder Seite lernen können.

124. Die Weisheitslehren, die dir Weisheitslehrer spenden,
O könntest du sie stets zur Weisheit nur verwenden!
Doch du gewahrest bald, ein Lehrer widerspricht
Dem anderen, und wer im Recht sei, weißt du nicht.
Du kannst nicht beiden, wem von beiden willst du glauben?
Soll gar Glaubwürdigkeit jedweder jedem rauben?
Und schließest du, daß recht von beiden keiner hat,
So hast du selber dir entzogen jeden Rat.
Denk lieber: Jeder hat nur recht auf seine Weise,
Das stelle dir auch dann zurecht in deinem Kreise.
Verschiedne Fälle gibt's auf einer Lebensfahrt,
Wo man wohl brauchen kann Rat von verschiedner Art.
Glückselig bist du, wenn für Auf- und Niedersteig
Du immer recht verstehst den rechten Fingerzeig.

Rückert weiß gar wohl, daß der Fortschritt sich nicht in gradfortlaufender Linie, sondern in auf- und absteigenden Kurven vollzieht, und darum gibt er für die "schlimmen Zeiten" die Regel jenes Verhaltens, das allein uns darüber weg hilft. Dieser Rat des Dichters ist gerade in der Gegenwart und nächsten Zukunft von besonderer Wichtigkeit für den Lehrerstand.

125. Erkennest du, wohin auf- oder niederstrebt
Der Zeitgang, gib nur nach, o Herz, das widerstrebt!
Kein Widerstreben hilft; du mußt dich ihm bequemen,
Wo nicht, mit deinem Tun vom Schauplatz Abschied nehmen.

Rückerts Anschauung, daß man nicht starr am Bestehenden festhalten, sondern stets zum Besseren fortschreiten sollte, aber unter Achtung vor dem Guten und Anknüpfung an das Errungene hat auch für Schule und Lehrer Geltung.

125. In einem Stücke sind mit euch wir einverstanden:
Daß es nicht bleiben soll bei dem, was ist vorhanden.
Zu einem Neuen soll's und einem Bessern gehn;
Gern rennen sehn wir euch und bleiben auch nicht stehn.
Doch was den Weg betrifft, sind wir nicht eurer Meinung,
Daß durch Zerstörung er nur gehn soll und Verneinung.
Wir lieben nun einmal Erbauung und Bejahung
Und halten Gutes wert, das Besserm dient zur Nahrung.

Darum will Rückert von jenen Reformern nichts wissen, die alles bisher als richtig oder gut Erkannte in Dünkelhafigkeit über den Haufen werfen und sich als "Schöpfer ganz neuer und alleinseligmachender Ideen" betrachten, wie das gerade auf pädagogischem Gebiete in neuester Zeit nach mehreren Richtungen hin bedenklich zu Tage getreten. Vor solchen Lehrern warnt der sonst so tolerante Dichter förmlich:

126. Ich sage dir, mein Sohn, von welchen Lehrern lernen
Du sollst, soviel du kannst, von welchen dich entfernen.
Einer, bescheiden, ist des Stoffes treu beflissen;
Des andern höhrer Sinn erhebt den Stoff ins Wissen.
Der dritte, dünkelhaft, will nicht die ewgen Sachen
So nehmen wie sie sind, will, wie er denkt, sie machen.
Der eine wird mit Fleiß das Einzle weiter bringen,
Der andre sucht mit Geist das Ganze zu durchdringen.
Der dritte, dünkelhaft, will ein System nur baun,
Um wohlgefällig sich als Schöpfer zu beschaun.
Vom einen kannst du viel, vom andern alles lernen,
Vom dritten nichts; von dem sollst du dich, Sohn, entfernen.
Beim ersten magst du Fuß auf festem Grunde fassen,
Vom andern dir zum Flug die Richte geben lassen.
Vor'm dritten hüte dich! es ist um dich getan,
Füllt er mit Dünkel dich und leerem Fachwerk an.

III.

Rückert ist für Lehrer und Erzieher nicht bloß Meister in der Lehre, sondern auch Muster für Leben und Wirken. Bei ihm sind Wort, Werk und Wesen eins. Nie sprach und handelte er anders als nach innerster Überzeugung. Ihm ist das Höchste gelungen, seine eigene Persönlichkeit zum edelsten Menschentum auszugestalten (siehe Zitat Nr. 102).

Schon Äußeres und Inneres standen bei ihm in vollster Übereinstimmung. Seine mächtige, fast reckenhafte Gestalt, sein scharfgeschnittenes geistvolles Antlitz mit der hohen, freien von langen Locken umwallten Stirne, sein seelenvoller Blick aus den tiefen schwarzen Augen, ein Zug unbeschreiblicher Milde um den wohlgeformten Mund verrieten auf den ersten Blick den tiefen Denker und Dichter. Nehmen wir noch dazu den vollen, wohlklingenden Ton seiner Stimme, sein bei aller Würde anspruchsloses Wesen, seine gewinnende Herzlichkeit, seine einfache Kleidung, so steht das vollendete Bild eines echt deutschen Mannes vor uns. Diesen Eindruck machte er auf jeden, der ihm zum ersten Male nahe trat. Dr. *Otto Volger*, der mit Dr. *Presber* ihm zum Antritte des 75. Lebensjahres eine Ehrung des freien deutschen Hochstiftes zu überbringen hatte, sagt: "Der Mann, der vor uns stand, schien mir übermenschlich groß, nicht in des Wortes bildlicher, nein, in seiner wirklichen Bedeutung. Und noch heute, nach so vielen Monden, kann ich das Bild jenes Augenblicks nicht vor meine Seele rufen, ohne daß der gleiche Eindruck sich erneut". Und Prof. *Schmidt* in Schweinfurt: "Wenn die Alten ihre Götter auch äußerlich größer darstellen, als der Menschen Kinder, so leitete sie ein richtiges Gefühl; denn auch geistig gewaltige Menschen geben uns neben sich die Empfindung der Kleinheit. So erschien es mir immer, als ob ich hoch zu Rückert hinaufsehen müßte. Doch sein blitzendes Auge hatte auch so viel wohltuende Wärme, die Vertrauen einflößte".

Dieses ehrfurchtgebietende Äußere war der Ausdruck seines inneren Adels. Er war ein Mann mit festen, klaren Grundsätzen, selbständig im Denken, von reinster und edelster Gesinnung, bestimmt in seinen Entschlüssen, wankellos in Ausführung derselben, durchaus wahr, gerade, offen, eben deshalb ein entschiedener Feind alles Erkünstelten, Geschraubten, Gezierten und Gemachten, darum auch des Hochtrabenden und Überspannten im Ausdrucke, ein Feind auch erheuchelter Gefühle; er strebte überall nach Versöhnung der Gegensätze, Zähmung der Aufwallungen, Milderung der Gefühle, Klärung der Ideen; fern lag ihm alles Niedrige und Kleinliche, eigen war ihm alles wahrhaft Menschliche, Gesunde, Kraftvolle, Leidenschaftslose; sein Geist barg einen Schatz des reichsten Wissens, das zu erweitern und zu vertiefen er bis an sein Lebensende unermüdlich bestrebt war, kurz, er war eine in sich selbst vollendete, auf sich selbst ruhende edle Persönlichkeit. Auf ihn findet *K. Siebers* Wort volle Anwendung:

Wahre Größe hat allein,
Wer die Größe missen kann,
Wer versteht, ein großer Mann
Und ein schlichter Mensch zu sein.

Vor allem war Rückert ein wahrhaft und tief religiöser Mensch. In der Jugend in einfach schlichter Gläubigkeit und Sittenreinheit auferzogen, blieb er dieser treu. Er war bis ans Ende seines Lebens ein regelmäßiger Kirchenbesucher und wohnte in der guten Jahreszeit jeden Sonntag dem Gottesdienst in der Dorfkirche zu Neuses bei. War er am Kirchenbesuche verhindert, so ließ er sich von seiner Schwiegertochter Alma, einer feingebildeten, edlen Frau, über die Predigt berichten, wie noch kurz vor seinem Tode, am Neujahrstage 1866. Echte Religiösität betrachtete er als Grund des sittlichen Lebens. Seine Aussprüche über Gott, Religion und Sittlichkeit würden allein einen stattlichen Band füllen. Einige wurden bereits (Zitate 7, 8, 9) mitgeteilt; einige charakteristische mögen noch Platz finden, um darzutun, daß er in Gott die allwaltende, das ganze All durchdringende und belebende Liebe erkannte; daß er verlangte freudige Hingabe an Gott ohne knechtische Furcht und Übung des Guten aus innerem Drang; daß er nur jenen Glauben anerkannte, der in der Sittlichkeit sich kund gibt, gleichwie er der Anschauung war, daß der Glaube an das höchste Wesen im Innern selbst lebendig sein müsse und deshalb Beweise vom Dasein Gottes überflüssig seien.

126. Gott ist von keinem Raum, von keiner Zeit umzirkt,
Denn Gott ist da und dann, wo er und wann er wirkt.
Und Gott wirkt überall, und Gott wirkt immerfort;
Immer ist seine Zeit, und Überall sein Ort.
Weltend' und Anfang ist sein Wechselauseinhauch.

127. Es strömt ein Quell aus Gott und strömt in Gott zurück;
Der Einstrom hohe Luft, der Ausstrom höchstes Glück.

128. Das Unsichtbare siehst du klar im Sichtbar'n nur
Und nichts im Sichtbar'n, als des Unsichtbaren Spur.

129. Zum Himmel blick empor, er ist voll heller Kerzen;
Kind, freudig habe Gott vor Augen und im Herzen,
In jedem Augenblick sollst du ihm angehören,
Das will er, doch dich nicht in deiner Freude stören.
Er will nicht, daß du sollst in stetem Bangen schweben,
Denn er ist nicht der Tod, er ist das ew'ge Leben.

130. Nicht darum sollst du dich verbunden halten, Kind,
Zu Handlungen, weil sie von Gott geboten sind.
Vielmehr als göttliches Gebot sei das empfunden
Von dir, wozu du dich fühlst innerlich verbunden.
Was ist der Unterschied? Dort mußt du andern glauben,
Hier glaube nur dir selbst, und nichts kann dich dir rauben.

131. Die Sittlichkeit allein ersetzt den Glauben nicht;
Doch weh' dem Glauben, dem die Sittlichkeit gebricht.

132. Was ungelesen ich zu lassen mir erlaube?
Ein Büchlein, das mir will beweisen, was ich glaube.
Wie sollt' ich, was ich glaub', erst mir beweisen lassen?
Derweilen kann ich mich mit Nützlicherm befassen.
Ich denke, solches Buch ist nicht für mich geschrieben,
Es ist für andre, die bis jetzt ungläubig blieben.
Allein auch diese wird es nicht zum Glauben treiben;
Drum ohne Schaden konnt' es ungeschrieben bleiben.

Trotz – oder wohl richtiger gerade wegen – seiner tiefinnerlichen Gläubigkeit war Rückert ein entschiedener Feind aller kirchlichen Einseitigkeit, alles Streitens um Glaubenssätze, alles Rühmens um den Besitz des allein wahren Glaubens, namentlich aller Verketzerung Andersgläubiger. Achtung vor der religiösen Überzeugung anderer hat kaum jemand mit heiligerem Ernste und größerem Nachdrucke gefordert als er. Diese tolerante Gesinnung war auch ein Erbteil seiner Jugend. Aufgewachsen in konfessionell-gemischter Gegend, hatte er von Kindheit auf die Überzeugung gewonnen, daß es unter den Anhängern verschiedener Bekenntnisse gute, sittliche, ja edle Menschen gebe. Sein Vater verkehrte in herzlichster Weise mit katholischen Geistlichen und fand bei diesen offenstes Entgegenkommen. Er selbst verdankt katholischen Geistlichen vielfache Anregung und geistige Förderung, und einigen, wie dem wackeren, durch tüchtige Bildung ausgezeichneten Pfarrer von Großbardorf und dessen Kaplan, dann den freundlichen Mönchen vom Kloster Bildhausen, bewahrte er zeitlebens die treueste und achtungsvollste Erinnerung. Wo immer ihm klerikaler Übereifer und Unduldsamkeit entgegentrat, da fühlte er sich abgestoßen, so schon in Erlangen durch die gerade zu seiner Zeit auftretende starre Orthodoxie, so noch mehr in Berlin von der dort herrschenden einseitigen Richtung. Gerade heute, da von "herüben" und "drüben" wieder vielfach der Konfessionalismus so scharf hervorgekehrt wird, wo gewisse Eiferer nichts in größere Aufregung versetzt als die "Simultanschule", und wo man bis zum ekelerregenden Überdrusse es dem bayerischen Lehrstande zur größten Sünde anrechnet, daß seine Glieder sich ohne konfessionelle Engherzigkeit friedlich zu einem Vereine verbunden, gerade heute dürfte es am Platze sein, Rückerts Mahnung zur Toleranz ins Gedächtnis zu rufen, und die Leser d. Bl. werden es zu gute halten, wenn die hier einschlagenden Zitate freigiebiger als bei anderen Partien geboten werden.

Denn vor allem der Beruf des Lehrers fordert Achtung jeder Konfession, Milde, Duldung, Schonung. Wie die Verhältnisse schon in der Gegenwart liegen, muß eine große Zahl von Konfessionsschulen Kinder anderer Bekenntnisse aufnehmen und diese konfessionelle Mischung schreitet naturgemäß immer weiter. Ein konfessionell engherziger und befangener Lehrer wird die Minderheit seiner Schüler leicht verletzen, wo nicht in ihrem Heiligsten schädigen und sich in Widerspruch setzen mit der Familie. Sage man nicht, auf die Minderheit könne man keine Rücksicht nehmen, auf einzelne gleich gar nicht, die Mehrheit der Schüler sei für den Lehrer allein maßgebend. Nein, jedes Kind hat die gleichen Rechte, und auf ein einziges Kind muß gerade soviel Rücksicht genommen werden, als auf Dutzende. Sagt doch schon der Heiland: "Wer eines dieser Kleinen ärgert u.s.w." Der milde Rückert sei auch hier Lehrer und Vorbild.

133. Gar viele Wege gehn zu Gott, auch deiner geht
Zu Gott, geh ihn getrost mit Preisen und Gebet
Und laß dich nicht darin von denen irre machen,
Die andre Wege gehn, und mach nicht irr die Schwachen.
Wer mit auf meinen Weg will gehn, der sei willkommen;
Und geh' ich auch allein, doch geh' ich unbeklommen.

134. Laß uns um Dinge, die wir nicht verstehn, nicht streiten,
Notwendigkeiten nicht machen aus Möglichkeiten.
Ich denk' es so, du so; und wie es jeder dachte,
So ist's für ihn, an sich wie's ist, weiß Gott, der's machte.

135. In unsers Herren Haus viel Knechte sind geschart,
Und jeder dient dem Herrn auf seine eigne Art.
Der Herr läßt jeden gern auf seine Weise dienen,
Und weiß allein, wer ihm der liebste sei von ihnen.

136. Warum nicht auch, wie in den Sprachen offenbart,
Willst du das Gleiche sehn in Denk- und Glaubensart?
Wieweit die Gegensätz' auch auseinanderweichen,
Vermagst du nicht auch sie zur Einheit auszugleichen?
In Wahrheit noch nicht kund war dir der Menschheit Grund,
Und Weisheit führest du und Lieb' umsonst im Mund.

137. Sucht ihr nur das Wahre, Gute, Rechte,
Sucht ihr auch auf anderm Weg als wir's;

Heil dem menschlichen Geschlechte!
Finden wir's nicht, gut, so findet ihr's.

138. In meinem Glauben bin ich eins mit eurem, weil
Ich glaube, wie ihr glaubt, im Glauben sei das Heil,
Im Glauben für den Geist des letzten Ziels Erreichung
Sei des Unendlichen und Endlichen Ausgleichung.
Ihr aber glaubt dabei, ein einzig einer sei
Der Glauben, und ich glaub, es seien vielerlei.
Ich glaub' auch, daß für euch sei euer Glauben gut,
Obgleich entgegen ihr mir nicht das Gleiche tut.
Die Leugnung gegen mich muß ich euch auch erlauben,
Weil diese Leugnung mitgehört zu eurem Glauben.
Er, der als Glaubensstück mir selber gab die Duldung,
Gab euch Unduldsamkeit ohn' euere Verschuldung.

139. Wenn nur auf eine Art sich Gott hätt' offenbart,
Zu offenbar hätt' ihn des Menschen Geist gewahrt.
Doch nun verhüllen ihn viel Offenbarungen,
Und unvollkommen sind die Gottgewahrungen.
Der Glaubensweisen Streit zeigt seine Herrlichkeit;
Denn er ist eins, um den sich unser Wahn entzweit.

140. Die Lehrer sind im Streit, womit hier auf der Erde
Am würdigsten gesucht das Antlitz Gottes werde.
Die einen: Ehren soll man Gott mit Opfergaben
Im Dienste, welche wir von unsern Vätern haben;
Die andern: Loben soll man ihn mit guter Tat,
Wozu er Kraft verliehn und Trieb zum Guten hat.
Die dritten: Suchet ihn in heiliger Gesinnung,
Gesammelten Gemüts Weltsinnenlustentrinnung.
Die vierten sagen: Gott hat nur, wer ihn erkennt;
Die Wissenschaft allein ist Gotteselement.
Ich aber sage dir: Mit jedem von den vieren
Magst du ihn suchen hier und magst ihn nicht verlieren.
Wer ihm die Gaben weiht, genießet seiner Gaben;
Wer durch ihn Gutes tut, wird im Gemüt ihn haben.
Mit ihm ist ungestört, wer von der Welt sich trennt,
Und eines ist mit ihm, wer ihn als eins erkennt.

141. Was wahr ist oder falsch an innrer Offenbarung?
Es ist damit als wie mit äußerer Gewahrung.
Was deine Augen sehn, was deine Ohren hören,
Das glaubst du, daran wird dich kein Zweifel stören,
Und wozu dir versagt sind Augen oder Ohren,
Sei es für andre da, für dich ist es verloren.
So offenbart auch das der Geist dem Geiste nur,

Wofür empfänglich ist die geistige Natur.
Er glaubt daran, er schwört, er hat's gesehn, gehört;
Warum nur glaubest du, daß ihn ein Wahn bethört?
Gott hat nur anders ihn als dich es sehen lassen;
Weißt du, auf wieviel Art sich Gott läßt sehn, läßt fassen?
Faß' ihn auf deine Art, faß ihn auf deine recht,
So gut als solchen Herrn kann fassen solch ein Knecht.
Und dank' ihm, daß ins Aug' ihn jeder fassen darf,
Ob scharf, ob blöd' es sei, was ist hier blöd' und scharf?
In wessen Auge sich ein Strahl vom Herren spiegelt,
Der dient dem Herrn, sein Dienst ist ihm vom Herrn besiegelt.

142. Als wie der Mensch, so ist sein Gott, so ist sein Glaube,
Aus geist'gem Äther bald, und halb aus Erdenstaube.
Doch doppelt ist der Gott, der Glaube doppelt auch,
Hier selbstentglommner Trieb, dort überkommner Brauch.
Das Eigenste wird ganz nie frei vom Angenommnen,
Doch übt die Eigenheit ihr Recht am Überkommnen.
Man reißt das Haus nicht ein, das Väter uns gebaut;
Doch richtet man sich's ein, wie man's am liebsten schaut.
Und räumt man nicht hinweg ehrwürd'ge Ahnenbilder,
Durch Deutung macht man sie und durch Umgebung milder.
Des Glaubens Bilder sind unendlich umzudeuten,
Das macht so brauchbar sie bei so verschiednen Leuten.

143. Du siehst die andern rings in einer Form von Glauben,
Die kannst du ihnen nicht und sollst sie auch nicht rauben.
Sie glauben, daß die Form die allerhöchste sei,
Die allereinzige, von allen Hüllen frei.
Daß eine andre Form gewesen sei zuvor,
In der das reine Licht noch war vehüllt vom Flor,
Das glauben sie; doch daß auch das enthüllte Licht
Zuwachses fähig ist, das glauben sie dir nicht.
Du aber glaubest, daß gleichwie aus Dämmerungen
Der Bildlichkeit ein Licht unbildlicher entsprungen;
Auch dies unbildliche wird wieder bildlich heißen
Vor einem, das nach ihm die Dämm'rung wird zerreißen
Und ewig Gottes Licht aus Klarheit wächst in Klarheit
Viel Offenbarungen hindurch zu Offenbarheit.

Noch eine Seite von Rückerts Wesen verdient für Lehrer und Erzieher hervorgehoben zu werden, und wieder ganz besonders in der Gegenwart: seine echt vaterländische Gesinnung. Fallen doch seine Jünglingsjahre in jene große Zeit, da nach langer und tiefer Schmach das so lange niedergehaltene Deutschtum mächtig erwachte. Daß er einer der begeistertsten Freiheitssänger jener Tage war – seine Geharnischten Sonette sind das Vollendetste, was die Dichtung jener

Zeit geschaffen –, und daß er nur infolge dringendster Abmahnung seiner Eltern und Freunde, die für ihn bei seiner durch Studien geschwächten Gesundheit die ernstesten Befürchtungen hegten, von der teilnahme Tan den Befreiungskriegen zurückgehalten wurde, ist ja allgemein bekannt; weniger bekannt, daß er schon 1809 dem Aufrufe des Erzherzogs Karl folgen und in die österreichische Armee zum Kampfe gegen Napoleon eintreten wollte, und daß er 1812, da er eine Gymnasiallehrerstelle in Hanau anzutreten im Begriffe war, kurz vor seiner Einführung entwich, weil seine politischen Anschauungen mit den damals in den leitenden Kreisen herrschenden in Widerspruch standen, und er Verwicklungen im voraus vorbeugen, sich auch für die kommenden Ereignisse freihalten wollte. Sein Patriotismus ward also nicht erst durch die Befreiungskriege geweckt, sondern nur zu kräftiger Kundgabe veranlaßt. Man hat gegen Rückert den Vorwurf erhoben, seine Vaterlandsliebe sei später erkaltet, ja, er sei den Idealen seiner Jugend untreu geworden. Nichts ist unrichtiger als dies. Der Gang der Ereignisse nach den Befreiungskriegen konnte selbstverständlich einen so warmfühlenden Patrioten nicht befriedigen. Er hatte denn doch eine andere Frucht der Volkserhebung erhofft, als den ohnmächtigen Bundestag. Der Dichter des herrlichen, allbekannten Liedes "Die drei Gesellen", die mit dem vereinten Rufe sterben: "Deutschland hoch!" konnte sich nicht befreunden mit einem Staatengebilde, in dem zwei rivalisierende Großmächte jeden echt deutschen Aufschwung hemmten. Er hatte doch erwartet, daß die Stimme des Volkes mehr Gewicht erlangen würde, als die des Beherrschers der unzivilisierten Kosaken. Aber er war, wie wir bereits wissen, eine zu milde und ruhige Natur, als daß er sich durch solche Erfahrungen zu jener Verbitterung hätte hinreißen lassen, wie sie in den schrillen Akkorden eines *Herwegh* oder gar in den höhnischen Weisen eines *Heine* ausklang (Vgl. Zitat 125)[4]. Es entspricht ganz seinem versöhnlichen Wesen, wenn er diese radikalen Anschauungen ebensowenig billigte, als die Heldentaten der Reaktion: Demagogenriecherei, Knebelung der Presse, Unterdrückung jedes freiheitlichen Gefühls.

Vor jeder politischen Einseitigkeit bewahrte ihn schon sein Universalismus. Durch sein staunenswertes Sprachentalent hatte er mit der Sprache aller Kulturvölker – er konnte mit Recht von sich sagen: "Mir lebt jede Sprache, die Menschen sprechen" –, auch deren Geist erfaßt und das jedem Volke Eigentümliche achten gelernt. Er konnte deshalb bei allem Deutschtum, welches anzuzweifeln geradezu kindisch wäre, keinem einseitigen Nationalismus huldigen. Er hält seine Nationalität hoch, achtet aber jede andere, nimmt also hier den gleichen Standpunkt ein wie in religiöser Beziehung. Das allgemein Menschliche steht ihm höher als das spezifisch Nationale:

144. Den Menschen wenn der Mensch im Menschen stets erkennte,
So manche Schranke nicht von Menschen Menschen trennte;
Es würde weniger Mensch gegen Mensch stehn,

[4] Auf Seite 157/158 kommen aus Versehen Nr. 124- 126 doppelt vor. Der Hinweis gilt für das letzte mit 125 bezeichnete Zitat.

Es würde sich kein Mensch am Menschlichen vergehn.
Was wütet hoch vom Thron herab ein Wüterich?
Er sieht die Menschen tief gleich Tieren unter sich.
Was gilt dem Muselmann für einen Hund der Christ?
Er sieht es ihm nicht an, daß er sein Bruder ist.
Was macht den Weißen hart dem Schwarzen gegenüber?
Der Menschheit Züge sind auf dessen Antlitz trüber.
Der Arme, Niedre, haßt den Höheren, den Reichen,
Weil er so wenig selbst sich fühlt als dessen gleichen.
Und wer sich jedes Rechts von andern sieht beraubt,
Hält jedes Unrecht auch sich gegen sie erlaubt.
Ihr Menschenwächter drum, wenn ihr wollt ruhig schlafen,
Abhelfen müßt ihr dem, was ihr nur wollt bestrafen.
Macht, daß ein Mensch sich könn' und muss' als Menschen fühlen,
So wird er nicht den Grund der Menschheit unterwühlen.

Wenn man in der Gegenwart solche Anschauungen verficht, so setzt man sich fast dem gleichen Vorwurfe aus, der wider Rückert erhoben wurde: man wird des Mangels an Patriotismus beschuldigt. Aber gerade unsere Zeit zeigt, und zwar nicht allein bei unseren Nachbarn im Osten und Westen, zu welch beklagenswerten Erscheinungen der einseitige und übertriebene Nationalitätskultus führt. Für diese Entartung des an sich so edlen Nationalismus hat auch unsere Zeit ein eigenes Wort gefunden "Chauvinismus". Diesen aber braucht man nicht bloß jenseits des Rheins zu suchen.

Und doch ist im Höheren stets das Niedrigere, im Allgemeinen das Besondere enthalten. Niemand bestreitet, daß man ein entschiedener Deutscher und doch dabei ein guter Bayer, Württemberger etc. sein kann. Warum will man nicht einen Schritt weiter gehen und zugestehen, daß im Humanismus auch der Nationalismus eingeschlossen sein könne? Es tut not, daß Erzieher und Lehrer erkennen, daß über der Pflege des nationalen Sinnes nicht das höchste Ziel der Menschenbildung, Erziehung zur edlen Menschlichkeit, übersehen werde; denn mit der "nationalen Gesinnung" und der "nationalen Bildung" ist wahrlich auch bei uns schon viel Mißbrauch getrieben worden. Gebärden sich nicht diejenigen, welche früher jede nationale Regung und Bestrebung aufs heftigste bekämpften, gerade in der Gegenwart, als ob sie allein den Nationalismus in Erbpacht besäßen, während jene, welche in trüber Zeit den deutschen Einheitsgedanken pflegten, für denselben stritten und litten, als "unpatriotisch" in Verruf getan werden, sobald sie sie nicht mit der herrschenden Stimmung duch dick und dünn gehen? Ja, wird nicht jeder, der nicht blindlings den Tonangebern folgt, sondern noch selbständig zu denken wagt, als "Vaterlandsfeind" verketzert? Solche Erscheinungen müssen stutzig machen. In der Jugenderziehung dürfen wir uns am wenigsten auf solche Wege drängen lassen. Selbstverständlich müssen wir unser Deutschtum hoch halten; aber wir müssen auch das Gute an anderen Nationen anerkennen. Die Pflege des Vaterländischen darf nicht den Weg der Polemik, sondern sie soll die Wege der Irenik wandeln; sie darf nicht gegen fremde Nationen verbittern und verhetzen, sondern muß nach Versöhnung der Gegensätze streben. Wir wollen auch hier Rückert zum Vorbilde nehmen und uns zu seiner universalen Lebensanschauung, zu seinem edlen Humanismus emporzuarbeiten suchen; dann werden auch wir das rechte Gleichgewicht finden.

Noch gar manche Seite aus Rückerts Leben und Streben könnte zum Nachweise seiner pädagogischen Bedeutung in Betracht gezogen werden. Aber ich darf meine ohnehin schon sehr umfangreich gewordene Arbeit nicht weiter ausdehnen. Doch kann ich nicht schließen, ohne eine kurze Bemerkung anzufügen, zu der mich eine gelegentliche Auslassung in dem Aufsatze über *Schopenhauer* in Nr. 8 d.Bl. veranlaßt. Meine vorliegende Arbeit ist keineswegs "bequem zwischen Mittagessen und Nachmittagskaffee" abgetan worden. Es war keine leichte und im Handumdrehen zu erledigende Sache, die "in ihrem Reichtum schwer zu übersehenden" Dichtungen Rückerts gründlich zu durchforsten, die allenthalben zerstreuten Aussprüche über Erziehung und Unterricht zu sammeln, zu sichten und dann, soweit es überhaupt möglich, in den für ein pädagogisches Blatt wünschenswerten systematischen Zusammenhang zu bringen und sie durch die entsprechenden Erscheinungen aus dem Leben des Dichters in das richtige Licht zu setzen. Wer den Aufsatz mit Interesse gelesen, wird dies selbst erkannt haben. Aber die Arbeit wurde erleichtert durch den Genuß, welchen die edlen "goldenen Früchte in silberner Schale", d.i. die tiefsinnigen Gedanken in musterhafter Form, immer aufs neue boten, und sie barg dadurch schon ihren Lohn in sich selbst. Der schönste Lohn wäre es mir aber, wenn auch die Leser d.Bl. nicht nur Belehrung und Erquickung, sondern auch Ermunterung zu freudiger Erziehungstätigkeit, wohl auch Trost gegenüber manchen unerfreulichen Erscheinungen der Gegenwart aus Rückerts gedankenreicher Pädagogik schöpfen würden.

Mag der einzelne auch mancher Anschauung Rückerts nicht zustimmen, ja, zu derselben sich in entschiedenem Gegensatze befinden, so wird doch jeder vieles finden, das ihm zusagt. Rückert selbst war der letzte, der unbedingten oder gar blinden Glauben an seine Worte beanspruchte, im Gegenteil, wie er selbst eine völlig selbständige Natur war, so verlangte er geistige Selbständigkeit auch von anderen. Wenn wir das nicht schon aus früheren Aussprüchen (Zitate 18-23) wüßten, folgender Spruch würde jeden Zweifel beseitigen:

145. Ich lehre dich, daß du auf keinen Lehrer bauest,
Auf eigenen Füßen stehst, mit eignen Augen schauest.
Und wie du keinem traust, so traue mir auch nicht,
Und dieses sei der Lohn für meinen Unterricht.

Vielleicht darf ich auch die Hoffnung hegen, daß sich viele Lehrer zum eingehenden Studium von Rückerts Dichtungen angeregt fühlen möchten. Rückerts poetische Werke (12 Bde.) sollten in keiner Distrikts-, dessen Weisheit des Brahmanen in keiner Privat-Lehrerbibliothek fehlen. Dann würde der Wunsch

C. Beyers (a.a.O. S. 376) in Erfüllung gehen:
"Möge die Zeit nicht ferne sein, wo man die weittragende Bedeutung Fr. Rückerts für die harmonische Verstandes-, Herzens- und Willensbildung unserer Jugend und für deren menschliche Erziehung besser und allgemeiner würdigen wird; wo die Deutschen in dem Dichter Fr.Rückert auch den Lehrer dankbar anerkennen und ehren werden, und wo man die Jugend in erfolgreicher Weise aufrichten wird an der Majestät seiner einzigen Gestalt selbst, die durchs Leben schritt mit gehobenem Blicke, so stolz, so frei, so unabhängig und männlich und doch so demütig und so rührend bescheiden."

[Aus: Bayerische Lehrer-Zeitung, 22. Jg. (1888) S.217 ff.]

Friedrich Rückerts politisches Glaubensbekenntnis

Von Edgar Groß

Rückerts Lebenslauf erscheint uns immer als das vollendete Beispiel eines stillen Poeten- und Gelehrtendaseins, wie es nur ein rechter weltflüchtiger Romantiker in anmutiger, sonnenerfüllter Landschaft zwischen Blumen und grünenden Büschen zubringen kann. Daß es auf seiner stillen Bahn auch dornige Pfade gab, daß zuweilen auch dieser abgeklärte Kosmopolit zu einem leidenschaftlichen Feuergeist werden konnte, vergißt man im Anblick seines weisen Brahmanenantlitzes gar zu gern. Mit Recht, wenn es sich darum handelt, den Dichter Rückert in seiner ureigentlichen, nach Ewigkeitswerten abzumessenden Bedeutung zu erkennen. Mit Unrecht, sobald man diese vielseitige, von "Gott und der Welt" erfüllte Persönlichkeit in allen ihren psychologischen Elementen erfassen will. Es kann daher gar nicht genug getadelt werden, wenn alle Anthologien, die doch dem Leser zuerst die wertvollen Erzeugnisse eines Dichters vermitteln sollen, aus ganz verkehrten ethischen Prinzipien ohne Unterschied die politischen Gedichte Rückerts bevorzugen, während man ganz charakteristische Gedichte, Früchte der orientalischen Studien, vergeblich suchen wird. Wer dagegen die geistige und kulturelle Entwicklung vergangener Jahrzehnte beobachten will, der sei auf Rückerts politische Persönlichkeit hingewiesen. Gerade die eigentümliche Mischung von kosmopolitischer und deutsch-nationaler Gesinnung, die sein Wesen ausmacht, bedingt hier eine eigentümliche Stellungnahme zu den Gegenwartsfragen, die ihn bald in die Reihe moderner Politiker, bald in die deutschtümelnder Romantiker einordnet.

Öffentlich politisch hervorgetreten ist Rückert ja nur zweimal. Kraftgenialisch begeistert wurde er als Student und junger Privatdozent von den allgemeinen Ideen der Freiheitskämpfe mitfortgerissen, es drängte ihn auch zur aktiven Teilnahme am Kriege, aber auf Bitten der besorgten Eltern, vielleicht auch aus dem Gefühl heraus, daß er seiner Natur nach zum Kampfe wenig geeignet sein würde, ließ er sich an "allen Rockzipfeln" halten und machte seinem gequälten Herzen nur in politischen Liedern Luft. Eine unmittelbare Wirkung auf das Volk, wie sie *Schenkendorf, Körner* und *Arndt* ausübten, konnte schon deswegen von seiner Freiheitslyrik nicht ausgehen, weil sie mit Ausnahme eines einzigen Gedichtes erst nach dem Kriege veröffentlicht wurde; die "Geharnischten Sonette" waren überdies nur an das gebildete Publikum gerichtet. Eigentlich mitgearbeitet an dem großen Befreiungswerk hat Rückert also nicht. Dann vergingen fast fünfzig Jahre, bis 1863 ein namhafter Verleger den inzwischen berühmt gewordenen Dichter aufforderte, zu den schleswig-holsteinischen Kämpfen ein paar poetische Beiträge zu liefern. Acht Tage später hatte er "ein Dutzend Kampfeslieder" in den Händen, mit denen der Dichter aus seiner bisherigen Reserve noch einmal heraustrat. – War aber die Zurückhaltung in der Zwischenzeit für ihn gleichbedeutend mit einer Abwendung von den Dingen der Politik gewesen? Die Vertiefung in die orientalische Poesie schien dafür zu sprechen, poetische Zeugnisse als Beweis für fortgesetzte politische Beschäftigung zwischen 1817 und 1863 gab es nicht, nur gelegentliche Äußerungen ließen ab und zu unter den dichten Schleier blicken. Nun endlich ist er ganz gelüftet. Es ist gelungen, ein verschollen gewesenes "Politisches Notizbuch" aufzufinden, in dem sich mehr als zweihundert handschriftliche Gedichte Rückerts, vornehmlich aus den politisch bewegten Jahren 1848-1864 befinden. Durch diese Gedichte, die *Leopold Hirschberg* der Öffentlichkeit übergab, ist erwiesen, daß der "Weise aus dem Morgenlande", der stille Hausdichter zwar absichtlich jede Beteiligung an dem öffentlichen Leben ängstlich vermied, daß er aber niemals aufhörte, den politischen Vorgängen seiner Zeit mit demselben jugendlichen Feuer entgegenzutreten wie einst, als er die Befreiung von der Franzosenherrschaft jubelnd begrüßte. Erst an Hand dieses und älteren Materials ist es möglich, Friedrich Rückerts politisches Glaubensbekenntnis in einem geschlossenen Bilde zu entwickeln.

Als Rückert aus einer versonnenen, in idyllischer Landschaft zugebrachten Jugendzeit plötzlich mit leidenschaftlicher Freiheitssehnsucht und ebenso glühendem Napoleonhaß hervortrat, bedeutete das eigentlich keinen Bruch mit seinem bisherigen Ideal, der Romantik. Er folgte ihr im Gegenteil auch jetzt; wo sie scheinbar neue Pfade ging, wurde auch sein Weg ein anderer. In die metaphysichen Träumereien lebensfeindlicher Quietisten war auf einmal der Ruf nach der Tat hineingedrungen und hatte alle Schläfer zu den Waffen aufgerufen. Allerdings kamen sie, einmütig begeistert für eine Idee wie selten ein Volk, aber sie führten das alte romantische Rüstzeug mit sich. Jeder stimmte in den Freiheitsruf ein, jeder mahnte zur Einigkeit der Völker, jeder haßte und schmähte den blutgierigen, despotischen Korsen, erfüllt von energischem Wirklichkeitsbewußtsein, – aber jeder hatte sich seine eigentlich positiven Ideale aus fernster Vergangenheit geholt: wie die Kreuzritter zog man in den "heiligen Krieg" zur Ehre Gottes und des Kaisers, den es wieder galt an die Spitze eines neuen, nach mittelalterlichen Formen organisierten deutschen Reiches zu stellen.

Als einer von diesen vielen erhob sich auch der Dichter aus dem Frankenlande. Empörung über die gegenwärtige Schmach, Hoffnung auf die kommende Freiheit und die Wiederaufrichtung des Barbarossastaates gaben auch seinem Feuer Stoff. Daß es sich im letzten Grunde darum hätte handeln müssen, die seelische Erlösung zu erringen, nach der äußeren Befreiung den Zwiespalt zwischen Romantik und Realismus zu lösen und das Menschentum sozusagen wieder auf den Boden der Wirklichkeit zu stellen, – diese Forderung entging ihm so gut wie tausend anderen. Wenigstens damals noch, als er begeisterungstrunken romantischen Prinzipien huldigte. Ihnen zuliebe beschwört es das mittelalterliche Reichsideal in zahlreichen Gedichten herauf, plant er einen Epenzyklus aus der hohenstaufischen Glanzzeit und geht er im schwarzen, altdeutschen Rock einher. Diese Äußerlichkeit wäre für ihn in der Zeit der Reaktion beinahe verhängnisvoller geworden, als alle poetischen Verherrlichungen des mittelalterlichen Kaisertums. In württembergischen Staatskreisen, mit denen ihn der Verkehr beim Minister *v. Wangenheim* in Beziehung brachte, witterte man in diesem Zur-Schau-Tragen altdeutscher Gesinnung die gefährlichsten Tendenzen. Im Sommer 1816 erhielt *Cotta*, dessen "Morgenblatt" der Dichter damals leitete, von dem württembergischen Polizeiminister Graf *Winzingerode* ausdrückliche Anweisung, er solle dafür sorgen, daß Rückert, "der Verhältnisse unterhalte, die den Regierungsgrundsätzen zuwider seien", das Land verlasse. Cotta wandte sich an Wangenheim, und nur dessen persönlicher Vermittlung beim Kronprinzen, dem nachmaligen König Wilhelm I., gelang es, die Untersuchung wegen demagogischer Umtriebe gegen den Dichter niederzuschlagen. "Nachdem ich Rückert auf sein Gewissen befragt hatte", so erzählt der Minister, "ob er in einer geheimen Verbindung sei (Maurerei ausgenommen), und ob er mit Genossen Briefe wechsele, – ließ ich, ohne Rückert von dem Grund der Frage etwas zu sagen, anspannen und fuhr nach Bellevue zum Kronprinzen. Er liebt die Dichter nicht, aber er achtet die Menschenrechte. Ich erzählte ihm einfach und mit erzwungener Gleichgültigkeit den Vorgang und gab ihm dann Winzingerodes Brief an Cotta. Er las ihn: ich wollte die Zornflammen in dem sonst so kalten Gesicht aufsteigen sehen, als er an die Vertreibung aus dem Lande kam, und du würdest, wie ich sehe, darin eine Bürgschaft für Württembergs Glück mehr finden. Der Kronprinz schellte, ließ seinen Oberhofmeister rufen und befahl ihm, auf der Stelle zum Polizeiminister zu fahren und diesem zu sagen: Er, der Kronprinz bürge für Rückert für jetzt und für die Zukunft, und niemand soll es wagen, ihn anders anzugreifen als vor Gericht. Er wolle ihn unter dem Gesetz wissen, wie jeden anderen".

Der Polizeiminister machte einige Einwendungen, aber schließlich wurde die ganze Angelegenheit – zu den Akten gelegt. Der "Demagoge" Rückert konnte im Lande bleiben und seinen altdeutschen Rock anbehalten. Im Grunde hatte er sich aber damals schon von der streng romantischen Reichsidee losgesagt, aus einzelnen Äußerungen klingt die Forderung nach einer modernen Verfassung für das neue deutsche Reich heraus, und überhaupt war er tatsächlicher geworden: etwas von dem Geist E. M. Arndtscher Realpolitik scheint auf ihn übergegangen zu sein. Er trat für Wangenheims liberalere Verfassungsform gegen die Württemberger, deren Sache *Uhland* poetisch unterstützte, ein und goß die Schale seines Spotts und Zorns über den "Herrn Kongreß" aus, der in Wien "getanzt" und "herumkarusselliert" hatte.

Dann ließen die italienische Reise und nach der Rückkehr die Flucht in die Wunderwelt des Orients den politischen Schauplatz eine Zeitlang seinen Augen entschwinden. Hafis und Dschelaleddin Rumi waren jetzt das Objekt, an dem er weltscheue Gelüste auslassen, ebenso aber auch die Entzündlichkeit von Herz und Geist wachhalten konnte. Gleichzeitig reifte seine ganze Lebensanschauung unter eigenen Erlebnissen und unter der Beschäftigung mit dem weisen Buddha und Konfuzius. Wer wie er seinen Innenmenschen an den großen Lehren indischer Ethik sozusagen revidierte, wer Grundforderungen für die irdische Glückseligkeit aufzustellen suchte, der mußte auch die staatlichen Verhältnisse erneuter Beachtung unterziehen. Aber was hatte sich in den zwanzig Jahren seit seinem ersten Debut auf dem politischen Schauplatz geändert? Herzlich wenig im Grunde. Die Form war neu, das Wesen war alt. An die Stelle der Fremdherrschaft war der Despotismus im eigenen Lande getreten, auf wahre Freiheit war ebensowenig zu hoffen wie auf Wiederaufrichtung des alten deutschen Reiches.

In dem systemlosen System der "Weisheit des Brahmanen" ist ein besonderer Teil dem Staatswesen gewidmet: "Fürstenspiegel" deswegen genannt, weil das Verhältnis der Regenten zum Volke von ethischen Gesichtspunkten erörtert wird. Selten sind politische Ideen mit so reifer Humanität in eins verquickt. Getreu dem Grundsatz dieses philosophischen Gedichtes, daß die Liebe zur Richtschnur unseres gesamten Lebens werden muß, will Rückert auch die innerstaatlichen Verhältnisse auf die Grundlage reiner Menschlichkeit zurückgeführt wissen:

> Die leichtste Kunst für dich ist, Fürst, geliebt zu werden;
> Nur liebreich brauchst du dich, nur menschlich zu gebärden.
> Viel schwerer fällt es euch, daß ihr verhaßt euch macht;
> Und doch in dieser Kunst habt ihr's so weit gebracht.

Und dann entwickelt er, indirekt wenigstens, die Prinzipien der konstitutionellen Monarchie, die ihm von nun an als höchste Staatsform erscheint. Hatte er doch schon in einem früheren Gedicht die Freiheit nicht ohne Absicht aus England kommen lassen. Das Barbarossatum in der streng romantischen Form war damit abgetan!

Was Rückerts politische Persönlichkeit immer wieder so anziehend macht, das ist abgesehen von seiner stolzen Aufrichtigkeit, das unerschütterliche, geradezu gläubige Vertrauen auf das "Besserwerden". Nur aus ihm ist seine politische Haltung in der bewegten Folgezeit begreiflich. "Liebe" im Sinne der Toleranz und des Verstehenwollens heißt nicht nur die Formel, durch die sich Regierung und Volk verständigen können, "Liebe" an sich kann auch den Unterschied zwischen arm und reich, zwischen Aristokrat und Bürger aufheben. Aber wehe dem unzufriedenen Geschlecht, das "mit Zorngebärden" durch Verneinung und Zerstörung zu dem Neuen schreitet! Das ist charakteristisch für seine Stellung in dem Revolutionsjahre 1848. Als Jüngling hatte er sich nach "dem Brennpunkt neuer Deutschheit" gesehnt, als Universitätsprofessor hielt er 1841 seinen Einzug in Berlin, bald entsetzt über den absolutistischen Geist in Preußen, wo es nur galt "Order zu parieren" und die versprochene Verfassung dem Volke vorenthalten wurde. Und zwei Tage vor dem 18. März kehrte er der Hauptstadt für immer den Rücken. Ebenso ablehnend wie gegen den reaktionären Preußengeist verhielt er sich gegen den Radikalismus der revolutionären Bewegung, die er aus der Entfernung genau beobachtete. Die Berliner Aufstände verurteilte er direkt als Volksverrat. Für ihn gab es ein Heil nur in der friedlichen Verbrüderung, er wollte ein neues Deutschland unter Preußens Hegemonie, er wollte eine streng konstitutionelle Verfassung, aber er wollte keinesfalls mit einem *Herwegh* oder *Meißner* gemeinsame Sache machen.

> Großer Dichter, Georg Herwegh,
> Großer Dichter, großer Feldherr,
> Ich bedaure soviel Deutsche,
> Die in dir den Freiheitsherold
> Sehen mit des Ruhms Posaunen,
> Und nun sehn den Steckenreiter
> Mit der kindischen Trompete.

ruft er dem Republikaner voll bitteren Spotts zu, als dieser 1848 von Frankreich aus den verunglückten Einfall in Baden machte, um in Deutschland die Republik zu errichten und, wie man sagt, unter dem Sitzleder eines Wagens versteckt von seiner Frau über die Grenze gebracht wurde. Drei politische Fragen beschäftigten Rückert von dieser Zeit bis zu seinem Tode am lebhaftesten: der deutsche Kaisergedanke, Schleswig-Holstein und die slawische Bewegung.

Mit begreiflicher Erregung verfolgte er die Verhandlungen des Frankfurter Parlaments, ohne sich aber entschieden auf seiten der kleindeutschen oder großdeutschen Partei zu stellen. Mit jener stimmte er, obwohl er selbst Bayer war, darin überein, daß ein neues Kaisertum nur mit Preußen an der Spitze möglich sei. Preußen, so glaubte er trotz der vorhererwähnten Enttäuschungen, garantiere allein wirkliche staatliche Freiheit! Zu den Großdeutschen hielt er andererseits insofern, als er Österreich dem neuen Reich als Bundesstaat angeschlossen wünschte, ja selbst hinsichtlich der Schweiz scheint er einen ähnlichen Gedanken gehabt zu haben. Die Lösung der Frage hat Rückert nicht mehr erlebt, er starb fünf Jahre vor der Gründung des Deutschen Reiches. Daß sie in erster Linie durch Bismarcks Arbeit zustande kommen würde, ließ er sich wahrscheinlich am wenigsten träumen. Galt ihm doch der preußische Kanzler als "Teilchen einer Kraft, die stets das Böse will und stets das Gute schafft".

Um so leidenschaftlicher trat er, wo er konnte, für die Vergrößerung der preußischen Macht ein, insofern sie den deutschen Einheitsgedanken fördern konnte. Er plädierte für die Errichtung einer deutschen Flotte und forderte, sobald die Schleswig-Holsteinische Frage aufgerollt würde, zu energischem Vorgehen gegen die Dänen auf. Nicht etwa aus Nationalitätenhaß, sondern weil seiner Ansicht hiernach eine Gefahr für das Deutschtum überhaupt bestand. Und gegen eine Trennung beider Provinzen mußte er als Verfechter des einigen Deutschlands natürlich Partei ergreifen. Daraus erklärt sich auch die außerordentliche Schärfe aller gegen das "freche" Dänemark gerichteten Lieder.

Eine nicht geringe Gefährdung seines politischen Hauptzieles erblickte er in der panslawistischen Bewegung und besonders in dem polnischen Aufstand von 1848. Mit einer wütenden, fast chauvinistischen Gereiztheit verurteilte er das "Volk aus Osten", dem Deutschland die Hand gereicht habe, um es hervorzuheben, das aber zum Lohn wie die Viper gebissen habe. Und die von Dr. Landa 1863 veranstaltete Neuausgabe der Gedichte des Deutschböhmen *Joseph Emanuel Hilscher* begrüßte er freudig als "eine mutige deutsche Anwehr gegen das Tschechentum". Aber aller Haß ging doch nur so weit, als es sich um Wahrung deutscher Interessen handelte. Einer engherzigen Gewaltspolitik gegenüber den Besiegten wollte er niemals seine Zustimmung geben. Ausdrücklich forderte er Toleranz und Achtung vor der fremden Nationalität in den Sprachgrenzgebieten:

> Wir wissen's gar nicht, daß sie dänisch reden
> Wir werden Schul und Kanzel nicht befehden,

schrieb er 1864 auch für heute recht aktuell.

Aus solchen Erörterungen klingt wieder die reine, abgeklärte Lebensphilosophie der brahmanischen Weisheiten heraus. Da hatte er bereits die Weltfriedensidee entwickelt und von einer allgemeinen Völkerverbrüderung auf Grundlage der staatlichen Freiheit geträumt:

> Des Weisen Vaterland ist all des Himmels Weite
> Und, überwölbt davon, der Menschheit ganze Breite.

Und auf diesem Wege gewinnt er nun auch die Verbindung der politischen mit der dichterischen und wissenschaftlichen Lebensform: denn das große Versöhnungsziel kann nur erreicht werden, indem man die Literatur, in der sich der eigentliche Geist eines Volkes ausdrückt, zur Weltliteratur erweitert, wie ihm die einzelnen Sprachen ja auch nur als Entwicklungsstufen eine Weltsprache galten. Umgekehrt sieht er in besseren politischen Zuständen die Vorbedingung für bessere Poesie. Aber wer sind letzten Grundes die Führer zu diesem fernen Ziel? Männliche Gesinnung, Ehrlichkeit und Toleranz! So antwortet der Kosmopolit, dem "feige Pfaffenknechte" ebenso verhaßt sind, wie Tröpfe, die sich durch "Kniebeugung prostituieren"!

[Aus: Die Hilfe 18 (1912) S. 653-656.]

Friedrich Rückert

Von Oskar Loerke

1. Ein hundertjähriger Schemen

Rückert der Riese führt im Deutschland der Sprache das Dasein eines Gespenstes. Für manche ist er wie einer der plumpen Rolande, die, lange Recken, das Schwert an die Achsel gedrückt, steif vor einem Gebäude, an einem Brunnen, in einer Enge zwischen Kirche und Ratskeller stehen, und niemand weiß etwas Rechtes von ihnen. Das unbeholfene Aufrechtsein eines solchen Recken wirkt, als wäre er in die Vertikale hinein umgefallen und von den Lebendigen nicht wieder hingelegt worden. In Nächten, die unwirklich und entrückt sind wie die Tage des Riesen, knirscht er kunstvoll geharnischte Sonette zu Schlachten, die geschlagen sind, Dichtungen, die mit ihren verschmitzten Reimschlingen merkwürdigerweise einst die Jünglinge entfesselten, statt fesselten. Wohl dem Lande, wo eine – bis heute unübertroffene – zwingende Redekunst gleich einem siegreichen Feldherrn führt. Er selbst aber nahm an den Schlachten, zu denen er rief, nicht teil, und er ist an keinem Tag von Roncevalles gefallen wie der Paladin Karls des Großen. Wir vernehmen zunächst mit einigem Staunen, daß er sich auf Wunsch seiner Eltern und infolge schwacher Gesundheit dem Getümmel mit Napoleon fernhielt; aber auch diese Kunde wirkt spukhaft, weil wir gleichzeitig mit ihrem Eintreffen wissen, sie gehe sein Wesen nicht an. Dieses gleicht einem indischen Dämon mit hundert Armen, die alle mit scharfen Degen blitzschnell fechten. Seine Kühnheit gleicht nicht der seines Papageien von Waterloo, welcher bis zum Tode den Geschützen das "Bumm!" töricht nachkrächzt. Rückerts Wille, Anschauung und Gedächtnis sind nie gedankenlos, das ist seine Stärke wie Schwäche sowohl.

Aber ein Gedanke verkriecht sich alsbald in den sprachlichen Stoff – wie sehr, das ist bei ihm nicht an einzelnen Gedichten und auch nicht einmal an einzelnen Gedichtsammlungen zu erfassen. Wir messen eines Gedichtes Bedeutung gern nach seiner Lebenskunde, und eben diese ist bei Rückert sehr häufig nicht zu finden. Mangelte es ihm nirgends an der Stärke, Wahrheit und Schlichtheit des Erlebens, so rannte ihm seine über alles geliebte Sprache allzugern und allzuhurtig damit bis ins pedantisch Absurde davon. Das stumme Erlebnis dauerte oft genug an in seiner Heiligkeit und nach seinem gerechten Schicksalsmaß, das laute fertigte währenddessen unzählige schwächliche und flatterhafte Abbilder davon an: manche begegneten dem Urbilde und empfingen von ihm die ergreifende Stimme, andere stürzten ihm nach, an ihm vorüber, lallten und übten sich bis zum Überdruß und vergeblich an seinen Gebärden.

Auch aus diesem Umstande rührt der Eindruck des Gespenstischen. Hunderttausende von Namenlosen, die unwillkürlich ihre Zunge zu gebrauchen wußten, wie das Herz es befahl, haben im Sprachdeutschland ihre redliche und befriedigende Grabstätte, während der Sprachenmeister Rückert darin umherirren muß, weder vergessen noch anerkannt. Es wird erzählt, daß vor seiner altdeutsch schwarzgekleideten Hünengestalt mit den langen Locken und den in schweren Jochen liegenden Augen in Italien die Ammen und in Wien die Lakaien davongelaufen wären. Schien er schon bei Lebzeiten etwas anderes, als er war, so blieb es später erst recht dabei.

Um das Jahr 1910 sind ein paar Auswahlsammlungen aus seinen Gedichten erschienen. Damals gab es verstreut noch Kenner seines im Druck erschienenen Gesamtwerks, und es gab ziemlich viele Liebhaber einer Reihe von Einzelstücken, die durch Schullesebücher oder sonstige elementare Überlieferung als wertvoll festgestellt worden waren. Dazu gehörte Beschauliches wie die "Hainbuchenlaube", volkstümlich Balladeskes wie "Der fehlende Schöppe", Parabolisches wie die Geschichte von dem Mann im Syrerland, der ein Kamel am Halfterband führte, Reinlyrisches wie das Lied "Ich stand auf Berges Halde", wie das innige "Du bist die Ruh", auch wohl eine zum Kirchenlied erhobene Betrachtung oder das empfindsame, von seiner sentimentalen Melodie nicht mehr zu trennende "Aus der Jugendzeit". Wehe dem Anthologisten, der von solchen kanonischen Stücken das eine oder andere ausschied und frisches leuchtendes Gut beibrachte! Ebenso wurde der Verzicht auf Proben aus den gereimten Kindermärlein gerügt.

Wer es wagte, sich einfach zu dem Friedrich Rückert zu bekennen, den ihm frische Sinne als eine neue Erscheinung offenbart hatten, wobei er natürlicherweise auf vieles stieß, was schon im anonymen Besitzstande des Volkes angelangt war, der galt als Sonderling und Geck des Urteils. Rückert war schon unter die späten kleinen Apostel versetzt worden, ein mageres Täschchen war ihm gepackt worden, und damit mußte er auf Wanderschaft in die Ewigkeit, so weit er mit der bescheidenen Zehr just kam. Der "Liebesfrühling", ein Prunkbuch unserer Großmütter, war ihm in ziemlich kleinlauter Übereinstimmung bereits genommen und die "Weisheit des Brahmanen" als ein reichlich unwegsamer Steinbruch von Mischmineralien enteignet worden. Für die unheimlich umfänglichen Übersetzungen hatten zumeist nur Sonderfreunde morgenländischen Schrifttums eine Unze Begeisterung übrig. So löste sich wieder nur ein leicht hinwehender Nebelwisch von der wahren Gestalt des Dichters ab.

Heute ist die Verwerfung weiter fortgeschritten und damit die unausbleibliche Bereitschaft einzelner, von neuem zu prüfen. Hundertfünfzig Jahre etwa nach der Geburt des Dichters (1788) haben auch genug von jenen einzelnen Augenpaaren, auf die es ankommt, über seiner Arbeit verbacht, um ihren Befund allmählich in die Welt zu locken. Wir gedenken der unvergeßlichen Schilderung dieses Vorganges bei Schopenhauer, wie echte Kunst in ihrem eigenen Zeitalter lau aufgenommen und ungern anerkannt würde, um schließlich dem

Übersehen- und Verkanntwerden nicht ferner ausgesetzt zu sein, weil ihre Leistungen "gekrönt und sanktioniert dastehen durch den Beifall der wenigen urteilsfähigen Köpfe, die einzeln und sparsam in den Jahrhunderten erscheinen und ihre Stimmen ablegen, deren langsam wachsende Summe die Autorität begründet, welche ganz allein jener Richterstuhl ist, den man meint, wenn man an die Nachwelt appelliert. Jene sukzessiv erscheinenden einzelnen sind es allein: denn die Masse und Menge der Mitwelt allzeit war und allzeit ist".

Rückert selbst hat auf doppelte Weise seine Erlösung aus dem Dasein eines Phantoms erschwert: er gab seit fast dreißig Jahren vor seinem Tode, wenn man von seinem totgeborenen Gebilde, einem Christofero Colombo, und einer Hamasa-Arbeit – aber auch diese erscheinen reichlich zwei Jahrzehnte vor seinem Tode – absieht, keine Dichtungen mehr in Buchform heraus: uns zweitens entwich er, um der Muttersprache neue Großreiche zu erwerben, nach dem Orient, wohin ihm nur wenige folgen mochten. Man wußte also nicht, was er eigentlich in der Stille tat. Vielleicht betrieb er dort die Gelehrsamkeit? – das war dann eine Angelegenheit der Gelehrten.

Auch schien er die Richtung seiner wenigen Erfolge in Jugend und Mannesalter eigensinnig sofort zu ändern. Daß die Liebeslyrik, die der Verbindung mit seiner Braut und jungen Frau entsproß, nur einmal für immer hervorbrach, war ja nicht verwunderlich. Aber auch die politischen Gedichte, die, 1814 als "Deutsche Gedichte" und 1817 als "Kranz der Zeit" gesammelt, eine bedeutende Wirkung taten, schienen bis zu dem "Dutzend Kampflieder für Schleswig-Holstein" von 1833 keine Folge zu finden. Und gleichermaßen erwies sich die "Weisheit" als weise, jedoch nicht als welttüchtig, wenn sie fürder schwieg, statt ihren Erfolg in der Öffentlichkeit auszunutzen. So bemerkte es das deutsche Volk gar nicht, als Rückert es am letzten Januar 1866 für immer verließ, geschweige denn, daß sein Tod ihm wehgetan hätte. Die Forschung bemächtigte sich des hinterlassenen Mammutwerks nicht. Wenige vortreffliche Studien geringen Umfangs (zum Beispiel *Muncker, Golfing*), einige nicht sehr zuverlässige Bücher der Verehrung, abgebrochene Untersuchungen von Ausschnitten (*Magon*), mit gutem Wissen ausgestattete Nachtragsveröffentlichungen aus der Hinterlassenschaft, das ist alles bis heute, nicht vergleichlich mit irgendeiner einem irgend Gleichwürdigen geweihten Gedächtnispflege. Eine zwölfbändige Gesamtausgabe (1867-69) und schon die 1841 von Rückert besorgte Auswahl wandten sich ins Leere.

Betrachtet man Rückert bei seiner unendlichen Arbeit an der Versehaspel und nimmt mit halbem Ohr und müdem Auge auf, was da heruntergewunden und beiseite gelegt wird, Lage um Lage, Schicht um Schicht, so mag man ihn den auf hunderterlei Weise Tätigen im Lande einreihen, man hört auf, nach Wert und Nutz des Vollbrachten zu fragen, man mißt es nicht mehr mit Maßen der Freude und des Ärgers und glaubt einfach, irgendwo werde der Sinn für das Ganze schon verborgen sein.

Läßt man sich aber, ohne zu lesen, die Aventiure erzählen, so glaubt man nicht mehr, von einem Dichter zu hören, sondern von einem wahnhaften Kauz. Der Zufall von Schneeflocken im April regte ihn zu achtunddreißig Gedichten an. Ein Hochzeitslied gerät ihm vierzehn große Druckseiten lang. Zu seinem bekannten Gedichtchen in hinkenden Jamben fügt er gleich acht andere Hinkende-Jamben-Gedichte. Ebenfalls acht Gedichte hat er für die Tatsache von Wetterlaunen, darunter ein Sonett und eine Elegie. Das "Stilleben eines deutschen Dichters" sammelt er 1840 in "hundert ländlichen Bildern" ein, und alle hundert Gedichte sind unbedeutend. Ernste Schicksale zwingen ihn zu Hunderten und Hunderten von Gesängen. Der Tod fordert seine Eingebungen reicher als die Liebe. Zeigt er sich auf die Anrede von Kleinigkeiten zu nur einmaliger Antwort bereit, so macht er die Bescheidung wett, indem er keinen, aber auch gar keinen Anlaß ausläßt. In seiner Sammlung "Haus und Jahr" fehlt es nicht an einer poetischen Auslassung über den Nashornkäfer und gegen das Pfingsttrommeln, weder über Frühobst noch Spätobst, weder über den Regen noch über den Regenpfeifer, auch nicht an einem Zwiegespräch zwischen Barometer und Thermometer. Innerhalb einzelner Gebilde gehen wahre Schöpfräder von assoziierenden Aufzählingen um. Im Schlamme häuslicher Betulichkeit greift er sich dann eben nur Betuliches und Triviales. Die Schwiegertochter Alma muß sich nach etwa vierzig gleichwürdigen Anreden zum Beispiel "Pfeifenkopfstopferin, Flaschenpfropfentpropferin, Schlummerbecherfüllerin, Kalter Knie Umhüllerin, Nachtruhanwünscherin" nennen lassen und wird zum Schluß gebeten, sie solle dies Liebeszeichen hinnehmen, weil er ihr dankbar sei. In einem Rosengedicht findet sich das Wort Rosen sechzigmal. Und so fort, und so fort.

Immerhin kennt er das Unartige und Süchtige seines Reimenmüssens und drückt das 1842 einmal artig und anmutig folgendermaßen aus.:

Ich armes Unkraut, wo ich nur mag schnaufen,
Gleich kommt der Gärtner nach mir hergelaufen!
Denn so verdienstlich, als ein Kraut zu pflanzen,
Scheint es ihm auch, ein Unkraut auszuraufen.
Wenn er sein Kraut beträuft mit süßem Wasser,
Möcht er mit Gift und Galle mich betraufen.
Und mag ich auch in Eile Blütchen treiben,
Das kann von ihm mein Leben nicht erkaufen.
Er pflegt, weil ich für Tisch und Markt nicht tauge,
Mit jedem Ekelnamen mich zu taufen.
Mag, daß ich etwa dort nicht Wurzel fasse,
Mich selbst nicht werfen auf den Erdenhaufen:
Ins Feuer wirft er oder in den Bach mich,
Um zu verbrennen oder zu ersaufen.

2. Herr über vierhunderttausend Verse

Wie ein Wunder mutet es an, daß *Varnhagen von Ense* bereits 1822 die Verfassung dieses poetischen Geistes richtig übersah. "Mit seinen Gedichten aber verhält es sich also: sie sind Gedichte in Masse, eine volle reiche Vegetation von Gedichten, strichweise über Fels und Ebene, durch Sandflächen und Stromufer

sich hinziehend, in künstliche Beete geordnet und selbst in Treibhäuser versetzt, wie es die Umstände und die Gelegenheit erforderten und zuließen". Demgemäß übten sie ihre Wirkung nur im ganzen und in Mischung. Unsere Dichtung habe die ursprüngliche Freiheit auf Regeln gebracht. "Aber soll diese Beschränkung am Ende nicht in eine völlige Knechtschaft ausarten, – wie bei den Franzosen geschehen, bei uns aber von jeher glücklich abgewehrt worden ist –, so muß von Zeit zu Zeit eine herzhafte Befreiung versucht werden. Die Gegenstände, die Empfindungsweise, die Zeit- und Volksfarbe, die Vers- und Tonarten, die Maßverhältnisse und Gliederungen, die Sprache in Stoff und Wendungen, alles muß aus der Erstarrung wieder in freien Fluß gebracht und neuen Gestaltungen und Verbindungen ausgesetzt werden. Die Sprache zuvörderst grammatisch angesehen, so kommt es also darauf an, die gesamte Sprache – nicht bloß eine kunstgeprüfte Auswahl, eine vorgeschriebene Blütensammlung – in dichterischen Gebrauch fortzureißen, sie in poetischer Weise durchzusprechen, durch alle ihre möglichen Wendungen, Messungen und Reime lebendig durchzutreiben. Dies tut Rückert mit großer Meisterschaft und Kühnheit und hat in dieser Art ganz Unglaubliches geleistet. Sein Dichten ist in solchem Sinne ein gewaffnetes Ausrücken in bisher verlassene oder zweifelhaft gewordene Gebiete, ein Wiedererobern oder Vermehren des poetischen Sprachreiches".
"Auf allen Punkten, bei allen Gegenständen und Anlässen, ruft er den poetischen Funken aus dem verwahrlosten oder unbeachteten wie aus dem allbekannten und viel behandelten Stoffe. Er geht immer vom Ursprünglichen aus und hält an irgendeinem Wahren fest, sowohl wo es die gewöhnlich sogenannte äußere Natur, als wo es die Natur der Gedanken, der Empfindungen, der Verhätnisse und selbst der künstlichen Verknüpfungen gilt". Die Bilder, die Ausdrücke scheinen dabei oft verwildert und verschroben: die Anschauung stammt dennoch gewiß aus eigener Lebensfrische.

Was Varnhagen hier als Eigentum des Deutschen verteidigt, das zog diesen gewaltsam in den Bann der orientalischen Genien, vornehmlich der Perser. Kritiker der orientalischen Poesie, selbst ihre Fachgelehrten lehnen gern das Ausschweifende, Tollkühn-Trockene der dort wuchernden Bilder ab. Bei dem Nachdichter Rückert findet sich nichts von Zurückhaltung oder Milderung: bei seinen eigenen Erfahrungen ist das gleiche Ausschweifen ins Hausbackene zu beobachten. Mochte er romantische Kühnheiten in der deutschen Poesie offenbar nicht leiden, wie aus seinem Verkehr mit zeitgenössischen Dichtern geschlossen werden darf, so erregte er sich keineswegs über das gleiche bei Fremden, er empfand es nicht als Unart, sondern als heimisches Wesen, das eben in der Fremde siedelte, und als Stachel seines Fleißes und Ordnungssinnes. Die Lust der Tätigkeit hebt das Sonderbare des Gegenstandes auf. Der Sprachgeist entzündet sich am frevelhaften Sprachbilde wie der Blitz in der überladenen Schwüle.

So knetet Rückert das Leere zusammen, bis ein volles Klümpchen da ist, so bosselt er am Frostigen, bis es sich unter dem Druck der Hände erwärmt, so zwingt er zwar nicht dem wertlosen Gerümpel, aber dem Spiele damit gleichsam einen Astralkörper ab, in welchem schließlich auch die Sprache wohnt und sich äußert.

Er packt wie alle großen Sprachbildner die Sprache da, wo sie nicht mehr nach irgend etwas außerhalb ihres eigenen Wesens schmeckt, sei es nach Menschenseele, sei es nach dialektischem Geist, sei es nach Erde, sondern trifft sie da, wo sie in der schöpferischen Stille zur Hellhörigkeit auf sich selbst erwacht und, mächtig ihrer selbst auch aller Dinge, aller Gattungen und Arten mächtig wird. Nun beobachtet nicht eigentlich der mehr, der sie verwendet, die Umwelt, sondern sie selbst, nicht er, unterwirft sie seinen Gedanken, sondern sie verführt durch ihre Gedanken ihn, die nämlichen Gedanken zu denken. Der Ausdruck kommt dem Eindruck fast zuvor und läuft Gefahr, ihn zu überrennen, so daß ein Ohr, in dem jener sicheren Tons anlangt, diesen erst suchen muß. Die Sprache als der gemeinsame Besitz der Mitmenschen war bei Rückert oft die Empfängerin seiner Botschaften, und es konnte unterlaufen, daß der individuelle Mitmensch leer ausging.

Und doch kam die täuschende Abwendigkeit zustande gerade dadurch, daß er nichts, was ihm am Herzen lag, jemals verlassen konnte. Die Treue, die er gab, war nicht von der Art, um von anderen dafür Treue zu empfangen. Sie gehörte nicht nur den Gipfeln, wohin viele die Aussicht genießen kommen, sondern auch den Tälern ohne Gnade, wo es heiß und einsam ist. Da oben wird mancher ein Prophet, der unten nur ein Schwätzer ist.

So verhält es sich vor allem mit den drei Gebieten der Rückertschen Erfolge: der Weisheit, der Liebe, der Politik.

Die Weisheit ist der Philosophie wohl fürstlich überlegen, wenn sie die Grundwürden des Weltalls und seine heiligen Zweifel und Gewißheiten überschwebt, aber sie ist ihr unterlegen und dient sehr kümmerlich, wenn sie, anders als die Schwester, auch in jeder Stunde der Dürre, des Schweißes und Schmutzes zur Stelle sein muß – sonst wäre sie nicht sie selbst. Rückert hatte einmal den Trostspruch geprägt: "Genuß ist stets ausschließlich , Gemeingut ungenießlich". Der inneren Nötigung, das Ungenießliche genießbar zu machen, begegnete er allenthalben als einer seiner Hauptaufgaben.

Mit der Liebe erging es ihm nicht anders als mit der Klugheit. Er hat sie und sie hat ihn nicht verlassen, über den Tod zweier Kinder und der Gattin hinaus bis in die letzten Folgerungen der Einsamkeit. Verlassen haben ihn nur die, denen die Schwärmerei um seinen Glanz und seine Blüte angenehm ohrenfällig war, jedoch nicht das Kindergeschrei und das Grabgeläute. Sogar die Anhänglichkeit an jene frühe Hymnik scheint für seine Empfindungen draußen in der Welt nachgelassen zu haben, denn als ihm 1842 *Robert* und *Clara Schumann* zwölf Kompositionen auf Lieder aus dem Liebesfrühling übersandten, antwortete er in einem Dankgedicht überschwenglich-wehmütig:

Meine Lieder
Singt ihr wieder,
Mein Empfinden
Klingt ihr wieder,

Mein Gefühl
Beschwingt ihr wieder,
Meinen Frühling
Bringt ihr wieder.
Mich, wie schön,
Verjüngt ihr wieder:
Nehmt meinen Dank, wenn euch die Welt,
Wie mir einst, ihren vorenthält!
(Und werdet ihr den Dank erlangen,
So hab ich meinen mitempfangen.)

Vollends sein Anteil am Gemeingeschehen in seinem Lande und Europa erscheint verfälscht und verkleinert, wenn man nur die zu seinen Lebzeiten buchweise gedruckten politischen Gedichte betrachtet. In Almanachen und Zeitschriften trat er als Sprecher zur Zeit auf, und in ein von seiner Jugendfreundin *Friederike Heim* geschenktes Schreibebuch trug er etwa zweihundert solcher Gedichte mit Bleistiftstrichen ein. 1848 begann er das Buch von vorn zu füllen, 1864 kehrte er es um, und nun war hinten vorn; zwischen den beiden Teilen befinden sich unbeschriebene Blätter. Aus faksimilierten Blättern erkennt man, daß die Schrift kaum leserlich, teilweise völlig unentzifferbar ist. Die Inhalte gewinnen mehr und mehr den Charakter von privaten Notizen; aber was heißt privat, wenn auf der einen Seite das Laute und Breite Armeen formiert und auf der anderen ein einzelner Betrachter steht? Es handelt sich gerade um das Übereinkommen des Einen mit dem Vielen, des Ernstwilligen mit dem damals nicht selten Spottwerten. Sein Haus war nun das Bienenhaus eines Volkes, jedoch es mußte Haus bleiben, das Jahr war möglicherweise ein Jahrhundert lang, jedoch es rann ebenso aus Sekunden zusammen wie das private. Jede Sekunde auf Erden muß verantwortet werden, hier vom Täter, dort vom Denker. In der Spätzeit Rückerts gehen die politischen Gedichte, wie die von den anderen Lebensgebieten, ins Besinnliche und Allgemeine aus. Sie verlieren die aktuellen Gegenstände, die wir Nachgeborenen ohnehin nicht mehr mit der Wallung des Herzens verstehen, und wenden sich Konstellationen zu, die immer gültig sind. Sprachlich werden sie kunstvoller, ungewöhnlicher in Wortwahl und Satzung. Magie vom nur Lautenden strömt ein.

Ist uns Spätlingen derlei leicht erkennbar, woher sollen es die Zeitgenossen wissen? Vernahmen die zeitgenössischen Leser der Liebeslieder auch die am leichtesten Hauch biegsame Sprechform und den Ghaselenklang etwa in jener Dankstrophe an die Schumanns? Selbst wir erfassen die den Gehalten fast abholden Reize nur nach langer Übung und nach unzähligem Verwerfen vergeblicher Versuche des Meisters. Goethe katalogisierte die "Östlichen Rosen" mit freundlichem Gruß ohne jedes Eingehen. Grillparzer begriff in scharfsinnigen Feststellungen neben einigem Positiven sofort das Gespenstische, das sich jetzt nach mehr als hundert Jahren natürlicherweise zuerst aufdrängt. Mehrfach registriert er das Ermüdende der monomanischen Fülle; es quält ihn "ein Gesäusel und Gesurre wie von unscheinbaren Äolsharfen und anderen dergleichen saitenbezogenen Bretterkästen"; im Schwierigen bewege Rückert sich leichter als jeder andere, sowie umgekehrt; es sei, als ob die verschlungene Form diesem Geiste Haltung gäbe; "von den sämtlichen Gedichten Rückerts werden die sieben magern die sieben fetten fressen, und nichts wird übrigbleiben". Grillparzers Tadel hat recht behalten, soweit er den freilich auch unsterblichen Spuk betraf. Einen unsterblichen Geist trifft keine bloß zuschlagende Faust. Wenn Grillparzer diese Faust erhebt und sie mit dem Fluche hinschmettert: "Ich verabscheue diese Ghaselen", so bleibt das seine Sache, und wenn Hunderttausende es ihm gleichtun, so hat er eine stattliche Gefolgschaft gewonnen, doch er hat keine Wirklichkeit vergrößert oder verkleinert. Kein Recht erweitert sich oder schrumpft nach dem Wachsen oder Schwinden seiner Anhängerzahl.

Hier rühren wir an das Geheimnis, warum Rückert neben einem unrechtmäßig zum Pygmäen erniedrigten Poeten eine halb unmenschliche Gestalt bleiben muß. Wäre es nicht leicht, sein Gutes zu retten? Was aber ist das Gute? Es ist wie mit Wurzelwerk in staubende Erde eingebettet. Du hältst schwere Stauden in der Hand und klopfst sie aus: immer noch fallen Erdkrumpen herunter, und schließlich sind die fetten Stauden schmächtig, welk und zerbrochen. Gäbe es die Möglichkeit zu allgemein gebilligten Auswahlen, die wesenhaft so umfassend wären wie das Gesamtwerk dieses Dichters oder gar reiner und dadurch größer, so wären sie gewiß längst in unseren Händen. Sie sind es nicht und können es nicht sein. Jede auswählende Zeit begeht eine Fälschung in dem Sinne, der ihr gefällt und hilft, selbst, wo sachliche Prosa-Aufzeichnungen, Essays, Aphorismen und dergleichen gesichtet werden sollen. Wer da schmeckt, daß es lohne, Rückert wirklich kennenzulernen, der muß wohl und übel kreuz und quer durch seine Vers-Latifundien stapfen: siebentausend, zehntausend Gedichte! Überhaupt keine künstlerische Prosa!

Daß es ihm, als er gegen das Alter herangereift war, widerstrebte, sich in dem Glanze, den König Friedrich Wilhelm IV. ihm anbot, aufzuhalten, daß es ihm früh schon zuwider war, sich Schülern mitzuteilen, läßt sich auf keine Scheu, Menschenfeindlichkeit oder gar Eigensucht zurückführen. Im Gegenteil, alle, die guten Willens waren, sollten an seinem Wissen teilhaben, nicht Ausgesuchte nur. Sie sollten nur immer lesen, was er schrieb, in den gelehrten Zeitschriften, in seinen Buchveröffentlichungen, und die allzulange Zaudernden im Nachlaß nach seinem Tode. Er vernichtete es nicht. Sein aus tausend Sprüchen belegbarer Gemütszustand zeigt: er war kein Schulmeister in der Welt, sondern ein stiller Anreiner aller Besitztümer. Genauer gedeutet heißt das: er führte auch in den ungeheuren Weiten seiner Gelehrsamkeit nicht das Dasein eines Gelehrten, sondern eines Dichters. Den fremden Gedanken, nein, die fremde Fassung eines Gedankens (denn es gibt keine fremden Gedanken) durch die eigene Mundart zu erkennen, war sein Licht und Geleit. Das Staunen darüber, wie die zeitlich und räumlich fernen poetischen und prophetischen Brüder im Gefüge und Gehäuse deutscher Sätze längst einheimisch waren, wenn die rechten Gehäuse und Gefüge nur gefunden wurden, das frohe Herzpochen, wie sie sich darin regten und ganz nahe an die Oberfläche herankamen, wie sie schließlich mit dem beseelten Auge eines Falken um sich blickten und mit seinem Ohre horchten – das war offenbar der größere Teil seiner Übersetzerarbeit. Ein malendes Verdeutlichen und dramatisierendes Auslegen der erzählenden Poesie aus Osten innerhalb der Nachdichtungen gesellte sich hinzu, und siehe da, der bei eigenen Versuchen ungeschickte Epiker und Theatraliker wurde sicher in angemessener, funkelnder, feuriger, patriarchalischer, märchenprunkender Rede nach morgenländischem Weistum. Das Spruchmäßige war ohnehin sein gottbewilligtes Erbe; wurde es nun Aufgabe des Übersetzers, so war es nur gleichsam einst über Gebirge und Meere in entlegenes Land gestreut, und er hatte es heimzuholen.

Es läßt sich denken, daß manche alte, ausländische Ideen, die ihn eher aufreizen als freuen mußten, ihm gar nicht ins kritische Bewußtsein gerieten, so sehr war er damit beschäftigt, sie in den Schleifmühlen der Sprache aufzubereiten. Er brauchte sich keiner Duldsamkeit zu befleißigen, die müde und leidend gewährte, sondern kam zu der anderen, die aus der Strenge des Aufmerkens stammte. Gut und Böse vertauschte sich dabei unvermerkt mit Gut und Schlecht, lang vor dem Prediger dieses vom Weltweh entsäuerten Gegensatzes.

Überdies mag es ihn oft genug beglückt haben, die gleiche Grundwahrheit überall zu Hause zu wissen. Der Koran rief andere Gelehrte, welche sich mit ihm als Herausgeber, Hermeneuten und Historiker beschäftigten, zu Entschuldigungen des Propheten Mohammed und zu Verwerfungen mancher seiner Gaben auf den Plan; bei Rückert wird wie bei Goethe ein reinigendes Bewundern des sonderbaren großen Buches mehr und mehr überwogen haben.

Dem freimütigen Auftreten allerorts entspricht es, daß sein sechsbändiges Brahmanenbuch und weiteres Westöstliches aus Eigenem und Anderem gemischt ist. Es drehte sich ihm nicht um Besitzrechte, sondern um den Herrschbereich des Menschheitsgeistes selbst. Er war darin der Weitersprechende und Weitergebende, der Dolmetsch, gleichviel ob der eines Daseinsgefährten mit den höchsten Weihen oder der seiner selbst: er wie der andere waren klug und beredt im Verdolmetschen der Geisteszungen. Aber weil jede Regung vor Augen und hinter den Augen laut wurde, so ging für Rückert leicht der Unterschied zwischen dem Großen und Kleinen verloren. Die Sprache als Sprache kennt diesen Maßunterschied nicht, und Rückert war zuweilen – es sei nochmals bekräftigt – fast nur Sprache. Hinterher nahm er wohl genügend oft das Gemenge des Bedeutenden mit Unbedeutendem wahr, aber anstatt die Spreu aus dem Korn zu worfeln, erntete er lieber die weithingesäte unüberblickbare neue Saat. Auf das untrefflich Gedichtete wurde gleichsam das Pfropfreis des trefflich Nachgedichteten gesetzt.

Wozu noch romantische Ferne? Sie war ihm ein viel zu ungewisses Land, als daß er da den Fuß hätte tief hineinsetzen mögen. Jene eingebildete Ferne richtete sich sowieso nach der Schnellkraft oder Dumpfheit der Seelen, die an ihn glaubten. Da erwies sich als ergiebiger, die wirklichen Fernen aufzusuchen, Indien beispielsweise. Rückert hat mehrere Stücke von Kalidasa übersetzt, die Gitagowinda zweifach, in größeren Zeitabständen. Und darin ist er wiederum den

Besten der romantischen Schule nicht allzufern, die philosophische Erkenntnisse und positive Forschungen ja in strotzender Fülle und Dauerhaftigkeit erbracht hat wie eigene Dichtung.

Am ehesten wird Rückert sich beim Eindeutschen der Altmeisterlichkeit Goethes angeschlossen haben. Er liebt noch im Lieblichen und höflich Gewandten plötzlich starke Überrumpelungen aus dem Geiste der Worte her. Statt der Entlegenheiten öffnen sich unvermutete nahe Verborgenheiten, überraschende Aussichten und sogar Falltüren. Der Orient bietet ihm dabei das Parlando, das dem vorüberhuschenden Gefühl und das vom verzücktesten Pathos fordert, immer witzig und geistreich zu bleiben, gleichmäßig geschickt mit Sternen und mit Butterblumen nach Spielregeln zu verfahren. Dieses Parlando will nicht immer gleich in Druckerpresse eingeschwärzt sein, und es trauert seiner Anstrengung nicht gleich nach, wenn diese von keinem zweiten, dritten oder zehnten Hirn bemerkt wird. Auch zu Hause beim Umgang mit der Landschaft oder den Dorfgenossen, den Kindern, sogar mit sich selbst in Schlafrockstunden schaltet sich durch den Verzicht auf eine vorgestellte Öffentlichkeit ein vornehmes Element ein, man spricht halblaut, aber genau; nicht schreiend, aber nicht gleichgültig.

Die Übergänge vom Großen Wagen überm Dach zum Spielzeugwagen unter ihm werden erleichtert.

Die Halbprosa, weil unfeierlich, ohne Staatskostüm, ist die Form der Einkehr bei sich selbst. Wessen Gedanken einmal überm Lebensmeer die goldne Frucht der Hesperiden gesucht haben, ist von weitrer Fahrt entbunden.

Wer ein Leben hat gelebt,
Mag sich wohl verschließen;
Aus der Welt, die er begräbt,
Wird sein Himmel sprießen.

Dabei waltet die Sehnsucht weiter, nicht vergeblich da zu sein:

Daß ich mich doch nie dem Traum,
Nie doch kann entschlagen,
Daß für alle Welt mein Baum
Müsse Früchte tragen!

Warum?

Weil die Götter mehr bescheren,
Als ich einer kann verzehren.

Und er hat es wohl von seinen Arabern übernommen, auf der Höhe ein Feuer zu entzünden, das,

Eine Gnad aus Allahs Gnaden,
Um sich blicket, einzuladen
Alle, die beklommen,
Irren auf der Wüste nächtgen Pfaden.

Es ist ein inneres Leuchten. Mit gutem Grunde, denn:

> Die Berge sind kleiner geworden,
> Geschoren ihre freien Locken;
> Über die kahlen Stirnen
> Zieht die Furchen des Kummers
> Der knechtische Pflug.
> Die Ströme des Landes
> Sind eingetrocknet,
> Wie die Adern der Leiber;
> Die blauen Augen,
> Die heimischen Seen,
> Wo sich Himmel und Wolken
> Spiegelten, sind versumpft.
> Und nichts ist geblieben,
> Als die Echo im Gebirg,
> Die mit dem alten Freunde, dem Nachtwind,
> Seufzend sich bespricht
> Über die Herrlichkeit
> Dessen was war.

Was aber sonst noch blieb, werde getreulich festgehalten! Und wurde es verunstaltet, so kann die gezierte Nachgestaltung es auf entzückende Weise festhalten. Es gibt dafür bei Rückert viele Beispiele, zum Beispiel den "Apotheker", welche an die stupend virtuose Reimprosa in den "Makamen des Hariri" gemahnen. Ein kleines Stückchen dieser Gattung lautet:

> Geh im Fürstenparke nicht spazieren,
> Wo sich Büsch und Bäume höfisch zieren;
> Wo die Lüfte gehn wie Leisetreter,
> Sonnenstrahlen lächeln wie Verräter;
> Wo den Kopf zusammenstecken Rüstern,
> Um von Staatsgeheimnissen zu flüstern,
> Und Fontänen ohne Unterbrechen
> Von der ewgen Langeweile sprechen.
> Nachtigall behagt sich nicht im Freien,
> Wo aus Fenstern schwätzen Papageien;
> Und die Turteltaube flieht den Plan,
> Wo buntscheckig prunkt der Goldfasan.
> Alle Blumen fühlen sich befangen.
> Kleinlaut sind die Rosen aufgegangen;
> Und zu präsentieren weiß sich da
> Nur mit Anstand die Hortensia.

Noch deutlicher bricht die turbantragende Denksitte in der "Zodiakus" überschriebenen Reimprosa durch:

In meinem Feld geht die Magd mit Ähren,
Aber ich kann mich davon nicht nähren.
In meinem Hof geht Widder und Stier,
Sie tragen Woll und pflügen nicht mir:
In meinem Wasser ist Krebs und Fisch,
Doch kommen sie nicht auf meinen Tisch.
In meinem Wald ist Steinbock und Schütze,
Dazu ein Löw, alle drei unnütze.
In meinem Haus zwei Kindlein wohnen
Verträglich mit einem Skorpionen.
An meiner Deck hängt Eimer und Waage,
Die ich doch nicht zu Brunn noch zu Markte trage.

Er gesteht selbst in den "Haus-und-Jahr"-Gedichten, daß ihn die Klanggeister seiner persischen Sangmeister ähnlich streifenden Fluchtschatten über sommernden Fruchtmatten besuchen kämen, und einer, halb wie ein Einsiedler, halb wie ein Weinfiedler, reicht ihm den Wein des Lebens. Er ist es selbst, der sich so aufsucht. Bis dahin hatte er eine Strecke Weges zu gehen.

3. Der Umweg nach Neuses

Im bürgerlichen Leben meinen wir eine Neigung Rückerts zu verspüren, nach Möglichkeit zu verschwinden – eben in zehntausend Gedichten. Diesen Menschen drängt kein Ehrgeiz zu Höhepunkten hin, fast stob er schleunig und hastig von sich annähernden Höhepunkten fort. Ihm stand die enge Gleichmäßigkeit am besten an, die beharrliche und sparende Sammlung auch im Bescheidenen. Einschläge des Schicksals wurden bei ihm, ohne an Heftigkeit zu verlieren, wahrscheinlich zu Schicksalslängen. Wahrscheinlich wissen wir von seiner Liebe und Trauer wenig trotz der Hunderte von Liebes- und Totenliedern. Darauf bringen uns die letzten Schlüsse der Weisheit, seien sie von Hafis, Saadi, Mewlana Rumi angenommen und überwältigend nachgeformt, seien sie eigen gefunden. Seine räumlich weitesten Ausschweifungen bringen ihn nach Italien und Berlin: sieht es nicht aus, als sei er dahin und daher entwischt? Drunten hatte er viele Freunde und gute Gesellen, droben viel Ehre: er kehrte bald um und blieb daheim. Die Spuren in seinen Büchern sind, gemessen an allem anderen, was ihm widerfuhr, gering.

Schon Ort und Datum der Geburt werden ihm Anlaß zu nachträglicher poetischer Betrachtung, sogar des öfteren. Geboren am 16. Mai 1788 in Schweinfurt, das heißt bei ihm:

Vorher und nachher im Mai sind andre Dichter geboren,
Am sechszehnten allein glaub ich geboren zu sein.
Rühmt ich eines, so rühm ich ein anderes: nicht nur geboren
Bin ich in der Mitte des Mais, auch in der Mitte des Mains.
Vom Jean Paulschen Bayreuth bis hinan zum Goetheschen Frankfurt

Ist er in der Mitte des Laufs, wo mich geboren der Main.
Mainfurt sollte deswegen genannt sein mein Geburtsstadt,
Weinfurt ist sie genannt ohne den Zischer davor.

Die Versreihen wollen natürlich in der Welt nichts verrichten, sie sind an einen Schweinfurter Gymnasialprofessor gerichtet, immerhin bezeugen sie seine musische Verspieltheit in der Absicht, unwirkliche Beziehungen wirklich zu machen durch ihre Entdeckung mit dem Verstande, jedoch nicht für den Verstand. Solche ein wenig nachlässigen Abgesänge eines Stückes Leben, höchstens für Freundesaugen bestimmt, finden sich bei ihm öfters nach Vollendung einer Epoche. So besinnt er sich auf seine Lehrmeister der Dichtung in Jena 1810 folgendermaßen:

Ich kost im Kosegarten,
Schon matt von Matthisson,
Und schwor zu Gleims Standarten,
Dem Frühling Kleists entflohn,
Hing fest am Hagedorne
Und nagt am Haberkorne
Von Isaak Maus, und ward nicht satt davon.

Vorher aber hatte er das winzige physikalische Lokal seines eigentlichen Weltalls auf Lebenszeit lediglich durch die Amtsversetzung seines Vaters, eines in Jena gebildeten Juristen, kennengelernt. Dieser, aus einem bis ins 16. Jahrhundert zurückverfolgbaren Bauerngeschlecht im Meininger Gebiet stammend, war Hildburghausenscher Hofadvokat, kam 1787 nach Schweinfurt, heiratete dort *Marie Barbara Schoppach* – Rückerts Mutter soll äußerlich und innerlich reckenhaft gewesen sein, aufrecht, witzig, gesprächig, trefflich in ihren Geschäften, also ein Urbild des Sohnes –, der Vater ging 1792 als Amtmann des Freiherrn *von Truchseß* nach Oberlauringen, 1806 nach Rügheim, 1807 nach Seßlach bei Coburg, wurde 1809 Rentbeamter in Ebern und lebte seine letzten sechs Jahre wieder in Schweinfurt.

Von 1802 bis 1805 besuchte Friedrich Rückert das Schweinfurter Gymnasium und bezog November 1805 die Universität Würzburg, um Jura zu studieren. In Wirklichkeit studierte er Tacitus, Sallust, Vergil auf der Hochschule und zu Hause Rufus, Plautus, Terenz, dazu umfassende Literaturgeschichte, wovon er wieder hernach in Versen Rechenschaft legte. Denken lernte er nicht bei Irrsternen wie *Schelling*, sondern bei Professor *J. J. Wagner*, der die Spekulation mit einem soliden mathematischen Fundament versah. Als er 1808 nach Heidelberg übersiedelte, machte er nicht erst einen weiteren Versuch mit der Rechtswissenschaft: er traf dort *J. H. Voß* und den Mythendeuter *Friedrich Creuzer* unter den Lehrern. Creuzer war vielleicht der erste, der ihm die Tür zum Orient aufschloß. Zu kurzem Weiterstudium wieder in Würzburg, ging er dann nach Göttingen und 1810 nach Jena, um sich zur Habilitation vorzubereiten. Irgendwo unterwegs (in Hildburghausen) wurde er Logenmitglied, irgendwo unterwegs vergaß er die Mitgliedschaft recht spurlos. Dafür lernte er die Vorklassiker aus einer Abschriftensammlung eines Freundes, des Bauern *Reich*, kennen, las Homer, Herder, Klopstock.

Heimlich war er darüber schon zu seinem sprachlich betonten Universalismus herangereift. Seine Habilitations-Dissertation handelte von der Idee des Philologischen; seine Auffassung von der Wissenschaft der Sprache hatte die größte Reichweite, sie meinte schon die Poesie der Welt, und sie meinte mit gleicher Leidenschaft, keine Sprache sei so geeignet, sich diese Poesie anzuverwandeln, wie die deutsche. Für diese Überzeugung schlug er sich keck und vorlaut in der Disputation und hoffte vergeblich auf eine beifällige Antwort Goethes nach Übersendung seiner Arbeit.

Freilich war in diesen Jahren Goethe noch nicht der Nächste seiner Seele wie späterhin, aber daß die Dichtung sein Lebensberuf sein werde, war schon entschieden. Er soll, wie *Schubart*, sein Schüler, berichtet, leicht aufbrausend, selbstquälerisch um die Form und bienenfleißig gewesen sein. Man hat den Eindruck, als wäre ihm seine junge Privatdozentur nicht sonderlich lieb gewesen. Zeigen ihn die Themen seiner Vorlesungen nicht beinahe als einen laut Lernenden statt Lehrenden? Über griechische Dramatiker! Über allgemeine Mythologie, vorzüglich über orientalische und griechische! Über antike und deutsche Metrik! Er hielt es denn auch nicht lange aus auf dem Katheder – wiederum Versrechenschaft! – und machte sich nach zwei Semestern und einem Zerwürfnis mit Professor *Eichstädt* davon. Um die Zeit las er Jacob Grimms Schrift über den altdeutschen Meistergesang, damals plagte er sich ab, Konrad von Würzburgs "Goldene Schmiede" dreimal aus dem Mittelhochdeutschen zu übertragen. Es ist bezeichnend, daß er auf Konrad verfällt, über den Wilhelm Scherer urteilt: "Er hat ganz recht, sich mit einem Goldschmiede zu vergleichen; aus allem Gold und Edelgesteine phantastischer Bilder und Bezeichnungen, die fromme Verehrung zum Preise der Gottesmutter und vorwitzige Forschung über das Geheimnis der Menschwerdung seit Jahrhunderten aufgehäuft hatte, schuf er eine funkelnde Krone und setzte sie der Himmelskönigin aufs Haupt".

Das Künstliche war Rückerts Natur: ein Höchstmaß von Reimen bei kurzen Zeilen, zahlreiche geistvolle Entsprechungen bei langen – er wich nicht ab, doch mußte er hart ausdauern, bevor sein Stand, Gang und Flug wirklich Natur wurden. Shakespeare, Calderon, der dreimal übersetzte Petrarca wiesen ihn zuerst an, wie man die lästigen Fesseln, mit denen umwickelt man als sterblicher Sohn der Götter zur Welt kommt, abknotet. Rückert war ungeschickt wie einst beim kindlichen und erfolglosen Klavierspiel und Zeichnen, er ächzte und rang nach freiem Atem. Er schrieb nicht eben wenig und hatte nebst der Schulung seiner Verse die Romantik mit Burgen, Rittern und schlimmen dramatischen Vorfällen hinter sich zu bringen. "Aprilreiseblätter", "Rauneck" (Schattenspiel), "Rauneck" (Trauerspiel), "der Scheintod" (Lustspiel), "Die Türken" (fragmentarisch) – das sind einige Titel. ferner plante er, Stoffe aus der deutschen Geschichte zu dramatisieren.

Wichtiger als all dies waren zwei aus aus dem Erlebnis befruchtete Gedichtkränze: bis Juni 1812 "Agnes' Totenfeier", zum Andenken an ein in halbem Kindesalter gestorbenes Mädchen, seit Juni 1812 "Amaryllis" für eine launische Wirtstochter, in die er verliebt war. Maryllis, das ist Marie-Lies, mit Vaternamen Geuß; Amaryllis, das bedeutet nach Rückerts Worten: "Amara, bittre, was du tust, ist bitter". Wenn sie, wiederum nach seinem schönen Verse, auch in sich verhüllt stand gleich einem jungen Frühlinge, der sich selbst noch nicht empfunden, mußte er doch, ebenfalls nach seinem gedichteten Zeugnis, auf die glatte Schlange wie ein Schlangenwürger passen. Verwirrte sie ihm den Kopf, daß er Sternbilder wie Blumen rupfte und Blumen wie Sternbilder: das Herz hat sie ihm nicht verwirrt, und lieb ist die Junggestorbene ihm bis ins Alter geblieben.

Für einige Jahre schloß er sich an die Pfarrerstochter Friederike Heim näher an. Inzwischen hatte der Zusammenbruch Napoleons mit der Niederlage in Rußland begonnen. Rückert wartete, nachdem sich eine für ihn angebahnte Gymnasialprofessur in Hanau zerschlagen hatte, den Ausbruch des Freiheitskrieges zunächst in Würzburg ab. Die neue gewaltige Aufgabe, die Freiheit zu singen, verwandelte ihn von Grund auf und schenkte ihm seine erste Vollkommenheit. Sogar sein Name wandelte sich in Freimund Reimar. Und sein Umgang verwandelte sich mit. Er war Gast des hochgebildeten, länderkundigen Freiherrn *Christian Truchseß von Wetzhausen* und traf dort unter anderen die bayrische Königin *Therese*, ihren Minister *von Wangenheim*, weiter *Jean Paul*, die beiden *Voß*, Vater und Sohn, *Fouqé, Thümmel, Karoline von Wolzogen.* Einen Teil von ihnen, neben *Gustav Schwab, Karl Maria von Weber*, fand er bei seinem Freunde, dem Superintendenten *Christian Hohnbaum* in Rodach, wieder.

Die Zeitspannen der öffentlichen Sichtbarkeit Rückerts sind stets kurz. Der Zug zur Einsamkeit, der Drang zur intimen Stille der Heimat scheint zuzunehmen. Die zweijährige Redaktion des Cottaschen Morgenblattes in Stuttgart war wie ein Lauern vor den Toren. Er wollte ja nichts lenken und leiten, sondern nur dichten. Wieder tauchen lange Reihen von Titeln zu Werken, die teils geplant, teils ausgeführt wurden, auf: eine politische Komödie "Napoleon", ein Epenzyklus "Die Hohenstaufen", eine Terzinendichtung "Edelstein und Perle", fünf lange poetische Erzählungen, darunter "Kind Horn". Als ihm darüber die politische Reaktion unerträglich wurde, ließ er die Redaktion Redaktion sein und ging, von *Cotta* mit Geld ausgestattet, nach Italien.

Die Schweiz bis zur Lombardei durchwanderte er mit dem Komponisten *Schnyder von Wartensee*, der Dichter *Wilhelm Müller* begleitete ihn nach Süden. Obgleich er in Rom, im Sabinerland, in Neapel, Capri, Puteoli die Formen der italienischen Volkspoesie studierte und probierte, in Ariccia sogar eine kleine Liebesgeschichte erlebte, im römischen Café Greco viele interessante Leute kennenlernte wie *Cornelius, Schnorr von Carolsfeld, Overbeck, Veit, Koch, Niebuhr, Bunsen*, den Kronprinzen *Ludwig von Bayern, Dorothea Schlegel, Frau von Humboldt*, die Kupferstecher *Amsler* und *Karl Barth*, den schwedischen Lyriker *Atterbom* (welcher ihn dann heimwärts begleitete), hat es ihn nie wieder über die Alpen gezogen. Seine mitgebrachte Beute war nicht allzu ansehnlich.

Dagegen entschied sein Aufenthalt in Wien auf der Rückreise (1818) sein weiters Leben und beendete es eigentlich in seiner Richtung auf irgend etwas Äußeres. Nicht *Grillparzer* und seine Schauspielerin *Sophie Schröder*, nicht *Friedrich Schlegel*, nicht der Maler *Olivier* und der Erzherzog *Karl* waren ein Gewinn des Wiener Besuchs, sondern die Bekanntschaft mit dem Orientalisten *Joseph von Hammer-Purgstall*.

1819 heimgekehrt, war er zum Einsiedler geworden. Seine Klause umschloß zwar bald eine innig gehegte und betreute Familie, sie nahm auch gern einen Freund wie den Coburger Arzt *Christian Stockmar* auf, aber im allgemeinen ging Rückert nicht mehr weit in die Welt: die Welt mußte zu ihm kommen, wie etwa der Dichter *Platen* bald nach der Rückkehr aus Italien, als er erkrankt war. In die langwährende Professur zu Erlangen, vierzehn Jahre seit 1826, folgte ihm seine ganze, bescheiden gerüstete Einsiedelei, und Erlangen lag ja nicht weit von Hause, die darauf folgenden Berliner Jahre aber hat er als Verbannung empfunden und brach sie ab, sobald es anging.

Wie hatte sich das gefügt? Nach den Anregungen von Hammer-Purgstalls ergab er sich in einem überaus eifrigen Studium morgenländischer Literaturen, Sprachen, Geschichten. Zu dem Zwecke, die dortige Bibliothek zu benutzen, siedelte er nach Coburg über. Dort heiratete er die Tochter seines Hausherrn, des Archivrats Fischer, *Luise Wiethaus-Fischer*. Unübersehbar viele Lieder sproßten auf, lange Zeit und zum Glück Privatbesitz der geliebten Frau. Daneben schrieb er zu seinen Studien dicke Bände ab, die damals meist nicht käuflich und jedenfalls bei seinem unsicheren Einkommen nicht käuflich waren. Damals häufte sich die heraklische Arbeit, die dann im Nachlaß, nach den Angaben *Conrad Beyers*, so aussieht: "Vierundzwanzig Convoluta Coptica, fünfzehn Convoluta Persica, eine Rückertsche Abschrift des Schah-Nameh, lexikalische auf das Schah-Nameh bezügliche Arbeiten, acht meist die arabische Sprache betreffende Faszikel, endlich Manuskripte slawischer, litauischer, finnischer, albanesischer, armenischer, kurdischer, berberinischer, malaiischer, tartarischer, hawaiischer und Karanteca-Studien und anderes mehr".

Da das Geld nicht reichen wollte, bewarb er sich um eine Stellung. Cotta und König Ludwig, sein bekannter aus Rom, unterstützten sein Gesuch. In Erlangen als Orientalist eingesetzt, las er dann ungern Kolleg und soll selbst dazu beigetragen haben, das Zustandekommen von Vorlesungen zu vereiteln. Einmal eingespannt, war er ein produktiver Lehrer, jedoch übergab er seine Abhandlungen und Übersetzungen lieber den "Berliner Jahrbüchern für wissenschaftliche Kritik" und der "Zeitschrift für die Kunde des Morgenlandes", an der er sogar beinahe ein Jahrzehnt lang ein wenig mitredigierte. 1829 führte ihn ein Augenleiden nach Bad Ems, *Brentano* in Frankfurt war ihm eine leidige Beigabe der Reise, 1831 bis 1836 trafen ihn viele Todesfälle nächster Angehöriger.

Abermals wurde das Einkommen zu knapp, obwohl er nun einen Sommersitz auf dem ihm vom Schwiegervater übergebenen Gut Neuses bei Coburg erhielt. Durch Friedrich Wilhelm IV, und *Varnhagen von Ense* gelangte er 1841 an die Universität Berlin, mit dem Titel Geheimrat, mit dreitausend Talern Gehalt, mit der Erlaubnis, nur den Winter in der Residenz zu verbringen. Wie unwohl er sich in Berlin fühlte, darüber schelten manche Gedichte. Beim Oberbaum trete die Spree wie ein Schwan in die Stadt, beim Unterbaum gehe sie wie ein Schwein hinaus. An den Donnerstagen öffnete er sein Haus höflich für den Besucher, saß aber verdrossen und schweigsam im Frack da, bis die Gäste ausblieben. Im nächsten Winter wiederholte er den geselligen Versuch nicht mehr, nahm überhaupt keine eigene Wohnung, sondern trat, während die Frau in Neuses blieb, als Junggeselle bei seinem Arzte, dem Medizinalrat *Froriep*, unter. Dieser ging Jahres darauf als Geheimer Medizinalrat nach Weimar. Da drängte Rückert in zwei Abschiedsgesuchen auf Abbruch seiner Tätigkeit in Berlin, wo er doch viele Zuhörer gehabt und viel Ansehen genossen hatte. Der König pensionierte ihn mit der Hälfte seiner Bezüge als Ruhegehalt, Rückert traf wenige Tage vor dem Ausbruch der achtundvierziger Märzrevolution in Neuses bei den Seinen ein.

In Abgeschiedenheit und Eingezogenheit arbeitet er weiter, nun ganz in dem, was seines Amtes war, als Alleiniger umringt von allen seinen künftigen Hörern, dienstbar einem Volke, das, fehlten ihm die Fähigkeiten der offenen Seele nicht, so groß werden konnte, wie es immer mochte.

Im Juni 1857 starb ihm sechzigjährig die Gattin. "Wenn du schwebst in diesen Lüften, zeige dich. – Daß du nah mir bist, ein Zeichen gib mir nur, daß ich küsse beim Entweichen deine Spur!"

Er blieb frisch und gesund bis an sein Ende; einige Ehrungen suchten ihn in seiner Stille auf: das Freie Hochstift ernannte ihn zum Meister, der Maximilianorden wurde ihm verliehen, die Stadt Schweinfurt machte ihn zum Ehrenbürger; – die Bäume auf seinem Landgut rührten sich davon nicht stolzer. Mitte 1865 mußte er operiert werden, krankte seitdem und starb am 31. Januar 1866 gegen elf Uhr vormittags. Er liegt in Neuses begraben.

Gegen sein vierzigstes Lebensjahr hin erreichte er seine höchste Fruchtbarkeit. Ein Gedränge von Übertragungen und Nachdichtungen! "Nal und Damajanti" aus dem Indischen, sanskritische Liebeslieder aus Amarus. Hundert Strophen, in zwölf Büchern "Rostem und Suhrab" aus dem persischen Schah-Nameh, "Erbauliches und Beschauliches aus dem Morgenlande", "Sieben Bücher morgenländischer Sagen und Geschichten", "Brahmanische Erzählungen", die Evangelienharmonie "Das Leben Jesu", das "Schi-King", aus dem Lateinischen weiterübertragen. Daneben schrieb er 1833 gegen vierhundertfünfzig Lieder, 1834 an vierhundert, dazu schuf und eröffentlichte er (1836 bis 1839) die zwanzig Bücher oder zweitausendachthundertsechsundzwanzig Gedichte seines Lehrgedichts "Die Weisheit des Brahmanen".

Durchweg in Alexandrinern niedergeschrieben und schon dadurch in seiner Wirkung auf eine hitzigere Nachwelt behindert, ist dieses Werk von einer großartigen Eintönigkeit. Die unterbrechenden erzählenden Stücke brechen den Bann der Versenkungsstille nicht. Und doch liegen die Kriegsgedichte mit ihrer maßlosen Leidenschaft der Freiheitsliebe, des Hasses und Spottes nicht gar so weit zurück. Großartig ist auch, wie die Sorge um die Ankunft lauterer Wahrheit die um ihre Herkunft auslöscht, großartig auch, wie die Durchgängigkeit des Sinns mehr zu bedeuten scheint als die oft gewaltigen Unterschiede seiner Werte, großartig endlich sind manche Anfänge und Aufrufe.

4. Was Weltliteratur sei

Rückerts Weltanschauliches ist im Grunde nur ein Schema zur Entfaltung unerschöpflicher Möglichkeiten. Ich umriß es vor bald drei Jahren so: "Ihm ist immer ein pantheistisch wirkender Gott gegenwärtig, und er ist sich als pantheistisch fühlender Mensch bewußt. Bezieht er seinen Gottgedanken auf seinen Menschengedanken, so entspringt daraus sein Begriff des Dichters, und schaut er umgekehrt, so wird er zum Lehrer. Die vielen Gegenstände, die diese vier Elemente in ihm ergreifen, haben alle nicht elementare Bedeutung, so reichlich und so tief ihn auch einige beschäftigt haben".

Jedoch wir wünschen den Dichter mit dem Hinweis auf seinen Erlebnisstil nicht zu verkleinern – wir ahnen, daß wir mit allem, was wir ihm scheinbar nehmen, sein besonderes Verhältnis zur Sprache nur immer prächtiger und herrscherlicher machen. Er geht durch ihr Reich als der Beschwörer ohne Betäubungsmittel, als der Zauberer ohne Betrug. Sie öffnet sich dem Wink seines Fingers, seines Auges, nimmt ihn auf, löst sein Schweres und Trübes in ihre reine Substanz. Wortbildungen, Wortstellungen, Wortverbindungen sind bei ihm keinen Geschmacksurteilen unterworfen, sondern allein schöpferischen. Das Häßliche und Geschwollene ist gleichen Ursprungs wie das Schöne und Ranke, es hat mit seinem Hervorbringer immer freundlich, und feindlich nur mit seinem Betrachter zu tun. Da wir als verschiedenerlei Betrachter kommen, werden wir uns nicht überall einigen, ob wir etwas Gelungenes oder Verwerfliches vor uns haben. Vergessen wir nie, wie sehr Rückert den Nachfolgern die Rede gelokkert, befreit und geschmeidigt hat, ob sie sich dessen bewußt sind oder nicht. Den Vorstoß in allem Lautenden jedenfalls spüren wir überall, wohin wir uns in Rückerts Büchern wenden. Wir brauchen nicht lange zu suchen, um auf merkwürdige Reime zu treffen, neben trivialen, auf phantastisch neuernde Zusammensetzungen neben ärgerlichen, auf nachdrückliche oder pedantische Umstellungen, Lautausstoßungen, Klangverlängerungen aller Art.

Wir wählen jetzt einiges zur Zeichnung, nicht zur Wertung. Auffallende Reime in dem kurzen Gedicht vom versunkenen Dorf: Verschlungen – Jungen, Gebälke – Gekälke, versunken – Strunken. An solchen Eigenarten wimmelt es überall, so daß ein denkender Dichter von heute mit Recht auf den jeder Volkstümlichkeit widersprechenden Reim in dem Liede "Aus der Jugendzeit" fingerklopfen konnte: kehrt – geleert. Das "geleert" kann überdies vom Ohr einen Augenblick lang als gelehrt mißverstanden werden. In der Tat, ein solcher Reim ist nur im Rückertschen Weltumkreis nicht zu beanstanden, während er allenthalben sonst aufstoßen müßte. Ohne zu richten, registrieren wir einige dreifache Reime: Nascht, wascht, überrascht – Schweinfurt, Mainfurt, Weinfurt – Fräulchen (Fräulein), Mäulchen, Knäulchen.

Mit vorher und seitdem nicht gehörten Wortzusammensetzungen könnte man ganze Hefte füllen. *Franz Muncker* notierte folgende Bildungen: "Zeitortkundig – gliederzartwuchsrichtig – gewölbtaugenbrauenbogig – sanftlächelredewogig – feindestodumerzt – lotosblumenkelchgeäugt – haupthimmelanentrückt – gattensehnsuchtstraumumflossen – Schglangen-Tigerwald – Kummer-Gramverzehrung". Jeder Leser kann dem in Kürze beliebig viel Ähnliches anfügen. "Nachttäuschungstruggespenst – Herbstabendpurpurlicht – Traumschattengaukelei – Kraftübertragungsmeisterwerk – Graunjammerüberwältigung – Gassenfliegenschwärme – Weltumkehrungsdünste – großmuthuldig – Menschenbundgestaltung – Menschenbusendämmerung – Liebesäthersonnenmacht". Manche dieser Vorstellungsanhäufungen wirken sogleich als Verdichtungen entfallender umständlicher Beschreibungen, manche der kürzeren machen sofort ihr Glück: "Schwalbenreiseschar –frühlingsneugrün – Lüfte maioktoberisch". Einige bilden mit wenigen hinzugetanen Silben einen unvergeßlichen Vers: "Du, o Schöpfungsletztgeborner –"

Die stete Versuchsbereitschaft bringt auch die einfachen Klänge wie aus neuer Jugend der Sprache herauf. "Daß der Schellenklang der Erde –" es geht gering weiter, aber der Stimmeinsatz gehört einem großen Dichter zu. Hin und wieder geht auch etwas nicht aus dem Gedächtnis, dessen Pomp vielleicht zu groß ist. So wird ein Eichhorn einmal als "falb-feurig gemantelter Königssohn" vorgestellt. Niemals jedenfalls will Rückert auffällig und aufdringlich sein, nie vergießt er Schweiß um das, was die Manieristen so unerträglich und fade macht.

Er spielt nämlich nicht mit Wortstellungen, Reimen, Neubildungen, sondern er charakterisiert. Er muß hinter das Geheimnis gekommen sein, daß die Sprache gar nicht spielen kann, wenn es dem die gebrauchenden Autor widerstrebt. Die Sprache ist weder fröhlich noch traurig, Scherz und Ernst bleiben immer bei dem, der sie anwendet. Bringt man uns eine der Sprachen aus einem anderen Erdteil herüber, so vermittelt uns ihr Schall, zunächst unverstanden, nur ihren Lebensbrodem, allenfalls ein Ungefähr von Temperament und Klima. Unsere eigene Sprache tönt bei den Antipoden nicht anders als ihre bei uns. Viel von dem, was in der Menschenrede ist, bevor Gesinnung, Geist und Witz in ihr aufblühen, trachtet Rückert ihr zu erhalten, also das Ursprüngliche, Gemeinschaftsuchende, das gegen die Einsamkeit vor Gott, vor dem Nebenmenschen, vor sich selbst Gerichtete. Und so verwandelt sich das fremde Idiom, welches er vermitteln möchte, leicht in sein geliebtes Deutsch. In seinem Amaru-Satakam spricht er:

Diese weitgeäugt-blicklüstige,
Vollgewölbt-schnellbrüstige,
Breitgelendet träge Gängerin,
Meine liebste Herzempfängerin.

Das ließ sich leicht aufdröseln und in gewöhnlichen Wendungen verbreitern. Rückert liegt nichts daran: nicht der Schatz an Berichten aus der Fremde soll etwas gewinnen, sondern die deutsche Sprache unmittelbar. Es gelingt ihm beispielsweise, den Eindruck, des morbid Schweren, den Geschmack fremder Heimat und fremder Zivilisation allein durch seinen Wortpinsel zu geben:

> Glieder bleich von Sandelstaube, Lippen braun vom Betelkaun,
> Augen, die von Flutbenetzung trüblich sind und Salbe taun,
> Blumenduft im feuchten Haarnetz, blaues Florkleid faltenweit,
> Solches gibt am Sommerabend lieben Frauen Lieblichkeit.

Man darf nun nicht glauben, daß er im Genusse seiner grenzenlosen Prägekraft beim Übersetzen die Vorlagen nicht prüfte. Aus dem Ramayama des Valmüki erkiest er in weitem Umkreis nur die beiden bedeutenden Zeilen:

> Er, der dreifachen Zeit Seher, durch der Andacht und der
> Buße Kraft,
> Sah nun alles allda sichtlich, wie einen Apfel auf der Hand.

Es ist auch nicht so, daß ihm alles auf den ersten Wurf getroffen schiene. *Franz Golffing* macht darauf aufmerksam, wie er ein Rubajat von Hafis nach der ersten Fassung in Abständen von etwa zwanzig Jahren zweimal von Grund aus vollständig veränderte. Die Urform von 1825 halten wir allerdings für die schönste:

> Seit ich geruht eine Zeit bei dir,
> Ruh ich für Zeit und Ewigkeit bei dir.
> Wie könnte ich schaudern vor des Todes Kelch,
> Da ich geschmeckt Unsterblichkeit bei dir.

Er blieb jedes Spruches eingedenk, den er sich einmal zugesprochen hatte, diesmal vielleicht des folgenden:

> Der Gehalt verliert sich nicht,
> Wenn er sich gestaltet,
> Und Gestalt gebiert sich nicht,
> Wo sich nichts entfaltet,
> Stets ist Wohlgestaltiges
> Auch ein Wohlgehaltiges.
> Und stets, was gestaltlos.
> Das ist auch gehaltlos.

Größe, Würde und Fülle fremden Gehaltes aber wird niemand überzeugend nachgestalten können, der ihn nicht selbst zu erleben fähig wäre. Rückert hat in Geduld und Verborgenheit seinen Gehalt aufgebaut, von unten her und im Kleinen, so lange, bis er keiner noch so übermäßigen Erscheinung der Gefühls- und Geisteswelt auszuweichen brauchte. Sein Neuses der Arbeit ist wie von einer Bauernregel umwittert: In der Stille muß alles geordnet und tadelfrei sein; was die Welt draußen sagt, ob sie ehre oder verwerfe, ist gleichgültig. Das belegt er in vielen Sprüchen, orientalischen, okzidentalischen; – ob sie von ihm stammen oder einem Zweiten und Dritten, ist ohne weiters nicht herauszuhören; man muß die Unterschrift betrachten, so eigen ist alles. Zuweilen tritt er mit einem geliebten Dichter in Verkehr und Austausch, als rede er sich selbst an:

Hafis, die Freuden der Welt vergehn,
Und ihre Leiden bleiben nicht stehn.
Gut ist, ruhig dabei zu bleiben,
Wie die beiden vorübertreiben,
Immer froh es mit anzusehn.

Oder in einem anmutigen Gegenstück:

Morgen warten Huris
Auf dich in Edens Gefilde;
Und heut der Schenke mit dem Glas.
Was dir wählst du, Hafis?
Gelobt sei Gott für die Milde!
Heute gebt mir dies und morgen das.

Auch wo er keinen Namen nennt, schwebt er manchmal mit anderem Geiste. Mit anderem? Nein, der Geist weht, so weit die Erde ist. Etwas zutraulich Volkstümliches, Fränkisches ist zugleich östlich patriarchalisch:

Laß dich stören nicht im Schlaf,
Herz, mein ruh'ger Schläfer.
Wenn der Wolf sich holt das Schaf,
Spart die Schur der Schäfer.
Wenn die Saat der Hagel traf,
Frißt sie nicht der Käfer.
Laß dich stören nicht im Schlaf,
Herz, mein ruh'ger Schläfer.

Diese Gefaßtheit, diese Unverlegenheit um einen Trost teilt er mit den dichtenden Königen aus dem Morgenlande.

Er hat mit ihnen noch einen anderen Wesenszug gemeinsam: seine Dichtung ist fast frei vom Wach-Traum, sie kennt wenig das Magische der Vorstellung, wenig die Begebenheit auf einer anderen Ebene als der festen der Wirklichkeit. Die Verzauberung bricht eher aus dem Denken als aus dem Gefühl. Dieses würde sich nicht mehr als lauter achten können, wenn es von den manchmal recht dürftigen Dingen der Umgebung abwiche, die heute und morgen um Erlösung bitten und den Freispruch aus Menschenmund empfangen wollen. Weiß er doch von sich, er sei nicht der Leib, sondern des Liedes Ton. Ebensogut weiß er:

Von Unbedeutenden bedeutet
Bedeutendes nicht viel;
Viel von Bedeutung bedeutet
Ein unbedeutend Spiel.

Er wehrt die Überschwenglichen ab; ihn gelüste nicht nach unerhörten Wunderdingen; möge, wer's könne, sie ihm menschlich nahe bringen; aber wenn ihm dabei der Sinn vergehe, was hülfe es dann den Hörer?

Laß mir meine sinnliche Beschränkung,
Und das Schrankenlose laß ich dir;

jeder sucht das Höchste,

Doch nicht jeder will im Licht erblinden,
Manchem g'nügt's, wenn er im Lichte geht.

In den steten Gaben der Schöpfung ist übergenug zu begreifen.

Viel tausend Jahre fuhr das Jahr
Die Schöpfung auf und nieder,
Und was am Anfang es gebar,
Gebiert es jährlich wieder.

Wenn die Glanzwelt in Splitter ging, richtet er sie aus Splittern wieder auf;

Weltkrieg war im großen Liede,
Sei im kleinsten Weltenfriede!

Er ist zufrieden, wenn er "Ewiges in Formenschranken, Urlicht in Reflexen" überliefern darf. In der Tat gelangt er in winzigen Gebilden oft zu den Müttern. In sieben Zeilen folgt er dem Naturtraum zu den Ursprüngen.

Der grüne Baum und der Vogel drauf,
Sie liegen im Traum und wachen nicht auf,
Sie grünen im Traum und singen,
Und können es nicht durchdringen,
Wie einem Ei
Sie alle zwei
Entsprossen und entspringen.

Noch knapper, wie in einem japanischen Kurzgedicht, schildert er, wie der Regen die Lichter der Kastanie löschen wollte und sie zu hellerem Licht angefacht hat. Ein billiger Witz, und doch ergreift er, weil er ein Witz des Weltlaufes ist. Es ist dem Dichter dabei sehr wohl bewußt: Herz und Welt halten nicht viel voneinander; daher hütet er sich zu vermischen, was dem einen und was der anderen angehört.
Das große Urlicht erwächst schließlich aus kleinen Reflexen.

Ein Teppich scheint mir mein Leben,
Und immer sticket meine Hand;
An welcher Stell ich auch mag weben,
Am obern oder untern Rand;

Zuletzt, wo soviel Kleinstes
Sich still verband, entstand
Ein großes Allgemeinstes.

Weil er nie zweifelt, es mit dem Dauernden und Gründigen für ewig zu tun zu haben, entsteht in ihm ein Zwittergefühl zur menschlichen Umwelt. Als ein ihr Angehöriger kann er nicht anders als ihren Beifall wünschen, als ein Ihr Überlegener drängt er sie zornig und bitter zurück. Man verdamme die Lebenden, weil sie ihr Recht verlangen, man flamme in wohlfeiler Andacht für die Toten, weil sie anspruchslos vermodern: wenn die jetzt Lebenden zu den Toten gegangen und andere Lebende auferstanden sein werden, dann werden die Neuen wiederum auf uns, die Jetzigen verweisen. Das unersättliche Feuer soll seiner Schätze Verweser sein. Der rohen Menge im Weltwirrwesen möchte man ins Angesicht schlagen, weil nur das hülfe und nichts anderes, daß sie nach einem frage. Häufig ist ein Grimm dergleichen, häufiger die Milde.

Einst wollt ich mit Saitenklängen
Ruhm der Welt erjagen,
Den ich jetzt mir mit Gesängen
Aus dem Sinn will schlagen.

Die Wehmut und die Freude des einsamen Singens ergreift ihn und bald die Stille und der Segen der Überschau. Einmal sieht er sich so:

Vor die Tore kommt die Stadt, zu lauschen,
Sich am Lied, am Weinduft zu berauschen.
Und ein Lied, das Freimund so gesungen,
Geht durchs Reich und lebt auf allen Zungen.
Jetzo, solchen Liedersporn vermissend,
Wo das Reich liegt und die Stadt, nicht wissend,
Hab ich einsam, was ich schrieb, geschrieben,
Für mich selbst und wenige, die mich lieben.

Und schon fängt er an, sich am Zauberstab seines Witzes zu ergötzen: was der berührt, wird sein Eigentum; er hat es der Welt entrissen und ihm sein Zeichen aufgedrückt – es ist nicht Schmuck der Welt, es ist sein Besitz!

Gar der Reichtum mit Hilfe der anderen, die vor ihm so verfuhren wie er selbst und damit ihm brüderlich halfen, wofern er ihnen zum neuen Erklingen verhilft! Sie werden mitsammen wie die Nachtigallen, die keine verschiedenen Sprachen sprechen:

Die Nachtigall im Busch der Wiese
Singt noch wie einst im Paradiese,
Verständlich jedem Sinn und Ohr;
Seitdem der Menschenzungen Lallen
In so viel Sprachen ist zerfallen,

Daß sich nicht mehr versteht ihr Chor.
Die Nachtigall mit ihrem Schnabel
Hat zum Verwirrungsbau von Babel
Getragen keinen Mörtel bei.

Verlauscht in ihren Gesang, sitzt der Dichter denn bald und gern über seinen Winter- und Sommerstudien, und die echolose Umwelt ist rasch mit ihrem Urteil abgetan, daß sie ihm gegenüber nicht viel Dankespflicht fühle, aber dafür habe auch er an ihrem Dank leicht zu tragen.

Im Winter war ich nach Armenien verschlagen,
Mein Geist war nicht zu Haus;
In Büchern mußt ich mich mit neuen Lettern plagen,
Scharfeckig, steif und kraus.
Durch Wälder irr ich nun in schönen Sommertagen,
Da ist mein Geist zu Haus;
Da liegt vor mir das Buch des Lebens aufgeschlagen,
Das les ich niemals aus.

Er bemerkt, daß er der Länge seines Lebens immer bedurft hat; bei seinem peinlich ausführlichen Verfahren war sie auch nach rückwärts, in die Jugend hinein vorgeschrieben gewesen. Vorgeschrieben gewesen war insgleichen, daß er die Not und den Mangel niemals hatte kennenlernen müssen, aber den Schmerz, aus der die Weisheit quillt.

Denn ohne Weisheit ist der Weltrausch nicht zu erlangen, und der kleinere Rausch der Liebe und des Weines streben danach. Damit war für Rückert vorausbestimmt, wohin er sich zu wenden hatte, um die gesamte Welt auf seine Weise zu gewinnen. Ohne Übertreibung gesprochen, steht ihm Hafis wirklich viel näher als etwa Platen, Mewlana Dschelaleddin Rumi viel näher als etwa Brentano. Nach diesen Meistern braucht er die Hand nicht weiter zu strecken als nach dem immernahen Goethe.

Er identifiziert sich mit ihnen lügenlos. Wenn er Hafis fragt: Hast du das köstliche Saitenspiel nicht? zur Not ist dieses genug! –, so hat er sich angeredet, wer könnte zweifeln? Wenn er sich im Weinkeller, der mit erregendem Rebengeruch erfüllt ist, die Gruft wünscht, so huldigt er dem Bruder Hafis, und er schmeichelt ihm mit der Versicherung, man werde ihn, wenn er am Todestage sein Glas in der Hand halte, von der Schenke geradewegs zum Paradiese tragen.

Ähnlich verschränkt er in seinen deutschen Ghaselenbüchern seinen Namen Freimund Reimar mit dem Rumis. Er ist stolz darauf, die Form des Ghasels als erster unserer Literatur zugeführt zu haben, damit Nachfolger sich darin nun weiterhin versuchen. Bücher wie seine "Östlichen Rosen" oder "Erbauliches und Beschauliches aus dem Morgenlande" bauen Viadukte durch die Wüsten und Brücken über die Meere.

Vor seinem geistigen Auge blüht der Verkehr zu uns herauf mit Lehren und Geschenken. Daß wir Ausländerei treiben und uns mit Ungehörigem putzen könnten, darauf würde er nie verfallen. Am Ausbau und an der Ertüchtigung unserer eigenen Kunst ist ihm vornehmlich gelegen. Goethe hatte das Westöstliche soeben begonnen, und nun sollte ihm in schnöder Gleichgültigkeit schon ein Ende bereitet sein? Die Möglichkeit eines solchen Undanks, einer solchen Versteifung auf etliche ein für allemal abgezählte Formen, die Möglichkeit des Schwurs auf das Abgewetzte als das Erlaubte und einem Deutschen Anständige ist von Rückert wahrscheinlich niemals in dem Umfange durchdacht worden, wie das alles ein der Verskunst, geschweige denn den Verskünsten abholdes Jahrhundert zuwege gebracht hat. Grillparzer begann, wie gesagt, mit dem Fluche: Ich verabscheue dies Ghaselen! Solch ein Fluch hat in der Folge nach und nach wohl alle Gedichtformen getroffen, auch die, welche mit ihrem Alter die autochthone Herkunft begründen. Rückert jedenfalls wollte durch Einbeziehung großer Geister, die nur einer Nation allein zu ihren Lebzeiten angehörten und dann riesigen Schatten über die Länder warfen, eine nationale Bereicherung anbahnen.

Dies hängt mit der alten Überlegung zusammen: die höchste Summe an Freude in aller Welt gehört dem, der sich am meisten freuen kann, das Leid aller Welt ist nicht größer, als es in dem Leidfähigsten ist, die Einsicht übertrifft nie den Einsichtigsten, die Leidenschaft nie den Leidenschaftlichsten, die Kunst nie den erhabensten Künstler. Die Bewegungen im Innern sind wohl übertragbar, wenngleich nicht völlig, doch nicht teilbar. Begeisterung oder Verzweiflung reißen wohl auch Massen bis an den Sitz des Lebens, der sich in Glück, Schmerz, Überschwang oder Kunst ausdrückt, doch nicht weiter. Wie keines Menschen Geburt und Tod teilbar ist, so nichts, was gleich totale Ansprüche stellt.

Von hier aus stößt der in Hand- und Hirnwerk so klare Meister Rückert in den mystischen Bezirk vor. Stanzen, Sonette, Oktaven, Rubajats, Ritornelle, Terzinen, Makamen, frei rhythmisierte Hymnen, Episteln, Epigramme, Knittelvers-Sermone, Volkslieder, Minnegesänge, sie alle werden durch vollendeten Gebrauch Symbole, niemand Einzelnem angehörig; und ebenso entwindet sich alles Richtige und Wahre dem persönlichen Besitz. Liegt der Drache als Hüter vor der Höhle, so ist der Schatz in der Höhle so gut wir nicht vorhanden. Wird der Hort aber mitgeteilt und genutzt, so genießt der Beschenkte das Leben dessen, der ihn sparte, weiter, als wäre das fremde Bewußtsein dem eigenen zugelegt. Die Sehnsucht nach Größe ruft einen Teil der vom Schicksal versagten Größe herbei. Das hat Rückert für sich geleistet, das strebt er für sein Volk an. Nur ein Tor wird ihn dafür tadeln, daß er die Sehnsucht von seiner persönlichen Neigung und seiner Geschicklichkeit geleiten ließ. Tändelnd und kindlich war dabei keiner seiner Wege. Er wußte sehr wohl, daß unsere Spur andre Spuren niederdrückt und daß die der Späteren wiederum unsere tilgen: das sei der ganze Gewinn unserer Fahrten. So erwog er den Wert seiner unzähligen Gelegenheitsgedichte: entsprachen sie bewußt nur der Gegenwart, so taten sie auf die Zukunft gern Verzicht; aber manche richteten sich ebenso bewußt keineswegs an die Gegenwart;

Geben einsam nur Bericht,
Ob sie gleichwohl tun Verzicht
Auf die Zukunft, weiß ich nicht.

Für seine Hellsicht läuft immer deutlich die innere Zeit in der äußeren. Jener gehören die Sänger von dereinst an, die den Beweis dafür erbracht haben, doch er selbst nur, wenn er dafür sorgt.

Hat ja doch alles seine Zeit;
So hattest du auch deine Zeit.
Und missest du sie äußerlich,
So war es eine kleine Zeit;
Miß innerlich! so findest du:
Es war doch eine feine Zeit.
Will nun an dich die Zeit, so sprich:
Geh weg! du bist nicht meine Zeit.
Du hast nur Zeit fürs Zeitliche.
Fürs Ew'ge hast du keine Zeit.

Die Ewigkeit im Sinn, übt er durch die Jahrzehnte die Ausdruckskraft für die Abgründe letzter Schwermut, an denen sich keiner vorbeistehlen kann, der den Namen Mensch verdient. Es findet sich bei ihm die Übersetzung zweier orientalischer Zeilen, in denen jemand sagt, das irdische Leben sei ein zu kleines Opfer, er opfere sein ewiges mit Schweigen.

Die gleiche unauffällige Gewalt hat er sich für die deutsche Wiedergabe der seligsten Stille im Weh und der adligen Ruhe nach der Verzweiflung bei Dschami, Saadi und Hafis erworben. Er hat von allen dreien sehr viel nachgedichtet, für Nichtfachleute köstlicher als alle anderen, die es versuchten, und doch eilte es ihm nicht, seine Arbeit der genießenden oder der gelehrten Welt vorzulegen. Um Dschami hat er sich schon 1831 bemüht, die Hauptepoche der Vertiefung in ihn liegt zwischen 1844 und 1852, gedruckt wurde das Dschami-Werk bis 1872 in der Zeitschrift der morgenländischen Gesellschaft. Der persische Dichter bezeichnete es als sein Schicksal:

Jeder Steinwurf, der vom Himmel nahm zur Erde seinen Flug,
Unglück wußt ihn so zu lenken, daß er traf auf meinen Krug.

Nun aber vergnügte es Rückert, diesem Vorfahren in der "Allweltliteratur" gedient zu haben, und er beschloß eine Sammlung Dschamischer Dichtungen mit einem "quantitätisch-prosodischen Ghasel" als "Epilogus", worin er sich rühmt, zwar nicht ewiges Erz wie Vater Horaz gefördert zu haben, aber ein auf persischer Au vom Dufte genährtes Moschusreh zur Schau heimischer Wohllautsbande gebracht zu haben. Dann erschrickt er, weil junges Gewächs altem gram sei und er vielleicht aufs neue bei den Lesern in Schande geraten werde. Oh, schon um der in diesen letzten Zeilen anklingenden Tropen würde er von den Unaufgeschlossenen wohl schon ausgeschämt werden.

Seine herrliche und reichhaltige Hafis-Übersetzung von etwa 1847 wurde erst 1877 von *Paul de Lagarde* in der Symmica veröffentlicht. Ebenfalls um das Jahr 1847 entstand der Rückertsche Saadi. Hier wie bei den anderen persischen Klassikern erschallt viel unerbittliche Schicksalsmusik, für die unser Meister den deutschen unentrinnbaren Ton findet. Man höre Rückert-Saadi nur kurz an:

Das Schicksal wird nicht anders, ob mit tausendfachem Flehn
Danksagen oder Klagen mag aus einem Munde gehn.
Der Engel, dem die Winde sind gegeben in Verschluß,
Was achtet er's, ob ausgehn einer Witwe Lichtlein muß?

Oder nur das Wenige:

Da alles endlich wird dem Staub zum Raube,
Freund, werde Staub, bevor du wirst zum Staube.

Oder als Größtes ein Drittes:

Die Hand des Todes schlägt des Aufbruchs Pauke.
Ihr Augen, nehmt Abschied vom Haupte nun!
Ihr meine beiden Hände, beiden Arme,
Verabschiedet euch voneinander nun!
Der Feind des Lebens hat euch überfallen,
Ihr Freunde, geht nur auseinander nun!
Das Leben ist in Unverstand verstrichen,
Ich nahm es nicht, o nehmt in acht es nun!

Die tragische Gefühlslage sucht er auch bei Unbekannteren wie Khâkâni auf:

Mein Peiniger, wie meine Pein ist, weiß ich.
Mein Steiniger, wie schwer dein Stein ist, weiß ich.
Von dir das Dräuen und von mir die Treue,
Du weißt, was dein ist, und was mein ist, weiß ich.

Bei Rückerts Arbeit an und um Hafis finden sich alle Übergänge vom Drang mitten im Herzen des Alten bis mitten in das Herz des Jungen. Beispielsweise lesen wir doppelt, einmal als Eigen, einmal als Erbteil, Ahnungen, die im Anschluß an das Original so lauten:

Der Herbstwind wühlt im Rosenbeet des Lebens,
Im Sturme schwankt das morsche Brett des Lebens.
Besinne dich! der Jahre Träger tragen
Sacht aus dem Hause das Gerät des Lebens.

Oft und oft, meist gelassener als Hafis, wiederholt Rückert den Hafisischen gedanken:

Die Lust der Welt kann nicht den Schmerz aufwiegen,
Den Kummer kann kein Freudescherz aufwiegen.
Es kann nicht eine Ewigkeit von Wonnen
Ein hier von Gram beschwertes Herz aufwiegen.

Des Wahlverwandten ist kein Ende, wiewohl es bei Hafis öfter in archaischem Prunk erscheint.

Bewundre nicht mein goldgestickt Gewand!
Das Kleid von Licht verbirgt des Herzens Brand.
Die Kerze leuchtet dir und zehrt sich auf;
Dir bleibt das Lied, des Dichters Leben schwand.

Bemerkt man bei Dschami, Saadi, Hafis Ähnlichkeiten des Denkstils und meint, ihr Wesen käme Rückert besonders nahe, so belehrt ein Blick etwa in den prophetischen und poetischen Koran eines anderen. Hier fallen neben sinnlich anschaulichsten Prägungen wie "wechselschwanken" oder "ihr Einkehrort das Feuer" auch grelle Blitze, Donnerworte und Felsenworte. Ohne Luthers Bibel nachzuäffen, befindet sich Rückert manchmal auf dem Wege von ihr her, näher zu uns herangedrungen.

Nicht aber rechne du, die da erschlagen sind
Auf Gottes Weg, für Tote, sondern Lebende,
Bei ihrem Herrn versorgte.

* * *

Und sehn wirst du die Berge, die du hältst für fest,
Sie gehn den Gang der Wolke,
Werkstellung Gottes, der gefügt hat jedes Ding,
Und er ist kundig eures Tuns.

* * *

Wenn nun den Menschen trifft ein Leid,
So ruft er uns an,
Auf seiner Seite liegend, oder sitzend, oder stehend,
Doch nehmen wir ihm ab sein Leid,
So geht er hin, als hätt er nie
Uns angerufen um ein Leid, das ihn betraf.

* * *

Des Tags, wo wir zur Hölle sagen: bist du voll?
Und sie sagt: Gibt's noch mehr?

* * *

Am Tag, wo wir zusammenfalten
Den Himmel, wie der Siegler
Zusammenfaltet den Brief;
Wie wir zuerst erschufen,
So bringens wir's zurück,
Nach übernommener Verheißung,
Wahrlich, wir werden's tun.

Rückerts früher Wunsch, sich wie die Zeder in die stillen Himmelslüfte zu erheben, von Erdsorgen unangestaubt, sein Wunsch, dem Menschenleben zu entsagen, um in der Einsamkeit den Frieden der Seele zu halten, hatte sich erfüllt. Was haben die Augen nicht alles gesehen, die Ohren nicht alles gehört: mögen andre das Genoßne genießen! Er ist dankbar, nur eins peinigt ihn: er ist des Lebens satt, seit er sich der Hoffnung begeben mußte, ein andres Deutschland um sich zu sehen als das um das Jahr 1850. Verräterischer als sonst bricht vor uns der verheimlichte unterirdische Strom des Patriotismus in kargem Spruch hervor, sogleich verschwindet er in der Verschwiegenheit. Übrigbleibt der erkämpfte Triumph:

Wohin wollt ihr, o Töne, die ahnende Seele des Hörers
Tragen, hin über das Grab, tragen zum Himmel empor?
Tragen in Gottes unendlich kreisende Welten?
Tragen hinein ins Herz, wo das Unendliche wohnt?
Hier ist die Mitt und das End und der Anfang alles in allem,
Im durchklingenden Eins löset das Viele sich auf.
Laßt mich, laßt mich empfangen, daß ich bin, ich bin in allem,
Alles ist, alles in mir, Ewiges ewig im Jetzt!

[Aus: Die Neue Rundschau 50 (1939) S. 209-240.]

III. Der Gelehrte

Friedrich Rückert als Gelehrter

Von Heinrich Rückert

Wenn schon der Dichter Friedrich Rückert dem größeren Publikum unbekannter geblieben ist und setzen wir gleich hinzu, bleiben mußte als manche andere Günstlinge der Zeit, so ist der Gelehrte Friedrich Rückert selbstverständlich noch weniger in das allgemeine Bewußtsein gedrungen. Es gehört ja mit zu den Eigentümlichkeiten unseres deutschen geistigen Lebens, daß es bei aller seiner Breite und Tiefe einzelne seiner Hauptströmungen gleichsam durch undurchdringliche Dämme voneinander geschieden fortbewegt. Wir sehen hierin keineswegs eine notwendige Folge jener mit Recht gerühmten Eigenschaften, sondern einen Mangel, der einen viel tieferen und gefährlicheren Grund hat, als man gutmütig und leichtsinnig genug gewöhnlich zu glauben geneigt war, bis diese unsere unmittelbare Gegenwart die Wahrheit so verhängnisvoll zu enthüllen begann. Denn ein gesunder nationaler Organismus hätte auch auf dem geistigen Gebiete eine solche Isolierung der Kräfte nicht geduldet, wie ja ein Blick auf andere bessere Zeiten und durchgebildetere Völker zeigt.

In unserem speziellen Fache mochte man wohl zur Entschuldigung oder Erklärung anführen, daß das wissenschaftliche Feld, auf welchem sich die Tätigkeit des Gelehrten Friedrich Rückert bewegte, ein allzu fern abliegendes sei. Denn wer, außer einer ganz kleinen Anzahl von Fachgenossen, möge oder könne sich um die orientalischen Studien bekümmern? Wenn nur diese Fachgenossen wußten, was sie von ihm zu halten hatten, so schien damit dem Interesse der Wissenschaft Genüge getan. Daß umgekehrt auch sie wieder den Dichter mehr oder minder ignorierten, war nur die natürliche Folge derselben Ursache, hat aber, wie sich leicht nachweisen läßt, nicht wenig dazu beigetragen, den Meister, der sich in seiner Totalität so wenig begriffen fühlte, immer mehr nach Außen abzuschließen, allerdings ohne seiner produktiven Potenz weder als Dichter noch als Forscher Eintrag zu tun. Aber er behielt die Früchte beider Felder mehr und mehr für sich, ohne irgendwie durch den Mangel an entgegenkommendem Verständnis sich gekränkt oder auch nur gereizt zu fühlen, wie es so manchen anderen mit geringeren Gaben und größeren Ansprüchen geschehen ist. Es bedurfte für ihn nicht des warnenden Beispiels eines *August Wilhelm von Schlegel*, der in ohnmächtiger Selbstgenügsamkeit schließlich zu einer komischen Figur herabsank und natürlich auch in seinen Produktionen, sowohl im Gebiete der Poesie wie in dem der Wissenschaft weit hinter dem Ziele zurückblieb, und zwar je länger desto mehr, das er nach seiner Ausstattung hätte erreichen müssen. Friedrich Rückert folgte hier, wie überall, seinem eigenen Genius und dieser führte ihn so sicher und mühelos, wie es nur den wenigen auserwählten Lieblingen des Schicksals vergönnt ist. Es wird sich auch wohl selten ein zweites Beispiel dafür finden, wie sein Nachlaß auf eine selbst die Nächststehenden und Vertrautesten überraschende Weise dartut.

Würden, wie zu hoffen steht, die sehr zerstreuten gedruckt erschienenen wissenschaftlichen Aufsätze und Abhandlungen Rückerts gesammelt, so würden sie trotzdem eine Anzahl von Bänden füllen. Einige davon sind von so bedeutendem Umfange, daß sie deshalb recht wohl für selbständige Bücher gelten könnten. Fast alle aber sind in die bescheidenste und bequemste Form gekleidet, in die von Rezensionen. Da sich unwillkürlich nach dem bekannten Durchschnittswert solcher Produkte das Urteil über ihren Gesamtwert bildet, so ist es nicht zu verwundern, daß auch sie gleichsam nicht für voll gerechnet wurden und daß man von einem Friedrich Rückert noch etwas mehr als Rezensionen erwartete, zumal da man wußte, daß er nicht bloß eines, sondern mehrere wissenschaftliche Themata auch zu äußerlich selbständiger Behandlung in Angriff genommen habe, z.B. eine Ausgabe, Übersetzung und Erklärung des Schah-Nameh, eine zusammenfassende Darstellung des semitischen Sprachbaues – dem Stoffe nach etwas Ähnliches, wie Renans vergleichende Grammatik der semitischen Sprachen –, eine persische Grammatik, eine arabische und persische Metrik, außerdem auch noch eine Reihe kritischer Textesausgaben aus allen Zweigen der orientalischen Literaturen, sowie Kommentare in selbständiger Bearbeitung, z.B. zu den Propheten des alten Testamentes und den Psalmen.

All dies, was Rückert als Gelehrter geleistet hat oder leisten wollte, pflegt im Bausch und Bogen in das Spezialgebiet der Orientalia gerechnet zu werden. Die Fachgenossen selbst, mit wenigen Ausnahmen, beurteilten es von diesem an sich berechtigten aber auch ebenso beschränkten Gesichtspunkt und so weit unsere allgemeine Bildung überhaupt von wissenschaftlichen Leistungen Notiz zu nehmen gewöhnt ist, die nicht zu dem herkömmlichen Apparat des höheren Schulunterrichts in direkter Beziehung stehen, galt ihr Rückert eben auch nur als ausgezeichneter Orientalist, weil ihn die nächsten Sachverständigen dafür hielten.

Er selbst hat sich aber ein anderes und viel weiteres Ziel gesteckt und es bis zur letzten Stunde seines Lebens rastlos verfolgt. Es war die Sprache im weitesten Sinne des Wortes, deren wissenschaftlicher Erkenntnis seine gelehrte Tätigkeit gewidmet war, wie diese selbe wissenschaftliche Erkenntnis der Sprache ihm die gleichsam naturnotwendige Basis seiner Poesie von Anfang an gewesen und bis zuletzt geblieben ist. Daß die sogenannten orientalischen Sprachen sich nach außen hin und auch zeitweise in seinem eigenen inneren Leben und Schaffen einen bevorzugten Platz errangen, vertrug sich recht wohl mit jener Universalität seines Strebens. Denn es war natürlicherweise bedingt von Einflüssen, die bis zu einer gewissen Grenze vom Zufall, wenn man es so nennen will, abhängig blieben. Die Entfaltung der Wissenschaft der Sprache knüpfte sich ja bekanntlich an das Studium der orientalischen Sprachen, besonders des Sanskrit. Jeder, der auch noch so selbständig seinem Genius folgend seinen

Weg nach demselben Ziele mit vielen anderen macht, wird doch unwillkürlich von ihnen beeinflußt und in ihre Bahnen gezogen. Ist es eine originelle Natur, so bleibt sie freilich nicht für immer darin, und jeder Schritt, den sie auf gleichem Wege mit den anderen tut, ist ein Versuch, ihre eigene Bahn zu finden und sich von der Masse wenigstens durch das Tempo ihres Ganges zu emanzipieren.

So darf man wohl auch behaupten, daß Rückert durch äußere und insofern zufällige Anregung auf das Feld der orientalischen Studien gelockt wurde; *Joseph von Hammer* auf der einen Seite, *Friedrich Schlegel* auf der anderen waren seine ersten Führer, der eine in die bis dahin vorzugsweise orientalisch genannten Gebiete der arabischen und persischen Literatur, der andere in das wenigstens für Deutschland und somit in gewissem Sinne für die Wissenschaft zuerst durch ihn nicht geöffnete, aber mit brillantem Funkengesprühe von Ferne her beleuchtete, Gebiet der indischen Studien.

Friedrich Schlegel und Hammer sind beide jetzt antiquiert in den Augen der Wissenschaft. Der Erste vielleicht mit Unrecht, weil er, auch wenn man das Strengwissenschaftliche oder vielmehr nach heutigem Begriffe Nichtstrengwissenschaftliche in ihm abzieht, noch immer etwas übrig behält, was bleibenden Wert hat und wäre es auch nur die oft wirklich vollendete Form der Darstellung. Dadurch wird den von ihm originell gefundenen Gedanken, die ihrer Materie nach natürlich Gemeingut geworden sind, für ewig ihre wahre Originalität und zugleich ihre Lebensfähigkeit in gestalteter Form gesichert. Über Hammer dagegen mag die moderne Wissenschaft einen Strich ziehen oder ihn höchstens noch als einen ihrer untergeordneten Diener gelten lassen, die bloß dazu geeignet sind, die Massen des Rohmaterials heranzuschleppen und allenfalls auch für die primitivsten Zwecke der Arbeit handlich zu machen.

Aber in seiner Zeit und für den Kreis der Bildung, in welchen auch Rückert gleichsam hineingeboren war, muß auch seine Bedeutung sehr hoch angeschlagen werden. Jedermann weiß, was *Goethe* für seinen westöstlichen Divan Hammer nicht bloß zu verdanken glaubte oder gar zu verdanken vorgab, sondern wirklich verdankte. Auf dem von ihm beherrschten oder wenigstens geschäftig begangenen Felde war er in Deutschland der erste, der den Begriff des Studiums der orientalischen Sprachen von seiner traditionellen Beschränkung entkleidete und es gewissermaßen idealisierte. Bis dahin galt es entweder als eine kuriose Liebhaberei, zu deren Befriedigung viel Zeit und Geld, namentlich sehr teure Bücher gehörten, oder als ein Mittel, um Dragoman bei der österreichischen Gesandtschaft in Konstantinopel zu werden, wie es Hammer selbst gewesen ist, oder als ein Vehikel für die Erklärung des alten Testamentes. Durch Hammer dämmerte die Ahnung auf, daß hier eine selbständige Welt von Geist und Schönheit beschlossen liege, deren Lösung eben das Ziel der orientalischen Gelehrsamkeit sei.

Das Ziel dieser Studien war damit schon um vieles weiter gesteckt als bisher, und die Massenproduktion – wissenschaftlich allerdings durchgängig leichte Ware –, mit welcher Hammer seine Lebensaufgabe durchzuführen suchte, die Flut von Textesausgaben der hervorragendsten orientalischen Dichterwerke, von

Übersetzungen gleichfalls in poetischer Form – mochten sie ästhetisch und wissenschaftlich noch so mißlungen sein –, von literargeschichtlichen Darstellungen eines Geisteslebens, das für die deutsche Bildung der Zeit noch mit dem Schleier der Nacht bedeckt war, all dies imponierte und regte unendlich an, bis Goethes westöstlicher Divan zum ersten Male die zu voller Reife abgeklärte Herrlichkeit des orientalischen Geistes ganz und gar in den deutschen Geist aufnahm und aus ihm reproduzierte.

Es läßt sich sehr leicht auch aus äußeren Zeugnissen gewöhnlicher Art nachweisen, wie diese Dreiheit von Anregungen, durch Friedrich Schlegel, durch Hammer und schließlich und entscheidend durch Goethe nicht etwa nur den Dichter Friedrich Rückert, sondern auch den Gelehrten für lange Zeit in die Bahn geführt hat, auf der er sich nach der gewöhnlichen Meinung immer, d.h. seitdem überhaupt sein wissenschaftliches Tun sich bestimmt fixiert hatte, und ausschließlich befunden haben soll. Jedenfalls war es nur eine Anregung von jenen Zweien, die man mehr oder minder nach ihren eigenen Meinungen zu den Vertretern der Wissenschaft im Gegensatz zu dem Dichter Goethe stellen muß, was Rückert von ihnen erhielt, außerdem verdankt er ihnen nichts; er war vom ersten Moment, wo er als Schüler in diese Studienkreise eintrat, über seine Lehrer hinaus. Einmal, weil er einen Reichtum von wissenschaftlich durchgeschulter Arbeitskraft mit herüberbrachte, von der weder die geistreiche bequeme Art des einen, noch die eilfertige und breitspurige Routine des anderen etwas besaß, dann aber, und dies war doch viel bedeutsamer, weil er in jedem Falle die Einheit seines Genius, sowohl wo er sich als Dichter, als da, wo er sich als Forscher oder Gelehrter betätigte, nicht reflektierend, sondern instinktiv streng festhielt. Beide Junktionen seines einen Wesens waren nur die Äußerungen derselben gemeinsamen Aktion des Geistes, nicht bloß verschiedene Aktionen eines und desselben Geistes, wie es der gewöhnlichen Anschauung zu erscheinen pflegt und wie es so oft und so schal als möglich bald dem Dichter Rückert, bald dem Gelehrten Rückert wenn auch nicht zum Vorwurf gemacht, doch absichtlich zur Beschränkung des Wertes des einen oder des anderen zu benutzen versucht wurde. Wenn man die Totalität seines Wesens nach der vulgären Fiktion in einen Dichter und einen Orientalisten spaltete, konnte nach dem gewöhnlichen Längenmaß des menschlichen Geistes, sozusagen, natürlich weder für den einen, noch für den anderen ein bedeutendes Quantum erübrigt werden. Nur schade, daß dies Durchschnittslängenmaß eben nicht für ihn paßte und am allerwenigsten, wenn man es halbieren wollte.

Übrigens hat er selbst in dem ersten Produkte, was er in die Welt gedruckt hinaussandte, sein wissenschaftliches und zugleich sein Gesamtprogramm auf eine wunderbar klare Weise gegeben. Sein ganzes späteres Schaffen als Dichter und Gelehrter ist hier in den wesentlichen Grundzügen mit einer Art von Divination gezeichnet, die für den sezierenden Verstand etwas Unbegreifliches enthält.

Da es in einem Druckwerke geschehen ist, das nach der Bestimmung seiner ganzen Gattung ebenso rasch vergessen als gelesen, oder vielmehr von den wenigsten, die überhaupt zu lesen pflegen, weder mit Augen gesehen, noch gelesen wurde, nämlich in einer akademischen Habilitationsschrift, so ist es begreiflich, daß auch diejenigen, die sich ernst und eindringlich mit dem Geiste Friedrich Rückerts befreundet haben, davon nichts zu wissen scheinen. "Dissertatio philologico-philosophica de idea philologiae, quam – und wie die anderen solennen und verzopften Formeln heißen, die bei solchen Gelegenheiten angebracht werden müssen – publice defendet Fridericus Rückert Ienae, d. 30. Martii 1811". 86 Seiten auf sehr bescheiden graues Papier in sehr altmodischem hohem Oktavformat gedruckt, macht schon das Äußere dieses Werkchens auf den heutigen Leser einen eigentümlichen Eindruck.

So weit sich übrigens noch eine gewisse populäre Tradition aus jener Zeit bis auf unsere Tage in Jena und in den Teilen Deutschlands, die von den akademischen Einflüssen dieser damaligen Zentraluniversität berührt wurden, erhalten und die gewaltigen Katastrophen der Weltgeschichte und des Universitätslebens während des letzten halben Jahrhunderts überdauert hat, verweilt diese oder verweilte bis zur jüngsten Zeit noch immer mit einer sichtbaren Vorliebe bei jener Habilitationsschrift und noch mehr bei den drastischen Vorgängen während der Habilitation selbst. Niemals vorher und niemals seitdem hat ein solcher Aktus, dessen indifferente Nüchternheit sprichwörtlich geworden ist, die unmittelbaren Teilnehmer so tief erregt, wie die Verteidigung dieser Abhandlung "de idea philologiae". Der noch völlig namenlose, in Jena kaum persönlich bekannte junge Dozent – er zählte am 30. März 1811 noch keine 23 Jahre – imponierte wahrscheinlich am meisten durch die Macht seines ganzen Wesens, das sich in einem unvergleichlich durchsichtigen Äußeren auch dem blödesten und kindischten Sinne als etwas einziges in seiner Art begreiflich machte. Daneben aber erregte auch die schon damals ungewöhnliche Gewandtheit in der äußeren Handhabung der lateinischen Sprache, ein stets schlagfertiger Witz und Humor, den man überall eher als auf diesem Katheder zu finden gewohnt war, den Enthusiasmus des studentischen Publikums, das in dem damaligen Jena aus der Elite von ganz Deutschland bestand.

Eine Menge Anekdoten sind von der Sage zu den wirklichen, an sich schon pikanten Ereignissen dieses Wortgefechtes hinzugedichtet, die weit und breit noch jetzt kursieren, wenn auch vorauszusehen ist, daß sie mit der Generation, die sie erzeugt hat, absterben werden. Der olympische Stolz eines *Eichstädt*– der große Eichstadius, der letzte wirklich "perfekte" Lateiner, was die spätere Kritik nicht einmal einem *Gottfried Hermann* ganz und gar zugestehen wollte –, die vornehme Suffisance eines *Gabler* und mehrerer anderer namenloser Heroen des akademischen Zopfes erlitten hier eine so eklatante Niederlage, daß sich die Freude der süßen akademischen Plebs und zugleich ihre Indignation über die geringschätzige und höhnische Vornehmtuerei, mit der jene "illustres" und "spectabiles" zuerst ihren Gegner niederzuschmettern gedachten, nicht anders Luft machen konnte, als in einer allgemeinen Vertilgung aller den Genannten zugehörigen Fensterscheiben nebst unzähligen obligaten Pereats und den obligaten Vivats für den jungen Helden. Es muß denn doch diesem sonst so kurzsichtigen

Völkchen nachgerühmt werden, daß es zwar wenig Verstand, aber desto mehr Instinkt hat.

Wenn irgend einmal, war er hier auf der rechten Spur. Der künftiger Dichter der "Geharnischten Sonette", der Übersetzer der Makamen stellte freilich eine andere Art von Philologie dar, als man bis dahin in den Hörsälen von Jena zu traktieren gewöhnt war und wenn auch zehn gegen eins zu wetten ist, daß unter den hunderten von Vivatrufern nicht einer auch nur die ersten Sätze der Dissertation in ihrer ganzen, man möchte sagen, grenzenlosen Perspektive verstanden hat, so schadet das der Anerkennung, die man ihrem gesunden Sinne zollen muß, nicht im geringsten. Ein *Franz Passow*, damals Lehrer am weimarischen Gymnasium und später ein begeisterter Verehrer Friedrich Rückerts, wußte doch, eben weil er Philologe im gewöhnlichen Sinne und nicht mehr Student war, nichts weiter über die Dissertation zu sagen, als daß er sie für das Produkt eines Narren erklärte und in Knittelversen verhöhnte.

Der Begriff der Philologie war von Rückert in so großartige Perspektive gestellt, daß es gerade einem besseren Kopfe schwindeln konnte; der gewöhnliche Troß wurde von dem gänzlich Unbegreifbaren natürlich nicht angefochten. Schon darin lag nach dem damaligen Stand der Wissenschaft eine unvergleichliche Kühnheit, daß einer mitten aus der zünftigen Schar heraus, wie es dieser junge Mann tat, der sich selbst einen Philologen nannte und Philologie dozieren wollte, rund heraus erklärte, griechische Sprache und Poesie behaupteten nur eine Stelle in dem Entwicklungsgang des menschlichen Geistes, sie seien aber nicht die absolute Vollendung der Sprache und Poesie, nicht die Sprache und Poesie an sich, wie es die Philologen, altmodische und neumodische, auf gleiche Weise damals noch als unbedingtes Credo hinstellten. Für jeden Zweifel hatten sie nur ein mitleidiges Lächeln, denn Zorn verlohnte sich kaum. Dieser blieb einer späteren Zeit aufbehalten, als jene geniale Intuition eines einzelnen eine mehr und mehr Anhang findende Ketzerei wurde. Jetzt ist uns, dank der philosophischen und historischen Arbeit des letzten Menschenalters das gesamte griechische Wesen so völlig in den Organismus der geschichtlichen Entwicklung eingefügt, daß es uns, die wir so schnell zu vergessen gelernt haben, sonderbar vorkommt, wenn man der ersten Verkündigung dieser Wahrheit solche Bedeutung beimißt. Sie ist uns schon so trivial geworden, daß wir die schüchternen Versuche des Widerspruchs nur mehr als Kuriositäten belächeln, wie man sie freilich am ersten an "Philologen" in jenem alten Sinne zu finden gefaßt ist. Der Hinweis auf die orientalischen Quellen der griechischen Kultur, den das Schriftchen versuchte, konnte nach dem damaligen Stande der positiven Kenntnisse in der Linguistik und Geschichte nur ein sehr fragmentarischer sein, doch ist er frei von allen jenen phantastischen Konfusionen, in die sich *Kreuzer* und seine Anhänger verloren. Daneben aber erkannte die künstlerische Potenz des jungen Philologen den eigentlichen Kern des griechischen Wesens mit einer Klarheit und Tiefe, die für immer auch in der schmucken Fassung des lateinischen Ausdrucks etwas Klassisches an sich tragen. Die Schönheit der Erscheinungsform ist ihm das weltgeschichtliche Produkt des griechischen Geistes, allerdings nur ein Moment der weltgeschichtlichen Evolution, aber ein ewig gültiges und befruchtendes und hier wieder ist ihm Homer die wahre Quintessenz und Quelle des Griechentums in seiner idealen Bedeutung.

So hat denn auch der Mann und Greis nicht umzulernen nötig gehabt: die griechische Sprache und Poesie ist ihm stets dasselbe geblieben, was sie der Intuition seiner Jugend war. Er lebte in ihr und von ihr als von der süßesten und liebsten Speise unter allen, und seine Tafel war doch wahrlich reicher besetzt als bei den meisten. Er widmete ihr auch dann noch immer nicht bloß jene einzige durchbohrende Kraft der Rezeptivität, mit der er jedes Objekt in dem Moment, wo er an dasselbe herantrat, auch sofort bewältigte, sondern er blieb bis zuletzt nach seinem eigenen Bekenntnis ein bewundernder und demütiger Schüler des griechischen Kunstgenius. Ohne an den Minutien der spezifisch philologischen Arbeit dieser letzten Dezennien besonderen Anteil zu nehmen, las er fortwährend griechische Dichter und wenn auch mit Vorliebe Homer, so doch mit noch mehr Zeit- und Kraftaufwand die Tragiker, selbstverständlich ohne der auch in ihren Trümmern so reichen Reste der übrigen griechischen Poesie zu vergessen.

Wie überall war sein Lesen und seine Rezeptivität zugleich die lebhafteste und vielseitigste Produktivität. Eine ganze Reihe der von ihm benutzten Handausgaben bezeugt dies: wie schon der vierzehnjährige Knabe sein Schulexemplar der Odyssee dazu benutzt hatte, um mit äußerst zierlicher, aber leider auch vergänglicher Bleistiftschrift eine metrische deutsche Interlinearversion dem griechischen Texte zwischenzuschieben, so sind auch jene später benutzten alten und neuen Drucke mit Noten aller Art angefüllt. Teilweise eigentlich kritischer Natur, Wiederherstellungen des Textes sozusagen von Innen heraus, ohne sich um die Lesarten des Kodex A oder B oder X viel zu kümmern, aber auch ohne sie zu verachten, meist begründet durch die poetische Substanz des Lesers und Kritikers, ausnahmslos auf metrische und rhythmische Erkenntnisse gestützt, für welche der gewöhnliche Herausgeber, unbeschadet seines Fleißes und seines Wissens, meist gar kein Organ besitzt, aber beinahe ebenso oft auch, wie in jenem Exemplar des Homer, Interlinear- oder Randversionen, natürlich alle sogleich künstlerisch geformt, den Rhythmen und Metren des Originals nachgebildet, leider gewöhnlich in kleinster Schrift und fast immer mit Bleistift im Momente hingeworfen, aber meist auf den ersten Wurf so fertig, daß spätere Revisionen selten etwas daran zu bessern fanden.

Daneben bezeugt eine Menge Einzelblätter, die aus den letzten Jahren Rükkerts stammen, daß er wahrscheinlich nur für sich selbst und einige fachgelehrte Freunde auch zusammenhängende kritische und namentlich metrische Studien besonders in den Tragikern und Pindar gemacht hat, wenn es dafür eines Zeugnisses bedürfte. Eine Anzahl von größeren Textesabschnitten aus verschiedenen Tragödien des Euripides liegt vor in saubersten Reinschrift, wie unmittelbar zum Drucke fertig gemacht. Es sind namentlich lyrische Stellen und sie stehen in deutlicher Beziehung zu den umfassenden Aufzeichnungen und Darstellungen griechischer lyrischer Vers- und Strophenformen, aus denen sich beinahe ein vollständiges System der griechischen Metrik und Rhythmik zusammensetzen ließe. Denn sie werden erzeugt durch sehr ausgedehnte und bis in das allersubtilste Detail geführte Untersuchungen über den Bau des dramatischen Trimeters und namentlich des Hexameters. Für den letzteren ist der griechische wie natürlich zur Basis genommen, aber seine spezifische Entwicklung bei den Römern, namentlich bei den Elegikern, für die Rückert unter allen Erzeugnissen der römischen Poesie die entschiedenste und fast ausschließliche Vorliebe bewahrte, ist ebenso gründlich erforscht und dargelegt, aber in diesem Falle alles auf ein bestimmtes praktisches Ziel hin, um die Theorie des deutschen Hexameters zu begründen. Denn alle bisherigen Versuche, vor allem *Voß* und seine Schule, schienen ihm eine gänzlich falsche Bahn betreten zu haben und er selbst war mit seinen früheren, ohnehin sehr sparsamen hexametrischen Gestaltungen allmählich ganz unzufrieden geworden. In der unendlichen Fülle der poetischen Tagebuchblätter, wie man sie wohl nennen dürfte, in denen das ganze innere und äußere Leben des Dichters bis ins kleinste Detail während der letzten zwanzig Jahre niedergelegt ist, findet sich eine sehr beträchtliche Anzahl von hexametrischen Versuchen oder solchen im elegischen Versmaß. Von umfassenderer Anwendung dieses Verses bietet nur die einzige vollständige und geradezu druckfertige, auch tatsächlich für den Druck bestimmte Übersetzung des Theokrit ein Beispiel. Sie stammt aus der Mitte der fünfziger Jahre, ist aber bis zuletzt mancher Revision unterzogen worden. Nach den Schriftzügen zu urteilen, müssen einige solcher Verbesserungen, die durchweg metrischer und rhythmischer Art sind, noch aus den allerletzten Lebensmonaten stammen.

Schon viel früher, noch in den dreißiger Jahren versuchte er die ganze Kraft und den Reichtum seiner Sprach- und Verskunst an dem vielleicht großartigsten Objekte, das die gesamte Poesie des Altertums darbietet, an einer Übersetzung der "Vögel" des Aristophanes. Die Kunde von diesem Versuche ist seiner Zeit in das Publikum gedrungen und jeder, der Friedrich Rückert zu würdigen verstand und zugleich einen Begriff von dem Wesen der Aristophaneischen Poesie hatte, erwartete die Resultate davon mit höchster Spannung. Doch ist das gleichfalls druckfertige und durch spätere Revisionen nur wenig veränderte Manuskript eben nur Manuskript geblieben, wahrscheinlich weil er seinen Vorsatz, mehrere Aristophaneische Komödien und nicht bloß diese eine zu übersetzen, im Drange anderer Studien damals nicht ausführen konnte und später noch weniger darauf zurückzukommen gestimmt war. Bis zuletzt aber pflegte er seine grenzenlose Bewunderung des Aristophanes als Künstler und namentlich als einziger und unübertroffener Meister des Verses auszusprechen. Dies scheint ihn überhaupt zu ihm hingezogen zu haben: der Inhalt und die Stimmung der attischen Komödie war sonst, wie sich leicht denken läßt, seiner durchaus positiven, reinen und harmonischen Seele keineswegs homogen und es kann kein Zweifel darüber obwalten, daß er sich aus diesem Grunde von seiner Arbeit abwandte, die ihn, sozusagen, nur von der technischen Seite her anziehen konnte, während er ihre ethische Substanz ungenießbar fand. Natürlich trat mit dem wachsenden Ernste des eigenen inneren Lebens gerade diese Rücksicht allmählich in ganz anderer Kraft an ihn heran, als in den früheren Jahren, wo sich der Mensch in dem Dichter noch eher dem bloßen Techniker oder Künstler unterordnen mochte. Jene in Stoff und Form an Aristophanes angelehnten Gebilde, die beiden Teile der politischen Komödie, "Napoleon" und andere dem Publikum noch völlig unbekannte ähnliche Erzeugnisse frühester Zeit wären später nicht denkbar gewesen.

In nächster Beziehung zu dieser vielseitigen und durchweg produktiven Tätigkeit auf dem Felde der griechischen Literatur stand auch sein Anteil an der lateinischen Sprache und ihrer Literatur. Als Philologe vom Fache in der älteren beschränkten Bedeutung, wo damit nur Griechisch und Lateinisch gemeint war, hatte er seine öffentliche gelehrte Tätigkeit begonnen. Seine Vorlesungen in Jena nach seiner Habilitation, die er übrigens nicht lange fortsetzte, sondern schon Ende 1812 abbrach, erstreckten sich auf streng philologische Gegenstände. Es lag in der damaligen Richtung der Philologie, welche selbst wieder durch die Einflüsse der allgemeinen Bildung bestimmt wurde, daß das Lateinische sein früheres unverhältnismäßiges Übergewicht an das berechtigtere Griechische hatte abtreten müssen. Nichts desto weniger beherrschte Rückert das Lateinische als Sprache selbst und in allen Gestaltungen seiner Literatur vollständig. Ein interessantes Zeugnis dafür ist seine Habilitationsschrift selbst. Sie ist in einer Art Lateinisch geschrieben, daß die fremde und tote Sprache vollkommen lebendig und sozusagen als die Muttersprache des Autors erscheint. Der vulgäre Ausdruck "in klassischem Latein geschrieben", der so oft als ein gedankenloses und zweideutiges Lob angewandt wird, paßt hier am wenigsten. Er besagt eigentlich ein seelenloses, der wahren inneren Harmonie und damit der eigentlichen sprachlichen Lebensfähigkeit entbehrendes Flickwerk aus allerlei Reminiszenzen, für welche es zuletzt nur eines recht handfesten Gedächtnisses und einer unermüdlichen Übung bedarf.

Jedermann weiß, daß man mit diesem modernen klassischen Latein originelle oder auch nur moderne Gedanken nur stammelnd ausdrücken kann. Hier aber in dieser Abhandlung über die Idee der Philologie ist nicht bloß der Hauptinhalt des modernen philosophischen Denkens, insbesondere der älteren Schellingschen Philosophie, sondern auch der durchweg originelle Flug eines selbständigen Geistes vollkommen klar und zureichend, dabei aber auch in der gewandtesten und zierlichsten Form dargestellt. Es würde nicht leicht sein, ein ähnliches Beispiel vollkommen zutreffenden und schönen Ausdrucks für Materien von dem entschiedensten modernen und philosophischen Gehalte in deutscher Sprache aufzufinden, geschweige denn unter den zahlreichen größeren und kleineren lateinisch geschriebenen philosophischen Büchern und Dissertationen dieser oder auch einer späteren. Daß aber jene Kritiker alten Schlages, welche nur ihr klassisches Latein gelten ließen, wie sie es eben nicht besser verstanden, auch den formal sprachlichen Ausdruck in Rückerts Dissertation angriffen und, wie es scheint, heftiger und gereizter als den Inhalt selbst, der ihnen wahrscheinlich gar zu fern ablag, darf nach dem eben Gesagten nicht Wunder nehmen.

Das linguistische Interesse Rückerts an der lateinischen Sprache nahm in dem Maße zu, als er selbst den Kreis seiner sprachlichen Studien immer mehr erweiterte und, was dasselbe war, sich in das Detail immer tiefer versenkte. Doch hat er ihr nie jene zeitweise ausschließliche Beachtung und Beschäftigung zugewendet, wie so vielen anderen ihrer Schwestern. Da hier die Arbeit nach der Beschaffenheit des Materials und der Zahl der damit beschäftigten Kräfte eine leichtere war als anderswo, so überließ er sie im wesentlichen anderen, ohne sich ganz von ihr zurückzuziehen. Dagegen fesselte ihn die künstlerische Seite der lateinischen Literatur noch bis zuletzt. Ihre Bedingtheit von dem Vorbilde der griechischen und wiederum ihre relative Originalität boten ihm einen fortwährenden Reiz. Vor allem war es die römische Lyrik, der er gerade so wie der griechischen, ja fast noch eifriger, seine rezeptive Produktivität zuwandte. Seine metrischen und rhythmischen Studien gingen, wie schon bemerkt, naturgemäß immer vom Griechischen aus, aber das Lateinische wurde ebenso eindringend und liebevoll beachtet. Noch in den allerletzten Jahren beschäftigte ihn eine metrische Nachbildung des Horaz, zwar nicht des ganzen Horaz oder auch nur aller seiner lyrischen Erzeugnisse, aber doch einer ziemlich großen Anzahl derselben. Die Arbeit gehörte zu den Beschäftigungen, die er zur Erholung von mühsameren und umfassenderen besonders gern auf seinem Lieblingsruheplatz, auf dem Goldberge, vorzunehmen pflegte. Dort auf dem einfachen Tische, der eine kleine Anzahl von Büchern aufbewahrte, die zu gleichem Zwecke bestimmt waren, lag auch seine Handausgabe des Horaz, die bekannte Leipziger Duodezausgabe von 1851, die *Moriz Haupt* besorgt hat. Das Exemplar, F.R. 1852 bezeichnet, enthält, wie die meisten von ihm gebrauchten Bücher, eine Menge von Randbemerkungen aller Art. In ihrer kaustischen Schärfe und in der schlagenden Kraft des epigrammatischen Ausdrucks stehen diese Randnoten neben dem gewöhnlichen Haufen ihrer Art ganz einzig da. Sie beziehen sich meist auf das Technische und eigentlich Poetische der einzelnen Gedichte, teilweise aber auch auf die Textesherstellung des Herausgebers, an welcher dieser Leser nicht wenig auszusetzen hatte. Was von der eigentlichen Übersetzung sich vorgefunden hat, umfaßt etwa zwischen einem Drittel und der Hälfte der lyrischen Gesamtmasse des Horaz. In der vorliegenden Form, lose, mit Bleistift unendlich fein beschriebene Blätter, kann es nach Gewohnheit Rückerts, alles eigentlich fertig Abgeschlossene mit Tinte und äußerst sauber selbst zu mundieren, noch nicht für abgeschlossen gelten. Einige dieser Bleistiftblätter müssen nach den Schriftzügen aus den letzten Monaten des vergangenen Sommers stammen, wo er, trotz der Belästigungen seines körperlichen Übels, doch noch immer seine gewohnten Spaziergänge nach seinem Goldberge zu machen pflegte. Übrigens ist nach dem Inhalt der erwähnten Randnoten nicht zu glauben, daß er gesonnen war, noch viel mehr als das Vorliegende zu übersetzen. Das Nichtübersetzte ist durch so markierte ästhetische Verdammungsurteile als wertlos bezeichnet, daß er sich wohl nicht aus bloßer äußerer Gewissenhaftigkeit entschlossen haben würde, auch nur eine Stunde seiner Geistestätigkeit auf seine Reproduktion zu verwenden.

Es bedarf keiner besonderen Erwähnung, daß sich die philologische Tätigkeit

Rückerts in jenem tiefsten und umfassendsten Sinne schon von jeher auch auf die Muttersprache richtete. Es genügte ihm das angeborene Sprachgefühl und die vollendete Handhabung des unmittelbar lebendigen Sprachmaterials in keiner Weise, wie sie wohl anderen großen Meistern des Wortes genügt hat. Die vollkommene Identität seines künstlerischen und wissenschaftlichen Genius trieb ihn zu dem eindringenden Studium der Geschichte unserer Sprache und unserer poetiscchen Formen, wie es neben ihm und zum Teil durch das Verdienst von persönlich ihm verbundenen und befreundeten Männern, vor allem der Brüder *Grimm, Schmellers* und *Uhlands*, zu einer reich ausgebildeten Spezialdoktrin erhoben worden ist. Er folgte mit reger Teilnahme den Fortschritten dieser Wissenschaft, er bemächtigte sich des reichen Materials, welches durch die Tätigkeit unserer Germanisten aus dem Staube der Bibliotheken hervorgegangen und in reinlichen und sorgfältigen Ausgaben zugänglich gemacht wurde. Keine bedeutendere Forschung auf diesem Felde blieb ihm unbekannt, aber wie überall ging er auch hier als ein Autodidakt von Gottes Gnaden, frei von den Fesseln der Schule, seinen eigenen Weg.

Das ideal-patriotische Interesse, was auch er unter der Anregung einer dafür günstigen Zeit zuerst zu den Denkmälern unserer älteren Poesie und Sprache mitgebracht hatte, machte bald einem abgeklärten, rein wissenschaftlichen Platz. Als ein Zeugnis für jene frühere noch befangenere Schätzung mag der bald aufgegebene Versuch gelten, die umfangreichen Reste unserer mittelalterlichen Lyrik, die sich in der sogenannten Manesseschen und der Weingartner Handschrift erhalten haben, zu bearbeiten und in gereinigtem Texte wiederherzustellen. Vieles davon gab ihm auch, wie gewöhnlich, Veranlassung zu Nachbildung in neuhochdeutscher Sprache, wovon ja auch einige wenige Proben in die gesammelten Gedichte aufgenommen sind. Jene umfassende Arbeit, 1816 in Stuttgart begonnen, durch die römische Reise 1817 unterbrochen und, wie es scheint, später nicht mehr vorgenommen, konnte nach dem damaligen Stande der Germanistik zu keinem Resultate führen. Rückert besaß dazu auch keine anderen Hilfsmittel als den so inkorrekten Bodmerschen Abdruck der Manesseschen Sammlung und die Weingartner Handschrift selbst, die sich schon damals in Stuttgart befand. Mit äußerster Genauigkeit sind ihre Lesarten verglichen und Kleinigkeiten beachtet, für die man dem Dichter wohl kaum ein Auge zutrauen dürfte. Interessant bleiben jene daraus gewonnenen Texteswiederherstellungen immerhin, wenn sie auch für die Technik der heutigen Wissenschaft unmittelbar kaum zu verwerten sind. Das feinste metrische und rhythmische Gefühl spricht aus jeder, kritisch genommen oft mehr als gewagten Konjektur, zugleich auch das tiefste Verständnis der inneren Stimmung und Empfindung jener so ganz aparten Produkte. Er verlor diese Gattung unserer älteren Poesie auch später nicht aus den Augen: so gibt, um nur eins zu erwähnen, sein Handexemplar von des Minnesangs Frühling in gewöhnlicher Weise kurzer, schlagender Randnoten, kühner Korrekturen des Textes u.s.w. ein Zeugnis von der lebhaften Teilnahme, mit der er freilich von einem anderen Augpunkt als in jenen Jugendjahren noch in seinem höchsten Greisenalter jene künstlerisch so reich ausgebildete Erscheinung beachtete. Er selbst stellte in einer kurzen gelegentlichen Bleistiftnote in seinem Handexemplar des Horaz ihren technischen oder künstlerischen Wert in Vergleich mit dem der griechischen, namentlich äolischen Lyrik, wie wir sie namentlich durch die Vermittlung des Horaz kennen, und sagte: "an die bunte Mannigfaltigkeit des Minnesangs reicht die äolische Lyrik nicht", setzte aber hinzu: "Goethes lyrische Weisen sind schöner als beide".

Bei weitem den größten Teil der Arbeitskraft in den Jahren der vollsten Reife und meist noch ungestörter Körperfrische verwandte Rückert, trotz der vielseitigsten gelehrten Tätigkeit, von der bisher nur ein paar Richtungen angedeutet wurden, auf sein eigentliches wissenschaftliches Berufsfach im gewöhnlichen und im höchsten Sinne, die orientalischen Sprachen. Das Dreigestirn des Arabischen, Persischen und Sanskrit, das man zu meinen pflegt, wenn man von den orientalischen Sprachen und Literaturen schlechtweg spricht, war ihm verhältnismäßig erst spät aufgegangen. Vor seiner Rückkehr aus Italien, im Herbste 1818, hatte er nur aus abgeleiteten Quellen den Orient mehr ahnen als kennen gelernt, wofür seine Habilitationsschrift zeugt. Aber er war doch schon auf dem richtigen Wege: die Herrlichkeit der orientalischen Poesie in ihrem selbstwüchsigen Rechte neben der antikklassischen wird dort ausdrücklich betont und gepriesen, ebenso daß das Sanskrit den Schlüssel für die gesamte Sprachforschung zu geben bestimmt sei. Aber erst der persönliche Umgang mit Hammer führte ihn zu wirklichen Studien. Er bewahrte diesem Manne daher auch immerfort ein dankbares Gedächtnis, obwohl niemand unter allen Lebenden so wie Rückert befähigt war, seine oft beinahe lächerlichen wissenschaftlichen und ästhetischen Mängel zu erkennen. Ein freundlicher brieflicher Verkehr zwischen den beiden setzte sich lange Jahre fort, bis er endlich von Seite Hammers auf eine geradezu unbegreifliche Weise gestört wurde, sei es, weil er den Ruhm seines ehemaligen Klienten, den er in gewissem Sinne auch für seinen Schüler rechnete, beneidete, sei es, daß irgendwelche Einflüsterungen den eitlen und leicht erregbaren Mann irre machten. Durch Hammer wurde Rückert auch in die Wiener Jahrbücher der Literatur eingeführt, für welche er namentlich in der zweiten Hälfte der zwanziger Jahre eine ganze Reihe von Rezensionen lieferte. Damals existierte in Deutschland noch keine orientalische Spezialzeitschrift, aber die jetzt lange begrabenen und beinahe vergessenen Wiener Jahrbücher öffneten bereitwillig ihre Spalten auch den umfangreichsten Aufsätzen aus jenem Fache, wenn sie sich nur an die kanonische Form der Rezension banden. Auf diese Art sind einige dieser Rezensionen beinahe zu der Größe eines mäßigen Buches angeschwollen und, wie schon bemerkt, alles andere eher, als was man so gewöhnlich unter einer bloßen Rezension versteht.

Tatsächlich reduzierte sich der Einfluß Hammers auf Rückert bloß auf eine allgemeine Hodegetik zum Studium der orientalischen Sprachen, die er selbst verstand, d.h. Arabisch, Persisch und Türkisch, nebst allerlei freundlicher Aushilfe an Büchern und anderem gelehrten Apparat. Gelernt hat Rückert von Hammer höchstens nur, wie man es nicht machen darf, sowohl als faktischer

Gelehrter wie als Übersetzer. Rückert war von Anfang an auf seine eigene Kraft verwiesen, aber er setzte diese nun auch, sobald er seit dem Jahre 1820 mit seinem früheren Wanderleben abgeschlossen und sich in Coburg niedergelassen, ganz und völlig ein, und das Resultat war, daß er in wenigen Jahren unter die ersten Meister der Wisenschaft zählte. Um solche Erfolge zu erringen, bedurfte es freilich einer unvergleichlichen Begabung für sprachliche Studien oder richtiger für das Wesen der Sprache in jener eminenten Bedeutung, wo die Poesie und alle Kunstform eine ihrer natürlichen Ausstrahlungen ist, wie es die Intuition des Jünglings gefunden und in begeisterten Worten dargestellt hat. Aber daneben war es doch auch ebensosehr Sache der Willenskraft. Der Ausdruck "eiserner Fleiß" würde in diesem Falle nicht recht passen, weil die Metapher zu sehr die Vorstellung des Mühseligen, Schwerfälligen erweckt. Es läßt sich aber auch eine höchste, von dem Willen erzeugte und geleitete Anspannung der Geisteskraft denken, die sich als ein fortwährender Adlerflug des Geistes darstellt. So war es bei ihm. Da er den sprödesten Stoff des Sprachmaterials nicht von außen erlernte, sondern sofort von innen reproduzierte, da in ihm alles Fremdartige sofort in sein Eigenstes sich umsetzte, so mochte diese Art des Lernens den anderen, die nur von Ferne zusahen und sie nur nach ihren Ergebnissen beurteilen konnten, etwas Unbegreifliches, man möchte sagen etwas Dämonisches scheinen. Unbegreiflich, oder wie man es sonst nennen will, bleibt natürlich immer das, was man angeborene Begabung, Talent, Genius zu nennen pflegt. Aber die Art, wie dieser Genius sich des Stoffes bemächtigte, war doch nur dieselbe, wie sie jeder andere, wenn er dieselbe Konzentration der ganzen Seele darauf wenden will, auch in seiner Macht hat. Darum kann man auch mit Fug und Recht Rückert einen der spezifisch fleißigsten Arbeiter nennen, welche die Geschichte der Wissenschaft kennt und nicht bloß in jenem banalen Sinne, daß wohl wenige andere Gelehrte so viel Stunden ihrer Lebenszeit an und hinter dem Büchertische verbracht haben, wie er, sondern auch in dem höheren, daß nur wenige jede Sekunde der Arbeitszeit in so gewaltiger, so viel es scheint, immer gleicher Anspannung der Kraft des Geistes auszulaufen vermochten. Denn wenn jemand etwa verstehen wollte, was der Ausdruck "sich in die Arbeit versenken" bedeute, so mußte er ihn bei der Arbeit sehen. Aber nicht als wenn er nach der Art gelehrter Nachteulen die Sehkraft bei natürlichem Sonnenlicht verloren und wie sie, wenn sie zufällig aus ihrem Bücherneste aufgestört werden, nun tölpisch und lächerlich hin und her zu fahren gepflegt hätte, denn in dieser Hinsicht besaß er gar nichts von dem Stempel des Stubengelehrten, so wie er auch sonst allen äußeren gelehrten Prunk gänzlich von sich ferne hielt.

Aber auch dies alles erwogen, bleibt es noch immer unbegreiflich, wie ihm die Zeit für sein grenzenloses Lernen und Schaffen – beides war ja bei ihm unzertrennbar – ausreichte. Insbesondere geben die äußerlich so stillen Jahre der Zurückgezogenheit als Privatgelehrter in Coburg, von 1820-1826, das Bild einer intensiven und zugleich so vielseitigen gelehrten Arbeit, wie keine zweite Periode in seinem Leben. Um sie auch nur in ihrer äußeren Ausdehnung zu würdigen, muß man wissen, daß er sich einen guten Teil der damals noch mehr wie jetzt schwer zugänglichen und, was für ihn damals besonders entscheidend war, überaus teuren literarischen Hilfsmittel mit eigener Hand abschrieb. Manches davon hat sich erhalten, so z.B. eine vollständige und sehr saubere Abschrift des Sanskritwörterbuchs von Wilson in zwei riesigen Foliobänden, allerdings keine tote Kopie, die bei ihm undenkbar gewesen wäre, sondern sofort durch eigene Beobachtungen vermehrt und emendiert. Ganze Stöße von Bänden abschriftlicher arabischer und persischer Textausgaben sind allmählich bis auf unbedeutende Reste zugrunde gegangen, weil eine spätere Zeit korrektere Drucke davon lieferte, die seine nur für seinen eigenen Gebrauch gefertigten Arbeiten überflüssig machten. Ebenso benutzte er schon damals fleißig den kostbaren orientalischen Handschriftenschatz der Gothaer und anderer Bibliotheken und ließ sich die Mühe minutiösester Kopierung und Vergleichung niemals verdriesen. Vieles Derartige ist später von anderen herausgegeben, manches aber auch noch nicht, was einstweilen nur in der mehr oder minder unmittelbar druckfertigen Gestalt seiner abgeschriebenen und emendierten und gewöhnlich mit Noten und metrischen Nachbildungen versehenen Texte vorliegt.

Wie immer war er auch in solchen Arbeiten von einer großartigen Unbefangenheit und Selbstlosigkeit. Daß er jedem, der von ihm geistige oder wissenschaftliche Förderung begehrte, sie ohne Rückhalt und mit gänzlicher Hintansetzung seiner eigenen Person gewährte, wissen die, die es erfahren haben, nach Gebühr zu würdigen. Aber noch ehrwürdiger ist der Eindruck, den man aus den stummen Zeugnissen seines Fleißes selbst empfängt. So oft er sie später, oft nach einem Zwischenraume vieler Jahre, wieder in die Hand bekam, entweder durch zufällige Veranlassung oder durch den Gang seiner Studien auf sie zurückgeführt, übte er gegen sie eine rücksichtslose Schärfe der Kritik, wie er sie niemals so leicht gegen die Leistung eines Fremden anwandte. Notizen auf dem Umschlage von Konvoluten solcher Papiere, wie etwa "unbrauchbar", "antiquiert", "bloß zum Andenken aufzuheben" oder "durch die Arbeit von X. überflüssig gemacht" vernichteten so mit einem Worte die Früchte langer und mühseliger Tätigkeit, befreiten ihn aber auch wieder von einer Last oder einer Verantwortlichkeit gegen sein eigenes gelehrtes Gewissen, indem er sich nun nicht mehr darum zu kümmern brauchte. Natürlich erhalten dadurch günstige Urteile, die sich an der Spitze mancher älterer entweder unvollendeter oder lange abgeschlossener Arbeiten finden, ein um so höheres Gewicht.

Was er selbst bei späterer Revision der Erhaltung wert fand oder sich zu einer vollendenden Durcharbeitung vorbehielt, darf wohl unbesehen als ein noch ungehobener wissenschaftlicher Schatz gelten. So z.B. steht in seinem Handexemplar des Sanskrittextes des Nala (es war die erste Boppsche Ausgabe von 1819): "Ich habe den Nala wieder gelesen 1857, 16. Mai (seinem siebzigsten Geburtstage) und ihn würdig befunden in metrischer und poetischer Reinheit hergestellt zu werden. Ich habe dazu in den Blättern für Metrik die meisten zu verbessernden Stellen zusammengestellt. Die meisten sind auch im Texte selbst von mir corrigirt". Da er allmählich doch fühlen mochte, daß ihm die Zeit, diese sowie unzählige andere Aufgaben auch äußerlich vollständig zu lösen, nicht mehr hinreichen möge, so sind diese und so viele andere ähnliche Notizen zugleich auch als eine Mahnung und Verständigung für diejenigen gemeint, welche später zu Ehren und Frommen der Wissenschaft seine Geistesschätze zugänglich zu machen gedächten. Denn es darf wohl als allgemein bekannt vorausgesetzt werden, daß er diesen Fall vorausgesehen und verschiedene darauf bezügliche Dispositionen getroffen hat. Er wollte nicht bloß für sich selbst, sondern für die Wissenschaft oder alle die, welche an diesen Studien beteiligt sind, gearbeitet haben, wenn er auch sich selbst von der äußeren Beschwerde und dem unendlichen Zeitverluste dispensierte, den die Veröffentlichung solcher gelehrter Arbeiten notwendig mit sich bringt. Er war sich bewußt, seine Kraft nicht bloß für sich, sondern für die Gesamtheit besser anzuwenden, wenn er nur den Teil der Arbeit, den eigentlichen geistigen und schöpferischen auf sich nahm, in welchem es ihm kein anderer gleichtun konnte. Was ebenso wohl anderen überlassen werden mochte, ließ er auf sich beruhen, indem er sich dem Vertrauen hingab, daß eine nähere oder fernere Zukunft schon die Mittel und Wege finden werde, um sich der Früchte seines Geistes zu bemächtigen.

Jene gedeihlichste Periode der gelehrten Tätigkeit wiederholte sich in ausgedehnterem Maßstabe am Schlusse seines Lebens, in den letzten achtzehn Jahren, die er von 1848-1866 fortwährend in Neuses und fortwährend nur sich selbst lebend zubrachte. Zwischen inne liegt seine akademische Berufstätigkeit in Erlangen und Berlin. Da er für sein eigenstes Fach oder für den Studienkreis, dem er sich gerade damals mit der größten Intensität gewidmet hatte, als Lehrer wirkte, so verband sich beides, sein Amt und seine Privattätigkeit gänzlich miteinander. Nur brachte es das Amt mit sich, daß er diese oder jene Spezialität wenigstens zeitweise besonders berücksichtigte, die er vielleicht ohne eine solche äußere Veranlassung weniger oder in anderem Zusammenhange aufgenommen haben würde.

Dies gilt hauptsächlich von seinen Arbeiten im Bereiche der hebräischen Sprache und Literatur. Als Professor der orientalischen Sprachen hatte er herkömmlich die Verpflichtung, dieses Fach zu vertreten und er tat es viele Jahre lang, aber allmählich mit sinkendem Interesse, bis er sich endlich, da sich ein anderweiter Ersatz in einem jüngeren Dozenten fand, ganz davon dispensierte. Später führte ihn wohl hier und da einmal der Gang seiner Studien wieder darauf zurück, aber er verweilte immer nur kurz dabei. Die enggezogene Grenze, innerhalb deren die Denkmäler des hebräischen Geistes, sowohl in der Poesie wie in der Sprache selbst beschlossen sind, bot ihm zu wenig Ausbeute. Daß er sich aber einstmals mit voller Kraft auch in diesen Stoff versenkte, dafür zeugt nicht allein die bekannte Übersetzung der Propheten. Sie ist unvollständig geblieben; es sollte nämlich ein Kommentar folgen, der niemals erschienen ist. Doch ist er zum großen Teil sorgfältig ausgearbeitet und zum Drucke vorbereitet noch handschriftlich vorhanden und auch später öfter revidiert und verbessert. Er umfaßt die kleinen Propheten vollständig, von den großen nur die letzten zwanzig Kapitel des Jesaias. Er basiert offenbar auf Kollegienheften und scheint auch bei den Vorlesungen, die Rückert mehrere Male gerade über diese Themata hielt, benutzt worden zu sein.

Neben der Übersetzung der Propheten wandte er seine nachbildende Meisterschaft aber auch den Psalmen zu. Etwa siebzig davon, also ungefähr die Hälfte, nach ihrem poetischen Verdienste ausgewählt, sind in dem Original möglichst treu sich anschließender, öfter und auch noch in den späteren Jahren sorgfältig nachgefeilter Form vorhanden. Ein Vergleich mit den anderen älteren und neueren deutschen Psalmenübersetzungen, an denen wir bekanntlich einen Überfluß haben, ist kaum anzustellen, denn man darf behaupten, daß alle früheren Übersetzer in dem, was hier hauptsächlich wirkt, in dem völligen Eindringen in die rhythmische Form dieser hebräischen Lyrik so viel wie nichts geleistet oder es höchstens zu unsicherem Tasten gebracht haben. Diese Übersetzung ist wie die der Propheten von einem ausführlichen, leider aber lückenhaften Kommentar begleitet. Auch er geht, wie es scheint, auf Kollegienhefte zurück, erhebt sich aber weit über das gewöhnliche Niveau solcher, und zwar, wenn auch nicht zur Veröffentlichung, doch zu vollständiger wissenschaftlicher Begründung und Erschöpfung des Gegenstandes für den Autor selbst bestimmt. Studien über Hiob sind nur zu den ersten Anläufen gediehen: eine zusammenhängende vollständige Übersetzung, das sicherste und niemals fehlende Zeichen, daß Rückert ein Objekt wirklich bewältigt hatte, findet sich nicht, sondern nur gelegentliche Ansätze dazu, die um so mehr es beklagen lassen, daß diese Arbeit ganz beiseite gedrängt wurde, wie auch eine ähnliche über die Sprüche Salomonis.

Es ist ein eigentümliches, aber nach der Geisteshaltung Rückerts wohl zu erklärendes Faktum, daß gerade aus dieser Zeit auch eine Übersetzung der poetischen Teile des Korans stammt, oder in dieser Zeit zum Abschluß gebracht wurde, denn die Anfänge reichen noch in die Coburger Periode, wahrscheinlich in die allererste Zeit der arabischen Studien überhaupt. Diese Koranübersetzung ist, wie es scheint, so weit vollständig, als es von Anfang an beabsichtigt war, denn Rückert dachte niemals daran, den ganzen Mischmasch abgeschmackter Konfusion und platter Trivialität, der sich neben der gehaltvollsten Poesie in der Sammlung des Koran findet, "nude crude" ins Deutsche zu übertragen. Auch hier geht ein ausführlicher, rechtfertigender und begründender Kommentar Hand in Hand mit der Übersetzung. Der Kommentar sollte wie jener über die Propheten und die Psalmen zugleich die Stelle einer kritischen Textesausgabe vertreten. Darauf bezieht sich auch die gelegentlich ins Publikum gekommene Notiz, daß Rückert mit einer Koranausgabe und Übersetzung beschäftigt sei, oder sich beschäftigt habe. Auch diese Koranstudien hat er noch in späterer Zeit in gewohnter Weise gepflegt und revidiert, obgleich er unseres Wissens später nicht mehr an ihre Veröffentlichung dachte.

Neben dem Arabischen und Hebräischen wurden aber auch die anderen semitischen Sprachen trotz des natürlichen Übergewichtes, welches das Arabische linguistisch und literarisch ihnen gegenüber behauptete, von Rückert nicht unbeachtet gelassen. So stammen gerade aus der Erlanger Periode, die man deshalb die wesentlich semitische seiner gelehrten Tätigkeit nennen kann, umfassende Arbeiten über das Äthiopische, das ihn nur von der rein linguistischen Seite anzog, da es eigentlich keine selbständige Literatur besitzt, sondern sich auf Übersetzungen aus dem Kreise der jüdischen und christlichen kirchlichen Denkmäler beschränkt. Schon damals fesselte ihn auch das Koptische; er erkannte sofort in ihm ein merkwürdiges Mittelglied zwischen dem Semitismus und Indogermanismus, oder wie er es später immer entschiedener fixierte, die Reste einer älteren Sprachbildung, in der nur die Keime jener beiden großen Äste des flektierenden Sprachstammes vorhanden und beschlossen liegen. Doch hinderte ihn damals der Mangel an irgend genügenden Hilfsmitteln weiter vorzudringen, vielleicht auch die grenzenlose Trockenheit und Unerquicklichkeit der koptischen Literatur, die wie die äthiopische fast nur eine Übersetzungsliteratur innerhalb des engsten Kreises ist. Damals überwog bei ihm offenbar noch das künstlerische oder poetische Interesse über das rein linguistische; später verhielt es sich umgekehrt. Daß er Syrisch und Chaldäisch nicht bloß vollständig beherrschte, sondern auch wie überall, sofort auch hier selbständig über das bisher Geleistete hinaus ging, bedarf keiner Erwähnung. Das Resultat waren die großartig angelegten Fragmente einer vergleichenden Grammatik der semitischen Sprachen, die schon erwähnt wurden. Es läßt sich nicht erkennen, ob diese vorhandenen relativ wenigen Blätter jemals zu einem vollständigen Ganzen gehört haben: jedenfalls aber können sie selbst nicht möglich gedacht werden ohne viele andere zwischen und vor ihnen, die bis jetzt spurlos verschwunden sind.

Es war darauf abgesehen, das Wesen des semitischen Sprachbaues in seinen innersten Tiefen bloß zu legen und sozusagen den semitischen Grundtypus an sich zu rekonstruieren. Arabisch und Hebräisch, als die beiden zugänglichsten und entwickeltsten Schöpfungen des semitischen Sprachgeistes, sind vorzugsweise berücksichtigt und hier wieder das der Zeit nach jüngere, in seiner eigentlichen sprachlichen Konzeption aber ältere und ursprünglichere Arabisch. Doch der äußeren Zugänglichkeit wegen wird immer vom Hebräischen ausgegangen, weil es bei weitem die bekannteste und relativ auch leichteste Sprache der ganzen Gruppe ist. Formenlehre und Syntax sind gleicher Weise berücksichtigt, aber nicht getrennt oder nacheinander, wie es unsere gewohnte Schablone sprachlicher Darstellungen zu verlangen pflegt, sondern mit- und ineinander. Denn es ist die Erkenntnis des Sprachgeistes in seiner Totalität, auf die hier gezielt wird und nicht eine äußere Vollständigkeit des bloßen Sprachmaterials oder seine übersichtliche Gliederung zum Behufe des Lernens. Ob auch das elementarsinnliche Element des Lautlebens mit herangezogen worden ist, läßt sich aus den Trümmern nicht ersehen. Die Vergleichung nach den anderen Sprachgruppen, namentlich den indogermanischen hin, ist zwar nicht unterlassen, aber doch mit großer Restriktion angewandt, ein Zeichen, daß sich damals Rückerts Ansichten über diesen so äußerst wichtigen Gegenstand noch nicht zu der scharfen Bestimmtheit durchgearbeitet hatten, die sie später erreichten.

Das Interesse für eine solche Vergleichung erwachte bei ihm in dem Momente, wo er neben Arabisch zugleich auch Persisch und Sanskrit zu durchdringen begann. Er ließ es sich auch nicht durch die ungemeinen Schwierigkeiten verkümmern, mit denen diese Forschung umringt ist, noch weniger durch die Verketzerungen, denen ein solcher freierer Flug über das einmal abgezirkelte und abgezäunte Feld der Tagesmode in der Wissenschaft hinaus notwendig ausgesetzt ist. Niemand hütete sich sorgfältiger vor allem unzulänglichen und unvorbereiteten Zufahren, wie er: aber wenn jemand mit einem solchen Apparat von linguistischem Wissen, wie er sich zum zweiten Male bei keinem in dieser Zeit vereinigt fand, an die Sache herantrat, und wenn dieser Jemand noch dazu mit einem gleichfalls einzigen Maße genialer sprachlicher Intuition ausgerüstet war, so durfte ein solcher sich auch wohl an etwas wagen, dem aus praktischen Gründen schwächere Kräfte fernbleiben mußten.

Wenn dies recht und billig ist und keiner an sie die Forderung des Unmöglichen stellen wird, so scheint es umgekehrt gleichfalls recht und billig, den Genius auch auf seinem separaten Wege gewähren zu lassen. Doch man weiß ja, wie es hier und anderwärts mit der Reziprozität bestellt ist. Auch Rückert wäre gewiß nicht dem zornigen oder höhnischen Gebelfer entgangen, wenn er die Früchte seiner bis zuletzt mit immer wachsendem Eifer fortgesetzten Sprachstudien auf den Markt gebracht hätte. Daß er es nicht tat, war nicht etwa Scheu vor dem Urteil der Schule, sondern einfache Folge des eben erwähnten Umstandes. Wäre es ihm vergönnt gewesen, bei längerer Lebensdauer zu einem Abschluß zu gelangen, so würde er auch nicht gezögert haben, die Resultate seiner wissenschaftlichen Tätigkeit hier wie anderwärts klar und bestimmt zu ziehen, ohne daß er sie deshalb auch sofort dem Drucke übergeben hätte. Aber er ist auch sich selbst gegenüber hier wohl zu einem vorläufigen inneren, doch zu keinem äußeren Abschluß gekommen.

Für die Periode des Vorwiegens semitischer Studien kann die Vollendung der Hamasa als Grenze angenommen werden. Sie fällt in das Jahr 1844; die Arbeit gehörte zu denjenigen, die sowohl den Gelehrten wie den Dichter in aller seiner Kraft in Anspruch nahmen. Begonnen war sie schon in den ersten Jahren seiner orientalischen Studien, noch in Coburg, aber aus verschiedenen Ursachen oft Jahre lang liegen geblieben, so daß bis zu ihrem völligen Abschluß beinahe ein ganzes Menschenalter verging. Von da ab verlor Rückert die arabische Sprache und Literatur zwar nicht aus den Augen, aber er sagte sich selbst, daß er bis zu dem Ziele vorgedrungen sei, das er sich ursprünglich selbst gesteckt hatte, und daß er einen Teil seiner Arbeitskraft nun von diesem Felde hinwegziehen könne, um ihn anderwärts ergiebiger zu verwenden. Den Platz des Arabischen hatte allmählich in der Neigung und in der äußeren Disposition über seine Arbeitszeit das Sanskrit und daneben das Persische eingenommen. Durch das letztere war selbstverständlich auch immer ein Verbindungsfaden mit dem Arabischen festgehalten, von dem es in den Kunstformen seiner Literatur, in den Stoffen, ja selbst in seinem lexikalischen Material so stark beeinflußt ist, daß es ohne jenes gar nicht recht begriffen werden kann.

Dem äußeren Umfange nach ist das Material aller Art, welches Rückerts Sanskritstudien zu Tage gefördert haben, noch bedeutender selbst als das der arabischen, ja der gesamten semitischen. Ohne seinen Gehalt noch in Betracht zu ziehen, scheint sich darin eine weit über das gewöhnliche Maß des Fleißes und der Produktivität hinausreichende Tätigkeit eines ganzen vollen Lebens abzuspiegeln, während es hier nur ein Stück, wen auch ein vorzüglich begünstigtes, des Ganzen ist. Was Rückert als Ahnung in seiner Doktordissertation ausgesprochen, das sah er allmählich im Laufe des letzten Menschenalters der linguistischen Studien in Erfüllung gehen. Im Sanskrit war zwar nicht die Ursache an sich gefunden, wie manche Leute von starker Phantasie und geringer Gedankenschärfe wähnten – Rückert selbst hat sich niemals eine solche Konfusion der Begriffe zuschulden kommen lassen –, aber doch eine Art von Schlüssel für die Genesis und Konstruktion einer ganzen Menge von Sprachen. Die Sprachvergleichung, eine Wissenschaft, die ohne die genaue Kenntnis des Sanskrit undenkbar wäre, beruhte auch für ihn zunächst auf dieser Grundlage, aber wir haben schon gesehen, daß seine linguistische Perspektive viel zu großartig war, als daß er seinem Auge an der Grenze der sogenannten indogermanischen Sprachen hätte Halt gebieten können. Die vollkommenste Herrschaft über das Sprachmaterial des Sanskrit erlangte er rasch und ungefähr in derselben Zeit, in der er eine für die Erlernung offenbar viel schwierigere Sprache, eine, die namentlich in der Fülle und Mannigfaltigkeit ihres Wortschatzes das Sanskrit weit übertrifft, das Arabische, sich zu eigen machte. Nur möchten wir hier noch bemerken, daß der Ausdruck "in derselben Zeit" sich auf eine längere Periode bezieht.

Wenn Rückert an die Bewältigung einer neuen Sprache ging, ein Fall, der sich in seinem gelehrten Leben mindestens ein halbhundertmal wiederholte, so befolgte er, nicht aus Reflexion oder als mnemotechnisches Hilfsmittel, sondern durch den unmittelbaren Instinkt seines Geistes getrieben, stets die Methode, eine ganze längere Zeit – er rechnete im Durchschnitt sechs bis acht Wochen dazu nötig – nur diese eine Sprache vorzunehmen und ausschließlich in ihr zu leben. Es war ihm währenddem geradezu unmöglich, Schriftwerke einer anderen oder mehrerer anderer daneben zu lesen, am allerwenigsten etwa mehr als eine ihm noch unbekannte auf einmal oder nebeneinander zu erlernen. Sein Geist bohrte sich, sozusagen, oder versenkte sich so völlig hinein in das ihm noch fremde Objekt, daß einstweilen kein Raum für etwas anderes gleicher Art blieb. Andere wissenschaftliche Gegenstände aus ganz entlegenen Gebieten konnten ihn nicht stören: sie dienten ihm vielmehr zu der bei solcher erschöpfenden Anspannung durchaus nötigen Erholung.

Das linguistische Interesse, welches ihn zuerst zum Sanskrit geführt hatte, verband sich naturgemäß sofort mit dem poetischen. Wenn irgendwo, erhielt das eine wie das andere hier seine reichste Befriedigung, ohne daß er je zu einer Überschätzung sich hätte verleiten lassen. Davor sicherte ihn schon seine universelle Kenntnis der Sprache, sein Eindringen und Einleben in die Weltliteratur in einem Umfange und einer Tiefe, deren sich nicht ein anderer rühmen konnte. Wie hätte er von einseitigen Vorurteilen befangen sein können, er, der in allen sichtbaren Erscheinungen der Sprachen und ihren Kunstschöpfungen nur die stufenweisen und organischen Offenbarungen eines und desselben Geistes sah, er, dem der Begriff der historischen Berechtigung und Würdigung schon durch Intuition aufgegangen war, als er nur noch auf einem relativ sehr engen Gebiete, dem der klassischen und modernen Sprachen und Literaturen, heimisch war? Daß ihn aber die verhältnismäßig einzige Vollendung der Sprachbildung, ebenso wie die verhältnismäßig einzige Fülle der Phantasie und poetischer Konzeption im Sanskrit mit stets wachsender, weil stets besser begründeter Bewunderung erfüllte, versteht sich eben deshalb von selbst.

Jene sonderbare Art von angeblichem Patriotismus, der ihm als Dichter und Gelehrten seine angebliche Vorliebe für so völlig fremdartige Dinge und die nach einem ebenso wunderlichen Vorurteil notwendig damit verbundene Entfremdung von der eigenen Heimat zum Vorwurf zu wenden suchte, blieb ihm unverständlich, oder er hätte in ihr das, was sie ist, eine bloße Borniertheit, wenn nicht etwas Gemeineres sehen dürfen, wenn seine große und reine Seele nicht zu arglos dazu gewesen wäre. Es geschah häufig genug, um irgendeinen poetischen, landsmannschaftlichen oder politischen Parteigenossen gegen ihn, den absolut Selbständigen und Unabhängigen, möglichst ins Licht zu setzen, und wenn man sonst nicht viel zu sagen wußte, so war man damit wohlfeil genug mit einer Waffe versehen, die immer einige Wirkung tat, da wir uns in Deutschland während der letzten Dezennien nur durch die Herrschaft der patriotischen Phrase trotz ihrer von vielen geahnten und jetzt so entsetzlich offenkundig gewordenen Lügenhaftigkeit so sehr haben imponieren lassen. Sein Patriotismus war von anderem Gehalte; wie er in Beziehung auf die großen praktischen Interessen der deutschen Nation stets und mit ganzer Seele teilnahm und nach seinen reichen Kräften förderlich eintrat für alles, was zu ihrer Ehre und Läuterung diente, wußte jeder, der ihm nahe stand. Nur das patriotische Phrasentum und die gedunsene Schwätzerei, von welcher namentlich diejenigen sich nicht ersättigen konnten, die sich jetzt als die eigentlichen Todfeinde jeder gründlichen und ernsten Tat zur Rettung der deutschen Nation aus einem Abgrund von Schmach, Verkommenheit und Verwahrlosung erweisen, war und blieb ihm immer unerträglich, wie er überhaupt weder an sich noch an anderen die Phrase duldete.

Wie groß er von dem Berufe des deutschen Geistes und der deutschen Sprache auf dem idealen Gebiete der Kunst und der Wissenschaft dachte, davon legt schon jene frühe Jugendarbeit, die Abhandlung über die Idee der Philologie, genügendes Zeugnis ab. Dem deutschen Wesen erkannte er allein die Fähigkeit zu, den ganzen Reichtum des fremden Geisteslebens in sich aufzunehmen, ohne sich selbst untreu zu werden. Und wie er in beredten Worten gegen den Unfug der ehr- und charakterlosen Hingabe an das Fremde eiferte, ebenso sehr bekämpfte er auch die Pedanterie des nationalen Purismus, der bornierten Exklusivität auf idealen Gebieten. Die Idee der Weltliteratur war ihm schon damals aufgegangen, aber er faßte sie nicht in jenem vagen, kosmopolitischen Sinne, in welchem sie gleichbedeutend ist mit einem Aufgeben der deutschen Eigenart. Er selbst hat ja durch seine eigene künstlerische Tätigkeit am deutlichsten gezeigt, wie er sie meinte, denn kein anderer hat, wie auch seine Verkleinerer zugeben müssen, eine so unendliche Menge von Schätzen der Fremde der Heimat zugeführt und sie ganz und gar deutsch gemacht, nicht bloß mit einem äußerlich übergehängten deutschen Gewande verkleidet. Schon damals erklärte er sich gegen die Art, wie Voß die fremde, namentlich die antike Poesie deutsch zu machen versuchte. Er fand sie im Gegensatz zu der damals geläufigen Meinung durchaus roh und handwerksmäßig.

Ihm selbst schwebte schon damals ein anderes Ideal des Übersetzers vor, das er später so bewunderungswürdig verwirklichen sollte. Daß es ihm nicht bloß mit Hilfe des sprachlichen Instinktes oder des angeborenen Talentes gelang, bedarf keiner Bemerkung, wie mächtig man sich auch beide denken möge. Er versenkte sich mit rastlosem Fleiße in die subtilsten und mühseligsten Studien unserer lebenden Sprache, gerade so wie er ihre Vergangenheit allseitig ergründete. Er ging ihr in alle ihre verborgensten Falten und Winkel nach und nichts war so klein und scheinbar so geringfügig, worauf er nicht die Schärfe seines Blickes gelenkt hätte. Ohne dem Verdienste anderer zu nahe zu treten, darf man wohl behaupten, daß kein anderer unter den Lebenden sich an seiner und bis in die allerletzten Tiefen dringender Erkenntnis unserer Sprache mit ihm messen konnte. Aber er hatte dies, wir wiederholen es noch einmal, nicht als ein Geschenk irgendeiner transzendentalen Offenbarung, sondern als die Frucht unermüdlicher, liebevoller und selbstloser Arbeit. Unzählige Notizsammlungen aller Art, zum Teil bis zum Tage seines Scheidens fortgesetzt, zeugen davon. Gerade in den allerletzten Tagen beschäftigte er sich bei noch völlig ungeschwächter Geisteskraft mit solchen Forschungen und als er schon die Kraft zum Schreiben verloren hatte, diktierte er, ganz gegen seine sonstige Gewohnheit, noch einige Bemerkungen, die sich auf den Wortschatz unserer lebenden Sprache beziehen, Ergänzungen zum Wörterbuche der Brüder Grimm, wie er sie früher halb humoristisch bezeichnete. Denn der Gesichtspunkt, von dem er ausging, war ein grundverschiedener. Ihm kam es darauf an, der Sprache ihre gesamte Lebensfähigkeit abzulauschen, um sie zu künstlerischem Gebrauche für sich zu verwenden oder anderen den Weg dahin zu zeigen. Die bloße gelehrthistorische Sammlung des Sprachschatzes einer gewissen äußerlich abgegrenzten Periode, wie etwa seit Luther, hatte für ihn gar kein Interesse, so sehr er auch den darauf verwandten Fleiß zu würdigen wußte und sich an dem vielen Sinnigen und richtig Gesehenen in dem Detail jenes Werkes erfreute. Seine Mängel liegen so offen vor, daß sie Rückert am wenigsten entgehen konnten, aber nach seiner Art, die durch und durch positiv war, verweilte er auch hier mit Vorliebe bei dem, was er und die Welt aus jener wohlgemeinten und mühseligen Arbeit gewonnen hatte.

All dies brauchte einem vorurteilsfreien und verständigen Kenner des Dichters Rückert nicht gesagt zu werden. Doch da wir an solchen keinen Überfluß haben und der Stand unserer deutschen Bildung derartig ist, daß man auch in der nächsten Zukunft nicht auf die Anbahnung eines innigeren Verhältnisses zwischen ihm und dem deutschen Publikum zählen darf, so war diese kurzgefaßte Auseinandersetzung des Sachverhaltes, wenn auch eine Abschweifung, so doch notwendig, um die Lüge der banalen Phrase aufzudecken oder mit dem rechten Namen zu bezeichnen. –

Jene innige Durchdringung des Geistes der Fremde und der deutschen Heimat, wie sie Rückerts ganze Poesie charakterisiert, hat bekanntlich gerade an einem Stoffe der Sanskritliteratur sich am seelenvollsten und kunstreichsten vollzogen. Sein Nal und Damajanti ist selbst nur von wenigen aus der großen Zahl derer bemängelt worden, die von dem "Deutsch-Orientalen Rückert" sonst nichts wissen wollten. Die überwältigende Schönheit des Stoffes und der Dichtung konnte selbst auf den stumpfen und groben Sinn, durch den sich im allgemeinen unser Publikum vor dem anderer gebildeter Länder unvorteilhaft auszeichnet, seine Wirkung nicht verfehlen. Wer das Original kennt, weiß, daß hier keine eigentliche Übersetzung, sondern eine freie Nachbildung, eine Umdichtung, wie sie die größten Meister, voran Shakespeare, so oft versucht haben, einen ihrer größten Triumphe feiert. Das Original in seiner vollen landschaftlichen und nationalen Absonderlichkeit kann dadurch für die Wissenschaft nicht ersetzt werden, wohl aber hat der Geist der modernen Bildung und Kunst durch Rückert alles, was ihm davon brauchbar und insofern ewig menschlich berechtigt ist, aufgesogen. Neben dieser freieren Schöpfung ist die Zahl der anlehnenden, wirklich abhängigen Nachbildungen indischer poetischer Erzeugnisse eine so große, daß wer das Sachverhältnis nicht kennt, vermuten müßte, ein reich begabter, künstlerisch und wissenschaftlich gleich mächtig ausgestatteter Genius habe alle seine Kraft und die ganze ihm vergönnte Zeit seines Erdendaseins nur für diese eine Arbeit eingesetzt. Vielleicht von der größten Anziehungskraft für die wissenschaftlichen und gebildeten Kreise dürfte darunter eine Übersetzung der Sakuntala sein. Sie stammt aus den fünfziger Jahren, ist vollständig vorhanden, sorgfältig nachgebessert und vollkommen druckfertig. Sie scheint auch, wie aus einigen Notizen des Verfassers hervorgeht, geradezu dafür bestimmt gewesen zu sein, ist aber auch aus den schon auseinandergesetzten Gründen im Pulte liegen geblieben. Selbstverständlich geht neben der Übersetzung, äußerlich aber ganz getrennt von ihr, ein unendlich reicher Apparat von kritischen und exegetischen, namentlich auch technischen Studien über die poetischen Formen des Stückes und der indischen dramatischen Poesie überhaupt. Denn es finden sich außer eigentlich gelehrten Bemerkungen und Studien zu den bedeutendsten übrigen bisher bekannten Erzeugnissen derselben auch noch verschiedene Ansätze zu kunstmäßigen Übertragungen, von denen aber keiner weit gediehen zu sein scheint. Wie er in den brahmanischen Erzählungen und anderwärts einige der gehaltvollsten Episoden des Mahabharata dem deutschen Volke dargeboten hatte, zwar anders als Nal und Damajanti, nicht als freie Umdichtung, sondern als deutsche Nachdichtung des indischen Originals, so beabsichtigte er noch eine große Anzahl anderer Blüten der indischen Epik unserer Sprache anzueignen. Vieles davon, fast ausnahmslos gleichfalls dem unerschöpflichen Mahabharata entnommen, ist von ihm vollendet worden, manches aber nur begonnen. Überall schließt sich auch hier die gelehrte, kritisch-exegetische Tätigkeit unmittelbar an die künstlerische. Neben der deutschen metrischen Übertragung steht gewöhnlich der gereinigte Sanskrittext, das Ergebnis seiner produktiv-kritischen Arbeit, selbst eine Art von Kunstschöpfung, indem hier eine dem ursprünglichen Dichter mindestens gewachsene poetische Kraft das vor Alter Verfallene wieder in dem Jungbrunnen des wissenschaftlich geschulten Kunstgefühls belebt hat.

Aber mehr als dies alles ergriff ihn die Fülle und Tiefe der Ergebnisse, welche sich durch das allmähliche Bekanntwerden der Vedaliteratur herausstellten. Von dem ersten dürftigen Spezimen Rosens bis zu den fast unübersehbaren Publikationen der jüngsten Zeit entging ihm hier nichts. Auch hier wieder bezeugte er seine vollste Teilnahme durch umfassende, natürlich den Kunstformen der Originale nachgebildete Übersetzungen, besonders von Hymnen des Rig-Veda . Sie stützen sich auf eine großartige Fülle von metrischen und rhythmischen Beobachtungen zunächst aus dieser vorsanskritischen Poesie, dann aber auch aus der eigentlichen sanskritischen Periode. Die Entdeckung, wie man sie wohl nennen darf, der Vedaliteratur fällt in eine Lebensperiode Rückerts, wo er nach dem gewöhnlichen Herkommen die Befugnis gehabt hätte auszuruhen und anderen die Ausbeute der neuen Welt des Geistes, die sich damit erschloß, zu überlassen. Er aber wurde dadurch nur zu erhöhter, gleichsam verjüngter Tätigkeit angeregt und behielt die wahrhaft begeisterte Teilnahme an der Hebung dieser Schätze, von der er in dem Momente erfüllt wurde, als er ihre ersten Resultate kennenlernte, ungeschwächt bis zuletzt. Er ist immer wieder auf die Veden, ihre Kunstform und ihr eigentlich linguistisches Material, besonders das lexikalische zurückgeführt worden, was seine hier vorzugsweise reichen und vollständigen Papiere bezeugen.

Wir haben in dieser möglichst gedrängten Übersicht nur die eigentlichen Spitzen und diese nicht einmal alle – so z.B. übergehen wir ganz seine kolossalen Arbeiten über das Schah-Nameh – heraustreten lassen, in denen sich die wissenschaftliche Tätigkeit Rückerts zusammendrängte. Aber es darf auch nicht ganz übergangen werden, daß sie unendlich ausgebreiteter war, als sich bisher darstellte. Daß man ihn nicht als einen bloßen Orientalisten in dem beschränkten Fachsinne gelten lassen darf, hat sich bereits ergeben. Seine linguistischen und literarischen Interessen reichten aber noch weit über die bereits umschriebenen Grenzen hinaus. Es ist eine Periode in seinem gelehrten Leben gewesen, in der er dieselbe Konzentration des Geistes, von der wie von dem Blitze alle Hindernisse zerschmettert wurden, einer Reihe von Sprachen zuwandte, die auch bei dem jetzigen Aufschwunge des linguistischen Studiums doch nur sehr vereinzelt gepflegt werden. Hierher läßt sich schon das Koptische rechnen, dessen eminente Bedeutung ihn bis in die letzte Zeit zu unermüdlichem Fleiße reizte. Die Resultate davon liegen in den ausgedehntesten grammatikalischen und lexikalischen Sammlungen vor, die zugleich wie immer völlige Neukonstruierungen des bisherigen Wissensstandes sind. Wegen einer gewissen Wahlverwandtschaft seines literarischen Genius, nicht seines sprachlichen, möge hier auch des Armenischen gedacht werden. Im Beginne der vierziger Jahre beschäftigte er sich eindringlich damit und eine poetische Frucht davon ist die Tragödie "König Desali", eines der ergreifendsten Geschichtsbilder von welthistorischer Perspektive.

Fast ebenso mächtig wie später durch das Koptische sah er sich lange Zeit durch die südindischen Sprachen angezogen, die man gewöhnlich Tamulisch, Karnata und Malabarisch zu nennen pflegt. Wir behalten diese nur halb richtigen Namen hier natürlich bei. Die neue Welt, die sich ihm damit erschloß, setzte sich für ihn gleich in Verbindung mit einem äußerlich weit davon entlegenen Sprachkreis, in welchen er schon früher eingedrungen war, mit dem der finnisch-tartarischen Sprachen. Darunter fesselte ihn vorzugsweise die gewöhnlich Finnisch im engeren Kreise genannte, weil sie in den Resten ihrer großartigen Volksepik fast allein unter ihren Schwestern sich zur Kunst veredelt hat. Aber er gebrauchte sie und ihre Verwandten auch zu umfassenden sprachvergleichenden Studien sowohl nach den südindischen und anderen flexionslosen Sprachen, namentlich nach der malayischen hin, wie auch nach der Seite der vollendet flektierenden, der indogermanischen, ohne sich jedoch erschöpfend oder abschließend darauf einzulassen. In der letzten intensiv und extensiv so unendlich reichen Neuseser Arbeitsperiode hat er nur selten einmal dies ungeheuere Gebiet betreten, doch es auch nicht ganz beiseite gelassen. Aus der früheren Zeit stammen als selbstgeschaffene Hilfsmittel des Studiums eine Menge von handschriftlichen, stets natürlich eigenhändigen Arbeiten, die schon als Zeugnisse seines rastlosen Fleißes im gewöhnlichen Sinne des Wortes interessant sind. Eine Reihe stattlicher Folianten und Quartanten enthält die Abschriften der vorhandenen dürftigen und noch dazu höchst seltenen und damals vor zwanzig Jahren noch viel unzulänglicheren Hilfsmittel lexikalischer und grammatikalischer Art, auch Texte, wie immer sofort selbständig weiter geführt, durchgearbeitet und ganz umgegossen der Sache nach, wenn auch nicht in der Form.

Wir wollen hier kurz abbrechen; was hälfe es, noch weitere statistische Tatsachen einer wissenschaftlichen Allseitigkeit aufzuzählen, die offen gesagt zu gewaltig ist, als daß man sie recht zu würdigen, ja nur als möglich zu begreifen vermöchte? Es gehörte dazu eine ähnliche disponierte Natur, die aber auch mit ähnlicher Energie alle in ihr ruhende Kraft in Bewegung gesetzt hätte. Wäre es eine bloße Gelehrtennatur, so würde sie wieder nicht geeignet sein, das volle Verständnis für Rückert als Gelehrten zu hegen, denn jene einzige völlige Durchdringung des Gelehrten und des Dichters, des Forschers und Künstlers ist ja das, was seine Individualität konstruiert. – Wer in das Detail eingehen wollte von dem, was hier nur in der Massenwirkung gleichsam von ferne gezeichnet werden konnte, würde einen unerschöpflichen Stoff finden, dessen Anziehungskraft, weil er so durchaus von dem Walten eines künstlerischen Genius erfüllt ist, auf jeden wirken müßte. Denn alles, was von ihm stammt, ist von einem inneren Leben erfüllt, das die Sprödigkeit des Stoffes, auch wenn er der entlegenste und abstruseste ist, ganz bewältigt hat. Es läßt sich keine kleinste Notiz seiner Hand denken, die nicht durch die Originalität in Auffassung und Form, sowie sie dasteht, als ein Dokument desselben Geistes bezeichnet wäre, dem die deutsche Nation jedenfalls die vieseitigste und reichste künstlerische Gestaltung ihrer Sprache zu danken hat.

[Aus: Grenzboten, Jg. 1866, S. 129-155.]

Friedrich Rückert als Übersetzer

Von Karl Macke

In seiner Jenaer Inauguraldissertation[1] hatte der 23jährige Rückert einen Sturm der Entrüstung heraufbeschworen, indem er es gewagt hatte, das Griechische nur als ein Entwicklungsstadium in der Geschichte der menschlichen Kultur und Kunst zu bezeichnen. "Man werde zwar niemals aufhören, sich die griechische Sprache als das ausgebildetste Muster der Schönheit vorzustellen, niemals aufhören, von den Griechen da zu lernen, wo es auf Reinheit und auf einen in jeder Beziehung absoluten Standpunkt der Form ankomme; – wenn man aber finden wolle, was ideales Leben sei, das von keinen Grenzen eingeschlossen , von keiner Form beschränkt in sich lebendig ist, werde man die reichen Quellen im Oriente aufzusuchen haben, aus denen selbst der göttliche Plato seine Anmut geschöpft habe, am Ganges, dem heiligen Strome der Inder, von dem aus sich auch die vorzüglichste Sprache – die deutsche – ergossen." Drastische Vorgänge spielten sich während und nach dem Habilitationsactus ab, der alte *Eichstädt* wurde heftig, der Dekan ergriff Stock und Hut, die akademische Jugend ging so weit, die Fensterscheiben der mißliebig gewordenen Professoren einzuwerfen, diesen Pereats und dem Helden des Tages Vivats auszubringen. Obwohl nun solche Dinge durchaus keine Beweiskraft vor dem Richterstuhle der Wissenschaft haben, so war doch der Stein ins Wasser geworfen, Rückert hatte sein Programm aufgestellt und mußte als Charakter ihm treu bleiben. Und er blieb ihm treu sein ganzes Leben hindurch und half sein ehrlich Teil dazu, ihm Bahn zu brechen, und das mit dem besten Erfolge. Leicht war der Kampf nicht, den er aufnahm, aber gewaltig war sein Wissen und seine Kraft, und diese im Bunde mit der Wahrheit seines Satzes mußten ihm zum Siege verhelfen. Wie es sich bei *Bodmer* und *Gottsched* um den Einfluß des Franzosentums handelte, so handelte es sich hier um die Antike und das Deutschtum, nur daß Rückert die Antike in vollem Rechte bestehen ließ, aber in ihr nicht den Anfang und die Vollendung aller Kultur erblickte. Als Solon die ägyptischen Tempel besuchte und staunend vor den gewaltigen Baudenkmalen dieses Volkes stand, sprachen die ägyptischen Priester zu ihm: "Ihr Griechen , ihr seid nur Kinder!" Und dieser Satz war ebenso richtig, wie die Rückert'sche These. Weder das eine, noch das andere enthält eine Verachtung, eine Minderschätzung des Hellenentums, es ist dem Griechen nur seine richtige Stellung in der Weltgeschichte angewiesen,

[1] "Dissertatio philologico–philosophica de idea philologiae, quam publice defendet Fridericus Rückert." Jena 1811, 86 Seiten.

es entsprechen beide Sätze nur den nackten Tatsachen; für Deutschland hatte aber das Hellenentum ein Übergewicht bekommen, diese Periode war berechtigt, aber nur als Durchgangspunkt, nicht auf die Dauer.

Als Julian vor seinem Zuge nach Persien das delphische Orakel befragte, gab es ihm zur Antwort:

> "Saget dem König, im Staub liegt versunken der herrliche Wohnsitz,
> Kein Obdach hat Phoebus und keinen weissagenden Lorbeer,
> Keine redende Quelle, versiegt ist das schöne Gewässer."

Uns so ist auch das Hellenentum abgeblüht; es folgte der Antike die alexandrinische Periode und die byzantinische Literatur, und was von dem alten Hellas zu uns hinüber gerettet ward, ist verhältnismäßig wenig; Homer, wenn er gegen 800 v.Chr. lebte, ist jung gegenüber dem alten Orient, liegen ja vor ihm vielleicht schon 3000 Jahre des Völkerlebens in der Geschichte; 800 Jahre vor Homer war das medische Zeitalter, gleichzeitig mit dem Pentateuch[2], und wie alt die babylonisch-assyrischen und ägyptischen Denkmale sind, wissen wir nicht, sie verlieren sich im grauesten Dunkel der Urzeit. Alles dieses konnte vor 87 Jahren der junge Rückert nicht in dem Umfange wissen, wie wir es jetzt erkennen, aber seine Ahnung trog ihn nicht, sein Satz, für den jüngeren Orient damals geltend, ist auch erprobt an den ältesten Perioden orientalischer Dichtung, und das in noch höherem Grade; je weiter wir zurückgehen in der Literatur der Vorzeit, desto reiner, desto gewaltiger werden ihre Rhythmen, der jüngere Orient bietet mehr oder minder abgeblaßte Gestalten.

Eine vollständige Wiedergeburt antiker Dichtung ist uns versagt – wozu wäre auch sonst der wahre Fortschritt? oder schließt die antike Literatur in ihren besten Schöpfungen mit dem Ausdruck des Vollgenügens? der wahren Befriedigung? sicher nicht, sie schließt aber auch nicht mit dem Ausdruck der Verzweiflung: "après nous le déluge"; ein Zug stiller Ergebung in das Unvermeidliche menschlichen Elends, irdischer Unvollkommenheit geht durch die Dichtungen der Tragiker, durch Pindar und Plato, in Aristoteles ist aber der Hellene schon zurückgetreten vor dem Weltbürger; im breiten Strombett seiner Philosophie wird die Antike hinüber geleitet in solche Nationen, denen griechisches Denken und Empfinden an sich fremd war.

Vor allen anderen Völkerstämmen scheint nun der germanische Stamm berufen, ein Brennpunkt alles Guten und Schönen zu sein, das die Menschheit bietet, ein Diamant, in dem sich der Farbenschein alles Guten und Edlen in hellen Strahlen bricht. Bei dem Germanen in seiner höchsten geistigen Entwicklung finden wir einen offenen Sinn für das Gute und Schöne bei allen Völkern, wo es sich auch finden mag, eine solche Offenheit, die oft wohl auch auf verkehrte Bahnen geraten mochte, auf eine Hintansetzung eigener Kraft; so einseitig national war der Deutsche nie, daß er nur das Seine für vollendet angesehen häte – und sollte

[2] Verfasser kennt wohl die Ansichten der neueren und neuesten Kritik über die Abfassungszeit des Pentateuch, steht aber selbst auf kirchlichem Standpunkt.

er mal auf diesen Standpunkt zurücksinken, so wäre das ein Trompetenstoß zum Rückzuge, zum Niedergang. In diesem Charakterzug des Deutschen liegt aber keine Verachtung eigener Kraft, kein Mangel an eigener Leistungsfähigkeit, sondern gerade der Quell, die Anregung zu höherem Schaffen, zur Weiterbildung im Rahmen der eigenen Nationalität. Vaterlandsliebe und Weltbürgertum sind wohl miteinander zu vereinen.

In dem Charakter Friedrich Rückerts waren beide Elemente, die in weniger umfassenden Geistern einander widerstreiten, glücklich verbunden: glühende Vaterlandsliebe, innige Hingabe an deutsches Wesen, die nicht ausartete in das Zerrbild eines eingefleischten Hasses Andersgläubiger, wie es *Platen* u.a. bieten – dafür war Rückerts Bildung zu umfassend, zu universal – und ein offener Sinn für das Schöne, wo es sich bieten mochte. Hiermit tritt Rückert in die Fußstapfen *Herders*, der in seinen "Stimmen der Völker" und der Schrift: "Vom Geiste der ebräischen Poesie" vor ihm demselben Gedanken Ausdruck verliehen hatte.

Rückerts Einfluß auf die deutsche Literatur ist groß; wir kennen ihn hauptsächlich als deutschen Dichter, aber die Quellen seiner Poesie waren noch andere als diejenigen, aus denen die deutschen Sänger schöpften. Dieselbe Liebe zur Natur beseelte ihn, dieselbe Liebe zur engeren Heimat, zum Vaterlande: aber die berauschendsten Züge tat er aus dem Wunderborn des Orients; unter der Flagge des Orients ziehen seine Dichtungen einher, sei es das Sonnenbanner Erans, sei es die Fahne des Propheten, die er entrollt; bald treffen wir ihn in der Wüste unter den Recken der vorislamischen Zeit, bald in den Wein- und Rosenlauben von Schiras, dem Gesange des Sprossers lauschend und ihn selbst keck zum Wettstreit herausfordernd, bald als ernsten Brahmanen am Ganges, bald im Zopf und gelben Gewand im Reiche der Mitte; aber immer ist es derselbe Genius, den wir bewundern müssen; und mag alles an ihm verändert scheinen, sein Herzschlag ist deutsch, und oft genug verwandelt sich auf seinen Lippen sein "Salem aleikum" in ein herziges "Grüß Gott". So lebte Rückert im Morgenlande, dem Lande stiller Beschaulichkeit, und beschaulich ist der größte Teil seiner Dichtung, mag sie scherzen und lachen, mag sie mit den Kindern tändeln oder in glühendem Zorn den deutschen Feind bekämpfen, oder auch in weichen, schmelzenden Tönen Liebe, Tod und Verlust besingen.

Die Renaissance des alten Orients, der ja erst in der letzten Hälfte dieses Jahrhunderts in seinen entlegensten Fernen uns erschlossen ist und täglich mehr erschlossen wird, ist am erfolgreichsten durch Rückert angebahnt, und wenn uns Goethe in seinem west-östlichen Diwan Dichtungen in persisch-arabischem Gewand bietet, so hat Rückert vor ihm und den anderen Sängern des Orients das voraus, daß seine orientalische Dichtung auf wissenschaftlicher Grundlage, auf der eingehendsten Kenntnis der morgenländischen Sprachen beruht. Wie seine Muttersprache, mit spielender Leichtigkeit, behandelt er die schwierigsten Sprachen des Ostens. Sein Schüler, *Paul de Lagarde*, erzählte dem Verfasser dieser Abhandlung, mit solcher Leichtigkeit hätte Rückert die orientalischen Idiome gehandhabt, daß er persisch-arabische Dichtungen, die ihm gänzlich unbekannt waren, "prima vista" in glänzenden deutschen Versen vorgelesen habe, und Lagarde sagte eher zu wenig als zu viel. Um so mehr ist eine solche ausgedehnte, eingehende Kenntnis der orientalischen Sprachen zu bewundern, als das Studium derselben in Rückerts Jugendzeit noch mehr Schwierigkeiten bot als heute; die Hilfsmittel waren sehr beschränkt und an tüchtigen, gewandten Orientalisten war damals erst recht kein Überfluß.

Obwohl nun Rückert das ganze Gebiet der morgenländischen Sprachen beherrschte, so verlegte er sich aber doch hauptsächlich auf die für die Poesie fruchtbarsten Sprachen, das Arabische, Persische und Sanskrit. Hier leitete ihn wiederum eine richtige Anschauung. Die urwüchsigsten der morgenländischen Sprachen sind Arabisch und Sanskrit, beide tragen das Gepräge des höchsten Altertums, wenn die arabische Literatur in ihren ältesten Bestandteilen auch nur wenig vor der Zeit Muhammeds liegt; beim Sanskrit aber trat der Umstand noch als besonders reizvoll hinzu, daß es sich noch in den ersten Stadien seiner Entschleierung befand, erst 1816 schrieb *Bopp* sein epochemachendes Werk: "Über das Conjugationssystem des Sanskrit"; die Engländer waren die ersten, die Europa seine Kenntnis vermittelten, aber wenn wir englische Übersetzungen aus dem Sanskrit aus jener Zeit lesen und mit dem Urtext vergleichen, so treffen wir Mängel auf Mängel. Es gehörte zur Erlernung des Altindischen ein philologisches Genie, ein eiserner hingebender Fleiß, eine Art Divination, Scharfsinn und Glück und überhaupt eine größere philologische Bildung, als man sie damals in den Kreisen der ostindischen Kompanie besitzen mochte. Schwere Bergwerksarbeit ist es, die Schätze zu heben, die ein Alluvium von 3000 Jahren bedeckt, schwere Pionierarbeit, mit der Axt die Urwälder zu lichten, die mit dichtem Lianengezweig uns umspinnen – aber das Ziel, das da winkt, läßt den Arbeiter nicht ermatten; sind es auch keine gotischen Dome, wie in *Uhlands* "verlorener Kirche", durch deren buntbemalte Fenster der Sonnenschein bricht, deren Gewölbe sich öffnen und den Himmelsglanz hereinfallen lassen, so sind es aber vielleicht alte Tempelruinen, in denen Klänge aus der Uroffenbarung uns noch umrauschen.

Nicht mit der Begeisterung läßt sich die alte Sprache der Brahmanen bewältigen, die da sucht, wievielmal "ut" im Persius vorkommt, die den Sprachgebrauch der Dichter des "silbernsten" Zeitalters seziert: es ist dazu eine andere Art der Begeisterung nötig, die nicht am wenigsten vom dichterischen Hauche getragen wird. Und dieser Hauch der Poesie ist es auch, der schon aus dem unverstandenen, ungewußten Alphabet orientalischer Idiome den Jünger, der seine Isisschleier lüften möchte, anweht. Betrachten wir das arabische Alphabet mit seinen kalligraphisch edlen, vornehmen Zügen, das "gazellenschlanke" Elif, das kühn geschwungene Teth, den zarten Bogenbau, ich möchte sagen den Hufeisenbogenbau so vieler Buchstaben, ist es nicht, als ob uns aus ihm ein Hauch der Wüste anwehte, bald Palmenluft, bald der sengende Samum? Was würde der Qorân ausmachen in lateinischen Lettern, was wäre eine Alhambraarchitektur in Buchstaben des prosaischen, industriellen Westens? Und sieht die hebräische Schrift in ihren granitenen Quadern nicht aus, wie eine Offenbarung aus der

Urzeit, und spiegelt sich im indischen Devanagarialphabet mit seiner einzigen oberen Verbindungslinie, seinen Konsonantenverschmelzungen, seinen Riesenworten nicht der alles verschlingende indische Pantheismus ab? Ja schon die Alphabete bergen den Zauber hoher Poesie, und nun erst das Geheimnisvolle der Sprachen selbst! Es sind keine gewohnten Töne, die unser Ohr umklingen; stumm sind die Zeichen der alten Sprachen, ihr Klang ist verloren, unwiederbringlich dahin, aber umso vernehmlicher sprechen sie zu unserem inneren Sinne. Der dichterische Hauch ist es, der den Forscher die Schwierigkeiten überwinden läßt, das Ideale, das den alten Idiomen innewohnt. Und bei aller Begeisterung gibt es doch noch eine Klippe, an der die meisten Adepten scheitern: die Begeisterung ist oft nur ein Strohfeuer; mit großem Apparat von Hingebung wird das Studium von Hunderten begonnen, ganz still, ohne Sang und Klang wird es zu Grabe getragen. Nun müssen wir aber von Rückert sagen, alles erforderliche Kapital reichte bis zum ersehnten Ziele, d.h. bei ihm bis zum Lebensende. Rückert wußte zu studieren, und selbst Paul de Lagarde sagte einst, als er längst eine europäische Größe war, erst mit dem 40. Jahre habe er gelernt, wie man studieren müsse. Rückert studierte der Philologie wegen, aber diese war ihm nicht Endzweck, sondern nur Mittel zum Zweck, zur Poesie.

Da Rückert die alten Idiome wie vertraute Freunde behandelte, mit denen er auf du und du stand, so zwang er sie gewissermaßen, ihre Geheimnise ihm zu erschließen; deshalb gelang es ihm auch, die toten Buchstaben zu überwinden und ihren Geist zu erfassen, und bei seinem Formtalent ohnegleichen in die deutsche Form zu bannen. Und so haben wir denn von Rückert eine ganze Reihe von Übersetzungen aus entlegenen Idiomen, die sich alle mehr oder weniger auszeichnen durch ihren Inhalt selbst, durch den Duft der Poesie, die in ihnen ruht oder durch die schwierige Form, die einen Riesengeist, wie Rückert, zur Übersetzung geradezu reizte und herausforderte. Die deutsche Sprache und Literatur hat viel gewonnen durch Rückerts Arbeiten, ihr Horizont wurde erweitert, ihre Macht und Kraft wurde eklatant hervorgehoben, ihre poetischen Formen wurden bereichert, sie wurde geschmeidiger, biegsamer und bildungsfähiger, so daß es sich wohl lohnen dürfte, diesem Stoffe etwas näher zu treten.

Sollen wir nun die chronologische Reihenfolge der Übersetzungen innehalten? Wir müßten dies, wenn der Dichter nach einem von langer Hand ausgearbeiteten Plane gearbeitet hätte, das ist aber nicht der Fall; wir könnten es, wenn wir der Frage näher treten wollen, ob sich in den Übersetzungen selbst ein Fortschritt zeigt, das ist aber schwer zu beweisen. Auch ist es nicht möglich, im engen Rahmen eines Programmes allen Leistungen auf dem Gebiete der Übersetzung gleich gerecht zu werden. Und so wollen wir uns denn hier mit einer Auswahl begnügen und vorerst einige indische und arabische Übersetzungen einer näheren Besprechung unterziehen.

Rückert hatte erkannt, ich will nicht sagen, daß eine Weiterentwicklung unserer Poesie eine Renaissance des Orients bedingte, sondern daß der Orient mächtig und kapitalkräftig genug war, von seinem Reichtum der abendländischen Poesie auf Wucher mitzuteilen, und so suchte er denn seinerseits hervorragende

Dichtungen des alten Orients in Deutschland einzuführen, teils des Inhalts, teils der Form wegen, in der er ja als der unübertreffliche Meister dasteht. Und wir müssen gestehen, er verfuhr mit Geschmack. Rückert übersetzte nicht philologisch, er war ein Übersetzer großen Stils; seine Übersetzungen sind nicht Gelehrtenkram, sondern Neuschöpfungen, sie übersteigen alle Gelehrsamkeit turmhoch; es ist keine Buchstabenhexerei, die er treibt, keine Lesartenkritik, die sich in seinen Schöpfungen wiederspiegelt, sondern der Geist der Dichtungen ist erfaßt; mit kräftiger Hand und kräftigen Zügen wiedergegeben, spiegelt sich in ihnen der Geist des Originals, wenn auch das Gewand der körperlichen Hülle unter seinen festen Griffen oft zerrissen ward; es ist keine bleichsüchtige, hohlwangige Produktion des Originals, sondern seine Übersetzung selbst hat Fleisch und Blut. Aber mit Unterschied. Es ist eine andere Sache, übersetzen aus neueren lebenden Sprachen, den romanischen und germanischen, den antiken, den semitischen und dem Sanskrit. Hier müssen wir der Eigenart der verschiedenen in Betracht kommenden Sprachen gedenken.

Jede Sprache, die nicht in den Geleisen modernen Lebens und moderner Anschauungen nivelliert ist, hat ihren besonderen Ideenkreis, in dem sie heimischer ist als in anderen; in diesem ihr eigenen Kreise hat sie ihren größten Wortschatz aufgespeichert, in ihm liegt die höchste Energie ihrer sprachlichen Leistungsfähigkeit. So ist der Reichtum der einen Armut der anderen, und je nachdem die Sprache der Übersetzung gerade in diesem Gebiete der Ursprache näher steht, wird die Übersetzung selbst vollkommener werden können. Es läßt sich nicht aus einer Sprache in jede andere gleich gut übersetzen, kein arabisches Dichterwerk ins Indische und umgekehrt, kein südländisches ins Altnordische, mag der Übersetzer auch beide Sprachen völlig beherrschen. Wie viel Ausdrücke hat der Araber für Schwert, Löwe, Wüste, Kamel? Der Inder für Lotos? Von Schlingpflanzen weiß aber der Beduine nichts und der Inder nichts von allen Abarten der Kamele. Allen diesen Anforderungen muß der Übersetzer möglichst gerecht zu werden suchen, er muß hierin seine Muttersprache weiterbilden, ihre Reichtümer aufschließen, und diese Weiterbildung muß ungezwungen erscheinen, so daß er mit Chidher sagen mag:

Schon ewig weid ich an diesem Ort
Und werde hier weiden immerfort –

bis eine neue Schicht aufgeführt wird.

Und hier hat Rückert die deutsche Sprache nach allen Richtungen hin erweitert, uns weniger bemerkbar, die wir in der Hochflut schwimmen, die wir in der vollendeten Sprache, wie sie unsere ersten Dichter schufen, aufgewachsen sind; aber man vergleiche die Sprache, in der Rückert noch aufwuchs mit unserer heutigen! Welchen Fortschritt bezeichnete die Tat des alten *Voß* seiner Zeit, die Ilias und Odyssee in Hexametern zu übersetzen! Und doch ist das Voß'sche Idiom noch lange nicht geeignet, Übersetzungen gerecht zu werden, wie sie Rückert schuf. Man sage nicht: "Es gab auch noch nicht solche Übersetzer" – es gab auch noch keine solche Sprache, wie Rückert sie schuf.

Die Übersetzungen, die Literaturen fremder Völker stehen Gevatter zu unserem heutigen voll entwickelten Idiom. Ist die Sprache unserer Heroen, Schiller, Goethe, Lessing, auch großartig und vollendet, sie ist es nur in ihrem Ideenkreise, der allerdings weit reichte, aber Schiller's Macbeth ist längst überholt, abgesehen davon, daß eine Übersetzung aus dem Englischen keine aus dem Indischen ist. Goethe und Schiller haben auch Rückert weitergebildet, aber einen Löwenanteil des Verdienstes an der Weiterbildung der deutschen Sprache beansprucht Rückert. Von diesem Standpunkt aus müssen wir die Übersetzungen künstlichster Form ansehen, die Makamen Hariri's und Gitagowinda: hier wollte Rückert zeigen, was die deutsche Sprache vermag, und wenn auch weniger mit dem Inhalt, so hat er doch mit der Form dem Deutschen wesentliche Dienste geleistet.

Die Übersetzungstätigkeit Rückert's aus dem Sanskrit begann mit der Übertragung der herrlichen Mahabharataepisode "Nalas und Damayanti". Es war in Erlangen, wo er dem Professor *Pfaff* gegenüber wohnte, mit dem er Sanskrit betrieb, beide benutzten eine Ausgabe des Nalas von *Bopp* und das Buch wanderte herüber und hinüber; 1828 erschien dies Epos, ein herrliches Meisterstück der "Nationalisierungskunst", wie sein Biograph sagt, ein Ausdruck, durch den die Rückert'sche Eigenart trefflich bezeichnet wird.

Eine Übersetzung aus dem Indischen ist auch nicht vergleichend abzuwägen mit lateinisch-griechischen Verdeutschungen, das Sanskrit hat einen von den antiken Sprachen ganz abweichenden Satzbau. Unsere deutsche Sprache ist für Übersetzungen aus dem antiken Sprachgebiete denkbar günstig, ihre Ausdrucksweise liegt dem Griechischen näher, als die jeder anderen Sprache; für das Indische mußte sie erst gebildet werden. Das Indische ist reich an Synonymen für gewisse Begriffe, es hat eine ins Ungeheuerliche gehende Kompositionsfähigkeit, ganze Sätze moderner Sprachen zieht der Inder in ein Kompositum zusammen, zu seiner Übersetzung muß es zerschnitten werden, aber gerade durch das zu starke Zerschneiden büßt es seine Eigenart ein; es gleicht die Ausdrucksweise des Indischen einem gewaltigen Baumstamme, den Lianen und bunte Schlinggewächse umranken und mit dem sie gleichsam ein Ganzes bilden; will man einen solchen Urwaldbaum weiterschaffen, so muß man ihn zerschneiden, aber wo bleibt dann der Eindruck? Rückert selbst bemerkt hierüber in einer Kritik: "Der Sanskritdichter faßt den Gedanken eines Gedichtes in einen vielverzweigten Satz zusammen, der wie ein Baum oder wie ein Epigramm in eine Spitze aufsteigt. Die ganze dichtverwobene Laubmasse einer solchen indischen Vegetation nach unserer Art in einzelne Ränkchen und Blüten aufzulösen, zerstört den eigentlichen Zauber jener Poesie. Man kann einen solchen Satz nicht in Sätzchen zerschneiden, ohne ihm die Sonne des Lebens entzwei zu schneiden. Der Engländer und Franzose können nicht anders; aber wir können's."

Ja, Rückert konnte es und andere haben es von ihm gelernt. Schon durch Voß war etwas mehr Kompositionsfähigkeit ins Deutsche eingedrungen, aber es ist nichts im Vergleich zur Weiterbildung durch Rückert. Allerdings müssen wir manche Härte in den Kauf nehmen, aber allmählich gewöhnt sich das Ohr auch an diese Ausdrucksketten. In der Übersetzung des Nalas führt uns nun Rückert sofort in den vollen Strom indischer Epik, in einer seiner duftigsten Blüten wurde das Abendland mit dem Geiste indischer Epik bekannt gemacht. In epischer Beziehung zehrte man an Homer, Vergil und den "Diis inferioribus" griechisch-römischer Epik, die großen Epen des germanischen Mittelalters waren noch nicht tief ins Volk gedrungen, lesbare Übersetzungen des Dante und anderer gab es noch nicht: da tat sich dem erstaunten Blicke der Forscher ein Stück indischer Epik auf und forderte unwillkürlich zum Vergleiche heraus. Man sah, daß es außer Homer und Vergil noch eine weit ältere Epik anderer Gattung gab, die an Urwüchsigkeit die Alten übertraf, wenn sie auch an edlem Ebenmaß diese nicht erreichte, eine Epik, die uns hineinführte in das Gewoge der ältesten Wanderungen unseres Stammes, als sie auszogen in das Gangesland und das Fünfströmeland, das Pendschâb sich unterwarfen, um dann in vielleicht 5000jähriger Trennung von unserer Zeit als Brüder wieder erkannt zu werden, in eine Zeit, in der eine unvergleichlich reinere Gottesanschauung herrschte, als sie Homer uns bietet. Und der sittliche Gehalt, wie er in vielen Partien indischer Epik sich bietet, steht ebenfalls höher als der homerische. Eine solche zarte, keusche, reine und innige Gattenliebe, wie wir sie im Nalas finden, findet sich nicht voller in der Literatur der Alten, selbst eine Penelope ist übertroffen. So hat den Rückert uns einen Stoff verdeutscht, der uns empfänglich machte für andere indische Dichtungen, für eine Sakuntala und Urwasi, Dichtungen, die auf der Epik beruhen und durch die Kenntnis der Epik erst verständlich werden.

Im allgemeinen müssen wir nun darauf verzichten, Analysen des Inhalts Rückert'scher Übersetzung zu geben, zugunsten der Nalas- und Sawitri-Episode aber sei eine Ausnahme gemacht. Die Dichtungen sind so wunderbar fein aufgebaut und ausgebaut, so edel, so duftig, daß es der Mühe wert sein dürfte, unsere jungen Leser mit denselben näher bekannt zu machen, zumalen da ja doch im Rahmen des Gymnasiallehrplans Dichtungen dieser Art keine Stätte finden können.

Am Hofe des reichen Königs Bhima lebte sein Töchterlein, die wunderschöne Damayanti, und im Kreise froher Gespielinnen hörte sie von einem Schwane, den sie im Spiele erhascht hatte, von dem herrlichsten Königssohne Nalas, und auch dieser hörte von demselben Schwane von der Damayanti, und sie liebten sich und gehörten einander, ohne sich je geschaut zu haben. Da veranstaltet Bhimas Gattenwahl; es erschienen die Götter der Elemente und neben ihnen steht Nalas, das Erdenkind. Herrlich schauen die Götter drein, aber an menschlichen Zeichen erkennt Damayanti ihren Nalas und wählt diesen. Lange Zeit erfreuen sich beide des ungetrübtesten Glückes, als der Dämon Kali in den Nalas fährt, ihn mit Spielwut erfüllt, daß er seine Habe, sein Reich und seine Freiheit an seinen Bruder Puschkaras verspielt. Verstoßen irrt er mit der treuen Gattin, die sich nicht von ihm trennen mag, im wilden Walde umher. In einer Waldeshütte entschlummert das arme Weib, und Nalas, vom Dämon gepeitscht verläßt sie. In fürchterlicher Einsamkeit erwacht, denkt sie nicht an sich, sondern nur an den Schmerz, den es dem Nalas bereitet haben muß, so gegen seine edle Natur zu handeln. Ein Jäger will sich an ihr vergreifen, sie flucht ihm und er fällt tot zu Boden. An eine Karawane schließt sie sich an, die sie nach Tschedipura bringen will, aber auch diese wird von einer Elephantenschar überfallen und aufgerieben, Damayanti kommt allein mit einem Priester in Tschedipura an.

Nalas erblickte, im Walde umherirrend, ein gewaltiges Feuer. Eine Stimme ruft ihm zu hineinzutreten, und gegen das Feuer gefeit folgt er dem Rufe. Da liegt inmitten des Feuers der in dasselbe gebannte Schlangenkönig und harrt auf seiner Erlösung durcch Nalas. Zehn Schritte aus des Feuers Bereiche getragen beißt er ihn, so daß Nalas seine Gestalt verliert und spricht die tröstlichen Worte: "Daß du unkenntlich seiest, habe ich dich verwandelt; mein Gift wird dir nicht schaden, sondern nur den Kali peinigen, daß er dich verläßt. Gehe, nenne dich Vahukas und sei Wagenlenker bei Rituparnas, der dir für die Fahrkunst die Zahlen- und Würfelkunst mitteilen wird. Und die göttlichen Gewande schenke ich dir, mit ihnen bekleidet wirst du deine Gestalt wiedergewinnen." Brahmanen suchen im Auftrage des Bhima den Nalas und finden ihn bei Rituparnas. Damayanti, des froh, veranstaltet Gattenwahl unnd Rituparnas, hundert Meilen entfernt, hört davon. Da war guter Rat teuer, aber Vahukas half. Er fährt wie der Blitz, der Mantel entfällt dem Könige; er will ihn aufheben, aber der Mantel liegt schon eine Meile weit hinter ihm. An einem Baume fahren sie vorüber, und Rituparnas, um auch von seiner Kunst ein Probe zu zeigen, sagt dem Nalas die Zahl der Blätter und Früchte. Nalas besteht darauf, um die Wahrheit der Angabe zu prüfen, die Blätter und Früchte nachzuzählen. Der König, ungeduldig ob des Aufenthaltes, drängt zur Weiterfahrt, aber Nalas läßt sich nicht beirren und beide weihen sich nun gegenseitig in ihre Kunst ein. Sofort verläßt den Nalas der Dämon. In Bidharba angekommen, erkennt Damayanti den Nalas sofort am donnergleichen Fahren, die Wiedervereinigung wird gefeiert, Nalas gewinnt dem Puschkara das Reich wieder ab und erbarmt sich edelmütig des Bruders; Rituparnas, des Wagenlenkens kundig, fährt allein in sein Reich zurück.

Eine ebensolche hohe Liebe schildert uns die Episode von Sawitri. Dem Fürsten Açvapati von Mandras wird die Sawitri geschenkt. In aller Lieblichkeit wächst sie heran und der Vater denkt daran, sie einem Gatten zu geben. Die Jungfrau entscheidet sich für den Satyavan, den Sohn eines blinden, vertriebenen Königs – nur einen Fehler hat der Held, nach Jahresfrist ist er dem Tode verfallen. Der Vater will sie von der Wahl abbringen, doch das Mädchen spricht:

Einmal fällt der Wurf im Leben,
Einmal wird die Tochter vergeben,
Einmal sagt er: Sie werde genommen,
Das sind die drei Einmal der Frommen.

So wohnt sie still und harmlos bei ihrem Gatten und pflegt treu und liebevoll die armen unglücklichen Schwiegereltern. Aber mit Angst gedenkt sie des Todestages von Satyavan und übt zur Abwendung desselben schwere Buße. Am Abend dieses Tages geht Satyavan in den Wald, um Holz und Früchte für die Siedelei zu holen. Sawitri, die das ganze Jahr das Haus nicht verlassen, bittet, den Gemahl begleiten zu dürfen. Nach Einsammlung der Früchte befällt den Satyavan große Mattigkeit und er legt sein Haupt in den Schoß der Sawitri. Da sieht diese den Todesgott Jama nahen mit einem Stricke. Er zieht den daumengroßen Geist aus dem Körper des Daliegenden, bindet ihn an den Strick und wendet sich zum Gehen. Sawitri folgt, der Todesgott heißt sie umkehren, aber vergebens; er verspricht ihr eine Gnade, und sie erbittet das Augenlicht für den Schwiegervater. Trotzdem aber kehrt sie nicht um, und Jama gewährt ihr die Gnade, daß dem Vater sein Reich wiedergegeben werde. Noch immer folgt sie; sie erbittet dem Vater hundert Söhne, auch diese Bitte wird zugesagt, und sich selbst erbittet sie ebenfalls hundert Söhne. Auch die Erfüllung dieser Bitte gewährt ihr der Todesgott. Als sie aber erklärt, den Satyavan so treu geliebt zu haben, daß sie sich nie mit einem anderen Gatten würde verbinden können, wird selbst der unerbittlichste Gott von dieser edlen, erfinderischen Liebe so gerührt, daß er den Satyavan frei gibt. Der daumengroße Geist kehrt wieder in den Körper, alle Wünsche werden erfüllt und beide leben noch vierhundert Jahre zusammen.

Was nun die Rückert'sche Bearbeitung der Nalasepisode betrifft, so hat Rückert dadurch, daß er das Urversmaß nicht anwandte, den Charakter der Dichtung formell etwas verwischt. Man kann darüber streiten, ob das indische epische Metrum im Deutschen überhaupt sich wiedergeben lasse. Der Anschein spricht dagegen. Die Form der Sloka ist folgende:

– – – – – – – – – – – – ◡ – – ◡ – –

asit ragâ Nalo nama Virasenasuto balin
upapanno gunaur istau rupavan açvakovidas.

Jede Verszeile des Distichons hat 16 Silben, der Vers bietet nicht die Abwechslung, das Malerische des Hexameter, es ist ein schwerer Elephantenschritt, der den Urwald durchbricht, und dennoch ist das Metrum für das Indische durchaus passend. Während der Hexameter alle Seelenstimmungen durcheilt, dem Ernst und Scherz sich anpaßt, bald in weicher lydischer Tonart einhergeht, bald phrygisch dahinbraust, trägt die Sloka einen streng dorischen Charakter, wenn wir die alten Tonarten hier anwenden dürfen. Die indische Epik ist keine leichtgeschürzte, heitere Muse, sondern ernst und streng, auch in abgrundtiefer Spekulation zu Hause, wie der Bhagawatgita zeigt. Das ist ja nicht zu leugnen, streng im indischen Sinne läßt sich das Versmaß nicht gut wiedergeben, aber Rückert hat das Metrum überhaupt ganz fallen lassen, seine Verse sind, so glatt sie auch sein mögen, kein Spiegelbild des Originals. Wir sprechen hiermit keinen Tadel aus gegen Rückert, sondern buchen die Tatsache . Die Rückert'sche Bearbeitung hat kein Versmaß, keine gleiche Silbenzahl, keine gleiche Hebung, es wechseln trochäische und jambische Verse und der Reim ist reichlich angewandt. Die Anwendung des Reimes aber verwischt den Eindruck indischer Epik vollends. Bopp hat in seiner Zeit eine Übersetzung des Nalas im Urversmaß bearbeitet, wir behaupten nun nicht, daß die Bopp'sche Übertragung lesbarer ist, als die Rückert'sche, aber treuer ist sie. Rückert's Bearbeitung hat nicht mehr das altertümliche, brokatene Gewand an, das dem ernsten Original so gut steht, wenn auch der Sinn des Originals gut getroffen scheint. Zum Vergleich möge eine Stelle des Gesanges in Rückert'scher Übertragung und in eigener dienen:

> Ehre spendet sie den Göttern und sprach lächelnd dann zu Nalas:
> "Wähl' ein Weib dir nach Gefallen, was soll ich dir tun, o König?
> Ja, ich selbst und irgend jedes andre Ding, das meine Habe,
> Dein ist alles, Herrscher, rüste nun denn die ersehnte Hochzeit.
> Denn der Hansa Stimme ist es, die mich, Herrscher, brennend zehret.
> Deinetwegen sind von mir ja, Held, die Kön'ge hier versammelt.
> Wenn du mich, die dich verehret, willst verschmähen, Ehrenspender,
> Will ich Gift und Glut und Wasser, Stricke für dich auf mich nehmen."
> Von Widharbi angeredet solcherweise sprach dann Nalas:
> "Weltenhüter dich umstehen, wie magst du den Menschen wählen?
> Ich bin ja der Weltenschöpfer, der großgeist'gen Herrscher Fußstaub
> Nicht mal ähnlich, und es möge drum dein Geist an sie nur denken.
> Denn der Mann, der unfromm handelt an den Göttern, ist des Todes.
> Rette mich, du Gliederschöne, wähle dir der Götter beste.
> Wenn die Götter gewandstaubfrei, bunt im Schmuck der Himmelskränze
> Und in heller Pracht erstrahlend du erlangst, so freu dich ihrer.
> Der das Erdenall gebildet und es wied'rum einst verschlinget,
> Hutasa, den Herrn der Götter, wer nicht wählte ihn zum Gatten?
> Unter dessen Schreckenszepter alle Seelen sich versammeln
> Sicher ihrer Pflicht zu folgen, wer nicht wählte ihn zum Gatten?
> Den Pflichttreuen und Großgeist'gen, der die Daityas all zerschmettert,
> Aller Götter hohen Herrscher, wer nicht wählte ihn zum Gatten?
> Zweifellos mag es geschehen, wenn du so im Sinne denkest,
> Den Warunas aus den Weltherrn wähle, hör die Freundesrede."
> Von Nalas so angesprochen, Damayanti also redet:
> "Mit den tränenfeuchten Augen, die vor Kummer mir entströmten,
> Voll Verehrung für die Götter all, du o Herr der Erde,
> Will ich dich als Gatten wählen, dieses künd ich dir als Wahrheit."

Rückert hat diese Stellen folgendermaßen wiedergegeben:

> Damayanti, die Götter preisend,
> Erst Anbetung ihnen erweisend,
> Sprach mit Lächeln zu Nala dann:
> "Freie mit Zuversicht, o Mann!
> Was kannst du für dich begehren,
> Das ich dir könnte verwehren?
> Ich und alles, was ich bin
> Und hab, ist dein, o nimm es hin!
> Denn was die Gänse gesprochen,
> Hat das Herz mir gebrochen.

Um deinetwillen, o Fürstenkind,
Hierher versammelt die Fürsten sind;
Daß du mir werdest erkoren,
Das hab ich dir zugeschworen.
Fürst! du bist längst an diesem Orte
Erwartet, nicht mit diesem Worte;
Wirb nach deinem Gefallen!
Wer heißt dich als Boten wallen?
Doch wenn du mich nun verschmähest,
Von der du die Ehr' empfähest,
Zu Gift, zu Feuer, Wasser und Strick
Treibt um deinetwillen mich das Geschick.
Denn wie könnt es ein Weib ertragen,
Ihre Liebe umsonst zu sagen?"
Also von der Widarberin
Begrüßt, sprach Nala mit festem Sinn:
"Wo die Unsterblichen werben,
Wie wählst du den, der muß sterben?
Die unsterblichen Lebenswalter,
Die allmächtigen Weltgestalter,
Mit deren Füße Staub ich nicht bin
Gleichzusetzen, das nimm zu Sinn!
Wer zuwider will handeln
Göttern, zum Tod wird er wandeln.
Rette mich, o Schöngliedrige,
Hohes erwählend fürs Niedrige.
Erdstaubfreie Gewänder,
Himmlische Kränz und Bänder,
Überird'sches Geschmeide –
Erwähl die Götter und daran dich weide!
Ist dir lieber der Lüfte Hauch,
Oder des Feuers Opferrauch,
Oder des Wassers Lebenstau,
Oder der Erde ewiger Bau?
Der die luftige Wölbung spannet,
In deren Mitt' ist die Welt gebannet,
Die Odem von ihm empfängt und Licht,
Welch Weib erwählte den Gatten nicht?
Der als Funke in allem glimmt
Und alles dahin als Opfer nimmt,
Der, Geister befreiend, Leiber zerbricht,
Welch Weib erwählte den Gatten nicht?
Der mit Kristall die Erd' umkettet
Auf schaukelndem Wogenpfühl gebettet,

Perlen in seine Locken flicht,
Welch Weib erwählte den Gatten nicht?
Der dem, was lebt, gibt einen Ort,
Und dem, was stirbt, gibt einen Port,
Die Schöpfung versammelt zum Gericht,
Welch Weib erwählte den Gatten nicht?
Der vier göttlichen Wesen
Welches du magst erlesen,
Stets tust du eine preisliche Tat,
Höre von mir den Freundesrat!"
So vom Nischader angesprochen
Sprach Damayanti mit Herzenspochen,
Indem sie ihre Liebesleuchten
Trübte mit schmerzentsprungenen Feuchten:
"All die Götter bet ich an,
Ihnen mit Ehrfurcht zugetan,
Aber zum Gatten dich erwähl' ich,
O Fürst, nicht diese Wahrheit hehl' ich."

Aus dieser Probe dürfte ersichtlich sein, wie Rückert übersetzt hat, einerseits haben wir die genaue Übersetzung des Originals in 16füßigen Trochäen, andererseits den leichten, reimumflatterten freien Rhythmus Rückerts, der es auch nicht verschmäht, seiner Umarbeitung eigene Zutaten hinzuzufügen, die seiner dichterischen Phantasie und seiner Sprachgewandtheit alle Ehre machen, das Original aber verwischen. Zur Rechtfertigung Rückerts, dient aber der Umstand, daß er nicht übersetzte zum leichteren Verständnis des Originals, für philologisch gebildete Leser, sondern daß er das deutsche Publikum mit dem herrlichen epischen Stoff in freierer Bearbeitung so bekannt machen wollte, daß es denselben gern las – und das hat er erreicht. Es ist ja auch ein Unterschied zwischen der deutschen Leserwelt des 19. Jahrhunderts und der brahmanisch-indischen tief in den vorchristlichen Jahrhunderten. Das Mahabharata und Ramayana waren den Indern heilige Bücher, ihre Lektüre war sozusagen ein Akt der Götterverehrung, wie es auch in der Einleitung zum Ramayana heißt:

So lang die Berge stehn werden und die Flüss' auf dem Erdengrund,
So lang wird in den Welträumen das Ramayana-Lied ergehn.
So lang das Ramayana-Lied von dir gedichtet wird ergehn,
So lange dich emporschwingend wirst du wohnen in meiner Welt.

(F. Rückert)

Und weiter:

Wer immer trinkt, so lang er lebt, des Ramayana Göttertrank,
Nimmer satt, der sei mir gegrüßt, als frommer Weiser, frei von Schuld.

Wer diese Taten Ramas liest, der wird aller Sünden frei;
Mit Sohn, Enkel, den Seinen all wird der Mann frei von Unglück
sein.
Wer den Ramayan auch hörend nur bis zu Ende ganz vernahm,
Wer da liest bis zur Mitte nur mit Andacht, glaubensvoll dies Buch.
Es fruchtet den Wiedergeborenen Weisheit, den Edlen mit herrlicher
Herrschaft lohnend;
Dem Kaufmann soll reinsten Gewinn es bringen, und hört's ein
Knecht gar, wird auch der veredelt.

(Friedrich Schlegel)

Aber das deutsche klangempfängliche Ohr ist an andere Musik gewöhnt, als an die Sloka; nicht umsonst umspielte es der griechische Hexameter, nicht umsonst umrauschten es kühnen Fluges urgedankenschwere Pindarische Hymnen, nicht umsonst italischer Segensfluren säuselnde Lüfte; in unsere Poesie ist mehr die Weichheit und Geschmeidigkeit eingezogen, die starre germanische Poesie, deren Urbild die skandinavische Dichtung ist, räumte der südländischen Klangfülle das Feld, und dieser Richtung mußte Rückert Rechnung tragen, zumalen da es galt, arst allmählich an der indischen Poesie das Interesse zu erwecken; reifere, strengere Sachen konnten damals ruhig der Zukunft überlassen, sie konnten einer geschulteren Generation vorbehalten bleiben, die einen Schiller und Goethe eher zu würdigen wußte, als die damalige Zeit. Der pädagogische Zweck, den Rückert bei der Damayantibearbeitung vielleicht im Auge hatte, jedenfalls aber erreicht hat, rechtfertigt die Wahl der Form, wenn sie auch strengeren Anforderungen an den Geist der Dichtung nicht genügt.

So sehr sich nun auch die deutsche Sprache zu Übersetzungen aller Art eignet und so sehr sie alle anderen Kultursprachen an Gelenkigkeit, Wortfülle, Kompositionsfähigkeit, Freiheit in der Konstruktion überragt und mit idealen Begriffen durchsetzt ist, vollkommen genügen konnte sie doch nicht allen Anforderungen an eine ganz deckende Übersetzung. Wie oben bemerkt wurde, ist das Indische so eigentlich die Sprache der Komposita, und diese sind es, die ihm seinen Typus verleihen. Hier ist Rückert wohl etwas zu weit gegangen, indem er sich allzu kühne Bildungen erlaubte, so übersetzt er XXI, 13 und 14, wo der Urtext lautet: "Er ging zu den magern Rossen, den geeigneten, wegemächtigen, den glanz-und stärkebegabten, den rasse- und tugendversehenen".

Erlas er Rosse von hartem Kern,
Derbmagere, schwernachhaltige,
Unfeine, wegesgewaltige,
Breitnasige, starkkinnbackige,
Langschenklige, hochnackige,
Haarstruppige, mähnenstraubige,
Wildstürmige, flammenschnaubige.

Bildungen, wie Kummer-Leid-Versenkung, Gattensehnsuchtstränumflossene, zahllostugend-begabt, Elephant-Roß-Wagengeschirrt, Glanzedelsteinohrgehänge, sind doch für das Deutsche etwas zu hart, wenn sich auch der Sanskritist an ihnen nicht stößt; eher geht es schon mit anderen Bildungen: waldvogelgesangdurchtönt, blütengesproßbekrönt. Der tiefere Grund dieser steiferen Komposita liegt aber wieder in der Lehre von den Komposita: von den sechs Klassen derselben sind nicht alle gleich gut im Deutschen wiederzugeben, im Sanskrit und den Sanskritleser stören sie nicht, sondern erbauen ihn eher, wie eine Thukydideische Periode für den Graecisten mehr Reiz hat, als der Bericht vom Weitermarsch in der Anabasis. Das hat Rückert aber auch erreicht, daß das Deutsche eine größere Kompositionsfähigkeit erreichte, eine Eigenschaft, die es zu einem vollkommeneren Organ des Ausdrucks ausgestaltete; wir können sagen, das Deutsche übertrifft hierin noch das Griechische.

Es würde nun natürlich die Umgrenzung dieser Abhandlung überschreiten, wollten wir allen Abweichungen der Rückert'schen Nalasdichtung vom Original nachgehen, dabei käme nichts heraus und es wäre eine ebenso unfruchtbare, wie törichte Mühe. Zusätze finden sich nicht nur im Einzelnen, sondern es findet sich sich sogar an einer Stelle eine ganze Episode eingeschoben, von denen der Bopp'sche Text kein Wort hat, und zwar die phantastische Geschichte von der Schlange und dem Schlangenkönig. Woher Rückert diese genommen hat, können wir nicht angeben.

An zweiter Stelle verdient die Sawitribearbeitung Erwähnung. Sawitri, deren Inhalt oben erzählt worden, ist eine andere Episode im Mahabharata, kürzer, aber darum nicht weniger schön. Der Geist im indischen Original, der Nalas und Sawitri durchweht, ist derselbe: treue Gattenliebe bis ins tiefste Elend, Liebe bis zum Tod, bis über den Tod hinaus. Ist aber die umfangreichere Nalasdichtung eine Dichtung hocharistokratischen Inhalts, die am Königshof beginnt, an Königshöfen spielt und schließt, so ist Sawitri ein liebliches Idyll, ein Urwaldidyll, und als Idyll schließt es schon einen größeren Umfang aus. Die innigste Zartheit durchweht das Ganze, das sittliche Streben der Sawitri im Vergleich mit vielen unserer modernen Stoffe ist hochstehend: Kindesliebe, Gattenliebe, Elternliebe, Schwiegerelternliebe sind die Fäden, aus denen das Ganze zusammen gewoben ist. Auch hiermit hat Rückert eine gute Wahl getroffen. Im Versmaß hat er nun auch hier das Slokamaß nicht gewählt, ist ihm aber näher gekommen. Die Reime sind nicht umgangen, aber es ist nicht das Reimspiel, wie wir es im Nalas finden, das allzusehr modern klingt. Sawitri wurde später bearbeitet als Nalas, und vielleicht fühlte Rückert selbst, daß zur Wiedergabe eines Gedichtes in Slokaform ein anderes Versmaß als bisher zu wählen sei. So nähert es sich dem Slokadistichon zuerst in einer distichischen Strophe, aber diese Strophe ist jetzt der Alexandriner. Man mag nun über diesen Vers denken, was man will, ganz zu verwerfen ist er nicht; er ist allerdings eintönig, der klaffende Hiatus in der Mitte, der ihm die Arterien einschnürt, läßt kein pulsierendes Leben in ihm kreisen, die beiden Vershälften nähern sich, wie die Tänzer in steif französischen Tänzen aus der Zeit Louis quatorze, um sich gegenseitig zu bekomplimentieren und dann, wie Pol und Gegenpol, einander abzustoßen, und das endlos, Vers für Vers; es ist nicht das, was man im musikalischen Satz Gegenbewegung nennt, sondern unendlich langweilig, gähnend-trostlos. Dennoch von einem Meister für den richtigen Stoff angewandt mit vielleicht geringen Modifikationen ist er nicht ganz zu verwerfen. Wohl die klassischsten deutschen Alexandriner hat Rückert in seinem Lehrgedicht: "Die Weisheit des Brahmanen" gedichtet, und ich wüßte für eine derartige Dichtung kein passenderes Versmaß; für die Didaktik, wie sie gerade diese meisterhafte Dichtung Rückert's bietet, ist der Alexandriner wie geschaffen. Für epische Dichtung dagegen weniger, und, was bei einer Slokaübertragung ganz besonders ins Gewicht fällt, es herrscht in ihm ein anderer Takt als in der Sloka, der Alexandriner hat Dreiviertel-, die Sloka Viervierteltakt.

Rückert's Übertragung ist eine Umbildung, wie sie auch *Merkel*, der dieselbe epische Dichtung streng nach dem Urtext übersetzt hat, bezeichnet; Weglassungen, Kürzungen und Zutaten charakterisieren dieselbe, und man kann von ihr ungefähr dasselbe sagen, wie von Nalas. Sie ist reich an edlen Schönheiten, die stellenweise das Original übertreffen:

Der Pflicht getreu wandelt der Gute immerdar,
Er sinket nie, nimmer bewegt ihn Angst und Schmerz.
Nicht ohne Frucht einen mit Guten Gute sich,
Vor Guten nie fühlt sich der Gute furchterfüllt.
Die Sonne selbst lenken durch Wahrheit Gute ja,
Durch Andachtsglut halten die Erde aufrecht sie;
Was ist und wird geht dem Gang der Guten nach,
Es sinken nie Gute den Guten zugesellt.

(Merkel)

Die Frommen wandeln stets in Pflicht,
Die Frommen sinken und leiden nicht.
Mit ihnen leben ist Gewinn,
Man gibt sich furchtlos ihnen hin.
Die Sonne lenken durch Wahrheit sie,
Die Erde halten durch Andacht sie.
Was ist und sein wird, ohne Wank
Geht ihren Gang,
Und niemals fällt,
Wer treulich ihnen zugesellt.

(Albert Höfer)

Die Guten sinken nicht, die Guten wanken nicht,
Die Guten leiden nicht, die Guten kranken nicht.

Die Guten sterben nicht, von Guten der Verein
Lebt ewig, und die Welt erhalten sie allein.
Durch Wahrheit leiten sie die Sonne, daß sie geht,
Durch Andacht halten sie die Erde, daß sie steht.

(Rückert)

Trotz des Alexandriners und mancher Übersetzungsfreiheiten scheint die Rückert'sche Übersetzung der Stelle die trefflichste zu sein. Mögen diese wenigen Worte über "Nalas" und "Sawitri" anregend wirken, die Dichtungen selbst in der Rückert'schen Bearbeitung näher kennen zu lernen, sie sind ganz unverfänglich zu lesen, von der indische Schwüle ist nichts in ihnen zu finden, sie sind rein, keusch, edel, wirkliche Juwele der Weltpoesie, und werden auf jeden edlen Leser ihre Wirkung nicht verfehlen. Sie bilden außerdem, als Erzeugnisse ältester Epik eine gute Ergänzung zu Homer, Vergil und den Nibelungen und lassen, um es auch mit den "Alten" nicht zu verderben, die Vorzüge dieser bedeutend jüngeren Dichtungen in hellem Glanze erscheinen.

Und Rückert war der letzte, der blind gewesen wäre gegen die Vorzüge der Antike, wie sie besonders auch in der epischen Dichtung sich finden. Die indische Epik ist, abgesehen von Episoden, wie die mitgeteilten, maßlos, abstrus, ein Urwald, den keine Axt gelichtet, in dem man pfadlos umherirrt, die Phantastik überwiegt das vernünftige Denken, die einzige herrschende Macht ist die "Phantasie, das ungeheure Riesenweib", wie Rückert sie nennt. In dem einleitenden Gedicht zu "Erbauliches und Beschauliches aus dem Morgenlande" sagt er selbst mit Bezug auf die persisch-arabische Poesie:

An sinnlicher Fülle der Griechin gleich,
Doch an Empfindung wärmer,
An Kraft und Ausdruck noch einmal so reich,
Und nur an Maß und Besonnenheit ärmer.

Erst recht läßt sich diese Charakteristik auf das Indische anwenden.

Wir bemerkten eben, daß in diesen Dichtungen sich nichts von der indischen Schwüle findet. Diese, in narkotisch-betäubende Düfte gehüllt, steigt uns entgegen in einer dritten Dichtung Rückerts, dem "Gitagowinda", d.i. Gowinda im Lied. Die Dichtung scheint von Rückert nicht so sehr des Inhalts, als der äußerst kunstvollen Sprache und Form wegen übersetzt, richtiger bearbeitet zu sein. Sie mußte einen Meister, der im Spiel die schwierigsten Formen bewältigte, für den jede Schwierigkeit ein Kinderspiel war, geradezu trotz ihres narkotischen Inhalts zur Übersetzung reizen. Es scheint wohl sicher, daß es Rückert bei der ersten Lektüre dieser Dichtung in den Fingern zucken mußte, die kunstreiche Form derselben, die er übersetzend gleich fand, auch niederzuschreiben und hier zu leisten, was keiner ihm gleich zu tun vermochte. Allerdings, wenn man die Dichtung richtig versteht, so hat sie Ähnlichkeit mit dem Hohenliede, zumalen da sie ebenfalls allegorisch gedeutet werden kann, ja gedeutet werden muß, wie auch das Hohelied. Diese allegorische Deutung aber liegt nicht in den von Rückert übersetzten kunstreichen Gesängen, sondern in den äußerst schwierigen, von Rückert unübersetzt gelassenen Zwischenpartien. Die Dichtung ist ein Hoheslied des Pantheismus, des alles verschlingenden Naturgeistes, des brausenden Weltozeans, der alle sinnfälligen Erscheinungen in seine Wirbel zieht und verschwinden läßt. Gowinda ist eine Inkarnation Wischnus, hier ein göttlicher, idyllischer Schäfer, dessen Loblied das älteste(?) Idyll und das unübertroffene höchste Produkt ihrer Gattung ist. In der üppigsten Natur spielt sich die Handlung ab. Der kühle Wind, der sonst mutwillig um die schönen Gewürzpflanzen spielt, wehet herab von den Hügeln Malayas. Die rund umherstehenden Bäume erklingen von den melodischen Tönen des Kokila und dem Gesumme der honigbereitenden Schwärme. Ein sanftes Lüftchen von der wohlriechenden Blume der Ketaka entzündet jedes Herz, indem es den Staub aus den halbgeöffneten Knospen der Mallika schüttelt; und der Kokila erhebt den Gesang, wenn er die glänzenden Blüten der lieblichen Rasala erblickt. Aber die Hirtin Radha trauert in dieser Pracht, sie, die Geliebte Gowindas, die von ihm treulos vergessen ward; verlassen trauert sie, sie verachtet des Wohlgeruch des Sandels, die Lüftchen von Malaya erklärt sie für Gifthauch, die Bewegung der Sandelbaumzweige für Schlangen.

"Ihre Wohnung dünkt ein wilder Waldchor,
Und ihr Mägdechor ein Jägernetz,
Während ihre glüh'nden Seufzerhauche
Bilden eines Waldbrands Flammenkranz.

In der Schilderung des tiefen Leides der Radha, ihrer Sehnsucht, ihrer Hoffnung bewegt sich das Lied, bis zur Wiedervereinigung mit Krischna." (Nach C. Fortlage.)

Die Strophen dieses Hochgesanges sind sehr verwickelt, aber, richtig gelesen, äußerst klangvoll, von gutem Takt und echt musikalischer Wirkung; Rückert hat es in seiner Übertragung verstanden, das Versmaß möglichst beizubehalten und die indische Art des Satzbaues im Deutschen ungezwungen zum Ausdruck zu bringen. Wir haben hier nicht mehr die ungenießbaren Kompositionen, wie in Nalas; die Wortbildungen Rückerts sind schön zu nennen. Man lese folgende Verse:

Sandel verbannt sie, die Strahlen des Mondes erkennt sie für Qualenumschnürung,
Nennt die malayischen Lüfte vergiftet von Schlangengebirges Berührung,
Sie, von der Trennung erkrankend,
Krischna! geschreckt von Anangas Geschossen als einzigen Hort dich umrankend.
Um vor den dicht sich ergießenden Madana-Pfeilen die Schirmung zu geben,
Wölbt sie ums Herz, wo du wohnest, ein Schild sich aus tauigen Lotosgeweben.

Ihres Gesichtes Nymphaen bewegt sie, von rinnenden Tränen umflossen,
Ähnlich dem Mond, der vom Rachen des Rahu bedrängt, hat sein Amrit vergossen.

Daß der Bilderreichtum der morgenländischen Dichter befruchtend, belebend auf die abendländische Poesie wirkt, wer wollte das bestreiten? Wir müssen hier jedoch weiter zurückgreifen, um dem Einwande zu begegnen, daß wir an sich schon viel Bilder hätten. Eine Menge von diesen gehört, ohne daß wir es wissen, dem Orient, und zwar sind durch die hl. Schriften alten und neuen Bundes viele morgenländische Bilder uns ganz geläufig geworden, und nicht nur uns, sondern auch anderen Nationen, die biblische Erziehung genossen haben. So kann man auch in der deutschen Redeweise, in der Sprache des gewöhnlichen Lebens bemerken, ob der Redende auch neutestamentliche Bildung genossen hat; eine Reihe anderer Bilder ist ihm anerzogen, als demjenigen, der es nicht kennt. Aber damit ist es nicht abgetan: die Poesie bewegt sich in Bildern, Metaphern, Allegorien, und hierin ist gerade der Orient unerschöpflich. Mag manches seiner Bilder für unseren prosaischeren Geschmack allzusehr Bild sein, lernen kann der Deutsche auch von solchen Bildern wenigstens das, wie er es nicht machen soll. So ist z.B. der Vergleich glühender Seufzerhauche mit einem Waldbrandsflammenkranze für uns zu gesucht, ebenso daß Radha, vor Sehnsucht vergehend, Gazellenbild annahm; echt indisch ist aber z.B. das Bild

Ihres Antlitzes denk ich unter den Braun, vom Zorne verzogen,
Gleich der roten Nymphäe, dunkel von Bienenschwarm überflogen;

ferner: "das Gewölk des Talares" = faltenreicher Talar; es ließe sich die durch Rückert in die deutsche Poesie reicher eingeführte Bildersprache noch weiter behandeln, doch hiermit sei es genug mit den indischen Übersetzungen, es sei aber noch bemerkt, daß Rückert außer anderen kleineren Dichtungen auch das Drama nicht ausgeschlossen hat, aus seinem Nachlasse ist "Sakuntala" von Kalidasa herausgegeben, dessen Besprechung einer späteren Zeit vorbehalten sein mag.

In eine ganz andere Atmosphäre, als die der stromdurchrauschten indischen Urwälder, in denen unter Riesenbäumen, von bunten Schlingpflanzen umsponnen, moosbedeckte einfache Siedeleien stehen, Zufluchtsstätten frommer Brahmanen, die in strenger Buße dahinlebend sich allem Sinnenleben entzogen haben, führen uns die Übersetzungen aus dem Arabischen, und hier sind es zwei Schöpfungen, die alle anderen überragen, die Hamasa Abu Temmams und die Makamen des Hariri. Der indischen gegenüber ist es eine ganz fremde Welt, die wir hier betreten; fremd ist der Volksstamm, dem diese Dichtungen angehören, er gehört nicht zu unserer arischen Rasse, fremd ist dem Indogermanen seine Sprache, fremd sind die religiösen und ethischen Anschauungen, die uns hier entgegentreten, und doch nehmen sie unser Interesse in hohem Maße in Anspruch. Wir haben es bei den Arabern auch nicht mit Barbaren zu tun, sondern mit einem Volke, das in vielen Beziehungen an Geist und Einsicht den Indern ebenbürtig war; an ethischen Grundsätzen, an Ritterlichkeit, Kraft, Ausdauer aber die weichlich gewordenen Inder übertraf. Schon ihre Wohnsitze waren ganz andere. Die arabischen Stämme führten ein Wüstenleben, unter ihren Zelten, auf dem Rücken der Kamele und Rosse lebten sie in ungebundener Freiheit, die überfeinerte Kultur der Städte war ihnen unbekannt, aber die Tugenden der Wüste hatten sie durchdrungen und ihrem Charakter den Stempel der Tatkraft aufgeprägt, und mit ihr den einer imponierenden Ritterlichkeit, wenn auch bisweilen des Raubrittertums. Wuchs dem Inder alles zu, brauchte er nur die Hand nach den Früchten auszustrecken, so führte der Araber ein Leben voll Entbehrung und Kampf; eine Quelle ist ein Labsal für ihn, Datteln und Reis seine Nahrung, Fleisch nicht alltägliche Speise. Sein Reichtum besteht in Kamelen und edlen Rennern, sein Stolz in nie bezwungener Freiheit; Knechtschaft, Despotismus, Unterdrückung wagten sich an ihn nicht heran. Sein Stamm war es, der dem Islam das Dasein gab, der wild-fanatischen, fatalistischen Form eines starren Monotheismus, und noch heute steht der Islam der arabischen Stämme, von Arabien bis zum Zelte des Mahdi im Sudan, von Algier bis Bagdad dem Islam der türkisch-tatarischen Rasse als einer verkommenen Form desselben feindselig gegenüber.

Auch die Sprache und Poesie der Araber ist eine ganz andere als die der Inder. Es ist nicht das weiche, schmelzende Sanskrit, das in der Wüste erklingt, es sind rauhe Kehllaute, unaussprechlich für uns, die dem Arabischen seinen Farbenton geben – und doch ist das Arabische eine Kultursprache, eine bis ins feinste ausgebildete hohe Wüstenschönheit. Die arabische Sprache war haltbarer, widerstandsfähiger, zäher als das Sanskrit; letzteres ist längst eine tote Sprache, obwohl die hochintelligenten Brahminen dasselbe als heilige Sprache treu bewahrt haben, das Arabische aber hat heute noch ein Sprachgebiet inne von Algier und Marokko bis Indien, von der Nordküste Afrikas bis tief in den Sudan, von Kleinasien bis zum persischen Golf. Diese größere Festigkeit verdankt es seinem Konsonantensystem, dem Umstande, daß keine Silbe ohne Konsonant möglich ist. Mit diesem seinem Grundgesetze steht es im Gegensatze zum Indischen, das, an sich sehr vokalreich, in seiner Entartung, wie es das Prakrit bietet, mit den Konsonanten ungemein aufgeräumt hat.

Die ältesten Denkmale arabischer Dichtkunst finden wir in der Hamasa Abu Temmams, einer Sammlung arabischer Volkslieder, die uns so recht in die Wüstenstimmung hineinversetzen und das wild Reckenhafte der arabischen Stämme in der urwüchsigsten Weise zum Ausdruck bringen. In eine solche reiche Welt so eigenartiger Poesie war die abendländische Welt vor der Hamasaübersetzung Rückerts noch nicht eingeführt, es waren fremde Klänge, die hier ertönten; was das Abendland davon kannte, waren nur einige durch die dichte Sandschicht durchgesickerte Tropfen. Rückert bohrte ein, er traf auf reiche Adern und lustig sprudelte der Brunnen aus dem Wüstensande empor.

Die Lieder der Hamasa (alhamâsa = Tapferkeit) werden eingeteilt in Heldenlieder, Totenklagen, Sprüche der feinen Sitte, Liebeslieder, Schmählieder, Gast-

und Ehrenlieder, Reise, Ruhe und Scherze. Herausgegeben ist die Hamasa von *Georg Wilh. Freytag*, (dem Verfasser des großen arabischen Wörterbuches in 4 Bänden groß Quart), Bonn 1828 in 3 Bänden Quart.

Heldenlieder! und was für Heldenlieder! Nichts haben sie gemein mit den griechischen Heroen, nichts mit den Helden römischen Stammes, am meisten noch mit den altgermanischen Recken, die sich in der arabischen Wüste, wo ihnen die Wasserquelle das Methorn, eine Handvoll Datteln den saftigen Bärenschinken hätte ersetzen müssen, vielleicht ähnlich entwickelt hätten. Stammesfehden gab es genug, die Tapferkeit zu erproben, dieselbe Freiheit wohnte und wohnt noch heute in der Wüste, wie sie ehedem in den germanischen Wäldern herrschte: was aber die germanischen Recken von den Wüstensöhnen noch unterscheidet, das ist der Dienst im Gefolge eines Herrschers, während der freie Araber nur dem Stammeshaupte folgt. In Rückert's Hamasa sehen wir nun in den Heldenliedern die ganze Größe des altarabischen, vorislamischen Lebens, ein lebensvolles Bild, wie es *Freiligrath* in einem seiner feurigsten Lieder entwirft:

Wär ich im Bann von Mekkas Toren,
Wär ich auf Jemens glühn'dem Sand,
Wär ich am Sinai geboren,
So führt ein Schwert wohl diese Hand.

O Land der Zelte, der Geschosse,
O Volk der Wüste, kühn und schlicht,
Beduin, du selbst auf deinem Rosse
Bist ein phantastisches Gedicht!

Am besten charakterisiert wieder Rückert selbst die Hamasa:

Die bräunliche Araberin,
Mit mutigem Blick, mit feurigem Sinn,
Getragen von Rosses Brausen,
Stürzt freudeschauernd sich in des Lebens Grausen.

Die ist überall dabei,
Wo Zeltpfähle man abbricht und steckt,
Bei feindlicher Stämme Kriegsgeschrei,
Und wo Karawanen der Räuber schreckt;

Wo die Flamme gastlich lodert,
Die zu sich den Wandrer fodert;
Unter Bettlern, unter Fürsten,
Unter Lieb- und Rachedürsten;

In Zelten und in Städten,
Auf Märkten und auf Fluren:
Es treibt sie, jede Stelle zu betreten,
Dem Lebenden nachzugehn auf allen Spuren.

Nur Eine Stimm im vollen Chor

Ist ihr der Liebe Gekose,
Ihr in des Lebens reichem Flor
Nur Eine Blume, die Rose.

Sie nennt aller Geschlechter Samen
Bei eigenem Namen, wie ihre Kinder;
Sie ruft ihr Kamel mit hundert Namen,
Und den Löwen nicht minder.

Die Übersetzung Rückerts ist meisterhaft; der arabische Text ist so genau in der Übersetzung wiedergegeben, in so glänzender, einwandfreier, poetischer Form, daß nur ein Rückert dieses zu leisten vermochte. Auf die einzelnen Schönheiten der sehr umfangreichen Sammlung einzugehen ist nicht angebracht; mögen statt aller Betrachtungen allgemeiner Natur einige Proben den Beweis liefern; es wird hier die wörtliche deutsche Übersetzung des Urtextes in Parallele gestellt zu der Übersetzung Rückerts, wonach dann jeder sich sein Urteil selbst bilden mag. Wir beginnen mit einem Gesange aus den Heldenliedern.

Taabbata Scharran als Bluträcher seines mütterlichen Oheims, der in blutigen Fehden mit seinen Stammgenossen von Hudheil erschlagen ward.

(wörtl. Übersetzung):
Siehe, in einer Kluft, die unter einem Felsen, den Getöteten, dessen Blut nicht getäuscht wurde;

(Rückert):
In der Talschlucht, unter einer Felsenwand
liegt ein Toter, dessen Blut dahin nicht schwand.

Es hinterließ die Last mir und ging weg, ich nehme für ihn auf die Last.

Als er ging, legt er auf mich die Bürde schwer,
mit der Bürde schreit' ich aufrecht grad einher.

Und nach der Rache meinerseits steht da der Sohn der Schwester, ein Ringer, nicht wird gelöst sein Knoten.

Und ein Schwestersohn zur Rache ritt mir nach,
der ein Mann ist, dem man nicht den Gurt zerbrach;

Er blickt zu Boden, er schwitzt Gift, wie zu Boden blickt die Viper, wie die Otter Gift speit.

Der zu Boden, Gift im Blicke, finster glüht,
wie die Otter blickt, wie Gift die Natter sprüht.

Eine Botschaft gelangte zu uns, eine schwere, große, so daß das Geringe in ihr das Größte wird.

Ja, getroffen hat uns eine Kunde hart,
eine große, durch die klein das Größte ward.

Es hat mich beraubt das Schicksal, und es war hart, eines Großherzigen, dessen Freund nicht verachtet wird.

Eines Helden machte Schicksals Raub mich bar,
dessen Schützling vor Beschämung sicher war;

Sonnengleich in der Kälte; so oft brannte der Sirius, Kühle und Schatten.

Der im Frost war ein Besonner, und wo schwül
glomm der Hundstern, ein Beschatter sanft und kühl.

Dürr an den Flanken, ohne Armut, feucht an den Händen, unternehmend, übermächtig.

Dürr an Lenden, doch aus schnödem Geize nicht;
feucht an Händen, kühn von stolzer Zuversicht.

Grade durch in festem Mut, daß, bis wann er einkehrte, der feste Mut überall, wo er einkehrte.

Mit ihm fuhr der Heldenmut, so weit er fuhr;
lagert er, so lagert er mit ihm sich nur.

Reicher Schauer der Wolke, wo er wohltat, und wo er losging ein Löwe, gewalttätig.

Wo er schenkte, war er Wolkenüberschwang,
aber Löwentrotz, wo er zum Kampf andrang.

Hängen ließ er daheim im Stamm das schwarze Haar, im Schleppgewand, und wenn er zu Felde zog, eine Wolfshyäne, dürrlendig.

Frei zu Hause ließ er flattern dunkles Haar,
wie ein strupp'ger Wolf schritt er zur Kriegsgefahr.

Und ein Doppelgeschmack ist ihm, Honig und Wermuth, und er spendet beide Geschmäcke, daß sie jeder koste.

Zwei Geschmäcke hatt' er, Honigwab und Gall,
und zu schmecken gab die zwei er überall.

Er ritt den Schrecken, einsam, und nicht hatte sich zu ihm gesellt als ein Jemenisches, schartiges.

Auf dem Schrecken ritt er einsam, kein Gefährt
ihm zur Seit', als schartenvoll allein ein Schwert.

Und Jünglinge zogen aus, dann knüpften sie daran ihre Nacht, bis, wenn sie sich zerteilt, sie ruhen.

Dann mit Mannschaft reist er, die durch Mittagsglut
fährt und Nacht durch, und bei Tagesanbruch ruht;

Jeder ein Schneidender, umgürtet mit einem Schneidenden, wie Glanz des Blitzes, wenn es gezückt wird[3].

Jeder Mann scharf, und der selbst ein scharfes trägt,
das, gezückt aus seiner Scheide, Blitze schlägt.

Und wenn Hudheil seine Lanzenspitze zerbrach, dafür weil Hudheil zerbrochen wurde;

Wenn Hudheil ihm nun die Spitze hat geknickt,
ei, so hat er selbst Hudheil einst schlimm beschickt.

und dafür, daß er ihn zu Boden streckte am rauhen Lagerort, an dem der innere Kamelhuf durchbohrt wird.

Hat sie selbst doch einst im üblen Stall gestallt,
wo die Klaue wund am harten Steine prallt;

Und dafür, daß er sie am Morgen besuchte in ihrem Schlupf, war nach dem Morden Raub und Viehbeute.

Hat sie selbst doch heimgesucht in ihrem Haus,
wo nach Totschlag man die Beute trieb heraus.

Rache haben wir von ihnen erlangt, so daß von zwei Stämmen nur wenige entrannen.

Doch nun haben wir die Rach' ihm angefrischt,
und von den zwei Stämmen ist nicht viel entwischt.

Und sie schlürften in Zügen den Schlaf und dann taumelten sie, wir erschreckten sie und sie stieben auseinander.

Schlummerodem schlürften sie und nickten tief,
doch zum Schrecken weckt ich sie, daß alles lief.

Geröstet wurde von mir der Hudheilite in der Glut, von mir, den nicht röstet das Übel, bis sie geröstet sind.

---

[3] mâdhi = durchschneidend, Schwert.

Solch ein Kriegsbrand traf Hudheil an meiner Statt,
der nicht satt wird eh'r als man von ihm wird satt.

Der zur Tränke führt die Lanze, dann, wenn sie getrunken hat, ihr wiederum zu trinken reicht.

Der früh antränkt seinen Speer, und angetränkt
gleich zur zweiten Tränk ihn durstig wieder lenkt.

Erlaubt ist mir der Wein und er war mir verboten, und mit Mühe kam es dazu, daß er erlaubt ward.

Nun gehoben haben wir des Weins Verbot,
ja, gehoben haben wir's mit mancher Not.

So schenke mir ein, o Sawad, Sohn Amrus, denn siehe, mein Leib ist nach meinem Oheim ausgedörrt.

O Sawad, Sohn Amrus, gib mir nun den Wein,
denn der Tod des Oheims goß mir Essig ein.

Es lacht die Hyäne über den Mord Hudheils und es sieht der Wolf ihn an und glänzt vor Wonne.

Die Hyän' izt ob Hudheils Erschlagnen lacht,
und der Wolf hat fröhlich sein Gesicht gemacht.

Und edle Vögel straucheln dickbäuchig, die da hinüberschreiten und nicht sich erheben.

Edle Geier über ihnen schreiten her,
die mit vollem Bauch empor sich schwingen schwer.

Wahrlich ein reckenhaftes Lied, das uns so recht in die Zeit der wildesten Blutrache hineinversetzt, wie sie nur bei einem Naturvolke sich entwickeln konnte. Ich will von jeder ästhetischen Betrachtung dieses wilden Sanges absehen, seine unmittelbare Wirkung möchte darunter abgeschwächt werden; man lasse es auf sich wirken und man wird gestehen, daß in ihm mehr Poesie liegt, mehr Wucht und Mark, als in vielen anderen zusammen genommen. Zugleich kann man sich aber auch hieran eine Probe nehmen, daß Rückerts Übersetzung wirklich Übersetzung ist. Selbst das Versmaß ist bis auf die Versetzung eines Fußes wiedergegeben. Fügen wir noch einen anderen Sang an

Nachtgewitter

Lang war die Nacht, ich wachte der blitzenden Wolkenwand,
Die sich niedersenkend hinzog von Land zu Land.
Vom Nachtmarsch trunken taumelt der Wolken Kranichzug,
Und dürres Land zu tränken, hat er zu tun genug.

In jeder Wüste Mitten erdröhnen um und an
Die Massen, wie einander Kamele blöken an.
Es türmen sich die Gipfel des windgetragnen Throns
An Höh und auch an Breite wie Gipfel Libanons.
Den hadramautischen Winden bot sich zum Kampfe dar
Ein abgeriß'ner Vorhang, der ganz zerflittert war.
Es blieb das reine Wasser aus reinem Wolkenschoß
Zurück auf allen Spuren, denn rein ist Wasser bloß,
Das abgestandene Wurzeln des Schotenbaums erquickt
Im Hochland, und Erfrischung dem Sauerklee beschickt.
Und nachtlang schob sich vorwärts die falbe Regenwand
Langsam wie ein gekoppelt Kamel im tiefen Sand.

Hier sieht man ein Wüstengewitter in seiner unheimlichen Pracht, das in einer Sprache beschrieben ist, die wir Europäer in der Beschreibung eines Gewitters nicht gewohnt sind. Es sind Bilder aus dem Wüstenleben, mit denen der Dichter die Gewitterwolke vergleicht: ein Kranichzug sind die Wolken, ihr Donner, mit dem sie sich begrüßen, gleicht dem Blöken einer Kamelherde, die nach den Jungen verlangt; (man stoße sich nicht an dem Bilde, da wohl keiner der Leser eine Kamelherde hat blöken hören, was nämlich grausenerregend wirken soll), außerdem standen dem Araber unsere abendländischen Vergleiche nicht zu Gebote; wie ein Gebirge ziehen die Wolken heran, und wo die hadramautischen Winde in die Wolkenschicht hineinfahren, erscheint sie wie ein zerfetzter Vorhang, wiederum ein Bild aus dem Zeltleben. Segenspendend zieht die Wolke weiter, langsam die Regenwand, wie ein Kamel, mit einem anderen zusammengekoppelt, durch den tiefen Sand dahinzieht. Die Übersetzung entspricht an Treue ungefähr der oben mitgeteilten Probe.

Die "Makamen Hariris" sind die kunstvollste Leistung Rückerts. Makame, hebräisch "mâqôm", heißt "Ort, Versammlungsplatz", dann arabisch das, was an Versammlungsplätzen gesagt und gesungen wird. Die Makamenform ist eine ganz eigene Dichtungsform, man kann sagen, reich, überreich gereimte Prosa; bekannt von den Makamen Rückerts ist besonders: "Der Schulmeister von Hims", "Die Bittschrift". Der Held der Dichtung ist der lustige Landstreicher, Jongleur und Leutebetrüger Abu Said von Sarug, ein Freund des Hareth ben Hemmam, der ihm bei seinen Wanderzügen überall begegnet, ein Überall und Nirgends, der nichts hat und dem es an nichts fehlt, der sich durch seine verblüffende Gewandheit in Schwindeleien und Dichtung überall die Herzen und Geldbeutel erschließt; bald erscheint er als Schulmeister in Mitte von wilden Rangen, mit denen er Rätsel- und Wortspiele in Szene setzt; bald als Bettler, umgeben von "seinen" armen, hungernden und zerlumpten Kindern, deren Leid ihm eine reiche Sammlung einbringt, bald als Grabredner, als Hochzeitsveranstalter, überall voll Witz und lustiger Schelmerei. Plötzlich, wenn eine reiche Sammlung ihn für längere Zeit der Not enthebt, verschwindet er aus der Mitte der Bettelmedia; Hareth ben Hemmam erblickt ihn, Abu Said läßt die Verkleidung fallen, zieht eine entstellende Falte aus seinem Gesicht und gibt sich als Abu Said von Sarug, kehrt ein und entwickelt einen lustigen Appetit, um dann seinen Wanderstab weiterzusetzen und anderswo einen anderen neckischen Streich auszuüben.

Diese Makamen Hariris, (446-516 der Hedschra), bilden eine Art Roman und sind auf 600 Folioseiten von *de Sacy* herausgegeben. Die Arbeit, die Rückert eine Nachbildung derselben verursachte, war keine kleine. Er selbst gesteht, daß er de Sacy's Werk nicht ohne Anstrengung durcharbeitete und oft in den Irrgängen der sprach- und fachgelehrten Scholien den poetischen Faden des Textes aus den Augen verlor. Erst allmählich drang er selber in das Geheimnis dieser Dichtungen ein, indem er einzelne Makamen deutsch nachzubilden unternahm, unter Ausscheidung alles fremdartigen, aller unverständlichen Anspielungen. Rückert bezeichnet seine Arbeit selbst als Nachbildung, bei der die gewöhnlichen Übersetzungsgrundsätze nicht anwendbar erschienen. Was hier eine genaue Übersetzung unmöglich machte, war der Umstand, daß der Kern vieler Makamen an der Originalsprache haftet und mit dieser steht und fällt. Hier mußten Stellvertretungen helfen, von denen im Originaltext kein Wort steht, und hier zeigte sich so recht das findige Genie des Dichters. Rätselspiele, deren Seele in einem Buchstaben liegt, in der Versetzung einer Silbe, in einem geringen Tonwechsel, lassen sich nicht übersetzen, hier mußten andere, deutsche, eingeschoben werden, und eine Übersetzung des arabischen Hariri ins Deutsche ist wohl nicht schwieriger, als eine Übersetzung des Rückert'schen Hariri in irgendeine andere Sprache. Rückert hat uns den Hariri geschenkt, ein ähnliches Werk besitzt keine moderne Literatur.

Freilich soll hiermit nicht gesagt sein, daß die Makamen des Hariri an sich, abgesehen von der Kunst der Sprachform, ein so einziges Werk seien; tiefe Poesie findet sich nicht in ihnen, aber viel Unterhaltung, viele Schnörkel, viele Krausen; wir möchten es wohl mit dem Pfaffen Amis und ähnlichen Werken am besten vergleichen können. Vergebens sucht man hohe Ideen in denselben, vergebens hoch poetische Bilder, wie sie die Hamasa bietet, doch lehren sie uns das arabische Leben von einer anderen Seite kennen als die Hamasa; erschloß uns jene die arabische Recken- und Heldenzeit, die Blutrache, die Gastfreundschaft; zeigte uns jene das Wüstenleben in seiner Großartigkeit: so spiegelt diese das frohe gesellschaftliche Leben in Zeiten wider, wo das wilde Reckentum gesitteteren Einflüssen Platz gemacht hatte, wo der gesellschafts- und spielfrohe Wüstenbewohner, dieser Mann von ésprit und sprudelndem Witz, von scharfer Auffassung, einer gewissen Behaglichkeit Raum geschaffen hatte. In seinem Schlußwort der Übersetzung sagt Rückert noch, charakteristisch für das Ganze:

Glücklich ist nun durchspielt das Possenspiel;
Ich bin dessen Diener, der es nach mir tut!
Schämen darf ich mich nicht, daß ich's schlecht gemacht,
Sondern, daß ich schlechtes Ding gemacht zu gut.

* * *

Noch vieles ist es, das Rückert aus den Sprachen des Ostens uns Deutschen geschenkt hat; eine stattliche Reihe von Übersetzungen aus dem Persischen wäre noch zu erwähnen, Dschami, das Iskandernameh, Rustem und Suhrab, Dichtungen, die dem Verfasser dieser Zeilen nicht zugänglich sind. Näher als das Indische und Arabische liegt uns Deutschen allerdings das Persische, viele Originale, die Rückert übersetzt hat, sind aber noch nicht gedruckt worden. Auch aus dem Armenischen liegt eine Übersetzung Rückerts vor, doch das gewagteste Unternehmen von ihm möchte wohl die Umbildung des chinesischen Liederbuches Schi-King sein. Formgewandt ist es, wie alle Dichtungen des Meisters, wie es aber zum Original sich verhält, das zu beurteilen, liegt außerhalb unserer Sphäre.

Den Übersetzungen, durch diese und die Lektüre anderer Schriften veranlaßt, reihen sich an die Original-Dichtungen Rückerts, die morgenländische Stoffe behandeln. Man kann sagen, in seiner Hand gestaltete sich alles zu poetischer Form, und von diesen Original-Dichtungen steht am höchsten die "Weisheit des Brahmanen". Nur einer eingehenden Hingebung an die Sanskritliteratur verdankt dies Werk seine Entstehung, tiefsinnig, gewaltig, wie keine andere Gedankenpoesie – aber vielleicht im Zusammenhang mit dem heute in Kraut schießenden Buddhismus, der da das Wahre sucht, wo es nicht zu finden ist.

Rückert hat geforscht, gearbeitet, gesungen; er selbst ist dahin, seine Werke haben einen bleibenden Wert, und auf ihn paßt auch das Gedicht des Lebid, das er seiner Hamasa-Dichtung einverleibt hat:

Wir altern, und nie altern, die auf und niedergehn,
Die Stern', und nach uns bleiben die Berg und Burgen stehn.
Was sind die Menschen anders: ein Zeltplatz und sein Heer;
Und wenn das Zelt sie räumen, so bleibt die Wüste leer.
Abziehn sie nacheinander, und darnach ist das Land,
Als schlössen sich die Finger um eine hohle Hand.
Der Mensch, was ist er anders, als wie ein Flämmchen blinkt,
Das, wie es sich erhoben, in Asche niedersinkt?
Und steht es mir bevor nicht, wenn sich mein Tod verzog,
Am Stab zu gehn, um welchen sich her der Finger bog;
Geschichten zu erzählen vom vorigen Geschlecht,
Und hingebückt zu scheinen, da, wo ich steh aufrecht?
Ein Schwert bin ich geworden, mit abgeriß'ner Scheide,
Sein Schmied ist längst gestorben, doch ist noch scharf die Schneide.

Ja, Rückert erzählte Gechichten von den ältesten Geschlechtern, zu Nutz und Frommen unserer jungen Generation; er überrieselte unsere Gefilde mit dem befruchtenden Tau alter Poesie, alter Weisheit; er brachte neue Stoffe, neue Ideen auf, sein Studium war kein fruchtloses, sondern reiche Blumen blühten unter seinen Schritten auf, so daß von ihm das Wort des *Baco von Verulam* gilt: "Unsere Studien sollten weder ein Pfühl sein, auf ihm zu ruhen, noch ein Kloster, in ihm allein sich zu ergehen, noch ein Turm, von ihm auf andere herniederzuschauen, noch eine Feste, in ihr zu trotzen, noch eine Werkstatt für Handel und Krämerei, sondern eine reiche Rüstkammer und ein Schatzhaus zur Verherrlichung des Schöpfers und zur Veredelung des Lebens".

[Aus: Jahresbericht des Königl. Gymnasiums zu Siegburg für das Schuljahr 1895/96. Siegburg 1896, S. 3-22.]

Friedrich Rückert als Interpret orientalischer Dichtungen*

Von Herman Kreyenborg

Der Text dieses unveröffentlichten Vortrags fand sich in dem bislang ungeordneten, nicht sehr umfangreichen Nachlaß von Herman Kreyenborg (1889-1963), der in der Universitätsbibliothek Münster aufbewahrt wird. Ihr gilt unser Dank für die Erlaubnis zur Veröffentlichung dieses Vortrags. Sein Wortlaut ist nur in der Einleitung gekürzt, in der Kreyenborg auf Gegebenheiten Bezug nimmt, die lediglich von lokalem Interesse sind. Ansonsten wurde die Vortragsform bewußt beibehalten.

Als zu Beginn unseres Jahrhunderts in Coburg bislang unbekannte Rückert-Manuskripte auftauchten, eröffneten sich neue Möglichkeiten für die Rückert-Forschung. Der Münsteraner Indologe und Bibliothekar Kreyenborg erbat sich Anfang der 20er Jahre den sog. "Coburger Nachlaß" zur Bearbeitung nach Münster, und gab in der Folgezeit daraus eine Reihe von Texten heraus. 1938 erwarb die UB Münster diesen Nachlaßteil. Für die zahlreichen Verweise Kreyenborgs auf Texte aus Rückerts Nachlaß ist zu vergleichen H.Bobzin, Friedrich Rückerts wissenschaftlicher Nachlaß. Mit einem vorläufigen Inventar. In: 200 Jahre Friedrich Rückert. 1788-1866. Dichter und Gelehrter, hrsg. von J. Erdmann, Coburg 1988, S. 371-405. Nur einige wenige Texte, die Kreyenborg noch benutzen konnte, sind durch Kriegseinwirkung verloren gegangen.

Hartmut Bobzin

Wenn wir uns über die Größe eines Übersetzers klar werden wollen, so haben wir uns eine doppelte Frage vorzulegen nämlich:
1. Ist der Übersetzer genügend sprachlich begabt, und in den Sprachen, aus denen er übersetzt, genügend geschult, was man heute z.B. längst nicht von allen Übersetzern behaupten kann; dann:
2. Verfügt der Übersetzer über eine hinreichende Fähigkeit und Kunst vollendeter Wiedergabe der von ihm in seine Muttersprache übersetzten Originale?
Diese beiden Fragen kann man im Hinblick auf Friedrich Rückert nur mit einem vollen Ja beantworten.

Was zunächst die rezeptive Sprachbegabung Friedrich Rückerts angeht, so mußman ihn unbedenklich als eines der größten und eigenartigsten Sprachgenies bezeichnen, die es gegeben hat, als ein Sprachgenie, das an umfassender Sprachkenntnis und an philologischer Gründlichkeit etwa einen Kardinal Mezzofanti, der ja in Deutschland merkwürdigerweise als Sprachgenie bekannter

*Vortrag, gehalten im "Westfälischen Provinzial-Verein für Wissenschaft und Kunst", Münster/W., am 22. Februar 1927.

geworden ist als der deutsche Dichter, um ein Vielfaches überragte. Rückert beherrschte über ein halbes Hundert auch der schwierigsten und entlegensten Sprachen mit einer Gründlichkeit und Meisterschaft, wie nur ein Spezialist die einzelnen Sprachen beherrschen kann, und er ging überall auch bei dem Studium der entlegensten Sprache, das er in Verfolgung seiner bis an sein Lebensende in ihm lebendig gewesenen romantischen Lieblingsidee der Rekonstruktion der Ursprache der Menschheit in fast beispiellosem Umfange betrieb, überall seine eigenen Wege. Rückert benötigte zur Erlernung auch der schwierigsten Sprache einen Zeitraum von etwa acht Wochen, eine erstaunlich kurze Zeitspanne, in welcher er bei ausschließlicher Beschäftigung mit nur dieser einen Sprache sie bis in ihre letzten Feinheiten von Grund aus beherrschen lernte.

Und mit dieser ganz ungewöhnlichen rezeptiven Sprachbegabung verband Rückert eine vielleicht noch beispielloser dastehende Beherrschung seiner deutschen Muttersprache und eine Fähigkeit künstlerischer Reproduktion, die es ihm ermöglichte, auch die der deutschen Sprache wesensfremdesten Originale bis in die kleinsten Einzelheiten so in sein geliebtes Deutsch umzuprägen, daß sie für ewige Zeiten als selbständige und unnachahmliche Meisterwerke der deutschen Literatur gelten werden. Rückert war von Kindesbeinen an beseelt von einem merkwürdig starken Glauben an die Kraft, Schönheit und Leistungsfähigkeit seiner deutschen Muttersprache, und schon im Jahre 1811 hat er in seiner vielbesprochenen, lateinisch geschriebenen Inauguraldissertation der über alles geschätzten Lingua germanica ein Loblied gesungen, wie es schöner kaum jemals auf die deutsche Sprache gesungen wurde. In derselben Dissertation formuliert Rückert auch schon die außerordentlich hohen Anforderungen, die er an einen Übersetzer stellt, und er spricht dort einmal die bezeichnende Warnung aus: Wenn es wahr ist, daß durch Übertragungen die fremden Sprachen der eigenen Muttersprache angeglichen werden müßten, so müsse sich aber auf der anderen Seite der Übersetzer davor hüten, daß durch die Übersetzung nicht die eigene Muttersprache den fremden Sprachen angeähnelt werde. Im Jahre 1834 hat Rückert seiner hohen Auffassung vom Wesen der Übersetzungskunst in einer Weise Ausdruck gegeben, daß jeder deutsche Übersetzer, speziell, wenn er aus den schwierigen orientalischen Sprachen übersetzt, sie sich zum Leitstern nehmen sollte. Er sagt nämlich: "Es gilt hier (bei der Kunst des Übersetzens) eben die Pole umzudrehen, es dahin zu bringen, daß man bei Wendungen, Fügungen, Färbungen der Rede, die uns ungewöhnlich sind, empfinde, daß sie eben deswegen die dort gewöhnlichen seien, und umgekehrt das uns Gewöhnliche das dort Ungewöhnliche, z.B. wenn der indische Dichter einmal absichtlich einen nach unserer Art zerlegten Satz bringt."

Das sind sehr beachtenswerte, aber wenig beachtete Worte des Dichters, die auch für das Verständnis seiner eigenen Übersetzungen von größter Bedeutung sind. Kaum je wieder vor und nachher hat ein deutscher Dichter solchen hohen Zielen, wie sie in Rückerts angeführten Worten zum Ausdruck kommen, mit größerer Beharrlichkeit, mit größerer Kunst und mit größerem Erfolge nachgestrebt als der unübertroffene Sprachmeister Friedrich Rückert. Und gerade aus dieser höchsten künstlerischen Gewissenhaftigkeit hat die deutsche Literaturgeschichte dem großen Übersetzer einen Vorwurf gemacht, er habe die Kunst des Übersetzens übersteigert, Wortungetüme konstruiert und dem Geiste der deutschen Sprache in vielen Fällen Gewalt angetan. Es ist ja nicht zu leugnen, daß ein solcher Vorwurf, der sich wie ein roter Faden durch die gesamte deutsche Literaturgeschichte hindurchzieht, eine gewisse Berechtigung hat. Es ist m.E. auch kein Wunder, daß Rückert bei seiner immensen Beherrschung auch der letzten Feinheiten fremder Sprachen, bei seiner beispiellosen Beherrschung seiner eigenen Muttersprache und bei seinem unbegrenzten Glauben an die nach seiner Ansicht alle anderen Sprachen der Welt an Leistungsfähigkeit übertreffende deutsche Sprache in zahlreichen Fällen über das Ziel hinausgeschossen ist und auch das Unmögliche gewagt hat. Das konnte bei einem Übersetzer von solchen Ausmaßen gar nicht anders sein, und man sollte dem großen Meister seine Wortungetüme und sogenannten undeutschen Wendungen nicht allzuschwer anrechnen, zumal, wenn man bedenkt, daß er es zeitlebens abgelehnt hat, seine Übersetzungen dem Geschmacke des Leserpublikums irgendwie anzupassen oder ihnen nach den Augen zu sehen. Seine Meisterwerke der Übersetzungskunst waren ihm Selbstzweck, und zeitlebens hat Rückert das künstlerische und wissenschaftliche Produzieren über das Publizieren gestellt; je älter er wurde, desto mehr. Wer weiß, ob nicht Rückert mit seiner Überzeugung, daß die langen Komposita sich vielleicht im Deutschen durchsetzen würden, Recht behalten hätte, wenn er Schule gemacht hätte!

Jedenfalls hätten sich Rückerts, eines doch in Dingen der deutschen Sprache wie wenige kompetenten Sachverständigen, Wortbildungen, auch wenn sie der deutschen Sprache Gewalt antun, ebenso leicht und weniger zum Schaden der deutscchen Sprache durchsetzen können, als die sprachlichen Unmöglichkeiten und Verballhornungen des sogenannten papierenen Stils, wie wir sie heute mit Schauder erleben, wie sie der Sprache schon mehr als Gewalt antun, ja ihren Genius geradezu abschlachten, aber trotzdem – ein schlimmes Zeichen unserer Zeit! – überall gang und gäbe geworden sind. Endlich sollten alle, die über Rückerts sprachliche Wagnisse speziell in seinen Übersetzungen aus orientalischen Sprachen zu Gericht sitzen nicht vergessen, daß Rückert einen noch viel kühneren Vorgänger in Johann Fischart gehabt hat, den Verfasser der bekannten "Geschichtsklitterung". Meiner Auffassung nach sollte man, anstatt zu kritisieren und zu tadeln, eher verstehen und auch in den erklärlichen und verzeihlichen Übersteigerungen Rückertscher Übersetzungskunst Zeugnisse für die überragende Kunst dieses Meisters erblicken, der auch da und gerade da groß ist, wo er irrt. Ich würde mich sogar anheischig machen, diese meine Auffassung zu begründen und ihre Berechtigung zu beweisen, wenn der Rahmen dieses Vortrages es gestattete. Nur ganz allgemein möchte ich hier unterstreichen, daß ein Übersetzer orientalischer Dichtwerke mit teilweise geradezu unüberwindlichen Schwierigkeiten zu ringen hat, von denen der Laie kaum etwas ahnen kann. Es ist etwas grundsätzlich anderes, eine Übersetzung aus irgendeiner wesensfremden orientalischen Sprache zustande zu bringen, als etwa eine Übersetzung aus einer lebenden europäischen Sprache, trotzdem auch dazu ein sehr viel größeres Maß von Feinsinn und sprachlicher Meisterschaft gehört, als es viele sogenannte Übersetzer heute aufzuweisen haben. Wer es sich nicht verdriesen läßt, irgendeine Version Rückerts von einem orientalischen Original genau mit dem Urtext zu vergleichen, der wird immer wieder überrascht werden von der staunenswerten Genialität, mit der Rückert alle Schwierigkeiten spielend leicht und mit einem geradezu verblüffenden Fingerglück zu überwinden verstand. Leider weiß bis auf den heutigen Tag nur der relativ kleine Kreis deutscher Orientalisten um diese Fülle glücklicher Neuschöpfungen, die Rückert in seinen zahlreichen Übersetzungen aus orientalischen Sprachen geschaffen hat; und daher kommt es auch, daß Rückert gerade unter den Orientalisten immer seine überzeugtesten Verehrer gehabt hat. Man kann leider der deutschen Orientalistik den Vorwurf nicht ganz ersparen, daß sie es bisher versäumte, Friedrich Rückerts Kunst der Übersetzung, die gerade auf orientalistischem Gebiet ihre prachtvollsten Früchte gezeitigt hat, der Allgemeinheit der deutschen Leserwelt gegenüber in das rechte Licht zu stellen und sie in allgemeinverständlicher Weise zu würdigen. Wäre das bisher geschehen, dann würde man in den deutschen Literaturgeschichten und auch in der Rückert-Literatur nicht den Wust von schiefen und abgeschmackten Urteilen über die Übersetzungen des großen Meisters finden, die sich dort noch heute allenthalben in geradezu peinlicher Weise breitmachen.

Eigentlich würde es noch zu meiner Aufgabe gehören, an dieser Stelle auch auf den Gelehrten Friedrich Rückert näher einzugehen, d.h. auf seine für ihre Zeit bei den damals herrschenden Schwierigkeiten und Mängeln des gelehrten Rüstzeugs erstaunlich vielseitige philologische Tätigkeit. Ich müßte mit anderen Worten eingehen auf den noch relativ unbekannten, genialen, überall aufbauenden Grammatiker Rückert, der sich seine Grammatiken in entlegeneren Sprachen zum Teil selber schuf, auf den mit merkwürdig großer intuitiver Begabung arbeitenden Textkritiker und Exegeten, auf den universalen tiefgründigen Kenner der Metrik fast aller damals bekannten Völker und Zeiten, auf den ungewöhnlich gründlichen Realienkenner usw.; denn alle diese Dinge gehören meiner Auffassung nach in eine Würdigung eines Übersetzers hinein. Aber auf dieses fast uferlose und heute noch so gut wie garnicht bekannte Gebiet einzugehen, geht hier leider nicht an; denn ich könnte darüber stundenlang sprechen, und es wäre ein leichtes, darüber ein dickes Buch zu schreiben, weshalb hier kurze Andeutungen hinreichen müssen.

Wir kommen jetzt zu dem Versuch einer Übersicht über die Nachdichtungen und Übertragungen, die uns Friedrich Rückert aus der Weltliteratur des Orients geschenkt hat. Aus welchen Sprachen hat denn nun Rückert, der größte Interpret orientalischer Dichtungen aller Zeiten, künstlerische Nachdichtungen und Versionen hinterlassen? Es ist nicht möglich, bei dieser Frage mit der stiefmütterlichen Einseitigkeit vorzugehen, die wir gewöhnlich in den deutschen Literaturgeschichten und in der Rückertliteratur angewendet finden. Denn Rückert ist nicht nur als Gelehrter, sondern auch als Übersetzer unendlich viel vielseitiger gewesen, als die deutsche gebildete Welt es sich bis auf den heutigen

Tag vorstellt. Ganz allgemein will ich hier im voraus bemerken, daß Rückerts fast instinktiver Drang, orientalische Dichtwerke für die deutsche Literatur zu gewinnen, sich im allgemeinen nur auf den Gebieten der orientalischen Literaturen wirksam gezeigt hat, wo er nach seiner Auffassung hochwertige literarische Dinge vorfand, die seinem bewundernswert sicheren ästhetischen Geschmack besonders zusagten. Er hat als gelehrter Sprachforscher eine viel größere Zahl von orientalischen Sprachen und Literaturen gekannt, als diejenigen, aus denen er Übertragungen ins Deutsche versuchte. Ich darf hier vielleicht einige Beispiele anführen: So hat er m.W. aus der türkischen Literatur so gut wie nichts übersetzt, weil ihm die türkische Poesie als Abklatsch der persischen und arabischen Literatur ohne Eigenleben und Ursprünglichkeit nicht zusagte. Er hat aus der koptischen Literatur, trotzdem er noch im letzten Jahrzehnt seines Lebens die koptische Sprache nach allen Richtungen mit dem größten Erfolge erforscht hat, keinerlei Übertragungen versucht. Aus der äthiopischen Sprache, als deren umfassender Erforscher Rückert heute auch in der gelehrten Welt noch gänzlich unbekannt ist, trotzdem in seinem Nachlasse gewaltige Arbeiten zur äthiopischen Grammatik vorliegen, hat er nur einzelne Verse und Strophen übersetzt, die ich in seinem handschriftlichen Coburger Nachlasse vorfand.

Bei Rückert konnte sein feines ästhetisches Empfinden bis zum Haß führen auch gegenüber berühmten Werken orientalischer Literatur, wie es z.B. bei dem Awesta, dem heiligen Buche Zarathustras, der Fall war, durch dessen trockenen Inhalt Rückert sich so abgestoßen fühlte, daß wir schon in seinem poetischen Tagebuche von 1888 scharfe Ausfälle gegen die Bibel der altpersischen Feueranbeter finden, zu denen sich noch schärfere im ungedruckten Nachlasse gesellen, die man zu den schärfsten Angriffen auf den Awesta zählen kann. Nur eine einzige Verszeile in deutscher Übersetzung habe ich bisher im handschriftlichen Nachlasse auffinden können. Endlich sei noch erwähnt, daß Rückert das eintönige Versmaß des finnischen Nationalepos Kalewala so mißfiel, daß er nie eine einzige Verszeile daraus metrisch übertragen hat, trotz des großartigen Inhalts dieses Epos. Nur eine Prosaübersetzung von Teilen des ersten Buches liegt im Berliner Nachlasse vor und aus der ganzen anderen finnischen Literatur habe ich nur die Übersetzung eines einzigen Liedes auffinden können, die nach dem Charakter der Schrift aus sehr früher Zeit stammen muß. Ähnliches gilt für das Maltesische, für das Kanaresische, für das Hawaiische und andere Sprachen, die Rückert nur als Gegenstände seiner Sprachforschungen gelernt hat. Ganz anders war es aber mit den großen Literaturen des Orients, aus denen er oft in unausschöpflicher Fülle Übersetzungen hevorzauberte, auf die wir gleich des Näheren zu sprechen kommen werden.

Wo Rückert in den weniger bedeutenden Literaturen des Orients weniger große und zahlreiche, aber immerhin einer Version würdige Werte vorfand, da holte er sie mit immer derselben Sicherheit oft auch unter dem größten Gestrüpp des überwuchernden literarisch Wertlosen heraus und machte sie dann gleich zum Gegenstande seiner überlegenen Versionskunst. Und selbst auf den wenigen Gebieten der Weltliteratur des Orients, wo er die Originalsprache nicht erlernt hatte, da genügte ihm unter Umständen eine wenn auch noch so lederne alte lateinische Prosaübersetzung, um mit genialem Einfühlungsvermögen Nachdichtungen von hohem poetischen Werte daraus zu schaffen, wie es z.B. der Fall war bei dem Schi-king, dem bekannten chinesischen Buch der Lieder. Rückert übertrug Lieder und Hymnen Ephräms aus dem Syrischen, die aber zum größten Teil, soweit ich bisher feststellen konnte, in handschriftlichem Umlauf verloren gegangen zu sein scheinen; soweit ich weiß, ist nur eine kleine Probe im poetischen Tagebuch erhalten. Er übertrug Lieder, Sprüche und Gedichte aus dem Gilanischen und Afghanischen, zwei der neupersischen Sprache nahestehenden Idiomen. In seinem Nachlasse fand ich bisher unbekannte Versionen albanesischer Spruchweisheit, ich fand hübsche Gedichte aus dem Hindustani und Hindi, zwei neuindische Sprachen, ja sogar aus dem Litauischen, Lettischen und Estnischen. Selbst an die südindischen Drawidasprachen wagte sich Rückert heran und verdeutschte aus der tamulischen Literatur, der höchststehenden aller südindischen Literaturen, einige wenige Verse, die er dem Kural des Tiruvalluvar oder Tiruvallaber, wie der Übersetzer ihn nennt, entnommen hat. Es ist auffallend, daß Rückert bei diesen Übersetzungen darauf verzichtet hat, die merkwürdige, anfangreimende Versform dieses vielleicht großartigsten Spruchgedichtes der orientalischen Literaturen in seinen deutschen Übersetzungen nachzubilden, wie es doch nachher *Karl Graul* ausgiebig getan hat. Rückert würde es jedenfalls bei seiner beispiellosen Beherrschung auch der schwierigsten Versformen sehr viel leichter geworden sein, dieses eigenartige Versgebilde für die deutsche Literatur nutzbar zu machen, als Graul, dessen Übertragungen man vielerorts die Mühe anmerkt, die ihm seine nicht gerade leichte Arbeit gemacht hat.

Kleinere Übersetzungsproben aus noch anderen orientalischen Sprachen will ich hier der Kürze halber beiseite lassen, um hier mehr Raum zu gewinnen für die Sprachen und Literaturen des Orients, denen Rückerts Interesse in einem besonders großen Maße zugewandt war. Da ist zunächst das Hebräische zu nennen und die Literatur des Alten Testamentes, woran Rückert sich in größerem Umfange versucht hat. Im Jahre 1831 erschien ein schmales Büchlein in nicht sehr glänzender Ausstattung mit dem Titel: "Hebräische Propheten, übersetzt und erläutert von Friedrich Rückert. Erste Lieferung". Es enthält Übersetzungen aus Jesaia, Hosea, Joel, Amos, Obadia, Micha, Nahum, Habakuk, Sephania, Haggai, Zacharia und Maleachi. Die zweite Lieferung, die den Kommentar enthalten sollte, ist leider nie erschienen, doch fand ich im Coburger Nachlasse einen sehr umfangreichen Kommentar vor, den Rückert seinen Vorlesungen zugrundegelegt zu haben scheint. Vor Rückert waren es fast nur Theologen oder theologisch eingestellte Übersetzer gewesen, die sich an eine Übertragung der hebräischen Propheten heranbegeben hatten. Rückert war der erste Nichttheologe unter den Deutschen, der den Versuch gemacht hat, die gewaltige Sprache der Propheten in ihrer ganzen Wucht, Schönheit und Poesie in deutscher Sprache wiederzugeben, und er war wie kein anderer vor und nach ihm dazu berufen, dieser Aufgabe so weit gerecht zu werden, wie es zu seiner Zeit mit seinen Mitteln nur möglich war. Ein so kompetenter Beurteiler, wie der Theologe *Ewald* hat denn auch von Rückerts Arbeit gesagt, er trage kein Bedenken, ihr vor allen ähnlichen Übersetzungen der neueren Zeit den Vorzug zu geben; denn keine von diesen zeige soviel Gewandtheit und soviel durchdachte Beständigkeit der Methode, keine schmiege sich so leicht und treu an das Original, wie die des deutschen Dichters. Dabei verschließt sich Ewald keineswegs ihren Mängeln und befremdenden Eigentümlichkeiten. Als solche nennt er zunächst ihre überaus große Wörtlichkeit, die sich aus dem Bestreben Rückerts erklärt, jeden fremden Glanz und Schein von der inneren Größe und Herrlichkeit der Propheten fernzuhalten und sie mit aller Treue wiederzugeben. Dabei ist manches zwar dem Hebräischen Charakteristische, im Deutschen aber Ungewöhnliche mitunterlaufen, so z.B. die vor Rückert niemals gewagte Nachbildung des sogenannten status constructus, d.h. die dem Hebräischen eigentümliche Art, das Genitivverhältnis durch bloße Stellung der Wörter auszudrücken und anderes mehr. Dem stehen auf der anderen Seite wieder erhebliche Freiheiten in der Nachbildung der großartigen Wortspiele des Originals gegenübber usw. Es ist unzweifelhaft, daß Rückerts Übertragung ihre Mängel und Härten hat, aber auch heute noch wird sich kein Leser, der diese fast vergessene Übersetzung zur Hand nimmt, der wundervollen Würde und dem unerhörten Schwunge der Sprache entziehen können, in die der Übersetzer das Original umzugießen gewußt hat. Und es scheint mir, daß es sich heute noch der Mühe lohnen würde, diese prachtvolle Übertragung unter Anpassung an die großen Fortschritte, welche die alttestamentliche Forschung in den letzten 100 Jahren gemacht hat, in einer Neubearbeitung herauszugeben. Für einen Herausgeber, der mit Pietät einen feinen ästhetischen Sinn zu verbinden wüßte, würde eine solche Neubearbeitung sicherlich eine lohnende Aufgabe sein, und das Rückertsche kleine Meisterwerk würde dann auch heute noch seinen Weg machen.

Wir kommen jetzt zu den drei eigentlichen großen Hauptgebieten der Übersetzertätigkeit unseres Dichters, auf denen er uns eine Fülle bedeutender Übertragungen gescchaffen hat, die für alle Zeiten der deutschen Sprache angehören werden. Ich meine die drei großen Gebiete der arabischen, persischen und indischen Literatur, auf denen Rückert zeitlebens mit seltener Unermüdlichkeit und Gründlichkeit tätig gewesen ist und die er in einem Umfange gekannt und beherrscht hat, wie kaum ein anderer seiner Zeitgenossen.

Wir beginnen mit Rückerts Versionen aus der arabischen Literatur, einem Gebiete von kaum übersehbarem Umfange, in einer Sprache, die man zu den schwierigsten und feinstausgebildeten des Orients zählen darf. Von jeher waren die Araber stolz auf den unerschöpflichen Reichtum ihrer Sprache, und nächst Tapferkeit galt keine Tugend ihnen höher als die Gewalt der Rede. Dem Beduinen ist es nicht nur wichtig was er sagt, sondern vor allem auch, wie er es sagt. Und ein jeder war bestrebt, sich in der Redekunst auf eine möglichst hohe Stufe des Könnens zu bringen, und auch da, wo es etwa dem ärmeren Stoff an dichterischem Gehalte gebricht, diesen Mangel durch Witz und Wortspiel zu ersetzen, und so schlingt er selbst durch die prosaische Rede den volltönenden

Reim, webt kunstvolle Verse hinein und übersät sie mit einer Fülle von Bildern, welch letztere seinem poetischen Gefühl ganz im Gegensatz zu unserem Empfinden umsomehr zusagen, je künstlicher und gesuchter sie sind. Diese Prosa fand in der Dichtungsform der Makamen, gereimter Prosa mit eingestreuten Versen, ihre höchste Ausbildung, und der größte Meister dieser höchst künstlichen Dichtungsform war Hariri, der berühmte Rhetor aus Basra, der von 1054 bis 1121 n.Chr. lebte, und der als berühmtestes Werk 50 Makamen hinterließ. Dieses Werk, in dem mit einer im Arabischen nie wieder übertroffenen Sprachvirtuosität, mit einer wahren Unerschöpflichkeit des Reims und einer Beweglichkeit der Wortspiele ohne Gleichen in zierlichster, humoristisch-spielender, geistsprühender Form die Wahrheit gepredigt wird, wurde schon zu Lebzeiten Hariri's klassisch und sein Ruhm und seine Beliebtheit bestanden durch die Jahrhunderte bis auf den heutigen Tag. Im Jahre 1822 gab nun der größte Orientalist seiner Zeit, Baron *Silvestre de Sacy*, der "Gesetzgeber der arabischen Sprachlehre", wie ihn Rückert genannt hat, das große Werk Hariri's in einer monumentalen Ausgabe heraus. Friedrich Rückert wurde mit dieser Ausgabe bekannt und begann alsbald das umfangreiche Werk nach allen Richtungen zu studieren. Bei Rückerts künstlerischer Veranlagung war es unausbleiblich, daß die exzentrische Sprachkunst Hariris ihn reizen mußte, die fast unüberwindliche Aufgabe zu versuchen, es deutsch nachzubilden, und so entstand nach und nach jene großartige Nachdichtung, deren erster Teil im Jahre 1826 unter dem bekannten Titel: "Die Verwandlungen des Ebu Seid von Serug, oder die Makamen des Hariri", in freier Nachdichtung von Friedrich Rückert mit reichen Anmerkungen versehen erschien. Erst im Jahre 1837 konnte das ganze Werk unter Weglassung einzelner Makamen und des größten Teils der Anmerkungen vollständig das Licht der Welt erblicken. Rückert selber hat im Vorwort über die Entstehung seines Werkes Auskunft gegeben. Es war vor allen Dingen die Nachbildung der eigentümlichen, uns Deutschen bis dahin völlig fremde Form, worauf es Rückert abgesehen hatte. Er sagte einmal:

"Meine Arbeit gibt sich für keine Übersetzung, sondern für eine Nachbildung. Die Grundsätze, nach denen man Homer und Shakespeare verdeutscht, sind, wie jetzt noch die Sachen stehn, auf einen arabischen Dichter kaum anwendbar. Dazu gehört eine nähere Verwandtschaft oder eine innigere Aneignung eines fremden Bildungskreises, als deren wir bis jetzt uns in Bezug auf den Orient rühmen können. Hoffentlich wird auch für die größeren orientalischen Kunstwerke einmal die Zeit kommen, wo sie in treuer Übertragung in unsere, jeder Erweiterung empfängliche, Sprache aufgenommen werden können, ob aber sobald oder überhaupt jemals für Hariri, zweifle ich. Ich denke, er wird immer, wie jetzt, unübersetzbar bleiben, nicht wegen der Schwierigkeit der Form, zu deren Überwindung eben hier ein Anfang gemacht ist, noch auch wegen mancher Einzelheit des Inhalts, die vom jetzigen Bearbeiter unterdrückt oder verändert, gar wohl einmal einem zugewöhnteren Publikum ohne Anstoß würde geboten werden können, sondern weil der Kern selbst, der Mittelpunkt vieler seiner Makamen etwas ist, das an der Originalsprache haftet, und mit dieser wegfällt. In solchen Fällen habe ich mir mit allerlei Stellvertretungen zu helfen gesucht. ... Dasjenige aber, dem von keiner Seite beizukommen war, habe ich weggelassen. Doch ist des Weggebliebenen verhälnismäßig nur wenig."

Rückert fährt dann fort: "Über den Geist des Buchs sage ich nichts; wenn es einen hat, wird er sich dem Leser am Ende von selbst darstellen. Vielleicht aber sollte ich noch ein Wort sagen zur Entschuldigung der unendlichen Wort- und Klangspiele, der gereimten Prosa, der übertriebenen Bilder, des spitzfindigen überkünstlichen Ausdrucks, kurz alles dessen, was man den falschen orientalischen Geschmack nennen kann. Doch deutsche Leser sind schon an so viele Geschmäcke gewöhnt, daß ich ihnen auch diesen bieten zu dürfen glaubte und zwar [eine für Rückerts ganze Übersetzertätigkeit charakteristische Bemerkung!] in seiner ganzen Schärfe, ohne Milderung und Abstufung. Die Aufgabe war, zu zeigen, daß auch in dieser ausschweifenden Form ein Geist wohne, und zwar ein solcher, der eben nur in dieser Form sichtbar werden konnte."

Zur Würdigung eines so überragenden Sprachkunstwerks, wie es der Rückertsche Hariri ist, sind heute auch hundert Jahre nach seinem ersten Erscheinen kaum die ersten Ansätze vorhanden. Sie werden in allen deutschen Literaturgeschichten und in der Rückertliteratur kaum eine Stelle finden, wo auch nur der Versuch gemacht würde, dem außerordentlichen Geiste dieses Werkes gerecht zu werden, in dem die deutsche Sprache wie nie wieder vor und nachher auf den denkbar höchsten und ungeahnt hohen Gipfel ihrer Leistungsfähigkeit getrieben wurde, den keine andere europäische Sprache je wird erreichen können. Das Beste über Rückerts Meisterwerk enthält noch immer die kühle Besprechung, die der Orientalist *Friedrich Rosen* 1827 in den Jahrbüchern für wissenschaftliche Kritik gegeben hat. Rosen stellt da schon fest, daß Rückert den großen Sprachmeister Hariri in seiner deutschen Nachbildung an Sprachgewandtheit noch erheblich überboten hat. Er sagt: "Als wesentliches Erfordernis, um den Gesamteindruck des Originals wiederzugeben, behält er vor allen Dingen in der Erzählung die eigentümliche Form der gereimten Prosa bei. Durch zu große Länge der reimenden Glieder (des Originals) würde der hierdurch bezweckte Wohllaut wirkungslos verhallen. Herr Rückert sah sich deswegen genötigt, in der silbenreicheren Übertragung die Anzahl der Reime zu vermehren, und öfters ein gereimtes Glied des Originals in der Nachbildung in mehrere zu zerlegen."

So hat denn Rückert das arabische Vorbild mit seiner Nachbildung zu einem einzigartigen Kunstwerk deutscher Sprache umgeschaffen, das für ewige Zeiten in der deutschen Literatur seinen durchaus eigenartigen Platz behaupten wird, und von dem kein geringerer als *Karl Rosenkranz* mit Recht gesagt hat, es habe für die deutsche Sprache Epoche gemacht. Es ist angesichts dieser Tatsachen als seltsam zu bezeichnen, daß man in Deutschland ein solches Werk so weit vernachlässigen, ja vergessen konnte, daß seit mehr als einem halben Jahrhundert keine selbständige Neuausgabe veranstaltet worden ist. Es ist wahrhaftig an der Zeit, daß sich endlich ein Fachmann, und zwar möglichst ein auch ästhetisch feingebildeter Arabist findet, der diese Neuausgabe herausbringt, und sie einleitet mit einer ausführlichen allgemeinverständlichen Würdigung, die es versucht, die

Einzigartigkeit dieser Dichtung der breiten deutschen Leserwelt einmal näher zu bringen. Er müßte zugleich dafür Sorge tragen, daß ein solches Meisterwerk in einer äußeren Ausstattung erschiene, die es seinem ganzen Charakter nach verlangen müßte, um unserem durch die gegenwärtige hohe Entwicklung der deutschen Buchkunst verwöhnteren Geschmack auch äußerlich zu entsprechen. Und das durch die vielen Gedankenstriche zerrissene Druckbild der deutschen Nachbildung könnte m.E. unter erheblicher Raumersparnis typographisch-ästhetisch dadurch bedeutend gehoben werden, daß man die horizontalen Gedankenstriche durch schräggestellte Vertikalstriche ersetzen würde, wie wir sie aus älteren deutschen Drucken kennen und wie wir sie heute speziell in bibliophilen Drucken mit großem Erfolg wieder angewendet sehen. Auch die Lesbarkeit des ganzen Werkes würde meiner Ansicht nach dadurch bedeutend gehoben werden und zur Popularisierung desselben erheblich beitragen können. Hoffen wir, daß sich bald ein Verleger und vor allem ein Bearbeiter findet – vielleicht entschließt sich unser feinsinniger Semitist und Rückertfreund, Herr Professor *Grimme*, noch mal dazu –, diesen schönen Plan zur Wirklichkeit werden zu lassen.

Im Jahre 1843 trat Rückert hervor mit einer zwar weniger umfangreichen, aber meisterlichen Übertragung: "Amrilkais, der Dichter und König. Sein Leben dargestellt in seinen Liedern. Aus dem Arabischen übertragen." Amrilkais oder Imru'ul-Qais, wie man ihn heute für gewöhnlich schreibt, entstammte als Sohn eines Beduinenfürsten königlichem Blute; er wurde um 500 n.Chr. geboren und starb nach einem Leben voller Abenteuer in Ankyra. Er ist der gefeiertste vorislamische Dichter der Araber und war ein Günstling Justinians, ein Dichter voller Leidenschaft und Naturgefühl, in dessen prächtigen Gedichten das rein menschliche Moment so stark zu uns spricht, wie aus kaum einem anderen arabischen Gedichte. Friedrich Rückert hatte den hohen poetischen Wert seiner Dichtungen mit sicherem Blick erkannt und übertrug den Diwan des arabischen Dichters in der Weise, daß er feinsinnig das Beste seiner Dichtungen auswählte, allzu lange Gedichte kürzte oder in selbständige Teile zerlegte, Unübersetzbares und Störendes wegließ und dann die ausgewählten Übertragungen mit eingestreuten reichlichen Anmerkungen zu einem farbenprächtigen Lebensbilde des Amrilkais gestaltete. Daß in seiner äußeren Ausstattung unansehnliche Bändchen war in einigen Jahren vergriffen, erschien jedoch nicht in neuer Auflage, da Rückert infolge schlechter Erfahrungen eine immer größere Abneigung gegen das Publizieren empfand, und außerdem mit größeren Arbeiten beschäftigt war, die ihm, wie man annehmen mußte, nicht die nötige Muße zur Herausgabe ließen. Und doch hat Rückert die zweite Auflage vorbereitet; denn ich fand vor einigen Jahren im Coburger Nachlasse das Amrilkais-Handexemplar des Übersetzers, das sich bei näherem Zusehen als eine durch zahlreiche Bleistiftnotizen und Zusätze auf eingelegten Zetteln vermehrte abgeschlossene Neubearbeitung des schönen kleinen Werkes erwies, die ich im Jahre 1924 im Verlage der Orientbuchhandlung Heinz Lafaire in Hannover in würdigerer Ausstattung herausgegeben habe.

Im Jahre 1846 erschien eine weitere Übersetzung Rückerts aus der arabischen Literatur, in zwei großen Bänden, mit dem Titel: "Hamasa oder die ältesten arabischen Volkslieder, gesammelt von Abu Temmam, übersetzt und erläutert", ein Werk, das einmal als erstaunliche wissenschaftliche Leistung, dann als künstlerisches Produkt sich dem Hariri zum mindesten ebenbürtig an die Seite stellt, wenn er ihn nicht gar überragt. Das Letztere gilt allerdings mehr in Bezug auf die wissenschaftliche Leistung, denn der künstlerische Charakter des Werkes unterscheidet sich wesentlich von dem des Hariri insofern, als die Hamasa im Gegensatz zum Hariri weniger eine Nachbildung als eine wörtliche metrische Übersetzung darstellt. Die riesige Sammlung umfaßt im ganzen 861 Lieder, darunter Heldenlieder, Totenklagen, Sprüche der feinen Sitte, Liebeslieder, Schmähgedichte, Gast- und Ehrenlieder, Beschreibungen, Scherze, Weiberschmähungen und anderes mehr. Fast jedes Lied hat Rückert mit Anmerkungen versehen, die sich manchmal zu kleinen wissenschaftlichen Abhandlungen auswachsen. Es gibt kein Werk in der deutschen Literatur, aus dem sich der Leser eine getreuere Vorstellung des altarabischen Lebens, Treibens und Fühlens machen könnte, als dieses große Werk Rückerts, das er selber in seiner 1828 entstandenen Ermutigung zur Übersetzung der Hamasa feinsinnig charakterisiert hat. Man hat dem Werke Eintönigkeit vorgeworfen, doch hat man dabei wohl das Wort Rückerts: "Die Poesie hat hier ein dürftiges Leben" vergessen und außer Acht gelassen, daß diese Eintönigkeit, nicht selten Wiederholungen und manches andere Befremdende nicht der Übersetzung zur Last fallen, sondern im Originale selbst bedingt sind, das in immer neuen Variationen und Wiederholungen den engen Kreis des altarabischen Beduinenlebens schildert. Auch dieses umfangreiche Meisterwerk, das heute auf dem Büchermarkte selten geworden ist, hätte längst eine Neuausgabe verdient. Vielleicht wäre unter heutigen Verhältnissen eine sichtende Auswahl des Schönsten daraus unter Kürzung der Anmerkungen das Gegebene, wenn man weitere Kreise dafür zu interessieren beabsichtigte.

Noch aus dem Nachlasse wurde im Jahre 1888 eine Auswahl-Übertragung des Korans, der muhammedanischen Bibel, veröffentlicht, die leider auch, wie so manches andere Werk Rückerts, zu wenig bekannt geworden ist. Mit seinem feinen Sprachsinn erkannte Rückert, daß in der Prosa des Korans ein bestimmter Rhythmus liege, und das veranlaßte ihn, seine Übersetzung in längeren und kürzeren jambischen Reihen abzufassen und damit der deutschen Leserwelt einen getreueren Eindruck auch von der formellen Seite des berühmten Religionsbuches zu vermitteln. erst in allerneuerster Zeit ist der schon genannte Arabist unserer Universität, Herr Professor Grimme, über den Versuch Rückerts hinausgegangen, hat eine noch genauere Nachbildung des Prosarhythmus der Suren des Korans versucht und im Vorworte von der Übertragung Rückerts in gerechter Würdigung gesagt, daß sie vor allen anderen deutschen Übertragungen des Korans den Vorzug verdiene. Eine eingehendere allgemeinverständliche Würdigung der Verdienste Rückerts um die Verdeutschung der islamischen Bibel durch einen Fachmann wäre auch dringend zu wünschen. Angesichts der eben besprochenen großen Übersetzungen Rückerts aus dem Arabischen, die allein schon das Lebenswerk eines nur-Arabisten erfüllen könnten, sollte man nicht vermuten, daß sich in dem handschriftlichen Nachlasse Rückerts noch weitere Übersetzungsarbeiten zur arabischen Literatur finden könnten, und doch ist dies in unerwartet großem Umfange der Fall. Ohne irgendwie vollständige Angaben an dieser Stelle machen zu können und zu wollen, möchte ich hier nur zwei unbekannte, aber druckfertige Werke nennen, die ich selber auffinden konnte. Die eine und kleinere von beiden ist eine Übersetzung von hundert ausgewählten Sprüchen und Sinngedichten aus dem großen Werke des arabischen Biographen Ibn Challikan. Eine Herausgabe dieser Arbeit habe ich vorbereitet, und hoffe sie noch in diesem Jahre veröffentlichen zu können. Sie wird, soweit ich sehe, die erste und einzige künstlerische Übertragung in deutscher Sprache aus dem Werke des genannten Biographen sein, die wir bis auf den heutigen Tag besitzen. Die zweite sehr umfangreiche Arbeit ist eine großartige metrische Übertragung arabischer Spruchweisheit, aus deren unerschöpflicher Fülle wir ebenfalls bis heute m.W. kaum nennenswerte Verdeutschungen besitzen, jedenfalls keine, die sich an künstlerischer Qualität und an Umfang auch nur entfernt mit der Arbeit unseres Dichters messen könnte. Das druckfertige Manuskript umfaßt nicht weniger als 1200 Versionen altarabischer Sprichwörter und Sinngedichte, denen sich in einem Anhange weitere 400 Verdeutschungen neuarabischer Sprüche anschließen. Rückert als der bedeutendste Didaktiker der deutschen Literatur zeigt sich bei diesen Verdeutschungen der seinem Geschmack ganz besonders zusagenden und aufs Feinste ausgebildeten arabischen Spruchweisheit überall so sehr auf der Höhe seiner Kunst, daß ich selber dieses Werk unbedenklich zu dem Wertvollsten rechne, das Rückert uns aus dem Arabischen geschenkt hat. Die Herausgabe dieser an Schönheit überreichen Arbeit habe ich ebenfalls vorbereitet. Sie wird, wenn sie demnächst und in einem stattlichen Bande vorliegt, zugleich eine äußerst wertvolle Bereicherung der Sprichwörterliteratur bilden und auf Interesse in der deutschen Leserwelt rechnen können. – Hiermit möchte ich Arabien verlassen, da es unmöglich ist, auch noch auf die vielen Materialien einzugehen, die Rückert aus dem Bereiche des Arabischen in freier poetischer Gestaltung seinen zahlreichen orientalisierenden Werken und Dichtungen einverleibt hat, und mich gleich einer anderen großen Domäne Rückertscher Übersetzertätigkeit zuwenden: der neupersischen Literatur.

Die neupersische Literatur, an Umfang hinter der arabischen sicher nicht zurückstehend, ist speziell in ihrem poetischen Teile außerordentlich reich an epischen, romantischen, didaktischen, mystischen und lyrischen Dichtungen, die sich durch elegante künstlerische Formen, großen Bilderreichtum, durch sinnreiche Wortspiele, wunderbar abgeklärte Spruchweisheit und geistvollen Witz auszeichnen. Dabei ist sie verfaßt in einer sehr wohlklingenden wort- und bilderreichen Sprache, die bis auf den heutigen Tag im ganzen mohammedanischen Orient als die Sprache der Poesie und der feinen Bildung ihre Vorherrschaft durch die Jahrhunderte behauptet hat. Rückert, der diese schöne Sprache 1818 in Wien von dem berühmten Orientalisten *von Hammer-Purgstall*, wie er selbst mal berichtet, "auf den Flug" erlernte, arbeitete sich, angezogen von den großen Schönheiten der persischen Poesie, in erstaunlich kurzer Zeit so tief in das Verstehen der persischen Welt hinein, daß er bald als einer der tiefsten Kenner der persischen Sprache und Literatur seiner Zeit galt. Anfangs freilich beschäftigte sich Rückert mehr dilettantisch mit der persischen Poesie, indem er nach dem Muster Goethes ältere Übersetzungen vornahm und diese mit ungewöhnlicher künstlerischer Intuition zu formschönen poetischen Nachbildungen umschmiedete, ohne persische Originale dabei zu benutzen. So entstanden z.B. die frühen Ghaselen im Stile des persischen Mystikers Dschelal-ed-Din Rumi, die zum Schönsten gehören, was Rückert an Poesie überhaupt geschaffen hat. Die kunstvolle Dichtungsform des Ghasels führte er damit als erster, auch noch vor *Platen*, in die deutsche Literatur ein. So entstanden weiter die "Östlichen Rosen", die an Reichtum und Pracht orientalischen Kolorits nicht nur Platens formvollendete Ghaselen, sondern auch Goethes "Westöstlichen Diwan" erheblich übertreffen. – Schon früh aber wandte sich Rückert, wie es bei seiner philologischen Gründlichkeit und seinem allumfassenden Forscherdrange nicht anders möglich war, dem Studium der persischen Originale zu und entwickelte auf diesem weiten Gebiete eine so umfassende Übersetzertätigkeit, daß ich es mir im Rahmen dieses Vortrages versagen muß, auch nur annähernd vollständige Angaben darüber zu machen. Vielmehr muß ich mich damit begnügen, hier in aller Kürze nur einige seiner bedeutendsten Versionen aus der neupersischen Literatur zu behandeln.

Am Anfange der neupersischen Literatur steht in einsamer Größe der bedeutendste Epiker des Orients, Firdusi, der "Paradiesische", mit seinem grandiosen Epos "Schahnameh", dem persischen Königsbuche, einem Riesengedicht von über 60 000 Doppelversen, das an Umfang die Ilias Homers um mehr als das Doppelte übertrifft. Rückert arbeitete das gewaltige Werk in der Ursprache durch, und als erste poetische Frucht entstand die kunstvolle deutsche Nachbildung der herrlichen Episode "Rostem und Sohrab" der bekannten persischen Parallele unseres Hildebrandliedes. Rückert schuf daraus ein Epos von hoher dichterischer Schönheit und wandte dafür als epischen Vers den von ihm viegeliebten Alexandriner an, den er hier mit vollendeter Meisterschaft handhabt. Von seinem eindringenden Studium des persischen Epos legte Rückert zuerst im Jahre 1854 und 56 in der Zeitschrift der Deutschen Morgenländischen Gesellschaft Zeugnis ab in einer berühmt gewordenen fast 300 Seiten umfassenden kritischen Rezension der großen Pariser Schahnameh-Ausgabe des deutschen Gelehrten *Julius Mohl*, die Rückert noch 16 Jahre nach deren Erscheinen drukken ließ, und die zum Gründlichsten gehört, was jemals an gelehrtem Material über das persische Nationalepos beigebracht worden ist. Umfangreiche Arbeiten, die davon Zeugnis ablegen, daß Rückert neben einer deutschen metrischen Übersetzung auch eine kritische Ausgabe des Riesenwerkes geplant hat, befinden sich noch ungedruckt in der preußischen Staatsbibliothek Berlin. Es entsprach Rückerts ganzer Arbeitsmethode, daß er wahrscheinlich schon in den dreißiger Jahren des vorigen Jahrhunderts, künstlerischem Drange folgend, die schönsten Partien des persischen Epos ins Deutsche zu übersetzen suchte, indem er nach und nach mit Bleistift in flüchtigen Zügen fast das halbe Werk in deutscher

Übersetzung an den Rand der von ihm benutzten Ausgaben und Manuskripte schrieb und damit die umfassendste metrische Übertragung schuf, die wir in deutscher Sprache haben, wenn auch die schwungvolle Version des Grafen *von Schack* in Deutschland bekannter geworden ist, schon aus dem Grunde, weil Rückerts Übersetzung fast vierzig Jahre nach der von Schack erschien und von E.A. Bayer erst zu Anfang der neunziger Jahre in drei Bänden herausgegeben wurde. Bewundernswert ist bei dieser Übersetzung wiederum der feine Spürsinn Rückerts für alles poetische Große und Schöne, der mit Sicherheit überall die schönsten Teile in dem Urwalde des persischen Werkes aufzufinden und zum unvergänglichen Eigentum der deutschen Literatur zu machen wußte. In merkwürdiger Verkennung der Tatsachen findet man vielerorts in der deutschen Literaturgeschichte und auch in der Rückert-Literatur ausgesprochen, daß in Bezug auf Originaltreue und Wörtlichkeit die Version des Grafen von Schack die Rückertsche übertreffe. Dieser Irrtum scheint durch eine Verwechslung der Firdusi-Übersetzung Rückerts mit dem freieren Epos "Rostem und Sohrab" inauguriert worden zu sein, ohne auch indessen für das letztere immer zuzutreffen. Noch weniger gilt das für die hier besprochene großartige Schahnameh-Version Rückerts, von der jeder Kenner des persischen Originals seit ihrem Erscheinen weiß, daß sie durchweg von einer verblüffenden Wörtlichkeit ist im Gegensatz zu der Übersetzung Schacks, einer Wörtlichkeit, die umso bewundernswerter ist, da Rückert es mit einer Gewandtheit ohne gleichen verstanden hat, den Inhalt der langen Verse des Originals in meist sehr viel kürzere deutsche Verse zu bannen, die die herbe Größe des Originals auf das Glücklichste wiedergeben.

Neben der epischen Dichtung mußte Rückert ganz besonders die außerordentlich hoch entwickelte didaktische Dichtung der Perser zusagen, die in dem Dichter Saadi, dem Verfasser des berühmten "Rosengartens" oder "Gulistan" und des "Bostan", ihren Höhepunkt erreichte. Diesem gefeierten Dichter des Orients, dessen Verse heute noch in Persien in aller Munde sind, hat denn auch Rückert sein besonderes Interesse zugewandt. Freilich hat er zu seinen Lebzeiten von seinen Saadi-Übersetzungen nur weniges veröffentlicht, vielmehr ist fast alles erst lange Jahre nach seinem Tode aus seinem Nachlasse herausgegeben worden. So gab im Jahre 1882 der Orientalist *Wilhelm Pertsch* als erste und wohl schönste Probe die Übersetzung des "Bostan" heraus, in der Rückert, der gerade dieses sein Werk mit Recht als besonders gelungen betrachtete, mit höchst glücklichem Griff als Ersatz für das lange, getragene Versmaß des Originals "Mutakarib" den sechfüßigen Jambus anwandte. Diese Übertragung Rückerts ist zweifellos die wertvollste und schönste in deutscher Sprache von dem tiefsinnigen Werke Saadi's, das in 10 Pforten eingeteilt über Gerechtigkeit und gutes Regiment, über Wohltätigkeit, über Liebesrausch und Schwärmerei, über Demut und Ergebung, über Genügsamkeit, Zucht und Lehre, über Dank, Buße und Bekehrung in wunderbarer Sprachformung abgeklärte Lebenswahrheiten enthält. Übersetzungen aus dem "Gulistan" oder "Rosengarten", dem auch in Europa bekannteren Werke Saadi's, veröffentlichte E.A. Bayer 1894 in der Zeitschrift für vergleichende Literaturgeschichte. Leopold Hirschberg hat sie in seiner Rückertnachlese 1910 wieder abgedruckt, worin sie über 60 Druckseiten umfassen. Auch hier wieder bestätigt sich der feinauswählende Sinn Rückerts, der alle schönsten Verse der umfangreichen Dichtung Saadi's für sein Werk in klassischer Weise verwertet hat. Schon im Jahre 1892 gab derselbe Herausgeber E.A. Bayer ein Buch mit dem Titel "Aus Saadis Diwan" von Friedrich Rückert heraus, das eine reiche Auswahl von Übersetzungen in verschiedenen Versmaßen enthält. Das Buch erlebte eine sogenannte Titelauflage, und ist heute längst vergriffen. Verhandlungen, die ich schon vor zwei Jahren mit Verlegern wegen einer Neuausgabe führte, sind ergebnislos verlaufen. Endlich gab Bayer im Jahre 1894 Rückerts Übersetzung von "Saadis politischen Gedichten" heraus mit einer ausführlichen Einleitung über Saadis Leben und Werke. Von dieser reichhaltigen Auswahl gilt dasselbe, was von den anderen Ausgaben Bayers gesagt werden konnte. Als ein Mangel aller Buchausgaben der Werke Rückerts von E.A. Bayer erscheint mir der wenig glückliche Griff, den vor Bayer auch schon andere Rückertherausgeber gemacht haben, daß er nämlich die Rückertsche Orthographie nicht oder nur wenig modernisiert hat. Der große Übersetzer hat zeitlebens, meist aus wechselnden sprachhistorischen Erwägungen heraus, mit der deutschen Orthographie auf dem Kriegsfuße gestanden und sie mit einer Willkür behandelt, die geradezu beispiellos ist und die dem ständig in Gewissensnöte geratenden Entzifferer von Rückerts oft schwer lesbaren Nachlaßpapieren viel Sorge und Qual bereitet. Die Willkür der Orthographie gerade in den selbständig erschienenen Übersetzungswerken Rückerts trägt erheblich dazu bei, im Verein mit der Fremdheit der behandelten Stoffe den interessierten Leser von der Lektüre abzuschrecken, weshalb man Neuausgaben von Rückerts Übersetzungswerken aus dem Persischen schon lange als dringende Desiderate empfunden hat.

An der Spitze der persischen Lyrik steht der große Hafis, der in seinem Diwan speziell die Kunstform des Ghasels auf die Höhe ihrer Vollendung brachte, und dessen Name seit dem Erscheinen von Goethes "Westöstlichem Diwan" im Abendlande ähnlich bekannt und berühmt geworden ist, wie er es im Morgenlande schon immer war. Schon bei Rückerts "Östlichen Rosen" hat der große Perser, wenn auch nur indirekt, wie schon erwähnt, Pate gestanden. Daß aber auch das persische Original des hafisischen Diwans den großen Übersetzer durch das ganze Leben hindurch als Lieblingsbuch begleitet hat, in dem er noch in den letzten Tagen vor seinem Tode las und studierte, ist nicht nur in der literarischen, sondern auch in der fachwissenschaftlichen Welt bis heute relativ unbekannt geblieben. Die lebenslange Beschäftigung Rückerts mit dem persischen Hafis trug als Frucht formvollendete Übertragungen der in ihrer Feinheit fast unübersetzbaren Ghaselen des persischen Lyrikers. Diese Versionen, die zu den besten in deutscher Sprache gehören und die metrische Form der Originale auf das Feinste nachbilden, haben ein merkwürdiges Schicksal gehabt. Zuerst veröffentlichte *Lagarde* 1877 an sehr versteckter Stelle schon etwa 40 Ghaselen und einige Vierzeiler. 1888 gab die Tochter des Dichters, Marie Rückert, in ziemlich verunglückter Edition eine Reihe weiterer Vierzeiler im "Poetischen Tagebuch" heraus. Trotzdem blieben diese schönen Übertragungen so unbekannt, daß sie selbst in unseren maßgebenden persischen Literaturgeschichten unter den bibliographischen Nachweisen meistens nicht mal erwähnt werden. Ein großes Hafismanuskript Rückerts galt seit den achtziger Jahren als verschollen, bis es mir vor einigen Jahren gelang, es in Frankfurt a. Main wiederzuentdecken. Ich fand in dem Manuskript neben Hunderten heute noch unveröffentlichter zierlich übertragener Einzelverse von Hafis noch die Übertragungen von über vierzig Versionen ganzer Ghaselen, die ich mit den von Lagarde schon früher veröffentlichten in einer hübsch ausgestatteten Ausgabe im Hyperion-Verlage zu Weihnachten 1926 herausgeben konnte. In der Einleitung zu dieser Ausgabe habe ich zum ersten Male das Verhältnis Rückerts zu Hafis genauer darzustellen versucht und in den beigefügten Noten die ersten Anmerkungen veröffentlicht, die wir von Rückerts Hand zu den Dichtungen des Hafis besitzen.

Bekanntlich spielte die überragende Gestalt Alexanders des Großen in der vorderasiatischen Überlieferung eine bedeutende Rolle. Die mächtige persische Phantasie umrankte die große historische Persönlichkeit des Makedonenkönigs mit dem Nimbus des Wunderbaren und trieb dabei unbekümmert um geschichtliche Wirklichkeit die merkwürdigsten und schönsten Blüten. Einer der sieben großen persischen Klassiker Nizami gestaltete in einem großen romantischen Epos, dem "Iskander-Nameh" oder Alexanderbuche, die Alexandersage poetisch. Rückert übersetzte in meisterhafter Weise große Stücke aus diesem Werke, die neuerdings Leopold Hirschberg in seiner reichhaltigen Rückert-Nachlese wieder zugänglich gemacht hat.

Der letzte große persische Klassiker ist Dschami, ein unendlich vielseitiger und fruchtbarer Dichter, dessen dichterisches Gesamtlebenswerk man mit Recht als eine Universal-Zusammenfassung der gesamten persischen Poesie mit allen ihren Gattungen bezeichnet hat. Schon 1828 gab Rückert Proben von Übersetzungen aus Dschami's romantischem Gedicht "Jusuf und Suleicha". Im Jahre 1844 begann er mit der Publikation seiner Auswahl-Übertragung aus Dschami's Diwan in der Zeitschrift der Deutschen Morgenländischen Gesellschaft, worin das Riesenwerk in Abständen und in bedauerlicher Zerstückelung nach und nach in einem Zeitraum von über 14 Jahren erschien, und deshalb eigentlich nie recht zur Geltung gekommen ist. Leopold Hirschberg hat das Verdienst, das große Werk in seiner Rückert-Nachlese zum ersten Male geschlossen abgedruckt zu haben, aber leider ist auch Hirschbergs Rückert-Nachlese als Privatdruck erschienen und hat deshalb nicht die Verbreitung gefunden, die wünschenswert gewesen wäre. Das kolossale Übersetzungswerk aus Dschami könnte nur dann voll zur Geltung kommen, wenn es für sich allein von berufener Seite mit einer guten Würdigung als Einleitung herausgegeben würde, und es würde dann einen stattlichen Band füllen. Rückert schuf die Übersetzung nach persischen Handschriften der Bibliothek in Gotha, die er sich zunächst für den eigenen Gebrauch abschrieb und textkritisch mit der ihm eigenen Gründlichkeit bearbeitete. Große Gelehrsamkeit und eine ans Fabelhafte grenzende Kunst der Wiedergabe auch der schwierigsten Formen und Metren steckt in diesem monumentalen Werke, das auch dann für immer eine Glanzleistung der deutschen Übersetzungsliteratur darstellen wird, wenn es auch bislang so gut wie gar keine Beachtung und Würdigung gefunden hat.

Weil es nur in einer trockenen Aufzählung möglich wäre, und weil die Zeit schon vorgeschritten ist, muß ich hier davon absehen, weiter auf die vielen kleineren und größeren Übersetzungen einzugehen, die Rückert noch außer den genannten aus der neupersischen Literatur geschaffen hat, und die zu einem großen Teile noch ungedruckt im Berliner Nachlasse liegen. Vielmehr muß ich weitereilen, um Ihnen in großen Zügen noch zum Abschluß einen Überblick zu geben über diejenige Provinz Rückert'schen Kunstschaffens, der der Übersetzer vielleicht den größten Teil seiner Zeit und seiner Arbeitskraft sein langes Leben hindurch gewidmet hat: zu Indien mit seiner Sanskritliteratur.

Wann Rückert das Studium des Sanskrit begonnen hat, ist heute noch nicht mit Sicherheit festzustellen. Die Anregung dazu hat er jedenfalls durch *Friedrich Schlegels* 1808 erschienenes berühmtes Buch: "Über die Sprache und Weisheit der Inder" erhalten, das schon auf seine "Dissertatio de idea philologiae" von Einfluß gewesen ist. Wahrscheinlich wird er in der ersten Hälfte der zwanziger Jahre des vorigen Jahrhunderts mit dem Studium des Sanskrit begonnen haben. Leicht ist selbst einem Sprachgenie vom Ausmaße Rückerts das Studium dieser Sprache nicht geworden, denn er schreibt einmal im Jahre 1830 an den Begründer der vergleichenden Sprachwissenschaft *Franz Bopp* über das Sanskrit: "Es ist eine verwetterte Sprache, und diese Generation wird sie nicht, noch nicht bändigen, so strenge wir auch gegen uns selbst und gegen andere sind, was Not tut." Dieses Selbstzeugnis Rückerts ist umso verständlicher, da der Dichter im Gegensatze zu allen anderen zeitgenössischen Sanskritisten, die sich ihre Weisheit aus Paris bei englischen Lehrern holten, die Sanskrit-Sprache mit relativ primitiven Hilfsmitteln autodidaktisch erlernte. Seine Hilfsmittel mußte er sich, da ihm das Geld fehlte, die damals sehr teueren Drucke und Lexika zu kaufen, durch zum Teil riesige Abschriften selber schaffen. Trotz aller Schwierigkeiten hat sich Rückert – wie Leibnitz ein universeller Kenner und Könner auf den heterogensten Gebieten –, bei seiner fabelhaften sprachlichen Begabung, seiner ungeheueren Arbeitskraft und seinem eisernen Fleiß so schnell in die schwierige Sprache hineingefunden, daß er sich trotz aller Hemmnisse in kurzer Zeit zu einem Indologen von europäischem Ruf emporschwang.

Der Mangel an historischen Daten in der indischen Literaturgeschichte läßt es mir hinsichtlich der Einteilung und Anordnung des Stoffes ratsam erscheinen, dem sachlichen Einteilungsprinzip, wie es sich notgedrungen in der Sanskritliteraturgeschichte eingebürgert hat, vor einer chronologischen Aufzählung der einzelnen Schriften Rückerts zur indischen Literatur den Vorzug geben, weil damit eine größere Übersichtlichkeit des Ganzen erreicht wird. Und so muß ich hier beginnen mit den altindischen Veden, jenen altehrwürdigen Religionsbüchern der Inder, die Rückert erst in seinen späteren Lebensjahren kennenlernte. Vorwegnehmen muß ich hier die Tatsache, daß es bis nach 1920 selbst in Fachkreisen so gut wie gänzlich unbekannt war, daß Rückert den Veda überhaupt gekannt hat, geschweige, daß er ihn philologisch nach allen Richtungen durchforscht und große Teile davon übersetzt hat, die bis auf den heutigen Tag ungedruckt im Nachlaß liegen. Der Rückertabschnitt in der großen 1917 erschienenen Geschichte der Sanskritphilologier von Windisch erwähnt Rückerts Kenntnis des Veda mit keinem Worte und gehört ohne Zweifel zu den dürftigsten Kapiteln des ganzen sonst so gründlichen Werkes. Im Coburger Nachlasse konnte ich eine mir heute ihrem Umfange nach noch nicht übersehbare Masse von klassischen Übersetzungen aus dem Rigveda auffinden. Weiter zahlreiche Versionen von Liedern des Samaveda, ja sogar aus dem Yadschurveda. Zu meiner großen Freude entdeckte ich auch in einem dicken Konvolut ohne Titelblatt die seit Jahren von mir vergeblich gesuchte wundervolle Übersetzung des Atharvaveda, des Veda der Zaubersprüche, dieses als Quelle ältesten altarischen Volksglaubens vielleicht wichtigsten Denkmals der Weltliteratur. Rückerts meisterhafte Arbeit umfaßt in charakteristischer Auswahl des Wertvollsten etwa ein Drittel des Originals und ist mit umfangreichen gelehrten Anmerkungen versehen, die überall auf eigenem gründlichen Studium des Dichters beruhen.Die Übersetzung des Atharvaveda, die umfangreichste und kunstvollste deutsche, die wir von dem schwierigen und vielfach heute noch rätselhaften Originale besitzen, habe ich im Jahre 1923 herausgegeben. Es handelt sich bei allen Vedaübersetzungen Rückerts nicht um Nachdichtungen, sondern um wirkliche Übersetzungen, die den Ton und die Form des Originals bis in die feinsten Feinheiten genau treffen, wie es keinem Vedaübersetzer vor und nach Rückert je wieder besser gelungen ist.

Zahlreiche ungedruckte metrische Verdeutschungen von Strophen aus den Brahmana's und Upanischads erwähne ich nur im Vorbeigehen, um gleich zu den beiden großen altindischen Epen Mahābhārata und Rāmāyaṇa überzugehen,die Rückerts Aufmerksamkeit sogleich erregten. Einzelne Episoden aus dem altindischen Riesenepos Mahābhārata wurden schon früh in Europa bekannt, und eine der allerschönsten wurde schon im Jahre 1819 von Franz Bopp in London herausgegeben. Nach dieser Ausgabe schuf Friedrich Rückert als seine erste Arbeit auf dem Gebiete der indischen Literatur, die geniale Nachdichtung "Nal und Damajanti", die 1828 erschien und den Dichter als Nachschöpfer sanskritischer Poesie mit einem Schlage berühmt machte. In der Vorrede sagt Rückert selber: "Was ich hier gebe, ist keine Übersetzung, die sehr überflüssig wäre, sondern ein Versuch, die schöne fremde Geschichte durch Umbildung der deutschen Poesie selbst anzueignen ... Diesen Zweck der Nationalisierung nun habe ich zu erreichen gesucht zuerst durch Selbständigmachung der Episode, sodann durch Einkleidung in ein volksmäßig deutsches Gewand, mit Ausschaltung alles desjenigen Fremdartigen, was für uns nur auf gelehrtem Wege und nicht unmittelbar durch das Gefühl, verständlich ist, doch mit Beibehaltung der örtlichen Farben, insoweit dadurch der poetische Eindruck nicht gestört, sondern verstärkt zu werden schien." Die Nachdichtung Rückerts beruht auf gründlichem philologischem Studium. *Hermann Kamillo Kellner*, selber Sanskritist und feinsinniger Übersetzer, nennt einmal den Rückert'schen Nala eine "ganz eigenartige, wahrhaft geniale Gestaltung" des Stoffes und urteilt darüber: "Man muß sich die Mühe nicht haben verdriesen lassen, Çloka für Çloka das Original mit der deutschen Nachbildung zu vergleichen, um die Schöpfung Rückerts nach ihrem ganzen und vollen Werte zu würdigen. Auf Schritt und Tritt überraschen uns da die gelungensten Treffer; oft schließen sich die deutschen Worte mit wahrhaft staunenswerter, skrupulöser Genauigkeit an das Altindische an, um an anderen Stellen wieder in freiem, ungebundenen Laufe dahinzuschießen, gleich Rossen, die den lästigen Reiter abschütteln. Dabei versteht es Rückert, seiner Nachdichtung das Kolorit einer Zeit zu geben, die in vielen Punkten mit den Kulturzuständen des Nalaliedes Parallelen gestattet, und die Form des Knittelverses, mit der er den altindischen Çloka übersetzt, dient nur dazu, um die Illusion zu verstärken, als befänden wir uns in der Epoche des zünftigen Meistergesanges. Kurz, die Rückert'sche Nachdichtung ist so eigenartig, daß sie überhaupt nicht überboten werden kann."

Mit Kellner haben andere Fachleute der Nala-Dichtung Rückerts die Überfülle der Wortkompositionen zum Vorwurfe gemacht, nicht ganz unberechtigt. Doch muß man sich m.E. mehr auf den Standpunkt Rückerts selber stellen, als bisher alle Beurteiler getan haben. Es kam Rückert, wie ich schon eingangs erwähnte, eben darauf an, das charakteristische Gepräge eines Originals in einer deutschen Übersetzung oder Nachbildung festzuhalten, wobei er auch vor Härten niemals zurückscheute und im Vollgefühle seiner Sprachmeisterschaft auch das Äußerste wagte. Zudem war Rückert als Übersetzer zu groß, um bei seinen hohen Zielen auf seine Leser ängstlich Rücksicht zu nehmen; er war vielmehr bestrebt, seine Leserwelt zu sich hinaufzuziehen. Stichhaltiger erscheint mir eine andere Kritik des Nala, die besagt, daß Rückerts sprudelnde und sich überstürzende Reime nicht geeignet sind, den Eindruck des ruhigen Flusses des indischen Original-Metrums wiederzugeben. Man muß aber auch hierzu bemerken, daß Rückert das nicht beabsichtigt hat, denn diese Aufgabe war bereits von Franz Bopp vorweggenommen worden, wie Rückert in der Einleitung zu seinem Nala deutlich genug anerkannt hat. Alles in allem aber ist Rückerts Nala eines der eigenartigsten und genialsten Kabinett-Stücke deutscher Nachbildungskunst sanskritischer Poesie und wird es für immer bleiben.

Eine andere in der Weltliteratur berühmt gewordene Episode ist die bekannte Sāwitrī-Legende, deren Heldin Sāwitrī Rückert schon im Jahre 1831 einen "weiblichen Charakter" nennt, "der sich getrost neben Damajanti stellen darf". Im Jahre 1838 ließ Rückert in dem von ihm selbst redigierten Erlanger Musenalmanach seine "Brahmanischen Erzählungen" erscheinen, in denen er unter anderem zum ersten Male eine poetische Bearbeitung der Sāwitrī-Legende in deutscher Sprache veröffentlichte. Rückerts Sāwitrī ist in dem von Rückert mit großer Meisterschaft angewendeten Alexandriner abgefaßt und zeigt nichts von den genialen Sprachkühnheiten des Nala, dafür aber eine den religiösen Ton des Originals vortrefflich wiedergebende einfache und sinnige Sprache. Des Übersetzers feines poetisches Gefühl hatte herausgefunden, daß der Knittelvers für die Zartheit dieser herrlichen Legende nicht angängig war, und wie Recht er damit hatte, das hat im Jahre 1844 Hoefer's ganz verfehlte Version zum Überflusse bewiesen. Trotzdem Rückert in seiner Nachdichtung an mehreren Stellen den Inhalt des Originals ohne ersichtliche Gründe abgeändert hat, gibt diese Verdeutschung den Charakter des Originals so glücklich wieder, daß sie das Verdienst mit Recht für sich in Anspruch nehmen darf, die Gestalt der Sāwitrī zuerst und am weitesten in Deutschland bekannt gemacht zu haben. Auf des greisen Übersetzers besonderen Wunsch erschien noch in seinem Todesjahre 1866 die Sāwitrī in einem Sonderdruck.

In den Brahmanischen Erzählungen gab Rückert als umfangreichstes Stück außerdem eine freie Bearbeitung der Riesengeschichte Hidimba, die, wie seine Sāwitrī, in meisterhaften Alexandrinern von einfacher schöner Sprache abgefaßt ist. Weitere freie Bearbeitungen aus dem großen indischen Epos übergehe ich hier und erwähne nur noch, daß Rückert auch eine große Zahl von originaltreuen Übersetzungen aus dem großen Epos Mahābhārata geschaffen hat, in denen er den indischen Original-Vers Çloka wie so oft auch sonst im Deutschen nachbildete. Von diesen Übersetzungen hat Rückert selber nur ein ganz kleines Stück bei Lebzeiten veröffentlicht, größere Proben gab Boxberger in seinen 1878 erschienenen, vortrefflichen "Rückert-Studien" heraus, und noch mehr konnte ich selber im ungedruckten Nachlasse auffinden. Die von Boxberger publizierten Stücke hat Hirschberg in seiner Rückert-Nachlese 1910 wieder abgedruckt, aber leider sehr fehlerhaft und unzuverlässig.

Von dem anderen großen indischen Epos, mit Namen Rāmāyaṇa gibt Rückert ebenfalls in seinen Brahmanischen Erzählungen unter dem Titel "Rama's Ruhm und Sita's Liebesleid" eine ganz kurze poetische Übersicht in Alexandrinern. Nach den Einleitungsversen scheint Rückert geplant zu haben, größere Übersetzungsarbeiten aus diesem Epos zu schaffen. Doch ist es bei den originalgetreuen Übersetzungen einer großen Zahl einzelner Verse, sprichwörtlicher Redensarten usw. geblieben, die im Jahre 1831 einer 52 Seiten umfassenden Rezension in den Wiener Jahrbüchern der Literatur eingefügt worden sind. Auch diese Übertragungen hat Leopold Hirschberg 1910 wiederentdeckt, da sie, soweit ich sehe, in der einschlägigen Literatur vor 1910 nirgends erwähnt sind und augenscheinlich gänzlich vergessen wurden.

Aus der weitschichtigen altindischen Purāṇa-Literatur, d.h. der Literatur der alten Geschichten, die zu Rückerts Zeiten schon in weitem Umfange bekannt war, griff der Dichter mit gewohnter Sicherheit eines der wichtigsten, interessantesten und wahrscheinlich auch ältesten Werke, das Mārkaṇḍeya-Purāṇa heraus und entnahm diesem umfangreichen Texte wiederum die beiden vielleicht schönsten Stücke: "Die Legende vom Könige Vipaścit, dem Weisen" und "Die Geschichte vom Könige Hariścandra". Beide Übersetzungen erschienen mit dem gegenübergestellten Urtext in der Zeitschrift der Deutschen Morgenländischen Gesellschaft. Das indische Versmaß ist hier besonders vollendet nachgebildet, die Übersetzung ungemein genau, treffend und geschmackvoll.

Wir kommen zur Literatur der altindischen Kunstepen oder Mahākāvya, wie sie im Sanskrit heißen. Im Jahre 1833 veröffentlichte Rückert aus Kālidāsa's großem Kunstepos Raghuvaṁśa im "Morgenblatt für gebildete Stände" die Übersetzung der Episode "Ajas und Indumati. Eine idyllische Romanze aus dem Sanskrit". Rückert sagt von seiner Arbeit selber, sie sei möglichst wortgetreu. Und er zeigt auch hier wieder, wie er es versteht, Treue mit Kunst der Version harmonisch zu verbinden.

Aus einem anderen Epos Kālidāsa's mit Namen "Kumārasambhava" übertrug Rückert im Jahre 1858 den schönen Abschnitt des vierten Gesanges "Der Wonne Wehklage". Für diese Arbeit gilt das von der vorigen Gesagte in vielleicht noch höherem Grade. Nicht genug kann man die metrische Form bewundern, die Rückert hier fand, als er diese Perlen kalidasischer Poesie zu einer herrlichen Elegie in deutschen Versen gestaltete.

Aus dem Nalodaya, einer lyrisch-epischen Dichtung, die mit ihrer überkünstelten, mit unendlichen Gleichklängen usw. arbeitenden Diktion das Interesse des sprachgewaltigen Dichters auf sich lenken mußte, übertrug Rückert eine Anzahl Strophen, die er als Proben ebenfalls einer Rezension einverleibt hat. Er sagt von dieser Dichtung: "Der Nalodaya erzählt, in vier Büchern oder Gesängen, die bekannte Geschichte von Nala und Damajanti, von Anfang bis zu Ende, in so künstlicher Form, daß eine Iliade in Sonette umzudichten dagegen ein Kinderspiel wäre". In Bezug auf die Auswahl der übersetzten Stellen sagt er: "Von den vier Gesängen des Gedichtes ist der zweite derjenige, worin die Mühseligkeit der Reimkunst am wenigsten nachteilig wirkt". Dieser Gesang ist nach Rückert "eine Reihe einzelner Bildchen, deren lyrisch-willkürliche Züge sich leicht auch der eigensinnigsten Form bequemen können". Ich führe diese Stellen an, um an einem Beispiele zu zeigen, von wie sorgsamen Erwägungen sich Rückert bei seiner Übersetzertätigkeit leiten ließ. Auch aus diesem Epos hat Rückert, wie er sagt "mit notgedrungener Aufgebung der sanskritischen Reimweise, die nur hie und da von fern angedeutet werden konnte", ein geschlossenes Stück übersetzt, nämlich den zweiten Gsang mit der Überschrift: "König Nala's Frühlings-Hofhalt". Den getreueren Charakter von Rückerts Übertragungen erkennt der Leser leicht durch einen Vergleich mit der sehr freien Nachbildung des Nalodaya, die der Graf von Schack in seinen "Stimmen vom Ganges", 1877, im Anhang gegeben hat.

Aus dem ganz besonders schwierigen und langen Kunstepos Kirātārjunīya des Dichters Bhāravi, das Rückert schon im Jahre 1830 vollständig durchgearbeitet hatte, hat er hunderte von Strophen in kunstvollster Übertragung hinterlassen, die aber erst zum kleineren Teile gedruckt sind. Außerdem liegt noch eine vollständige metrische Übersetzung des großen Werkes ungedruckt im Berliner Nachlasse, von der ich nicht weiß, ob sie jemals das Licht der Welt erblicken wird. Rückert war zugleich der erste Europäer, der im Jahre 1831 bereits feinsinnige Mitteilungen über das nicht weniger als 18 Gesänge und zusammen 1094 Strophen enthaltende Epos der wissenschaftlichen Welt gemacht hat. Aus einem der allerschwierigsten Kunstepen der Sanskritliteratur, dem Naiṣadhīyam des Dichters Śriharṣa übersetzte Rückert ebenfalls viele hundert Strophen in kunstvollster Weise. Doch liegen auch diese bis auf den heutigen Tag ungedruckt, trotzdem wir bislang noch nicht mal eine deutsche Prosa-Übersetzung des 22 Gesänge umfassenden Epos besitzen.

Es gibt noch viele weitere Übersetzungen aus den indischen Kunstepen von Rückert, die ich aber hier ebenfalls übergehen muß, da es mir bislang nicht möglich war, sie aus den vielen Tausend kleinbeschriebener und oft schwer lesbarer Blätter des indologischen Teils des Coburger Nachlasses zu sammeln.

Dasselbe gilt für die indische Märchen- und Fabel-Literatur, woraus hier besonders der Hitopadeśa, das Pañcatantra und Somadeva's Kathāsaritsāgara in Betracht kommen. Nur wenige der ebenfalls nach Hunderten zählenden Einzel-Übertragungen Rückerts aus diesem Werk sind bisher veröffentlicht, vielmehr ist auch hiervon der überwiegende Teil noch ungedruckt.

Die indische Lyrik hat mit ihrer feinen hohen Kunst und intimen Schönheit Rückert immer wieder zu neuen Übersetzungsversuchen angeregt. Ich kann hier aus diesem großen Gebiete Rückert'schen Schaffens nur einiges Wenige hervorheben und muß ganz abgesehen von dem ungedruckten Nachlaß auch manches Veröffentlichte und Bekannte zugunsten des Wichtigsten übergehen. Da ist zunächst der in Europa am längsten bekannte indische Dichter Bhartṛhari zu nennen, dessen in drei Abschnitte zerfallendes Werk im Jahre 1833 herausgegeben wurde. Der Herausgeber Peter von Bohlen gab eine wörtliche lateinische Prosa-Übersetzung bei, in der der unbarmherzig scharfe Kritiker Rückert mancherlei Irrtümer entdeckte, die ihm Grund gaben, in der Zeitschrift für die Kunde des Morgenlandes 1837 eine Anzahl der von v. Bohlen besonders mißverstandenen Strophen des indischen Dichters in wortgetreuer metrischer Übersetzung bekannt zu geben mit den Überschriften: "Der weltentsagende Hindu", "Die Stufen der Liebe" und "Fünf Sprüche eines indischen Weisen" (die letzteren in deutscher Priamelform). Diese schöne Übertragung von zusammen 27 Strophen ist im Gegensatz zu manchen anderen Arbeiten Rückerts allgemein bekannt, geschätzt und zitiert. Besonders bei der Anwendung der Priamelform zeigt sich wieder die ungewöhnlich glückliche Hand des Übersetzers.

Im Coburger Nachlasse habe ich im Laufe der Jahre eine so große Anzahl kunstvoller Übertragungen Rückerts aus dem Werke Bhartṛhari's auffinden können, daß ich hoffen darf, nochmal eine mehr oder weniger vollständige Übersetzung daraus zusammenstellen zu können. Weiter war es der berühmte Sanskrit-Lyriker Amaru, der größte Meister der erotischen Lyrik und der vielleicht feinste Kenner und Schilderer der indischen Frauen, dessen aus 100 Strophen bestehendem Werke Rückert seine ganz besondere Liebe zugewandt hatte. Schon im Jahre 1831 erschienen in Wendts Musenalmanach "38 sanskritische Liebesliedchen aus Amarusatakam oder Amaru's hundert Strophen, ins Deutsche übertragen von Friedrich Rückert", ein kleines Meisterwerk, das stets die Anerkennung aller Berufenen gefunden hat. Das hat aber Rückert nicht gehindert, schon kurz nach dem Erscheinen seiner Amaru-Versionen diese in einem Briefe an Franz Bopp für großenteils falsch übersetzt zu erklären, ein Beispiel dafür, welche scharfe, ja überscharfe Selbstkritik Rückert auch an seinen eigenen Werken übte. Im vorigen Jahre veröffentlichte der Berliner Sanskritist Nobel eine vollständige Übersetzung der Gedichte Amaru's aus Rückert's Berliner Nachlaß. Sie scheint mir persönlich allzu indisch ausgefallen zu sein, trotzdem sich oft wahre Perlen der Übersetzungskunst darin finden. Für einen größeren Leserkreis wird diese Übertragung weniger in Frage kommen, als für den Fachmann, der sie stets dankbar zur Hand nehmen wird. Im Coburger Nachlaß fand ich nun außerdem noch eine große Zahl von Rückert übersetzter Strophen aus Amaru, die großenteils wieder andere Übersetzungsfassungen von Strophen aus Amaru darstellen, welche in den vorhergenannten Übertragungen Rückerts auch schon übersetzt sind. Es ist hier der Ort, einmal ein noch nicht erwähntes Charakteristikum der Arbeitsweise Rückerts zu erwähnen. Bei schwierigen Strophen reizte es Rückert, von einer einzigen Strophe oft eine ganze Reihe verschiedener Übertragungen, die eine noch vollendeter wie die andere, zu schaffen, was besonders bei Amaru oft höchst auffallend in die Erscheinung tritt. Wenn man diese verschiedenen Fassungen einer Strophe einmal mit dem Original vergleicht, so kommt man aus dem Staunen nicht heraus, über die schier unerschöpfliche Übersetzervielseitigkeit Rückerts, die allen Schwierigkeiten sich gewachsen zeigt und in deren übersetzerischer Lösung immer wieder neue Möglichkeiten findet.

Der vielfach didaktische Charakter der Sanskrit-Lyrik bringt es mit sich, daß man die indische Spruchdichtung nicht rein von ihr trennen kann. Diese indische Spruchdichtung ist so reich, daß es fast unmöglich ist, diesen Reichtum zu übersehen. Daß der Didaktiker Rückert sich immer wieder von dieser indischen Spruchweisheit angezogen fühlen mußte, ist selbstverständlich. Als bedeutendstes Übersetzungswerk Rückerts zur indischen Spruchweisheit konnte ich im Coburger Nachlasse eine verschollen gewesene Sammlung von über 700 Sanskrit-Sprüchen in vollendeter metrischer Übertragung auffinden, die mit Abstand größte und schönste Version indischer Spruchweisheit, die wir in metrischer Form in deutscher Sprache haben. Noch heute liegt sie ungedruckt im Nachlaß, doch werde ich im nächsten Jahre etwa 150 Sprüche daraus der Öffentlichkeit zugänglich machen können.

Noch ein Gebiet der Sanskrit-Literaturgeschichte habe ich in diesem Zusammenhange hier zu behandeln, das in Europa vielleicht am meisten Beachtung gefunden hat: Das Sanskrit-Drama.

Sie alle erinnern sich, welch starken Beifall die erste Übertragung von Kālidāsa's Śakuntala speziell in Deutschland auslöste. Allgemein betrachtet ist das kunstvolle indische Drama eine Welt für sich, und die Lektüre der Originale bereitet dem Sanskrit-Adepten besondere Schwierigkeiten, weil die meist zahlreichen Personen je nach ihrer Zugehörigkeit zu einer weniger angesehenen Kaste je nach ihrem Range mehr oder weniger hochstehende sogenannte Prakritdialekte oder Volkssprachen sprechen, deren man nicht weniger als 19 verschiedene Arten kennt. Diese Volksdialekte unterscheiden sich oft sehr wesentlich von dem klassischen Sanskrit, weshalb man sagen darf, daß ein indisches Drama eigentlich in einer ganzen Reihe verschiedener Sprachen abgefaßt ist. Aus diesem Grunde ist das Sansrit-Drama in gewissem Sinne völlig unübersetzbar; denn, wollte man im Deutschen die verschiedenen Prakritdialekte durch entsprechende deutsche Dialekte ersetzen, so würde ein völlig falsches Bild entstehen. Der Übersetzer muß sich deshalb von vornherein darauf beschränken, ein indisches Drama in nur einer einzigen Sprache wiederzugeben, wobei große Schönheiten speziell der weich- und wohlklingenden indischen Volksdialekte unvermeidlich verloren gehen müssen. Rückert fühlte sich vom indischen Drama mächtig angezogen, bewies schon im Jahre 1834 in einer berühmt gewordenen Rezension seine tiefgründige Kenntnis des Sanskrit-Dramas und gab darüber Ausführungen, die noch heute zu den Besten gehören, was jemals über das Sanskrit-Drama in deutscher Sprache geschrieben wurde. Seiner Gewohnheit nach fügte er auch diesen Ausführungen eine ganze Reihe meisterhafter Einzelübersetzungen ein, die ersten Proben seiner Übersetzerbemühungen um das indische Drama. Aus dem Jahre 1834 stammt auch die erste größere Übersetzungsprobe zu Kālidāsa's herrlichem Drama "Urvasi". Aus dem Nachlasse wurde 1868 die umstrittene Śakuntala-Übersetzung herausgegeben, die einzige vollständige Übertragung eines Sanskrit-Dramas, die wir von Rückert haben. Sie beruht auf jahrzehntelangen, noch vorliegenden Studien des Originals, die Rückert als den gründlichsten Kenner der Śakuntala seiner Zeit erscheinen lassen. Kaum je vor und nach ihm ist wieder ein Sanskritist so tief in das philologische und künstlerische Verständnis des klassischen Werkes eingedrungen als dieser deutsche Dichter. Man hat von Rückerts Übersetzung gesagt, daß sie besser ungedruckt geblieben wäre. Das ist m. E. ein sehr kurzsichtiges Urteil. Es gilt von ihr dasselbe, was ich schon von der Amaru-Übersetzung gesagt habe: Sie ist allzu indisch ausgefallen in dem Bestreben Rückerts, das indische Kolorit allzu genau beizubehalten. Dabei hat sie auf der anderen Seite vor allem in den Übersetzungen einzelner Strophen unvergleichliche Schönheiten aufzuweisen, die jeden weiteren Übersetzungsversuch von vornherein erübrigen. Denn wie so oft sonst, hat hier Rückert so gearbeitet, daß er späteren Übersetzern kaum mehr etwas zu tun übrig ließ. Rückerts Śakuntala steht, wie mir scheint, auf ungefähr einer Stufe mit Wilhelm von Humboldts Übertragung von Aischylos' Agamemnon. Wahrscheinlich würde Wilhelm von Humboldts Urteil über Rückerts Śakuntala ein anerkennendes gewesen sein. Der Laie wird gut tun, zunächst einer der vielen anderen deutschen Übersetzungen des Werkes zu lesen, bevor er sich an die Rückert'sche Übertragung wagt, die mehrmals gelesen sein will, wenn sie in das tiefere Verständnis der indischen Dichtung einführen soll, wozu sie in mancher Hinsicht dann auch mehr als irgendeine andere deutsche Übertragung geeignet und imstande ist. Und die Indologie würde dieses Werk Rückerts nicht entbehren wollen.

Noch aus einer Reihe anderer indischer Dramen hat Rückert Übersetzungsproben hinterlassen, meist solche einzelner Strophen, die ich aber hier umso eher übergehen kann, als sie großenteils noch weit zerstreut im handschriftlichen Nachlasse vergraben liegen und bisher nur mir allein bekannt sind, eben weil ich, wie erwähnt, diesen Nachlaß selber in Händen habe.

Zum Schluß habe ich noch auf ein früher schon kurz erwähntes sprachkünstlerisches Werk einzugehen, das in der indischen Literatur, wie auch im indologischen Schaffen Friedrich Rückerts eine Sonderstellung einnimmt: Jayadeva's Gītagowinda, das indische Hohelied. Ich habe die Besprechung dieses einzigartigen Werkes für diese Stelle aufbewahrt, einmal weil das Melodrama Jayadeva's, das noch mitten zwischen Hymnus und Drama steht, sich in der indischen Literaturgeschichte als Unikum kaum irgendeiner Kategorie recht einordnen läßt, dann weil mir Rückerts Nachschöpfung des vielgefeierten indischen Werkes als die vielleicht kunstvollste und großartigste Übersetzerleistung erscheint, die der Dichter uns aus der Sanskritliteratur überhaupt beschert hat. Sie erschien 1837 im ersten Bande der Zeitschrift für die Kunde des Morgenlandes. In einer Vorbemerkung hat sich Rückert eingehend über seine eigene Übersetzung ausgesprochen und speziell auch darüber, wie die überaus kunstvollen Metren im Deutschen wiederzugeben seien. Er sagt, er habe alle Kraft und Sorgfalt verwendet auf möglichst genaue Nachbildung der diesem Gedichte ganz eigentümlichen Maße, gereimter Sangweisen mit Wiederkehr oder Refrain, eine Nachbildung, von der Rückert eine neue Bereicherung unseres deutschen Formvorrates erhofft. Leider hat Rückert das Werk nicht ganz übersetzt. Er hat außer der Einleitung, mit dem großen Hymnus auf den Gott Wischnu, alles Religiöse ausgemerzt, weil dergleichen für uns mitten in einem so üppig-sinnlichen Gemälde etwas Unheimliches habe. So ist denn sehr vieles bei Rückerts Übersetzung weggefallen. Eines darf bei dieser immerhin einseitigen Auswahl Rückerts nicht übersehen werden, daß nämlich in der deutschen Version das im Original zweifellos vorhandene religiöse Element voll und ganz zu kurz kommt, und so nur das glühende Liebesleid der Liebe des Gottes Krischna mit seiner Lieblingsgemahlin Radha übrigbleibt. Das indische Hohelied hat nämlich mit dem alttestamentlichen das Schicksal geteilt, religiös-mystisch ausgelegt zu werden, eine Deutung, an die Rückert zweifellos damals nicht geglaubt hat. Man darf von Rückerts Übertragung, so wie sie ist, sagen, daß sie die vollkommenste und genialste Nachbildung von Jayadeva's Meisterwerk ist, die irgendeine Sprache der Welt besitzt. Sie wird in ihrer teilweise fabelhaften Treue verbunden mit der großartigen Nachbildung auch der kompliziertesten Formen des fast überkunstvollen Originals niemals weder in der deutschen, noch in einer anderen europäischen Sprache erreicht oder überboten werden, denn hier hat Rückert erreicht, was überhaupt im Bereich des sprachlich Möglichen liegt.

Meine Damen und Herren! Wir sind am Ende. Es war ein Riesengebiet, durch das ich Sie gleichsam mit Siebenmeilenstiefeln zu führen gewagt habe, und manchen von Ihnen mag die Fülle des Fremdartigen schon viel zu viel geworden sein. Es ist ja auch nicht der Zweck dieses Vortrages, in dem zum ersten Male eine solche umfassende Übersicht über das universale Übersetzerschaffen Rückerts zu geben versucht worden ist, daß Sie alle Einzelheiten mit Interesse verfolgen und behalten. Der Zweck war vielmehr der, den halbvergessenen deutschen Dichter Friedrich Rückert, von dem die deutsche gebildete Welt im allgemeinen nicht mehr zu kennen pflegt als den "Liebesfrühling" und die "Weisheit des Brahmanen", einmal von einer anderen fast unbekannten und doch vielleicht seiner größten Seite vorzustellen, nämlich als den größten Interpreten der Poesie des Orients, den die Weltliteratur kennt.

IV. Das Werk
Dichtung

Zu Rückerts Schwalbenlied: Aus der Jugendzeit

Von Heinrich Menges

In Friedrich Rückerts melodischem, von Jugenderinnerungen und Heimweh durchwehtem Gedicht "Aus der Jugendzeit" liegt das Hauptgewicht ohne Zweifel auf der dritten Strophe, die mit geringer Abänderung als sechste und als neunte wiederholt wird:

Als ich Abschied nahm, als ich Abschied nahm,
Waren Kisten und Kasten schwer;
Als ich wieder kam, als ich wieder kam,
War alles leer.

Wenn der Dichter in der ersten Strophe sagt, daß ihm diese Worte als ein Lied aus der Jugendzeit immerdar klingen, so brauchen wir das nicht als dichterische Freiheit zu betrachten, sondern dürfen es ihm aufs Wort glauben. Es ist wohl tatsächlich oder annähernd der Kinderreim, den er in fröhlicher Jugend mit seinen Gespielen von der Schwalbe gesungen und mit dem er ihr lustiges Gezwitscher nachgeahmt hat. Das deutet er auch dadurch an, daß er das Lied der Schwalbe zwischen Anführungsstriche setzt und daß er in der vierten Strophe vom Kindermunde sagt, er sei "unbewußter Weisheit froh" und "vogelsprachekund wie Salomo". Zudem ist es ja bekannt, daß das Volk die Töne der Tiere, namentlich der Vögel, gerne nachahmt. In *Simrocks* Deutschem Kinderbuch (Basel, 3. Aufl.) stehen auf S. 184 und 185 sechs Volks- und Kinderreime, die sich auf das Gezwitscher der Schwalbe beziehen. Die zwei ersten lauten:

Wenn ich wegzieh, wenn ich wegzieh,
Sind Kisten und Kasten voll.
Wenn ich wieder komm, wenn ich wieder komm,
Ist alles verzehrt.

und

Als ich auszog, auszog,
Hatt' ich Kisten und Kasten voll,
Als ich wieder kam, wieder kam,
Hatte der Sperling,
Der Dickkopf, der Dickkopf
Alles verzehrt.

Von dem ersten dieser Reime, der aus Oberbayern stammt, sagt *Jakob Grimm* (Altdeutsche Wälder II, 88) ausdrücklich, daß er den Schwalbengesang nachahmt und daß das letzte Wort daher lang gezogen wird. In seinem Deutschen Kinderlied und Kinderspiel (Leipzig 1897) führt Böhme eine ganze Reihe verwandter Schwalbenlieder aus verschiedenen Gegenden Deutschlands an. Ihre Verwandtschaft mit Rückerts Gedicht erhebt es fast zur Gewißheit, daß der Dichter einen ähnlichen Kinderreim gekannt und benutzt hat. Und diese nach Inhalt und Form volkstümliche Grundlage seines Schwalbenliedes darf bei der Behandlung in der Schule nicht übersehen werden. Die Schüler bringen dann vielleicht selbst den einen oder anderen Beitrag aus ihrer Erinnerung dazu.

Um dieser volkstümlichen Grundlage willen möchte ich hier auf eine Stelle aus einem alten elsässischen Liede hinweisen, das *August Stöber* in seiner Alsatia (Jahrg. 1852, S. 105 flg.) abgedruckt hat. Das Lied trägt die Überschrift "Das geistliche Vogelgesang". Es besteht aus 43 achtzeiligen Strophen, von denen fast jede einem Vogel gewidmet ist und an dessen Gesang allerlei Betrachtungen knüpft. So kommen in alphabetischer Reihenfolge vor: Adler, Amsel, Bachstelz, Canari (Kanarienvogel), Duhle (Dohle), Emmerling (Goldammer), Eule, Fink, Gümpel, Grasmuck, Hahn und Henne, Königlein (Zaunkönig), Krammetsvogel, Lerche, Meise, Nachtigall, Pfau, Rab, Rotschwänzel, Rotbrüstel, Spatz, Schwalm (Schwalbe), Star, Storch, Stieglitz, Sittich (Papagei), Turteltaub, Urhahn, Wachtel, Wiedehopf, Zeisel (Zeisig)[1]. Einzelne Strophen, z.B. die über die Amsel, die Grasmücke und die Nachtigall, sind von großer dichterischer Schönheit; andere aber enthalten gewöhnliche Reimereien. Von der Schwalbe singt der Dichter:

> Die schwatzig Schwalm macht alle toll,
> Sie plaudert hin und her,
> *Früh hat sie Kist und Kasten voll,*
> *Spath ist Alls leer, leer, leer.*
> Zu Morgens, wann die Sonn aufgeht,
> Fangt sie zu schwatzen an;
> Zu Abend, wann sie nieder geht,
> Noch nicht aufhören kann.

Die hervorgehobene Stelle scheint mir mit den erwähnten Volksreimen und mit Rückerts Gedicht in irgendeiner Weise zusammenzuhängen. Vielleicht hat der unbekannte Dichter einen ähnlichen Spruch von der Schwalbe gekannt und verwertet, wenn auch nur noch halb in Erinnerung. Die Verwandtschaft ist zu auffallend. Volksreime von der Schwalbe sind vielleicht früher noch weiter verbreitet gewesen.

Über das alte Lied selbst sei noch Aug. Stöbers Anmerkung dazu auf S. 111 der Alsatia mitgeteilt: "Schon vor etwa zwanzig Jahren waren mir Bruchstücke

[1] Als Merkwürdigkeit sei verzeichnet, daß auch die "Imben" (Bienen) und die "Omeis" (Ameise) zu den Vögeln gerechnet sind.

dieses Gedichts in die Hände gekommen. Sie standen unter dem Titel 'Das gaistlich Vogelgesang genannt' auf den letzten Blättern einer Familienbibel in Folio, die einem Bauersmann von Weitersweiler im Unterelsaß zugehörte, mit ziemlich geläufiger Hand, jedoch mit vielen Orthographiefehlern und wahrscheinlich aus dem Gedächtnis aufgeschrieben. Ich teilte diese Bruchstücke (bestehend aus der ersten Strophe und denjenigen betitelt: Amsel, Bachstelz, Fink, Lerch, Rapp, Stahr, Schwalm, Storch) im Jahre 1833 dem Morgenblatte mit, woraus sie ein Liebhaber älterer Gedichte dem Schlettstadter Anzeigeblatt mit der Bemerkung einverleibte, daß er dies Lied häufig im Munde elsässischer Landsleute gehört habe. Es ist in der Manier von ***Friedrich von Spees*** Liedern gedichtet, und mit Recht vermutet *Christophorus* (der Entdecker des Liedes), daß es einen Sundgauer zum Verfasser habe, vielleicht einen Klostergeistlichen. Er fand es bei einem Bauer in Oberlarg (Kreis Altkirch); es scheint ihm im 17. Jahrhundert ebenfalls aus dem Gedächtnis aufgeschrieben worden zu sein.

Bemerken will ich noch, daß jenes volkstümliche Schwalbenlied im elsässischen Volke meines Wissens nicht mehr lebendig ist. Man hat hier in neuerer Zeit dem Gezwitscher der Schwalbe andere Worte untergelegt. So heißt es z.B. in Oberelsaß: Die Wiwer, die ratsche un datsche, un wenn sie heim kumme, isch niene ke Finkele Fir (die Weiber, die rätschen und schwätzen, und wenn sie heim kommen, ist nirgends kein Fünkchen Feuer); oder: Die Wiwer, die ratsche, die datsche, un wenn der Mann heim kommt, han sie ke Finkele Fir ā (... haben sie kein Fünkchen Feuer an). Die Worte werden beim Sprechen dem Schwalbengezwitscher nach Geschwindigkeit, Höhe und Tiefe genau angepaßt. Eine ganz ähnliche Nachahmung hat *Birlinger* in seiner Alemannia (1888, S. 71) von der schwäbisch-fränkischen Grenze veröffentlicht.

[Aus: Zeitschrift für den deutschen Unterricht 13 (1899) S. 826-829.]

Liebesfrühlings Entstehung*

Von Hubert Grimme

Ehe Friedrich Rückert, der sich als Sänger deutscher Freiheitslieder in die Literatur eingeführt hatte, sich in orientalische Studien vertiefte und sein Dichten auf den lehrhaften Ton des Ostens stimmte, ließ er den Liebesfrühling als das Hohelied seiner Liebe zu *Luise Wiethaus-Fischer* erklingen. Damit hat er seinen Ruf als Dichter der Liebe begründet und zugleich die Popularität errungen, die ihm auf anderen Gebieten seines Schaffens versagt blieb. Noch heute, hundert Jahre nach Entstehung des Liebesfrühlings, greift man gern nach seinen duftigen Blüten, bewundert ihren Formreichtum und läßt sich von dem Klang berauschen, den sie in der Vertonung durch unsere besten Liedmeister ausströmen.

Zum Genuß des Liebesfrühlings sollte sich aber auch sein genaues Verständnis gesellen. Nicht nur die Neugier, die sich gern in dichterische Intimitäten drängt, verlangt danach, sondern auch die ernste Forschung, die beim Liebesfrühling wie bei so vielen Teilen von Rückerts Lebenswerk vor ungelösten Problemen steht. Wenig ist es, was wir bisher vom Werdegange der reizvollen Dichtung wußten, und in dieses Wenige mischte sich allerhand Nebelhaftes von Vorstellungen, das dem Wesen des Sängers wie auch des von ihm besungenen Gegenstandes seiner Liebe nicht gerecht wird. Darüber vermögen wir heute klar zu sehen, nachdem dank der Erschließung des gesamten Nachlasses Rückerts auch Dokumente aus der Zeit der Entstehung des Liebesfrühlings zutage getreten sind. Die wichtigsten, darunter sind 27 Briefe des Dichters an seine Braut und das Tagebuch Luisens, die sich schön ergänzen zum Verständnis einer Periode Rückerts, die ihn nicht nur künstlerisch beflügelte, sondern auch als Menschen innerlich gesunden ließ, wie er einige Jahre darauf seiner Frau in einem Briefe gestand:
"Ich hab' Dir's schon unter mancherlei Gesichtspunkten gezeigt, daß ich durch eine verfehlte Erziehung, vorzüglich durch fehlende väterliche Autorität, ein höchst zerrissener, unglücklicher Mensch geworden, und daß nur eine unverdiente Gnade Gottes mich durch meine Liebe zu Dir und Deine zu mir soweit geheilt, daß ich durch Fortbewahrung dieser Liebe für in meiner Art gesund gelten kann".

Der erste Brief Rückerts an Luise ist vom 17. Mai 1821 datiert. In ihm redet er seine "Liebste Luise" zwar noch mit "Sie" an; doch spricht aus ihm ein so inniges Sichverstehen beider, daß man den Anfang des Maimondes 1821 als Zeit

*Nach ungedruckten Quellen dargestellt.

ihrer Annäherung nehmen darf. Zugleich mit diesem Briefe schickt Rückert an Luise "das leere Buch, das begnadigt ist, zur Fortsetzung Ihres Tagebuchs zu dienen". "Möge doch", fährt er fort, "damit diese Blätter ihren vaterländischen Himmel nicht vermissen, nie was Düsteres, Trübes – sondern lauter Heiteres, Stillfreudiges darauf zu stehen kommen, immer so, wie es in den letzten Koburger Tagen bei Ihnen in meinem Tagebuche, meinen zurückgelassenen Liedern, der Fall ist". Das uns vorliegende Tagebuch Luisens ist nun das hier genannte "leere Buch", dessen "Vaterland" Italien ist, wie sein Wasserzeichen Giov. Magnani beweist. Die Erwähnung von Rückerts Geburtstag – dem 16. Mai – auf seiner zweiten Seite zeigt, daß es sofort nach Empfang in Benutzung genommen ist, und zwar wurde es eingeweiht mit einer Abschrift von Rückerts jedenfalls schon lange vorher entstandenem Gedicht "Von Napel ging ich nach Puteoli". Man mag es damit erklären, daß Rückerts italienische Reise Gegenstand angeregter Unterhaltungen mit Luise gewesen sein mag, und auf ihr ernst-religiöses Gemüt wird besonders der Schluß des Gedichtes tiefen Eindruck gemacht haben:

Nun führe den hier, der durchs bunte Spiel
Des Lebens noch und seine Trümmer schreitet.

Denn sie fügt einer späteren nochmaligen Erwähnung dieser Verse hinzu: "Führe ihn immer so, daß ich so hell und klar an ihm aufblicken kann, als es zu meinem und zu seinem Lebensglück und zu seinem inneren Frieden notwendig ist".

Liebe und Mitleid mischen sich in dem, was Luise an Einzeichnungen sodann folgen läßt; Schatten von vorgegangenen bitteren Erlebnissen lagen offenbar auf Rückerts erstem Liebesglück und wichen erst vor der Erkenntnis, in Luise einen rettenden Engel zu haben. Als erstes an sie gerichtetes Gedicht mag man das im Tagebuch folgende ansehen:

Hier an deutscher Zitterpappel,
Die im leisen Westhauch schwankt,
Denk' ich, wie mich einst, o Napel,
Dort dein Zauber hielt umrankt.

Denn Luisens Milde ist es, die ihm wohler tut als die Sonne des Südens, und ihrer Liebe Erwachen ist die leise Wonne, von der die letzte Strophe singt:

Und wie die gedämpfte Sonne
Ohne Blendung mich erquickt,
Also hat mit leiser Wonne
Mich die Lieb' hier angeblickt.

Eine Einleitung zum Liebesfrühling mag man dieses Gedicht nennen; dieser selbst blühte bald nach ihm mit einer größeren Zahl von Liebesliedern auf, die Rückert in der Aussicht, ihnen weitere folgen zu lassen, sein "Tagebuch" nennt, und die Luise, vielleicht um sie sich geistig näherzubringen, in ihrem Tagebuche abgeschrieben hat. Es sind im ganzen 19 Lieder, alle eingegeben

vom ersten Liebesgefühl, die daher, soweit sie später gedruckt worden sind, mit Recht den ersten Teil des ersten "Straußes" bilden. In ihre Fülle hat Luise, die darin Besungene und Angebetete, einige kurze Gefühlsergüsse eingeflochten. So klagt sie am Ende der den ersten Abschied des Freundes vorbereitenden, jetzt den Liebesfrühling eröffnenden Schilderung "Unvergleichlich blüht um mich der Frühling":
"Die Liebe ist stark wie der Tod! So las ich neulich in der Bibel. Und du sagst, du liebest mich, und konntest mich allein lassen, freiwillig von mir gehen?"

Der hohe Schwung des Liedes "Meinen Geist vermähl' ich deiner Seele", aber wohl auch sein zum Himmel sich wendender Ausgang setzt die Braut in Entzücken, erweckt ihr aber auch einen Reuegedanken:
"Und an dich, der so Herrliches aussprechen kann, an dich konnte ich einen Augenblick mit Bitterkeit denken? Wird mich die Veranlassung, die nicht aus mir selber kam, entschuldigen können?" usw.

Eine weitere Bemerkung ist dem Hymnus, der Luise als Engel der Erlösung des Dichters und künftigen Fürsprecher im Himmel preist ("Herr Gott! einen Engel..."), beigefügt:
"O du mein Freund, mein Alles: du schmückst mich zu reich, viel, viel mehr als ich verdiene! Du bedarfst meiner gar nicht, um dort hinauf zu gelangen. Aber beten will ich herzlich für dich, daß du hier noch recht beglückt werdest".

Hier scheint das, was Rückert in der schon erwähnten Briefstelle als Coburger Tagebuch bezeichnet, zu Ende zu sein; stehen doch kurz vorher drei vom Gedanken des Scheidenmüssens eingegebene Gedichte, nämlich "Klage nicht, daß ich von dir gehe, denn ich bleibe hier", "Sind die Flügel nicht verliehen mir, ins Ferne nachzuziehen?" und das später nicht zum Abdruck gelangte "Hier leg' ich meine Lieder vor dir, indem ich scheide, als einen Spiegel nieder" usw. Die übrigen von Luise in ihrem Tagebuch abgeschriebenen Poesien sind ihr von Rückert aus der Ferne, d.h. aus dem Städtchen Ebern, zugedacht worden, und zwar als Beilagen zu seinen Briefen. Die poetischen Zusendungen wurden bald so zahlreich, daß Luise auf ihre Abschrift verzichtet zu haben scheint, und bildeten mehr und mehr ein Gefäß für alles, was Rückert seiner Braut zu sagen sich gedrängt fühlte, womit allerdings in einige von ihnen ein etwas kühler, verstandesmäßiger Hauch einzog, der sie mehr gedichtet als gesungen erscheinen läßt. Ein solcher Reichtum der poetischen Ergüsse erklärt die Kürze und den nicht eben reichen Inhalt zahlreicher Briefe Rückerts an seine Braut, die allein für sich herauszugeben deshalb nicht ratsam wäre. Im Hinblick auf das in poetischer Form von ihm Mitgeteilte durfte Rückert seiner Braut ungefähr zwei Monate vor der Verheiratung wohl den kleinen Vorwurf machen:
"Sie mag bedenken, daß sie mir in Briefform schon einige Zeilen mehr schreiben darf als ich ihr, da ich ihr in andrer Form schon so viel mehr geschrieben und noch schreibe".

Jedenfalls beruht die Anschauung, die C. Beyer in seiner Ausgabe von Rükkerts Werken (Leipzig, Fock), vertritt, es sei der "ursprüngliche" Liebesfrühling in Briefen geschrieben worden, auf einer unrichtigen Vorstellung; denn die Liebesfrühlingslieder haben Beigaben zu den Briefen an die Braut gebildet, abgesehen von denen, die er in Neuses in der unmittelbaren Nähe von Luise während der Monate September und Oktober 1821 ihr sang, und zwar so reichlich, daß er deshalb in seinen späteren Briefen den Ausdruck gebrauchen konnte, der Liebesfrühling sei in Neuses gedichtet worden.

Bei der Überfülle von Stimmungen und Situationen, in denen der Liebesfrühling schwelgt, wäre es denkbar, daß der Dichter mit Erlebtem manchmal auch Freierfundenes gepaart hätte, besonders dort, wo er die Liebe sprechen läßtt. Aber die Briefe und das Tagebuch widerlegen wenigstens für einen Teil der Dichtung, die von ihnen aus beleuchet wird, jeden Verdacht des Nichttatsächlichen und zeigen, wie Rückert all seine Kunst darangesetzt hat, die Wirklichkeit poetisch widerzuspiegeln. Dafür liefert besonders die erste Gruppe der in das Tagebuch eingetragenen Lieder schlagende Beweise. "Dein Leben war mir schmucklos vorgekommen", singt der Dichter und fährt dann fort:

Ich glaubte mich berufen, es zu schmücken.
Erst schien der schönste Schmuck dich zu beglücken,
Dann kam's mir vor, als mach' er dich beklommen.
So sei der Schmuck dir wieder abgenommen ...

Von diesem Schmuck ist nun auch auf den ersten Seiten des Tagebuches die Rede. Zuerst fühlte Luise in seinem Besitze sich beglückt: "Du hast das unbedeutende Mädchen geschmückt wie eine Königin!" Sehr bald aber fühlte sie Scheu, ihn zu tragen: "Wie lange ich überlegte und wählte, cb es auch nicht unzart sei, den mir von dir gegebenen Schmuck mir anzueignen, und doch fühlte ich deutlich, daß ich ihn nicht ohne große Schmerzen missen könne. So habe ich den Ausweg endlich gefunden, ihn in ein stilles, heimliches Schränkchen zu legen, was nur dir und mir offen sein soll". Vermutlich hatte Luise sich mit dem Gedanken, daß der Schmuck schon einmal einer anderen gehört hätte, nicht abfinden können.

Das erste der Liebsten in den Mund gelegte Lied bringt einen Vergleich zwischen einem tröstenden Arzte und dem mit seinem Sange heilenden Dichter:

Die Liebste sprach: Wie dankbar einen Arzt man liebt,
Der Heilung oder Hoffnung mir der Heilung giebt,
So liebt man einen Dichter auch für einen Sang,
Der wie ein Hoffnungsstrahl des Heils aus Himmeln drang ...

Nun hatte es Luise den ganzen Sommer 1821 hindurch mit dem Arzte zu tun, wie aus verschiedenen Briefen Rückerts hervorgeht; wie dieser selbst dadurch zu jenem – Trinius hieß er – in ein näheres Verhältnis trat, so wird Luise, in der das Gefühl der Dankbarkeit stets besonders stark war, für seine Bemühungen um sie etwas wie Liebe gefühlt haben, wodurch der Vergleich gerade in ihrem Munde recht am Platze war.

Luisens Tagebuchergüsse decken sich aber auch mit verschiedenen der späteren ihr in den Mund gelegten Gedichten des Liebesfrühlings, wodurch man immer mehr zu der Annahme gedrängt wird, alles, was ihr Dichter sie sprechen läßt, beruhe auf innerer Wahrheit. So äußert sich in ihrem Tagebuche öfters eine aus Glück geborene Todessehnsucht: "Siehe, ich bin im Glück, durch die Liebe, die er mir gibt, die mir das Liebste auf Erden ist; aber wenn du mich rufen willst, so werde ich noch einmal auf ihn blicken und dann freudig ergeben zu dir sprechen: Siehe, hie bin ich". Diese auffällige Stimmung ist nun auch Grundzug von mehreren Liedern der "Liebsten", z.B.:

Seltsam, aber wahr empfunden
Hab' ich es in meiner Brust:
Leichter als in trüben Stunden
Stirbt es sich in froher Lust.

Vor allem dort, wo die Liebe den Drang zum Beten auslöst, sieht man durch die Verse tief in das Herz Luisens hinein, die als Wahlspruch für sich und den Geliebten gewählt hatte: "Wandle vor Gott und sei fromm" und in ähnlicher Gesinnung uns im Liebesfrühling sagt:

Ich bin mit meiner Liebe
Vor Gott gestanden,
Ich stellte diese Triebe
In seinen Handen.
Ich bin von diesen Trieben
Nicht unbetreten;
Ich kann dich, Liebster, lieben
Zugleich und beten.

Immer aber muß man daran festhalten, daß Rückert es ist, der ihren Gefühlen die dichterische Form gegeben hat; denn nie versucht sie in ihrem Tagebuche Liebesworte in Verse einzukleiden, und so mag auch das Motto, das jenes einleitet:

Nichts regt in mir so leise sich,
Dein Bild wird es vernehmen.
Doch keiner Regung hab' ich mich,
Gottlob, vor dir zu schämen,

so bezeichnend es für sie ist, doch nur die Reminiszenz eines von ihr tief nachempfundenen Wortes Rückerts sein.

Ähnlich wie mit Luisens Tagebuchstellen lassen sich auch aus Rückerts Briefen auffällige Ausführungen des Liebesfrühlings als Wiedergabe von etwas Tatsächlichem nachweisen. Das längste Gedicht der Sammlung – es ist später dem dritten Strauße eingefügt – beschreibt ein gefährliches Doppelabenteuer des Dichters bei seiner Rückreise von der Geliebten, das aber von ihm leicht genommen wurde im Gedanken:

Gott wird dich nicht sinken lassen
Hier in diesen schnöden Wassern,
Da du hast auf seiner schönen
Erde noch so viel zu schaffen,
Wenn es auch nur Lieder wären,
Die du ihm zum Preis entfaltest.
Gott kann dich nicht lassen sinken,
Niemals, und jetzt gar nicht, aber
Jetzo gar nicht, da der Liebsten
Du versprachst beim Abschiedsagen:
Daß du ihr zurück willst kehren
Über heut in vierzehn Tagen.

Von diesem Abenteuer ist auch im ersten der Liebesbriefe Rückerts (vom 17. Mai) ausführlich die Rede, und was dabei von der Gemütsruhe, mit der der Dichter es überstanden habe, gesagt wird, deckt sich inhaltlich mit dem Vorstehenden aufs genaueste. "Es half mir", so heißt es dort, "wie bei ähnlichen Gelegenheiten der zuversichtliche Gedanke, daß ich noch unmöglich sterben könne, weil ich so vieles mit mir und der Welt abzutun habe. Und diesmal nun gar nicht, da ich Ihnen ja in vierzehn Tagen zurückzukommen versprochen habe".

Eine andere Briefstelle (vom 14. Juli?) verbreitet sich über Rückerts geringe Neigung, in ein Lehramt einzutreten, wie es wohl von den Eltern seiner Braut ihm nahegelegt sein mag. In richtiger Erkenntnis gewisser ihm eigentümlichen inneren Hemmungen schreibt er: "Die jungen Leute werden mich genieren, sie wollen auf eigne Art etwas werden, und ich bin bereits geworden, was ich werden konnte, und zum Werden von jenen beizutragen, fühl' ich mich ziemlich unaufgelegt. Ich habe wenig Lust und Geschick, andre zu bilden; nur Dich möchte ich lehren, alles Schönste und Beste, was ich weiß und noch lernen will, um in Dir immer einen Inbegriff meines geistigen Lebens, verklärt durch die Liebe, vor Augen zu haben". Alles dieses findet sich im Liebesfrühling wieder (Zweiter Strauß, VII), nur anmutiger gesagt und mit leisem Humor gewürzt:

Liebchen! meine Freunde raten,
Edlem Lehrstand mich zu weihn,
Auszustreuen goldne Saaten
In der Jugend frische Reihn.
Bin geworden, was ich konnte;
Werd' ein jeder, was er kann!
Wie ich mich an keinem sonnte,
Biet' ich Licht auch keinem an.
Meine Weisheit will ich träufen
Dir mit Küssen in die Brust,
Alle Geistesblüten häufen
Um dich her zu Schmuck und Lust.
Pflanzen will ich stets vom frischen

Und mich meiner Ernten freun,
Und kein Fremder soll mir zwischen
Meinen Weizen Unkraut streun.

Man kann fast behaupten, daß in Rückerts Brautzeitbriefen keine irgendwie auffällige Wendung vorkommt, die nicht für den Liebesfrühling poetisch ausgenutzt wäre – ob gleichzeitig oder erst in der für die Fertigstellung der Sammlung anscheinend so wichtigen Neuseser Mußezeit, darüber ist nichts Sicheres auszumachen. Dieselbe Zeit könnte den Gedanken einer "Redaktion" des Ganzen geweckt haben, womit sich bezeichnenderweise nicht Rückert, sondern Luise von Ende November bis Anfang Dezember beschäftigte. Die Briefe dieser Zeit nehmen mehrfach hierauf Bezug; so einer vom 26. November (?): "Was ist es denn? Hast Du die Redaktion des poetischen Werkes schon angefangen?", weiter vom 28. November (?): "Die Redaktion der Lieder betreffend, machst Du Dir unnötige Skrupel", und wohl auch vom 2. Dezember: "Die Freundin wollen wir in Ehren halten, die Dir so brav arbeiten hilft".

Luisens Hand ist es also, die das erste Manuskript des Liebesfrühlings angefertigt hat, und ihrem feinen Takt ist es zu verdanken, daß dabei allzu Persönliches oder solches, was den Geliebten nach irgendeiner Seite in schiefes Licht setzen konnte, übergangen wurde. Das ergibt sich aus gewissen Abweichungen zwischen der Liedersammlung ihres Tagebuches und der späteren Form des Liebesfrühlings.

Wie bereits erwähnt ist, litt Rückert zur Zeit seiner Annäherung an Luise unter der Nachwirkung eines trüben Erlebnisses, das vielleicht den von seiner Seite herbeigeführten Bruch eines früheren Verhältnisses bedeutet. Vor der Geliebten machte er aus seiner Schuld anscheinend kein Hehl; denn diese schrieb darüber in ihr Tagebuch: "Am Abend deines Geburtstages stand ich am Fenster und dachte darüber nach, ob du wohl so sehr gefehlt haben könntest, daß du nun noch immer ohne Ruhe deshalb seiest. Da ward mir recht sehr weh zumute, und wie ich dann am liebsten tue, ich sah hinauf nach dem Himmel. Da stand aber in schönster Glorie ein Regenbogen, und in dem Augenblick war mir's als sei das die Hand, die der Versöhner dir herunterreiche, und er spräche: Ich habe dich wieder lieb, alles ist dir vergeben. Bleib' nun aber mein frommer Sohn!" Auch durch einige Gedichte des Tagebuches läßt sich die Spur dieses auf Rückert lastenden Erlebnisses verfolgen; so wenn wir lesen:

Einst als eine edle Frau geweinet
Über meine Lieder Unmuttränen,
Ward mein Herz von denen
Wie von scharfer Feuerglut gepeinet.
Nun ein Liebesengel hat geweinet
Über meine Lieder Wehmutstränen,
Wird mein Herz von denen
Wie vom Paradiesstrom gereinet, usw.

oder an anderer Stelle:

Ihr Engel, die ihr ohne Flammenreinigung
Den Zugang nicht gewährt zum Himmelslicht,
Vorzeigen kann mein Herz euch die Bescheinigung,
Daß mir in diesem Stücke nichts gebricht.
Bestanden meine purgator'sche Peinigung
Hab' ich auf Erden in der Liebe Pflicht.
So wehret nun die Seligkeitsvereinigung
Mit anderen Geläuterten mir nicht!

Wenn diese beiden Gedichte von Luise beseitegelassen sind, so spricht das ebensosehr für ihren richtigen literarischen Geschmack wie für ihr weibliches Zartempfinden. Aber nicht überall läßt sich der Maßstab für die Kritik finden, nach dem ein Gedicht von dem Gesamtmanuskript ausgeschlossen wurde, auch Rückerts Wunsch scheint zuweilen dabei ausschlaggebend gewesen zu sein, wie etwa bei folgendem:

Schön're hab' ich wohl gefunden,
Aber keine konnt' ich schauen,
Die mir so zu allen Stunden
Sah ins Auge mit Vertrauen,
Sprechend: Zeige mir die Wunden,
Die das Schicksal dir gehauen!
Und es soll dein Herz gesunden,
Laß mich drauf als Balsam tauen!

Denn Luise hätte es zum Ruhme ihres Geliebten wohl auf sich genommen, anderen Frauen gegenüber als minder schön zu gelten; nicht aber konnte Rückert, nachdem er den Preis seiner Braut in den höchsten Tönen gesungen hatte, von ihrer Schönheit vor der Welt einmal in etwas kritischer Weise sprechen.

Wenn von 42 Liedern, die das Tagebuch bewahrt, zehn von der Sammlung des Liebesfrühlings ausgeschlossen und nie gedruckt worden sind, so mag die Zahl derer, die innerhalb der fünf "Sträuße" unberücksichtigt blieben, leicht ein halbes Hundert betragen. Längere Zeit scheint es bei dem Umfang der "Sträuße" geblieben zu sein, wie ihn Luisens Sammlung zeigt; denn das Stück, das Rückert 1823 in der "Urania" veröffentlicht hat, deckt sich in seinen 33 Nummern fast ganz mit den ersten 32 der Auslese Luisens, wie wir sie annehmen. – Die Folgezeit brachte dem Liebesfrühling mancherlei Veränderungen. Zahlreiche seiner Lieder hatten durch Almanache schon den Weg in die Öffentlichkeit gefunden, als Rückert sich entschloß, in der Erlanger Ausgabe seine "Gesammelten Gedichte" (1834) den Liebesfrühling, zu fünf "Sträußen" angeordnet, vollständig erscheinen zu lassen. Mit der beigefügten Jahreszahl 1821 deutete er an, daß alles darin Vorkommende auf seine Bräutigamszeit Bezug habe. Da hier der erste, nach Luisens Tagebuch zu kontrollierende Strauß 46 Nummern zählt, so hat der Dichter Lieder, die aus irgendeinem uns unbekannten Grunde in jenem nicht stehen, hinzugenommen; aber zweifellos gehören auch sie der Liebesfrühlingszeit an. Drei kleine Sträuße zeigt der Liebesfrühling in der einbändigen Frankfurter Ausgabe von Rückerts Gedichten (zuerst 1841). Seitdem das Werk auch separat gedruckt wurde (zuerst 1844), zeigen die fünf Sträuße Überschriften, nämlich "Erwacht - Entflohen - Entfremdet - Wiedergewonnen - Verbunden", denen zuliebe zahlreiche Umstellungen von Liedern vorgenommen worden sind. Wenn schon hierdurch das historische Bild von Rückerts Bräutigamszeit stark getrübt ist, da diese weder ein "Entflohen" noch ein "Entfremdet" gekannt hat, so wurde eine Karikatur daraus in der nach Rückerts Tode von seinem Sohne besorgten zwölfbändigen Gedichtausgabe; denn hier ist mit Zuhilfenahme zahlreicher vor 1821 entstandener Liebeslieder ein neuer Strauß eingefügt, dem jede Beziehung zu Luise fehlt. In dieser Form mutet uns der Liebesfrühling ebenso unhistorisch an wie Goethes Westöstlicher Diwan in der Erdmannschen Ausgabe, die ihn und damit vor allem das edle Verhältnis zwischen Goethe und Marianne von Willemer durch allerhand unpassenden orientalischen Kram aus Goethes Nachlaß entstellt. Wie der Westöstliche Diwan in dieser unkritischen Ausgabe leider vielfach nachgedruckt ist, so sind auch die meisten Volksausgaben des Liebesfrühlings seiner schlechten Fassung von 1868 gefolgt. Möge endlich die Zeit kommen, da beide Schädlinge vom buchhändlerischen Markte verbannt werden! Von Rückert sollte man unserer Zeit nur noch das Beste bieten, und dazu gehört vor allem der Liebesfrühling in seiner ursprünglichen Gestalt.

[Aus: Westermanns Monatshefte, 69.Jg., 137. Bd. (1924) S. 146-152]

Friedrich Rückert als Lyriker: Die Wirkung

Von Franz Golffing

Von der Wirkung sprechen, die Rückerts Dichtungen auf die Zeitgenossen sowie auf die Nachwelt ausübten, heißt eines der merkwürdigsten Kapitel der deutschen Literaturgeschichte berühren. Rückert wurde als Sechsundzwanzigjähriger durch seine "Deutschen Gedichte" berühmt, die die Empfindungen einer ganzen Generation in mustergültiger Weise aussprachen; der bis dahin völlig unbekannte Dichter rückte durch dieses unter einem Pseudonym veröffentlichte Buch mit einem Schlage in den Mittelpunkt des literarischen Interesses und die Kritik setzte große Hoffnungen auf den sprachgewaltigen jungen Autor[1]. Der zweite Band patriotischer Lyrik, der den Titel "Kranz der Zeit" (1817) trug, schien diese Hoffnungen zu rechtfertigen, aber bereits über die 1822 publizierten "Östlichen Rosen" waren die Meinungen geteilt: während die einen fanden, eine große Begabung habe sich hier von dem ihr eingeborenen Spieltrieb verführen lassen, traten die anderen entschieden für das farben- und melodienreiche Werk ein, lobten Rückerts sicheren sprachlichen Takt und bewunderten seine seltene Virtuosität[2]. *Goethe* äußerte sich, wie schon erwähnt, wohlwollend aber mit Zurückhaltung über die "Östlichen Rosen", wobei er die besondere Eignung dieser Gedichte zur Komposition betonte. *Platen*, der Rückert früh schätzen gelernt hatte und als Kenner des Persischen besonders berufen war, über dieses Werk zu urteilen, zeigte sich, wohl infolge der allzu großen Uneinheitlichkeit desselben, etwas enttäuscht[3]. Ins Breite konnten die "Östlichen

[1]Vgl. vor allem die Rezensionen Fouqués, Gustav Schwabs und Loebens. Fouqué und Loeben heben besonders die "Geharnischten Sonette" wegen ihrer kräftigen Originalität hervor, ohne die gelegentlich hervortretenden Härten und prosaischen Wendungen zu übersehen. So sagt Loeben a.a.O., Rückert sündige wiederholt, nicht nur gegen den Wohllaut, sondern auch gegen die unsichtbare Harmonie der poetischen Verhältnisse, und man werde in solchen Fällen an die Schwerfälligkeit der Sonettendichter des 17. Jahrhunderts erinnert. Derselbe meint auch, die "Deutschen Gedichte" zeichneten sich mehr durch sinnliche Stärke als durch Tiefe aus.

[2]Vgl. besonders die kluge Rezension von W. Alexis im "Hermes" (1822). Alexis lobt im Gegensatz zu den meisten Kritikern die Kernigkeit der Rückertschen Diktion, und meint, das ängstliche Streben fast aller jüngeren Dichter nach größtmöglicher Dezenz und Weichheit sei verderblich für die Poesie. Beachtung verdienen auch die Besprechungen des Werks von M. von Collin und von W. Müller.

[3]Platen a.a.O., Bd. 2, p. 505: "Ich ... mußte gestehen, daß seine (sc. Rückerts) 'Östliche Rosen' meine Erwartungen getäuscht hätten und daß ich sowohl Bilderreichtum (!) als Ge-

Rosen" ihres esoterischen Charakters wegen natürlich nicht wirken. Um diese Zeit begann Rückert auch, regelmäßig Gedichte zu verschiedenen Almanachen beizusteuern, vorzüglich zu dem anfangs von *Fouqué*, seit 1821 von ihm selbst redigierten "Frauentaschenbuch", das in Nürnberg herauskam; einen großen Teil dieser verstreut erschienenen Poesien, unter denen sich, wie ein Blick in *Hirschbergs* "Nachlese" lehrt, ganz vortreffliche Stücke finden, nahm er später nicht in seine Werke auf. Diese unermüdliche und höchst ungleichwertige Produktion scheint auch diejenigen bedenklich gestimmt zu haben, die Rückert anfangs wohlwollend gegenüber standen[4]; immerhin billigte man ihm nach wie vor Eigenart und formale Meisterschaft zu, obgleich er sich nicht selten wiederholte und auch im Sprachlichen manches Harte und Ungelenke unterlief. Häufig wurde er mit Platen verglichen, mit dem er nach der Meinung seiner Kritiker, die über der partiellen thematischen Verwandtschaft das Grundverschiedene der geistigen Artung übersahen, noch am meisten Ähnlichkeit hatte; daß dieser Vergleich zu Platens Gunsten ausfallen mußte, ist klar, denn man zog ihn unter dem Gesichtspunkte der sprachlichen Korrektheit und der Triftigkeit des einzelnen Gebildes. Was die übrigen Gedichte Rückerts betrifft, so gefielen außer dem "Liebesfrühling"[5] und der "Weisheit des Brahmanen" nur noch die "Märlein zum Einschläfern für mein Schwesterlein" und einige Balladen allgemein. Über die beiden erstgenannten habe ich bereits gehandelt; die Märlein, die u.a. das berühmte Stück "Vom Bäumlein das andere Blätter hat gewollt" enthalten, sind anmutige und herzliche Improvisationen ohne eigentlichen poetischen Wert. Als Rückert 1834 bis 1838 dem Drängen seiner Freunde nachgebend, seine Gedichte in sechs Bänden sammelte und dem deutschen Publikum vorlegte, war das Interesse für den Dichter der "Geharnischten Sonette" schon ein historisches geworden[6] und als er im Jahre 1866 für immer die Augen schloß, ohne das Erscheinen seiner gesammelten Werke erlebt zu haben, war die Gunst des Publikums bereits völlig von ihm ab- und ephemeren Zeitgrößen zugewandt.

Man wird sich angesichts des unverhältnismäßig geringen Widerhalls, den Rückerts Dichtungen fanden, fragen, worin dessen Gründe zu suchen sind. Wie

---

dankenfülle darin vermisse."

[4]Z.B. W. Müller, der sich später im "Conversationsblatt" wiederholt sehr scharf über einzelne Produktionen Rückerts äußerte. Vgl. Müllers "Vermischte Schriften", Leipzig 1830, Bd. 5, p. 367 ff.

[5]Rückert hat Teile des "Liebesfrühlings" zuerst in verschiedenen Almanachen veröffentlicht, wo sie ziemlich unbeachtet blieben. Erst nachdem die erste Gesamtausgabe seiner Gedichte erschienen war, die den vollständigen Text des "Liebesfrühlings" enthält, wurde dieser mit einem Schlage berühmt.

[6]Immerhin ließen sich auch mehrere freundliche Stimmen vernehmen, vgl. vor allem Fechners Besprechung in den "Blättern für literarische Unterhaltung" und den Panegyrikus des mit Rückert befreundeten *Joseph Kopp* in der "Allgemeinen Literaturzeitung". Das negative Extrem bezeichnen die Kritiken von Arnold Ruge und von Dreyhaupt. Kopp spendet besonderes Lob dem "Liebesfrühling"; er nennt ihn "das schönste Melodram, so reich an rhythmischer Musik als voll Handlung, wenn diese nicht bloß in äußerer Bewegung gesehen, sondern in inneres Leben und Wirken gesetzt wird".

kommt es, daß dieser Dichter, der den zahlreichen mittleren Lyrikern seiner Zeit weit überlegen und den wenigen klassischen nicht unebenbürtig war, weder vom Publikum noch von der Kritik nach Gebühr gewürdigt wurde, daß er den meisten sein Leben lang eine zwar merkwürdige, aber nicht recht behagliche Figur blieb, ein Artist ohne Ernst und Verantwortung, der dichten konnte, aber nicht mußte?

Dieses Mißurteil erklärt sich wohl vor allem aus Rückerts bis zu seinem Tode ungehemmter Produktivität, die man – ihre geheimes Gesetz wurde von den Wenigsten begriffen – teils als nicht recht geheuer, teils geradezu als ungeheuerlich empfand. Verglichen mit den Ausmaßen des Platenischen, des Eichendorffschen oder gar des Mörikeschen Werkes mußte das lyrische Oeuvre Rückerts gigantisch erscheinen; durchblätterte man dann die sechs Bände, sah man sich in neunzig von hundert Fällen enttäuscht und den übrigen zehn Fällen maß man keine weitere Bedeutung bei. Was besagten schließlich zehn Treffer gegen neunzig Nieten!

Ferner: Rückerts Lyrik war zu "uneinheitlich", d.h. sehr schwer auf einen gemeinsamen Nenner zu bringen. Platen, Lenau, Brentano, Eichendorff hatten nicht nur ihren eigentümlichen, unverwechselbaren Stil – einen solchen billigte man meist auch Rückert zu – sondern auch ihren eigentümlichen, fest umgrenzten Erlebnisbereich, aus dem sie nicht heraustreten konnten oder mochten. Rückert hingegen schien sich proteusartig zu verwandeln und an dem Verschiedenartigsten Gefallen zu finden; bald schwärmte er für die exotischen Reize des Orients, bald für die stille deutsche Häuslichkeit; an einem Tage verkündete er tiefsinnige Brahmanenweisheit, um am nächsten mit dem gleichen Eifer schelmische Kindergedichte zu formen. Man wurde aus dieser ungemeinen Vielseitigkeit nicht klug, denn man war von vorneherein gegen sie eingenommen: was man bei Goethe als Universalität gepriesen hatte, lehnte man bei seinem Schüler kurzerhand als universelle Virtuosität ab. Auf den Gedanken, daß hier ein zwar an Genie weit Unterlegener, aber an individuellem Erlebnisreichtum nicht Unebenbürtiger schuf, kam man – mit wenigen rühmlichen Ausnahmen – nicht. So hatte man auch keine Möglichkeit zur Erkenntnis dessen zu gelangen, was all diesen an Geist und Wert so ungleichen Gebilden gemeinsam ist: die innere Wahrhaftigkeit[7].

Schließlich: Rückert hegte eine ausgesprochene Vorliebe für geprägte Formen in der Lyrik. Eine derartige Einstellung hat meist zur Folge, daß der Dichter sich mit größtem Ernst um die ihm entsprechenden Gattungen bemüht, daß er sie sowohl ganz mit eigenem Geist zu erfüllen, als auch ihre immanenten Ausdrucksmöglichkeiten zu erschöpfen trachtet; auf der anderen Seite kann es leicht geschehen, daß der Gedanke an die vorgegebene Form erkältend auf das Erlebnis einwirkt und daß dieser schließlich statt eines unmittelbaren und zwingenden Ausdrucks einen indirekten und gezwungenen findet. Was nun die-

[7]Die vielen spielerischen Produkte Rückerts beweisen nichts dagegen, denn das Spielerische hat bei ihm seine Wurzel in einer fast grenzenlosen Formenfreude, nicht in mangelnder Selbstzucht wie bei Heine.

jenigen unter den namhaften deutschen Lyrikern betrifft, die sich die Pflege der wichtigsten antiken, romanischen und orientalischen Formen besonders angelegen sein ließen, – ich denke vor allem an Klopstock, Hölderlin, Platen, Rückert, Borchardt, R.A. Schröder – so scheint ihnen jedenfalls Eines gemeinsam zu sein: nämlich die geringe Popularität. Dies erklärt sich wohl vor allem daraus, daß der Deutsche gewohnt ist, in der Lyrik schlichten und musikalischen Kompositionen den Vorzug vor komplizierten und architektonischen zu geben – man erhebt gegen die letzteren neben anderen Vorwürfen gern den der Rhetorik, ohne zu bedenken, daß es außer der falschen Rhetorik auch eine durchaus legitime gibt –; teilweise allerdings auch daraus, daß die genannten Dichter nicht immer der angedeuteten Gefahr entgangen sind, und sich selbst bei den größten unter ihnen neben restlos überzeugenden Stücken solche finden, die mehr dem rechnenden Kunstverstande oder der Freude am schwierigen Experiment als dem elementaren bildnerischen Trieb ihr Dasein verdanken. Was Rückert im besonderen angeht, so kann kein Zweifel darüber bestehen, daß seine Ausdrucksstärke mit der Stärke der Fessel wächst, die er sich anlegt und daß wir daher seine vollkommensten Stücke unter den in schwierigen und, wenn man will, künstlichen Maßen gedichteten zu suchen haben; sobald er sich freie Bewegung gestattet, gewinnt sein Hang zur schrankenlosen Improvisation die Herrschaft über ihn[8].

Angesichts dieser Fülle von Mißverständnissen darf allerdings eine nicht vergessen werden: die Zeit in die Rückerts Schaffen fiel, besaß keine ausgebildeten ästhetischen Kriterien; sie war zur Not imstande ein klares und widerspruchsloses Werk zu begreifen, nicht aber ein derart vielschichtiges und verwirrendes wie das Rückertsche. Dazu kommt noch, daß Rückert bis ins hohe Alter fortproduzierte und es daher den Zeitgenossen nicht möglich war, den für die abschließende Beurteilung notwendigen Abstand zu gewinnen. So erklärt es sich, daß beinahe alles was ihm von diesen an Lob und Tadel zuteil wurde, weder seine wesentlichen Vorzüge noch auch seine wesentlichen Mängel trifft.

Umso eindrucksvoller sind die wenigen großzügigen von höchster Warte gefällten Urteile über Rückert, die uns aus jenen Tagen überliefert sind. Hier ist vor allem der Aufsatz *Varnhagen vom Enses* über Rückert in seinem Buch "Zur Geschichtschreibung und Literatur" (Hbg. 1833) zu nennen, eine der feinsten und erschöpfendsten Würdigungen, die Rückert überhaupt gefunden hat. Auf wenigen Seiten entwirft Varnhagen ein Bild der Rückertschen Lyrik, wie man es sich kaum klarer und lebendiger denken könnte. Da in diesem Aufsatz kein Wort zuviel ist, möchte ich ihn, statt mich auf Umschreibungen und Zitate zu beschränken, lieber vollständig hersetzen; das kleine kritische Meisterwerk ist es wert, der Vergessenheit entrissen zu werden.

"Kleine Gedichte von Fr. Rückert. 1822.

Rückerts erstes Auftreten als Freimund Reimar war von allgemeinem Beifall begleitet, den Stoff und die Stimmung des Tages hatte er in eigentümlicher Tonart

[8] Gemeint sind die in der "Urania" für 1822 veröffentlichten Stücke.

glücklich aufgefaßt. In der Folge, als seine Poesie mit üppiger Fruchtbarkeit sich ausbreitete, Gegenstände und Formen aller Art ergriff und alle Richtungen mit einer sich doch seltsam geberdenden Leichtigkeit einschlug, da wurde nach und nach ein Teil des Publikums stutzig; selbst wackere Leute wurden unsicher und wußten nicht recht, was sie von der Erscheinung halten sollten. Wir wollen mit wenigen Worten unsere Meinung, die vielleicht Manchen verständigt, hier aussprechen. Rückert ist ein Dichter, ein wahrer Dichter, oder es hat keiner jemals diesen Namen verdient. Mit seinen Gedichten aber verhält es sich also: sie sind Gedichte in Masse. eine volle reiche Vegetation von Gedichten, strichweise über Fels und Ebene, durch Sandfläche und Stromufer sich hinziehend, in künstliche Beete geordnet und selbst in Treibhäuser versetzt, wie es die Umstände und die Gelegenheit erforderten und zuließen. Die weithin grünende Pflanzung ist im Ganzen reizend und erquicklich, aber sie steht bunt durcheinander, und ihre Wirkung ist an diese Mischung ihrer Gesamtheit geknüpft. Ein großes Unrecht würde diesen Gedichten geschehen, wollte man sie allzusehr vereinzeln und sie vereinzelt betrachten und prüfen. Nicht alles in ihnen, nicht jedes Einzelne in gleichem Maße, ist hier Gedicht; sowie nicht jeder einzelne Soldat, der in Reih und Glied seine Schuldigkeit tut, deshalb gleich einen völligen Helden abgibt, obwohl die siegende Schar von Kriegern wohl so zu nennen sein mag – Rückert scheint bei seinem Dichten von dem lebendigen Gefühle durchdrungen zu sein, daß die Poesie aus Trägheit und Gewöhnung immer wieder sich ins Enge und Beschränkte einziehen läßt, da sie doch ihrem Wesen nach keine Grenzen kennt. Sowohl ihre Gegenstände als ihre Formen, und besonders ihre Sprache, erfahren immerwährend diese heimliche Einengung, von ihrem ungemessenen Gebiete weist man ihr bestimmte Bezirke an, die allein ihr gehören sollen, und schließt sie unvermerkt von ihrem andern Besitze aus. Die ursprüngliche Freiheit wird auf Regeln gebracht, die, obwohl aus ihr entlehnt, doch am Ende sie zerstören. Gern und leicht mögen vorzügliche Geister, und oft die begabtesten, diesen Schranken sich fügen und auch in ihnen das Außerordentlichste leisten; wir haben an Racine, an manchen Werken Goethes, am Ton von W. Schlegel und an vielen lyrischen Erzeugnissen die herrlichsten Beispiele dieser Art. Aber soll diese Beschränkung am Ende nicht in eine völlige Knechtschaft ausarten – wie bei den Franzosen geschehen, bei uns aber von jeher glücklich abgewehrt worden ist – so muß von Zeit zu Zeit eine herzhafte Befreiung versucht werden. Die Gegenstände, die Empfindungsweise, die Zeit- und Volksfarbe, die Vers- und Tonarten, die Maßverhältnisse und Gliederungen, die Sprache in Stoff und Wendungen, alles muß aus der Erstarrung wieder in freien Fluß gebracht und neuen Gestaltungen und Verbindungen ausgesetzt werden. Die Sache zuvörderst grammatisch angesehen, so kommt es also darauf an, die gesamte Sprache – nicht bloß eine kunstgeprüfte Auswahl, eine vorgeschriebene Blütensammlung – in dichterischem Gebrauch fortzureißen, sie in poetischer Weise durchzusprechen, durch alle ihre möglichen Wendungen, Messungen und Reime lebendig durchzutreiben. Dies tut Rückert mit großer Meisterschaft und Kühnheit und hat in dieser Art ganz Unglaubliches geleistet. Sein Dichten ist in solchem Sinne ein gewaffnetes

Ausrücken in bisher verlassene oder zweifelhaft gewordene Gebiete, ein Wiedererobern oder Vermehren des poetischen Sprachreiches. Natürlich ist man in neu betretenen Ländern nicht gleich so kundig und bequem wie in der bisherigen alten Gewöhnung, man wird wohl sogar in dieser etwas fremd; auch geht es nur unter Kämpfen und Blutvergießen vorwärts, und selbst bei dem glücklichsten Geschicke wird es Verletzungen und Verstümmelungen zu sehen geben; an diese aber sich lediglich halten zu wollen, um die siegreichen Fortschritte zu leugnen, wäre so töricht als ungerecht; doch hat man dieses schon öfters gegen Rückert versucht, wie man es in früherer Zeit gegen Klopstock und Voß und Schlegel – in diesem grammatischen Sinne ihm sehr vergleichbar – getan hat. Von seiten des eigentlichen dichterischen Gehalts angesehen, zeigen Rückerts Gedichte in gleicher Art die freieste und umfassendste Naturanschauung, wie seine Sprache freie Kunst. Auf allen Punkten, bei allen Gegenständen und Anlässen, ruft er den poetischen Funken aus dem verwahrlosten oder unbeachteten wie aus dem allbekannten und vielbehandelten Stoffe. Er geht immer von Ursprünglichem aus und hält an irgendeinem Wahren fest, sowohl wo es die gewöhnlich sogenannte äußere Natur, als wo es die Natur der Gedanken, der Empfindungen, der Verhältnisse und selbst der künstlichsten Verknüpfungen gilt. Seine Bilder und Ausdrücke mögen in vielen Fällen verwildert oder verschroben dünken; die Anschauung, die ihnen zum Grunde liegt, ist gewiß aus eigener Lebensfrische. Auch in Absicht des Gehalts ist Rückerts Poesie eine kämpfende und erobernde, wie in Betreff der Sprache. In der Masse wird dieser Gedanke recht sichtbar. Von den hier angeführten Gedichten insbesondere haben wir nur noch zu sagen, daß sie zu dem Besten gehören, was wir von Rückert kennen. Naturanschauung, Gedanke, Gefühl, Betrachtung, Bild und Erzählung sind in eigentümlicher Mischung zu gedrungenen Stoßgedichten – wie man Stoßseufzer sagt – glücklichst und anmutigst verarbeitet. In dieser Gattung kurzer und runder Gelegenheitssprüche – sie sind es in Hinsicht des hervorrufenden Augenblicks im Dichter selbst – ist von Goethe, besonders aus neuerer Zeit, ein wahrer Schatz von Herrlichkeiten ausgelegt; diese Gedichte von Rückert reihen sich mit eigenem Wert an. Zugleich ist in ihnen eine Annäherung an die Verknüpfungsweise des morgenländischen Dichtungssinnes, wie ihn Goethe im westöstlichen Diwan so schön dargezeigt, durchschimmernd wahrnehmbar, ohne die Äußerlichkeiten, welche in des Dichters "Östliche Rosen" zu peinlich festgehalten wurden." (p. 573 ff.)

* * *

Von nicht geringerer Bedeutung sind die wenigen Sätze *Eichendorffs* über Rückert, die man in seiner "Geschichte der poetischen Literatur Deutschlands" (1857) findet. Eichendorff leitet seine Charakteristik mit einem Vergleich zwischen Rückert und Platen ein, der zugunsten des ersteren ausfällt, – aber man höre selbst:

"Hierin (sc. in der Meisterschaft der Form) dürfte zwar mancher Platen über Rückert stellen; allein bei Platen ist es vielmehr Sache des Gelehrten, als des

Dichters, man fühlt überall unwillkürlich das Studium, die Absicht und Prätention heraus. Bei Rückert dagegen scheint das Schwierigste und Unerhörteste, weil es wirklich poetisch durchgeistet ist, sich von selbst zuverstehen, es ist, als hätte er eben nur eine feinere Hand, um jedem verborgenen Triebe der deutschen Sprache seinen ungehinderten, natürlichen Wuchs zu geben, und viele seiner kühnen Reimverschlingungen gleichen musikalischen Fugen, die, eine geheimnisvolle Melodie in ihren seltsamsten Kombinationen verarbeitend, zuletzt dennoch zu rechtem Klang und Abschluß kommen." (p. 503).

Strenger lautet das Urteil *Grillparzers* über Rückert. Grillparzer hat 1834 den ersten Band der Erlanger Ausgabe einer ziemlich eingehenden Kritik unterzogen, die Rückerts Eigenart zwar nicht völlig gerecht wird, aber doch manche wichtige Bemerkung enthält. So meint er mit Bezug auf die "Terzinen": "Das Geschraubte dieser Versmaße sagte dem Verfasser zu, er bewegt sich leichter, da wo jeder andere schwer, sowie umgekehrt ... " und etwas später: "Es ist als ob die verschlungene Form diesem Geiste Haltung gäbe. Er hätte sich an ein großes erzählendes oder vielmehr beschreibend-meditierendes Gedicht machen sollen. Das eigentliche Lyrische sagt ihm nicht zu, das ungekünstelt Natürliche ist nicht sein Fach[9]". Das ist beidemal sehr fein beobachtet, wenn auch in der Formulierung ein wenig überspitzt. Scharf aber durchaus unzutreffend ist sein Verdikt über den ersten Strauß des Liebesfrühlings: "Der größte Teil dieser Gedichte – poetisches Geschäftkonzept; derlei arbeitet sich wie Akten auf der Kanzlei". Mit seiner die Kritik beschließenden Prophezeiung: "Von den sämtlichen Gedichten Rückerts werden die sieben mageren die sieben fetten fressen und nichts wird übrigbleiben", sollte Grillparzer auf lange Zeit hinaus Recht behalten. Erst seit dem Anfang des zwanzigsten Jahrhunderts beginnt man da und dort auf den vergessenen Dichter wieder aufmerksam zu werden; so gab *Oskar Loerke* seiner 1911 im Verlag S. Fischer erschienenen Rückert-Auswahl ein kluges und liebevolles Vorwort mit, und *Leopold Hirschberg* konnte 1910-1911 seine zweibändige "Rückert-Nachlese" veröffentlichen, die alle von Rückert publizierten, aber in keiner Sammlung oder Einzelausgaben aufgenommenen Gedichte vereinigt. Auf dieses für den Kenner der Rückertschen Lyrik sehr interessante Werk näher einzugehen erübrigt sich, denn es enthält zwar eine große Anzahl guter und der Beachtung würdiger Gedichte, aber – mit Ausnahme einiger Rubaijat – nichts völlig Bezwingendes. Was die Anthologien dieser Zeit betrifft, so fehlt in der bedeutendsten, nämlich in George - Wolfskehls "Jahrhundert Goethes" (1910) Rückert überhaupt, während er in den übrigen zwar vertreten ist, aber durchwegs mit schlechten und wenig charak-

[9] Vgl. dazu Rückerts Epigramm:

Geist genug und Gefühl in hundert einzelnen Liedern
Streu ich wie Duft im Wind oder wie Perlen im Gras.
Hätt ich in einem Gebild es vereinigen können, ich wär ein
Ganzer Dichter, ich bin jetzt ein zersplitterter nur.
(F.A. Bd. 1, p. 6.)

teristischen Proben. Es geht nicht an, in eine Auswahl zahlreiche Stücke aus dem "Liebesfrühling" und der "Weisheit des Brahmanen" aufzunehmen, aber kein einziges Ghasel; wer solches tut, zeigt deutlich, daß er zu Rückert in einem rein konventionellen Verhältnis steht. Wenn dagegen so treffliche Männer wie George und Wolfskehl in ihrer Sammlung klassischer deutscher Lyrik Rückert gar nicht berücksichtigten – wohl aber Heine und Hebbel – so haben sie entweder das Werk dieses Dichters nicht gründlich genug durchforscht, oder aber ließen sie sich durch das landläufige Vorurteil überhaupt von der Beschäftigung mit demselben abschrecken. Das Verdienst, diesem Vorurteil erstmals energisch entgegengetreten zu sein, darf *Rudolf Borchardt* für sich in Anspruch nehmen, der im Nachwort zu seiner 1926 erschienenen Anthologie "Ewiger Vorrat deutscher Poesie" Rückert endlich den ihm gebührenden Rang zuerkennt. Hier sind alle Akzente richtig gesetzt, das Spröde aber Gehaltreiche wird aus dem Dunkel geholt, in dem es lange unverdient geschlummert hatte, das Gefällige aber Ephemere wird mit Entschiedenheit zurück ins Dunkel gewiesen, aus dem es besser nie hervorgetreten wäre[10].

Mit der Zitierung der wichtigsten Sätze Borchardts über Rückert möchte ich dieses Kapitel und damit die ganze Arbeit beschließen, und glaube auf diese Weise auch dem erstgenannten den schuldigen Dank zu entrichten, ohne dessen bahnbrechende Analyse die vorliegende Untersuchung wohl nicht zustande gekommen wäre

Mit der Zitierung der wichtigsten Sätze Borchardts über Rückert möchte ich dieses Kapitel und damit die ganze Arbeit beschließen, und glaube auf diese Weise auch dem erstgenannten den schuldigen Dank zu entrichten, ohne dessen bahnbrechende Analyse die vorliegende Untersuchung wohl nicht zustande gekommen wäre.

"Schadlos gehalten hat sich die Arbeit durch die grundsätzliche Hervorhebung von Rückerts wunderschöner Gestalt, in ihrem Schatten derjenigen Lenaus, von denen wenigstens die erste gegen altkluge Torheit verteidigt zu haben diese Sammlung sich zum bewußten Verdienste rechnet. In Rückert und Lenau fällt die ausgebildete und abgeschlossene Musik des deutschen Gedichtes zwei typischen Spielmannsnaturen zu, einer heimischen und einer fremdländischen, einem genialen Improvisator, dörflich und ländlich, aus Konrad von Würzburgs Luft der Sprachzersprühung und des schwindelnden Meisterstückes, und einem bittern ungarischen Geiger aus trostlosen Nomadenformen, der in der deutschen Sprache und Seelensphäre nie völlig heimisch wird, so wenig wie seine beiden fremden Brüder Chamisso und Heine, wie jene aber eine deutsche Eroberung ist, und daher als Randform und Ausrundung der älteren deutschen Poesie nach rückwärts fehlt, nicht wirksam nach vorwärts. Rückerts unabsehbares Werk ist zu seinem überwiegenden Teile eine Improvisation ohne literarische Höhe,

---

[10]Das gilt vor allem für den "Liebesfrühling", dessen Manuskript von der Gattin Rückerts jahrelang als eine teure Erinnerung, die keinen dritten etwas anging, behütet wurde. Es war ein unglückseliger Gedanke Rückerts, dieses lediglich innerhalb der privaten Sphäre bedeutungsvolle Dokument der Öffentlichkeit zugänglich zu machen.

nichts anders als ein Denkmal der Ausbreitung der gewonnenen Formen ins Volk, ihre Diffusion und herzliche Eineignung. Aber da das Volk hier sein Lieblichstes und Reifestes, die ganze unvergleichliche Durchstättigung des Gemütes mit Herzensschönheit, Laune und Spiel, Reife und Güte, dem lang angesammelten Reichtum einer einfachen Wunderwelt des Innern erreicht hat, wie ihn die europäische Völkerkultur weder je vorher irgendwo besessen hat noch nachher bewahrt hat, so hat dies Werk auch in denjenigen Teilen, die dieser Sammlung durch die Geringhaltigkeit des einzelnen Gebildes nicht angehören durften, im Ganzen aller sich gegenseitig verteidigenden und ergänzenden Stücke eine unerschütterliche Existenz, denn sie enthält das Volk selbst in diesem herrlichen Kind des Volkes, ein vollständiges Lebensbeispiel dessen was wir durchwegs sind und unter gütiger Sonne durchwegs sein können."

[Aus: Franz Golffing: Friedrich Rückert als Lyriker. Ein Beitrag zur Würdigung. Wien 1935, S. 35-42.]

Goethes "West-Östlicher Divan" und Rückerts "Östliche Rosen"

Zur Vorgeschichte der "Östlichen Rosen"

Von Leopold Magon

I

Im Jahre 1819 erschien in Stuttgart in der Cottaischen Buchhandlung "West-Östlicher Divan" von Goethe. 1822 brachte der Verlag F.A. Brockhaus in Leipzig von Friedrich Rückert "Östliche Rosen: Drei Lesen" heraus. Seinen Band eröffnete Rückert mit einem Gedicht "Zu Goethe's west-östlichem Diwan", keiner direkten Widmung an den Dichter des "Divans", eher einer Art persischen Preislieds "in verkünsteltem Reimspiel" (Burdach), das ihn als den "leidenschaftlichen Metriker" erweist, als den er sich in dieser Zeit dem Orientalisten Hammer gegenüber bezeichnete. Die "Östlichen Rosen" sandte Rückert am 12. November 1822 von Coburg aus an Goethe mit einem Brief als ein Zeichen unwandelbarer Verehrung und ein Buch, das auf dem ersten Blatte, eben in dem vorangeschickten Gedicht, seine Abhängigkeit bekannt habe[1]. Goethe hat auf diesen Brief nicht geantwortet, aber in seiner Art dafür gedankt. Im letzten Heft des Jahrgangs 1822 von "Kunst und Altertum" wies er empfehlend auf die "Östlichen Rosen" hin als heiter-gesellige Vorlagen für den Musiker, der in diesem Büchlein, zu rechter Stunde aufgeschlagen, manches Wünschenswerte finden werde; in diesem Zusammenhang erwähnt er als Beispiele heiter-geselligen Liedschaffens Kompositionen zu Divantexten aus der Feder Zelters und Eberweins und rückt damit Rückerts östliche Lyrik als Typus in die Nähe seiner Divangedichte[2]. *Eckermann*, dem Goethe am 10. November 1823 die "Östlichen Rosen" mitgab, berichtet, daß er von Rückert "viel zu halten und die besten Erwartungen zu hegen" schien.

Goethe und Rückert, "Divan" und "Östliche Rosen" wurden auch von *Joseph von Hammer-Purgstall*, dem orientalistischen Gewährsmann beider Dichter, zusammengebracht. Rückert druckte für ihn ein Ghasel "Jüngst im blühenden Rosenhag ..." im Jahrgang 1822 der "Wiener Zeitschrift für Kunst, Literatur, Theater und Mode" Nr. 105 ab, das auch in den "Östlichen Rosen" erschien

[1] Der Begleitbrief aus dem Weimarer Archiv ist veröffentlicht von Bernhard Suphan in: Friedrich Rückert. Vortrag, gehalten in Weimar am 16. Mai 1888. Weimar, Böhlau 1888, S. 32.

[2] Weimarer Ausgabe 41(1.Aufl.) S. 327 f.

und dort die zweite Lese einleitete (S. 147-9), und Hammer antwortete in der gleichen Zeitschrift mit einem Ghasel. Mit einer ihm durch Hammer vermittelten Erzählung des persischen Dichters Saadi als Vorlage hatte Rückert in seinem Ghasel unter dem Bilde von Nachtigall und Biene den müßigen Dichter und den emsigen Gelehrten verglichen und die emsige Biene, die für sich den Preis beansprucht, "den Dolmetschen der Pforte" in Wien, eben Hammer, als Schiedsrichter anrufen lassen. Hammer hatte, auf die dichterische Fiktion Rückerts eingehend, den Streit an Goethe verwiesen:

Den Bewohner des Lebensquells, den westöstlichen Goethe,
Der, so lehret mich sein Divan, weiß die Meere zu mischen,
West- und östlichen Ozean in des Liedes Geflöte[3].

Auch in der Vorrede zu seiner Übersetzung des arabischen Dichters Motenebbi (1824) stellte Hammer die beiden Dichter zusammen und gesellte ihnen *Platen* zu; er erhoffte für jenen "größten Dichter seines Volkes" das gleiche Schicksal, das er Hafis mit seiner Übersetzung bereitet habe, nämlich deutsche Dichter wie Goethe, Rückert und Platen zu einer "Einbürgerung des deutsch-umkleideten Arabers zu bewegen".

Die drei Lesen der "Östlichen Rosen" enthalten sehr Verschiedenes, und nur auf einen Teil der Gedichte trifft die Charakteristik zu, die Goethe in "Kunst und Altertum" gibt. Das hat man offenbar auch im Kreise von Rückerts Freunden und wohl auch er selbst empfunden; denn *Karl August von Wangenheim*, der frühere württembergische Minister und Bundestagsgesandte, ein eifriger Förderer Rückerts, schrieb am 21. Januar 1824 an C.A. Böttiger von den "Östlichen Rosen", "die Goethe (undankbar) viel zu vornehm und ungemütlich, ja unwissend angezeigt hat"[4].

Rückerts "Östliche Rosen" wurden von Anfang an mit Goethes "West-Östlichem Divan" zusammengestellt, und werden das heute noch, und Rückert hat mit seinem einleitenden Gedicht selbst dazu beigetragen, daß das geschieht. Aber über das Verhältnis der "Östlichen Rosen " zu Goethes "Divan" herrscht doch noch vielfach Unklarheit, und vollends bewegt man sich im Dunkeln, wenn man darüber hinaus die ganze orientalisierende Dichtung Rückerts und so auch seine Übersetzungen auf Goethes "Divan" zurückführt, Rückert mit diesem umfangreichsten und wesentlichsten Teil seinens Schaffens zum Schüler und Nachfolger Goethes macht[5]. So sei diese Frage hier nach dem Stande unserer heutigen Kenntnis geprüft und damit die Vorgeschichte von Rückerts "Östlichen Rosen" aufgehellt.

---

[3]Wieder abgedruckt bei Conrad Beyer, Neue Mittheilungen über Friedrich Rückert. Zweiter Teil. Leipzig 1873, S. 191.

[4]Abgedruckt bei Robert Boxberger, Rückert-Studien. Gotha 1878, S. 299 f.

[5]Wie z.B. bei Friedrich Kainz RL. II (1926/28) S. 543, aber auch anderen Stellen, insbesondere in der Goetheliteratur zu lesen ist. Die Formulierung bei Hans Heinrich Schaeder, Goethes Erlebnis des Ostens, Leipzig 1938, S. 91, ist zu summarisch; im übrigen wird Schaeder der großen Leistung insbesondere des Übersetzers Rückert durchaus gerecht.

II

Rückerts Versuche, orientalische Dichtung durch Nachdichtung und schöpferische Weiterbildung der deutschen Sprache anzueignen, müssen begonnen haben, unmittelbar nachdem er Anfang 1819 von der Reise nach Italien und Wien in die fränkische Heimat zurückgekehrt war. Sie gingen zunächst parallel mit philologischer Arbeit.

Der Wiener Orientalist Joseph von Hammer-Purgstall hatte dem eifrigen Schüler ein damals noch seltenes Werk, Firdusis "Schah-Namē", das "Königsbuch", das Nationalepos der Perser, geliehen. Noch in Wien hatte Rückert mit der Arbeit daran begonnen. Hammer hatte es ihm beim Abschied für die weitere Arbeit auch noch in die Heimat mitgegeben. Am 4. August 1819 berichtete Rückert dem schwedischen Freunde und Reisebegleiter *Atterbom*, der für uns noch in anderem Zusammenhang wichtig werden wird, von seinem Heimatort Ebern aus: "Erinnerst du dich des Folianten von Hammer, voll persischer Kratzfüße auf meinem Tisch, das Schah-Name des Firdusi enthaltend? Hammer hat es mir mit hieher gegeben, und ich deshalb es ganz und gar abgeschrieben, um es mit Muße zu lesen und durchzuarbeiten"[6]. Genaueres erfuhr Hammer selbst am 12. Dezember 1819[7]. Rückert kündigte ihm hier die Rücksendung des Schah-Namē an und eines zweiten Buches, in dem wir wohl die persische Grammatik mit Lesebuch und Glossar von Friedrich Wilken zu erkennen haben, über die er sich mit großer Unzufriedenheit äußert: "Was soll ich lernen, wo ich sehe, daß die Lehrer selbst nichts wissen?" Von sich selbst berichtete er, daß er, weil er nicht gleich in den nächsten Bibliotheken ein persisches Lexikon auftreiben konnte, den Band Schah-Namē abgeschrieben und sich selbst ein Lexikon dazu gemacht habe, "welches viel leichter war, als ich selbst hoffte", daß er mit dem Altpersischen völlig im Reinen sei und als "leidenschaftlicher Metriker" auch über den bisher falsch gedeuteten Vers des Schah-Namē Klarheit gewonnen habe.

Neben dieser wissenschaftlichen Arbeit ging nun die dichterische Aneignung persischer Dichtung her. Am 16. Juli 1819 kündigt er *Cotta*, seinem alten Verleger, der auch Verleger Goethes und Hammers war, eine Sammlung "curiosa, persica nämlich", aus einem seit längerer Zeit vorbereiteten dicken Manuskript an und bittet und beschwört ihn, für eine Auswahl aus ihnen, nebst einem an Cotta zu richtenden Brief als Einleitung, ihm einen Platz im nächsten Jahrgang des Cottaschen "Taschenbuchs für Damen" offen zu halten, dessen Mitarbeiter er schon seit dem Jahrgang 1817 gewesen war, dem gleichen Jahrgang, der auch Proben aus Goethes "Divan" gebracht hatte[8]. Die Veröffentlichung unterblieb aber; das Manuskript der "persica" kam zu spät. Das geht aus Rückerts Brief

[6] Mitgeteilt durch Carl Santesson, Exotism och Orient i "Lycksalighetens Ö". In: Samlaren 1923, S. 138.

[7] Anton Schlossar, Friedrich Rückert und Joseph Freiherr von Hammer-Purgstall. In: Vier Jahrhunderte deutschen Kulturlebens in Steiermark. Graz u. Leipzig 1908, S. 152 ff.

[8] Briefe an Cotta. Das Zeitalter der Restauration 1815-1832. Hsg. v. Herbert Schiller. Stuttgart 1927, S. 423-5.

an Cotta vom 2. Januar 1820 hervor[9]. Rückert hat sich darüber getröstet: "Was diese letzteren zu spät gekommenen unglücklichen betrifft, so hab' ich mich Anfangs, als ein guter Muselmann, in das unabänderliche Schicksal ergeben, hernach aber, wie ein guter Christ, mich über diese Fügung des Himmels gefreut. Diese unreifen Vorproben würden mir, gedruckt, jetzt sehr unangenehm seyn ... Ich bitte Sie, mir mein Manuskript zurückschicken zu lassen, da davon weiter bei Ihnen kein Gebrauch zu machen ist".

Die ersten Proben waren ihm also verleidet. Es ist Goethes "West-Östlicher Divan", der bei Rückert diesen Wandel des Urteils über seine frühen orientalisierenden Versuche bewirkt hat. Das läßt sich aus dem Briefwechsel nachweisen.

Dem Gönner Cotta hatte Rückert in seinem ersten Briefe vom Juli 1819 die "persica" angekündigt, als "nicht Übersetzungen zu nennen und auch nicht Nachbildungen, in seiner Weise ein Gegenstück zu Göthes Diwan, den ich aber leider noch nicht kenne, bei diesem der Geist die Hauptsache, bei meinem die Form, so daß, wer Göthes Geist und meine Form zusammen nimmt und zu beiden die leibliche Masse, wie sie in Hammers Hafis und desselben persischer Blütenlese liegt, sich, ohne Persisch zu können, einen ungefähren Begriff von persischer Poesie wird machen können[10]. Goethes "Divan" als Ganzes hat Rückert erst kennenlernen können, nachdem er im Herbst 1819 erschienen war. Aber ganz fremd war er ihm bisher nicht geblieben. Eben in der Zeit, in welcher Rückert an Cottas "Morgenblatt" als Mitredakteur arbeitete – er begann Anfang 1816 und schied Anfang 1817 aus –, hatte Goethe dort einiges zum und aus dem "Divan" veröffentlicht, die Selbstanzeige "West-Oestlicher Divan oder Versammlung deutscher Gedichte in stetem Bezug auf den Orient" mit einem Plan des des Ganzen sowie "Talismane" und "Vier Gnaden" als Proben. Auch in Cottas "Taschenbuch für Damen auf das Jahr 1817", das nach der Gepflogenheit der Zeit Ende 1816 erschien, also noch bevor Rückert seine festen Beziehungen zum Verlag Cotta gelöst hatte, und das überdies von Rückert den Sonettenkranz "Agnes. Bruchstücke einer ländlichen Todtenfeyer. 1812" als Beitrag abdruckte, Rückert also sicher bekannt war, hatte Goethe, wie erwähnt, einige Gedichte aus dem "Divan" veröffentlicht. Nach diesen Proben mochte Rückert glauben, das Verhältnis seiner "persica" zu Goethe so bestimmen zu können, wie es in dem zitierten Briefe an Cotta geschah. Bald nach dem Erscheinen des "Divan" als Buch mußte Rückert ihn kennengelernt haben. In dem Briefe an Hammer vom 12. Dezember 1819 zeigt er sich schon ganz mit ihm vertraut. Nachdem er auch die Hafisübersetzung von Hammer[11] kennengelernt hat, berichtet er ihm mit philologischer Entdeckerfreude: "Nun wundert mich am Divan unseres deutschen Meisters nichts, als daß nicht noch mehr Hafis herausquillt, als schon wirklich der Fall ist. Da Sie so viel schreiben und sich Ihrer Sachen

[9]Briefe an Cotta S. 426. Der Abdruck ist unvollständig und zu ergänzen nach Boxberger a.a.O. S. 142-3.

[10]Briefe an Cotta S. 425.

[11]Der Divan von Mohammed Schemsed-din Hafis. Aus dem Persischen zum ersten Male ganz übersetzt von Joseph von Hammer ... Stuttgart und Tübingen, Cotta, 1812. 1813.

nicht so genau besinnen können, so wird es Ihnen, wenn Sie das Goethe'sche Buch gelesen, schwerlich aufgefallen sein, wie viele ganze Zeilen und Halbstrophen der alte Herr aus Ihrem Hafis wörtlich beibehalten hat"[12]. Er fügt hinzu: "Noch gar viel ärger aber denke ich es damit zu machen". In herzlicher Verehrung, aber doch auch mit kluger Berechnung mißt er in diesem Briefe der Hafisübersetzung des verdienten, aber doch auch eitlen Hammer einen wesentlichen Anteil an der Läuterung seines orientalisierenden Geschmacks bei. Er hat diese Übersetzung erhalten, als er über der Arbeit an Firdusis Schah-Namē saß. Ich "will Ihnen nur noch kürzlich sagen, daß ich vor mehreren Monaten auch Ihren deutschen Hafis gekriegt habe, der mich auf einmal wieder aus der Epik in die Lyrik gewirbelt hat", schreibt er im gleichen Brief vom 12. Dezember 1819. "Ei potztausend, wie habe ich nur, auch ohne eben Persisch treiben zu wollen, so lange nicht davon Notiz nehmen können? ... Eh' ich ihn kriegte, saß ich über der Geschichte der Redekünste und stahl ganz über die Maßen unverschämt aus den Versen und aus der Prosa und machte aus beiden Verse mit eigener Zuthat. Als der Hafis kam, wollte ich nur einzelne Stückchen herausreißen, aber es ward immer mehr und mehr, anfangs mehr auf die Gedanken und innere Poesie angelegt, zuletzt auf Nachbildung der Form. Nun habe ich wirklich ein gut Theil Ghasel elaborirt, zum Theile ganz ohne Unterlage vom Hafisischen, nur wo möglich in seinem Ton, und wenigstens soll sich das deutsche Ghasel künftig so gut ausnehmen und so gut seinen Platz behaupten als das deutsche Sonett. Als nöthige Vorarbeit zu den Ghaselen, die ich jetzo nach Hafis mache, habe ich vom Anfang des Frühjahres an fast sämmtliche Ghasele in Ihren Redekünsten, viele Kassaide miteingerechnet, mit schrecklicher Mühe eingehämmert und, Gott sei Dank, jetzt meist wieder alle zernichtet, bis auf wenige der Probe wegen"[13]. Das Ergebnis war, daß er seine frühen Versuche, die Cotta eingesandten "persica", kritisch beurteilte. Ihr Abdruck würde ihm, wie er Cotta in dem schon zitierten Briefe vom Januar 1820 schrieb, von seinem neuen Standpunkte aus sehr unangenehm sein, "da ich in fortwährender andächtiger Betrachtung Hafisens (durch Göthe's Divan ausnehmend bestärkt) zu einem ganz andern Punkt der Auffassung gekommen bin, von wo, was ich dem Publikum davon zu geben gedenke, viel weniger Nachbildung (geschweige Übersetzung) als eine freye Reproduktion seyn wird". Mit dem gleichen Briefe kündigt er Cotta für das "Morgenblatt" einige hafisische Stücke an, die er abgeschrieben habe, "die denen Ihnen früher für den Damenkalender überschickten [zu spät gekommenen], hoffentlich, den äussern Zuschnitt abgerechnet, nicht sehr gleich sehen werden"[14].

Dies die frühesten Zeugnisse. Der Zusammenhang der Briefe läßt erkennen, daß wir es bei den "persica", die Rückert seinem Verleger im Juli 1819 anbot, noch nicht mit Stücken zu tun haben, die später zu den "Östlichen Rosen" gehörten, daß sich aber bei der Arbeit an diesen "persica" und über dem

[12]Schlossar a.a.O. S. 158.
[13]Schlossar a.a.O. S. 158-9.
[14]Boxberger a.a.O. S. 142; die beiden Stellen sind in "Briefe an Cotta" ausgelassen.

Studium von Goethes "Divan" Rückert der Weg einer freien Reproduktion als der beste ergab, den er dann auch in den "Östlichen Rosen" beschritt. Die "persica", die Rückert als erste Früchte seiner Studien anbot, waren zweifellos "Ghasele" nach Mewlana Dschelaleddin Rumi. Auf sie treffen die verschiedenen Angaben der Briefe zu. Die Vorlagen für sie konnte er in Hammers "Geschichte der schönen Redekünste"[15] finden, einem Buch, bei dem er nach den Angaben im Brief an Hammer mit seinen eigenen Versuchen begann. Rückert hat sie dann freilich, wie wir sahen, zurückgezogen und nach der Angabe im Brief an Hammer bis auf wenige vernichtet, nachdem er Hafis' Ghaselen kennengelernt hat. Aber für das "Taschenbuch für Damen auf das Jahr 1816" hat er im Jahre 1820 42 Ghasele mit der Überschrift "Mewlana Dschelaleddin Rumi" zum Druck eingesandt. Auch auf sie trifft zu, was er Cotta und Hammer im Jahre vorher von den ersten Versuchen geschrieben hatte; sie wahren strenger die persische Form als Goethe und gehen zurück auf Vorlagen in Hammers "Redekünste". Für 27 der 42 Ghasele des Taschenbuchs lassen sich bei Hammer die Stücke nachweisen, von denen sich Rückert hat anregen lassen[16]. Hammer, der den Band des Damentaschenbuchs schon zu Ende des Jahres 1820 in Händen hatte, erkannte, wie er C.A. Böttiger am 20. November 1820 schrieb, die Quelle von Rückerts Ghaselen in seinen eigenen wörtlichen Übersetzungen in der "Geschichte der Redekünste", die Rückert mit seinen Zusaätzen in orientalische Reimform gebracht habe "mit weit grösserem Glück als Göthe, der, wie ich höre, am 2ten Theil des Divans arbeitet"[17]. Es kann also als sicher betrachtet werden, daß die Ghasele, die Rückert im "Taschenbuch für Damen auf das Jahr 1821" veröffentlichte, eine Umarbeitung der 1819 zu spät gekommenen und später zurückgezogenen Ghasele darstellten oder ihren nicht vernichteten Rest bildeten, der vielleicht inzwischen wieder aufgefüllt war. Rückert hat sie Cotta am 16. Mai 1820 für den nächsten Jahrgang des Damentaschenbuchs gesandt, und es scheint, als ob Cotta durch die scharfe Selbstkritik Rückerts im Januarbrief sich nicht hat anfechten lassen, Rückert auch weiterhin die Förderung seiner orientalischen Arbeiten zugesagt und die im Vorjahr verspäteten Ghasele in der neuen Fassung oder in der nunmehr von Rückert getroffenen Auswahl abgedruckt hat[18].

Der hier erschlossene Zusammenhang bestätigt und bekräftigt die Entschei-

[15] Geschichte der schönen Redekünste Persiens, mit einer Blüthenlese aus zweyhundert persischen Dichtern. Von Joseph von Hammer. Wien 1818.

[16] Karl Putz, Joseph von Hammers Geschichte der persischen Redekünste, eine Quelle Rückertscher Gedichte. In: Zeitschrift für vergleichende Literaturgeschichte 14 (1901) S. 430-71.

[17] Abgedr. bei Boxberger a.a.O. S. 126.

[18] Die erste Ausgabe "Gesammelte Gedichte", die seit 1834 in Erlangen erschien, druckte in Bd. 4 außer den um zwei Stücke vermehrten Ghaselen aus dem Damentaschenbuch noch eine zweite Gruppe von 27 Stück unter dem gleichen Sammeltitel ab; auch für eineige von ihnen sind Vorlagen bei Hammer nachzuweisen. Handelt es sich hier um einen unverwertbaren Restbestand? Dann hätte sich Rückerts Arbeit für das Damentaschenbuch vor allem auf eine Auswahl aus der großen Masse gerichtet. In der Anordnung der Erlanger Ausg., die zwar von Rückert nicht selbst zusammengestellt, aber von ihm autorisiert ist, druckt die Ghasele ab Conrad Beyer in seiner Rückertausgabe bei Hesse und Becker.

dung, die im Prioritätsstreit um die frühesten deutschen Ghasele zugunsten Rückerts getroffen ist, und den Anspruch, den Rückert im Briefe vom Mai 1821 Platen gegenüber erhob und im Brief an Cotta vom 10. April 1821 geltend machte. Als Platen am 26. August 1820 Rückert in Ebern besuchte und dabei vornehmlich Persisches zur Sprache kam, hatte Rückert schon anderthalb Jahre lang Ghaselenstudien getrieben, waren seine ersten zum Druck gelangten Ghasele schon an Cotta abgegangen und wohl noch viele ungedruckte im Haus des Dichters[19].

Die Verstimmung gegen Platen führte nicht zum Bruch. Am 25. Juni 1821 besuchte Rückert seinen Freund in Erlangen. Es scheint in diesem Jahre in ihrem Verkehr noch oft von Ghaselen die Rede gewesen zu sein. Wichtiger für uns ist aber, daß Rückert von Erlangen aus am 24. Juni 1821 in einem Brief an die Braut das Gerücht erwähnt, daß Goethe lebensgefährlich erkrankt sei, und befürchtet, ihm nun vielleicht nicht mehr die "Östlichen Rosen" darbringen zu können[20]. Es zeigt das wiederum, wie sehr Rückert bei der Arbeit an den "Östlichen Rosen" zu Goethe aufblickte und auf seinen Beifall hoffte.

Von dem Plan der "Östlichen Rosen" erfahren wir zuerst aus dem Brief an den Verleger *F.A. Brockhaus* vom 7. Januar 1821[21]. Da liegt das Manuskript der "Östlichen Rosen" schon bei Brockhaus, und nach einer Zeit langer Erwartung kommt es zum Vertragsabschluß mit dem Verleger. Rückert ist nur ungern von Cotta fortgegangen; aber bei Cotta war er durch Gelder, die er ihm für die italienische Reise 1817-18 aufgenommen hatte, verschuldet; mit ihm als Verleger hätte er das Honorar für das neue Werk gegen diese Schulden aufrechnen müssen. Er wollte aber Ende 1821 in Coburg seinen eigenen Hausstand mit *Luise Wiethaus-Fischer* begründen. So machte er, wie er Cotta am 10. April 1821 schrieb, mit den "Östlichen Rosen" einen Seitensprung zu Brockhaus[22]. Doch der Wechsel des Verlegers brachte eine Enttäuschung; nicht schon zur Oster- oder Herbstmesse 1821, sonder erst Ende 1822 lagen die "Östlichen Rosen" als Buch vor.

Es hatte manches gegeben, was die Ordnung der "Östlichen Rosen" für den Druck verzögern mußte, vor allem Krankheit und das wissenschaftliche Studium des Persischen, das zunächst noch ohne Richtung auf einen Lebensberuf betrieben wurde. Es spricht aber alles dafür, daß der heutige Bestand der "Östlichen Rosen" spätestens Ende 1820 abgeschlossen war, also trotz der Verzögerung des Druckes keinen Zuwachs mehr erfahren hat. Das Jahr 1821 ist das Jahr

---

[19]Dies zur Ergänzung der Darstellung von Max Koch (in seiner gemeinsam mit Erich Petzet geschaffenen Ausgabe von Platens sämtlichen Werken. Bd. I S. 471 ff.) – Rückerts Brief an Cotta: a.a.O. S. 427 – Ins Jahr 1819 werden auch die 5 Ghasele auf den Tod des Bruders gehören, der während der Reise des Dichters gestorben war und dessen Verlust Rückert nur schwer verwandt. Sie sind nach einer Handschrift veröffentlicht von Albert Becker in: Süddeutsche Monatshefte 1910 I S. 70 ff.

[20]Mitgeteilt bei Hans Wiedemann, Rückerts Liebesfrühling. In: Euphorion 25. Bd. (1924) S. 414.

[21]Boxberger a.a.O. S. 69-70.

[22]Briefe an Cotta a.a.O. S. 427.

des "Liebesfrühlings". Hans Wiedemann hat mit Benutzung von Handschriften seine Entstehung gründlich untersucht[23]. Die Anfänge des an die Braut gerichteten "Liebesfrühlings" gehen nicht zurück vor das Jahr 1821, doch ist Mitte Mai 1821 schon ein Bestand von 41 Liedern vorhanden. Wir spüren deutlich die Nähe vieler Stücke des "Liebsfrühlings" zu manchen der "Östlichen Rosen", und dem Dichter ging es nicht anders. Rückert hat auch, bevor der Plan einer eigenen Sammlung seiner Brautlieder feststand, daran gedacht, sie mit "östlichen Rosenblättern" zu vereinigen. Aber dabei handelte es sich nicht um eine nachträgliche Erweiterung des 1820 zusammengestellten Bandes, dessen Ordnung er in Erwartung des Druckes nicht mehr anzutasten gedachte, von dem also auch kein Stück eine Beziehung zu Luise Wiethaus-Fischer hat, sondern um eine zweite Sammlung, die der optimistische, geradezu an Überfülle seiner lyrischen Eingebungen leidende Dichter plante, noch bevor der schon fertige Band im Druck erschienen war. Von dieser zweiten Sammlung ist des öfteren die Rede. So schrieb er am 27. Juni 1821 der Braut von dem Schloß Bettenburg seines Gönners, des Freiherrn *Christian von Truchseß* : "Da hätte ich nun in der Einsamkeit die schönste Zeit, einen neuen Garten östliche Rosen um mich aufblühen zu lassen"[24]. Aber schon zu Anfang des Jahres, nach Abschluß des Vertrages, hat er Brockhaus geschrieben: "Das bei mir noch rückständige Manuscr., das einen zweiten Teil hat ausmachen sollen, habe ich nun weder Zeit noch Lust als solchen zu redigiren und zu arrangiren. Mögen Sie, was Sie in Händen haben, als ein Werk für sich geben, was es auch ganz gut vorstellen kann, und ich mir vorbehalten, über die übrige Masse künftig eigens zu verfügen"[25]. Diesen Vorrat für einen zweiten Band hat Rückert im Laufe des Jahres 1821, vielleicht auch noch später zu vermehren getrachtet. Aus dem Vorrat selbst stammen die acht Gedichte, die Rückert im 4. Band des Jahrgangs 1821 der Dresdener "Abendzeitung" als "Neue östliche Rosen" veröffentlichte[26]. Dieser Titel erscheint nur dann sinnvoll, wenn Rückert glaubte, daß die "Östlichen Rosen" schon bei Brockhaus erschienen seien, wenn die "Abendzeitung" diese Stücke abdruckte. Es gehören hierhin auch die Hafisischen "Vierzeilen", die Rückert dem Verleger zur Werbung für die "Östlichen Rosen" überlassen hatte, die aber von Brockhaus erst in sein Taschenbuch "Urania" für 1822 aufgenommen wurden, somit nicht in den "Östlichen Rosen" erschienen. Es gehörten dazu wohl auch die Hafisischen Stücke, die er schon im Januar 1820 Cotta für das Morgenblatt ankündigte, die das Morgenblatt aber erst 1821 abgedruckt zu haben scheint[27]. Es gehörte dann wohl auch manches Orientalische, was Rückert in diesen Jahren in Taschenbüchern und Zeitschriften gab, dazu; manches davon läßt sich auf Hammers "Redekünste" als Quelle zurückführen[28].

---

[23] s.A. 20.

[24] Zitiert bei Wiedemann a.a.O. S. 414.

[25] Brief vom 7. Januar 1821, abgedr. bei Boxberger a.a.O. S. 69-70.

[26] Wieder abgedr. bei Boxberger a.a.O. S. 4-10.

[27] Boxberger S. 142-3. – Für die beiden ersten Stücke in Nr. 198 des Morgenblatts hat Putz a.a.O. S. 438-66 Hammers "Redekünste" als Quelle nachgewiesen.

[28] Putz a.a.O. bringt dazu einiges bei.

Wir fassen als vorläufiges Ergebnis zusammen: Rückerts orientalisierende Dichtung beginnt Anfang 1819 mit "Ghaselen" nach Mewlana Dschelaleddin Rumi, für die er Vorlagen und Anregungen in Hammers "Redekünste" fand. In der uns vorliegenden Fassung, die vielleicht nicht die ursprüngliche ist, sicher aber der ursprünglichen nahe bleibt, sind diese "Ghaselen" keine Übersetzungen, sondern freie Umformungen und Weiterbildungen der Verdeutschungen, die er bei Hammer vorfand, vielfach aber auch Neuschöpfungen ohne Vorlage. Gleichwohl konnte sich Rückert, trotz der Loslösung vom Wortlaut der Vorlage und anderer Freiheiten, für dieses Verfahren nicht auf Goethes "Divan" berufen, und nur die unvollkommene Kenntnis, die er noch von ihm hatte, konnte ihn verleiten, seine "persica" als Gegenstück zu bezeichnen. Denn Rückerts Erstlinge wahrten die strenge Form des Ghasels, bewegten sich in den nachgedichteten und eigenen Ghaselen in einer streng mystischen Gedankenwelt und der mystischen Bildersprache des Dschelaleddin. Vor Ablauf des Jahres 1819 hat Rückert dann Goethes "Divan" kennengelernt. An ihm geht ihm als neue Möglichkeit die einer "freien Reproduktion" auf, und unter Goethes und Hammers Einfluß tritt Hafis an die Stelle des Dschelaleddin. Rückerts orientalisierende Erstlinge, die Ghaselen, trotz ihrer Anlehnung an Dschelaleddin selbständige Schöpfungen, sind also ohne den Vorgang des Goetheschen "Divan" entstanden, und es wird noch zu zeigen sein, daßRückerts Weg zum Orient und zu Hammer abseits von den Bahnen Goethes führte. Aber in einem entscheidenden Augenblick hat Goethes "Divan" dem Dichter der "Östlichen Rosen" eine neue Möglichkeit einer schöpferischen Aneignung des Orients gezeigt und ihn in seinem Wollen bestätigt. Das Ergebnis waren die "Östlichen Rosen", die noch 1819 begonnen, bestimmt aber als Sammlung in ihrem Bestande 1820 abgeschlossen waren.

III

Es ist sicher, daß Rückert die "Östlichen Rosen" im steten Aufblick zu Goethe geschaffen hat, daß also das einleitende Gedicht auf den "West-östlichen Divan" durchaus an richtiger Stelle steht. Damit erreichte eine Entwicklung ihren Höhepunkt, die den Jüngeren zu immer größerer Ehrfurcht vor dem Meister erzogen hatte. Diese Entwicklung war nicht gradlinig verlaufen.

Rückert hatte sich lange dem Einfluß Goethes entzogen. Seine frühe Lyrik, die er selbst 1812 als "sehr leichte Art von Poesie" bezeichnet und damit entschuldigt, daß er zunächst keinen ebenbürtigen Rivalen neben sich gefühlt habe, war goethefern. Es dauert lange, bis man, wenn auch zunächst nur in Einzelheiten, in seiner Lyrik den Versuch findet, sich an Goethe zu bilden. Als Rückert höheren Maßstäben nachstrebte, waren es Petrarca für seine Sonette und Calderon für frühe dramatische Versuche. Rückert hielt sich ganz zu der schon müde werdenden Romantik, und noch 1816-17 hat er in Stuttgart in dankbarer Gesinnung gegen den einflußreichen Verfasser die Korrekturen von Fouqués "Gedichten" gelesen[29].

[29] Zum Ganzen vgl. mein Buch: Der junge Rückert I, Halle 1914.

So sind auch die Urteile über Goethe lange von Unsicherheit geprägt. Im 21. der "Aprilreiseblätter", einer Sonettenreihe aus dem Jahre 1811, die man nach Gehalt und Gestalt als einen Vorklang der "Geharnischten Sonette" empfindet, drückt Rückert seinen Zweifel aus, ob Goethes Erscheinung Abendrot oder Morgenröte bedeute. Im gleichen Jahre habilitierte er sich in Jena. Durch Knebel, den er persönlich kannte, ließ er Goethe seine Dissertation überreichen[30]. Aber eine Antwort blieb aus. Rückert scheint das nicht leicht verwunden zu haben. An *Abraham Voss*, den Sohn des alten Romantikerfeindes, der wie sein Bruder *Heinrich* mit Rückert befreundet war, schrieb er am 28. Oktober 1814 nach Heidelberg: "Göthe war ja in Heidelberg. Sie werden vermutlich den verheißenen Jubelbrief an Truchseß geschickt haben, und ich hoffe, bei Gelegenheit auch etwas davon zu bekommen. Wie hat es mich erfreut, daß der alte Prometheus noch zuletzt einen Akt von öffentlicher Huldigung in deutschen Landen einnimmt; und doch ist sie so kahl! Dasw klingt trotz des herablassenden Tons, der noch durch die Zweifel des Jahres 1811 bestimmt erscheint, einigermaßen positiv. Aber es reizt Rückert zum Widerspruch, daß Goethe sich mit unebenbürtigen Leuten abzugeben scheint und nichts Gleichwertiges, wenn auch Andersgeartetes aufkommen läßt. Er spottet über Gedichte der "ihm nachtrabenden vornehmen Poeten und Poetinnen von Weimar", die Goethe 1814 zur Rückkehr "des vielfahrenden Herzogs" gesammelt und mit dem Titel "Willkommen" herausgegeben habe. "Solch ein großes Genie verödet wie ein großer Baum eine Strecke um sich her, daß darauf nichts Selbständiges aufkommen kann". Der ganze Brief[31] zeigt Rückert selbstkritisch und unzufrieden mit sich selbst, aber doch um die Anerkennung seiner geistigen Sonderart ringend. Das bestimmt zu diesem Zeitpunkt auch sein Verhältnis zu Goethe. Schon im Begleitbrief zur Dissertation hatte er vorbauend die Sorge abgewiesen, daß Goethes "allumfassender Blick das etwa neue Streben ... wegen seiner Neuheit unbedingt verdammen" werde.

Unsicherheit und wohl auch Enttäuschung über Goethes Schweigen nach Empfang der Dissertation sprechen trotz aller nicht nur pflichtmäßigen Verehrung aus dem ungedruckten, nur skizzenhaften Entwurf. "Deutschlands poetische Wiedergeburt. Ein Intermezzo zur politischen". Es sollte das offenbar ein Intermezzo zu den gleichzeitig entstehenden politischen Komödien "Napoleon" sein, für das wir das Vorbild in spanischen Stücken von Cervantes oder Lope de Vega zu suchen haben. Apollo will als Schiedsrichter auftreten zwischen den Graecomanen und den Romantikern, die in ihren vielen Mitläufern hier recht kritisch beurteilt wrden. Beide Parteien berufen sich auf Goethe. So sucht Apollo den Streit folgendermaßen zu schlichten: "Apoll fragt, warum man ihn nicht krönen lasse und zu ihrer beider Herren mache. Aber sie protestieren, berufen sich auf die Gelehrtenrepublik und sagen, Goethe sei auch jetzt

[30]Vgl. den Widmungsbrief bei Suphan, Vjschr. f. Literaturgesch. herg. von Seufert III (1890) S. 378-80.

[31]Mitget. von Karl Emil Franzos in: Deutsche Dichtung IX (1891) S. 203-07, der auch die Vermutung aufgestellt hat, daß der Brief, der auch Verlagsfragen erörtert, an den geschäftskundigen Abraham, nicht den Bruder Heinrich gerichtet gewesen sei.

zu vornehm und zu bequem, um sich in dergl. Streit einzulassen. Versuchs nur, Apollo, und geh' nach Weimar, er läßt dich selbst nicht vor". Einige Zeit später, im Januar 1815, scheint eine Klärung eingetreten zu sein; einem früheren Jenaer Studienfreund, *Friedrich Schubart*, schreibt Rückert: "Ich für meine Person erkläre jetzt alles, am meisten mich selbst, für barbarisch, ausser Goethe". Aber das ist offenbar unter dem Einfluß Schubarts geschrieben, der uns als in seinem Urteil gefestigter erscheint und insbesondere Fouqué, diesen "Herold des Barbarismus", ablehnte. Rückert blieb sich denn auch seiner eigenen Unsicherheit bewußt. Zur Vorbereitung auf die italienische Reise 1817-18 hat offenbar auch eine Lektüre von Goethes "Venezianischen Epigrammen" gehört[32]. Italien selbst hat Rückert dann aber noch als Romantiker erlebt, und für seine Urteile über bildende Kunst, Landschaft und Volksleben ist der Verkehr im Kreise der deutschen Künstler in Rom, der Männer wie *Cornelius, Schnorr* und *Fohr*, entscheidend geworden.

Endgültig befestigt ist Rückerts Urteil über Goethe durch die Begegnung mit dem "Divan". Es ist das erste Werk Goethes, das Rückert ausdrücklich als Maßstab für eigenes Schaffen annimmt. Hier begegnete er dem großen Vorbild auf einem Gebiete, für das, wie noch zu zeigen sein wird, durch seine bisherige Entwicklung vorbereitet und das ihm, wie seine späteren Leistungen insbesondere als Übersetzer zeigen, innerlich gemäß war. Mochte auch Rückerts dichterische Praxis künftighin andere Wege beschreiten als die Goethes, so ist doch seine Verehrung für den Meister seit 1819 unangefochten und unerschüttert geblieben. 1832 hat er dem heimgegangenen Meister ein tiefempfundenes Sonett gewidmet, in Briefen der dreißiger Jahre mit einer ihm sonst fremden Erbitterung *Wolfgang Menzels* Angriffe auf Goethe verurteilt und in seinem weitschichtigen Werk immer wieder offene und versteckte Huldigungen an Goethe angebracht.

In einem entscheidenden Augenblick ist Goethes "West-östlicher Divan" für Rückerts orientalisierende Dichtung wichtig geworden. Gleichwohl ist Goethe nicht ihr Anreger gewesen. Der historische Vorgang erweist sich als komplizierter, und vollends gewinnen die Dinge ein anderes Aussehen, wenn wir prüfen, aus welchen geistigen Bezirken der Dichter der "Östlichen Rosen" kam.

Als Rückert am 23. Dezember 1823 seinen Wiener Lehrmeister Hammer von Coburg aus bat, ihm bei der Erlangung einer Professur durch Fürsprache zu helfen, gab er ihm, um seine Eignung zu erweisen, einige Angaben über seinen Entwicklungsgang als Orientalist: "Ich war 18 bis 20 Jahre alt, als ich Rath suchte, zu Ihnen nach Wien in die Lehre zu kommen; der damalige Großherzog von Würzburg sollte mich dahin befördern. Ich ward aber zurückgewiesen als zu alt, weil man in Wien nur ganz junge Zöglinge brauchen konnte. Ich selbst wußte damals vom Orientalischen nichts als etwas Hebräisch und Syrisch, und vom Arabischen kannte ich die Buchstaben. Darnach ward all' das durch die Poesie auf die Seite geschoben, und dann lernte ich vor einigen Jahren auf der Rückreise

[32]Vgl. die in Leopold Hirschbergs Rückert-Nachlese Bd. I, Weimar, Gesellschaft der Bibliophilen, 1911, als Nr. 49 und 75 abgedruckten Stücke, beide 1818 veröffentlicht.

von Italien Sie kennen und lernte von Ihnen auf den Flug das Persische"[33]. Diese Angaben Rückerts sind durchaus glaubwürdig, nicht durch den Zweck des Briefes bestimmt. Sie deuten auf die Zeit des Studiums in Würzburg (1805/08) oder Heidelberg (1808/09). An den beiden Universitäten wurde ihm durch *Johann Jacob Wagner* und *Friedrich Creuzer* die romantische Philosophie nahegebracht, die ihn wohl veranlassen konnte, Zugang zum Orient zu suchen. Hammer war 1807 nach achtjährigem Aufenthalt im Orient als Dolmetscher in österreichischem Dienst nach Wien zurückgekehrt. Er hatte in seiner Jugend die orientalische Akademie besucht, und Rückert mochte 1808/09 daran denken, den gleichen Weg zu gehen. Von den Werken, die Hammers Namen als den des Vermittlers orientalischer Dichtkunst in Europa bekannt gemacht haben, begannen die "Fundgruben des Orients" freilich erst 1809 zu erscheinen. Aber Hammer war schon aus zahlreichen Zeitschriftenbeiträgen als Kenner des Orients bekannt und hatte sich 1804 mit einer "Enzyklopädischen Übersicht der Wissenschaften des Orients" empfohlen. So wird Rückert den Namen bei Creuzer in Heidelberg gehört haben, wo er von April 1808 bis zum Frühjahr 1809 studierte, denn Creuzer hat sich immer auch auf die Autorität Hammers berufen.

Den Einfluß der romantischen Mythenforscher und Sprachtheoretiker verrät die Dissertation, die Rückert am 30.3. 1811 vor der Philosophischen Fakultät in Jena verteidigte. Die Dissertation, im Sommer 1810 entstanden, geht aus von der Sprache, bei der sie die ursprüngliche Einheit aller menschlichen Sprachen, eine Ursprache, annimmt, findet aber, vom Doppelsinn des Wortes logos ausgehend, offenbar im Anschluß an den auch von Creuzer geschätzten *Johann Arnold Kanne*, den späteren Erlanger Orientalisten, dessen Nachfolger Rückert 1826 wurde, im Worte die Gestaltwerdung des ewigen Geistes und so in den Sprachen die Trümmer einer ursprünglich einheitlichen Weltansicht; so führt er mit der Sprache als Ausgangspunkt zu dem, was auch Creuzers Ziel war, zur Urmythologie. Ihre Urheimat fand er wie die der Ursprache mit Creuzer und Kanne im Orient; während er der griechischen Sprache höchste formale Schönheit zubilligte, verwies er, um das ideale Leben aufzufinden, das, von keinen Grenzen eingeschlossen, von keiner Form beschränkt, in sich lebendig sei, auf die reichen Quellen des Morgenlands, aus denen der göttliche Plato selbst seine Anmut geschöpft habe, auf das Land des heiligen Ganges, von dem aus die vorzüglichste aller Sprachen, die deutsche, sich ergossen habe[34]. Augenzeugen berichten, daß bei der Disputation vor allem der Altphilologe *Eichstädt* als scharfer Gegner auftrat[35]. Er war Redakteur der "Allgemeinen Jenaischen Literatur-Zeitung". Creuzer kannte ihn als seinen Gegner[36]. Eichstädt wird bei der Disputation schon *August Lobecks* für die Literaturzeitung bestimmte

---

[33] Schlossar a.a.O. S. 161-2.

[34] Vgl. Magon a.a.O. S. 39-42. – Eva Fiesel, Die Sprachphilosophie der deutschen Romantik. Tübingen 1927, insbesondere S. 155 ff.

[35] Beyer, Neue Mitteilungen ... I. 41-43.

[36] Erst Howald, Der Kampf um Creuzers Symbolik. Tübingen 1926.

Kritik in Händen gehabt haben, die sich scharf gegen Creuzer wandte, und wird in Rückerts Dissertation ein Produkt aus der Schule Creuzers und der anderen romantischen Philosophen erkannt haben. In einer zweiten Kritik an Creuzer rügte Lobeck das Verfahren der romantischen Mythologen, die disparatesten Erscheinungen zusammenzutun und "unter dem Walten zweier urkräftiger Helferinnen, Allegorie und Etymologie benannt, zu einem Formenreichen Ganzen" zu ordnen. So war auch Rückert verfahren, und gegen den schwächsten Teil seiner Dissertation, die gewagten Etymologien, richtete sich vornehmlich der Spott des philologisch sattelfesten Eichstädt.

Rückert hatte, im Besitz der neuesten Lehren und ihrer kühnen Perspektiven, der akademischen Lehrtätigkeit mit "idealen Hoffnungen und weitstrebenden Intentionen entgegengesehen"[37]. Für das Sommersemester 1811 hatte er ganz im Geiste Creuzers ein vierstündiges Kolleg über "Allgemeine Mythologie insbesondere des Orients und der Griechen" angekündigt, aber dann doch nach dem Wintersemester 1811/12 das Feld geräumt. In der Dichtung der Jahre seit 1811 treten dann die Märchensammlung "Tausend und eine Nacht" und Calderon bestimmend hervor, die Märchensammlung als Schatzkammer von Stoffen und Motiven, Calderon als Form- und Stilvorbild[38]. Die Märchensammlung hat Rückert wohl aus Gallands französischer Übersetzung (1704-17) oder einer der auf ihr fußenden Auswahlen kennengelernt. Calderon, der bis etwa 1815 für ihn an Wert neben Shakespeare steht, hat er im Urtext gelesen und wahrscheinlich auch übersetzt[39].

Mit Calderon und der arabischen Märchensammlung gedachte Rückert an den in der Dissertation gepriesenen Orient heranzukommen, da ihm der Mangel an Sprachkenntnissen ein Eindringen in ihn noch nicht ermöglichte. Die in der Dissertation angedeutete Geschichtsauffassung breitete er aus in den allzuvielen Strophen seines Lehrgedichts "Bau der Welt" mit seiner ins Christliche gewendeten romantischen Geschichtsphilosophie und der Fiktion einer Johannisnachtsvision. Auch hier vertritt der Dichter die Annahme einer durch die spätere Sprachverwirrung zerstörten Ursprache und eines Urmonotheismus, der später durch die Vielfalt der Religionen ersetzt sei, ein "Götterdunstgewimmel", durch das hindurch man gleichwohl, wenn auch verzerrt, die ursprüngliche Einheit wahrnehme. Kain und Abel gelten als ewige Symbole des Zwistes und der Vereinzelung. Für unseren Zusammenhang ist wichtig, daß außer der Religion der Ägypter, deren Brücksichtigung durch den biblischen Bericht geboten war, auch die der Inder geschildert und mit den Attributen versehen wird, die ihr Friedrich Schlegel in der Schrift über die "Weisheit und Sprache der alten Inder" (1809) gegeben hatte.

"Der Bau der Welt" ist wohl erst 1816, aber sicher noch vor Italien geschrie-

---

[37]Äußerung des Sohnes Heinrich, zitiert bei Sohr-Reifferscheid, Heinrich Rückert ... III. Weimar 1880, S. 3.

[38]Magon a.a.O.

[39]An Cristian von Stockmar 8. März 1813, zitiert bei Konrad Beyer, Nachgelassene Gedichte Friedrich Rückerts ... Wien 1877, S. 135 ff.

ben und 1817 veröffentlicht worden. Auch in Italien hat der Dichter das romantische Interesse an der Geschichtsphilosophie nicht freigegeben; auch jetzt maß er dem Orient eine entscheidende Bedeutung für die Geschichte der Menschheit bei. Es gibt im Nachlaß Rückerts eine noch unbekannte in Versen verfaßte, mit mannigfachen Reflexionen durchsetzte, Großes und Kleines vermengende Reiseschilderung, welche den Etappen seiner Reise von der Schweiz bis zu den ersten Tagen nach seinem Eintreffen in Rom im Oktober 1817 folgt und in der ersten römischen Zeit niedergeschrieben ist; der Dichter hat sie selbst auf das Jahr 1817 datiert, aber nicht für die Veröffentlichung bestimmt[40]. Ein geschichtsphilosophischer Exkurs, der übrigens den Abschluß des Lehrgedichtes bildet, ist als Beweis für das gleichbleibende Interesse an diesen Fragen um so überzeugender, als er durch keine Tatsache des äußeren Reiseverlaufs veranlaßt ist. Der Dichter knüpft vielmehr an die Erscheinung einer zum Lichtbaum aufwachsenden Öllampe mit vier Schnauzen an und verknüpft damit Reminiszenzen an die mathematische Zahlensymbolik, mit deren Hilfe sein einstiger Würzburger Lehrer J.J. Wagner sein Weltbild aufbaute,

Der mit der Vierzahl sich befasst,
Dem ich als aus der Art geschlagner
Phantast jetzt leider bin verhaßt,
Er würde können triumphiren
Daß ich, mir selber zum Verdruß,
Noch meine Träume konstruiren
Nach seiner heil'gen Vierzahl muß.

Die vier Flammen symbolisieren ihm die vier Himmelsgegenden, aber auch Orient, Griechenland, Rom, Norden als die Hauptetappen der Menschheitsgeschichte.

Was du dort brennen siehst hoch östlich,
Das hat gebrannt zu allererst;
Kein andres Licht hier ist so tröstlich,
Wohin du deine Blicke kehrst.

Das geht zwar zunächst auf das ganz vergeistigt als Licht aufgefaßte Christentum. Aber darüber hinaus wird der Osten schlechterdings und in allen Zeiten als Quelle des Lichts begriffen. An Gedanken Creuzers erinnert es, wenn das Gedicht einmal von "dem Licht vom Oriente" spricht, das sich "in Griech'schen Brand" verkehrt:

Das Licht ist da nicht eingeboren,

[40]Die Handschr. befindet sich im Goethe- und Schiller-Archiv, dessen Leiter Prof. Dr. Willi Flach sie mir freundlicherweise zur Einsicht überließ. Es ist ein selbstgeschnittenes Heft im Format 11 x 9,5 cm aus elf Lagen von je 16 eng beschriebenen Seiten und einer Lage von 6 Seiten mit jeweils 6 Strophen auf der Seite und mit der Aufschrift: "Gedichte von Rom 1817. Ist bloß zur Erinnerung pp. nachzulesen".

Es ist vom Osten her gestammt,
Der Weg allein nur scheint verloren,
Auf dem's hinüber ist geflammt.

Der Osten ist für den Dichter der Ort der Verjüngung:

Von Osten ist das Licht gekommen
In jeden Raum, in jede Zeit;
Und wo und wann es ist verglommen
Sein ew'ger Urquell liegt nicht weit.

Aus jeder Nacht gebiert sich's wieder,
Und wandelt, wie am ersten Tag,
Den grossen Weg von Osten nieder,
Daß alle Welt es sehen mag.

Und wie ein Aug' im Schoß der Nächte,
Das nach dem Tag sehnsüchtig wacht,
Sich ostwärts kehret, daß die Mächte
Des Lichts dort steigen aus der Nacht:

So haben ganze Nazionen
Ihr Aug dem Osten zugekehrt,
Wenn sich verfinstert ihre Zonen,
Und haben dort das Licht begehrt.

So haben die Völker immer zum Osten gedrängt, Alexander, der, ein anderer Dionysos, zum Zug nach Indien rüstete, dort starb, aber in die Dichtung des Ostens aufgenommen wurde, die Römer, die in ihrer verfinsterten Welt sich dem Mithrasdienst verschrieben, die Kreuzfahrer, denen selbst kaum bewußt war, daß sie nach dem Licht des Ostens auszogen. Das Gedicht ergeht sich dann zum Schluß in dunklen Andeutungen über ein geheimnisvolles Werk, für das er noch auf den Augenblick der Berufung wartet:

Doch wird es sich der Welt enthüllen,
Wenn der erst, der die Sonne lenkt,
Aus seines Lichtes heitern Füllen
Ins Herz den rechten Stral mir senkt.

Andeutungen des schwedischen Freundes Atterbom[41] lassen darauf schließen, daß dieser dichterische Plan mit den Kreuzzügen zu tun haben sollte, aber freilich wohl nicht mit den eigentlich geschichtlichen Vorgängen, sondern mit ihnen als Symbol für das Drängen der Menschheit nach dem Osten.

IV

[41] Siehe meinen Aufsatz: Ein Gedicht Friedr. Rückerts als schwedisches Gesellschaftslied. In: Studia Germanica, tillägnade Ernst Albin Kock den 6. Dezember 1934, Lund 1934, S. 163.

Mit diesen Erwägungen sind wir bis an die Schwelle des Jahres 1818 gelangt, das Rückert im Herbst die folgenreiche Begegnung mit Joseph von Hammer-Purgstall brachte. Mit diesen Erwägungen ist aber noch nicht erklärt, was ihn bewog, nach Wien zu gehen. Denn der Aufenthalt in Wien gehörte nicht zum ursprünglichen Reiseplan, und der Übergang zu orientalischen Studien paßte schlecht zu der Lage des unbemittelten, schon neunundzwanzigjährigen Mannes, der bisher nur als Dichter hervorgetreten war, von dem man bei dem Charakter seiner bisher veröffentlichten Dichtungen kaum etwas Orientalisches erwartete und der im Lehramt in Jena nicht warm geworden war. Die Studienreise nach Italien, die dann wider Erwarten in Wien enden sollte, ist offenbar von Cotta geplant und auch finanziell ermöglicht worden. *Therese Huber*, Rückerts Nachfolgerin am "Morgenblatt", schreibt am 3. November 1817 von dem "Romantikerswust", den die reinen Lüfte Italiens bei Rückert zu lüften scheinen[42]. Damit wird sie das Urteil der literarischen Kreise Stuttgarts und wohl auch Cottas wiedergeben und läßt den Zweck der Reise erraten. Rückert selbst gedachte von Italien nach Stuttgart zurückzukehren, um mit Wangenheims Hilfe "einen angemessenen Wirkungskreis in der Bürgerlichkeit angewiesen" zu erhalten[43]. Italien und Rom waren also das Ziel. Wie der Plan zustande kam, nach Wien und zu Hammer zu gehen, läßt sich nicht genau ausmachen[44]. Aber es lassen sich doch Zusammenhänge erschließen, die einen hohen Grad von Wahrscheinlichkeit für sich haben.

Im März 1818 stieß der zwei Jahre jüngere Schwede *Pehr Daniel Atterbom* zu dem Kreise, in dem auch Rückert verkehrte. Am 13. März lernte er den deutschen Dichter im Café Greco kennen. Atterbom war Romantiker. Von den Dichtern der romantischen Bewegung in Schweden war er zweifellos einer der begabtesten, ein wahrer Klangzauberer; in seinem engeren Kreise galt er als der führende Kopf. Er bereiste mit Unterstützung seiner Freunde von 1817-19 Deutschland und Italien. Die von ihm geschriebenen, aber nicht selbst redigierten Reiseerinnerungen[45] berichten auch von Rückerts Leben in Italien und Wien. Atterboms Urteil über Rückert ist stets warm und herzlich. Wenn wir dabei auch manches im Ausdruck dem romantischen Zeitstil und Atterboms weichem und anlehnungsbedürftigem Charakter zuschreiben möchten, so spricht für die Echtheit der Empfindungen, daß die Freundschaft über die Reise hinaus Bestand

[42]Boxberger a.a.O. S. 125.

[43]An Fouqué 13. Juni 1817. Vgl. Briefe an Fouqué ... Berlin 1848, S. 345-8.

[44]Nach einer briefl. Mitteilg. des verstorbenen Geheimrats Hugo Rückert in Frankfurt vom 26. Dezember 1834 waren damals noch Tagebuchaufzeichnungen Rückerts über die letzten Tage des römischen Aufenthalts und die Rückreise vorhanden und in seinem Besitz. Sie hätten vieleicht Antwort auf diese Frage gegeben. Auf meine Bitte hat freundlicherweise der Sohn des Verstorbenen, Herr Dr. Rüdiger Rückert, Nachforschungen nach dem Verbleib angestellt, über die bis zum Abschluß des Manuskriptes noch nichts vorlag.

[45]Minnen fraan Tyskland och Italien 1.2. = Samlade skrifter i obunden stil 1.2. Örebro 1859. – Deutsch: Aufzeichnungen des schwedischen Dichters P.D.A.A. über berühmte deutsche Männer und Frauen ... übers. v. Maurer. Berlin 1867. – Die deutsche Ausgabe unter dem Titel "Menschen und Städte ...", Hamburg 1947, war mir nicht zugänglich.

hatte[46].

Trotz gewisser einheimischer Ansätze hatte sich die Romantik in Schweden seit 1809 unter deutschem Einfluß entwickelt. In der Phase, die für Atterbom wichtig war, wurde sie philosophisch von *Schelling* beherrscht. Schellinganhänger war auch Atterbom. Das München Schellings wurde für ihn eine der wichtigsten Etappen auf dem Wege nach Italien. Vom 12. Dezember 1817 bis 22. Februar 1818 verkehrte er dort mit Schelling. Es bahnte sich eine warme Freundschaftsverbindung an, die Atterbom tief beglückte; der zu Hypochondrie neigende Schwede fühlte sich von dem bewunderten Meister weit über Gebühr geschätzt. Noch von Wien aus schrieb er dem schwedischen Freunde *Geijer*, daß er, trotz seiner soviel weicheren Art, mit Schelling und Goethe vor Augen, "nach dem grandiosen Stil ihres ruhigen, unbekümmerten, majestätisch ernsthaften Vorwärtsschreiten auf ihr Ziel streben" wolle. In der Schätzung Schellings begegneten sich Rückert und Atterbom. Unter dem nicht immer glatt zu scheidenden Einwirkungen der romantischen Philosophie auf Rückert lassen sich deutlich auch die von Schelling aufspüren. Die Terminologie seiner Dissertation beispielsweise ist von Schelling beeinflußt. Einwirkungen aus dem Schellingkreis, etwa von Gotthelf Heinrich von Schubert, sind nachzuweisen. Insbesondere aber scheinen es die naturphilosophischen Bestrebungen Schellings dem Dichter angetan zu haben. Als Atterbom und Rückert, wie der Schwede berichtet, in Wien *Friedrich Schlegel* besuchten, nahm Atterbom Anlaß, Schelling als Philosophen gegen Schlegel zu verteidigen, und dabei stimmte ihm Rückert zu und warf ihm nur vor, daß er "es nicht noch schärfer getan habe"[47].

Die Romantik in Schweden teilte mit der in Deutschland das Interesse für den Orient, und zwar im Zusammenhang mit den gleichen, insbesondere mythlogischen Problemen[48]. Es sei hier nur das für unseren Zusammenhang Wichtige herausgehoben. Wilhelm Fredrik Palmblad, keine eigentlich romantische Natur, aber ein Förderer der Romantik und Atterboms Freund, hegte als Geograph und Historiker ein sehr lebhaftes Interesse für den Orient. Um 1817 plante er eine Publikation über Asien, im Kreise seiner Freunde sein "großes" Werk genannt. Von Atterbom hat sich nun das Bruchstück eines Briefes erhalten, der nach Carl Santessons begründeter Vermutung[49] an Palmblad gerichtet und während des Aufenthalts in Dresden im Herbst 1817 geschrieben ist: "Verschaffe dir Othmar Franks Persien und Chili für dein großes Werk – auch Hammers Schirin und Hammers übrige Schriften – Schirin ist ein Meer von persischer Phantasei und Natur". Othmar Frank, ein Bamberger Professor und Naturphilosoph aus Schellings Schule, sah im Parsismus, der Religion Zoroasters, so wie er sie als Schellingianer verstand, die Urreligion und war eifrig bemüht, sie als Lichtreligion auch in Deutschland auszubreiten[50]. Atterbom kannte schon vorher Franks

[46] S. m. Beitrag zur Kock-Festschrift.

[47] Minnen 2, S. 552.

[48] E. Wallén, Studier över romantisk mytologi i svensk litteratur. Malmö 1923.

[49] Santesson a.a.O. S. 103.

[50] Fritz Strich, Die Mythologie in der deutschen Literatur von Klopstock bis Wagner Bd. 2,

Buch "Das Licht vom Orient" (1808), in welchem dieser Persien als Ursprungsland aller Religionen erklärt hatte. Atterbom war ihm darin gefolgt und hatte den Glauben an den indischen Ursprung der Religionen gegen den an den persischen eingetauscht[51]. In der Schrift "Persien und Chili als Pole der physischen Erdbreite und Leitpunkte zur Kenntnis der Erde" (1813) wandte Frank Schellings Polaritätslehre auf die Geographie an und sah in Persien den Pol des Lichts und des Feuers, in Chile den des Wassers. Persien sei in der Vorzeit "der Schauplatz der grössten Sonnentätigkeit und des höchsten Erdenlebens" gewesen. Santesson hat gezeigt, wie Frank in Atterboms "Exotismus" nachgewirkt hat. Es schien hier ein Wunsch Atterboms aus seiner romantischen Frühzeit seine Rechtfertigung zu finden, Persisch, "die Krone der Sprachen des Orients", zu können. Jedenfalls aber begreift man, daß und weshalb jetzt Franks krauses Werk und Hammers Schriften, insbesondere "Schirin" (1809), das auch Goethe schätzte, Atterboms Interesse erregten. In seinem Reisetagebuch machte er sich Auszüge aus Hammers "Redekünsten" und merkt dieses Buch und Hammers "Morgenländisches Kleeblatt" (1819) zum Kauf vor. Diese Tagebucheintragungen sind alle noch vor der persönlichen Begegnung mit Hammer, aber wahrscheinlich schon während des Zusammenlebens mit Rückert gemacht. Der Brief an Palmblad aus dem Herbst 1817 zeigt aber, daß Atterbom der Name Hammer schon vor Italien und der Begegnung mit Rückert vertraut war.

Man geht wohl sicher mit der Annahme, daß die Begegnung mit Atterbom für Rückert von Bedeutung geworden ist und daß wir in ihr den Ursprung des Planes zu suchen haben, den Rückweg über Wien zu nehmen und bei Hammer vorzusprechen[52]. Es läßt sich dabei nicht ausmachen und ist auch im Grunde unwesentlich, wer den Plan als erster betrieben hat. Doch ist immerhin bemerkenswert, daß Atterbom in Wien des Umgangs mit Hammer, den er trotz seiner Verdienste als "einen zerstreuten und eitlen Geck" empfand, bald müde geworden ist, während Rückert, zu dessen Reiseplan Wien ursprünglich nicht gehörte, von Hammer "auf den Flug das Persische lernte" und "6-8 Wochen lang von einem gewaltsamen orientalischen Studium ganz absorbiert wurde"[53] Wichtiger aber als diese Frage ist die Tatsache, daßRückert offenbar mit Atterbom auch die Wertschätzung Persiens geteilt hat, jene Auffassung, die im alten Persien die Wiege aller Religionen und in der Heimat Zoroasters das Land des Lichtes und des Feuers sah. Es blieb das auch Atterboms Meinung und zeigt, wie festbegründet diese Auffassung bei ihm war. In einer Rezension für "Svensk Litteraturtidning" 1820, an die Carl Santesson erinnert, wies er auch

Halle 1910, S. 149. 171. Frank war, wie Atterbom (Minnen 1, S. 159) im Januar 1818 durch Schelling erfuhr, in London, um die hindostanische Literatur zu studieren, und suchte auch Atterboms späteren Schwager, den Theologen von Ekenstam, dafür zu gewinnen.

[51]Albert Nilsson, Svensk Romantik. Den Platonska Strömningen. Lund (1924), S. 180-1.

[52]Ich halte heute wegen der nachweisbar engen und lange anhaltenden freundschaftlichen Beziehungen Rückerts zu Atterbom diesen für die für Rückerts Entschluß entscheidende Persönlichkeit, nicht, wie ich in dem Aufsatz f. d. Kock-Festschr. erwog, den schwed. Arabisten Lidman.

[53]Briefe an Cotta S. 423.

auf Firdusis Schah-Namē, das Heldengedicht "unserer ursprünglichen Stammverwandten", der Perser, hin, ohne nachweisbaren Zusammenhang mit Rückerts Studien des Jahres 1819, aber doch wohl in Rückerinnerung an die Wiener Zeit und vielleicht aufs neue angeregt durch *Görres'* prosaische Übersetzungsproben aus Firdusi (1820). Atterbom erklärt, "daß der unaufhörliche Kampf zwischen Iran und Turan im Schah-Namē auf eine unübertreffliche Weise die Grundbedeutung und den zentralen Dualismus jeder Geschichte symbolisiere, den Streit zwischen dem Guten und dem Bösen". Das ist auch Rückerts Meinung in dieser Zeit. Den Osten als Heimat des Lichts hatte das Reisegedicht Rückerts aus den ersten Wochen römischen Aufenthalts gefeiert. Jetzt nimmt der Osten für ihn konkrete Gestalt an im alten Persien. Dessen Kultur war ihm nicht eine von vielen des Orients, sondern hatte eine besondere geschichtliche Sendung. Das hielt ihn dann auch im nächsten Jahr bei der ausschließlichen Beschäftigung mit dem Persischen fest.

V

Es ist in diesem Zusammenhang von Bedeutung, daß die Interpretation der Briefzeugnisse zu Beginn dieser Untersuchung das Ergebnis nahe legte, daß die Ghasele nach Mewlana Dschelaleddin Rumi die frühesten Stücke von Rückerts orientalisierender Dichtung sind, die "persica", die er im Juli 1819, ein halbes Jahr nach der Rückkehr, Cotta zur Veröffentlichung anbot. Diese Ghasele sind nicht nur als erste Stücke der neuen orientalisierenden Art veröffentlicht, sie sind auch als erste entstanden. Als Rückert zu Beginn des Jahres 1819 neben der Arbeit am Firdusi Hammers "Redekünste" vornahm, hat ihn als erster von den dort durch Proben vertretenen persischen Dichtern Dschelaleddin in Bann geschlagen. Mewlana Dschelaleddin Rumi lebte in einer Zeit äußerer Verwirrung, vor der er sich in eine Welt religiöser Versenkung zurückzog. So ist er zum Meister der mystischen Bewegung im Orient geworden, dessen Ghasele noch Jahrhunderte lang in dem Orden der Derwische weiterlebten. In seiner Mystik fand Rückert als Erfüllung, was er vom Orient an Erwartungen gehegt hatte, den Osten als Reich des Lichtes und des läuternden Feuers. Diese Ghasele übersetzt er nicht, und er begnügt sich auch keineswegs damit, Hammers wörtliche, aber ungefüge Übersetzungen stilistisch zu verbessern; er verhält sich selbst bei den Ghaselen, für die wir eine Vorlage bei Hammer nachweisen können, dem Wortlaut gegenüber frei, und die frei und ohne jede Vorlage geschaffene Ghasele der Jahre 1819-20 sind keine virtuosen Formexperimente, sondern schöpferische Weiterbildungen aus dem Geiste des persischen Mystikers. Das können wir freilich nur an den Ende 1820 gedruckten Ghaselen ablesen, die wohl nicht mehr ganz die ursprünglichen sind; aber was er Cotta im Juli 1819 von den ursprünglichen berichtet, daß die keine Übersetzungen und Nachbildungen seien, läßt den Schluß zu, daßunsere Feststellungen auch für die Ghasele in ihrer ersten Fassung zutreffen, mochte auch Rückerts Vergleich mit Goethes "Divan" unzutreffend sein, weil er sich metrisch und stilistisch enger an die Vorlagen hielt als Goethe an seine, also noch keine freie Reproduktion gab. Es sind also nicht Versuche eines virtuosen Formkünstlers auf einem Felde, das sein Nachbildungsvermögen reizt. Hinter diesen Ghaselen steht ein echtes Erlebnis, das Erlebnis eines Mannes, der schon lange nach dem Osten Sehnsucht empfunden hatte, mit dem Osten bestimmte Erwartungen verband und diese Erwartungen nun erfüllt fand. Das beweisen noch deutlicher die eigenen Ghasele, die er 1822 als Freimundghasele folgen ließ , mit ihrer Lichtsymbolik, die übrigens daran erinnert, welche Bedeutung das Licht als Symbol des Geistigen für Schelling hatte[54].

Manches andere kam noch hinzu. Der Tod des Bruders, des Vaters gefährliche Krankheit, die "Jammer und Zerstörung" ins Haus brachten, aber auch eigene Krankheit legten ihm Todesgedanken nahe. Er schreibt an Cotta, daß er "wirklich einige Ahnung habe, als soll ich meinem guten Bruder nach in die Ewigkeit"[55]. Zu diesen Todesgedanken paßte die auf eine "unio mystica" gerichtete, jenseitssüchtige Stimmung in den Ghaselen Dschelaleddins. Vielleicht darf aber noch ein weiteres erlebnisförderndes Moment hier geltend gemacht werden. Rückert war mit heißem Herzen den Befreiungskriegen gefolgt. Sein Band "Kranz der Zeit" war dank Cottas Entgegenkommen noch 1817 kurz vor dem Aufbruch nach Italien erschienen. In Stuttgart hatte ihn 1816 Wangenheim vor dem Zugriff der Reaktion bewahrt, ihn aber auch stärker, als bekannt ist, an der politischen Arbeit beteiligt. Nach Italien nahm Rückert, wie das Reisegedicht andeutet, ungedruckte Gedichte für eine weitere politische Sammlung mit. Das Jahr 1819 aber war das Jahr der Karlsbader Beschlüsse. In dem mehrfach genannten Julibrief an Cotta ist im Zusammenhang mit Wangenheim, der Bundestagsgesandter war, von der "Verzweiflung über den Bundestag" die Rede. In dem Reisegedicht hatte Rückert davon gesprochen, daß ganze Nationen ihr Auge dem Osten zugekehrt hätten, um der Verfinsterung zu wehren. Auch das mag dazu beigetragen haben, dem Orient für Rückert zum Erlebnis werden zu lassen. Dann würde also jener vielberufene Bruch in der Entwicklung des patriotischen Dichters zum Orientalisten nicht bestehen, wenn wir dem Erlebnis nachspüren, das hinter Rückerts Hinwendung zum Orient stand. *Carl Fortlage*, der Jenenser Philosoph, noch dem alten Rückert in Freundschaft verbunden und von ihm in seine Intentionen eingeweiht, hat in seiner anspruchslosen, doch ergiebigen Schrift über Rückert[56] die weltanschaulichen Gründe für seine Hinwendung zum Orient hervorgehoben und spricht einmal geradezu von dem iranischen Lichtprinzip, dem Rückert zeitlebens mit seiner Forderung der Liebe, der Völkerversöhnung, des Maßes und der Klarheit treu geblieben sei.

Auf Dschelaleddin folgte noch 1819 bei Rückert Hafis. Zu Hafis ist Rückert während seines langen Forscher- und Übersetzerlebens immer wieder zurück-

[54]Sie sind erst in einer Auswahl im 2. Bande der Erlanger Ausgabe gedruckt. Neuabdruck in Beyers Ausgabe Bd. 4 S. 253 ff. – Wolfgang Hallwachs, Rückerts Ghaselen. Berlin 1942 = Neue Forschung Bd. 36, hat das Verdienst, Rückerts Ghaselen als seine eigenen Schöpfungen zu behandeln und auch auf ihre subjektive Bedeutung für den Dichter zu prüfen, ein Vorzug, der freilich durch manche Mängel im einzelnen getrübt wird.

[55]Briefe an Cotta S. 423.

[56]Friedrich Rückert und seine Werke. Frankfurt 1867.

gekehrt[57]. Schaeder zitiert als Beweis für Rückerts feines Hafisverständnis ein paar Zeilen des Dichters, in denen er ausspricht, wie sich in Hafis' Vorstellungswelt und Sprache Sinnliches und Übersinnliches ineinander verschränkt[58]. Aber diese Zeilen stammen aus dem Jahre 1863 und setzen offenbar eine lange Beschäftigung voraus[59]. Sie besagen noch nichts für 1819-20. Offenbar ist ihm die mystische Seite der persischen Dichtung, die er ja erwartete, bei Dschelaleddin so überwältigend stark, in so überzeugender und unmittelbarer Aussage entgegengetreten, daß er sie in der Vorstellungswelt und Sprache des Hafis übersah, jedenfalls aber aus den "Östlichen Rosen" ausschloß , nachdem sie in den Dschelaleddin-Ghaselen gültigen Ausdruck gefunden hatte. Hier liegt einer der wesentlichen Unterschiede von Goethes Lyrik im "West-östlichen Divan", deren Reichtum am Tönen und Motiven den "Östlichen Rosen" fehlt.

[Aus: Gestaltung Umgestaltung. Festschrift zum 75. Geburtstag von Hermann August Korff. Leipzig 1957, S. 160-177.]

[57] Ghaselen des Hafis. München (1926). In dieser Ausgabe hat Hermann Kreyenborg alle Übersetzungen Rückerts nach Hafis, auch bis dahin ungedruckte, zusammengestellt.

[58] Schaeder a.a.O. S. 22.

[59] Poetisches Tagebuch von Friedrich Rückert. Frankfurt 1888 (von Tochter Marie Rückert aus dem Nachlaß herausgegeben.), S. 463.

Übersetzungen und Nachdichtungen

Die Verwandlungen des Ebu Seid von Serûg oder die Makâmen des Harîri in freier Nachbildung von Fr. Rückert

Von Friedrich Rosen

Zu den wichtigsten neueren Erscheinungen in der Literatur der Orientalischen Philologie gehört ohne Zweifel *Silvestre de Sacy's* Ausgabe der Makâmen des Harîri. Schon ihrem Umfang nach bedeutend, ist dieselbe völlig einzig in ihrer Art durch den Arabischen Kommentar, in welchem der Herausgeber das Wichtigste vereinte, was teils arabische Scholiasten, teils eigene weit ausgedehnte Belesenheit ihm zur Erklärung darboten. Herrn Rückert führten seine orientalischen Studien an dies Meisterwerk arabischer Sprachgelehrsamkeit. Er suchte sich dasselbe lebendiger zu machen, indem er hin und wieder das Gelesene in deutscher Übertragung nachbildete. So entstand das im vorliegenden Bande begonnene Werk, eine interessante Bereicherung der deutschen Literatur und ein willkommenes Hilfsmittel beim Studium des schwierigen Originals.

Der arabische Verfasser, Harîri, lebte in Basra, um die Zeit der ersten Kreuzzüge. Von seinen Lebensumständen wissen wir wenig; aber aus den Anekdoten, die von ihm aufgezeichnet sind, sieht man, wie groß schon unter den Zeitgenossen der Ruhm seiner Sprachgewandtheit war, welchen die Makâmen bald durch die ganze Arabisch redende Welt verbreiten sollten.

Seit den ältesten Zeiten war der Araber stolz auf den Reichtum und die bezeichnende Fülle seiner Sprache. Nächst Tapferkeit und Gastfreiheit galt keine Tugend von jeher dem Beduinen höher als die Gewalt der Rede. War die Glut des Tages unter dem Weiden der Herden oder Jagd und räuberischen Streifereien vorübergegangen, dann versammelten sich abends gern die rauhen Bewohner der Wüste um den gewandten Erzähler, der mit begeistertem Munde die Taten der Väter pries, und durch eingewebte Dichtung den Ruhm des Stamms verherrlichte. Manch schönes Lied der Hamâsah bekundet, daß es zu Muhammed's Zeiten so war, und Reisende versichern, daß der Gebrauch noch jetzt fortdauere. Diesen Abendversammlungen der unstet herumziehenden Beduinen entsprechen bei den städtebewohnenden Arabern die Zusammenkünfte an öffentlichen Orten. Hier wie dort schließt sich gern ein Kreis um den unterhaltenden Redner, der, was etwa dem ärmeren Stoff an dichterischem Gehalt gebricht, durch Witz und Redekunst zu ersetzen weiß. Ein volltönender Reim schlingt sich selbst durch die prosaische Rede, künstliche Verse werden hineingewebt, Wortspiele aller Art erhascht, und indes so die sprachliche Form die Oberhand gewinnt, tritt der darzustellende Stoff immer weiter zurück. Nun bleibt die Erzählung schon nicht mehr Erzeugnis des begeisterten Augenblicks. Was in der Wüste aus dem an poetischem Moment so reichen Leben wie von selbst hervorquoll, wird hier zu einem Gegenstande planmäßiger Übung. Die Worte, die Wendungen wollen sorgfältig gewählt und erwogen sein; ja es hat sich allmählich ein System von Regeln gebildet, in dem nur ein vertrauter Kenner des gesamten Sprachreichtums sich mit Sicherheit und Leichtigkeit zu bewegen vermag.

Die zuletzt bezeichnete Richtung der arabischen Poesie repräsentiert uns Harîri. Die Dichtungsform der Makâmen[1] ist schon vor ihm mehrfach schriftstellerisch angewendet und bestimmter ausgeprägt worden, namentlich von Hamadâni, den er selbst sein unerreichbares Vorbild nennt. Harîri selbst war (wie schon sein syntaktisches Gedicht 'Molhat alirab' bezeugt, wozu er selbst einen Kommentar schrieb) grammatisch und lexikalisch tief in seine Sprache eingedrungen, und der Beweglichkeit seines Geistes gelang es, dem einförmigen Inhalt seiner Erzählungen eine oft überraschende Mannigfaltigkeit zu geben. Wir sehen fünfzigmal in verschiedenen Situationen den schlauen Abenteurer Ebu Seid von Serûg auftreten, der mit dem Schein der Dürftigkeit unter mannigfach wechselnden Masken an öffentlichen Orten erscheint, immer durch die Gewandtheit und den Witz seiner Reden die Aufmerksamkeit seiner Zuhörer gewinnt, von seinen Bewunderern beschenkt und zuletzt immer von dem Erzähler Hâreth Ben Hemmâm erkannt wird. Welche Veranlassung ihn bestimmte, diesen Stoff für seine Makâmen zu wählen, darüber hat ein Scholiast Harîri's eigene Worte aufbewahrt (S. 563 bei de Sacy).

"Jener Serûger", erzählt Harîri, "war ein gewandter Mann von großer Beredtsamkeit und Witz, welcher in Basra zu uns stieß. Man traf ihn eines Tags in der Moschee der Benu Harâm, wo er sich unterredete und die Anwesenden um ein Geschenk bat. Es waren mehrere Vornehme und Gelehrte zugegen; er aber setzte alle in Erstaunen durch die Eleganz und den Fluß seiner Rede. Er erzählte, daß die Griechen seine Tochter gefangen genommen hätten, wie auch wir es in der Harâmischen Makâme (die 48ste bei de Sacy) berichtet haben. Am Abend jenes Tages kamen einige der Vornehmen und der angesehensten Gelehrten aus Basra zu mir. Ich sagte ihnen, welch einen seltsamen Bettler ich kennen gelernt, und wie geschickt derselbe durch feine Winke und leise Andeutungen seinen Zweck zu erreichen gewußt. Da erzählte mir ein jeder der Gegenwärtigen, daß er in anderen Moscheen noch anders und weit kunstreicher gesprochen, als was ich gehört hatte; und wie er in jeder Moschee seinen Anzug und sein ganzes Äußeres vertauscht, und der verschiedensten Kunstgriffe sich bedient habe. Solch ein freier Lauf in der Bahn der Rede, und so große Geschicklichkeit setzte mich in Erstaunen. Ich fing noch an demselben Abend an, die Harâmische Makâme niederzuschreiben, indem ich seine Art nachzuahmen suchte. Vollen-

[1] "Makâme bedeutet einen Ort, wo man sich aufhält und sich unterhält, dann eine Unterhaltung selbst, einen unterhaltenden Vortrag oder Aufsatz, nach unserer Art eine Erzählung oder Novelle". Rückert, Vorrede S. VII.

det, las ich dieselbe einigen Vornehmen vor, welche sie schön fanden, und sie dem Wessir Scherfeddin Anuschirwan Ben Châled zeigten. Dieser befahl mir, mehrere dergleichen zu machen, und ich gehorchte."

So entstanden unsere Makâmen, die, untereinander lose verknüpft, uns eine Reihe interessanter Ansichten des arabischen Lebens gewähren, je nachdem wir den verschmitzten Serûger unter den Zelten der Beduinen oder in den Moscheen der Städte, bei den Sammelplätzen der Karawanen oder in dem wogenden Gedränge der Märkte antreffen.

Es bedarf keiner weiteren Erörterung, um zu zeigen, wie sehr Herrn Rückert's Arbeit die Aufmerksamkeit gebildeter Leser verdiene. Er nennt dieselbe eine freie Nachdichtung des arabischen Originals, und erklärt sich in der Vorrede näher über den Unterschied des von ihm Beabsichtigten gegen eine eigentliche Übersetzung. Wir stimmen ihm, der in diesem Fache eine so hohe Meisterschaft bewährt, unbedingt dahin bei, daß "die Grundsätze, nach denen man Homer und Shakespeare verdeutscht, bis jetzt auf einen arabischen Dichter kaum anwendbar sind. Dazu gehört eine nähere Verwandtschaft, oder eine innigere Aneignung eines fremden Bildungskreises, als deren wir uns bis jetzt in Bezug auf den Orient rühmen können". Der durchaus anschauliche und bildliche Charakter der arabischen Sprache, der auf die Entwicklung der arabischen Poesie einen so mächtigen Einfluß ausübte, widersetzt sich hartnäckig jeder genaueren Übertragung. Jedes Wort bezeichnet hier eine Anschauung, einen sinnlichen Gegenstand, und fast immer nur aus dem engen Kreise, in welchem das einfache Beduinenleben sich bewegt. Alles Fernerliegende wird durch den metaphorischen Gebrauch jener Anschauungswörter bezeichnet, und indem diese zugleich noch die Vorstellung ihrer Urbedeutung mitbringen, drängt sich schon in die einfachsten Sätze eine Menge von Bildern zusammen, die ein eigentümlich regsames Leben hervorruft. An dieser Fülle der Bedeutung hängt nun oft das Interesse eines Wortspieles; es wird im Hintergrunde hinter dem darzustellenden Hauptgedanken das durch ein gebrauchtes Wort zufällig veranlaßte Bild weiter fortgesetzt, und jener erscheint vielleicht flach und unbedeutend, so lange man dies nicht entdeckt, oder es unberücksichtigt läßt. Alle die Schwierigkeiten, die hieraus für den Übersetzer erwachsen, verdoppeln ich bei Harîri, der geflissentlich nach neuen, ungewöhnlichen Bildern hascht, und seine Anspielungen oft sehr künstlich im Verborgenen fortzuspinnen weiß. Jede Übertragung wird hier fast notwendig in die Grenzen einer solchen freien Nachbildung zurückgewiesen, wie hier Herr Rückert sie gibt.

Als wesentliches Erfordernis, um den Gesamteindruck des Originals wiederzugeben, behält er vor allen Dingen in der Erzählung die eigentümliche Form der gereimten Prosa bei. Durch zu große Länge der reimenden Glieder würde der hierdurch bezweckte Wohllaut wirkungslos verhallen. Herr Rückert sah sich deshalb genötigt, in der silbenreicheren Übertragung die Anzahl der Reime zu vermehren, und öfters ein gereimtes Glied des Originals in der Nachbildung in mehrere zu zerlegen. Der Anfang der dritten Makâme (im Original der fünften) z.B. würde wörtlich übersetzt, und die Reimstellen des Originals durch Striche angedeutet, etwa so lauten:

"Ich brachte in Kufa eine zur Hälfte mondhelle Nacht zu, – deren Mond ein hufeisenförmiges Siberamulet war." – Herr Rückert gibt dies so:

"Ich brachte in Kufa ohne Nachtruh – eine schöne Nacht zu, – deren Farbe ein Dunkelhaar – und deren Mond eine Silberspange war".

Und einige Zeilen weiter:

"Das Nachtgespräch hielt uns wach, – bis der Mond unterging – und Ermüdung uns übermannte. – Als sich nun die einfarbige Nacht ausbreitete, – und nichts übrig blieb als der Schlummer, – da hörten wir vor der Tür den Laut eines Gebell-Nachahmenden – welchem der Lärm eines um Einlaß Pochenden nachfolgte".

Herr Rückert, diesmal allerdings sehr frei:

"Sprech- und Hörlust hielt uns munter – bis der Mond ging unter, – ohne daß der Mund versiegte – oder Schlaf das Auge besiegte. – Als nun die große Lampe war ausgegangen – im Zelte der Nacht, und nur die kleineren blieben hangen, – die auch zu verlöschen zitterten, – weil sie das Nahen des Frühhauchs witterten; – als die eilende Nacht zuwinkte den Blicken, sich nun zu schicken, – wenn sie wollten vor Tags noch ein Stündlein nicken; – hörten wir draußen im Finstern einen andern, der wachte, – der erst vom Weiten ein Hundegebell nachmachte, – dann, genaht, an unsern Pfosten krachte".

Der Eingang der dreiundzwanzigsten Makâme (im Original die 27ste) ist wörtlich übersetzt folgender:

"Mich gelüstete, als die Blüte meiner Jahre noch dauerte – zu wohnen unter dem Volke der Zelte – um kennen zu lernen ihre angeerbten Sitten – und ihre arabischen Mundarten. – ich eilte mit dem Eifer eines Unverdrossenen – und begann zu durchtraben der Erde Tiefen und Höhen, – bis ich erworben hatte eine Anzahl Kamele – und eine Herde Schafe".

Herr Rückert gibt dies folgendermaßen:

"Mich trieb in meiner Jugend ein Gelüste – aus den Städten in die Wüste, – zum Umgang mit den freien Leuten, – welche wohnen uner den Häuten[2], – um zu lernen ihre Sitten die ungefärbten, – und ihren trotzigen Stolz den angeerbten, – samt ihrer Zunge Reinheit, – der arabischen Rede Feinheit. – So zog ich entschlossen – und unverdrossen, – hinauf und hinunter, – rüstig und munter, – durch Heideland, – und Weideland, – gebirgiges und niedriges, – erfahrend Frohes und Widriges; – bis ich durch Glück und durch Beschwerde – mir erworben hatte zwei Schätz' auf der Erde, – von Kamelen einen Trieb und von Schafen eine Herde".

Beim Übertragen der metrischen Stellen, der in die Erzählung verwebten Gedichte, behält Herr Rückert sowohl die Zahl der im Original sich findenden Verse, als die Form des gemeinschaftlichen Endreims aller Strophen bei, und entsagt dagegen der Nachbildung des arabischen Silbenmaßes, dessen Charakter er jedoch durch ein entsprechendes deutsches Metrum darzustellen sucht. Als

[2] Zelten.

Beispiel dienen folgende Verse aus der zwanzigsten (bei Sacy 24sten) Makâme, die wörtlich so lauten:

"Untersagt nicht mir das Alter den Genuß; wie sollt' ich nach dem Wein meine Hände ausstrecken?

Sollte nicht mein Morgentrank ohne Wein sein, da doch das Lichtwerden meines Hauptes zu meiner Bekehrung leuchtet?

Geschworen hab' ich, daß nie Wein mich benetzen soll, so lange noch meine Seele im Körper weilt; (meine Worte sind deutlich!)

Daß nie mir eine Hand den Becher des Mostes halten soll, und daß ich nie abwechseln will zwischen den Bechern mit Würfelspiel." Herrn Rückerts

Übersetzung ist folgende:

Das Alter hat mich abgemahnt, daß ich mich zugeselle
Der Lust, und mich gemahnt, daß ich mit Ernst mein Haus bestelle.
Wie dürfte sich den Morgentrunk des Weines der erlauben,
Dem aufgegangen, in der Nacht des Haars, des Morgens Helle?
Geschworen hab' ich, daß mich nie das geist'ge Naß soll netzen,
So lange wohnen wird der Geist in seines Leibes Zelle;
Daß nie die Hand mir halten soll den schaumgekrönten Becher,
Und nie bewandeln Mostesduft der Lippen trockne Schwelle.

Mit vorzüglichem Glück nachgebildet fanden wir die künstlichen Verse der ersten (bei Sacy 2.), so wie die durch den schnell wiederkehrenden Reim schwierigen Gedichte der dritten (bei Sacy 5.) Makâme. Aber die größte Sorgfalt verraten dennoch die in den Anmerkungen mitgeteilten Übersetzungen von größeren und kleineren Fragmenten, die die Scholien des Originals darboten, und vor allen Dingen von zwei herrlichen Gedichten der Hamâsah (S. 236 und 667).

Um den Leser in den Stand zu setzen, den Geist unserer Makâmen und das Verdienst dieser Nachbildung näher kennenzulernen, teilen wir hier eine ganze Makâme mit. Wir wählen dazu die zwölfte (bei Sacy 14.) als eine der kürzesten und schönsten, von der Herr Rückert selbst gesteht, daß sie ihm in der Nachdichtung mehr als die übrigen gelungen sei.

Wörtliche Übersetzung:

Hareth Ben Hammam erzählt: Ich machte mich auf von der Stadt des Heils – zur Wallfahrt des Islam. – Als ich nun durch Gottes Beistand die Entsagungszeit zurückgelegt hatte – und Wohlleben wieder erlaubt war, – da begegnete die Pilgerversammlung zu Mina – der Gluthitze des Sommers. – Ich suchte hervor gegen die Bedrängnis – (Alles) was abwehren könnte die Hitze des Mittags. – Indes ich nun unter dem Lederzelt mich befand – mit einer Gesellschaft von Freunden – (es glühte der Ofen des Sandes – und der Mittag blendete das Auge des Chamäleon); – siehe da kam zu uns gerannt ein Alter, ein abnehmender, – welchem nachfolgte ein Knabe ein zunehmender. – Der Alte grüßte mit dem Gruße eines Gebildeten, Gewandten – und redete uns an mit der Anrede eines Verwandten – nicht Fremden. – Er setzte uns in Erstaunen durch das was er abstreifte von seinem Faden; – wir wunderten uns über seine Unbefangenheit, ehe wir ihn entlassen hatten der Befangenheit. – Wir sprachen zu ihm: Wer bist du? – und wie tratest du herein ohne zu fragen? – Er sprach: Fürwahr, ich bin ein Wohltat-Suchender, – um Hilfe Bittender; – das Geheimnis meiner Not ist ohne Hehler; – ein Blick auf mich ist ein hinlänglicher Fürsprecher. – Was aber mein Hereintreten betrifft, an welchem ein Bedenken haftet, – so ist dasselbe nicht wunderbar, – da ja die Edeln keine Türvorhänge haben. – Wir fragten ihn, wie er nach uns geführt worden, – und wodurch er zu uns geleitet sei. – Er sprach: der Edelmut hat einen Duft, dessen Hauch sich verbreitet – dessen Blumengerüche zu dem

Herr Rückert:

Hareth Ben Hemmam erzählt: Ich fuhr von des Tigris Well' und dem Wall von Bagdad, – um die Wallfahrt zu tun wie Gott gesagt hat. – Als nun, nach Ertragung der heiligen Beschwernisse, – wieder erlaubt waren die sinnlichen Begehrnisse, – traf der Rückzug der Pilger zusammen – mit des Sommers Entflammen. – Da gebraucht' ich die Mittel in meinem Besitze, – um mich zu schützen gegen die Mittagshitze. – Und als ich nun war unter dem Zelt von Fellen, – mit einer Gesellschaft seltner Gesellen; – als der Glutofen der Sandwüste sprühte, – und das Auge des Chamäleons glühte; – da überfiel uns ein Alter in der abnehmenden Kraft, – gefolgt von einem Jungen in zunehmendem Saft. – Und der Alte tat seinen Gruß wie ein gewandter Gesandter, – und begann seine Gespräch wie ein alter Bekannter, – nicht wie ein fremd hergerannter. – Uns gab Vergnügen wie er auslegte seinen Kram, – und nahm Wunder die Freiheit, die er ungegeben nahm; – wir sprachen: Wer bist du, und was ist das du bringst? – und woher dein Eintritt ehe du Einlaß empfingst? – Er sprach: Was ich bin, ist ein Besuch, – und was ich bring', ist ein Gesuch; – das Geheimnis meines Notstandes ist offen, – und darf auf des Blickes Fürsprache hoffen. – Daß ich aber hereingetreten, – eh ich ward hereingebeten, – das geschah nach des Sprichworts Vorgang: – daß die Türe der Großmut ist ohne Vorhang. – Wir fragten weiter, wie er zu uns gefunden den Weg, – und was ihn gewiesen zu unsrem Geheg? – Er sprach: Freigebigkeit hat einen Odem der sich verbreitet, – einen Blumenhauch der zu

Garten desselben leiten. – Mich führte der Odem eures Wohlgeruchs – zu dem Aufblühn eures Verdienstes; – und es verkündete mir der Duft eurer Staude – die Schönheit des Loses bei euch. – Wir fragten ihn nun um sein Begehr, – damit wir uns verbürgen könnten für seine Unterstützung. – Er sprach: Mir ist ein Bedürfnis – und meinem Knaben ein Gesuch. – Wir sprachen: beide Wünsche werden erfüllt – ihr beide sollt befriedigt werden. – Nun denn, dem Alter die Ehre! – Er sprach: Wahrlich, bei dem, der die sieben Erden[3] geschaffen hat. – Dann sprang er heran zum Reden – wie ein gebundner Hengst aus den Stricken – und sprach:

Ich bin ein Mann, der sein Kamel verlor,
Nach Verwundung des Hufs und Ermüdung.
Das Ziel meiner Reise ist fern;
Gekürzt ward mir dazu der Trab.

Nicht ist bei mir ein Senfkorn,
Ein geprägtes von Gold.
Verstopft ist meine List,
Meine Verlegenheit spottet meiner.

Reise ich zu Fuß,
So fürchte ich die Anrufung des Todes;
Bleibe ich zurück hinter
Der Karawane, dann ist mein Entkommen schwierig.
Mein Seufzen ist im Aufsteigen
Und meine Tränen im Niederströmen.

Ihr aber seid eine Weide der Hoffenden,
Ein Ziel der Suchenden.

ihrem Garten leitet; – mich führte die Spur eurer Gerüche – zur Flur eurer Küche, – und der stäubende Duft eurer Balsamstaude – meldete mir die Milde, die von euch taute. – Da erkundigten wir uns nach seinem Anliegen, – dem unsre Bereitwilligkeit sich möchte anschmiegen; – er sprach: Ich komme mit einem Anspruche – und mein Sohn mit einem Ansuche. – Wir sprachen: Beide Forderungen sollen sein berichtigt – und beide Parteien beschwichtigt; – doch dem Alter gebührt der Vortritt. – Er sprach: Ja! bei dem, auf dessen Wink die Sonn' emportritt! Dann nahm er seinen Anlauf zum Sprechen, – wie ein Hengst, dem die Koppelstricke brechen, – und trug vor:

Ich bin ein Pilger, dessen Tier
Erlegen ist den Wegbeschweren;
Zum ferngesteckten Reiseziel
Muß ich des Trabes hart entbehren.

Und zum Ersatz ist mir von Gold
Kein Senfkorn groß im Sack, dem leeren.
Mein spottet die Verlegenheit,
Der sich mein Rat nicht kann erwehren.

Fahr ich zu Fuß, so schreckt der Tod
Mich zwischen den berittnen Heeren;
Und lass' ich die Gefährten ziehn,
Wird mich allein der Weg verzehren.
Im Steigen ist mein Seufzen und
Im Niederströmen meine Zähren.

Ihr aber seid ein Weideplatz
Dem Hoffen, und ein Ziel dem Gehren.

---

[3] Arabische Dichter reden von sieben Erden wie von sieben Himmeln. In einem Verse des Feresdak, welchen der Kamus unter sab'aton anführt heißt es:

wa kaifa achâfa 'nnâsu, wa'llaho kâbidon
ala 'nnâsi wa'ssab'aini fi râhati 'lyadi.

"Warum fürchten sich die Menschen, da doch Gott die Menschen und beide Sieben in der Fläche der Hand umfängt." Die beiden Sieben sind nach Firusabadi die sieben Erden und die sieben Himmel.

Euer Schützling ist im Sichern,
Euer Reichtum in der Verteilung.

Nie flüchtete ein Geschreckter zu
euch,
Und fürchtete noch den Zahn der
Beißenden.
Nie erflehte ein Hoffender
Eure Geschenke, ohne beschenkt
zu werden.
So neiget euch denn zu meiner
Geschichte,
Und beglücket mein Schicksal.

Wenn ihr kostetet mein Leben,
In meiner Speise und meinem Trank,
Gewiß, euch kränkte die Not, welche
Mich hing ab den Bekümmernissen.

Kenntet ihr meinen Adel,
Mein Geschlecht und meine Her-
kunft,
Und wie viel meine Kenntnis umfaßt
Von erlesenen Wissenschaften:
Gewiß, euch bliebe kein Zweifel,
Daß meine Krankheit die Bildung
sei.

O daß ich doch nimmer
Gesäuget wäre an der Brust der
Weisheit!
Nun hat mich der Fluch dersel-
ben getroffen;
Übel beriet mich darin mein Vater.

Der Aufguß eurer Mühle rinnt,
Beschämend Wolken im Gewähren.
Asyl ist eure Nachbarschaft,
Und eure Füll ist ohne Wehren.

Noch kein Gescheuchter floh zu
euch,
Und bebte vor des Unglücks Speeren;
Noch lockt' ein Wünscher euere
Geschenke, dem versagt sie wären.
So neigt euch meinen Kunden zu,
Und kehrt zum Besten meine Mähren.

Versuchtet ihr mein Leben nur
In Speis' und Trank, wie mich
muß nähren;
Verdrießen würd' euch mein Ge-
schick
Wie es mich schlug mit Kum-
merschwären.
Und wenn ihr kennet mein Ge-
schlecht
Und Recht, mein Sein und meine
Ehren;
Was meine Kenntnis hält umfaßt
Von Wissenschaften, tiefen, hehren;
Kein Zweifel blieb euch, nur die
Kunst
Für meine Krankheit zu erklären.

O hätte nie mich diese Kunst
Gesäugt aus ihrer Brüste Meeren,
Die jetzt mit Gunst mir kargt!
Ja tat
Mein Vater schlimm, mich das
zu lehren.

Wir sprachen zu ihm: Nun, was dich betrifft, deine Verse haben uns dargetan deine Armut – und den Tod deines Kamels; – wir wollen dir ein Tier geben, das dich zur Heimat bringe. – Aber was ist nun das Gesuch deines Knaben? – Er sprach zu ihm: stehe auf, o mein Söhnchen, so wie dein Vater aufstand, – und sprich was in deiner Seele ist, – und möge nichts deinen Mund hemmen! – Da sprang er hervor, wie ein Kämpfer auf den Kampfplatz springt – und zückte eine Zunge gleich einem schneidenden Schwerte; – und sprach im Gedicht:

Da sprachen wir: Nun was dich betrifft, deine Verse haben's uns erläutert, – daß dein Kamel gefallen und dein Glück gescheitert; – Und du sollst uns beritten gelangen zu deinen Genossen. – Doch was ist nun das Gewerb deines Sprossen? – Da rief er: Auf Söhnchen, stehe wie dein Vater stund, – und tu deines Herzens Begehren kund, – kein Schloß sei an deinem Mund! – Da sprang der Junge, als ob ein Vorkämpfer ins Treffen springe, – und zückte eine Zunge wie eine scharfe Klinge; so stimmt' er an:

Ihr Herren auf den Höhen (des Glücks),
Die ihr hohe Gebäude besitzet,
Die ihr, wenn das Schicksal drängt,
Bereit stehet zur Abwehr der List,
Die ihr gering achtet
Das Verteilen gehäufter Schätze;
Ich bitte euch um Gebratenes,
Um Kuchen und Mehl mit Melonen.
Ist dies zu kostbar, dann eine Brotrinde,
Mit welcher ein Braten umkleidet war.
Ist dies nicht und jenes nicht da,
Dann eine Mahlzeit Brotkrummen:
Ist auch daran durchaus Mangel,
Dann Datteln und Rahm.
Gebet, was ihr leicht entbehret,
Wären's auch Schnitzeln trocknen Fleisches.

Eilet damit; denn meine Seele
Ist mit dem was vorhanden, zufrieden.
Der Zehrung entbehren kann ich nicht
Für meine Reise die weite.
Ihr seid die beste Gesellschaft,
Die man anruft in der Not.
Eure Hände, alle Tage
Spenden sie reichliche Wohltaten.

Eure Hände gewähren
Allen Bitten Erfüllung.
Der Wunsch meines Innern
Ist ein Geringes, was ihr mir geben wollet.
Auch hab' ich, als Lohn und Vergeltung
Für Erleichterung meiner Mühsal Lobgesang,
Und Wohlgerüche der Gedanken,
Welche alle Kassiden beschämen.

Hareth Ben Hemmam spricht: Als wir nun sahen, wie der junge Löwe dem alten Löwen glich, – machten wir den Vater beritten und speiseten den Sohn. – Sie erwiederten die Wohltat durch Dank, dessen Schmuck sie weckten –

Ihr hohen Herrn auf den Höhen,
Die in Gebäuden gebieten,
Und die in Krieges Gefahren
Mit starken Armen befrieden;
Ihr, denen Schätzeverschwendung
Wie Staubverstreun gilt hienieden;
Ich wünschte etwas des Guten
Aus eurer Küche Gebieten,
Ein Küchlein, das sie gebacken,
Samt einem Lamm, das sie brieten;
Und ist es das nicht, ein Süpplein
Samt einem Stück, das sie sieden.
Und wo nicht dieses, so sei mir
Ein Brei, der sättigt, beschieden;
Und fehlts an Allem, so bin ich
Mit Rahm und Datteln zufrieden.
Laßt mir nur reichen, was da ist,
Und seien's Schnitzel und Schnieden;
Die Futtersäcke zu füllen
Die längst des Inhalts entrieten;
Weil ohne Zehrung die Weisen
Die weite Fahrt mir verbieten.
O ihr, die besten Beschützer,
Davor je Schützlinge knieten,
Die vollsten Hände der Wohltat,
Die je den Mangel berieten;
Nie von des Gebens Gewohnheit
Sei eure Rechte gemieden!
Was ich erbitt' ist ein Kleines
Aus eurer Milde Gebieten.
Und Lohn auch hab' ich für Edle,
Wo sie vom Kummer mich schieden:
Erles'ne Keime der Reime
Beschämend alle Kassiden[4].

Hareth Ben Hemmam spricht: Da wir also gewahrten die gleiche Art – an des Jungen Locken und des Alten Bart, – gaben wir dem Vater das Reittier schon, – und die Reisezehrung dem Sohn. – Worauf sie die Wohltat nicht um den Dank verkürzten, – den sie mit dem Dufte des Lobes würzten, – und sodann sich zur Abfahrt schürzten. – Doch ich sprach zu dem Alten: War unser Versprechen wohl ein Versprechen Orkob's? – oder ist ein Wunsch noch zurück in der Seele Jakob's?[5] –

---

[4] Gedichte, Lobgedichte.

[5] Anspielung auf Jakob's Freude nachdem er Joseph wiedergefunden, und auf den treulosen Versprecher Orkob, in der arabischen Sage.

und dessen Gebühr sie entrichteten. – Als sie sich nun bereiteten zum Abschied, – und zur Abreise die Gurte der Gewänder schürzten, – sprach ich zu dem Alten: War wohl unser versprechen ähnlich dem Versprechen Orkob's? – oder blieb ein Wunsch noch zurück in der Seele Jakob's? – Er sprach: Verhüt' es Gott! durchaus nicht, sondern – eure Wohltat ist groß (Alles) übertreffend. – Ich sprach: So zahle uns, wie wir dir gezahlt, – und bedenke uns, wie wir dich bedacht: – wo ist dein Häuschen? – uns ergreift Staunen über dich. – Da seufzte er wie einer, der nach der Heimat sich sehnt – und stimmte an, indem Schluchzen die Zunge ihm
hemmte:

Serûg ist meine Heimat, jedoch
Wie führt ein Weg zu ihr?
Feinde haben sich gelagert
In ihr und sie verwüstet.
Bei der Kaba, zu der ich wallfahrtete, um zu erflehen
Die Tilgung meiner Schuld neben ihr!
Nicht erheiterte meinen Blick Etwas
Seit ich verschwand aus ihrer Umgegend.

Da strömten seine Augen von Tränen über; – seine Wimpern wehrten den Strömen; – er wollte sie nicht entfließen lassen; – aber er vermochte nicht, ihnen Einhalt zu tun. – So brach er seinen süßen Gesang ab, – und beschleunigte den Abschied und verschwand.

Er sprach: Verhüt' es Gott! nein und mit nichten; – sondern euer Edelmut gehört zu den Wundergeschichten. – Ich sprach: So gib zur Belohnung – nun Kunde von deiner Wohnung. – Da seufzt' er wie ein Kranker in der Fremde, – und hub an, indem ihn Schluchzen beklemmte:

Serûg ist meine Heimat, doch wie
Soll ich gelangen dahin?
Zum Lager hat sie genommen
der Feind,
Es ist ihr Prangen dahin.
Beim heiligen Haus! (die Bürde
der Schuld
Trag ich mit Bangen dahin.)
Mein Leben ist, seit ich schied
von dort
In Schmerz gegangen dahin.

Aber seine Augen quollen – und ließen die Tränen rollen; – er wollte die Wellen hemmen, – und konnte den Strom nicht dämmen: – da brach er seinen süßen Gesang ab, – und ging mit beeiltem Gang ab.

Diese Probe wird hinreichend sein, unseren Lesern einen näheren Begriff von der Dichtungsart unserer Makâmen, und von dem Charakter der Rückertschen Nachbildung derselben zu geben. Freilich sind nur wenige Teile des Ganzen mit der Sorgfalt übertragen worden, die wir an dem hier mitgeteilten Abschnitt anerkennen müssen: Herr Rückert begnügt sich oft, nur im allgemeinen dem Verlauf der Erzählung zu folgen, ohne sich an den Zusammenhang der einzelnen Sätze und an die Wendungen des Originals zu binden. Könnte es ihm auch etwa den Tadel der das Arabische vergleichenden Leser zuziehen, wenn er z.B. im Eingang der sechsten (im Original der siebten) Makâme eine Schilderung der Mohammedanischen Fastenzeit einlegt, oder der zehnten (im Original zwölften) Makâme eine ganz neue Auflösung gibt, so wird ihm doch niemand den Ruhm versagen, in den Geist eines eben so schwierigen als berühmten Dichterwerkes tief eingedrungen zu sein, und ein treues, lebendiges Bild desselben der deutschen Literatur übergeben zu haben.

An Lesern wird es dem Werke, dessen baldiger Vollendung wir entgegensehen, nicht fehlen. In der Tat ist der Serûgische Abenteurer, wie Harîri ihn darstellt und Herr Rückert ihn verdolmetscht, sehr geeignet, die Aufmerksamkeit der Unterhaltungslustigen zu fesseln. Man vergißt über der Mannigfaltigkeit der äußeren Umkleidung das Einförmige des Stoffs; und selbst die mit Bildern überhäufte Erzählung, die Wiederkehr ähnlicher oder verwandter Gedanken und Gemeinplätze, gewinnt an Frische und Reiz durch das tönende Band des Reimes, das sich überall verknüpfend hindurchschlingt.

Der Anmerkung, die Herr Rückert jeder Makâme beigefügt, haben wir schon oben erwähnt. Er teilt darin aus den Scholien der arabischen Ausgabe, und aus eigener Gelehrsamkeit dasjenige mit, was zum vollständigeren Verständnis des Textes notwendig, oder sonst für den Leser interessant sein konnte. Sein Werk wird durch diese wichtige Zugabe ebenso mannigfach lehrreich, als schon der Text anmutig unterhaltend ist.

[Aus: Jahrbücher für wissenschaftliche Kritik 1827/Sp. 603-617.]

Nal und Damajanti
Eine Indische Geschichte von Friedrich Rückert

Von Franz Bopp

Der Verfasser erkärt in der Vorrede, daß er in vorliegendem Werke nicht eine Übersetzung der im Orient berühmten und vielfach bearbeiteten Episode des Mahâ-Bhârata zu geben beabsichtigt, sondern daß er versucht habe, die schöne fremde Geschichte durch Umbildung der deutschen Poesie anzueignen. Den Zweck der Nationalisierung suchte er zu erreichen "zuerst durch Selbständigmachung der Episode, sodann durch Einkleidung in ein volksmäßig Deutsches Gewand, mit Ausscheidung alles Fremdartigen, was für uns nur auf gelehrtem Wege und nicht unmittelbar durch das Gefühl verständlich ist". Was das Versmaß anbelangt, so fand der Verfasser eine modernartige Anwendung der Reimpaare unserer altschwäbischen Dichter am passendsten, und wir können seine Wahl nicht genug billigen, den Wohllaut, den schönen Rhythmus, die leichte freie Bewegung seiner Verse mit klangreichem Reim nicht genug rühmen. Die schönen, im sanskritischen Sprachgebiet unerschöpflichen Wortverbindungen, die einzelnes und Zerstreutes zu einem geschlossenen lebendigen Körper vereinigen, und oft durch Sinnigkeit und Neuheit so angenehm überraschen, diese in der indischen Poesie so wirksamen Bildungen hat der Verfasser, so weit es die beschränkten Mittel der deutschen Sprache verstatten, mit einer seltenen Leichtigkeit und Ungezwungenheit nachzuahmen gewußt. So schildert er z.B. S. 80 die Damajanti als

Die gliederzart-wuchsrichtige,
Vollmondangesichtige,
Gewölbtaugenbrauenbogige,
Sanftlächelredewogige.

Über das Verhältnis der deutschen Umbildung zur Urbildung im Mahâ-Bhârata läßt sich kein allgemeines, d.h. auf alle Teile des Gedichtes gleichpassendes Urteil aussprechen. Bald schließt sich der Verfasser näher, bald entfernter an das indische Epos an, bald gibt er eine, zwar nicht äußerlich treue, aber innerlich und dichterisch wahre Übersetzung, bald überläßt er sich freier dem Fluge seiner eigenen erfinderischen Begeisterung. Aber alles, was er hinzutut, ist des großen indischen Dichters nicht unwürdig, der indischen Anschauungs- und Empfindungsweise angemessen, keine bloß äußerliche moderne Verschönerung, sondern ein kräftiger und belebender Kern von Gedanken und Gefühlen.

Der Urtext der Episode des Mahâ-Bhârata erschien zuerst in London im Jahre 1819 mit einer gegenüberstehenden wörtlichen lateinischen Übersetzung[1]. Ein Jahr später gab *Rosegarten* eine deutsche, zwar metrische doch mehr auf worttreue Wiedergebung als auf poetische Wirkung berechnete Übersetzung. Eine gedrängte Darlegung des Gegenstandes der alten Dichtung, mit Hinblikkung auf die ansprechende Form, die sie unter Rückerts geschickter Künstlerhand gewonnen hat, dürfte hier nicht unpassend erscheinen.

Zwischen Nalas, dem König von Nischadha, den die indische Sage einen körperlichen Liebesgott nennt[2], und Damajanti, der schönen Tochter des Königs von Widarbha, bestand gegenseitige Zuneigung, obwohl sie sich nie gesehen, sondern bloß durch beständiges Hören ihrer wechselseitigen Vollkommenheiten erzeugt, und die Liebe wuchs in ihrem Herzen; oder nach Rückerts sinniger Auffassung:

Da wuchs blindlings der Liebe Kraut
Zwischen zweien, die sich nie geschaut,
Es wuchs von gestreuter Worte Samen,
Die sei eines vom andern vernahmen.

Eine Goldgans, die Nalas im Walde fing, übernimmt es der Damajanti von ihm Kunde zu überbringen, und zwar so, daß sie an keinen anderen Mann mehr denken könne. Was die Gans mit goldähnlichen Fittigen zu Damajanti sprach, lautet nach wörtlicher Übersetzung des indischen Urtextes wie folgt:
"Damajanti! mit Namen Nalas wohnt in Nischadha ein Landesherr, den beiden Aswinen ähnlich an Gestalt, ihm sind Menschen nicht vergleichbar. Ein körperlicher Liebesgott ist er von Gestalt. Wenn du seine Gattin wärest, o Reizende, so hätten dir Frucht gebracht deine Geburt und deine Gestalt, o Schlanke! Götter, Gandharwen, Menschen, Schlangen und Riesen haben wir gesehen; nicht aber haben wir jemals einen Mann gesehen wie Nalas: Du aber bist die Perle der Frauen, und unter den Männern ist Nalas die Zierde; der Trefflichen mit dem Trefflichen Vereinigung wäre schön!"

Diese Stelle hat der Verfasser mit Entfernung des indischen Mythenkreises übertragen, und aus eigenem poetischen Erguß weiter ausgeführt, wie folgt:

Damajanti im Nischadathal
Ist der Landesherr König Nal,
Ein Bild aus überirdischem Reich,
Seiner Gestalt sind nicht Menschen gleich.

---

[1] Nalus, carmen sanscritum, e Mahâ-Bhârato: edidit. latine vertit et adnotationibus illustravit Franciscus Bopp.

[2] Der Gott der Liebe heißt im Sanskrit unter anderen An-anga, d.h. körperlos. Sehr glücklich hat Rückert einer solchen zum Verständnis notwendigen Erklärung zu entgehen gewußt, und Nala erscheint bei ihm "als wie ein Liebesgedanken getreten in Körperschranken".

Er ist ein Liebesgedanke
Getreten in Körperschranke,
Dessen Gattin wenn du wärest,
O Reizende, die du entbehrest
Keinen Schmuck als nur diesen,
So wäre dein Los gepriesen.
Deine Schönheit und seine Zucht
Verbunden trügen dir gute Frucht;
Ihr seid für einander ausgesucht,
Höre du, anmutsittige,
Von uns, o schwebetrittige,
Wir haben auf unserem Fittige
Uns umgesehn auf den Wiesen
Der Menschen und in Paradiesen
Der Götter, auch in Wohnungen der Riesen;
Aber wir haben nirgends gesehn
Einen wie Nala stehn und gehn.
Wie du der Frauen Perl' allein,
Ist Nala der Männer Edelstein;
Wenn ihr wäret verbunden,
Nichts Schöneres wäre gefunden.

Die Leidenschaft der Damajanti steigt nun aufs Höchste, und die lebendige Schilderung derselben gehört zu den schönsten Stellen des Gedichts, und der Verfasser hat sie meisterhaft nachgebildet (S. 11, 12.). König Bhîmas, von dem Zustande seiner Tochter unterrichtet, veranstaltet ein Fest, zu welchem er Könige und Königssöhne einladet, aus deren Mitte, nach alt-indischem Brauch, Damajanti einen sich zum Gemahl wählen durfte. Auch vier himmlische Bewerber stellen sich zur Gattenwahl ein und beauftragen den Nalas, nachdem er ihnen im voraus die Erfüllung ihres Wunsches zugesichert hatte, in ihrem Namen um Damajanti zu werben, damit sie einen von ihnen zum Gatten wähle. Nalas sucht diesen für ihn so lästigen Auftrag abzulehnen (nach Rückert):

Ich komm' in eigenen Sachen,
Wie soll ich den Boten machen?
Welcher geborne mit Sinn und Verstand,
Der um ein Weib kommt aus fernem Land,
Trüge ihr solche Botschaft gern?
Das sehet mir nach, ihr hohen Herrn!

Die Götter nehmen jedoch keine Entschuldigung an und beharren auf ihrem Willen, dem auch Nalas, seinem Versprechen getreu, sich unterwirft. Voll Leben und Pathos ist die Stelle, wo Nalas, so sehr er seinem Herzen Gewalt antun mußte, die Damajanti auffordert, einen der vier Welt-Erhalter zum Gatten zu wählen. Rückert übertrifft hier sein Vorbild durch anschaulichere und eindringlichere Charakterzeichnung der himmlischen Bewerber.

Ist dir lieber der Lüfte Hauch,
Oder des Feuers Opferrauch,
Oder des Wassers Lebenstau,
Oder der Erde ewiger Bau?
Der die luftige Wölbung spannet,
In deren Mitt' ist die Welt gebannet,
Die Odem von ihm empfängt und Licht,
Welch Weib erwählte den Gatten nicht?
Der als Funke in allem glimmt,
Und Alles dahin als Opfer nimmt,
Den Geist befreiend, den Leib zerbricht,
Welch Weib erwählte den Gatten nicht?
Der mit Krystall die Erd' umkettet,
Auf schaukelndem Wogenpfühl gebettet,
Perlen in seine Locken flicht,
Welch Weib erwählte den Gatten nicht?
Der dem was lebt gibt einen Ort,
Und dem was stirbt gibt einen Port,
Die Schöpfung vesammelt zum Gericht,
Welch Weib erwählte den Gatten nicht?
Den vier göttliche Wesen
Welches du magst erlesen,
Stets tust du eine preisliche Tat,
Höre von mir den Freundesrat!

Damajanti widersteht jedoch dieser beredten Aufforderung, und weiß einen Ausweg zu finden, wie sie, ohne die Götter zu beleidigen, ja mit ihrer Einwilligung und Segnung den König Nalas zum Gemahl erhält. Nach vollendeter Feier kehren die Götter zu ihren himmlischen Wohnsitzen zurück, und begegnen dem bösen Dämon Kalis, der im Vertrauen, daß Damajanti ihn wählen würde, von Dwâparas begleitet sich zur Gattenwahl begeben wollte. Durch Indras vom Ausgang der Sache unterrichtet, beschloß er an Nalas sich grausam zu rächen. Als dieser einst eine gesetzliche Reinigung versäumte, erhielt er Gewalt über ihn und fuhr ein in seinen Körper. Von nun an war Nalas nicht mehr seiner mächtig, sondern der in ihm wohnende Dämon lenkte seinen Sinn und verleitete ihn zum Spiel mit seinem Bruder Puschkaras, in welchem er Reich und Habe verlor. Von seiner treuen Gattin begleitet zog er in die Wildnis, wo ihn der Dämon verleitete seine Gattin zu verlassen. Mit Entzücken liest man die reine Liebe atmenden, aus der Tiefe des Gefühls hervorquellenden Worte, welche Damajanti zu ihm sprach, als sie seine Absicht erriet. Nach treuer Übersetzung des indischen Originals:
"Mir bebt das Herz, mir sinken die Glieder alle, wenn ich, o Herrscher! deinen Entschluß wieder und wieder bedenke. Wie kann ich den Reichs-beraubten, Guts-beraubten, kleidlosen, von Hunger und Durst geplagten, in menschenleerer

Wildnis dich zurücklassend, von dannen gehen? Dir Erschöpftem, Hungergeplagtem, jener Freude Gedenkenden, werde ich im schrecklichen Walde, großer König! tilgen die Müdigkeit. Nicht ja gibt es ein der Gattin gleiches von Ärzten erprobtes Heilmittel für alle Leiden!"

Nach Rückert:

Mir zittert das Herz
Und meine Glieder sinken vor Schmerz,
Wie mein Sinn überleget,
O Fürst, was dich beweget.
Des Reiches beraubt,
Des Glückes entlaubt,
Nackt, o du Krone der Fürsten,
Dem Hunger geweiht und dem Dürsten;
Wie sollt' ich in Wald und Haiden
Dich verlassen und scheiden?
Dich ermüdeten Lechzenden,
Nach jenem Verlornen Ächzenden,
Dich im wilden Wald und im Mißgeschick,
Will ich trösten mit meinem Blick.
Denn es gibt keine so Geist und Leib
Stärkende Arzenei wie ein Weib.

Obwohl hierauf Nalas versichert, daß er eher sich selbst verließe als sein tadelloses Weib – zugebend, daß es keinen der Gattin gleichen Freund gebe als Heilmittel für den betrübten Mann – so verläßt er doch sehr bald schlafend seine treue Damajanti, nicht ohne schweren Kampf zwischen seiner Liebe, die ihn zurückhielt und dem in ihm wohnenden Dämon, der ihn forttrieb. "Doppelt war gleichsam das Herz des betrübten Königs; wie eine Schaukel eilte er wieder und wieder fort, und kehrte wieder und wieder zur Hütte zurück".

Die ergreifende Schilderung des Zustandes der Damajanti, als sie erwacht, sich von ihrem Gatten verlassen sah, ihr Klagen und Jammern, ihr Umherirren in der Wildnis, um den Gatten zu finden, den sie aufforderte sich zu zeigen; – ihre Anreden an Berge, Bäume und Tiere des Waldes, die sie im Übermaß ihres Kummers fragt, ob sie ihren Gatten nicht gesehen, nachdem sie in kindlich naiver Einfalt ihnen zuvor berichtet, wessen Tochter sie sei und wessen Gattin; – endlich ihr Zusammentreffen mit einer Karawane, unter deren Schutz sie nach Tschêdipura gelangte, von wo sie, als Nichte der Königin erkannt, auf ihr Begehren zu ihrem väterlichen Wohnsitz zurückgebracht wurde; – dies ist der wesentliche Inhalt des elften, zwölften und dreizehnten Gesanges. Wir erkennen in diesen Gesängen den wahren Kulminationspunkt der reizenden Dichtung, der ihren Ruhm im Orient vorzüglich begründet und zu mannigfaltigen Nachbildungen der Episode des Mahâ-Bhârata, sowohl im Sanskrit als in anderen asiatischen Sprachen, aufgemuntert zu haben scheint. Mächtig ist auch der berühmte Kalidâsas von den Klagen der Damajanti ergriffen worden, da er nicht nur das ganze Gedicht in epischer Form kunstreich nachgebildet[3], sondern auch in seinem Drama Wikramas und Urwasî ein schönes Seitenstück zu der schönen Episode gegeben hat, in welchem er die Klagen der Widarbherin in denen des Königs Pururawas widerhallen läßt. So wie Damajanti ihren Nalas, so sucht Pururawas seine verlorene Urwasî in der Wildnis, und in seiner von Liebe irre geleiteten Phantasie sieht er in Pfauen, Schwänen, Antilopen, Elephanten und Bergen teilnehmende Wesen, die er auffordert ihm von seiner geliebten Urwasî Kunde zu geben. Dem Kunstrichter bietet sich hier ein schönes Feld zur Vergleichung dar zwischen der verschiedenartigen Gestaltung des gleichen Stoffes.

Was die genannten Gesänge des Mahâ-Bhârata anbelangt, so ist es schwer unter so vielem Trefflichen etwas als das vorzüglichere hervorzuheben, um es als Probe mitzuteilen zur Beurteilung des Verhältnisses zwischen Rückerts Nachbildung und dem Original. Die Stelle wo Damajanti einen Berg anredet scheint uns nebst den zunächst vorhergehenden Versen, in so weit einzelnes einen Begriff vom Ganzen zu geben vermag, dazu geeignet, die Urgestalt der Dichtung und die Bearbeitung des Verfassers jede sowohl in ihrer wahren Eigentümlichkeit als in ihrem Verhältnis zueinander zu zeigen. Nur müssen wir, was ersteres betrifft, daran erinnern, daß eine auf poetische Form verzichtende wörtliche Übersetzung, die wir zu geben versuchen, nur in geringem Grade den Eindruck des Originals hervorzubringen im Stande ist.

Damajanti.

Diesen reinen Berg mit vielen emporsteigenden, glänzenden, himmelberührenden, buntfarbigen, herzfesselnden Gipfeln, den mit vielerlei Metallen angefüllten, mit mancherlei Edelsteinen geschmückten, von diesem großen Walde die aufgerichtete Standarte, den von Löwen, Tigern, Elephanten, Ebern und Antilopen bewohnten, von vielartigen Vögeln von allen Seiten umtönten, mit Kinsuka-, Asôka-, Wakula-, und Punnâka-Bäumen geschmückten, mit schön blühenden Karnikâra-, Dhawa- und Feigenbäumen gezierten, diesen an Vögeln umschwirrten Flüssen und an Spitzen reichen Bergkönig will ich fragen nach dem Herrn der Männer: O Glückseliger, Edelster der Berge, Schutzspender, Vielbeglückter, dir sei Verehrung, du Erdestützer! Ich beuge mich vor dir, genahet; eine Königstochter bin ich, wisse, Königsschnur und Königsweib, "Damajanti" also genannt. Widharba's König, der Gebieter, ist mein Vater, der große Held, Bhêmas mit Namen, der Herr der Erde, der vier Kasten Erhalter, von gabenreichen Râdschasûja- und Aswamêdha-Opfern ein Darbringer , der beste der Fürsten, mit großen, schönen, Ehrfurcht gebietenden Augen, der gottselige, von gutem Wandel, der Wahrheitsredende, nicht fluchende, der sittige, mit Heldenmut begabte, von großem Glück, der Pflicht-kundige, reine, der All-Beschützer von Widarbha, der Feindbesieger, der Erhabene, dessen Tochter, wisse mich, o Glückseliger, dir genahet. In Nischadha, o großer Berg, wohnt

[3]Unter dem Titel "Nalodaja", wovon Hr. Dr. Beyer eine Ausagbe besorgt.

mein Schwäher, der höchste der Männer, der namhafte, berühmte "Wîrasênas" also genannt; dieses Königs Sohn ist der glückliche, wahrhaft tapfere Held, der das durch Thronfolge erlangte Reich des Vaters beherrscht, Nalas mit Namen, der Feindschläger, der braune, Punjaslôkas auch genannt, der gottselige, Wêda-kundige, Reines tuende, Sôma-trinkende, Feuerbeflissene, der Opferer und Geber und Kämpfer und ganz und gar ein Herrscher; dessen Gattin, o Edelster der Berge, wisse mich, die genahete, unglückliche, Gatten-beraubte, herrnlose, Weh-erfüllte, die da suchet den Gatten, ihn den Höchsten der vorzüglichsten Männer. Hast du mit diesen in die Luft sich erhebenden Hunderten von Gipfeln den Fürsten etwa gesehen, o Edelster der Berge! in diesem schrecklichen Walde, den Nalas? Hast du den wie ein Elephanten-Fürst tapferen, verständigen, langarmigen, zornigen, gewaltigen, Wahrheit-redenden Helden, meinen Gatten, den hochberühmten Nischadha-Beherrscher etwa gesehen, den Nalas? Warum tröstest du mich nicht die klagende, einsame, o Berg-Edelster! die niedergeschlagene, mit der Stimme jetzo, wie eine betrübte Tochter? – O Held, Gewaltiger, Rechtskundiger, Versprechen-lösender, Erde-Beherrscher! wenn du weilest in diesem Walde, König! so zeige dich! Wann werde ich die so lieblich tiefe, Wolkenlaut-ähnliche hören, des Nischadhers Stimme, sie die AmritaG"-gleiche, "Widharbherin" so sich kundgebende, die schöne des großgeistigen Königes, die Wêda-reiche, ersprießliche, meinen Kummer tilgende? – Die sich fürchtende tröste mich, Herrscher, Pflicht-ergebener!"

Nach Rückert (S. 88 ff.):

Hier aber den gipfelgeschmückten
Haupthimmelanentrückten,
Blütengebüschumkränzten,
Sonnenstrahlenbeglänzten,
Aus buntem Gestein gezimmerten,
Von Metallen durchschimmerten,
Löw-Elephanten gebärenden,
Gefiederte Schaaren nährenden,
Ströme herniedergießenden,
Baumwuchs zum Himmel sprießenden,
Dieses Waldes erhöhte Warte,
Dieser Einöde erhöhte Standarte,
Den König der Berge seh' ich ragen,
Ich will ihn um meinen König fragen.
O seliger Berg, lusttauender,
Himmelsgleichanzuschauender,
Einsiedlerhort, o Beschützer,
Gruß dir, du Weltbaustützer!
Ich grüße dich, ununterjochter,
Ich dir nahend, die Königstochter,
Die Königsbraut, die Königin,

Wisse daß ich Damajanti bin!
Mein Vater ist der Fürst der Widarben,
Unter dem nicht die Völker darben,
Bima, Herrscher auf weiten Rasten,
Beschirmer aller vier Kasten,
Der hochwagenfahrende,
Feindschlagende, Reichbewahrende;
Dessen Tochter dir nah' ich, o Bergeshaupt,
Welcher ihr Gatte ward geraubt,
Nal Punjaslôka, Wirasênas Sohn,
Der vom Vater empfing den Nischaderthron,
Der fromme, Wedakundige,
Reinhandelnde, redemundige,
Der Opferer, der Geber, der Walter,
Der Verfechter, der Erhalter:
Von dem getrennt, vom Glück geschieden,
Den Gatten suchend, ohne Frieden,
Komm' ich zu dir in die Einsamkeit. –
O du umschauender weit und breit
Mit deiner Gipfel Tausenden,
Hast du den hierum hausenden
Irgend, o höchster der Erdenvesten,
Nala gesehn, der Männer besten?
Den Elephantengewaltigen
Weitarmigen, heldengestaltigen!
Mich klagen hörend ununterjochter,
Was tröstest du mich nicht wie deine Tochter
Mit einem Worte väterlich?
Wo ist mein Gatte, mein Nala sprich!
Mein Gatte, mein Held, mein Getreuer,
Mir über das Leben teuer,
Der nie den Schwur mir gebrochen,
Dem ewig mein Herz muß pochen,
Mein Herr, mein König, mein Gemahl,
In diesem Wald erschein, o Nal!
Wann hör' ich des Nischaderfürsten,
Wonach meine Ohren dürsten,
Die tief gezogene weiche,
Rollendem Donner gleiche,
Die meinem Herzen bekannte
Stimme so "Damajante".

Wie enthalten uns ausführlicher über den übrigen Teil des Gedichtes zu berichten, in welchem Nala's Abenteuer nach seiner Flucht, seine Befreiung vom

Dämon und seine Wiedervereinigung mit Damajanti besungen werden. Nur müssen wir bemerken, daß auch in diesen Gesängen ein schöner Wettstreit stattfindet zwischen der antiken großartigen Einfachheit des indischen Originals und seiner sinn- und lebenvollen deutschen "Inkarnation", die mehr den Geist der romantischen Poesie atmet, aber nicht weniger Wahrheit und Tiefe der Anschauung und Empfindung zeigt.

[Aus: Jahrbücher für wissenschaftliche Kritik, 1829/Sp. 401-410.]

Rostem und Suhrab
Eine Heldengeschichte von Friedrich Rückert

Von Willibald Alexis

Der Löwe hat wieder die Mähnen geschüttelt. Aufrecht steht er da in voller Kraft und Schönheit und schaut um sich, ob das ein anderer kann; und denen, die daran zweifeln, daß er noch vermöge sich aufzurichten, ruft er zu? – Nichts. Er zeigt sich nur, und das ist genug. Wohl denen, die durch die Tat antworten können. Aber es waren nicht hämische Anschuldigungen seiner Feinde, es war die wohlgemeinte Besorgnis seiner Freunde: daß der Dichter sich leichtfertig ausgäbe, statt Schätze zu sammeln; daß er, in den Fundgruben des Orients wühlend, nur Abhub und philologische Schnitzel zu Tage fördere, Dinge für ihn von Wert, der den großen Baum kennt, von dem sie abfielen, für andere nur Kuriositäten; daß der deutsche Dichter Rückert unterginge im orientalischen Philologen. Getroffen von diesen Vorwürfen hat er seine Kraft gesammelt und beschämt uns durch ein großes und schönes Gedicht, ein Guß so in Gedanken als Form, erhaben und interessant zugleich, wunderbar und doch menschlich wahr, ein Märchen aus der persischen Heldenwelt, und doch in der Behandlung uns nahe geführt, lebhaft zu unserem Gefühle sprechend.

Laß aus dem Königsbuch der Perser dir berichten
Von Rostem und Suhrab die schönste der Geschichten,
Von Heldenruhm, wie leicht er Frauenlieb' erwarb,
Und wie der eigne Sohn, erlegt vom Vater starb

hebt der Dichter, ohne uns durch ein Vorwort einzuführen, noch durch ein Nachwort oder Anmerkungen Aufschlüsse zu geben, seine Heldengeschichte an und, wie fremd uns die Welt auch sei, in die er uns führt, er reißt uns mit sich fort von Anfang bis Ende; wir fragen nicht, wir genießen nur. Es ist ihm gelungen, uns für die Dichtung so zu interessieren, daß alle kritischen, archäologischen und literarhistorischen Fragen verstummen, und wir, aufs innigste vom Inhalte gerührt, von der Schönheit der Form bezaubert, als Vertraute, Freunde und Leidtragende seiner Helden das Buch mit Leidwesen, daß wir es müssen, aus der Hand legen. Das ist die Kraft des Dichters, des echten, ursprünglichen, dem der Stoff sich fügen muß. Er gibt die ferne Welt als Spielball in unsere Hände, oder zaubert uns selbst, aus unserem Kreise uns entrückend, hinein in den fremden, daß wir dort mitatmen, fühlen, fürchten, lieben und hassen.

Wer kennt die Sagen aus dem Königsbuche der Perser? Vielleicht einige

Orientalisten. Die Mehrzahl der unterrichteten Leser weiß höchstens von einem Helden Rustan, der Taten verrichtet wie Roland, Simson und Herkules, und es knüpft sich nach jedes Volkes Art ein großer Sagenkreis an den persischen starken Mann, wie an den starken Franken, Ebräer und Griechen. Eine der Episoden, vielleicht eine, gehalten gegen das Ganze, unbedeutende, hat der Dichter herausgenommen und durch seinen Hauch angeblasen, gleichwie der Glasbläser das kleine Klümpchen glühenden Stoffes zu einer wohlgefügten, organisch gegliederten, schönen Gestalt austreibt. Möglich auch, daß schon der alte persische Dichter vor ihm die Fabel so vollständig ausgebildet hat. Dies tut dem Werte des Gedichtes nichts und ebensowenig dem Werte der Behandlung. Der Orient muß mit der höchsten Kunst gehandhabt werden, um uns mundgerecht zu werden. Was wir lesen und uns entzückt, ist nicht der Vortrag eines persischen Dichters, es ist die eigenste Art unseres Friedrich Rückert, der nur durch fortgesetztes, inniges Studium der morgenländischen Literatur und Sagenwelt sich neu gestärkt und seine Phantasie mit frischen Bildern angefüllt hat. Mit solcher durchsichtigen Klarheit weiß kein orientalischer Dichter zu malen; und wenn er es wüßte, fehlt ihm der heitere Witz, der diese Dichtung durchädert, ein Witz, der den Dichter nie von seiner Begeisterung für den Gegenstand abführt.

Fabel und Ausführung sind nach des Referenten Ansicht ein organisches Ganzes, obschon er nicht verhehlen mag, entgegengesetzte Ansichten gehört zu haben. Nach diesen sollte jene, gleichviel, ob von Rückert erfunden oder gefunden, zu großartig und schwer für die leichte Behandlung sein. Unsere ganz dem widersprechende Meinung läßt sich nicht vorweg, sondern erst durch eine Exposition des Inhalts und Heraushebung einzelner Stellen rechtfertigen. Gewiß aber ist und muß vorweg ausgesprochen werden, daß diese Fabel eine der großartigsten und gewichtigsten ist, die wir kennen, ja, so weit unser Gedächtnis reicht, in ihrem Hauptzuge eine ganz neue. Sollte der Orient noch solche Schätze verbergen, daß wir, die wir die Schachte der Volksüberlieferungen befahren haben, unsere Meinung widerlegt sähen, wonach die Grundzüge in den Fabeln aller Naturvölker dieselben wären! Wie gern nähmen wir Belehrung an, wenn sie durch mehrere Beispiele wie dieses erteilt würde. Jedenfalls ist die Fabel zugleich so gewichtig und so einfach, daß dem Gedichte kein Abbruch geschieht, wenn wir sie dem Leser, der jenes nachlesen will, hier mitteilen.

Rostem. der Perserheld, das Schrecken der Türken, jagt in Friedensweile auf der Mark von Turan, um seinem Tatendurst einige Befriedigung zu verschaffen. Während er, gesättigt vom selbsterlegten Wilde und selbstbereiteten Braten, am Bache schläft, wird sein Roß, das Wunderpferd Rachs, von Türken mit Mühe und Not eingefangen, und der erwachende Pehlewan (Paladin des Reiches Iran?) findet es nicht wieder. Waffen und Sattelzeug auf dem Rücken wandert er in die nächste Stadt Semengan,

in der ein König sitzt,
Der es mit Turan jetzt, und hält mit Iran izt,
Der, wie die Wage schwank, sich nach der Seite neigt,

Wo sich ein Perser hier und dort ein Türke zeigt.

Erkannt wird der Held, dessen Ruhm Feinde wie Freunde singen, jubelnd eingeholt und festlich von Semengans Fürsten aufgenommen, der ihm den Rachs wiederzuschaffen verspricht. Doch in der Nacht harrt seiner eine andere Überraschung. Die Pforten des Gemaches öffnen sich, und in hellem Fackelglanze steht vor ihm Tehmina, die Königstochter von Semengan:

Der Reiz der Jugend war in den der Scham getaucht,
Der Wangen Lilien von Rosen überhaucht.
Doch im Rubinenschloß des Mundes lag bewahrt,
Geheimnis liebliches für diese Nacht gespart.

Über dies Geheimnis erschließt dem Staunenden schnell ihre Rede. Eine tiefe Sehnsucht nach dem unerreichten Helden habe sie zu ihm geführt:

Wie eine Wundersag hab ich aus jedem Munde
Gehört zu jeder Stund, an jedem Ort die Kunde,
Wie du so tapfer bist und trägest keine Scheu
Vor Tiger, Elefant, und Krokodil und Leu.
Du schirmest ganz allein Iran mit deiner Kraft,
Und Turan zittert, wenn sich regt dein Lanzenschaft.
Du reitest ganz allein zu Nacht in Turan ein,
Und streifest dort umher, und schläfest dort allein.
Dergleichen Kunde ward mir vom Gerücht vertraut;
Lang wünscht' ich dich zu sehn, heut hab' ich dich geschaut.
Wenn du zu Weibe mich begehrst, bin ich dein Weib;
Nie Mond und Sonnenstrahl berührte diesen Leib.
Vom Schleier meiner Zucht erwuchs ich tief umfangen;
Den Zügel der Vernunft entzog mir dies Verlangen:
Ich bitte Gott, von dir zu tragen einen Sproß,
Der einst, an Kraft dir gleich, beherrsche dieses Schloß.

Unter Zustimmung des über die Ehre der Tochter freuderfüllten Vaters wird die Hochzeit sofort in der Stille der Nacht begangen, und schon am Morgen scheidet Rostem mit dem Auftrage an die schöne Gattin, wenn sie ein Mädchen gebäre, es unter diesem, wenn einen Sohn, ihn unter jenem Zeichen zu ihm ins Perserreich zu senden. Die ehelichen Freuden und das Zusammenleben haben sich auf diese eine Nacht beschränkt. Tehminen wird dafür ein Sohn geboren, dessen persischer Ursprung aber wegen des Lehnsverhältnisses zu Turan verborgen bleiben muß. Auch erfährt der Knabe Suhrab erst, als er, ein Kind noch, zu unbändiger Kraft aufwächst, die Kunde von seiner hohen Abkunft. In Heldenweise will er seinen Vater durch einen Kriegszug aufsuchen und sammelt als kecker Abenteurer ein Heer von jungen Türken, um Persien mit Krieg zu beziehen. Aber der Türkensultan zu Iran kennt wohl die Abkunft des bartlosen

Helden und sendet ihm seinen Feldherrn Baruman mit 10.000 Kriegern, angeblich zu Hilfe, eigentlich aber zur Kontrolle und mit dem heimlichen Auftrage, dafür zu sorgen, daß Vater und Sohn sich nicht verständigen, sondern ihre Kraft gegenseitig zerstören.

Es muß der Charakter des Heldenmärchens wohl im Auge behalten werden, sonst könnte bei einer uns näherliegenden Erzählung die Kritik mit Recht den Einwand machen, daß Suhrab, der den Vater sucht, mehr als einmal ihn erkennen mußte. Ebenso müßte ein so mit allen Gaben ausgestatteter Held wie Rostem in dem Heldenknaben, den niemand bezwingt, und der aus Semengan kommt, sein Blut erkennen. Dies sollte aber nicht sein; wir müssen die Nichterkennung als etwas Gegebenes nehmen und dürfen an den Motiven, die dafür aufgeführt werden, nicht zu streng mäkeln. Er zieht ins Feld und belagert das weiße Schloß, die Grenzburg des Perserreiches. Ein vorschneller Perserritter will, um sich vor seiner Schönen zu zeigen, den gewaltigen Knaben im Zweikampf fangen; stattdessen erliegt Hedschir selbst dem Schicksal. Die schöne ritterliche Persermaid Gurdaferid möchte, wenn auch nicht den Ungeliebten, doch die Schmach der Perserehre retten. Doch auch sie entgeht dem Tode oder gleichem Lose nur, indem sie als Mädchen vor dem Gewaltigen sich zu erkennen gibt. Von ihrer Schönheit und Anmut geblendet, läßt Suhrab sich zwar einmal täuschen, die weiße Veste muß aber doch vor so überlegener Kraft fallen, und ihre Verteidiger flüchten nachts, durch das weite Perserreich die unwiderstehliche Gwalt des neuen Türkenhelden verkündend.

Der Schach in Iran zittert vor dem Türkenknaben. Alle Stimmen verkünden es: ihm kann niemand widerstehen als Rostem allein. Der Schach schreibt ihm:

Stehst du, wo dieser Brief ankommt, nicht sitze nieder,
Zu lesen! Sitzest du, erheb' im Sprung die Glieder!
Wenn in der Hand den Strauß du hältst, zu riechen , reuch nicht
Daran! wirf hin den Strauß, zeuch aus, zeuch! und verzeuch nicht!

Aber der stolze Rostem bleibt sitzen und zecht drei Tage gemächlich bei Wein und unter Rosenbüschen; es dünkt ihm nicht nötig, seinen Heldenarm so rasch zu erheben um eines Türkenknaben willen. Als er doch endlich kommt, schnaubt der absolute Jähzorn des Schachs ihn an und will dem pflichtgetreuen Lehnsmann mit Ketten und Tod drohen, der also seines Königs Gebot geringschätzte. Aber des Königs Grimm wird ein schwaches Flämmchen gegen sie aufprasselnde Zorneslohe des Pehlewan:

Er richtet um ein Haupt noch höher sich empor,
Und um die Schultern schien er breiter als zuvor:

"Auf der Welt bist du ein Schach durch mich", ruft er.

Bin ich dein Unterthan? Ich bin der Pehlewan
Des Reiches Iran und Fürst in Sabulistan.
Ich bin ein Tehemtan, der, wenn er den Fuß im Grimm

Stampft auf den Grund, der Grund erzittert unter ihm.
Von meines Rosses Huf erhallt des Himmels Dom,
Und staunend still, wo es vorbeirennt, steht der Strom.
Ich bin der Rostem, sieggekrönt und ruhmgeschmückt,
Der wohl um einen Schach, wie du, den Kopf nicht bückt.
Der Sattel ist mein Thron, der Helm ist meine Krone;
Ich spotte deiner Kron' und trotze deinem Throne.

Wieviel von diesem abendländischen Paladinentrotz auch der morgenländischen Dichtung angehört, oder ob Rückert alles dies selbst geschaffen, verrät uns kein Wink. Doch wird Schach Kawus zur Vernunft gebracht und der Pehlewan besänftigt; denn beide erkennen, Iran kann ohne Rostem's Arm gegen Suhrab nicht bestehen.

Der Knoten ist geschürzt und die Katastrophe vor der Tür, Vater und Sohn ziehen gegeneinander zum Kampfe. Ein Zweikampf solcher außerordentlichen Helden muß den Streit zwischen Türken und Persern diesmal enden. Doch wird die Katastrophe mit Geschick durch verschiedene Episoden und Schilderungen aufgehalten. Der Sohn sieht von den Zinnen des eroberten Schlosses das große Perserheer und läßt sich vom gefangenen Hedschir die Namen der Fürsten und Helden nennen. Alle nennt ihm der Perser, nur den Rostem will er aus Arglist nicht kennen. Baruman hat den jungen Helden schon früher mit diplomatischer Arglist bearbeitet, daß er im Einzelkampf mit dem furchtbarsten Gegner sich Ruhm suche. Die keckste Herausforderung des jungen Helden findet statt, und Rostem zieht ihm auf des Schachs Mahnung entgegen. Die Rosse selbst, die beide reiten (Suhrab eines, was der Rachs in jener selben Nacht, wo auch Suhrab empfangen wurde, in Semengan gezeugt hat), erkennen sich als Vater und Sohn, ihre Reiter übertäuben die Stimme der Natur durch Trugschlüsse der Vernunft und Kampfesgier.

Am ersten Tage vermag keiner der beiden Kämpfer, welche Waffen sie auch versuchen, den anderen zu überwinden. Am zweiten, dem Ringen zu Fuß gewidmeten, prüfen sich lange vergebens ihre Kräfte, bis es dem Jüngeren endlich gelingt, den Älteren niederzuwerfen, und er zückt den Dolch über seiner Brust. Da ruft Rostem ihm zu: das möge wohl roher Türkenbrauch sein, sei aber nicht edle Persersitte; nach dieser dürfe der Überwinder beim ersten Ringen den Unterliegenden nicht töten; erst wenn er ihn zum zweiten Male geworfen, stehe ihm dies nach Ritterart zu. Suhrab fragt, ob Rostem dieser Sitte huldige, und Rostem antwortet zweideutig: Ja, er brachte sie auf. Der Arglose springt auf, und Rostem ist zum ersten Male durch eine List, nicht Sieger, nur gerettet. Unmutig enteilt er, während der junge Gegner bei einer Jagd sich erholt, in ein dunkles Felstal. Hier thront der Berggeist. In seiner Jugend drückte den Rostem selbst die Überkraft seines Körpers; wenn er mit Beute beladen ging, drückte er die Füße bis an die Knöchel sogar in harten Felsstein. Da gab er dem Geist diese Überkraft in Verwahrung, bis er sie sich dereinst wieder abhole. Jetzt fordert er sie von ihm, um den jüngeren Gegner zu überwinden:

Dich und deine Kraft such' ich.
Ich seh' und kenne dich, wie ich dich schon geschaut;
Du bist nicht seit der Zeit gealtert und ergraut;
Doch kennst du mich? und weißt, was ich dir anvertraut?
Mit düsterm Lächeln gab zur Antwort ihm der Geist:
Ich kenne dich nicht mehr, Rostem, du bist ergreist.
Doch was bemühest du die alten Heldenglieder
Zu mir? Tehemtan sprach: Gib meine Kraft mir wieder!
Bis heute kam ich aus mit Dem, was ich gespart;
Das Ganze brauch' ich heut; gib her, was du bewahrt!

Der Geist sträubt sich und warnt den Helden:

Laß deine Kraft hier ruhn! Du hast der Taten nun
Genug getan; zum Leid wirst du dir eine tun.

Vergebens. Suhrab wartet lange auf seinen unbekannten Gegner. Da erscheint er

Als wie ein Meteor trübrötlich angeglommen.
Dem Suhrab schien er ganz verwandelt, zauberhaft,
Von wunderbarem Glanz, in voller Jugendkraft.

Sie ringen. Die Dämmerung verhüllt das furchtbare Schauspiel beiden Heeren. Ein Ruck des Vaters und Suhrab liegt im Staub, ein Dolchstoß, und er liegt tödlich getroffen. Er verkündet sterbend seinen treulosen Mörder furchtbare Rache, denn er sei des Sohn Rostem's und Tehminens. Die Rache ist schon da, als Rostem erfährt, daß es sein einziger Sohn ist, den er umgebracht. Umsonst läßt er vom Schach drei Tropfen des Balsams aus dem Kaukasus erbitten, der Todwunde wieder ins Leben ruft. Der Schach erklärt, für Rostem seinen ganzen Vorrat zu geben; für einen Türkenknaben nur dann einen Tropfen, wenn Rostem selbst komme und darum bitte. Der Held entschließt sich zum sauersten Schritte seines Lebens; aber drei Schritte entfernt, wird ihm die Todesbotschaft nachgebracht.

Die Schönheit des Gedichtes, die innere Kraft und Wärme steigert sich noch gegen das Ende. Rostem's Schmerz und Suhrab's Entzückung, daß er dem größten Helden erlegen und Rostem ihn als Sohn anerkannt, wetteifern an Innigkeit und Tiefe des Gedankens wie an Klarheit der Ausführung. Der sterbende Held stiftet den Frieden und der Vater wird der Vollstrecker seines Willens. Der betagten Mutter, die Rostem längst um einen Sohn angegangen, sendet er ihn im Sarg nach Haus. Er selbst verschwindet. Fragen sie euch, wo Rostem hingeraten, antwortet: Ihr wißt es nicht.

Dies Thema, mit aller tragischen Schwerkraft behandelt, mit immer wiederkehrenden düsteren Vorbedeutungen und Symbolen der folgenden Katastrophe, wäre bei der Einfachheit der Fabel zu dunkel geworden. Es gehörte das heitere Spiel der Rückert'schen Muse dazu, dieser anmutige Kristallbau seiner Verse, das plätschernde Fontainenspiel der Worte, um dem Ganzen Durchsichtigkeit zu geben. Es ist ein Guß; aber um dem überwältigend Tragischen die zerschmetternde Kraft zu benehmen, sind überall lichtvolle Stationen dazwischen, die den Fall aufhalten und zum Verweilen einladen, das Herz erquickend und mit den Sinnen spielend. Daß diese wie von selbst sich gebend erscheinen, und nichts Willkürliches uns auffällt, ist die Kunst des Dichters. Wie natürlich erscheint es z.B., wenn der Jüngling Suhrab am zweiten Kampfmorgen trotz des Grimms von gestern, trotz der Aufhetzungen Baruman's plötzlich dem grauen Kämpfer gegenüber die Hand zur Versöhnung bietet.

Wie hast du in der Nacht geruht und bist erwacht
Am Morgen? Früh, o Greis, hast du dich aufgemacht!
Das Aug' und jeden Sinn erlabend ist der Morgen;
Doch welchen Abend er uns bringt, das ist verborgen.
Der Berge Häupter sind vom Strahl der Frühe golden,
Mit Morgenwein gefüllt sind alle Blumendolden.
Die Morgenlüfte gehn, die Schläfer einzuladen,
Schnell aufzustehn und sich im Maientau zu baden.
Die Vögel singen laut, die klaren Bäche fließen,
Die Anger sonnen sich und alle Blumen sprießen;
Das ist durchaus kein Tag zu Mord und Blutvergießen,
Ein Tag, das kurze Glück des Lebens zu genießen.
Komm, lieber Alter, steig herab von deinem Drachen
Ins grüne Gras und laß' uns Waffenstillstand machen.
Im Angesichte des und jenes Heeres laß,
Daß froh sie staunen, uns ablegen Groll und Haß!
Des Krieges Schauplatz sei in eine Friedensbühne
Verwandelt, und ein Fest erblüh' uns auf dem Grüne.
Ich wink', und Saitenspiel und Wein kommt zum Gelag;
Ich feir' im Rosenhag mit dir den Frühlingstag.
Vom Haupte legest du des schweren Helmes Glanz,
Und um dein Haar leg' ich von Rosen einen Kranz.
– – – – – – – – – – – –
So sprach das Kind; es hatt' aus Wasser, Luft und Flur
Gesprochen an sein Herz die Sprache der Natur.

Nur selten überläßt sich der Dichter dem oft mit Recht an ihm gerügten zu künstlichen Wort- und Reimspiel. Die Macht und Reinheit des Stoffes scheint ihn diesmal an diesen Klippen der Künstlichkeit vorbeigeführt zu haben. Er hat, wie Rostem dem Berggeiste, den Überschuß an Reimgewandtheit seinem guten Genius zum Aufbewahren gegeben, und wir wünschen, daß er ihn nicht wiedererobert zu seinem Schaden. Nur selten kommen gewagte Gleichnisse. Ein solches ist allerdings bei Rostem's Schmerz gewählt. Er brüllt auf, wie ein Tiger brüllt, der in blinder Gier, im Busche lauernd, auf ein Rind zustürzt und, da er es in den Krallen zerdrückt hat, erst erkennt, daß es sein eigenes Junges war.

Erstens: kann dies Versehen einem Tiere begegnen? Der Dichter läßt ja selbst die Rosse sich als Verwandte erkennen, während ihre Herren nur aus mangelndem Instinkt sich zerfleischen. Dann hat auch Rostem nicht gelauert auf seinen Raub. Im dreitägigen ehrenwerten Kampfe hat er mit ihm Worte gewechselt und beide haben sich von Auge zu Auge geschaut; und endlich übt das Gleichnis einen brutalen Eindruck, welcher dem übrigen Gedichte fremd ist. Dagegen fehlen nicht die zartesten Intermezzi. Die Liebe Suhrab's zu Gundaferid, nur als vorüberstreifender Hauch behandelt, ist ein glücklicher Wurf. Jeder tiefere, sentimentale Ton hätte dem Grundton geschadet. Überall sprossen, wo die Gelegenheit es gibt, lyrische Blumenstücke heraus, die, anmutige Anhaltspunkte, nicht wenig zum natürlichen Schmuck des Gedichtes beitragen. Spielereien wie folgende sind bunte Edelsteine, einem kostbaren Harnisch eingefügt. Rostem ist, nachdem er zornschnaubend fortgegangen, von seinen Freunden überredet, wieder zurückgekehrt,

Da ging ein froh Gerücht vom Hof zur Stadt hinaus,
  Das durch die Straßen lief und durch die Häuser rief,
Grüßte, was wach noch war, und weckte, was schon schlief.
  Jeder, zu dem es kam, der seinen Gruß vernahm,
Dem schwand davon alsbald der Kummer und der Gram
  Und wuchs die Freudigkeit. Nun aber war beim Wandern
Das fröhliche Gerücht begegnet einem andern,
  Das war so traurig anzusehn als jenes froh;
Das frohe hielt es an, eh es ins Dunkle floh.
  Da tat das fröhliche Gerüchte seinen Mund
Mit Lachen auf und sprach: Wer bist du? Tu mir kund!
  Und jenes sprach: Ich bin das traurige Gerüchte,
Daß Rostem, von Kawus gekränkt, aus Iran flüchte.
  Das ist die Botschaft, die durch Land und Stadt ich trage,
Und Jeder wird betrübt, dem ich die Zeitung sage.
  Da sprach das fröhliche: Nun streue keinen Frost
Der Furcht umher! Sei still, denn falsch ist deine Post.
  Die Wahrheit sag' ich dir: Held Rostem sitzt beim Schmaus
Mit Kawus heut und zieht zum Kampfe morgen aus.
  Ungläubig schüttelte das traurige Gerücht
Sein Haupt, es glaubte nicht den fröhlichen Bericht.
  Aber das fröhliche geriet in Zorn, und rang
So mit dem traurigen, bis es den Feind bezwang.
  Das traurige Gerücht vom fröhlichen danieder
Geschlagen lag und stand die Nacht durch auf nicht wieder.
  Froh seines Sieges ging das fröhliche von dann,
Und wo es ging und stand, ward fröhlich Weib und Mann.

Fragte mich jemand, wodurch ein Dichter sich unterscheide von einem poetischen Erzähler, ich würde ihn auf diese Stelle verweisen. Aus einer flüchtigen

Vorstellung ein Luftgewebe machen und dem solche innere Gestaltung, Gliederung, Farbe, ja Personeninteresse zu geben, ist das Wahrzeichen des echten Dichters. Eine ähnlich schöne Stelle ist das Mitleid der Sterne um den jugendlichen Helden, dessen Untergang sie voraussehen:

> Die Sterne selber sahn vom hohen Himmel nieder
> Mit Wohlgefallen auf die hohen Heldenglieder;
> Allein sie schienen ihn mitleidig anzusehn,
> Weil er ein Stern war, der so früh sollt' untergehn.
> Da sprach ein Himmelsstern zum andern mitleidsvoll:
> Schad' um die Blüte, die im Lenz hinwelken soll!
> So viel des Schönen schon auf Erden sahn wir prangen,
> Und eh wir einen Blick verwendet, war's vergangen.
> Doch keine Rose sahn wir glänzender und heller
> Aufgehn, um trauriger dahinzugehn und schneller.
> Wenn seine Mutter doch, die ihn, ihr einzig Glück,
> Entsendet hat und nie daheim empfängt zurück,
> Wenn seine Mutter ihn mit unsrer Augen Strahl
> Noch einmal könnte sehn bei diesem Freudenmahl
> In seiner Lust und Kraft, den Baum im frischen Saft,
> Den morgen schon vielleicht dahin sein Schicksal rafft.

Ohne Bedenken zählt Referent diese Heldengeschichte nicht allein zu den besten poetischen Geschenken, die Friedrich Rückert uns gab, sondern zu den vortrefflichsten Heldengedichten, die wir überhaupt besitzen. Deren Zahl aus der Gegenwart ist freilich nicht groß. Außer Simrock's "Wieland der Schmied" wüßte ich keines, welches als Ganzes, ein großer Guß, ein heller Strom, die Teile organisch dem Stamm entsprossen und im Verhältnis zu ihm geblieben, von Wärme, Licht und steigendem Interesse gleichmäßig durchhaucht, es mit diesem aufnähme. Was Anastasius Grün, was Lenau u.a. brachten, war Poesie, die an Fülle und Tiefe der Rückert'schen gleichkommt, wo nicht hier und da in kühnem Fluge sie noch überbot; aber ein Werk, das, wo man es anfaßt, ein Ganzes ist, aus einem Kerne geboren, in einem Stamme auftreibend, in einer vollen Baumkrone endend, die ihre Zweige in den blauen Himmel schüttelt, das haben sie nicht geschaffen. Daß es ihnen bald gelänge! Möchte aber der Veteran unter den Sängern noch einige große Stoffe finden, die ihn so ganz fesselnd und weihend zu ähnlichen gelungenen Schöpfungen begeistern.

[Aus: Blätter für literarische Unterhaltung, Jg. 1839, S. 129-134.]

Leben Jesu
Evangelien-Harmonie in gebundener Rede von Friedrich Rückert

Von Christian Hermann Weisse

Wenn es wahr wäre, was manche für wahr zu halten geneigt sind, daß durch die Forschung der neuesten Zeit uns die Einsicht geworden sei, wie die Erzählungen der vier Evangelien nichts anderes als ein Gewebe mythischer Dichtungen sind, mit welchem die Phantasie der werdenden christlichen Gemeinde die persönliche Gestalt und die Lebensgeschichte ihres Urhebers umklammert hat, so wäre Grund zu der Hoffnung vorhanden, daß jetzt auch für die Dichtkunst die Zeit gekommen sei, wo es ihr gelingen könnte, was sie ehemals angestrebt hat, die Begebenheiten der evangelischen Geschichte in ein eigentliches Kunstepos zu verarbeiten. Daß *Klopstock* dieses Unternehmen mißlungen ist, davon setzt man nicht mit Unrecht den Grund entweder allein oder zum Teil in den Umstand, daß es seinem Gegenstande gegenüber ihm an der zu einer Dichtung echter Art erforderlichen Geistesfreiheit gebrach, daß er die biblische Geschichte, und was mit ihr zusammenhängt, mehr mit den Augen eines dogmengläubigen Christen, als mit denen eines begeisterten Poeten anschaute. Diesem gegenüber stellt sich durch die tiefer eindringende Erforschung der Völkerpoesien des Morgenlandes und des Abendlandes, des europäischen Südens und des europäischen Nordens immer klarer die Wechselbeziehung heraus, die zwischen den Begriffen des Mythos und des Epos obwaltet; wie ein Epos im wahren Wortsinne weder ohne allen zuvor gegebenen Gegenstand aus willkürlicher Erfindung des Dichters, noch in Bezug auf eine mythische Gegenständlichkeit möglich ist, und wie umgekehrt jeder wahrhaft lebendige und dichterische Mythos in sich selbst die Anlage und sozusagen den Trieb hat, sich zu der Kunstgestalt des Epos zu befestigen. Ist daher die evangelische Geschichte in der Tat ein Mythos, so entsteht die Voraussetzung, daß sie auch zum Inhalte eines Epos sich nicht nur als geeignet, sondern in gewissem Sinne sogar vorausbestimmt erweisen wird, und wenn es bisher noch nicht zu einer wahrhaft epischen Behandlung derselben gekommen ist, so liegt es nahe, den Grund hiervon eben in jener dogmatischen Erstarrung und Verknöcherung zu suchen, welche der biblische Mythos, ähnlich wie unter den Juden, bei denen man ja auch eine epische Dichtung ergeblich sucht, sehr bald auch unter den Christen erlitten habe. Ist dieser Grund hinweggeschafft, wie ihn die neueste

Kritik sich rühmt hinweggeschafft zu haben, so scheint dann nichts mehr im Wege zu stehen, daß jene Umgestaltung des Mythos zum Epos auch in diesem Falle wirklich vor sich gehe, vorausgesetzt, daß, wie wir doch wohl von unserem Zeitalter voraussetzen dürfen, der spezifische Gehalt dieses Mythos noch hinreichend in den Gemütern lebendig ist, um zu seiner künstlerischen Behandlung einen echten Dichter begeistern zu können.

Daß die vorliegende poetische Bearbeitung des Lebens Jesu nicht darauf Anspruch macht, ein Epos in diesem Sinne zu sein, und nicht auf einer Ansicht der evangelischen Geschichte beruht, durch welche ein Epos in diesem Sinne bedingt werden würde,, dies beides hat der Dichter in folgendem kleinen Gedichte ausgesprochen, welches wir im zweiten Bande seiner "Haus- und Jahreslieder" (S. 358) finden:

In Suhrab hab' ich dies gelernt:
Gestalt, von Grübelgeist entfernt,
Gestalt, so fest wie Erz und Stein,
Durchsichtig, doch krystallenrein.
Nun lern' ich, die dort Alles galt,
Hier auch verlernen die Gestalt,
Da ich das Leben Dessen schreibe,
Der höher lebet als im Leibe.

Mit "Rostem und Suhrab", welchem Gedichte hier der echt epische Charakter zugeschrieben wird, hat zwar gegenwärtige Dichtung die äußere Form gemein: die Form der frei behandelten alexandrinischen Reimpaare, von denen je eine unbestimmte Mehrzahl erst zu kleineren, dann zu größeren Gruppen und Erzählungsstücken aneinander gereiht wird, um so allmählich aufsteigend sich zum Ganzen zusammenzuschließen. Allein man erinnert sich, daß eben diese Form von unserem Dichter keineswegs ursprünglich zum epischen Gebrauche ausgeprägt worden ist; er hat sich derselben zuerst in seiner "Weisheit des Brahmanen" bedient, und gewiß wird keiner, der ihre Natur und ihren Charakter unbefangen erwogen hat, in Abrede stellen, daß sie in der Tat ungleich mehr sich zu didaktischem als zu epischem Gebrauche eignet. Wenn Rückert nichtsdestoweniger, nach unserem Gefühle wenigstens, gerade in "Rostem und Suhrab" einen vorzüglich glücklichen Wurf getan, wenn er in diesem Gedichte ein Werk gegeben hat, dem an Reinheit, gesunder Kraft und künstlerischer Gediegenheit der Behandlung des echt epischen Gegenstandes gewiß nur sehr wenige gleichartige aus neuerer Zeit an die Seite zu stellen sind, so scheinen uns diese Vorzüge mit dem didaktischen Charakter der gewählten Form nicht nur nicht im Widerspruche zu stehen, sondern sogar wesentlich dadurch bedingt zu werden. Je weniger nämlich zu unserer Zeit dem Dichter noch ein wirklich unmittelbares Verhältnis zu der mythisch-epischen Gegenständlichkeit möglich ist, ein Verhältnis gleicher Art wie das der großen Epiker des Altertums und Mittelalters; je mehr er, um ein Gedicht in echt epischem Geiste zu liefern, diesen Geist selbst sich erst an den epischen Dichtungen der Vergangenheit zur

Anschauung zu bringen streben muß: umso weniger wird er es umgehen können, daß dieses Element der Reflexion und Vermittlung auch in seinem Werke zur Erscheinung kommt und demselben ein von dem alten, eigentlichen Epos allerdings unterschiedenes Gepräge erteilt. Hier nun ist es der wahren Poesie unstreitig günstiger, wenn dies auf selbstbewußte, unverhohlene Weise geschieht, wenn der Dichter den Ton der Betrachtung, der Reflexion, durch die er zu seinem Gegenstande gelangt ist und desselben sich lernend, wie Rückert es doch bezeichnend ausdrückt, bemächtigt hat, ausdrücklich der Haltung und Form seines Gedichtes einverleibt, als wenn er, die alte, epische Unmittelbarkeit nachkünstelnd, ihn nur unwillkürlich in jenem sentimentalen Anklange zum Vorschein kommen läßt, an welchem fast alle epischen Gedichte der Neueren, auch solche nicht ausgenommen, denen wir übrigens, wie z.B. der mit Recht gerühmten "Frithiofssage" von Tegnèr, wahrhafte Poesie keineswegs absprechen dürfen, zu kränkeln pflegen. Eben jenen Ton nun glauben wir durch die Rückert'schen Alexandriner im "Rostem" deutlich hindurchzuhören; der Dichter scheint uns hier durch diese einfache, an didaktische Prosa anstreifende Form dasselbe erreicht zu haben, was er in dem gleich trefflichen "Nal und Damajanti" durch das heitere, üppige Spiel mit buntfarbig schillernden Wortbildungen und Reimklängen erreicht hat, nämlich den Inhalt für sich und für den Leser in eine solche Ferne zu rücken, daß nicht sowohl er selbst unmittelbar, als vielmehr seine im Bewußtsein des Dichters und des Lesers als schon vorhanden vorausgesetzte poetische Gestaltung zum Gegenstande einer gleichsam potenzierten poetischen Betrachtung wird. Haben sonach selbst in "Rostem und Suhrab", wo es doch auf ein sich geschlossenes episches Gebilde abgesehen war und diese Absicht auch auf das glücklichste erreicht ist, die Alexandriner nicht die epische, sondern eine wesentlich kontemplative oder didaktische Bedeutung, so wird es um so mehr verstattet sein, eine solche ihnen, der Rückbeziehung auf die "Weisheit des Brahmanen" eingedenk, die sich hier noch weit unabweislicher aufdrängt, auch in dem vorliegenden "Leben Jesu" zuzuschreiben. Das "Leben Jesu" ist, auch nach der Absicht des Dichters, glauben wir sagen zu dürfen, wenn wir anders seinen Wink in den oben angeführten Zeilen richtig verstanden haben, kein Epos, sondern ein Lehrgedicht; es ist, wenn man will, eine freie Fortsetzung der "Weisheit des Brahmanen", in der man sich gar wohl denken mag, daß der Brahmane, dessen Sinnsprüche sich ja auch dort schon nicht selten aus einer höheren Quelle, als die Weisheit seines Volkes ist, geschöpft erwiesen, zuletzt sich ganz jenem Borne zuwendet, aus welchem die höchste, gottmenschliche Weisheit in reichster und reinster Fülle strömt.

Über die Grundsätze, welche unser Dichter bei dieser poetisch-didaktischen Bearbeitung seines großen Gegenstandes befolgt hat, gibt eine kleine Reihe weiterer Gedichte Aufschluß, die an der angegebenen Stelle auf das vorhin mitgeteilte nachfolgen. Zuvörderst folgende zwei:

Das Heer der Schrifterklärer
Macht Leichtes schwer und Schweres schwerer.
Halte dich an den einfachen Text,

richtig würdigen, so erhellt aus dem soeben Bemerkten, daß wir uns zunächst an das einzelne zu halten und nach dem Eindrucke, den es für sich allein oder in zufälliger Verbindung unter sich hervorruft, zu forschen haben. Und hier nun dürfen wir mit der aufrichtigsten Freude die Anerkennung aussprechen, daß, so gering im Ganzen der Aufwand poetischer Mittel ist, welche der Dichter zum Behuf seines Unternehmens aufgeboten hat, er mit den wenigen doch etwas Echtes, wahrhaft Edles und Schönes erreicht hat. Freilich hat er gerade im einzelnen – und in demjenigen einzelnen, welches wir für das Gelungenste halten, vielleicht am meisten – an poetischem Zierrat so gut wie nichts hinzugetan; er hat ganz nur die Poesie, die an und für sich selbst in dem Stoffe liegt, walten lassen und und den Stoff in seiner ungeschwächten Reinheit, ja, wenn man will, Nacktheit wiedergegeben; die tiefste Wirkung, welche das Gedicht erreichen kann, gehört insofern allerdings nicht ihm, sondern dem Stoffe an. Allein so leicht bei oberflächlicher Betrachtung die Arbeit scheinen mag, die er an den Stoff gewandt hat, und so leicht sie auch unstreitig wohl ihm selbst geworden ist, so dürfen wir doch behaupten, daß sie nur einem so hohen und edel gebildeten Dichtergeiste wie Rückert gelingen konnte, daß nur ein solcher sie zu unternehmen wagen durfte. Das Übertragen der evangelischen Sprüche und Erzählungen in die gleichmäßig wiederkehrende Form der gebundenen Rede ist, wenn der Inhalt darin rein erhalten werden soll, keineswegs eine bloß mechanische Arbeit; es wird dabei vorausgesetzt, daß der Dichter allenthalben in die dadurch notwendig werdenden Veränderungen des Ausdrucks und der Wortstellung eine Bedeutung hineinzulegen wisse, durch welche zwar in dem Stoffe als solchem nichts geändert, nichts dazugesetzt und nichts davon hinweggenommen werde, worin aber der teils frei über dem Stoffe schwebende, teils betrachtend und sinnend sich in ihn versenkende Geist des Dichters auf eine würdige Weise seinerseits zur Anschauung des Lesers oder Hörers komme. Dies ist das lyrische Moment, welches, wie wir uns anderwärts, gleichfalls bei Gelegenheit der didaktischen Dichtungen Rückert's darüber erklärt haben, der didaktischen Poesie nicht fehlen darf, wenn dieselbe wirklich Poesie und nicht gereimte (d.h. vielmehr ungereimte) Prosa sein soll, und welches ihr am wenigsten da erlassen werden kann, wo, wie hier, der zu überliefernde Lehrstoff ein objektiv genau begrenzter, der Person der Dichters als eine in sich geschlossene Gegenständlichkeit gegenüberstehender ist. Versteht es der Dichter, wie Rückert solches wenigstens zum großen Teile in dem hier Vorliegenden gelungen ist, dieses subjektive Moment seiner Dichtung dergestalt einzverleiben, daß der Leser sich gar nicht ausdrücklich dessen bewußt wird, sondern rein nur den Eindruck des Gegenstandes zu empfinden glaubt, so ist sein Verdienst darum kein geringeres, sondern im Gegenteile ein umso größeres, je mehr sich gerade hierin die Gesinnung ausspricht und unbewußt dem Leser mitteilt, welche dem Dichter einem solchen Gegenstande gegenüber, wie der hier vorliegende, vor allem geziemt und wohlansteht; die Gesinnung des sich selbst Vergessens vor der Würde des Gegenstandes und des sich ganz Hineinversenkens in seine Tiefe und seine Fülle.

Täuschen wir uns nun nicht, wenn wir dieser Dichtung wirklich in ihrer Gesamtmasse und in ihren Einzelheiten die hier gerühmte und näher bezeichnete Trefflichkeit zuschreiben, so dürfen wir mit Zuversicht annehmen, daß der Dichter sich durch dieselbe zugleich ein wahrhaftes und nicht gering zu achtendes Verdienst um den großen Gegenstand derselben erworben hat. Wir schätzen dieses Verdienst umso höher, als es in mehrfacher Beziehung gerade jetzt zur rechten Stunde auftritt und in die geistige Bewegung der Zeit vielleicht nicht ohne Erfolg eingreifen wird. Die sich so nennende "mythische Ansicht" der evangelischen Geschichte nämlich, weit entfernt, daß sie, wie man etwa von ihr erwarten könnte, den Gegenstand, dem sie seine historische Wirklichkeit zu rauben suchte, umso mehr in ein poetisches Licht gestellt hätte, hat vielmehr an ihrem Teile denselben von aller der Poesie entkleidet, die ihm so, wie er in seiner geistigen und geschichtlichen Wahrheit ist, unstreitig inwohnt. Zwar pflegt man, und nicht mit Unrecht, das Verdienst zu rühmen, welches jene Bearbeitung sich durch die Beseitigung jener ebenso unschönen als unwahren naturalistischen Ausbeutungen um die gesunde und unbefangene Anschauung des evangelischen Geschichts- und Sagenstoffs erworben hat; allein die Erklärung, welche sie an die Stelle jener mit so glücklichem Erfolge von ihr hinweggeräumten setzt, ist, welches auch ihre übrigen Vorzüge sein mögen, an geistigem Gehalte solcher Art, welcher eine dichterische Anschauung gewähren könnte, nicht im mindesten reicher. Es gibt nichts Kahleres und Poesieloseres als den Strauß'schen Begriff des Mythos; denn was man auch zu seinen Gunsten sage, er besteht durchaus nur in der mechanischen Übertragung einer bereits vorhandenen Masse von Symbolen und bildlichen Ausdrücken auf einen Inhalt, dessen geistige Natur und Beschaffenheit vor der "mythischen Ansicht" nur vorausgesetzt, aber nicht nachgewiesen, am wenigsten durch Vermittlung jener Bilderwelt zur lebendigen Anschauung und Gegenwart gebracht wird. Möge es sich mit der historischen verhalten, wie es wolle, gerade die poetische Bedeutung der evangelischen Geschichte ist eine nach Strauß recht eigentlich erst neu wieder zu entdeckende; und daß Rückert auf diese Entdeckung ausgezogen ist, dies werden ihm diejenigen ganz vorzüglich danken, welche einsehen, wie eng, ja unabtrennlich eben hier die poetische Wahrheit und Bedeutung mit der geschichtlichen zusammenhängt. Wie wenig man auch mit den Ergebnissen jener negativen Kritik sich zu begnügen gesonnen sein mag, so viel ist allerdings durch sie erwiesen und wird bei allen, die sich dem Prinzipe der Wissenschaftlichkeit nicht gänzlich verschließen, immer mehr Anerkennung finden, daß ein eigentlicher Zeugen- und Urkundenbeweis von der Wahrheit der evangelischen Geschichte unmöglich ist, und daß eine vernunftgemäße Überzeugung von dieser ihrer tatsächlichen Wahrheit durchaus nur auf geistigem Grunde, auf dem Grunde des Bewußtseins oder Gawahrwerdens ihrer inneren Wahrheit beruhen kann. Ausdrücklich aber diese innere, geistige Wahrheit der geschichtlichen Gestalt und Begebenheit vor das geistige Auge des Lesers zu bringen und eine lebendige Intuition derselben in ihm zu erwecken, ist recht eigentlich das Werk und Geschäft des Dichters; des epischen, inwiefern die Gestalt vollständig in die Anschauung der Phantasie aufgehen und also von ihrem äußeren, historischen Dasein losgelöst werden sollte; des lyrisch-didaktischen, inwiefern eben dies hier nicht der Fall ist, sondern in der poetischen Darstellung eine Doppelbeziehung festgehalten wird, einerseits auf die geschichtliche Äußerlichkeit, andererseits auf eine Innerlichkeit, welche die Gestalt zugleich für den phantasielosen Gedanken und die sittliche Gesinnung hat. Gerade jetzt also, wo die wissenschaftliche Forschung auf den Punkt gebracht ist, nach Zerstörung der äußeren sich nach inneren Gründen für die Wahrheit der heiligen Geschichte im Ganzen oder im einzelnen umsehen zu müssen, gerade jetzt dürfte es an der Zeit sein, auch dem Dichter ein Wort in der großen Angelegenheit zu vergönnen und es dankbar aufzunehmen, wenn ein so bewährter, nicht bloß als Poet überhaupt, sondern als sittlicher, religiöser, philosophischer Poet so bewährter Dichter wie Rückert das Wort ergriffen hat.

Indessen je höher die Bedeutung ist, die wir hiernach selbst in religiöser und wissenschaftlicher Beziehung dem Unternehmen unseres Dichters beizulegen nicht umhin können, desto mehr steigern sich notwendig auch die Ansprüche, die wir an sein Werk zu machen uns berechtigt glauben. Und hier nun wollen wir nicht bergen, daß, so aufrichtig dankbar wir ihm für das Treffliche sind, was er gegeben hat, wir doch den Wunsch nicht unterdrücken können, daß es ihm gefallen möchte, sein Werk mit dieser ersten Ausgabe noch nicht für abgeschlossen zu achten, sondern aufmerksam nachzuforschen, ob er nicht bei wiederholter Überarbeitung in der Tat noch mehr und Vollendeteres geben könne, als er jetzt gegeben hat. Zum Teil betrifft diese Mahnung die äußere Form, das Technische des Ausdrucks und Versbaues, wo wir allerdings dafürhalten, daß es auch für den Geist und die Poesie des Werkes sich nicht als gleichgültig erweisen wird, wenn ihm der Verfasser noch fernerhin seine Aufmerksamkeit zuwenden und die durchgängige Korrektheit und Feile ihm erteilen will, die wir jetzt allerdings hin und wieder noch vermissen. Mehr aber noch finden wir uns veranlaßt, von dem durch unsere vorstehende Betrachtung gewonnenen Standpunkte aus noch einen Blick auf die Komposition des Ganzen zu werfen. Bleiben wir auch hierbei dessen eingedenk, was wir oben bemerkten, daß nicht sie es ist, worin wir das Wesen und den poetischen Kern der Dichtung vorzugsweise zu suchen haben, so wird sich auch von diesem Gesichtspunkte aus noch immer das Bedenken erheben lassen, ob der Dichter in seiner Gruppierung und Zusammenschmelzung der evangelischen Erzählungen nicht einerseits zuviel, andererseits zuwenig getan habe, auch wenn seine Absicht dabei nur war, das einzelne in sein rechtes Licht zu stellen und die Hindernisse, welche seinem Verständnisse entgegenstehen, zu beseitigen; zuviel in der Vereinigung des Heterogenen und Widerstrebenden, zuwenig im ausdrücklichen Auseinanderhalten des Ungleichartigen und im poetischen Motivieren und Erklären der trotz aller Vermittlungs- und Ausgleichungsversuche zurückbleibenden Unebenheiten. Das Bestreben des Dichters scheint dahin gegangen zu sein, so wenig als möglich von dem Stoffe der evangelischen Reden und Erzählungen bis auf die kleinsten Züge und Nuancierungen herab verloren gehen zu lassen; umso größere Freiheit hat er sich dagegen in der Anordnung und Stellung des einzelnen verstattet. Den leitenden Faden seiner Evangelien-Harmonie entnimmt er nicht, wie die historisch sein wollenden Harmonisten es zu tun pflegen, aus dem vierten Evangelium, sondern wie billig aus den drei ersten; er macht sich kein Bedenken daraus, den Verfasser des vierten, der Jesum unaufhörlich zwischen Galiläa und Jerusalem hin und her ziehen läßt, stillschweigend Lügen zu strafen und, der synoptischen Darstellung gemäß, seinen Helden erst am Schlusse seiner Laufbahn zum ersten und letzten Male nach Jerusalem zu führen.

So wenig wir nun anstehen, diese Kühnheit unbedingt gutzuheißen und rühmend anzuerkennen, da wir dies nicht nur für die historisch richtigere Ansicht halten, sondern auch für diejenige, welche ein bei weitem großartigeres, poetischeres Bild von der Laufbahn des Heilandes gibt, als nach der Johanneischen Darstellung möglich wäre, so zweifelhaft dagegen erscheint uns der Erfolg des von dem Dichter gemachten Versuchs, die solchergestalt aus dem Zusammenhange, der sie dort untereinander verknüpft, herausgenommenen Perikopen des Johannesevangelium mit der synoptischen Erzählungsreihe zu einem Ganzen zu verknüpfen. Er erscheint uns zweifelhaft, sagen wir, und meinen damit nicht etwa die historische Zuverlässigkeit dieser Verknüpfung – sonst würden wir es unter anderen rügen, daß der Dichter zu zwei verschiedenen Malen (LVII und LXXV) den Heiland, ehe er ihn nach Jerusalem führt, auf seinen Wanderungen bis nach Bethanien, eine halbe Stunde vor der Hauptstadt, streifen läßt –, sondern allein das poetische Gelingen. Die Johanneischen nämlich und die synoptischen Erzählungen sind wir allerdings geneigt für zwei ein für allemal ungleichartige, ihrem Charakter nach einander widerstreitende Massen zu halten, welche auch bei einer kunstvolleren Behandlung kaum würden in ein Ganzes für die Anschauung zu verschmelzen sein, in so schlichter Paraphrase aber wie bei unserem Dichter nebeneinander gestellt oder wohl gar (wie z.B. CXLVI, CLIII u.a.) zu einem Erzählungsstücke verschmolzen, nur einander ihre Wirkung stören und schmälern, aber nicht sich gegenseitig heben und tragen können. Beide für sich einzeln genommen hat der Dichter mit gleicher Meisterschaft und gleich seinem Sinne für die Eigentümlichkeit einer jeden von beiden behandelt, bei den Johanneischen insbesondere mit ebenso großer Enthaltsamkeit als sicherem Takte für das Notwendige der Erzählung des Evangelisten leise nachhelfend. Umso weniger nun können wir uns des Gedankens erwehren, ob es nicht seinem Gedichte zu Vorteile gereicht hätte, wenn er beide Massen ganz hätte auseinanderhalten und durch irgendeine, den Sinn des betrachtenden Dichters beim Anblicke des heiligen Doppelbildes unserer evangelischen Berichte glücklich ausdrückende Wendung, bei deren Aufsuchen ihn sein Genius wohl nicht würde im Stiche gelassen haben, solche Duplizität seiner Darstellung poetisch motivieren zu wollen.

Ein anderer Punkt, in bezug auf welchen uns ein solches Auseinanderhalten wohl als wünschenswert erscheinen könnte, wiewohl wir hier mit weniger Zuversicht als dort die Möglichkeit desselben zum voraus zu behaupten wagen, betrifft den Gegensatz der Wundergeschichten zu den einfachen historischen Erzählungen, insbesondere zu den Reden und Aussprüchen des Erlösers. Der

Dichter sagt von dem "rechten Wunder" (a.a.O. S. 361) folgendes:

> Ein rechtes Wunder, das für alle Zeiten gilt,
> Muß dieses eigen haben, daß in gleicher Art,
> Wie äußerlich der Wunderglaube, innerlich
> Der Wunderglaub' es sich auch aneignen kann.

Man könnte meinen, er stelle sich durch diese Worte selbst die Aufgabe, die evangelischen Wundergeschichten in seinem didaktischen Gedicht so darzustellen, daß nicht bloß der Gläubige in seiner Darstellung das äußere Faktum zur lebendigen Anschauung, sondern daß zugleich der Skeptiker den Sinn, die Bedeutung des Wunders zum Bewußtsein gebracht finde. Hätte er indes dieser Aufgabe in der Tat genügen wollen, so hätte er nicht die Wundererzählungen so ganz nur in dem Tone des einfachen historischen Berichts mitten unter solche stellen müssen, welche den rein geschichtlichen Charakter tragen, und bei denen von keiner innerlichen, symbolischen Bedeutung der Art, wie bei den Wundersagen, gesetzt auch, man wollte dieselben gleichfalls für wirkliche Geschichte nehmen, die Rede sein kann. Wir wollen uns nicht anmaßen, zu entscheiden, wie weit der Dichter, ohne aufzuhören Dichter zu sein, in der ausdrücklichen Andeutung des in der wunderbaren Begebenheit verborgenen geistigen Sinnes hätte gehen dürfen. Daß im allgemeinen solche Andeutung möglich sei, ohne darum die wunderbare Begebenheit – was auf keine Weise dem Dichter anstehen würde, gleichviel was sein persönlicher Glaube sei – als erdichtet auszusprechen, dies scheint von dem Verfasser selbst in den angeführten Zeilen zugestanden zu werden, und wird jedenfalls bewiesen durch das Beispiel so mancher älteren Erklärer, welche (man denke z.B. an Luther's Auslegung der Genesis) bei ihren nicht selten höchst geistvollen und sinnreichen Deutungen den äußeren Geschichtsglauben an die tatsächliche Wahrheit der von ihnen gedeuteten Wundersagen keineswegs aufgaben. Wie sehr einer symbolisch-dichterischen Behandlung der Art, wie wir sie hier im Sinne haben, gerade die evangelischen Wundergeschichten fähig sind, hat unter den Neueren namentlich *Gustav Schwab* in seiner wahrhaft poetischen und im schönsten Sinne romantischen "Legende von den heiligen drei Königen" bewiesen. Auch zugestanden indes, daß schon die einfache poetische Relation, wie bei Rückert, die Ahnung und das lebendige Gefühl der tieferen Bedeutung des Wunders erregen könne, so kann sie solches doch schwerlich dann, wenn der Leser sie in gleiche Reihe und unmittelbar äußerlichen Zusammenhang mit rein historischen Erzählungen gestellt findet und dadurch sie aus gleichem Gesichtspunkte, wie diese letzteren auch, zu betrachten verleitet wird. Wollten wir endlich auf jenen Anspruch, den der Dichter selbst durch jene Zeilen vielleicht ohne seine Absicht in uns geweckt hat, durch sein Gedicht die geistige Bedeutung der Wunder vor unseren inneren Sinn gebracht zu sehen, ganz verzichten und uns auch hier mit der unmittelbaren Gestalt zu begnügen, so fragt sich auch dann noch, ob nicht die Verschmelzung der Wundersage mit der Geschichte in poetischer Hinsicht einen ähnlichen Übelstand gibt wie die vorhin erwähnte der synoptischen Berichte mit den Johanneischen. Freilich hat sich in diesem Falle der Dichter die Verschmelzung nicht eigenmächtig gestattet, sondern nur die bei den Evangelisten schon vorgefundene so, wie er sie gefunden hat, wiedergegeben; aber eben dies möchten wir hier in Frage stellen, ob nicht, wie dort das Auseinanderhalten des ohnehin Getrennten, so hier die ausdrückliche Sonderung des in der Quelle allerdings Vereinigten dem Gedichte würde haben vorteilhaft sein können. Zwar wird es in diesem Punkte zum Teil wohl auf den Religionsglauben des Lesers ankommen, ob er gerade so empfindet, wie Verfasser hier zu empfinden bekennen muß. Uns nämlich scheint die lebendige, poetische Anschauung der Gestalt des persönlichen Christus, sowohl des synoptischen als auch selbst des Johanneischen, durch die unmittelbare, unmotivierte Beimischung der Wundergeschichten nicht gefördert, sondern eher getrübt zu werden, ebenso, wie uns auch umgekehrt die hohe Poesie, die unstreitig in der Wundersage als solcher liegt, in dieser Vermischung mit dem eigentlich geschichtlichen nicht ganz zu ihrem Rechte zu kommen, sondern eine gesonderte Behandlung zu verlangen scheint. Doch, wie gesagt, ob es dem Dichter möglich gewesen wäre, oder vielleicht noch ins künftige möglich sein wird, diese oder diesen ähnliche Wünsche zu erfüllen, ohne dem Wahren und Schönen, was er wirklich uns in dieser Dichtung gegeben hat, Eintrag zu tun, darüber sind und bleiben wir weit entfernt, uns ein entscheidendes Urteil zu erlauben. Weit lieber erfreuen und erbauen wir uns an dem glücklich Vorhandenen und fordern alle auf, denen der große Gegenstand so wie uns am Herzen liegt, in dem Werke des edlen Dichters ein frohes Zeichen zu erblicken, daß dieser Gegenstand nicht in seiner allgemeinen begrifflichen Wahrheit bloß, sondern auch in seiner lebendigen Unmittelbarkeit und Eigentümlichkeit unserem Zeitalter noch keineswegs entfremdet ist.

[Aus: Blätter für literarische Unterhaltung, Jg 1839. S. 337-346.]